# 部首索引

## 1획
一 한 일
丨 뚫을 곤
丶 점 주(점)
丿 삐칠 별(삐침)
乙(乚) 새 을
亅 갈고리 궐

## 2획
二 두 이
亠 머리 두
  (돼지해밑)
人(亻) 사람 인(인변)
儿 어진사람 인
入 들 입
八 여덟 팔
冂 멀 경(멀경몸)
冖 덮을 멱(민갓머리)
冫 얼음 빙(이수변)
几 안석 궤(책상궤)
凵 입벌릴 감
  (위터진입구)
刀(刂) 칼 도
力 힘 력
勹 쌀 포
匕 비수 비
匚 상자 방(터진입구)
匸 감출 혜
  (터진에운담)
十 열 십
卜 점 복
卩(㔾) 병부 절
厂 굴바위 엄(민엄호)

厶 사사로울 사(마늘모)
又 또 우

## 3획
口 입 구
囗 에울 위(큰입구)
土 흙 토
士 선비 사
夂 뒤져올 치
夊 천천히걸을 쇠
夕 저녁 석
大 큰 대
女 계집 녀
子 아들 자
宀 집 면(갓머리)
寸 마디 촌
小 작을 소
尢(尣) 절름발이 왕
尸 주검 시
屮(艸) 싹날 철
山 메 산
巛(川) 개미허리
  (내 천)
工 장인 공
己 몸 기
巾 수건 건
干 방패 간
幺 작을 요
广 집 엄(엄호)
廴 길게걸을 인
  (민책받침)
廾 손맞잡을 공
  (밑스물입)

弋 주살 익
弓 활 궁
彐(彑) 돼지머리 계
  (터진가로왈)
彡 터럭 삼(삐친석삼)
彳 조금걸을 척
  (중인변)

## 4획
心(忄·㣺) 마음 심
  (심방변)
戈 창 과
戶 지게 호
手(扌) 손 수(재방변)
支 지탱할 지
攴(攵) 칠 복
  (등글월문)
文 글월 문
斗 말 두
斤 도끼 근(날근)
方 모 방
无(旡) 없을 무
  (이미기방)
日 날 일
曰 가로 왈
月 달 월
木 나무 목
欠 하품 흠
止 그칠 지
歹(歺) 뼈앙상할 알
  (죽을사변)
殳 칠 수
  (갖은등글월문)

母 말 무
比 견줄 비
毛 터럭 모
氏 각시 씨
气 기운 기
水(氵) 물 수(삼수변)
火(灬) 불 화
爪(爫) 손톱 조
父 아비 부
爻 점괘 효
爿 조각널 장
  (장수장변)
片 조각 편
牙 어금니 아
牛(牜) 소 우
犬(犭) 개 견

## 5획
玄 검을 현
玉(王) 구슬 옥
瓜 오이 과
瓦 기와 와
甘 달 감
生 날 생
用 쓸 용
田 밭 전
疋 필 필
疒 병들 녘(병질엄)
癶 걸을 발(필발머리)
白 흰 백
皮 가죽 피
皿 그릇 명
目(㓁) 눈 목

| | | | |
|---|---|---|---|
| 矛 창 모 | 血 피 혈 | 隹 새 추 | **12 획** |
| 矢 화살 시 | 行 다닐 행 | 雨 비 우 | 黃 누를 황 |
| 石 돌 석 | 衣(衤) 옷 의 | 靑 푸를 청 | 黍 기장 서 |
| 示(礻) 보일 시 | 襾 덮을 아 | 非 아닐 비 | 黑 검을 흑 |
| 禸 짐승발자국 유 | | | 黹 바느질할 치 |
| 禾 벼 화 | **7 획** | **9 획** | |
| 穴 구멍 혈 | 見 볼 견 | 面 낯 면 | **13 획** |
| 立 설 립 | 角 뿔 각 | 革 가죽 혁 | 黽 맹꽁이 맹 |
| | 言 말씀 언 | 韋 다룸가죽 위 | 鼎 솥 정 |
| **6 획** | 谷 골 곡 | 韭 부추 구 | 鼓 북 고 |
| 竹 대 죽 | 豆 콩 두 | 音 소리 음 | 鼠 쥐 서 |
| 米 쌀 미 | 豕 돼지 시 | 頁 머리 혈 | |
| 糸 실 사 | 豸 발없는벌레 치 | 風 바람 풍 | **14 획** |
| 缶 장군 부 | (갓은돼지시변) | 飛 날 비 | 鼻 코 비 |
| 网(罒·罓) 그물 망 | 貝 조개 패 | 食(飠) 밥 식(변) | 齊 가지런할 제 |
| | 赤 붉을 적 | 首 머리 수 | |
| 羊(羋) 양 양 | 走 달아날 주 | 香 향기 향 | **15 획** |
| 羽 깃 우 | 足(𧾷) 발 족 | | 齒 이 치 |
| 老(耂) 늙을 로 | 身 몸 신 | **10 획** | |
| 而 말이을 이 | 車 수레 거 | 馬 말 마 | **16 획** |
| 耒 쟁기 뢰 | 辛 매울 신 | 骨 뼈 골 | 龍 용 룡 |
| 耳 귀 이 | 辰 별 진 | 高 높을 고 | 龜 거북 귀(구) |
| 聿 붓 율 | 辵(辶) 쉬엄쉬엄갈 착 | 髟 머리털늘어질 표 | |
| 肉(月) 고기 육 | (책받침) | (터럭발) | **17 획** |
| (육달월변) | 邑(阝) 고을 읍 | 鬥 싸울 투 | 龠 피리 약 |
| | (우부방) | 鬯 술 창 | |
| 臣 신하 신 | 酉 닭 유 | 鬲 솥 력 | |
| 自 스스로 자 | 釆 분별할 변 | 鬼 귀신 귀 | |
| 至 이를 지 | 里 마을 리 | | |
| 臼 절구 구 (확구) | | **11 획** | |
| 舌 혀 설 | **8 획** | 魚 물고기 어 | |
| 舛(舜) 어그러질 천 | 金 쇠 금 | 鳥 새 조 | |
| 舟 배 주 | 長(镸) 길 장 | 鹵 소금밭 로 | |
| 艮 그칠 간 | 門 문 문 | 鹿 사슴 록 | |
| 色 빛 색 | 阜(阝) 언덕 부 | 麥 보리 맥 | |
| 艸(艹) 풀 초(초두) | (좌부방) | 麻 삼 마 | |
| 虍 범의문채 호 (범호) | 隶 미칠 이 | | |
| 虫 벌레 충 (훼) | | | |

중·고등학교 교육용 한자

# 생활용 2000 한자

김동구 편저
김봉빈 펜글씨

- 기초한자 1,800자, 제외자 44자,
  실용한자 200자, 합 2,044자 수록
- 8천여 단어·숙어, 용례 풀이
- 모범 펜글씨(正子·行書·草書體) 삽입
- 중국어 간체자, 영어·일본어 단어, 쉬운
  뜻풀이와 부수, 획순 쓰기, 다양한 부록 수록

논술·수능·취업·승진시험
한자능력시험(8급~3급)
"완벽대비"

明文堂

**새활용 2000 한자**

초판 인쇄일|2008년 11월 15일
초판 발행일|2008년 11월 20일
편  저|金東求
펴낸이|金東求
펴낸데|明文堂(창립 1923. 10. 1.)
주  소|서울특별시 종로구 안국동 17-8
우체국|010579-01-000682
전  화|(영업) 733-3039, 734-4798  FAX 734-9209
     (편집) 741-3237
등  록|1977. 11. 19. 제 1-148
ISBN 978-89-7270-897-1     13710
ⓒ 2008 명문당
잘못된 책은 구입한 곳에서 바꿔드립니다.
값 15,000원

## 책머리에

　우리 조상들은 이미 오래 전부터 한자를 우리 문자로 받아들여 유구한 역사를 가꾸고 찬란한 문화를 꽃피워 왔을 뿐만 아니라 중국에까지 문명(文名)을 떨치고 일본에 한자를 전하는 등 문화 선진국으로 발돋움해 왔다.
　이 책은 교육부에서 발표한 "21세기 한자·한문 교육의 새로운 패러다임 구축"에 의거하여 한자·한문 교육의 내실을 기하며, 새로운 교육적 전망을 확립하기 위하여 만들어졌다. 그리고 이미 제정·공포(公布)한 한문 교육용 기초한자 1,800자를 조정하여 새롭게 적용되는 한문 교육용 기초한자와 제외된 44자, 그리고 일상생활에서 널리 쓰이는 실용한자 200자를 포함하여 총 2,044자를 수록하여 학습에 도움을 주고자 하였다.
　그러므로 입시를 앞둔 중·고등학생에서부터 취업·승진 시험을 대비하는 대학생과 일반인 및 공무원들에 이르기까지 한자 학습의 필요성을 일깨우고 일상에서의 활용 능력을 길러주는 지침서가 되도록 꾸몄다. 특히 8급에서부터 3급·3급Ⅱ 배정한자 1,817자를 포함하여 2,044字를 총망라하였기 때문에 자신의 학습능력 여하에 따라 검정시험을 치를 수 있도록 하였다.
　내용은 중국어 간체자뿐만 아니라 한자의 뜻을 완전히 깨우칠 수 있도록 한자의 유래, 즉 자원(字源)과 자해(字解)를 옆에 두고 필순 익히기와 일상생활 및 학습에 도움이 되는 용례 풀이 등을 충실히 다루었다.
　특히 광화문 서예학원장 김봉빈(金鳳彬)님의 모범 펜글씨체를 수록함으로써 활용의 폭을 더욱 넓혔다.
　참고적으로 이웃나라 중국에서는 간체한자 2,234자, 일본에서는 당용한자(當用漢字) 2,028자, 그리고 북한에서는 3,000자를 상용한자로 가르치고 있다.
　이 책이 한자를 배우려는 모든 학생·사회인뿐만 아니라 한자능력검정시험과 취업·승진 시험 및 입사(入社)를 준비하는 모든 분들께 좋은 길잡이가 되리라 확신한다.

2008년 11월<br>
편저자 씀

## 새활용 2000한자의 특징

1) 중·고등학교 교육용 1,800자를 보다 효과적이고 능률적으로 읽힐 수 있도록 자연·국가·사회·문화·사업 등으로 단어를 배열하여 엮었다.
2) 표제자 아래에 총 8,000여를 헤아리는 단어·숙어를 수록함으로써 한자의 쓰임을 정확하고 쉽게 읽힐 수 있도록 꾸몄다.
3) 표제자 위에 정자(正字)·행서(行書)·초서체(草書體)의 모범 펜글씨를 넣음으로써 글씨 공부에 도움이 되도록 하였다.
4) 한자의 뜻을 확실히 깨칠 수 있도록 영어와 일본어 및 중국어 간체자와 한자의 유래, 필순 익히기를 삽입하고, 학습에 도움이 되는 용례 풀이를 충실히 다루어 한자능력검정시험 뿐만 아니라 각종 시험에 대비토록 완벽을 기했다.
5) 새로 추가된 기초한자 44자는 본문 315면에 별도 수록하였으며 본문 속의 ※표한 글자는 기초한자에서 제외된 글자이나 일상적으로 활용하기 위해 같이 수록하였다.
6) 다양한 부록을 통하여 한자에 대한 다목적(多目的) 이해가 되도록 충실히 다루었다.

참고 : 모범 펜글씨체는 경우에 따라 정자획(正字劃)대로 쓰는 것을 피하고 일상적으로 쓰는 체를 따랐음을 밝힌다.

## 차 례 ——— 생활용 2000한자

- 책머리에   3
- 이 책의 특징 · 일러두기   4

### ■ 자연(自然)
- 천문(天文)   7
- 초목(草木)   31
- 지리(地理)   21
- 금수(禽獸)   37

### ■ 국가(國家)
- 국토(國土)   41
- 국방(國防)   65
- 통신(通信)   87
- 정치(政治)   57
- 교통(交通)   79

### ■ 사회(社會)
- 질서(秩序)   89
- 도덕(道德)   129
- 체육(體育)   149
- 단체(團體)   111
- 위생(衛生)   143

### ■ 문화(文化)
- 문학(文學)   153
- 예술(藝術)   177
- 학문(學問)   163

## ■ 산업(産業)
- 농림(農林)　　　　185
- 기업(企業)　　　　197

## ■ 인간(人間)
- 신체(身體)　　　　219
- 가족(家族)　　　　223
- 풍속(風俗)　　　　231
- 감정(感情)　　　　243
- 품격(品格)　　　　247

## ■ 단위(單位)
- 단위(單位)　　　　257

## ■ 기타(其他)
- 고제(古制)　　　　265
- 간지(干支)　　　　275
- 단어(單語)　　　　279

## ■ 교육용 기초한자 추가된 44자　　　　315
## ■ 일상생활 실용한자 200자　　　　321

### ▩ 부록(附錄)
1. 교육용(중학교·고등학교) 기초한자 /348
2. 두음법칙(頭音法則) 한자 /363
3. 동자이음(同字異音) 한자 /364
4. 뜻이 서로 상대(반대)되는 한자/ 367
5. 뜻이 서로 같은(비슷한) 한자/ 369
6. 약자(略字)·속자(俗字) /371
7. 잘못 읽기 쉬운 한자 /373
8. 동음이체자(同音異體字) /374
9. 총획색인(總劃索引) /387
10. 자음색인(字音索引) /398
11. 영자팔법(永字八法) /416

자연(自然)- 천문(天文)

## 天地(천지) 天地 天地 천지 하늘과 땅. 우주. 세상.

**天** 하늘 천
大1 ④
하늘. 하느님. 임금.
sky テン(そら)   一 二 于 天
큰 대(大)와 한 일(一). 사람의 머리 위 (一).
天高馬肥(천고마비) 가을이 썩 좋은 철.
　하늘은 높고 말이 살찌다.
天國(천국) 하늘나라. 天堂(천당).
天機漏洩(천기누설) 하늘의 비밀이 샘.

**地** 땅 지
土3 ⑥
땅. 곳. 지위. 바탕.
earth チ(つち)   一 十 土 圵 圠 地
흙 토(土)와 있을 야(也: 꿈틀대는 전갈 모양).
地境(지경) 토지의 경계. 地界(지계).
地理(지리) 지구상의 지형·기후·생물·
　인구 등의 상태.
地方(지방) 어떤 방면의 땅. 시골.

## 乾坤(건곤) 乾坤 乾坤 乾坤 하늘과 땅. 음양(陰陽). 해와 달.

**乾** 하늘 건
乙10 ⑪
하늘. 괘. 마름. (本) 간.
heaven ケン(てん)   一 十 古 卓 乾 乾
해돋을 간(倝)에 새 을(乙: 초목의 새싹).
乾坤(건곤) 하늘과 땅. 天地(천지).
乾坤一擲(건곤일척) 천하를 걸고 운명에 맡
　기어 일을 결행함.
乾燥(건조) 습기·물기가 없어짐. 마름.

**坤** 땅·곤괘 곤
土5 ⑧
땅. 괘(卦) 이름. 황후.
earth コン(つち)   土 圵 圠 圸 坤 坤
흙 토(土)와 펼 신(申). 널리 펼쳐진 땅.
坤卦(곤괘) 8괘의 하나로 땅을 가리킴.
坤道(곤도) 대지(大地)의 도. 여자가 지켜야
　할 도리.
坤位(곤위) 부인의 무덤이나 신주(神主).

## 宇宙(우주) 宇宙 宇宙 宇宙 천지 사방과 고금. 온 세상.

**宇** 집 우
宀3 ⑥
집. 지붕. 처마. 하늘.
house ウ(いえ)   ` 宀 宇 宇 宇
움집 면(宀)과 넓은 모양 우(于: 걸터앉다).
宇內(우내) 천지 사방. 세상 안. 천하. 세계.
宇中(우중) 천지 사방. 천하(天下).
宇下(우하) 처마 밑. 府下(부하).
屋宇(옥우) 집. 여러 집채들.

**宙** 집 주
宀5 ⑧
집. 주거. 하늘. 동량.
house チュウ(そら)   ` 宀 宁 宙 宙 宙
움집 면(宀)과 말미암을 유(由: 방. 모양).
宙水(주수) 웅덩이에 괸 지하수.
宙然(주연) 넓은 모양을 일컬음.
宙宇(주우) 모든 전체를 포함하는 전 공간.
宙表(주표) 하늘의 바깥. 天外(천외).

## 洪荒 (홍황)  洪荒  洪荒  洪荒  끝없이 넓고 큰 모양. 세계의 시초

### 洪 넓을 홍
水(氵) 6 ⑨
큰 물. 넓다. 크다. 홍수.
broad コウ(おおみず)
氵 氵 泙 洪 洪 洪
물 수(水・氵)와 다할 공(共 : 넓고 크다).

洪大(홍대) 썩 큼. 鴻大(홍대).
洪福(홍복) 큰 행복. 썩 큰 복력.
洪水(홍수) 큰 물. 장마가 져서 크게 불은 물.
洪業(홍업) 나라를 세우는 큰 사업.

### 荒 거칠 황
艸(艹) 6 ⑩
거칠다. 망치다. 흉년.
rough コウ(あれる)
艹 艹 芒 芒 荒 荒
풀 초(艹・艸)와 없을 황(亡).

荒年(황년) 농작물이 잘 되지 않은 해.
荒畓(황답) 거친 논.
荒唐(황당) 언행이 거칠고 거짓이 많음.
荒蕪地(황무지) 황폐한 땅. 거칠어진 땅.

## 日月 (일월)  日月  日月  日月  해와 달. 날과 달의 뜻으로, 세월.

### 日 날 일
日 0 ④
날. 해. 낮. 햇별. 날수.
day ジツ, ニチ(ひ)
丨 冂 日 日
해의 모양을 본뜬 글자.

日常(일상) 날마다. 늘. 항상.
日月星辰(일월성신) 해와 달과 별의 천체.
日就月將(일취월장) 학문이 날로 발전함.
靑天白日(청천백일) 맑게 갠 날.

### 月 달 월
月 0 ④
달. 달빛. 세월. 달마다.
moon ゲツ(つき)
丿 冂 月 月
초승달의 모양을 본뜬 글자.

月刊(월간) 매달 한 번씩 간행함. 간행물.
月桂(월계) 달빛. 월계수.
滿月(만월) 보름달. 가장 완전하게 둥근달.
歲月(세월) 흘러가는 시간. 光陰(광음).

## 星晨 (성신)  星晨  星晨  星晨  많은 별. 새벽 별.

### 星 별 성
日 5 ⑨
별. 세월. 점치다.
star セイ, ツョウ(ほし)
日 尸 旦 早 星 星
날 일(日)과 날 생(生). 해가 진 다음 생기는 별.

星霜(성상) 별과 서리. 세월.
星座(성좌) 별자리.
星火(성화) 빠르게 흐르는 유성(流星)처럼 일이 급박함의 비유. 매우 작은 불꽃.

### 晨 새벽 신
日 7 ⑪
새벽. 이른 아침. 닭 울다.
day break シン(あした)
日 尸 尿 晨 晨 晨
날 일(日)과 별 진(辰 : 빨간 입술). 아침해가 떠오를 무렵, '새벽'을 뜻한다.

晨光(신광) 아침 햇빛.
晨鷄(신계) 새벽을 알리는 닭.
晨旦(신단) 이른 아침.
晨省(신성) 아침 부모님 침소의 안부를 살핌.

자연(自然)- 천문(天文)

## 東西(동서) 東西 東西 東西  동쪽과 서쪽. 동양과 서양.

**東** (木 4/8)  동녘 동
동녘. 동쪽.
东
east  トウ(ひがし)  一 ㄇ 曰 申 東 東
해(日)가 떠서 나뭇가지(木)에 걸려 있는 모양.

東問西答(동문서답) 어떤 물음에 대하여 당치 않은 엉뚱한 대답을 함.
東西古今(동서고금) 동양이나 서양이나, 예나 지금이나. '언제, 어디서나'의 뜻.

**西** (襾 0/6)  서녘 서
서녘. 서쪽. 깃들다.
west  セイ,サイ(にし)  一 ㄷ ㅠ 丙 西 西
둥지 위에 새가 쉬고 있는 모양.

西歐(서구) 서부 유럽. 유럽과 미국을 일컬음.
西海(서해) 서쪽 바다. 黃海(황해).
聲東擊西(성동격서) 동쪽을 친다는 소문을 퍼뜨리고 실제로는 서쪽을 침.

## 南北(남북) 南北 南北 南北  남쪽과 북쪽.

**南** (十 7/9)  남녘 남
남녘. 남으로 향하다.
south  ナン(みなみ)  十 ㄏ 冂 冃 肖 肖 南 南 南
집(冂)의 양지바른 곳에 싹(屮)이 자라는 모양.

南柯一夢(남가일몽) 꿈과 같이 헛된 한때의 부귀와 영화.
南極(남극) 자침(磁針)이 가리키는 남쪽 끝.
南至(남지) 동지(冬至)의 다른 이름.

**北** (匕 3/5)  북녘 북, 달아날 배
북녘. 북쪽. 달아나다.
north  ホク(きた)  丨 ㅓ ㅓ ㅓ 北
서로 등 돌리고 서 있는 옆모양을 본뜬 글자.

北極(북극) 지축의 북쪽 끝. 北極星(북극성).
北邙山(북망산) 중국 낙양(洛陽)의 북쪽에 있는 산. 北邙山川(북망산천).
敗北(패배) 싸움에 짐. 패하여 달아남.

## 春夏(춘하) 春夏 春夏 春夏  봄과 여름.

**春** (日 5/9)  봄 춘
봄. 청춘.
spring  シュン(はる)  一 三 夫 春 春 春
풀의 싹이 햇빛을 받아 무리지어 돋아나는 '봄'을 뜻함(원자에서).

春困(춘곤) 봄철에 느끼는 나른한 기운.
春秋(춘추) 봄과 가을. 어른의 나이. 세월.
賞春(상춘) 봄 경치를 구경하며 즐김.
靑春(청춘) 새싹이 돋는 봄철. 젊은 나이.

**夏** (夂 7/10)  여름 하
여름. 중국. 나라 이름.
summer  カ,ゲ(なつ)  一 ㄏ 百 頁 夏 夏
머리 혈(百·頁)과 천천히 걸을 쇠발(夂).

夏期(하기) 여름철. 夏季(하계). 夏節(하절).
夏服(하복) 여름철에 입는 옷.
孟夏(맹하) 음력 4월의 이칭. 초여름.
盛夏(성하) 한여름. 더위가 한창인 여름.

## 秋冬 (추동) 秋冬 秋冬 秋冬 가을과 겨울.

**秋** 가을 추
禾 / 4 / ⑨
가을. 결실. 세월. 근심하다.
autumn シュウ(あき)   ニ 千 禾 禾 秋 秋
벼 화(禾)와 불 화(火). 곡식을 햇빛에 말림.

秋霜(추상) 가을의 찬 서리. 위엄이나 엄한 형벌
秋夕(추석) 음력 8월 보름. 仲秋節(중추절).
秋收(추수) 가을에 익은 곡식을 거두어들임.
千秋(천추) 썩 오랜 세월. 千年(천년).

**冬** 겨울 동
冫 / 3 / ⑤
겨울. 동절기. 겨울을 지내다.
winter トウ(ふゆ)   ノ ク 久 冬 冬
얼음 빙(冫)은 얼음에 금이 간 모양.

冬眠(동면) 동물들의 겨울잠
冬至(동지) 24절기의 하나(12월 22, 23일경)
嚴冬(엄동) 매우 추운 겨울.
立冬(입동) 24절기의 하나(양력 11월 7, 8일경).

## 寒暑 (한서) 寒暑 寒暑 寒暑 추위와 더위. 겨울과 여름.

**寒** 찰 한
宀 / 9 / ⑫
차다. 추움. 가난하다.
cold カン(さむい)   宀 宀 宇 寒 寒 寒
터질 하(𡨄)와 얼음 빙(冫).

寒氣(한기) 추운 기운. 추워서 몸이 떨리는 기운.
寒冷(한랭) 춥고 참. 기온이 낮고 매우 추움.
寒食(한식) 동지로부터 105일째 되는 날.
惡寒(오한) 병으로 열이 심할 때 느끼는 추위.

**暑** 더울 서
日 / 9 / ⑬
덥다. 무더움. 여름.
hot ショ(あつい)   日 旦 早 昇 昇 暑
날 일(日)과 놈 자(者 : 타오르는 장작더미).

暑氣(서기) 여름의 더위. 더위로 인한 병.
暑伏(서복) 대단히 더운 여름. 삼복더위.
避暑(피서) 더위를 피함.
處暑(처서) 24절기의 하나(양력 8월 22일경).

## 溫涼 (온량) 溫涼 溫涼 溫涼 따뜻함과 서늘함.

**溫** 따뜻할 온
水 / 10 / ⑬
따뜻하다. 온화하다.
warm オン(あたたかい)   氵 汈 泗 泗 溫 溫
물 수(氵·水)와 온화할 온(昷).

溫暖(온난) 날씨가 따뜻함.
溫度(온도) 덥고 찬 정도.
溫順(온순) 성질·마음씨가 온화하고 양순함.
溫厚(온후) 온화하고 차분함.

**涼** 서늘할 량
水 / 8 / ⑪
서늘하다. 서늘한 바람.
cool リョウ(すずしい)   氵 氵 沪 泞 涼 涼
물 수(氵·水)와 높을 경(京·良 : 좋다).

涼德(양덕) 덕이 적음. 두텁지 못한 심덕(心德)
涼天(양천) 서늘한 날씨.
涼秋(양추) 서늘한 가을. 음력 9월경.
納涼(납량) 더위를 피하여 시원한 바람을 쐼.

자연(自然) - 천문(天文)

## 晝夜(주야)  晝夜 晝夜 晝夜   낮과 밤. 밤낮.

**晝** 日 7 ⑪ 낮 주
daytime チュウ(ひる)
낮. 대낮. 한낮.
一 ㄱ ㄹ 聿 書 晝晝
그을 획(畫 : 畫의 획 줄임)과 날 일(日).

晝間(주간) 낮. 낮 동안. ↔ 夜間(야간).
晝耕夜讀(주경야독) 낮에는 일하고 밤에는 공부한다는 뜻으로, 어렵게 공부함.
晝夜兼行(주야겸행) 밤낮으로 쉬지 않고 감.

**夜** 夕 5 ⑧ 밤 야
night ヤ(よる)
밤. 새벽. 그늘. 어둠.
一 亠 宀 疒 夜 夜
또 역(亦)과 저녁 석(夕). 밤이 또다시 옴.

夜景(야경) 밤 경치(景致). 夜色(야색).
夜光明月(야광명월) 밤의 밝은 달.
夜陰(야음) 밤의 어두움. 또는 그때.
夜學(야학) 밤에 수업하는 학교. 밤에 공부함.

## 長短(장단)  長短 長短 長短   긴 것과 짧은 것.

**長** 長 0 ⑧ 긴 장, 어른 장
long チョウ(ながい)
길다. 오래다. 어른.
丨 厂 上 手 長 長
머리가 길고 수염이 흰 노인이 지팡이를 짚고 있는 모양.

長久(장구) 오램. 영구히 변치 아니함.
長短(장단) 길고 짧음. 장점과 단점.
長生不死(장생불사) 오래 살고 죽지 아니함.
長者(장자) 어른. 덕망이나 신분이 높은 사람.

**短** 矢 7 ⑫ 짧을 단
short タン(みじかい)
짧다. 작다. 모자라다.
ノ ㅓ 矢 矩 短 短
화살 시(矢)와 콩 두(豆). 옛날 화살은 짧은 물건을 재거나 물건을 가려내는 데 사용하였다.

短見(단견) 천박한 생각. 얕은 소견.
短點(단점) 낮고 모자라는 점. 缺點(결점).
短縮(단축) 짧게 줄임. 짧게 줄어짐.
短篇(단편) 짧은 시문(詩文). 단편 소설.

## 羅列(나열)  羅列 羅列 羅列   죽 벌여놓거나 열을 지음.

**羅** 网 14 ⑲ 벌일 라
spread ラ(あみ)
벌이다. 늘어서다. 그물. 비단.
罒 罕 罤 羅 羅 羅
그물 망(罒·网)과 맬 유(維). 새 잡는 그물을 처 놓은 것.

羅拜(나배) 여럿이 늘어서서 함께 절함.
羅紗(나사) 양복감으로 쓰이는 모직물.
羅衫(나삼) 사(紗)로 만든 적삼.
羅城(나성) 外城(외성). 로스앤젤레스의 음역.

**列** 刀 4 ⑥ 벌일 렬
arrange レツ(つらなる)
벌이다. 늘어놓음. 줄. 행렬.
一 ㄱ 歹 列 列 列
뼈 앙상한 알(歹)과 칼 도(刂·刀).

列強(열강) 여러 강대한 나라들.
列擧(열거) 여러 가지 예를 듦.
列聖朝(열성조) 역대 임금의 시대.
列傳(열전) 많은 사람들의 전기를 배열한 책.

## 循環(순환)  循環 循環 循環   쉬지 않고 잇달아 돎. 또, 그 과정.

**循** 돌 순
彳 9 ⑫
돌다. 좇다. 따르다.
revolve  シュン(めぐる)
彳 彳' 彳" 循 循 循
조금 걸을 척(彳)과 방패 순(盾 : 따르다).

循例(순례) 관례를 좇음.
循理(순리) 도리를 좇음.
循次(순차) 차례대로 좇음.
循行(순행) 여러 곳을 돌아다님.

**環** 고리 환   环
玉 13 ⑰
고리. 두르다. 돌다. 둥근 구슬.
ring  カン(たまき)
𤣩 珃 珃 環 環 環
구슬 옥(王·玉)과 돌 환(睘). 고리 모양의 구슬을 뜻한다.

環境(환경) 자연적 조건이나 사회적 상황.
環狀(환상) 고리처럼 둥글게 생긴 현상.
環象(환상) 주위를 둘러싸고 있는 일체의 현상.
指環(지환) 반지. 가락지.

## 雨露(우로)  雨露 雨露 雨露   비와 이슬. 은혜가 미침.

**雨** 비 우
雨 0 ⑧
비. 비가 오다. 떨어지다.
rain  ウ(あめ)
一 丆 冂 币 雨 雨
하늘(一)의 구름(冂)에서 빗방울(雨)이 떨어지는 모양.

雨景(우경) 비 올 때의 경치.
雨期(우기) 일년 중 비가 가장 많이 오는 때.
雨後竹筍(우후죽순)  비 온 뒤 죽순이 돋아나듯 여기저기에서 동시에 많이 발생함의 비유.

**露** 이슬 로
雨 12 ⑳
이슬. 은혜. 드러나다.
dew  ロ(つゆ)
雨 雨 雫 霚 霰 露
비 우(雨)와 길 로(路). 길가의 풀잎에 맺혀 있는 물방울, 이슬을 뜻한다.

露骨(노골) 숨기지 않고 있는 그대로 드러냄.
露宿(노숙) 한데서 잠. 집 밖에서 잠.
露玉(노옥) 구슬같이 맺힌 이슬. 露柱(노주).
露出(노출) 밖으로 드러나거나 드러냄.

## 霜雪(상설)  霜雪 霜雪 霜雪   서리와 눈.

**霜** 서리 상
雨 9 ⑰
서리. 해. 년. 세(歲).
frost  ソウ(しも)
一 乛 乛 霜 霜 霜
비 우(雨)와 서로 상(相 : 잃다).

霜降(상강) 서리가 옴. 24절기의 하나. 양력 10월 22일경.
霜露(상로) 서리와 이슬.
霜月(상월) 차갑게 느껴지는 달. 겨울에 뜨는 달.

**雪** 눈 설
雨 3 ⑪
눈. 눈이 오다. 씻다. 희다.
snow  セツ(ゆき)
一 乛 乛 雪 雪 雪
비 우(雨)와 비로 쓸 혜(彐).

雪景(설경) 눈이 내리거나 눈이 쌓인 경치.
雪上加霜(설상가상) 눈 위에 서리가 더한다는 뜻으로, 불행한 일이 거듭해서 일어남의 비유.
雪辱(설욕) 치욕을 씻음. 雪恥(설치).

자연(自然) - 천문(天文)

## 風雲(풍운)  風雲 風雲 風雲  바람과 구름. 세상이 변한 기운.

**風** 風 바람 풍  风
0⑨ 바람. 움직이다. 풍자하다.
wind フウ(かぜ)  几 凡 凤 風 風 風

무릇 범(凡)과 벌레 충(虫). 공기가 있어야 모든 생물이 깨어나는 것으로, '바람'을 뜻한다.

風景(풍경) 경치. 자연의 경치를 그린 그림.
風霜(풍상) 바람과 서리. 세월. 세상의 고난.
風俗(풍속) 예부터 행하여 온 생활 풍습.
風樂(풍악) 옛 음악. 주로 기악(器樂)을 일컬음.

**雲** 雲 구름 운  云
雨4⑫ 구름. 습기. 높음.
cloud ウン(くも)  一 雨 雲 雲 雲 雲

비 우(雨)와 이를 운(云·雲).

雲客(운객) 신선(神仙). 은자.
雲集(운집) 사람들이 구름같이 많이 모여듦.
雲泥之差(운니지차) 구름과 진흙의 차이라는 뜻으로, 차이가 매우 심함.

## 水火(수화)  水火 水火 水火  물과 불.

**水** 水 물 수
水0④ 물. 강. 하천. 별자리.
water スイ(みず)  丿 亅 氺 水

물(水)이 흐르는 모양.

水路(수로) 물이 흐르는 길. 뱃길·물길 등.
水脈(수맥) 땅 속으로 흐르는 물의 줄기.
水産(수산) 강·바다 등에서 나는 산물.
水準(수준) 사물의 등급.

**火** 火 불 화
火0④ 불. 오행의 하나. 타다.
fire カ(ひ)  丶 丷 火 火

불이 활활 타오르는 모양.

火急(화급) 몹시 급함. 매우 바쁨.
火氣(화기) 불의 뜨거운 기운.
火星(화성) 태양계의 넷째 번 행성.
火災(화재) 불이 내는 재앙(災殃).

## 雷電(뇌전)  雷電 雷電 雷電  천둥과 번개.

**雷** 雷 천둥 뢰
雨5⑬ 천둥. 우레. 큰 소리의 형용.
thunder ライ(かみなり)  一 雨 雷 雷 雷 雷

비 우(雨)와 겹칠 뢰(畾).

雷管(뇌관) 폭약에 쓰이는 발화구.
雷同(뇌동) 주견 없이 남의 의견을 좇음.
雷聲霹靂(뇌성벽력) 천둥치는 소리와 벼락.
雷雨(뇌우) 우렛소리와 함께 오는 비.

**電** 電 번개 전  电
雨5⑬ 번개. 번쩍이다. 전기.
lightning テン(いなづま)  一 雨 雷 雷 雷 電

비 우(雨)와 펼 신(电·申:번개).

電光石火(전광석화) 번갯불과 돌이 서로 부딪쳐 나는 불빛이란 뜻으로 아주 짧은 시간.
電氣(전기) 전자의 이동으로 생기는 에너지의 한 형태. 양전기와 음전기가 있음.

## 晴霧(청무)　晴霧　晴霧　晴霧　맑음과 흐림.

**晴** 日 8 ⑫  clear セイ(はれる)  갤 청

개다. 마음이 개운해지다.

日　日⁺　旿　晴　晴　晴

날 일(日:해)과 맑을 청(靑:맑게 개임).

- 晴曇(청담) 날씨의 갬과 흐림.
- 晴雨(청우) 하늘의 맑음과 비가 옴.
- 晴天(청천) 맑게 갠 하늘. 晴空(청공).
- 快晴(쾌청) 하늘이 상쾌하게 갬.

**霧** 雨 11 ⑲  fog ム,ブ(きり)  안개 무

안개. 흐리다. 어둡다.

雫　雫　雰　雰　霧　霧

비 우(雨)와 힘쓸 무(務:덮다).

- 霧露(무로) 병(病)을 일컬음. 안개와 이슬.
- 霧散(무산) 안개가 흩어짐. 안개가 갬. 안개가 개듯 흔적 없이 흩어짐.
- 濃霧(농무) 짙은 안개. 密霧(밀무).

## 燥濕(조습)　燥濕　燥湿　燥湿　마르고 습함.

**燥** 火 13 ⑰  dry ソウ(かねく)  마를 조

마르다. 건조함. 말리다.

火　灯　炉　焜　燥　燥

불 화(火)와 떼지어 울 소(喿:소란스럽다).

- 燥渴症(조갈증) 물을 마셔도 목이 마르는 병.
- 燥急(조급) 참을성이 없고 성급함.
- 乾燥(건조) 습기·물기가 없어짐.
- 焦燥(초조) 애를 태워서 마음을 졸임.

**濕** 水 14 ⑰  wet シツ(しめる)  젖을 습

젖다. 축축하다. 습기.

氵　沪　湿　湿　濕　濕

물 수(氵·水)와 누에고치 현(㬎:젖다).

- 濕氣(습기) 축축한 기운.
- 濕度(습도) 공기 중의 습기의 정도.
- 濕地(습지) 물기가 많은 땅. 축축한 땅.
- 濕疹(습진) 피부의 표면에 생기는 염증.

## 氷凍(빙동)　氷凍　氷凍　氷冻　얼음이 얼어붙음.

**氷** 水 1 ⑤  ice ヒョウ(こおり)  얼음 빙

얼음. 얼다. 차고 맑다.

丨　기　키　氷　氷

본자(本字)인 '冰'은 얼음 빙(冫)과 물 수(水).
물이 얼어 얼음이 됨.

- 氷庫(빙고) 얼음을 넣어 두는 창고.
- 氷壁(빙벽) 얼음이나 눈에 덮인 낭떠러지.
- 氷點(빙점) 물이 어는 점. 곧, 0℃.
- 結氷(결빙) 물이 얼어붙음.

**凍** 冫 8 ⑩  freeze トウ(こおる)  얼 동

얼다. 춥다. 차다.

冫　冫　冱　冱　凍　凍

얼 빙(冫:얼음의 결 모양)과 봄 동(東).

- 凍結(동결) 얼어붙음.
- 凍氷(동빙) 물이 얼어 얼음이 됨. 結氷(결빙).
- 凍死(동사) 얼어 죽음.
- 凍傷(동상) 심한 추위로 피부가 얼어서 상함.

자연(自然)- 천문(天文)

## 測候(측후) 測候 測候 기상을 관측함.

**測** 잴 측
水 9 ⑫
재다. 측량하다. 헤아리다.
measure ソク(はかる)
氵 汎 汩 泪 湏 測
물 수(氵·水)와 법칙 칙(則).

測度(측도) 양을 재었을 때 얻어지는 수치.
測量(측량) 깊이·높이·길이·넓이 등을 계산함.
測定(측정) 어떤 양의 크기를 어떤 단위를 기준으로 하여 잼. 헤아려 정함.

**候** 철 후
人 8 ⑩
철. 계절. 절기. 시기. 조짐.
season コウ(うかがう)
亻 仁 伊 伊 候 候
사람 인(亻·人)에 과녁 후(侯).

候補(후보) 어떤 지위나 신분에 나가기를 바람.
候鳥(후조) 계절에 따라 옮겨 사는 새. 철새.
氣候(기후) 날씨의 현상.
徵候(징후) 좋거나 언짢은 조짐.

## 季節(계절) 季節 季節 봄·여름·가을·겨울로 나눈 동안. 철.

**季** 계절·끝 계
子 5 ⑧
계절. 끝. 막내. 철. 시절.
season キ(すえ)
二 千 禾 季 季 季
벼 화(禾)와 아들 자(子). 어린 벼의 싹.

季刊(계간) 일 년에 네 번 발간함. 또, 그 간행물.
季嫂(계수) 아우의 아내.
季氏(계씨) 남의 아우를 존대하여 일컫는 말.
季指(계지) 새끼손가락, 새끼발가락.

**節** 마디 절
竹 9 ⑮  节
마디. 절개. 규칙. 등급.
joint セツ(ふし)
⺮ 節 節 節 節 節
대 죽(竹)과 곧 즉(卽:무릎관절). 대나무가 자라며 생기는 '마디'를 뜻함.

節減(절감) 절약하여 줄임.
節約(절약) 아끼어 군비용이 나지 않게 함.
佳節(가절) 좋은 시절. 좋은 명절.
禮節(예절) 예의와 범절.

## 紫煙(자연) 紫煙 紫煙 紫煙 자줏빛 연기. 안개.

**紫** 자줏빛 자
糸 5 ⑪
자줏빛(보랏빛). 색깔.
purple シ(むらさき)
此 此 紫 紫 紫 紫
실 사(糸)와 이 차(此:색깔).

紫錦(자금) 자줏빛의 비단.
紫桃(자도) 오얏나무. 자두나무.
紫微(자미) 북두성의 북쪽에 있는 별의 이름.
紫衣(자의) 자줏빛의 옷. 임금의 의복.

**煙** 연기 연
火 9 ⑬
연기. 그을음. 안개. 담배.
smoke エン(けむり)
丶 火 炉 炳 炳 煙
불 화(火)와 아궁이 인(垔:원래는 피어오름).

煙氣(연기) 무엇이 탈 때 나는 흐릿한 기체.
煙幕(연막) 적의 눈을 피하기 위해 피우는 연기.
煙霧(연무) 연기와 안개. 아지랑이. 봄 안개.
禁煙(금연) 아편이나 담배 피우는 일을 금함.

## 旱災 (한재) 旱災 旱災 旱災  가뭄으로 말미암은 재앙.

**旱** 가물 한
日 3 ⑦
가물다. 가뭄. 뭍.
drought カン(ひでり)
` 冂 冃 日 旦 旱
날 일(日)과 골짜기 간(干 : 가뭄).

旱魃(한발) 가뭄. 발(魃)은 가뭄을 맡은 신.
旱熱(한열) 가물 때의 심한 더위.
旱害(한해) 가뭄으로 말미암은 재해.
旱炎(한염) 가물 때의 불같은 더위.

**災** 재앙 재    災
火 3 ⑦
재앙. 천재. 응징하다.
calamity サイ(わざわい)
′ ″ 巛 灾 災
내 천(巛 · 川)과 불 화(火). 큰 물과 불에 의해 모든 재앙이 일어난다.

災難(재난) 뜻밖에 일어나는 변고.
災殃(재앙) 재해. 재난.
災厄(재액) 재앙. 재난. 액운.
天災地變(천재지변) 자연변화로 일어나는 재해.

## 緯線 (위선) 緯線 緯線 緯線  지구상의 위치를 나타내는 선.

**緯** 씨 위    纬
糸 9 ⑮
씨(씨실). 씨줄. 가로.
woof イ(よこいと)
糸 紂 紆 緯 緯 緯
실 사(糸)와 다룸가죽 위(韋 : 두르다).

緯經(위경) 씨와 날. 가로줄과 세로줄.
緯度(위도) 적도에 평행하게 가로로 된 지구 위의 위치를 나타내는 좌표. ↔ 경도(經度).
經緯(경위) 직물의 날과 씨. 경선과 위선.

**線** 줄 선    线
糸 9 ⑮
줄. 금. 실.
line セン(すじ)
糸 紂 紀 絹 線 線
실 사(糸)와 샘 천(泉). 실이 샘처럼 실패에서 끊이지 않고 풀려 나옴.

線路(선로) 기차 따위의 길. 좁은 길.
線狀(선상) 선처럼 가는 줄을 이룬 모양.
線形(선형) 선처럼 가늘고 긴 모양.
曲線(곡선) 굽은 상태로 이어진 선.

## 熱冷 (열랭) 熱冷 熱冷 熱冷  더운 것과 찬 것.

**熱** 더울 열    热
火 11 ⑮
덥다. 더위. 뜨겁다.
hot ネツ(あつい)
土 耂 查 埶 執 熱
형세 세(埶 : 勢의 획 줄임)와 불 화(灬).

熱氣(열기) 뜨거운 기운. 높은 체온.
熱烈(열렬) 과실이나 느끼는 정도가 강함.
熱中(열중) 정신을 한 곳으로 쏟아 골몰함.
加熱(가열) 열을 가함.

**冷** 찰 랭    冷
冫 5 ⑦
차다. 맑다. 쌀쌀하다.
cool レイ(つめたい)
冫 冫 冫 冫 冷 冷
얼음 빙(冫)과 명령할 령(令).

冷却(냉각) 식혀 차게 함.
冷氣(냉기) 찬 기운. 한랭한 기후.
冷凍(냉동) 인공적으로 냉각시켜서 얼림.
冷冷(냉랭) 맑고 시원한 모양.

자연(自然)- 천문(天文) 17

## 蒼空(창공) 蒼空 蒼空 蒼空 푸른 하늘.

**蒼** 푸를 창
艸 10 ⑭
푸르다. 푸른빛. 짙푸른빛.
blue ソウ(あお)
艹 艾 芢 苍 蒼 蒼
풀 초(艹·艸)와 곳집 창(倉 : 푸르다).

蒼茫(창망) 푸르고 넓은 모양.
蒼白(창백) 푸른 기를 띤 흰빛. 해쓱함.
蒼生(창생) 초목이 우거져 있음의 비유.
蒼天(창천) 맑게 갠 새파란 하늘.

**空** 빌 공
穴 3 ⑧
비다. 하늘. 공중. 크다.
empty クウ(そら)
丶 宀 灾 空 空 空
구멍 혈(穴)과 만들 공(工).

空間(공간) 건물의 비워 둔 곳.
空明(공명) 맑은 물에 비치는 달그림자.
空想(공상) 헛된 상상. 객관적인 사실이 없는 생각.

## 太陽(태양) 太陽 太陽 太陽 해. 언제나 빛나고 희망을 주는 것.

**太** 클 태
大 1 ④
크다. 심하다. 최초. 콩.
great タ,タイ(ふとい)
一 ナ 大 太
큰 대(大)와 불똥 주(丶). 본래는 대자 둘이었으나 점을 찍어 아주 '크다'를 뜻한다.

太古(태고) 아주 오랜 옛날. 아득한 옛날.
太半(태반) 3분의 2. 절반이 넘음. 대부분. 과반
太初(태초) 천지가 개벽하기 전 기(氣)의 시초.
太平(태평) 세상이 평안함. 나라가 잘 다스려짐.

**陽** 볕 양
阜 9 ⑫
볕. 해. 양지. 밝다.
sunshine ヨウ(ひ)
阝 阳 阴 陧 陽 陽
언덕 부(阝·阜)와 빛날 양(昜). 햇빛을 잘 받는 언덕, '볕'을 뜻한다.

陽刻(양각) 철형(凸形)으로 새김. 돋을새김.
陽氣(양기) 양의 기운. 봄기운. 맑고 환한 기운.
陽地(양지) 볕이 바로 드는 곳.
陰陽(음양) 천지만물의 상대되는 두 가지 성질

## 熙輝(희휘) 熙輝 熙輝 熙輝 휘황하게 빛남.
※제외자

**熙** 빛날 희
火 9 ⑬
빛나다. 넓다. 기뻐하다.
brilliant キ(ひかる)
丆 叵 臣 臣 臤 熙
즐거울 이(胆 : 기뻐하다)에 불 화(灬·火).

熙隆(희륭) 넓고 성(盛)함.
熙笑(희소) 기뻐하여 웃음.
熙朝(희조) 잘 다스려진 세상.
熙熙(희희) 왕래가 잦은 모양.

**輝** 빛날 휘
車 8 ⑮
빛나다. 빛. 불빛. 광채.
shine キ(かがやく)
爫 炉 炉 焊 焊 輝
빛 광(光)과 군사 군(軍).

輝光(휘광) 빛남. 또는 찬란한 빛.
輝燭(휘촉) 환하게 비춤.
輝煌(휘황) 광채가 눈부시게 빛남.
光輝(광휘) 아름답게 빛나는 빛. 榮譽(영예).

## 球形 (구형)  球形 球形 球形   구슬(공)처럼 둥근 모양.

**球** 玉 7 ⑪ 공 구
공. 구슬. 아름다운 옥.
round gem　キュウ(たま)
丁 王 킃 玗 球 球
구슬 옥(玉·王)과 구할 구(求).

**形** 彡 4 ⑦ 형상 형
형상. 모양. 꼴. 형세.
shape　ケイ(かたち)
一 二 チ 开 形 形
평평할 견(开·幵: 틀, 테)과 터럭 삼(彡: 무늬).

球莖(구경)　알줄기(토란, 고구마 등).
球技(구기)　공으로 승부를 겨루는 경기의 총칭.
電球(전구)　전기를 통하여 밝게 하는 기구.
直球(직구)　야구에서 투수가 던지는 똑바른 공.

形局(형국)　어떤 일의 형편이나 판국.
形狀(형상)　물건의 형체와 생긴 모양.
形勢(형세)　살림살이의 경제적 형편.
形便(형편)　일이 되어 가는 상태.

## 銀漢 (은한)  銀漢 銀漢 銀漢   은하수. 은하(銀河).

**銀** 金 6 ⑭ 은 은
은. 은빛. 돈. 지경.
silver　ギン(しろがね)
金 釕 鈤 鈤 鈤 銀
쇠 금(金)과 머무를 간(艮).

**漢** 水 11 ⑭ 한수 한
한수(漢水). 은하수. 지명.
　カン(かん, おとこ)
氵 汁 淳 漢 漢 漢
물 수(氵·水)와 어려울 난(菓·難).

銀幕(은막)　영화의 영사막. 영화계.
銀盤(은반)　맑고 깨끗한 얼음판.
銀粧刀(은장도)　노리개로 차던 칼자루와 칼집을 은으로 장식한 작은칼.

漢文(한문)　한대(漢代)의 문장. 한자로 쓴 글.
漢方(한방)　중국에서 들어온 의술. 또, 그 처방.
漢字(한자)　한족의 글자. 중국 고유의 글자.
惡漢(악한)　나쁜 짓을 일삼는 악독한 사람.

## 旦夕 (단석)  旦夕 旦夕 旦夕   아침과 저녁. 시기가 절박한 모양.

**旦** 日 1 ⑤ 아침 단
아침. 일찍. 날 밝다.
morning　タン(あした)
一 冂 日 旦
날 일(日)과 한 일(一: 지평선). 해가 지평선 위로 떠오르는 '아침'을 뜻한다.

**夕** 夕 0 ③ 저녁 석
저녁. 밤. 밤일.
evening　セキ(ゆうべ)
丿 夕 夕
초저녁 밤하늘에 뜬 초승달을 본떠, '저녁'을 뜻한다.

旦暮(단모)　새벽녘과 해질녘. 아침저녁.
旦月(단월)　음력 6월의 별칭.
元旦(원단)　설날. 설날 아침. 正旦(정단).
早旦(조단)　이른 아침. 早朝(조조).

夕刊(석간)　석간신문. 석간지. ↔ 朝刊(조간).
夕陽(석양)　저녁 해. 산의 서쪽. 늘그막. 황혼.
朝聞夕改(조문석개)　아침에 잘못한 일을 들으면 저녁에 고친다. 곧 자기의 과실을 바로 고침.

자연(自然)- 천문(天文)

## 歲暮(세모) 歲暮 歲暮 歳䒾  세밑. 섣달그믐께. 연말(年末).

**歲** 해 세
止 9 ⑬
해. 새해. 나이. 세월.
year サイ(とし)
⺧ 产 产 戌 歲 歲

개 술(戌)과 걸음 보(步). 다음의 해로 넘어가는 것을 뜻한다.

歲晩(세만) 세밑. 세말(歲末).
歲拜(세배) 섣달그믐이나 정초에 웃어른께 드리는 인사.
歲月(세월) 흘러가는 시간.

**暮** 저물 모
日 11 ⑮
저물다. 해지다. 밤.
sunset ボ(くれる)
艹 苎 苩 莫 莫 暮

없을 막(莫)과 해 일(日).

暮改(모개) 아침에 정한 것을 저녁에 고침.
暮景(모경) 저녁 무렵의 경치.
朝三暮四(조삼모사) 아침에 세 개, 저녁에 네 개씩 준다. 간사한 꾀로 남을 속임.

## 舊曆(구력) 舊曆 舊曆 舊曆 음력.

**舊** 옛 구
臼 12 ⑱
옛. 옛날. 묵다. 오래다.
old キュウ(ふるい)
扩 芢 萑 雈 舊 舊

부엉이 추(雈)와 절구 구(臼). 가차되어 쓰인다.

舊面(구면) 전부터 안면이 있는 사람.
舊習(구습) 옛 풍속. 옛 습관.
舊態依然(구태의연) 변하거나 진보·발전한 데가 없이 옛 모습 그대로임.

**曆** 책력 력
日 12 ⑯
책력. 운수. 세월. 세다.
calender レキ(こよみ)
厂 厂 厤 厯 曆 曆

날 일(日)과 셀 력(厤).

曆年(역년) 책력에서 정한 일년.
曆學(역학) 책력에 관한 연구를 하는 학문.
太陽曆(태양력) 지구가 태양을 일회전하는 동안을 1년으로 하는 달력.

## 閏年(윤년) 閏年 閏年 閏年 음력에서 윤달이나 윤일이 든 해.

**閏** 윤달 윤
門 4 ⑫
윤달. 윤년. 윤위.
leap month ジュン(うるう)
｜ 門 門 門 閏

문 문(門)과 임금 왕(王 : 재화).

閏朔(윤삭) 윤달. 閏月(윤월).
閏日(윤일) 양력 2월 29일.
閏位(윤위) 정통(正統)이 아닌 임금의 자리.
閏集(윤집) 원본에서 빠진 글을 따로 엮은 문집.

**年** 해 년
干 3 ⑥
해. 나이. 때. 성숙하다.
year ネン(とし)
ノ ト 乞 乞 年

낟알(禾)이 익어 수확하면 해가 바뀐다는 뜻으로 '해, 나이'를 뜻한다.

年金(연금) 일정 기간 또는 종신토록 해마다 지급되는 일정액의 돈.
年例(연례) 해마다 내려오는 전례.
年輩(연배) 서로 비슷한 나이. 같은 또래.

## 差異(차이) 差異 差異 差異  서로 같지 않고 다름. 틀림.

**差** 다를 차
工 / 7 / ⑩
다르다. 잘못. 어그러짐.
different サ(さす)
丷 丷 丷 羊 羊 差
늘어질 수(垂 : 垂의 획 줄임)와 왼 좌(左).

差減(차감) 비교해서 덜어 냄.
差等(차등) 차이가 나는 등급.
差別(차별) 차이를 둠. 구별함.
差備(차비) 채비. 준비를 갖춤.

**異** 다를 이                                异
田 / 6 / ⑪
다르다. 달리하다. 의심하다.
different イ(ことなる)
口 田 田 甲 畢 異
사람이 두 손을 들어 귀신 가면을 둘러쓴 모양.

異國(이국) 풍속이 다른 나라. 외국. 타국.
異端(이단) 시류에 어긋나는 사상 및 학설.
異腹(이복) 아버지는 같은데 어머니가 다름.
異性(이성) 성질이 다름. 남녀·암수의 성이 다름.

## 屢朔(누삭) 屢朔 屢朔 屢朔  여러 달.

**屢** 자주 루                    屢
尸 / 11 / ⑭
자주. 여러. 번잡하다.
frequently ル(しばしば)
尸 戶 屈 屒 屢 屢
신발 리(尸·履)와 자주 루(婁).

屢年(누년) 여러 해.
屢代(누대) 여러 대.
屢日(누일) 여러 날.
屢次(누차) 여러 차례. 여러 번.

**朔** 초하루 삭
月 / 6 / ⑩
초하루. 정삭(正朔). 시작되다.
new moon サク(ついたち)
丷 丷 屶 屰 朔 朔
거스를 역(逆 : 본시로 돌아가다)과 달 월(月).
이지러진 달이 다시 돌아가는 초하루.

朔望(삭망) 음력 초하루와 15일 삭망전의 준말.
朔方(삭방) 북쪽. 北方(북방).
朔風(삭풍) 북풍. 북새. 朔吹(삭취).
朔月貰(삭월세) 사글세. 다달이 내는 세.

## 旬望(순망) 旬望 旬望 旬望  음력 초열흘과 보름.

**旬** 열흘 순
日 / 2 / ⑥
열흘. 열 번. 십년.
ten days ジュン(とおか)
丿 勹 勹 旬 旬 旬
쌀 포(勹 : 물건을 싸다)와 날 일(日).

旬刊(순간) 열흘에 한 번 간행함. 또, 그 간행물.
旬年(순년) 10년.
旬葬(순장) 죽은 지 10일만에 지내는 장사.
旬朔(순삭) 초열흘과 초하루.

**望** 바랄 망
月 / 7 / ⑪
바라다. 기다리다. 원망하다.
hope ボウ(のぞむ)
亠 切 胡 朝 望 望
도망 망(亡)과 달 월(月), 우뚝 설 임(壬). 달을 보며 먼 길 간 사람을 기다림.

望間(망간) 보름께.
望臺(망대) 망을 보기 위하여 세운 대. 전망대.
望雲之情(망운지정) 객지에서 부모를 그리는 마음.
望祭(망제) 음력 보름에 종묘에서 지내던 제사.

자연(自然)- 지리(地理) 21

## 始初(시초) 始初 始初 始初  맨 처음. 비롯됨.

**始** 비로소 시
女 5 ⑧
begin シ(はじめ)
비로소. 비롯하다. 시작하다.
ㄴ ㄥ ㄨ 始 始 始
계집 녀(女)와 기를 이(台 : 깨끗이 닦은 농기구).

始動(시동)  처음으로 움직임. 움직이기 시작함.
始作(시작)  처음으로 함.
始祖(시조)  한 겨레의 맨 처음 되는 조상.
原始(원시)  시초. 진화 또는 발전하지 않음.

**初** 처음 초
刀 5 ⑦
beginning ショ(はじめ)
처음. 시작. 처음의. 비로소
ㄱ ㄱ ㄱ ㄱ 初 初
옷 의(ネ·衣)와 칼 도(刀).

初級(초급)  맨 첫째의 등급. 맨 아래 등급.
初面(초면)  처음으로 대하여 봄. 처음 대하는 처지.
初行(초행)  처음으로 감. 또, 그 길.
太初(태초)  천지가 개벽한 맨 처음.

## 孤寂(고적) 孤寂 孤寂 孤寂  외롭고도 쓸쓸함.

**孤** 외로울 고
子 5 ⑧
lonely コ(みなしご)
외롭다. 고아. 홀로.
ㄱ ㄱ ㄱ 孤 孤 孤
아들 자(子)와 오이 과(瓜).

孤高(고고)  홀로 높음. 혼자 초연한 모양.
孤立(고립)  의지할 데 없이 외톨이가 됨.
孤獨(고독)  외로움.
孤子單身(고혈단신)  혈육이 없는 외톨이 몸.

**寂** 고요할 적
宀 8 ⑪
quiet セキ,ジャク(さびしい)
고요하다. 쓸쓸함. 편안하다.
宀 宀 宀 宋 寂 寂
움집 면(宀)과 어릴 숙(叔 : 마음 아파하다).

寂寞(적막)  고요하고 쓸쓸한 모양.
寂寂(적적)  외롭고 쓸쓸한 모양.
入寂(입적)  불교에서, 중이 죽음. 열반.
靜寂(정적)  고요하여 괴괴함.

## 高低(고저) 高低 高低 高低  높음과 낮음. 높낮이.

**高** 높을 고
高 0 ⑩
high コウ(たかい)
높다. 위. 고상하다. 높이다.
ㄱ ㄱ ㄱ 高 高 高
성 위에 세워진 망루(누대)와 문의 모양을 본떠, '높다'를 뜻한다.

高潔(고결)  고상하고 깨끗함.
高官(고관)  지위가 높은 관직. 벼슬아치.
高尙(고상)  품위가 있고 격이 높음.
最高(최고)  가장 높음. 제일임.

**低** 낮을 저
人 5 ⑦
low テイ(ひくい)
낮다. 숙이다. 머무르다.
亻 亻 仁 仟 低 低
사람 인(亻·人)과 낮을 저(氐).

低價(저가)  싼값. 헐값. 廉價(염가).
低率(저율)  비율이 낮음.
低調(저조)  사물의 진전 상태가 활발하지 않음.
低廉(저렴)  물건 값이 쌈.

## 深淺 (심천) 　深淺　深淺　深淺　깊음과 얕음.

水 8 ⑪ **深** 깊을 심
깊다. 깊이. 심히.
deep シン(ふかい)　氵氵氵汈浐深
물 수(氵·水)와 깊을 심(罙).

深刻(심각) 깊이 새김. 아주 깊고 절실함.
深慮(심려) 깊이 생각함. 깊은 사려. 걱정.
深思(심사) 깊이 생각함. 또, 그 생각.
深奧(심오) 이론·견해 등이 깊이 있고 오묘함.

水 8 ⑪ **淺** 얕을 천
얕다. 수량(水量)이 적다.
shallow セン(あさい)　氵氵汢浅淺
물 수(氵·水)와 적을 전(戔: 얇고 잘게 베다).

淺見(천견) 얕은 생각. 자기 생각의 겸칭.
淺薄(천박) 생각이나 지식, 태도 따위가 얕음.
淺學菲才(천학비재) 학식이 얕고 재주가 엷음.
淺狹(천협) 얕고 좁음. 도량이 작고 옹졸함.

## 涯際 (애제)　涯際　涯際　涯際　물가. 涯岸(애안).

水 8 ⑪ **涯** 물가 애
물가. 끝. 한계.
waterside ガイ(はて)　氵氵汢汢涯涯
물 수(氵·水)와 언덕 애(厓: 벼랑).

涯角(애각) 궁벽하고 먼 땅.
涯岸(애안) 물가. 한계. 끝. 경계. 涯限(애한).
無涯(무애) 끝이 없음. 한(限)이 없음. 無崖(무애).
生涯(생애) 한평생. 생활하기 위한 사업.

阜 11 ⑭ **際** 사이 제
사이. 가. 때. 교제하다.
border サイ(きわ)　阝阝阯阯際際
언덕 부(阝·阜)와 제사 제(祭).

際可(제가) 예의를 갖추어 대접함.
際限(제한) 가장자리로 끝이 되는 부분.
國際(국제) 나라와 나라와의 교제. 또, 그 관계.
實際(실제) 실지의 경우. 형편.

## 玄妙 (현묘)　玄妙　玄妙　玄妙　심오하고 미묘함. 또, 그러한 도리.

玄 0 ⑤ **玄** 검을 현
검다. 검은빛. 하늘빛.
black ゲン(くろい)　丶亠玄玄
실을 한 타래씩 묶은 모습.

玄琴(현금) 거문고.
玄理(현리) 현묘한 이치. 노자·장자의 도(道).
玄米(현미) 벼의 껍질만 벗기고 쓿지 않은 쌀.
玄孫(현손) 손자의 손자. 고손.

女 4 ⑦ **妙** 묘할 묘
묘하다. 뛰어나다. 아름답다.
exquisite ミョウ(たえ)　女女妙妙妙妙
계집 녀(女)와 젊을 소(少: 가냘프다).

妙境(묘경) 심오하고 신비로운 경지.
妙技(묘기) 뛰어난 재주. 교묘한 기술.
妙齡(묘령) 여자의 스물 안팎의 나이.
妙手(묘수) 교묘한 수법. 뛰어난 솜씨.

# 자연(自然) - 지리(地理)

## 山脈(산맥) 山脈 山脈 山脈  여러 산악이 길게 줄기를 이룸.

**山** 메 산
山 ③ 메. 산. 산신. 무덤. 능.
mountain サン,セン(やま)　丨 山 山
산이 연달아 솟아 있는 모양.

- 山間(산간) 산골짜기. 산 속.
- 山高水長(산고수장) 산이 높고 강이 길게 흐른다. 곧 어진 사람의 덕행이 산 같고 물 같다는 뜻.
- 山寺(산사) 산 속에 있는 절.

**脈** 맥 맥
肉 ⑩ 맥. 물길. 줄기. 맥박. 혈관.
pulse ミャク(すじ)　月 肝 肝 肝 脈 脈
몸 육(月·肉)과 물갈래 파(辰·脈).

- 脈搏(맥박) 심장의 박동에 따라 일어나는 파동.
- 脈度(맥도) 맥박이 뛰는 정도.
- 一脈相通(일맥상통) (처지·성질·생각 등이) 어떤 면에서 한가지로 서로 통함.

## 絶頂(절정) 絶頂 絶頂 絶頂  산의 맨 꼭대기. 최고의 경지.

**絶** 끊을 절
糸 ⑫ 끊다. 막다. 끊어지다.
cut ゼツ(たえる)　糸 糹 紹 紹 絡 絶
실 사(糸)와 칼 도(刀), 마디 절(巴·卩).

- 絶交(절교) 교제를 끊음. 斷交(단교).
- 絶對(절대) 견줄 만한 상대가 없음.
- 絶望(절망) 소망이 끊어짐. 희망이 없음.
- 絶色(절색) 비할 데 없이 아름다운 여자.

**頂** 정수리 정
頁 ⑪ 정수리. 머리. 이마. 꼭대기.
summit チョウ(いただき)　丁 厂 佰 佰 佰 頂
고무래 정(丁:못으로 고정시키다)과 머리 혈(頁).

- 頂門(정문) 정수리. 숨구멍.
- 頂上(정상) 산꼭대기. 그 이상 더 없는 것.
- 頂點(정점) 꼭대기. 맨 위. 꼭짓점.
- 登頂(등정) 산 따위의 정상에 오름.

## 廣野(광야) 廣野 廣野 廣野  너른 들. 너른 들판.

**廣** 넓을 광
广 ⑮ 넓다. 퍼지다. 넓이. 가로.
broad コウ(ひろい)　广 广 庐 庐 庿 廣
집 엄(广)과 누를 황(黃:누른빛의 땅).

- 廣告(광고) 고객 유치를 위해 세상에 널리 알림.
- 廣大(광대) 넓고 큼.
- 廣範圍(광범위) 넓은 범위. 범위가 넓음.
- 廣闊(광활) 막힌 데 없이 넓음.

**野** 들 야
里 ⑪ 들. 교외. 민간. 마을.
field ヤ(の)　日 甲 里 野 野 野
마을 리(里)와 줄 여(予). 넓고 활달한 곳, '들'을 뜻한다.

- 野談(야담) 민간에서 전해 오는 역사 이야기.
- 野望(야망) 큰 포부. 분을 넘는 욕망.
- 野薄(야박) 야멸치고 박정함.
- 下野(하야) 관에서 물러남. 야인으로 돌아감.

## 새활용 2000한자

### 沙漠(사막)　沙漠　沙漠　沙漠　식물이 생장할 수 없는 불모의 땅.

**沙** 水 4 ⑦　모래 사
모래. 모래벌판. 사막.
sand　サ(すな)　氵 氵 沌 沌 沙 沙

물 수(氵·水)와 적을 소(少).

沙工(사공)　배를 젓는 사람. 뱃사공.
沙丘(사구)　모래로 이룬 언덕.
沙金(사금)　모래에 섞여서 나는 황금.
沙上樓閣(사상누각)　모래 위의 다락집.

**漠** 水 11 ⑭　사막 막
사막. 아득하다. 넓다.
desert　バク(ひろい)　氵 氵 泸 漠 漠 漠

물 수(氵·水)와 없을 막(莫).

漠漠(막막)　넓고 멀어서 아득함.
漠然(막연)　고요한 모양. 넓어서 어렴풋한 모양.
廣漠(광막)　넓고 아득함. 끝없이 넓음.
茫漠(망막)　넓고 멂. 뚜렷한 구별이 없음.

### 嶺峯(영봉)　嶺峯　嶺峯　嶺峯　산봉우리.

**嶺** 山 14 ⑰　재 령　岭
재. 고개. 산봉우리.
ridge　レイ(みね)　山 岁 岁 岁 嵧 嶺

뫼 산(山)과 거느릴 령(領).

嶺南(영남)　조령의 남쪽. 경상도.
嶺東(영동)　강원도 대관령 동쪽. 關東(관동).
嶺雲(영운)　산마루 위에 뜬 구름.
分水嶺(분수령)　분수계가 되어 있는 산등성이.

**峯** 山 7 ⑩　산봉우리 봉
산봉우리. 메(산).
peak　ホウ(みね)　山 岁 岁 夆 峯 峯

뫼 산(山)과 만날 봉(夆 : 솟아오름).

峯頭(봉두)　산꼭대기.
峯巒(봉만)　산꼭대기의 뾰족뾰족한 봉우리.
峯頂(봉정)　산봉우리의 맨 꼭대기. 山頂(산정).
高峯(고봉)　높게 솟은 산봉우리.

### 丘陵(구릉)　丘陵　丘陵　丘陵　언덕. 언덕과 같은 작은 산.

**丘** 一 4 ⑤　언덕 구
언덕. 동산. 무덤. 마을.
hill　キュウ(おか)　′ 厂 斤 丘 丘

주위가 높고 중앙이 움푹 들어간 '언덕'을 나타낸 글자.

丘木(구목)　무덤 주위에 둘러서 있는 나무.
丘墓(구묘)　무덤.
丘園(구원)　언덕이 있는 화원.
砂丘(사구)　모래언덕.

**陵** 阜 8 ⑪　언덕 릉
언덕. 무덤. 능. 높다.
exceed　リョウ(みささぎ)　阝 阝 阡 阡 陵 陵

언덕 부(阝·阜)와 넘을 릉(夌).

陵谷(능곡)　언덕과 골짜기.
陵蔑(능멸)　깔보고 업신여김. 陵踏(능답).
陵辱(능욕)　업신여기어 욕보임.
陵幸(능행)　임금이 능에 거둥함.

자연(自然)- 지리(地理)

## 江湖(강호) 江湖 江湖 江湖  강과 호수. 세상(속세).

**江** 水 3 ⑥  강·큰 내 **강**
강. 큰 내. 물 이름.
river コウ(え)   丶 丶 氵 汀 江 江
물 수(氵·水)와 장인 공(工 : 서로 통하게 함).
江口(강구) 강물이 흘러 들어가는 어귀.
江南(강남) 강의 남쪽. 한강 이남.
江村(강촌) 강가의 마을.
江山風月(강산풍월) 자연의 아름다운 풍경.

**湖** 水 9 ⑫  호수 **호**
호수. 큰 못.
lake コ(みずうみ)   氵 氵 汁 浩 湖 湖
물 수(氵·水)와 멀 호(胡·므 : 크다).
湖南(호남) 호수의 남쪽. 전라남북도의 별칭.
湖畔(호반) 호숫가. 湖上(호상). 湖岸(호안).
湖水(호수) 육지로 둘러싸이고 물이 괸 곳.
淡水湖(담수호) 물에 염분이 없는 호수.

## 河川(하천) 河川 河川 河川  강과 내. 시내. 강.

**河** 水 5 ⑧  물 **하**
물. 황하(黃河). 내. 강.
river カ(かわ)   氵 氵 汀 汀 河 河
물 수(氵·水)와 옳을 가(可 : 굽다).
河口(하구) 강물이 바다로 흘러드는 어귀.
河岸(하안) 하천 양쪽의 둔덕.
河流(하류) 강의 흐름.
山河(산하) 산과 내. 국토. 세상.

**川** 巛 0 ③  내 **천**
내. 물 흐름의 총칭. 물귀신.
stream セン(かわ)   丿 丿| 川
양쪽 언덕 사이로 물이 흐르고 있는 모양.
川獵(천렵) 냇물에서 고기잡이하는 일.
川邊(천변) 냇가. 내 부근.
川澤(천택) 하천과 못.
山川(산천) 산과 내. '자연'을 일컫는 말.

## 滄波(창파) 滄波 滄波 滄波  넓은 바다의 물결.

**滄** 水 9 ⑬  찰 **창**  ※제외자
차다. 싸늘함. 물빛 푸름.
cold ソウ(さむい)   氵 氵 氵 氵 滄 滄
물 수(氵·水)와 곳집 창(倉·蒼 : 푸르다).
滄江(창강) 푸른 강물.
滄浪(창랑) 새파란 물빛.
滄茫(창망) 넓고 멀어서 아득함.
滄海(창해) 넓고 큰 푸른 바다. 대해(大海).

**波** 手 5 ⑧  물결 **파**
물결. 흐름. 분규. 갈등.
wave ハ(なみ)   氵 氵 氵 氵 波 波
물 수(氵·水)와 가죽 피(皮).
波高(파고) 물결의 높이. 긴장의 정도에 비유.
波濤(파도) 큰 물결. 센 물결.
波瀾(파란) 일이 평온하지 못함. 분규. 갈등.
波紋(파문) 수면에 이는 잔물결. 어떤 일의 영향.

## 茫洋(망양)  茫洋 茫洋 茫洋   끝없이 넓은 바다.

**茫** 艹 6 ⑩  아득할 망
아득하다. 망망하다. 멀다.
remote  ボウ(とおい)
艹 艹 艹 茫 茫 茫
풀 초(艹·艸)와 멍할 망(汒).

茫漠(망막) 넓고 멀어 아득한 모양.
茫茫(망망) 광대한 모양. 장성한 모양.
茫昧(망매) 식견이 좁아서 세상일에 어두움.
茫然(망연) 아무 생각 없이 멍한 모양.

**洋** 水 6 ⑨  바다 양
바다. 큰 바다. 외해(外海).
ocean  ヨウ(おおうみ)
氵 氵 氵 洋 洋 洋
물 수(氵·水)와 양 양(羊·𦍌 : 크다).

洋服(양복) 서양식 의복의 통칭.
洋洋(양양) 광대한 모양. 득의한 모양.
大洋(대양) 큰 바다.
海洋(해양) 크고 넓은 바다.

## 巨巖(거암)  巨巖 巨巖 巨巖   매우 큰 바위.

**巨** 工 2 ⑤  클 거
크다. 거대하다. 많다.
great  キョ,コ(おおきい)
一 厂 匚 巨 巨
목수가 일할 때 쓰는 자(工)를 손(コ)에 들고 있는 모양. 가차하여 쓰인다.

巨頭(거두) 중요한 인물. 우두머리.
巨物(거물) 큰 인물. 중요한 위치에 있는 사람.
巨星(거성) 큰 별. 위대한 인물.
巨匠(거장) 위대한 예술가나 기술자 또는 학자.

**巖** 山 20 ㉓  바위 암   岩
바위. 가파르다. 험함.
rock  ガン(いわ)
⺿ 产 岸 峇 巖 巖
뫼 산(山)과 굳셀 엄(嚴). 산에 높이 솟은 험준한 바위.

巖塊(암괴) 바윗덩어리.
巖窟(암굴) 바위에 뚫린 굴. 石窟(석굴).
巖盤(암반) 바위로 이루어진 지층이나 지반.
巖壁(암벽) 바위가 높이 솟아 벽을 이룬 것.

## 土壤(토양)  土壤 土壤 土壤   흙. 생성·발전할 수 있는 기반.

**土** 土 0 ③  흙 토
흙. 토양. 지방. 고향. 뿌리.
soil  ト,ド(つち)
一 十 土
초목의 새싹이 땅 위로 솟아오르며 자라는 모양.

土窟(토굴) 흙을 파 낸 큰 구덩이.
土器(토기) 질그릇. 토제(土製). 그릇의 유물.
土産(토산) 그 지방의 산물. 土産物(토산물).
土着(토착) 여러 대가 그 지방에서 살고 있음.

**壤** 土 17 ⑳  흙 양
흙. 땅. 구역. 티끌.
soil  ジョウ(つち)
坩 坩 坤 壃 壤 壤
흙 토(土)와 도울 양(襄 : 부드럽다).

壤歌(양가) 풍년에 태평한 세월을 기리는 노래.
壤地(양지) 땅. 나라. 국토.
肥壤(비양) 비옥한 토지. 건 땅.
天壤之差(천양지차) 하늘, 땅 같이 엄청난 차이.

자연(自然)- 지리(地理) 27

## 孔穴 (공혈) 孔穴 孔穴 孔穴  구멍. 사람 몸의 혈도.

**孔** 子 1 ④
구멍 공
구멍. 매우. 공자(孔子).
hole コウ(あな)
フ了孑孔
어린애 혈(子)과 제비 을(乚·乙 : 유두).
孔道(공도) 공자(孔子)가 가르친 도(道).
孔門(공문) 공자의 문하(門下).
孔子(공자) 중국 춘추 시대의 대철학자.
毛孔(모공) 털구멍.

**穴** 穴 0 ⑤
구멍 혈
구멍. 구덩이. 동굴.
hole ケツ(あな)
丶丷宀宀穴
옛사람들의 주거(住居)를 본뜬 모양.
穴居(혈거) 굴 속에서 삶. 또, 그 주거(住居).
穴室(혈실) 굴 속에 만든 방.
穴臥(혈와) 굴 속에서 잠.
窟穴(굴혈) 도둑의 소굴. 굴 속.

## 拘泥 (구니) 拘泥 拘泥 拘泥  어떤 일에 얽매임.

**拘** 手 5 ⑧
잡을 구
잡다. 한정하다. 바로잡다.
catch コウ(かかわる)
扌扌扌拘拘拘
손 수(手·扌)와 굽을 구(句 : 잡아서 가둠).
拘禁(구금) 잡아서 감금함.
拘束(구속) 잡아 묶음. 체포하여 속박함.
拘置(구치) 형사 피고인을 구속하여 일정한 곳에 머물러 있게 함.

**泥** 水 5 ⑧
진흙 니
진흙. 진창. 수령. 시궁창.
mud デイ(どろ)
氵氵泙沪泥泥
물 수(氵·水)와 화할 니(尼). 물과 흙이 섞여서 진흙이 됨.
泥工(이공) 미장이.
泥溝(이구) 흙탕물이 흐르는 도랑.
泥塗(이도) 진창 길. 천하고 쓸모없는 것.
泥水(이수) 흙탕물.

## 沿岸 (연안) 沿岸 沿岸 沿岸  바다나 강에 잇단 언덕.

**沿** 水 5 ⑧
물가 연
물가. 물을 따라 내려가다.
follow エン(そう)
氵氵汀汀沿沿
물 수(氵·水)와 산속늪 연(㕣).
沿道(연도) 길의 양쪽. 큰 길 가의 근처.
沿邊(연변) 강·철도·큰 길 등이 있는 지방.
沿海(연해) 육지에 가까운 얕은 바다.
沿革(연혁) 변천해 온 내력. 沿改(연개).

**岸** 山 5 ⑧
언덕 안
언덕. 물가의 낭떠러지.
shore ガン(きし)
屵屵屵岸岸岸
뫼 산(山)과 언덕 엄(厂), 막을 간(干 : 깎아 떼어 냄).
岸畔(안반) 언덕의 가. 언덕의 부조. 물가.
岸壁(안벽) 바닷가나 강가에 배를 댈 수 있게 쌓은 벽. 깎아지른 듯한 언덕.
彼岸(피안) 열반의 세계에 도달함.

## 傾斜 (경사)

傾斜 傾斜 傾斜 비스듬히 기울어짐. 또, 그러한 상태.

**傾** 기울 경
人 11 ⑬
기울다. 위태롭게 하다. 다하다.
incline
亻 亻 化 化 倾 傾
ケイ(かたむく)
사람 인(亻·人)과 머리 기울 경(頃 : 頁은 머리).

傾倒(경도) 기울어 쓰러짐. 기울여 쓰러뜨림.
傾注(경주) 기울여 붓거나 쏟음.
傾聽(경청) 귀를 기울이고 들음. 주의 깊게 들음.
傾向(경향) 한쪽으로 기울어져 쏠림.

**斜** 비낄 사
斗 7 ⑪
비끼다. 기울다. 경사짐.
inclined
丷 今 乒 余 余 斜
シャ(ななめ)
남을 여(余)와 말 두(斗).

斜徑(사경) 비탈길. 비스듬한 소로.
斜傾(사경) 비스듬히 기욺.
斜面(사면) 경사진 면. 비탈. 비스듬한 표면.
斜視(사시) 곁눈질함. 사팔눈.

## 溪谷 (계곡)

溪谷 溪谷 溪谷 물이 흐르는 골짜기.

**溪** 시내 계
水 10 ⑬
시내. 산골짜기.
stream
氵 氵 氵 浐 浐 溪
ケイ(たに)
물 수(氵·水)와 어찌 해(奚 : 가는 끈, 실이 이어지다).

溪流(계류) 산골짜기에 흐르는 시냇물.
溪友(계우) 속세를 떠나 산중에서 은거하는 벗.
溪泉(계천) 골짜기에서 솟는 샘.
淸溪(청계) 맑고 깨끗한 시내.

**谷** 골 곡
谷 0 ⑦
골. 골짜기. 계곡. 길.
valley
丿 八 穴 公 谷 谷
コク(たに)
물줄기(父)가 계곡의 입구(口)에서 흘러나오는 모습으로, '골짜기'를 뜻한다.

谷澗(곡간) 산골짜기에 흐르는 시내.
谷水(곡수) 골짜기의 물.
谷泉(곡천) 골짜기에서 나는 샘물.
峽谷(협곡) 좁고 험한 골짜기.

## 幽冥 (유명)

幽冥 幽冥 幽冥 그윽하고 어두움. 저승.

**幽** 그윽할 유
幺 6 ⑨
그윽하다. 깊다. 숨다.
secluded
丨 丨 纟 丝 丝 幽
コウ(かくれる)
뫼 산(山)과 작을 요(幺) 두 개를 아우른 글자. 산이 깊숙한 것으로, '그윽하다'를 뜻한다.

幽界(유계) 저승.
幽靈(유령) 이름뿐이고 실제는 없는 것.
幽明(유명) 어둠과 밝음. 저승과 이승.
幽人(유인) 세상을 피하여 숨어사는 사람.

**冥** 어두울 명
冖 8 ⑩
어둡다. 깊숙하다. 저승.
dark
冖 冖 冃 冝 冥 冥
メイ(くらい)
덮을 멱(冖)과 해 일(日)과 들 입(入·六·廾 : 양손). 덮어서 빛이 없는 상태.

冥界(명계) 사람이 죽어서 간다는 영혼의 세계.
冥冥(명명) 어두운 모양. 아득하고 희미함.
冥福(명복) 죽은 뒤에 저승에서 받은 행복.
冥想(명상) 고요히 눈을 감고 깊이 생각함.

## 자연(自然) - 지리(地理)

### 蓮池(연지) 蓮池 蓮池 蓮池  연꽃을 심은 못.

**蓮** 艸 11 ⑮  연꽃 련  蓮
연꽃. 연밥. 연실(蓮實).
艹 艹 荁 荁 蓮 蓮
lotus レン(はす)
풀 초(艹·艸)와 이어질 련(連).

蓮根(연근) 연뿌리. 연의 땅 속 줄기.
蓮堂(연당) 연못가에 지은 정자.
蓮步(연보) '미인의 걸음걸이'를 일컫는 말.
木蓮(목련) 목련과의 낙엽 활엽 교목.

**池** 水 3 ⑥  못 지
못. 해자(垓字). 물길. 도랑.
丶 丶 氵 氵 沙 池
pond チ(いけ)
물 수(氵·水)와 또 야(也:꾸불꾸불하다).

池塘(지당) 못의 둑.
池沼(지소) 못과 늪.
貯水池(저수지) 물을 모아 둘 목적으로 만든 못.
天池(천지) 백두산 정상에 있는 큰 못.

### 靑潭(청담) 靑潭 靑潭 靑潭  깊고 맑은 연못.

**靑** 靑 0 ⑧  푸를 청  靑
푸르다. 푸른 빛. 청색. 봄.
一 十 주 丰 靑 靑 靑
blue セイ(あおい)
날 생(生·生)과 우물 난간 단(丹).

靑果(청과) 신선한 과일. 과일과 채소.
靑年(청년) 젊은 사람. 젊은이.
靑藍(청람) 제자가 스승보다 나음.
靑史(청사) 역사(歷史). 기록. 史書(사서).

**潭** 水 12 ⑮  못 담  ※제외자
못. 소(沼). 깊다. 물가.
氵 氵 氵 泗 泗 潭 潭
pool タン(ふち)
물 수(氵·水)와 깊을 담(覃).

潭思(담사) 깊이 생각함.
潭水(담수) 깊은 못이나 늪의 물.
潭渦(담와) 깊은 소용돌이.
碧潭(벽담) 푸른빛이 감도는 깊은 못.

### 源泉(원천) 源泉 源泉 源泉  물이 흘러나오는 근원. 사물의 근원.

**源** 水 10 ⑬  근원 원
근원. 샘. 물 흐르는 모양.
氵 氵 氵 沪 沥 源 源
source ケン(みなもと)
물 수(氵·水)와 근원 원(原).

源流(원류) 물 흐름의 근원. 사물의 근원.
根源(근원) 물이 흘러내리기 시작한 곳.
起源(기원) 사물이 생긴 근원.
發源(발원) 물의 근원. 사물의 근원.

**泉** 水 5 ⑨  샘 천
샘. 물이 솟아 나오는 근원.
宀 白 白 身 泉 泉
spring セン(いずみ)
흰 백(白)과 물 수(水). 옹달샘에 물이 넘쳐흐르는 모양.

泉金(천금) 돈. 금전. 泉布(천포). 泉幣(천폐).
泉脈(천맥) 땅 속에 있는 샘 줄기.
泉石(천석) 샘과 돌. 산과 물. 산수의 경치.
溫泉(온천) 더운 물이 솟구쳐 나오는 샘.

## 汎濫 (범람) 汎濫 汎濫 汎濫  물이 넘쳐흐름.

※제외자

**汎** 水 3 ⑥ 뜰 범
뜨다. 물에 뜨다. 띄우다.
float ハン(ひろい)
丶 冫 氵 氾 汎 汎
물 수(氵·水)와 무릇 범(凡 : 땅에서 하늘까지 미침).

汎論(범론) 널리 논함. 개괄적인 언론.
汎愛(범애) 차별 없이 널리 사랑함.
汎舟(범주) 배를 띄움. 또, 그 배.
汎稱(범칭) 넓은 범위로 두루 일컬음.

**濫** 水 14 ⑰ 넘칠 람
넘치다. 지나치다. 퍼지다.
overflow ラン(あふれ)
氵 浐 浐 漤 濫 濫
물 수(氵·水)와 볼 감(監 : 물거울을 들여다보다의 뜻).

濫發(남발) 함부로 발행함. 말을 함부로 함.
濫伐(남벌) 나무를 마구 벌채함.
濫雜(남잡) 뒤섞여 질서가 없음.
氾濫(범람) 물이 넘쳐흐름.

## 華麗 (화려) 華麗 華麗 華麗  빛나고 아름다움.

**華** 艸 8 ⑫ 빛날 화 华
빛나다. 꽃. 광택. 아름답다.
brilliant カ(はな)
艹 艹 芒 芢 荜 華
풀 초(艹·艸)와 드리울 수(垂). 초목의 꽃이 드리워져 빛나는 것을 뜻한다.

華甲(화갑) 환갑. 곧, 61세.
華僑(화교) 외국에 나가 사는 중국사람.
華燭(화촉) 혼례의식에서의 등화.
華婚(화혼) 남의 혼인을 아름답게 일컫는 말.

**麗** 鹿 8 ⑲ 고울 려 丽
곱다. 빛나다. 붙다. 맑다.
beautiful レイ(うるわしい)
严 严 严 麗 麗 麗
아름다운 뿔이 가지런히 난 사슴의 모양을 본떠, '곱다'를 뜻한다.

麗句(여구) 아름다운 글귀
麗色(여색) 아름다운 빛. 아름다운 얼굴 빛.
麗日(여일) 화창한 날. 날씨가 좋은 날.
美麗(미려) 아름답고 고움. 佳麗(가려).

## 仙境 (선경) 仙境 仙境 仙境  신선이 사는 곳. 仙界(선계).

**仙** 人 5 ⑤ 신선 선
신선. 선교(仙敎). 도교의 별칭.
hermit セン
ノ 亻 仚 仙 仙
사람 인(亻·人)과 뫼 산(山). 산에 사는 사람을 뜻한다.

仙道(선도) 신선의 도.
仙風道骨(선풍도골) 신선 같은 풍채와 도인 같은 골격. 뛰어나게 고상한 풍채를 일컬음.
神仙(신선) 선도를 닦아 도에 통한 사람.

**境** 土 11 ⑭ 지경 경
지경. 경계. 경우. 형편.
boundary キョウ(さかい)
土 坛 垆 垮 墇 境
흙 토(土)와 끝 경(竟). 구획하는 땅.

境界(경계) 지경. 자기 힘이 미치는 범위.
境內(경내) 지경 안. 구역 안. 국내.
境遇(경우) 처지. 형편. 현재의 신분.
境地(경지) 경계가 되는 땅. 환경과 처지. 곳.

자연(自然)- 초목(草木)

## 森林(삼림)  森林 森林 森林   나무가 많이 서 있는 수풀.

木 8 ⑫ **森**   나무빽빽할 삼   ※제외자
나무가 빽빽하다. 우뚝 솟다.
forest シン(もり)   一 十 木 杢 本 森 森
나무 목(木) 세 개를 포개 놓아 나무가 많음을 뜻한다.
森羅萬象(삼라만상) 우주에 있는 온갖 현상.
森列(삼렬) 나무가 빽빽하게 늘어 섬.
森嚴(삼엄) 엄숙한 모양.
森然(삼연) 숲이 우거져 있는 모양.

木 4 ⑧ **林**   수풀 림
수풀. 숲. 빽빽하다. 들.
forest リン(はやし)   一 十 才 村 材 林
나무(木)와 나무(木)를 짝지어 놓은 글자.
林立(임립) 숲의 나무와 같이 죽 늘어섬.
林産(임산) 산림 생산에 관한 사업의 한 분야.
林野(임야) 삼림과 들. 산. 산림 지대.
桂林(계림) 숲. 아름다운 문인들의 사회.

## 茂盛(무성)  茂盛 茂盛 茂盛   초목이 자라 우거짐. 사물이 풍부함.

艸 5 ⑨ **茂**   무성할 무
무성하다. 우거지다. 가멸다.
flourish モ(しげる)   十 艹 芦 芢 茂 茂
풀 초(艹·艸)와 무성할 무(戊).
茂林(무림) 나무가 무성한 수풀.
茂士(무사) 재주가 뛰어난 선비.
茂才(무재) 재주가 뛰어남. 또, 그 사람.
榮茂(영무) 번화하고 무성함.

皿 7 ⑫ **盛**   성할 성
성하다. 넘치다. 무성하다.
thriving セイ(さかり)   厂 厅 成 成 盛 盛
이룰 성(成)과 그릇 명(皿).
盛年(성년) 원기가 왕성한 젊은 나이.
盛世(성세) 번성하고 태평한 세상.
盛裝(성장) 옷을 화려하게 입음. 화려한 복장.
盛況(성황) 성대한 상황.

## 桂樹(계수)  桂樹 桂樹 桂樹   계수나무. 달 속에 있는 나무.

木 6 ⑩ **桂**   계수나무 계
계수나무. 월계수. 달(月).
cinnamon ケイ(かつら)   一 十 才 木 杧 桂
나무 목(木)과 서옥 규(圭).
桂秋(계추) 음력 8월. 가을.
桂皮(계피) 계수나무의 얇은 껍질.
月桂冠(월계관) 고대 그리스에서 월계수로 만든 관을 우승자에게 씌워 주던 것.

木 12 ⑯ **樹**   나무 수   树
나무. 초목. 심다. 세우다.
tree ジユ(き)   栌 栌 桔 椙 樹 樹
나무 목(木)과 세울 수(尌).
樹齡(수령) 나무의 나이.
樹木(수목) 목본식물의 총칭. 살아 있는 나무.
樹液(수액) 나무의 양분이 되는 액.
常綠樹(상록수) 나뭇잎이 언제나 푸른 나무.

## 枝拾(지습) 枝拾 枝拾 枝拾 나뭇가지를 주워 모음.

**枝** 가지 지
木 4 ⑧
가지. 팔다리. 갈라지다.
branch シ(えだ)
十 亅 木 朮 朽 枝
나무 목(木)과 갈라질 지(支).

枝幹(지간) 가지와 줄기. 십간과 십이지.
枝岐(지기) 원줄기에서 갈라져 나온 흐름.
枝葉(지엽) 가지와 잎. 중요하지 않은 부분.
枝節(지절) 나무의 가지와 마디.

**拾** 주울 습
手 6 ⑨
줍다. 습득하다. 열.
pick up シコウ(ひろう)
一 亅 扌 扒 拎 拾
손 수(扌·手)와 합할 합(合).

拾得(습득) 주움. 주워 얻음.
拾收(습수) 주워 거두어들임.
拾遺(습유) 떨어뜨린 것을 주움.
收拾(수습) 흐트러진 물건을 주워 모음.

## 根苗(근묘) 根苗 根苗 根苗 뿌리와 싹.

**根** 뿌리 근
木 6 ⑩
뿌리. 사물의 밑부분.
root コン(ね)
朩 朴 朾 桾 根 根
나무 목(木)과 그칠 간(艮).

根幹(근간) 뿌리와 줄기. 근본. ↔ 枝葉(지엽).
根據(근거) 의견이나 이론 등의 출처.
根本(근본) 사물의 바탕이나 중심 되는 부분.
禍根(화근) 재앙의 근원.

**苗** 모 묘
艸 5 ⑨
모. 곡식. 싹. 여름철.
sprout ビョウ(なえ)
一 艹 艹 苗 苗 苗
풀 초(艹·艸)와 밭 전(田).

苗木(묘목) 옮겨심기 위해 가꾸는 어린 나무.
苗板(묘판) 못자리. 苗床(묘상).
苗圃(묘포) 묘목(苗木)을 기르는 밭. 모밭.
種苗(종묘) 묘목이 될 씨를 심음.

## 摘芽(적아) 摘芽 摘芽 摘芽 농작물의 싹을 속아내는 일.

**摘** 딸 적
手 11 ⑭
따다. 요점 따다. 들추어내다.
pick テキ(あばく)
扌 扩 扩 挤 摘 摘
손 수(扌·手)와 과실 꼭지 적(啇 : 중심으로 모으다).

摘錄(적록) 요점을 추려 적은 기록.
摘發(적발) 부정한 일이나 물건을 들추어냄.
摘要(적요) 요점을 따서 적음. 또, 그 요점.
摘出(적출) 꼬집어 냄. 폭로함.

**芽** 싹 아
艸 4 ⑧
싹. 싹이 트다. 조짐. 처음.
sprout ガ(め)
一 艹 艹 芒 芽 芽
풀 초(艹·艸)와 어금니 아(牙).

芽甲(아갑) 배(胚)에 붙어 있는 잎. 떡잎.
芽椄(아접) 눈접. 눈을 따서 접붙이는 일.
麥芽(맥아) 엿기름.
發芽(발아) 초목의 눈이 틈. 씨앗에서 싹이 틈.

자연(自然)- 초목(草木)

## 黃菊(황국)　黃菊　黃菊　黃菊　빛이 누른 국화.

| 黃 ⑫ | **黃** | 누를 황 |
|---|---|---|
| | | 누르다. 누른빛. 황금. |

yellow　コウ, オウ(き)　　艹 艹 苎 黃 黃

밭의 빛깔이 누렇게 변하는 가을 들녘, '누른빛'을 뜻한다.

黃狗(황구)　누렁개.
黃砂(황사)　누른 모래. 사막. 누런 모래 바람.
黃泉(황천)　죽어서 가는 곳.
黃昏(황혼)　해가 지고 어둑어둑할 무렵.

| 艹 8 ⑫ | **菊** | 국화 국 |
|---|---|---|
| | | 꽃송이가 큰 국화. |

chrysanthemum　キク(きく)　艹 艻 芍 苩 菊 菊

풀 초(艹·艸)와 쥘 국(匊, 쌀을 손에 쥐고 있는 모양).

菊月(국월)　음력 9월의 이칭.
菊花(국화)　국화과에 속하는 여러해살이풀.
芳菊(방국)　향기가 좋은 국화.
霜菊(상국)　서리올 때 핀 국화.

## 丹楓(단풍)　丹楓　丹楓　丹楓　늦가을에 붉게 물든 나뭇잎.

| 丶 3 ④ | **丹** | 붉을 단 |
|---|---|---|
| | | 붉다. 정성스럽다. 단청하다. |

red　タン(あか)　　丿 刀 丹 丹

단사(丹砂)를 채굴하는 우물(井)을 본뜬 글자.

丹書(단서)　바위나 돌에 쓴 글씨.
丹脣(단순)　여자의 아름다운 붉은 입술.
丹心(단심)　속에서 우러나는 정성스런 마음.
丹靑(단청)　색으로 무늬를 그림.

| 木 9 ⑬ | **楓** | 단풍나무 풍　※제외자　枫 |
|---|---|---|
| | | 단풍나무. |

maple　フウ(かえで)　木 机 机 枫 楓 楓

나무 목(木)과 바람 풍(風).

楓錦(풍금)　단풍잎을 비단에 비겨 일컫는 말.
楓林(풍림)　단풍나무 숲.
楓嶽(풍악)　가을의 금강산을 달리 일컫는 말.
楓葉(풍엽)　단풍나무의 잎.

## 楊柳(양류)　楊柳　楊柳　楊柳　버드나무. 楊은 갯버들, 柳는 수양버들.

| 木 9 ⑬ | **楊** | 버들 양　　杨 |
|---|---|---|
| | | 버들. 버드나무. |

willow　ヨウ(やなぎ)　十 木 𣎳 𣏌 楊 楊

나무 목(木)과 뻗어오를 양(昜).

楊枝(양지)　버들가지. 이쑤시개.
枯楊生華(고양생화)　마른 버드나무에 꽃이 핀다. 늙은 여자가 젊은 남편을 얻음을 일컬음.
水楊(수양)　수양버들.

| 木 5 ⑨ | **柳** | 버들 류 |
|---|---|---|
| | | 버들. 버드나무. 모이다. |

willow　リユウ(やなぎ)　木 杧 栁 栁 柳 柳

나무 목(木)과 흐를 묘(卯).

柳器(유기)　고리나 대오리로 엮어 만든 물건.
柳絮(유서)　버들개지.
柳腰(유요)　가늘고 부드러운 미인의 허리.
花柳(화류)　꽃과 버들. 노는 계집.

## 梧桐 (오동)

梧桐 梧桐 梧桐 　오동나무. 거문고·장롱 등을 만듦.

※제외자
木 7 ⑪ **梧**
벽오동 **오**
벽오동나무. 오동나무. 거문고.
paulownia　ゴ(あおぎり)
一 † 木 柘 栢 梧
나무 목(木)과 우리 오(吾).

※제외자
木 6 ⑩ **桐**
오동나무 **동**
오동나무. 거문고. 통하다.
paulownia　ドウ(きり)
一 † 木 机 杣 桐 桐
나무 목(木)과 한 가지 동(同).

梧鼠(오서) 날다람쥐.
梧月(오월) 음력 7월의 별칭.
鳴梧(고오) 거문고.
枝梧(지오) 버팀. 또는 저항함.

桐棺(동관) 오동나무로 짠 관.
桐孫(동손) 오동나무의 작은 가지.
碧梧桐(벽오동) 낙엽 활엽 교목. 재목은 악기 등을 만들고 껍질로는 새끼를 꼼.

## 栗木 (율목)

栗木 栗木 栗木 　밤나무.

木 6 ⑩ **栗**
밤 **률**
밤. 밤나무. 두려워하다.
chestnut　リツ(くり)
一 一 襾 西 票 栗
덮을 아(襾·両)와 나무 목(木).

木 0 ④ **木**
나무 **목**
나무. 목재. 오행의 첫째.
tree　ボク(き)
一 十 才 木
나무(丨)의 가지(一)와 뿌리(木).

栗栗(율률) 많은 모양. 두려워하는 모양.
栗房(율방) 밤송이.
栗園(율원) 밤나무가 많은 동산.
生栗(생률) 날밤.

木工(목공) 나무로 물건을 만드는 일. 또, 그 사람. 木手(목수).
木根(목근) 나무뿌리.
木材(목재) 나무로 된 재료. 材木(재목).

## 松柏 (송백)

松柏 松柏 松柏 　소나무와 잣나무.

木 4 ⑧ **松**
소나무 **송**
소나무. 솔.
pine　ショウ(まつ)
一 † 木 才 松 松
나무 목(木)과 공변될 공(公).

※제외자
木 5 ⑨ **柏**
측백나무 **백**
측백나무. 잣나무.
thuja　ハウ(かしわ)
一 † 木 才 柏 柏 柏
나무 목(木)과 흰 백(白).

松栮(송이) 송이버섯.
松竹梅(송죽매) 소나무·대나무·매화나무.
松津(송진) 소나무에서 분비되는 끈끈한 액체.
落葉松(낙엽송) 전나무과의 낙엽 침엽 고목.

柏車(백거) 산에서 사용하는 큰 수레.
柏葉酒(백엽주) 측백나무 잎으로 담근 술.
柏子(백자) 잣.
松柏(송백) 절개가 굳은 사람의 비유.

자연(自然)- 초목(草木)

## 桃李(도리) 桃李 桃李 桃李   복숭아와 자두나무. 그 꽃이나 열매.

**桃** 木 6 ⑩ 복숭아 도
복숭아. 복숭아나무. 앵두.
peach トウ(もも)   十 才 村 材 机 桃
나무 목(木)과 조짐 조(兆 : 쪼개지다).

桃園(도원) 복숭아가 많은 정원. 복숭아 밭.
桃源境(도원경) 속세를 떠난 별천지.
桃花(도화) 복숭아꽃.
黃桃(황도) 누른빛이 많은 복숭아.

**李** 木 3 ⑦ 오얏 리, 성씨 이
오얏. 오얏나무. 벼슬아치.
plum リ(すもも)   一 十 木 本 李 李
나무 목(木)과 아들 자(子 : 열매).

李杜(이두) 당나라 시인. 이백과 두보.
李花(이화) 오얏꽃(자두꽃). 대한제국 때, 관리 들이 쓰던 휘장. 모자표.
行李(행리) 여행할 때 쓰는 제구. 行裝(행장).

## 梨花(이화) 梨花 梨花 梨花   배꽃. 배나무의 꽃.

**梨** 木 7 ⑪ 배 리
배. 배나무. 쪼개다. 쫓다.
pear リ(なし)   二 千 禾 利 梨 梨
이로울 리(利)와 나무 목(木).

梨雪(이설) 배꽃을 흰 눈에 견주어 일컫는 말.
梨園(이원) 배나무를 심은 동산.
山梨(산리) 돌배.
棠梨(당리) 팥배나무의 열매.

**花** 艸 4 ⑧ 꽃 화
꽃. 꽃피다. 아름답다.
flower カ(はな)   艹 艹 艹 花 花 花
풀 초(艹 · 艸)와 변화할 화(化).

花郞(화랑) 신라 때, 청소년의 민간 수양 단체.
花柳(화류) 붉은 꽃과 푸른 버들. 기생.
花無十日紅(화무십일홍) 열흘 붉은 꽃이 없음. 곧, 영화는 오래 가지 못함의 비유.

## 爛漫(난만) 爛漫 爛漫 爛漫   꽃이 만발하여 화려함.

**爛** 火 17 ㉑ 빛날 란  ※제외자 烂
빛나다. 밝다. 문드러지다.
bright ラン(ただれる)   炚 炯 燗 燗 爛 爛
불 화(火)와 다할 란(闌 : 불이 꺼지기 직전을 뜻함).

爛發(난발) 꽃이 한창 흐드러지게 핌.
爛商公論(난상공론) 여러 사람이 모여 의논함.
爛熟(난숙) 무르녹게 익음. 충분히 발달함.
能爛(능란) 익숙하고 매우 솜씨가 있음.

**漫** 水 11 ⑭ 질펀할 만
질펀하다. 넘쳐흐르다.
flood マン(ひろい)   氵 沪 沪 渭 漫 漫
물 수(氵 · 水)와 퍼질 만(曼).

漫談(만담) 세상과 인정을 풍자하는 이야기.
漫然(만연) 이렇다 할 특별한 이유 없이.
漫評(만평) 체계 없이 생각나는 대로 하는 비평.
放漫(방만) 야무지지 못하고 엉성함.

## 蘭草 (난초)   蘭草 蘭草 蘭草   난초과의 여러해살이풀.

**蘭** 艸 17 ㉑ 난초 란   兰
orchid ラン(らんそう)
난초. 얼룩. 떠돌다.
艹 广 門 門 蕑 蘭
풀 초(艹·艸)와 드물 란(闌).

- 蘭交(난교) 뜻이 맞아 친밀한 사람들의 사귐.
- 蘭房(난방) 난초의 향기로운 냄새.
- 金蘭(금란) 친구 사이에 정의가 두터운 상태.
- 紫蘭(자란) 난초과의 여러해살풀. 대왐풀.

**草** 艸 6 ⑩ 풀 초
grass ソウ(くさ)
풀. 풀숲. 잡초. 거칠다.
一 艹 艹 艹 芦 苩 草
풀 초(艹·艸)와 일찍 조(早).

- 草家(초가) 이엉으로 지붕을 인 집. 초가집.
- 草芥(초개) 지푸라기.
- 草案(초안) 초를 잡은 글. 기초한 의안.
- 牧草(목초) 소·말·양 등을 먹이는 풀.

## 梅香 (매향)   梅香 梅香 梅香   매화 향기.

**梅** 木 7 ⑪ 매화 매
plum バイ(うめ)
매화. 매화나무. 절후 이름.
ポ ポ 朽 枍 梅 梅
나무 목(木)과 탐낼 매(每: 어머니가 자녀를 많이 낳다). 탐스럽도록 많은 열매를 맺다.

- 梅實(매실) 매화나무 열매. 식용·약용함.
- 梅雨(매우) 매실이 익을 무렵 내리는 긴 장마.
- 梅花(매화) 매화나무의 꽃.
- 松竹梅(송죽매) 소나무·대나무·매화나무.

**香** 香 0 ⑨ 향기 향
fragrance コウ(か)
향기. 향기롭다. 아름다움.
一 千 禾 乔 吞 香 香
벼 화(禾)와 달 감(日·甘).

- 香爐(향로) 향을 피우는 자그마한 화로.
- 香料(향료) 향(香)을 만드는 원료.
- 香燭(향촉) 제사에 쓰는 향과 초.
- 芳香(방향) 꽃다운 향기.

## 蜂蝶 (봉접)   蜂蝶 蜂蝶 蜂蝶   벌과 나비.

**蜂** 虫 7 ⑬ 벌 봉
bee ホウ(はち)
벌. 거스르다. 칼끝.
虫 虮 虵 蚁 蜂 蜂
벌레 충(虫)과 뾰족할 봉(夆). 꼬리 끝에 침이 있는 '벌'을 뜻한다.

- 蜂起(봉기) 벌떼처럼 떼를 지어 일어남.
- 蜂蜜(봉밀) 벌의 꿀. 꿀.
- 蜂巢(봉소) 벌집
- 蜂出(봉출) 벌처럼 떼거리로 우 나옴.

**蝶** 虫 9 ⑮ 나비 접
butterfly チョウ(ちょう)
나비(나비 외의 곤충의 총칭).
虫 虴 蛘 蛘 蝶 蝶
벌레 충(虫)과 엷을 엽(葉: 얇고 평평하다).

- 蝶翎(접령) 나비의 날개.
- 蝶夢(접몽) 꿈. 장자가 꿈에, 자신이 나비가 된 것인지 나비가 자신인지 모를 만큼 즐거이 놀았다는 고사. 蝴蝶之夢(호접지몽).

## 자연(自然) - 금수(禽獸)

**禽獸(금수)** 禽獸 禽獸 金獸  날짐승과 길짐승의 총칭. 鳥獸(조수).

### 禽 (날짐승 금)
內 8 ⑬
birds キン(とり)
날짐승. 짐승. 금수의 총칭.
ノ 人 今 全 禽 禽
발자국 유(內 : 네 발)와 '今'은 짐승의 머리를 본뜬 글자.
- 禽鳥(금조) 날짐승. 새.
- 禽獲(금획) 사로잡음. 擒獲(금획).
- 家禽(가금) 집에서 기르는 날짐승.
- 野禽(야금) 산이나 들에서 사는 새.

### 獸 (짐승 수)
犬 15 ⑲
beast ジュウ(けもの)
짐승. 길짐승. 포.
ㅛ 留 單 單 獸 獸
산짐승 휴(單)와 개 견(犬).
- 獸心(수심) 짐승같이 사납고 모진 마음.
- 獸慾(수욕) 짐승과 같은 음란한 욕심.
- 獸醫(수의) 가축의 병을 고치는 의사.
- 野獸(야수) 야생의 짐승.

**飛燕(비연)** 飛燕 飛燕 飛燕  나르는 제비.

### 飛 (날 비)
飛 0 ⑨
fly ヒ(とぶ)
날다. 날리다. 높다. 떠돌다.
飞 飞 飞 飛 飛 飛
새가 두 날개를 펴고 하늘 높이 날아오르는 모양을 본떠, '날다'를 뜻한다.
- 飛檄(비격) 격문을 급히 돌림.
- 飛翔(비상) 하늘을 날아다님.
- 飛躍(비약) 높이 뛰어오름. 급속히 진보함.
- 飛虎(비호) 동작이 날래고 용맹스러움의 비유.

### 燕 (제비 연)
火 12 ⑯
swallow エン(つばめ)
제비. 잔치. 편안하다.
艹 芹 艿 苗 燕 燕
갑골문으로 제비의 모양을 본뜬 글자.
- 燕居(연거) 한가히 집에 있음.
- 燕樂(연락) 잔치를 베풀고 즐김.
- 燕安(연안) 심신이 한가하고 편안함.
- 燕雀(연작) 제비와 참새. 소인배의 비유.

**鴻雁(홍안)** 鴻雁 鴻雁 鴻雁  큰 기러기와 작은 기러기.

### 鴻 (기러기 홍)
鳥 6 ⑰
wild goose コウ(おおとり)
기러기. 큰기러기. 훌륭하다.
氵 沪 江 浔 鴻 鴻
큰 내 강(江)과 새 조(鳥).
- 鴻鵠(홍곡) 큰기러기와 고니. 큰 인물의 비유.
- 鴻德(홍덕) 큰 덕. 大德(대덕).
- 鴻毛(홍모) 아주 가벼이 여기는 사물의 비유.
- 鴻益(홍익) 매우 큰 이익.

### 雁 (기러기 안)
隹 4 ⑫
wild goose ガン(かり)
기러기.
厂 厂 厈 厈 厈 雁
기슭 엄(厂)과 사람 인(亻·人), 새 추(隹).
- 雁書(안서) 먼 곳에 소식을 전하는 편지.
- 雁行(안항) 남을 높이어 그의 형제를 일컫는 말.
- 雁陣(안진) 줄지어 날아가는 기러기의 행렬.
- 鳧雁(부안) 물오리와 기러기.

## 犬兔 (견토)  犬兔 犬兔 犬兔  개와 토끼.

### 犬 개 견
犬 0 ④
dog ケン(いぬ)
一 ナ 大 犬
개. 하찮은 것의 비유.
개가 옆으로 서 있는 모양을 본뜬 글자.

犬羊(견양) 개와 양. 악한 사람과 착한 사람.
犬猿(견원) 개와 원숭이. 서로 사이가 나쁜 두 사람을 비유하여 일컫는 말.
忠犬(충견) 주인에게 충실한 개.

### 兔 토끼 토  ※제외자
儿 6 ⑧
rabbit ド(うさぎ)
ᄀ ᄀᄀ 쥬 乒 兔 兔
토끼. 달(月)의 이칭.
토끼의 모양을 본뜬 글자. 兎는 속자.

兔死狗烹(토사구팽) 토끼를 잡으면 사냥개를 삶는다는 뜻으로, 요긴할 때는 소중히 여기다가 쓸모가 없으면 버림의 비유.
兔月(토월) 달(月)의 이칭.

## 鷗鶴 (구학)  鷗鶴 鷗鶴 鷗鶴  갈매기와 학.

### 鷗 갈매기 구  ※제외자
鳥 11 ㉒
sea gull オウ(かもめ)
品 區 區 區 鷗 鷗
鸥
지경 구(區)와 새 조(鳥).

鷗鷺(구로) 갈매기와 해오라기.
鷗盟(구맹) 속세를 떠난 풍류적인 사귐.
白鷗(백구) 갈매기.
海鷗(해구) 바다 갈매기.

### 鶴 두루미 학
鳥 10 ㉑
crane カク(つる)
雀 雀 鹤 鹤 鶴 鶴
두루미. 학. 희다.
높이 날 학(雀)과 새 조(鳥).

鶴駕(학가) 태자(太子)가 타는 수레.
鶴髮(학발) 두루미의 깃처럼 하얀 머리털. 백발.
鶴首苦待(학수고대) 학처럼 목을 빼고 기다린다는 뜻으로, 몹시 기다림을 뜻하는 말.

## 走狗 (주구)  走狗 走狗 走狗  사냥개. 앞잡이 노릇하는 사람.

### 走 달릴 주
走 0 ⑦
run ソウ(はしる)
十 土 キ キ 走 走
달리다. 뛰어감. 좇음.
흙 토(土)와 그칠 지(止·疋 : 발자국).

走力(주력) 달리는 힘. 또, 그 능력.
走馬燈(주마등) 사물이 빨리 변함의 비유.
東奔西走(동분서주) 사방으로 바쁘게 다님.
脫走(탈주) 몸을 빼쳐 달아남.

### 狗 개 구
犬 5 ⑧
dog コウ(いぬ)
犭 犭 犳 狗 狗 狗
개. 작은 개. 범새끼.
개 견(犭·犬)과 굽을 구(句).

狗盜(구도) '개도둑'이란 뜻으로, 좀도둑.
狗肉(구육) 개고기.
狗鼠(구서) 개와 쥐. 小人(소인).
狗吠(구폐) 개가 짖음.

자연(自然) - 금수(禽獸)

潛龍(잠룡)  潛龍 潛龍 潛龍  연못에 깊이 숨어 있는 용. 군자.

水 12 ⑮ 潛
잠길 잠
잠기다. 감추다. 숨기다.
sink セン(ひそむ)
氵 氵 氵 浐 潛 潛
물 수(水)와 일찍 참(朁 : 숨다).

潛伏(잠복) 드러나지 않게 깊이 숨어 있음.
潛水(잠수) 물 속으로 들어감.
潛心(잠심) 마음을 가라앉혀 깊이 생각함.
潛在(잠재) 밖에 드러나지 않고 숨어 있음.

龍 0 ⑯ 龍
용 룡
용. 임금. 뛰어난 인물.
dragon リュウ(たつ)
育 育 育 育 龍 龍
머리에 뿔이 있고 입을 벌리고 긴 몸뚱이를 가진 상상의 동물, '용'을 뜻한다.

龍駕(용가) 임금이 타는 수레. 龍車(용거).
龍頭蛇尾(용두사미) 처음은 좋으나 끝이 나쁨.
龍上(용상) 임금이 앉는 자리.
龍顔(용안) 임금의 얼굴. 天顔(천안).

猛虎(맹호)  猛虎 猛虎 猛虎  몹시 사나운 범.

犬 8 ⑪ 猛
사나울 맹
사납다. 용감함. 엄하다.
fierce モウ(たけし)
犭 犭 犷 猛 猛 猛
개 견(犭·犬)과 힘쓸 맹(孟).

猛犬(맹견) 사나운 개.
猛禽(맹금) 사나운 새.
猛烈(맹렬) 기세가 사납고 세참.
猛獸(맹수) 사나운 짐승. 사자·범 따위.

虍 2 ⑧ 虎
범 호
범. 용맹스럽다. 포학하다.
tiger コ(とら)
丨 ㄏ 上 广 卢 虎
큰 입을 벌리고 날카로운 어금니, 발톱을 드러내놓은 '범'의 모양.

虎口(호구) 매우 위험한 지경을 일컬음.
虎窟(호굴) 범의 굴. 곧, 가장 위험한 곳.
虎狼(호랑) 범과 이리. 탐욕스럽고 포악한 사람의 비유. 호랑이.

鳳鳥(봉조)  鳳鳥 鳳鳥 鳳鳥  상상의 상서로운 새. 봉황.

鳥 3 ⑭ 鳳
봉새 봉       凤
봉새(봉황의 수컷). 봉황새.
phoenix ホウ(おおとり)
几 凡 凤 凤 鳳 鳳
무릇 범(凡 : 돛)과 새 조(鳥).

鳳駕(봉가) 임금이 타는 가마(수레).
鳳雛(봉추) 봉황의 새끼. 뛰어난 소년.
鳳枕(봉침) 봉황의 형상을 수놓은 베개.
鳳凰(봉황) 상상의 상서로운 새.

鳥 0 ⑪ 鳥
새 조       鸟
새. 별 이름.
bird チョウ(とり)
丿 冖 鸟 鸟 鳥 鳥
새의 모양을 본뜬 글자.

鳥瞰(조감) 높은 곳에서 아래를 내려다 봄.
鳥獸(조수) 날짐승과 길짐승의 총칭. 새 짐승.
鳥足之血(조족지혈) 새 발의 피. 적은 분량.
候鳥(후조) 철을 따라 살 곳을 바꾸는 새. 철새.

## 雌鹿 (자록) 雌鹿 雌鹿 雌鹿  암사슴.
※제외자

**雌** 佳5⑬
암컷 자
암컷. 여성. 지다. 패배.
female シ(めす)
丨 止 此 此 雌 雌 雌 雌

이 차(此 : 조금 열다)와 새 추(隹).

雌伏(자복) 암컷이 수컷에 복종한다는 뜻으로, '남에게 스스로 굴복함'을 일컬음.
雌雄(자웅) 암컷과 수컷. 약자와 강자.
雌蜂(자봉) 벌의 암컷. 여왕벌.

**鹿** 鹿0⑧
사슴 록
사슴. 곳집. 산기슭.
deer ロク(しか)
一 广 庐 庐 鹿 鹿

수사슴의 뿔·머리·네 발의 모양을 본떠, '사슴'을 뜻한다.

鹿角(녹각) 수사슴 뿔. 물건을 거는 갈고리.
鹿茸(녹용) 사슴의 새로 돋은 연한 뿔.
鹿血(녹혈) 사슴의 피.
麝鹿(사록) 사향노루.

## 毒蛇 (독사) 毒蛇 毒蛇 毒蛇 독이 있는 뱀.

**毒** 母4⑧
독할 독
독하다. 독. 해치다. 독초.
poison ドク(そこなう)
十 丰 圭 素 毒 毒

풀 초(屮)와 음란할 매(毐). 음란하게 만드는 독이 든 풀이 우거져 있음.

毒氣(독기) 독이 있는 기운. 사납고 모진 기운.
毒物(독물) 독기 있는 물질.
毒殺(독살) 독약을 먹여서 죽임.
中毒(중독) 독성으로 기능 장애를 일으키는 일

**蛇** 虫5⑪
뱀 사
뱀. 자벌레. 북방의 별.
snake ジャ(へび)
中 虫 虫 蚾 蛇 蛇

벌레 충(虫)과 뱀 사(它 : 뱀 사의 古字)

蛇龍(사룡) 이무기가 변하여 된 용.
蛇心(사심) 뱀같이 간악하고 질투가 심한 마음.
長蛇陣(장사진) 많은 사람이 줄을 지어 길게 늘어선 모양.

## 烏竹 (오죽) 烏竹 烏竹 烏竹  외피가 자흑색으로 된 대나무.

**烏** 火6⑩
까마귀 오
까마귀. 검다. 탄식하다.
crow オ,ウ(からす)
亻 亽 鸟 鸟 烏 烏

까마귀 모양을 본뜬 글자.

烏鷺(오로) 까마귀와 해오라기. 흑과 백.
烏有(오유) 사물이 아무것도 없이 됨.
烏合之卒(오합지졸) 질서 없이 모였다가 흩어지는, 까마귀 떼처럼 단결이 되지 않는 무리.

**竹** 竹0⑥
대 죽
대나무. 피리. 죽간(竹簡).
bamboo チク(たけ)
丿 亅 乍 竹 竹 竹

대나무 가지의 가운데 잎이 아래로 드리워진 모양.

竹簡(죽간) 종이가 없었을 때 글을 쓰던 대쪽.
竹豆(죽두) 대로 만든 제기의 하나.
竹馬故友(죽마고우) 죽마를 타고 놀던 친구.
竹杖芒鞋(죽장망혜) 대지팡이와 짚신.

국가(國家)- 국토(國土)

## 世界(세계) 世界 世界 世界 — 지구의 모든 나라.

**世** 대 세
一 4 ⑤
대. 세대. 세상. 인간.
generation セ,セイ(よ)   一 十 卅 世
열 십(十)을 세 번 합쳐 놓은 글자로 30년을 뜻함.
世孫(세손) 왕세손. 왕세자의 맏아들.
世襲(세습) 한 집안의 재산·작위·업무 등을 물려받음.
後世(후세) 다음에 오는 세상.

**界** 지경 계
田 4 ⑨
지경(地境). 범위. 장소.
boundary カイ(さかい)   丶 口 四 田 𤰀 界
밭 전(田)과 끼일 개(介). 밭과 밭 사이.
界標(계표) 토지 등의 경계에 세우는 표지.
界限(계한) 땅의 경계. 한계.
冥界(명계) 사람이 죽은 후 간다는 암흑의 세계.
學界(학계) 학문의 세계. 학자의 사회. 학술계.

## 邊方(변방) 邊方 邊方 邊方 — 가장자리가 되는 방면(쪽). 변경.

**邊** 가 변
辵 15 ⑲
가. 가장자리. 곁. 국경.
border ヘン(ほとり)   自 𦣻 㬰 㬰 臱 邊
조금 걸을 착(彳·辶)과 보이지 않을 면(臱).
邊境(변경) 나라와 나라의 경계가 되는 변두리.
邊利(변리) 변돈에서 느는 이자.
邊民(변민) 변경에 사는 백성.
周邊(주변) 둘레의 가장자리.

**方** 모 방
方 0 ④
모. 각. 네모. 사방. 방위.
square ホウ(かた)   丶 亠 亐 方
배를 언덕에 묶어 놓은 모양.
方今(방금) 바로 이제. 조금 전.
方面(방면) 네모난 얼굴. 어떤 방향의 지방.
方案(방안) 일을 처리할 방법이나 계획.
方向(방향) 향하는 쪽. 뜻이 향하는 곳.

## 亞洲(아주) 亞洲 亞洲 亞洲 — 아시아 주.

**亞** 버금 아
二 6 ⑧
버금. 아시아의 약칭.
secondary ア(つぎ)   一 𠀐 𠁒 亞 亞 亞
묘실(墓室)을 위에서 본 모양을 본뜬 글자.
亞流(아류) 둘째가는 사람이나 사물. 동아리.
亞鉛(아연) 청백색의 빛을 띤 금속. 기호 Zn.
亞熱帶(아열대) 열대와 온대와의 중간 지대.
東亞(동아) 아시아 주(洲)의 동부. 동아시아.

**洲** 섬 주
水 6 ⑨
섬. 모래가 쌓여서 된 작은 섬.
island シュウ,ス(す,しま)   丶 氵 汈 汌 洲 洲
물 수(水)와 섬 주(州 : 물 가운데의 모래톱).
洲嶼(주서) 강어귀에 토사가 쌓여 된 섬.
砂洲(사주) 강이나 해안에 모래가 쌓여 이루어진 퇴적지형.
三角洲(삼각주) 강어귀에 삼각형으로 쌓인 땅.

## 聯邦 (연방) 聯邦 联邦 聯邦   자치권을 가진 여러 국가가 구성한 국가.

**聯** 耳 11 ⑰ 잇닿을 련
잇닿다. 연잇다. 연하다.
connect  レン(つらなる)
ㅌ 耳 聯 聯 聯 聯
귀 이(耳)와 실을 북에 꿸 관(鎌).

- 聯句(연구) 한시(漢詩)에서 짝을 맞춘 글귀.
- 聯絡(연락) 서로 관련을 맺음. 통보함.
- 聯立(연립) 잇대어 섬. 어울러서 섬.
- 聯合(연합) 두 가지 이상의 사물이 서로 합침.

**邦** 邑 4 ⑦ 나라 방
나라. 봉(封)하다. 도읍.
nation  ホウ(くに)
一 二 三 丰 邦 邦
풀무성한 봉(丰)과 고을 읍(阝·邑).

- 邦國(방국) 나라. 국가.
- 邦語(방어) 자기 나라의 말. 國語(국어).
- 盟邦(맹방) 동맹을 맺은 나라.
- 友邦(우방) 서로 친교가 있는 나라.

## 都市 (도시) 都市 都市 都市   사람이 많이 모여 사는 번잡한 곳.

**都** 邑 9 ⑫ 도읍 도
도읍. 서울. 도회지. 모두.
capital  ト(みやこ)
土 耂 耂 者 者 都
놈 자(者 : 모이다)와 고을 읍(阝·邑).

- 都心(도심) 도시의 중심이 되는 곳.
- 都合(도합) 모두 한데 합한 셈.
- 首都(수도) 서울.
- 遷都(천도) 나라의 수도를 옮김.

**市** 巾 2 ⑤ 저자 시
저자. 장. 시가. 행정 구역.
market  シ(いち)
丶 亠 ナ 市 市
갈 지(一 : 之의 획 줄임)와 수건 건(巾). 물품 판매를 위해 가는 장소. '장'을 뜻한다.

- 市街(시가) 도시의 큰 길거리. 저잣거리.
- 市價(시가) 상품이 매매되는 시장의 가격.
- 市民(시민) 시에 살고 있는 사람.
- 市場(시장) 상인이 상품을 매매하는 장소.

## 農村 (농촌) 農村 農村 農村   농업을 생업으로 삼는 지역이나 마을.

**農** 辰 6 ⑬ 농사 농
농사. 농사짓다. 농토.
farming  ノウ(たがやす)
冂 卄 曲 曲 農 農 農
농부가 밭(田·曲)일을 별(辰)이 있는 새벽부터 하는 것을 뜻한다.

- 農家(농가) 농사짓는 집.
- 農耕(농경) 논밭을 갈아 농사를 지음.
- 農具(농구) 농사짓는 연장.
- 農民(농민) 농사를 짓는 백성. 農夫(농부).

**村** 木 3 ⑦ 마을 촌
마을. 시골. 촌스럽다.
village  ソン(むら)
一 十 才 木 村 村
나무 목(木)과 법도 촌(寸).

- 村落(촌락) 시골의 부락. 村里(촌리).
- 村老(촌로) 시골에 사는 늙은이. 村翁(촌옹).
- 村婦(촌부) 시골에 사는 부녀.
- 漁村(어촌) 어부들이 사는 마을.

국가(國家)- 국토(國土)

---

**到處**(도처) 到處 到處 む夌 이르는 곳. 방방곡곡. 가는 곳마다.

刀 6 ⑧ **到** 이를 도
이르다. 닿음. 도달함.

reach トウ(いたる) 一 エ ズ 주 至 到

이를 지(至)와 칼 도(刂·刀).

到達(도달) 정한 곳에 이름.
到來(도래) 그 곳에 이름. 와 닿음. 닥쳐옴.
到着(도착) 목적지에 다다름.
殺到(쇄도) 세차게 몰려듦.

虍 5 ⑪ **處** 곳 처 处
곳. 장소. 위치. 머무르다.

place ショ(おる) 一 ト 广 虍 虎 處

범호 엄(虍)과 천천히 걸을 쇠(夂), 걸상 궤(几).

處決(처결) 결정하여 처분함. 판결하여 처단함.
處理(처리) 일을 다스림. 일을 마무리 지음.
處方(처방) 병의 증세에 따라 약을 짓는 방법.
處世(처세) 세상에서 살아감. 또, 그 일.

---

**巷間**(항간) 巷間 巷間 岺岔 보통 민중들 사이. 間巷間(여항간).

己 6 ⑨ **巷** 거리 항
거리. 통로나 복도. 마을.

street コウ(ちまた) 一 廾 卅 共 共 巷

고을 읍(邑 : 마을의 뜻)과 함께 공(共).

港街(항가) 거리.
巷說(항설) 거리에 떠도는 소문 巷語(항어).
巷謠(항요) 항간에서 불리는 세속적인 노래.
巷議(항의) 항간에 돌아다니는 평판이나 소문.

門 4 ⑫ **間** 사이 간 间
사이. 틈. 때. 간격. 이간하다.

gap カン,ケン(あいだま) 「 ド 門 門 間 間

문 문(門)과 날 일(日).

間隔(간격) 떨어짐. 서로 떨어져 있는 거리.
間食(간식) 군음식을 먹음. 또, 그 음식.
間接(간접) 중간에 매개를 두어 연락하는 관계.
間諜(간첩) 적의 내정을 몰래 살피는 사람.

---

**京畿**(경기) 京畿 京畿 亣奚 수도 및 그 곳을 중심으로 한 지역.

亠 6 ⑧ **京** 서울 경
서울. 수도(首都). 크고 높다.

capital キョウ,ケイ(みやこ) 亠 亠 亩 亨 京 京

높은 언덕 위에 서 있는 집 모양을 본뜬 글자. '높은 언덕, 서울'을 뜻함.

京城(경성) 궁성. 대궐. 서울.
京風(경풍) 서울 풍속. 풍치 있는 모양.
京鄕(경향) 서울과 시골.
在京(재경) 서울에 머물러 있음.

田 10 ⑮ **畿** 경기 기
경기. 도성. 둘레 500리 안의 땅.

royal domains キ(さかい) 幺 幺 丝 総 畿 畿

밭 전(田)과 기계 기(幾 : 가깝다). 천자와 가까운 곳, '도성'을 뜻한다.

畿內(기내) 왕성(王城), 사방 500리 이내의 땅.
畿營(기영) 경기도 감영(監營).
畿湖(기호) 경기도·황해도 남부와 충남 북부를 포함한 지역.

## 洛縣(낙현) 洛縣 洛縣 洛縣  중국 낙양의 별칭.

**洛** 水 6 ⑨  물이름 락  ※제외자
물(강) 이름. 도읍 이름.
ラク(かわのな)
ㄚ ㄚ ㄚ 汐 汝 洛 洛
물 수(氵·水)와 각각 각(各 : 이르다).
洛陽(낙양) 하남성의 수도. 낙수의 북방.
洛陽紙價貴(낙양지가귀)  낙양(洛陽)의 종이 값이 올라갔다는 뜻으로, 책이 널리 퍼져 매우 잘 팔림을 일컬음.

**縣** 糸 10 ⑯  고을 현  县
고을. 매달다. 걸어 두다.
country ケン(かける)
目 目 冐 県 県 縣 縣
베어달 교(県)와 실 사(糸). 목을 베어 나무에 거꾸로 달아맨다는 뜻.
縣監(현감) 고려·조선조 때 고을의 원(員).
縣隔(현격) 멀리 떨어져 있음.
懸鼓(현고) 걸어 놓은 북.
郡縣(군현) 옛날 지방 제도인 주·부·군·현.

## 州郡(주군) 州郡 州郡 州郡  하나의 주와 군. 지방.

**州** 巛 3 ⑥  고을 주
고을. 행정 구역. 삼각주.
district シュ(す, しま)
丶 丿 丿 州 州 州
내 천(川)의 사이사이에 점(丶)을 하나씩 찍은 글자. 강 가운데의 모래톱, 강섬을 뜻한다.
州境(주경) 주(州)의 경계.
州旗(주기) 주(州)를 대표하는 기.
州都(주도) 주(州)의 관청이 있는 도시.
州閭(주려) 마을. 州巷(주항). 鄕里(향리).

**郡** 邑 7 ⑩  고을 군
고을. 행정 구역의 하나.
country グン(こおり)
コ ユ 尹 君 君B 郡
임금 군(君)과 고을 읍(阝·邑).
郡界(군계) 군과 군의 경계.
郡民(군민) 군의 주민.
郡守(군수) 한 군의 우두머리.
一郡(일군) 한 군(郡). 온 고을.

## 隣邑(인읍) 隣邑 隣邑 隣邑  가까운 이웃 읍내.

**隣** 阜 12 ⑮  이웃 린   邻
이웃. 이웃하다. 친근하다.
neighbor リン(となり)
㇇ 阝 阝⺀ 阝㐄 阝㐄 隣
언덕 부(阝·阜 : 벽)와 반딧불이 린(粦 : 서민). 서민이 사는 '이웃'을 뜻한다.
隣家(인가) 이웃집.
隣近(인근) 이웃. 이웃함. 근처.
隣接(인접) 이웃하여 있음.
善隣(선린) 이웃과 사이좋게 지냄.

**邑** 邑 0 ⑦  고을 읍
고을. 마을. 행정 구역
town ユウ(むら)
口 口 円 吊 呂 邑
둘러쌀 위(口·圍)와 병부 절(㔾·卩 : 사람). 일정한 경계 안에 사는 '고을'을 뜻한다.
邑內(읍내) 고을 안. 지방 관아의 마을.
邑民(읍민) 읍의 주민. 읍에 사는 사람.
邑屬(읍속) 읍에 속했던 이속(吏屬)의 총칭.
都邑(도읍) 서울. 首都(수도).

국가(國家) - 국토(國土)

## 洞里(동리) 洞里 洞里 洞里  마을. 동과 리.

**水 6 ⑨ 洞** 고을 동, 꿰뚫을 통
고을. 구멍. 굴. 꿰뚫다.
cave トゥ(ほら)
氵氵汀汩洞洞
물 수(氵·水)와 한가지 동(同 : 속이 비었다).

洞口(동구) 동네 어귀. 동굴의 어귀.
洞民(동민) 한 동네에 사는 사람.
洞察(통찰) 전체를 환하게 내다봄.
洞燭(통촉) 아랫사람의 사정을 헤아려 살핌.

**里 0 ⑦ 里** 마을 리
마을. 이. 이수. 거리.
village リ(さと)
丨口日甲甲里
밭 전(田)과 흙 토(土). 밭과 토지가 있어 사람이 사는 곳, '마을'을 뜻한다.

里民(이민) 동리 사람.
里數(이수) 거리를 이(里)의 단위로 측정한 수.
里程標(이정표) 이정(里程)을 적어 세운 푯말.
田里(전리) 시골. 촌. 고향을 뜻함.

## 故鄕(고향) 故鄕 故鄕 故鄕  자기가 태어나고 자란 곳.

**支 5 ⑨ 故** 연고 고
연고. 예. 옛 벗. 예로부터.
ancient コ(ふるい,ゆえに)
十古古古故故
예 고(古)와 칠 복(攵·攴).

故事(고사) 옛적부터 내려오는 유서 깊은 일.
故國(고국) 전에 살던 나라. 고향.
故意(고의) 의도적으로 꾸미는 일.
無故(무고) 연고가 없음. 사고 없이 평안함.

**邑 10 ⑬ 鄕** 시골 향
시골. 마을. 고향. 곳.
country キョウ(さと,ふるさと)
乡纟纟纟纟纟纟鄕
거리 향(邻 : 촌락)과 밥 고소할 흡(皀).

鄕里(향리) 나서 자라난 고향의 마을.
鄕愁(향수) 고향이 그리워 느끼는 슬픔.
鄕村(향촌) 시골.
鄕土(향토) 자기가 태어난 곳.

## 區域(구역) 區域 区域 区域  갈라놓은 지역.

**匚 9 ⑪ 區** 구역 구
구역. 갈피. 지경. 나누다.
district ク(しきる)
一丁丏品區
감출 혜(匚 : 넓은 지역) 속에 입 구(口) 셋.

區間(구간) 일정한 구역의 안.
區內(구내) 천하. 領內(영내). 어떤 지역의 안.
區別(구별) 종류에 따라 갈라놓음. 차별함.
區分(구분) 따로따로 갈라 나눔.

**土 8 ⑪ 域** 지경 역
지경. 나라. 경계 짓다.
boundary イキ(さかい)
十圹圹域域域
흙 토(土)와 창 과(戈), 에울 위(口)와 한 일(一).

域內(역내) 일정한 장소의 안. 區域(구역)
域外(역외) 구역의 밖. 경계 밖.
領域(영역) 영토의 범위.
地域(지역) 행정·생활권 등으로 나누어진 구역.

## 港口 (항구) 港口 港口 港口  배가 드나들고 머무는 곳.

水 9 ⑫ **港**
항구 항
항구. 배가 머무는 곳.
port コウ(みなと)
氵 汀 洪 洪 洪 港
물 수(氵·水)와 마을 항(巷).

港都(항도) 항구를 끼고 발달한 도시.
港圖(항도) 항구 지리를 그린 항해용 지도.
港灣(항만) 항구와 만. 해안에 방파제·부두·잔교·창고 등의 시설을 한 수역.

口 0 ③ **口**
입 구
입. 말하다. 인구.
mouth コウ(くち)
丨 冂 口
사람의 입 모양을 본뜬 글자.

口腔(구강) 입 속. 입 안.
口頭(구두) 직접 입으로 하는 말.
口實(구실) 핑계 삼을 밑천.
口傳(구전) 입에서 입으로 전함.

## 魚浦 (어포) 魚浦 魚浦 魚浦  고기잡이하는 갯가.

魚 0 ⑪ **魚**
고기 어
고기. 물고기. 고기잡이하다.
fish ギョ(さかな)
ノ ク 名 角 魚 魚
물고기의 머리·배·꼬리의 모양을 본뜬 글자.

魚卵(어란) 소금을 쳐서 말린 생선의 알.
魚肉(어육) 생선과 짐승 고기.
魚頭肉尾(어두육미) 생선은 머리가, 고기는 꼬리가 맛있다는 말.

水 7 ⑩ **浦**
갯가 포
갯가. 개펄. 물가.
waterside ホ(うら)
氵 氵 沪 浦 浦 浦
물 수(氵·水)와 클 보(甫:넓게 퍼진다).

浦口(포구) 배가 드나드는 개펄. 작은 항구.
浦灣(포만) 물가에서, 휘어 굽어진 곳. 후미.
浦村(포촌) 해변이나 냇가에 있는 마을. 갯마을.
曲浦(곡포) 꼬불꼬불한 개펄.

## 景致 (경치) 景致 景致 景致  자연의 아름다운 현상.

日 8 ⑫ **景**
빛·볕 경
볕. 빛. 해. 태양. 밝다.
sunshine ケイ(ひかげ,けしき)
日 日 昌 景 景 景
날 일(日)과 높을 경(京).

景觀(경관) 특색 있는 풍경을 가진 일정한 지역.
景氣(경기) 거래에서 생기는 경제의 상태.
景色(경색) 경치. 풍치. 景狀(경상).
風景(풍경) 경치. 風光(풍광). 사람의 외모.

至 4 ⑩ **致**
이를 치
이르다. 부르다. 전하다.
accomplish チ(いたす)
一 工 互 至 至 致 致
이를 지(至)와 되돌아올 치(夂).

致命(치명) 죽을 지경에 이름. 자신의 종교를 위해 목숨을 희생함.
致富(치부) 재물을 모아 부유하게 됨.
致誠(치성) 있은 정성을 다함.

국가(國家)- 국토(國土)

## 住宅(주택) 住宅 住宅 住宅　사람이 사는 집.

**住** 살 주
人 5 ⑦
살다. 생활. 주거(住居).
live ジュウ(すむ)　イ 亻 亻 什 住 住
사람 인(亻·人)과 주인 주(主: 머물다).

住居(주거) 사람이 사는 집. 住宅(주택).
住民(주민) 일정한 지역에 머물러 사는 백성.
住所(주소) 살고 있는 곳.
常住(상주) 항상 거주함. 늘 있음.

**宅** 집 택, 댁 댁
宀 3 ⑥
집. 대지(垈地). 거주하다. 댁.
house タク(すまい)　宀 宀 宅 宅 宅 宅
움집 면(宀)과 맡길 탁(モ).

宅居(택거) 집에 거처함.
宅配(택배) 짐이나 서류 따위를 집으로 배달함.
宅地(택지) 가옥의 대지. 집터. 垈地(대지).
宅內(댁내) 남의 '집안'을 일컫는 경칭.

## 牆壁(장벽) 牆壁 牆壁 牆壁　담과 벽. 칸막이.

**牆** 담 장
爿 13 ⑰
담. 토담. 경계. 관의 옆널.
fence ショウ(かき)　爿 爿 爿 牆 牆 牆
조각 장(爿)과 곳간 장(嗇). 墻과 同字.

牆角(장각) 담 모퉁이.
牆屋(장옥) 담과 집.
牆衣(장의) 담의 옷이란 뜻으로, 담에 낀 이끼를 일컬음.

**壁** 바람벽 벽
土 13 ⑯
바람벽. 진터. 성루의 외곽.
wall ヘキ(かべ)　尸 居 辟 辟 壁 壁
물리칠 벽(辟)과 흙 토(土).

壁報(벽보) 벽에 붙여 사람들에게 알리는 글.
壁紙(벽지) 벽에 바르는 종이.
壁畫(벽화) 장식으로 벽에 그린 그림.
絶壁(절벽) 낭떠러지. 사리에 어두운 사람.

## 庭園(정원) 庭園 庭園 庭園　집 안의 뜰과 꽃밭.

**庭** 뜰 정
广 7 ⑩
뜰. 집안. 조정. 곳. 장소.
garden テイ(にわ)　广 广 庐 庐 庭 庭
집 엄(广)과 조정 정(廷).

庭訓(정훈) 가정의 교훈. 가정교육.
家庭(가정) 한 가족이 살림하고 있는 집안.
宮庭(궁정) 궁궐 안의 마당.
親庭(친정) 시집간 여자의 본집.

**園** 동산 원　园
口 10 ⑬
동산. 정원. 뜰. 밭. 별장.
garden エン,オン(その)　門 周 周 園 園 園
에울 위(口) 안에 옷 치렁거릴 원(袁).

園頭(원두) 밭의 수박·호박·참외 등의 총칭.
園丁(원정) 정원을 손질하는 일꾼.
園藝(원예) 채소·과수·정원수·화훼 등을 집약적으로 재배하는 일.

## 井欄 (정란) 井欄 井欄 井欄 우물의 난간.

**井** 우물 정
二 2 ④
우물. 저자. 괘 이름. 별 이름.
well セイ(いど)
一 二 キ 井
井 꼴로 짠 우물 난간 속에 두레박이 달려 있는 모양.
井里(정리) 시골. 마을. 읍리.
井水(정수) 우물물.
井底蛙(정저와) 우물 안 개구리.
市井(시정) 인가가 모인 곳.

**欄** 난간 란  栏
木 17 ㉑
난간. 난. 테두리. 울(짐승의 집).
rail ラン(てすり)
木 朾 柵 榈 榈 欄
나무 목(木)과 난간 란(闌).
欄干(난간) 누각이나 층계·다리 따위의 가장자리를 막은 물건. 欄杆(난간).
欄邊(난변) 난간의 근처.
石欄(석란) 돌난간.

## 樓閣 (누각) 樓閣 樓閣 樓閣 사방을 바라볼 수 있게 높이 지은 집.

**樓** 다락 루  楼
木 11 ⑮
다락. 다락집. 망루.
garret ロウ(たかどの)
木 朾 柑 柑 楮 樓
나무 목(木)과 여러 루(婁).
樓臺(누대) 누각과 정자.
樓上(누상) 다락이나 누각·망루의 위.
門樓(문루) 궁문이나 성문 위에 지은 다락집.
鐘樓(종루) 종을 달아 두는 누각.

**閣** 누각 각  阁
門 6 ⑭
누각. 다락집. 세우다.
pavilion カク(たかどの)
丨 冂 門 門 閃 閣
문 문(門)과 각각 각(各).
閣僚(각료) 내각을 조직하는 각부의 장관.
閣員(각원) 내각을 구성하는 각 장관.
閣下(각하) 전각의 아래. 귀인에 대한 높임말.
殿閣(전각) 궁전과 누각.

## 軒燈 (헌등) 軒燈 軒燈 軒燈 처마에 다는 등.

**軒** 처마 헌
車 3 ⑩
처마. 추녀. 수레. 초헌. 집.
eaves ケン(のき)
一 戸 亘 車 軒 軒
수레 거(車)와 방패 간(干 : 기둥).
軒架(헌가) 악기의 종과 경(磬)을 거는 시렁.
軒擧(헌거) 풍채와 의기가 당당하고 너그러워 인색하지 않음.
軒昻(헌앙) 의기양양한 모양.

**燈** 등잔 등  灯
火 12 ⑯
등잔. 등. 등불. 초. 불도(佛道).
lamp トウ(ともしび)
丶 火 灯 烬 熔 燈
불 화(火)와 오를 등(登).
燈架(등가) 등잔걸이.
燈盞(등잔) 기름을 담아 불을 켜는데 쓰는 기구.
燈火可親(등화가친) 등불을 가까이 하여 글 읽기에 좋은 계절, 곧 가을철을 일컬음.

국가(國家)- 국토(國土)

層臺(층대) 層臺 層臺 層臺 층층대.

| 尸 12 ⑮ | 層 | 층 층<br>층. 겹. 계단. 계급. 수준. | 层 |
|---|---|---|---|

story ソウ(かさなる)　尸 尸 屌 屌 屌 層

주검 시(尸)와 더할 증(曾).

層階(층계) 층 사이를 오르내리는 계단.
層層侍下(층층시하) 부모와 조부모를 다 모시고 있는 처지.
層下(층하) 다른 것보다 낮게 보아 소홀히 함.

| 至 8 ⑭ | 臺 | 돈대 대<br>돈대. 누각. 정자. 관아. | 台 |
|---|---|---|---|

height ダイ(だいうてな)　士 吉 高 臺 臺 臺

높을 고(高·高: 망대)와 이를 지(至), 토대 지(土).

臺閣(대각) 누각(樓閣). 정치하는 관청.
臺本(대본) 연극·영화의 각본.
臺紙(대지) 밑바탕이 되는 두꺼운 종이.
土臺(토대) 일의 밑바탕이 되는 기초나 밑천.

昇降(승강) 昇降 昇降 昇降 오르고 내림.

| 日 4 ⑧ | 昇 | 오를 승<br>오르다. 해돋다. 올리다. | 升 |
|---|---|---|---|

ascend ショウ(のぼる)　日 日 旦 旱 昇 昇

날 일(日)과 오를 승(升).

昇格(승격) 어떤 표준으로 격이 오름.
昇階(승계) 품계가 오름.
昇進(승진) 벼슬의 지위가 오름.
昇遐(승하) 임금의 죽음을 일컬음. 崩御(붕어).

| 阜 6 ⑨ | 降 | 내릴 강, 항복할 항<br>내리다. 임하다. 항복하다. | |
|---|---|---|---|

descend コウ(おりる,くだる)　阝阝降降降降

언덕 부(阝·阜)와 내릴 강(夅).

降臨(강림) 신(神)이 하늘에서 내려옴.
降福(강복) 하늘이 행복을 내려줌.
降伏(항복) 적의 힘에 눌려 굴복함. 降服(항복).
降書(항서) 항복하는 뜻을 써서 보내는 글.

廳舍(청사) 廳舍 廳舍 廳舍 관청에서 사무실로 쓰는 건물.

| 广 22 ㉕ | 廳 | 관청 청<br>관청. 관아. 대청. 집. | 厅 |
|---|---|---|---|

public office チョウ(やくしょ)　广 庐 庐 廳 廳 廳

돌집 엄(广)과 들을 청(聽).

廳堂(청당) 대궐 안의 정사를 의논하는 곳. 조당(朝堂). 대청.
廳事(청사) 관청 안의 사무를 보는 곳.
登廳(등청) 관청에 출근함. ↔ 退廳(퇴청).

| 舌 2 ⑧ | 舍 | 집 사<br>집. 가옥. 거처. 관청. 창고. | |
|---|---|---|---|

house シャ(いえ)　人 亼 仐 介 舍 舍

나 여(수·余)와 입 구(口).

舍廊(사랑) 한옥에서 바깥주인이 거처하는 곳.
舍利(사리) 석가나 고승의 유골.
舍兄(사형) 자기의 형을 겸손하게 일컫는 말.
客舍(객사) 객지의 숙소. 旅館(여관).

## 增築(증축) 增築 增築 增築  세워 있는 건축물에 덧붙여 지음.

**增** 土 12 ⑮ 더할 증
더하다. 늚. 불어나다.
increase ゾウ(ます)  土 圡 圹 圸 埙 增

흙 토(土)와 거듭 증(曾).

增加(증가) 많아짐. ↔ 減少(감소).
增減(증감) 증가와 감소. 늘리거나 줄임.
增補(증보) 보충하여 더함.
增殖(증식) 더하여 늘거나 늘림.

**築** 竹 10 ⑯ 쌓을 축  筑
쌓다. 건축함. 달구.
build チク(きづく)  ⺮ ⺮ 筑 筑 筡 築

주울 축(筑)과 나무 목(木).

築臺(축대) 높이 쌓아 올린 터.
築城(축성) 군사 방어 목적으로 설치하는 구조물.
築堤(축제) 둑을 쌓아 만듦.
築土(축토) 흙을 쌓아올림.

## 守衛(수위) 守衛 守衛 守衛  관공서 등 경비를 맡아보는 사람.

**守** 宀 3 ⑥ 지킬 수
지키다. 막다. 보살피다. 임무.
keep シュ(まもる)  丶 宀 宀 宁 守 守

움집 면(宀)과 법도 촌(寸·手).

守舊(수구) 옛 제도나 관습을 지키고 따름.
守備(수비) 적의 침해로부터 지키어 방비함.
守節(수절) 절의(節義)와 정절(貞節)을 지킴.
守則(수칙) 지켜야 할 사항을 정한 규칙.

**衛** 行 10 ⑯ 지킬 위  卫
지키다. 호위하다. 막다.
guard エイ(まもる,ふせぐ)  彳 伊 徨 徨 徫 衛

다닐 행(行)과 군복 위(韋).

衛兵(위병) 호위하는 병사.
衛生(위생) 건강과 질병 예방에 힘쓰는 일.
衛星(위성) 행성의 주위를 운행하는 별.
衛戍(위수) 군대가 그 지방에 주둔하여 지킴.

## 打鐘(타종) 打鐘 打鐘 打鐘  종을 침.

**打** 手 2 ⑤ 칠 타
치다. 공격하다. ~부터.
strike ダ(うつ)  一 十 扌 扌 打

손 수(扌·手)와 못 정(丁).

打倒(타도) 쳐서 넘어뜨림.
打電(타전) 무전이나 전보를 침.
打作(타작) 곡식의 이삭을 두드려 알을 거둠.
亂打(난타) 함부로 마구 때림.

**鐘** 金 12 ⑳ 종 종  钟
종. 쇠북. 시계.
bell ショウ(かね)  ⺊ 钅 金 鈩 鍏 鐘

쇠 금(金)과 아이 동(童·重:무겁다). 鍾과 같이 쓰인다.

鐘閣(종각) 큰 종을 매달아 놓은 누각.
鐘樓(종루) 종을 달아 놓은 다락집.
警鐘(경종) 비상을 경계하기 위하여 울리는 종.
晚鐘(만종) 저녁을 알리는 종소리.

국가(國家) - 국토(國土)

## 蓋瓦(개와)   蓋瓦 蓋瓦 蓋瓦   기와. 기와로 지붕을 임.

**蓋** 덮을 개
艸 10 ⑭
cover ガイ(おおう)
艹 艹 芏 莠 菩 蓋
풀 초(艹·艸)와 덮을 합(盍).

蓋世(개세) 세상에 겨룰 것이 없음.
蓋然性(개연성) 그러리라고 생각되는 성질.
蓋棺事定(개관사정) 시체를 관에 넣고 관두껑을 덮은 뒤에야 그 사람의 가치를 알 수 있다.

**瓦** 기와 와
瓦 0 ⑤
tile ガ(かわら)
一 厂 冇 瓦 瓦
진흙을 구부려서 구운 질그릇의 상형.

瓦家(와가) 기와집. 瓦屋(와옥).
瓦當(와당) 기와의 마구리(무늬).
瓦全(와전) 보람도 없이 헛되이 삶을 이어감.
瓦解(와해) 기와 깨지듯이 사물이 깨져 흩어짐.

## 街亭(가정)   街亭 街亭 街亭   길 가에 세워진 정자.

**街** 거리 가
行 6 ⑫
street カイ(まち)
彳 彳 犷 徍 街 街
다닐 행(行)과 이어질 규(圭). 두 길이 이어지는 네거리를 뜻한다.

街談巷說(가담항설) 세간의 뜬소문.
街頭(가두) 시가지의 길거리.
街路(가로) 도시의 넓은 길.
街說(가설) 거리에서 논의되는 말.

**亭** 정자 정
亠 7 ⑨
arbor テイ(あずまや)
亠 亠 古 古 亮 亭
높을 고(高 : 高의 획줄임)와 고무래 정(丁).

亭然(정연) 우뚝 솟은 모양.
亭育(정육) 양육(養育)함.
亭子(정자) 산수 좋은 곳에 쉬기 위해 지은 집.
山亭(산정) 산 속에 지은 정자.

## 階段(계단)   階段 階段 階段   층층대.

**階** 섬돌 계
阜 9 ⑫
stairs カイ(きざはし)
阝 阝 阡 阡 阼 階
언덕 부(阝·阜)와 다 개(皆).

階級(계급) 사물의 순서. 직위·관직 등의 순위.
階前(계전) 층계의 앞. 뜰 앞.
階層(계층) 층계. 사회를 형성하는 여러 층.
玉階(옥계) 대궐 안의 섬돌.

**段** 층계 단
殳 5 ⑨
stairs ダン(きざはし)
丿 ┌ 手 臼 段 段
끝 단(耑·耑)과 칠 수(殳).

段階(단계) 일의 나아가는 과정. 순서. 차례.
段落(단락) 일이 일단 끝남. 긴 글에서 내용상으로 끊어지는 구획.
手段(수단) 일을 처리해 내는 솜씨와 꾀.

## 貌樣(모양) 貌樣 貌樣 貌樣 겉에 나타난 꼴. 생김새.

**貌** 모양 모
豸 7 ⑭
모양. 얼굴. 형상. 겉보기.
feature ボウ(かたち)
´ ⺈ ⺘ 豸 豹 貌
해태 치(豸: 짐승이 덤비려는 모양)와 모양 모(皃).

貌敬(모경) 겉으로 공경함.
貌言(모언) 겉치레뿐 실속이 없는 말.
貌形(모형) 모습. 모양.
容貌(용모) 얼굴 모습.

**樣** 모양 양
木 11 ⑮
모양. 형태. 상태. 법식. 양식.
style ヨウ(さま)
木 栏 样 様 様 樣
나무 목(木)과 물근원길 양(羕).

樣相(양상) 생김새. 모양.
樣式(양식) 일정한 방식. 모양.
樣態(양태) 모양과 태도.
多樣(다양) 여러 가지. 갖가지의 모양.

## 郊外(교외) 郊外 郊外 郊外 도회지에 인접한 지역.

**郊** 들 교
邑 6 ⑨
들. 전야(田野). 성 밖. 교외.
suburb コウ(はずれ)
亠 六 交 交´ 亥3 郊
사귈 교(交)와 고을 읍(邑).

郊祀(교사) 고려·조선시대에 서울의 백 리 밖 교외에서 지내던 제사.
郊送(교송) 교외까지 배웅함.
郊野(교야) 교외의 들.

**外** 바깥 외
夕 2 ⑤
바깥. 타향. 멀리하다. 외가.
outside ガイ,ゲ(そと)
ノ ク 夕 夘 外
저녁 석(夕)과 점 복(卜).

外家(외가) 어머니의 친정. 외갓집.
外界(외계) 바깥 세계. 내 몸 이외의 모든 세계.
外交(외교) 외부와의 교제. 국가 간의 교섭.
外資(외자) 외국인의 자본.

## 別莊(별장) 別莊 別莊 別莊 본가 이외의 다른 집.

**別** 다를 별
刀 5 ⑦
다르다. 나누다. 구분. 분별하다.
different ベツ(わかれる)
口 口 另 别 別
뼈 골(骨·冎)과 칼 도(刂·刀).

別居(별거) 따로 떨어져 삶.
別味(별미) 특별히 좋은 맛. 또, 그 음식.
別種(별종) 다른 종자. 특별한 종류.
區別(구별) 종류에 따라 갈라놓음. 차별함.

**莊** 장중할 장
艸 7 ⑪
장중하다. 엄숙하다. 삼가다.
solemn ソウ(おごそか)
艹 艹 庄 庄 莊 莊
풀 초(艹·艸)와 클 장(壯: 성장이 왕성하다).

莊士(장사) 엄숙한 선비. 단정한 선비.
莊嚴(장엄) 규모가 크고 엄숙함.
莊園(장원) 별장과 별장에 딸린 동산.
莊重(장중) 장엄하고 정중함.

## 국가(國家) - 국토(國土)

### 回廊(회랑) 回廊 回廊 回廊  정당(正堂)의 양옆에 있는 긴 집채.

**口 3 ⑥ 回** 돌 회
return 돌다. 돌아오다. 돌이키다.
カイ,エ(めぐる)  丨 冂 冂 回 回
물건이 회전하는 모양.

回顧(회고) 지난 일을 돌이켜봄.
回歸(회귀) 한 바퀴 돌아 제자리로 돌아옴.
回答(회답) 물음에 대답함.
回復(회복) 이전 상태와 같이 돌이킴.

**广 10 ⑬ 廊** 복도 랑
corridor 복도. 행랑. 곁채.
ロウ(ひさし)  广 广 庐 庐 廊 廊
집 엄(广)과 사내 랑(郎).

廊底(낭저) 대문간에 붙어 있는 방. 행랑방.
廊下(낭하) 대문 양쪽에 벌여 있는 하인들의 방.
廊屬(낭속) 사내종과 계집종을 통틀어 일컬음.
行廊(행랑) 대문 양쪽으로 있는 방.

### 去留(거류) 居留 居留 居留  남의 나라 영토에 머물러 삶.

**尸 5 ⑧ 居** 살 거
live 살다. 있다. 앉다. 쌓다.
キョ(いる)  尸 尸 尸 居 居 居
주검 시(尸)와 고정시킬 고(古).

居間(거간) 사이에 들어 흥정을 붙임.
居住(거주) 머물러 삶. 또, 그 집.
居處(거처) 거주하는 장소.
寓居(우거) 임시로 몸을 붙여 삶. 또, 그 집.

**田 5 ⑩ 留** 머무를 류
stay 머무르다. 체류하다. 정지함.
リュウ(とどまる)  ⺈ 卯 卯 留 留
문닫을 류(卯·卵)와 밭 전(田). 물의 흐름이 정지되다.

留級(유급) 진급하지 못하고 그대로 남음.
留念(유념) 마음에 새겨 둠.
留置(유치) 피의자를 일정한 곳에 잡아 가둠.
抑留(억류) 자유를 구속하여 붙잡아 둠.

### 弊屋(폐옥) 弊屋 弊屋 弊屋  황폐한 집. 자기 집의 겸칭.

**廾 12 ⑮ 弊** 해질 폐
wear out 해지다. 폐단. 쓰러지다.
ヘイ(やぶれる)  ⺊ 肖 甫 敝 敝 弊
옷 해질 폐(敝)와 손 맞잡을 공(廾).

弊家(폐가) 자기 집의 겸칭. 황폐한 집.
弊端(폐단) 피해를 가져오는 단서.
弊社(폐사) 자기 회사를 겸손되이 일컫는 말.
弊習(폐습) 나쁜 버릇이나 풍습. 弊風(폐풍).

**尸 6 ⑨ 屋** 집 옥
house 집. 지붕. 지붕 모양의 덮개.
オク,ヤ(いえ)  尸 尸 层 层 屋 屋
주검 시(尸)와 이를 지(至). 사람이 이르러 머무는 곳.

屋舍(옥사) 집 건물. 사옥.
屋塔(옥탑) 건물의 옥상에서 붙여 지은 탑 모양의 칸.
家屋(가옥) 사람이 사는 집.

## 崩壞(붕괴) 崩壞 崩壞 崩壞 허물어져서 무너짐. 崩潰(붕궤).

**崩** 산무너질 붕
山 8 ⑪
collapse ホウ(くずれる)
산무너지다. 흩어지다.

岸 岸 岸 肯 崩 崩

뫼 산(山)과 벗 붕(朋: 확산하다).

崩落(붕락) 무너져서 떨어짐.
崩御(붕어) 천자가 세상을 떠남. 仙馭(선어).
崩塌(붕탑) 무너져서 두려빠짐.
山崩(산붕) 산사태.

**壞** 무너질 괴, 앓을 회 坏
土 16 ⑲
collapse カイ(やぶれる)
무너지다. 무너뜨리다. 앓다.

壞 壞 壞 壞 壞 壞

흙 토(土)와 품을 회(裹: 무너지다).

壞滅(괴멸) 무너뜨려 멸함. 무너져 멸망함.
壞裂(괴열) 허물어지고 갈라짐.
壞死(회사) 몸의 조직이 국부적으로 죽는 일.
破壞(파괴) 깨뜨리어 헐어버림.

## 堤防(제방) 堤防 堤防 堤防 홍수를 막기 위해 흙으로 쌓은 둑.

**堤** 방죽 제
土 9 ⑫
dike テイ(つつみ)
방죽. 둑. 제방.

土 坦 坦 堤 堤 堤

흙 토(土)와 곧을 시(是).

提言(제언) 생각이나 의견을 냄.
堤堰(제언) 물을 가두어 두기 위하여 하천이나 골짜기 따위에 쌓은 둑. 堰堤(언제).
堤外地(제외지) 둑 바깥 강가에 있는 땅.

**防** 막을 방
阜 4 ⑦
protect ボウ(ふせぐ)
막다. 둑. 제방. 대비하다.

' ㄱ 阝 阝 防 防

언덕 부(阝·阜)와 모 방(方).

防腐(방부) 썩지 않도록 함.
防備(방비) 미리 적을 막아서 지킴.
防水(방수) 물이 흘러 들어오는 것을 막음.
防止(방지) 막아서 그치게 함.

## 閉鎖(폐쇄) 閉鎖 閉鎖 閉鎖 문을 닫아 걺. 기능을 정지시킴.

**閉** 닫을 폐 闭
門 3 ⑪
shut ヘイ(とじる)
닫다. 닫힘. 끊다. 단절함.

丨 ㄇ 門 門 閉 閉

문 문(門)과 재주 재(才: 문을 닫는 빗장).

閉幕(폐막) 어떤 일이 다 끝남의 비유.
閉門(폐문) 문을 닫음.
閉塞(폐색) 닫아 막음. 닫혀서 막힘.
閉場(폐장) 극장이나 회장을 닫음.

**鎖** 쇠사슬 쇄 锁
金 10 ⑱
chain サ(くさり)
쇠사슬. 자물쇠. 잠그다.

ㅏ 金 金' 釒' 鋇 鎖

쇠 금(金)과 자갯소리 쇄(貞: 작다).

鎖國(쇄국) 나라의 문호를 굳게 닫고 외국과의 교통이나 통상을 트지 아니함.
鎖門(쇄문) 문을 걸어 잠금.
封鎖(봉쇄) 봉하여 잠금. 연락을 끊음.

국가(國家)- 국토(國土)  55

## 祖國(조국) 祖國 祖國 祖国 조상 때부터 살아온 나라. 태어난 나라.

**祖** (示 5 ⑩) 할아버지 조
할아버지. 조상. 선조. 시초.
grand father 一 ニ 千 禾 和 祖 祖
ソ(じじ)
보일 시(示)와 도마 조(且 : 제기).

祖廟(조묘) 선조의 사당.
祖上(조상) 한 혈통을 이어온, 대대의 어른.
先祖(선조) 먼 대의 조상. 한 집안의 조상.
始祖(시조) 한 겨레의 맨 처음 되는 조상.

**國** (口 8 ⑪) 나라 국  国
나라. 도읍. 고향. 지방.
country コク(くに) 冂 同 国 國 國 國
병사가 무기(戈)를 들고 영토(口)를 지키는 것을 뜻함.

國家(국가) 일정한 영토 안의 사회 집단.
國民(국민) 한 나라의 통치권 아래 결합하여 국가를 구성하고 있는 사람.
國籍(국적) 국가의 구성원이 되는 자격.

## 建設(건설) 建設 建設 建設 새로 만들어 세움.

**建** (廴 6 ⑨) 세울 건
세우다. 길다. 월건(月建).
build ケン(たてる) 一 っ ヨ 聿 聿 建 建
붓 율(聿)과 길게 걸을 인(廴).

建國(건국) 나라를 세움.
建立(건립) 창건함. 설립함. 樹立(수립).
建物(건물) 가옥 · 창고 등의 건축물.
建業(건업) 사업의 기초를 세움.

**設** (言 4 ⑪) 베풀 설
베풀다. 늘어놓다. 진열함.
establish セツ(もうける) 一 言 言 訂 設 設
말씀 언(言)과 칠 수(殳 : 망치질).

設計(설계) 계획을 세움. 또, 그 계획.
設立(설립) 공적인 기관 · 업체 등을 새로 만듦.
設問(설문) 문제를 내어 물어봄. 또, 그 문제.
創設(창설) 처음으로 세움. 創立(창립).

## 檀君(단군) 檀君 檀君 檀君 우리 민족의 시조.

**檀** (木 13 ⑰) 박달나무 단
박달나무. 향나무. 베풀다.
kind of birch タン,ダン(まゆみ) 木 柠 柠 楠 檀 檀
나무 목(木)과 클 단(亶).

檀紀(단기) 단군기원. 기원 전 2333년을 원년으로 하는 우리나라의 기원.
檀木(단목) 박달나무.
紫檀(자단) 가구재로 쓰이는 상록 활엽 교목.

**君** (口 4 ⑦) 임금 군
임금. 봉호(封號). 남편.
king クン(きみ) 一 フ ヨ 尹 尹 君 君
다스릴 윤(尹)과 입 구(口).

君國(군국) 임금과 나라. 군주(君主) 국가.
君臨(군림) 군주로서 나라를 다스림. 남을 누르고 세력을 떨침.
君主(군주) 임금. 나라님. 君王(군왕).

## 朝鮮(조선) 朝鮮 朝鮮 朝鮮  우리나라의 옛 이름. 고조선. 근세조선.

**朝** 아침 조
月 8 ⑫
morning チョウ(あさ)
一 十 古 吉 卓 朝 朝
해 돋을 간(草)과 달 월(月).

朝刊(조간) 아침에 발간하는 일간신문.
朝野(조야) 조정과 백성. 관리와 민간인.
朝飯夕粥(조반석죽) 아침에는 밥을 먹고 저녁에는 죽을 먹음. 몹시 가난한 살림을 일컬음.

**鮮** 고울 선
魚 6 ⑰
fresh セン(あざやか)
´ ク 夅 魚 鮮 鮮 鮮
고기 어(魚)와 양 양(羊).

鮮度(선도) 고기나 채소 따위의 싱싱한 정도.
鮮明(선명) 산뜻하고 분명함.
鮮毛(선모) 고운 털. 아름다운 모피(毛皮).
鮮血(선혈) 신선한 피. 선지피.

## 大韓(대한) 大韓 大韓 大韓  대한제국. 대한민국. 큰 나라.

**大** 큰 대
大 0 ③
great タイ,ダイ(おおきい)
一 ナ 大
사람(人)이 팔(一)과 다리를 크게 벌리고 서 있는 모습으로, '크다'를 뜻한다.

大家(대가) 학문이나 기예 등 전문 분야에 조예가 깊은 사람. 巨匠(거장). 큰 집.
大望(대망) 큰 희망.
大衆(대중) 수효가 많은 여러 사람.

**韓** 나라이름 한
韋 8 ⑰
ガン(いげた,くにのな)
ー 古 卓 卓 韓 韓 韓
해 돋을 간(草)과 성(城)의 둘레인 울타리 위(韋).

韓國(한국) 우리나라. 大韓民國(대한민국).
韓服(한복) 한국 고유의 의복. 조선옷.
三韓(삼한) 상고 시대, 우리나라 남부에 위치해 있던 세 나라. 마한·진한·변한.

## 半島(반도) 半島 半島 半島  세 면이 바다로 둘러싸인 땅.

**半** 반 반
十 3 ⑤
half ハン(なかば)
´ ハ ハ 二 半
나눌 팔(八)과 소 우(牛).

半減(반감) 절반을 덜. 절반으로 줌.
半分(반분) 절반의 분량. 절반으로 나눔.
半切(반절) 절반으로 자름.
過半(과반) 반이 더 됨. 절반을 넘음.

**島** 섬 도
山 7 ⑩
island トウ(しま)
´ ŕ ŕ 卢 鳥 島
새 조(鳥)와 뫼 산(山).

島民(도민) 섬에서 사는 사람.
島配(도배) 섬으로 귀양 보냄.
島嶼(도서) 크고 작은 섬들.
落島(낙도) 외따로 떨어져 있는 섬.

국가(國家)- 정치(政治) 57

## 民主(민주) 民主 民主 民主 주권이 국민에게 있음. 민주주의.

**民** 氏 1 ⑤
백성 민
백성. 평민. 어둡다. 어리석음.
people ミン(たみ)
フ ヲ コ 巨 民
집 면(宀)과 성 씨(氏)로 집안 가득한 사람을 뜻함.
民生(민생) 백성의 생활. 백성의 생계. 생명.
民俗(민속) 백성의 풍속. 민간의 풍습.
民族(민족) 언어·혈통·역사·문화를 같이 하는 사람들의 집단.

**主** 丶 4 ⑤
주인·임금 주
주인. 가장. 소유자. 임금.
host シュ(あるじ)
丶 亠 宀 主 主
촛대의 불꽃 심지가 타는 모양을 본뜬 글자.
主客(주객) 주인과 손. 주체와 객체.
主觀(주관) 대상을 인식·사고하는 주체.
主義(주의) 어떤 사물에 대한 일정한 방침.
主掌(주장) 주체가 되어 맡아 함.

## 憲法(헌법) 憲法 憲法 憲法 근본이 되는 법규. 나라의 법률.

**憲** 心 12 ⑯
법 헌
宪
법. 법규. 본보기. 고시.
law ケン(のり)
宀 宀 宀 害 憲 憲
해칠 해(宔·害)와 눈 목(罒·目), 마음 심(心).
憲兵(헌병) 군기 확립·군사 경찰 업무를 수행하는 군대 병과의 하나.
憲章(헌장) 헌법의 전장(典章).
憲政(헌정) 헌법에 의해 하는 정치. 입헌 정치.

**法** 水 5 ⑧
법 법
법. 방법. 모형. 본받다. 곧.
law ホウ(のり, おきて)
氵 氵 汁 汢 法 法
물 수(氵·水)와 버릴 거(去).
法規(법규) 법률상의 규정.
法律(법률) 사회생활을 유지하기 위한 규범.
法案(법안) 법률의 안건. 법률의 초안(草案).
方法(방법) 목적을 달성하기 위한 수단.

## 獨立(독립) 獨立 獨立 独立 남에게 의지하지 않고 따로 섬.

**獨** 犬 13 ⑯
홀로 독
独
홀로. 혼자. 독특함. 단독.
alone ドク(ひとり)
犭 犭 狎 獨 獨 獨
개 견(犭·犬)과 징그러운 애벌레 촉(蜀).
獨斷(독단) 제멋대로 정함.
獨白(독백) 혼자서 중얼거림.
獨步(독보) 홀로 걸음. 남이 따를 수 없게 뛰어남.
孤獨(고독) 외로움.

**立** 立 0 ⑤
설 립
서다. 세우다. 바로.
stand リツ(たつ)
丶 亠 寸 立 立
사람이 땅 위에 서서 두 팔을 벌리고 있는 모습.
立脚(입각) 근거를 두어 그 입장에 섬.
立法(입법) 법률 또는 법규를 제정함.
立證(입증) 증거를 내세워 증명함.
立憲(입헌) 헌법을 제정하여 정치를 행함.

## 承認(승인) 承認 承認 承認  옳다고 인정하여 허락함. 들어줌.

**承** 이을 승  
手 4 ⑧  
잇다. 받들다. 받아들이다.  
inherit  
ショウ(うける)  
了 了 丞 承 承  
줄 승(丞)과 손 수(手).

承諾(승낙) 청하는 바를 들어줌.  
承命(승명) 웃어른의 명령을 받들음.  
承服(승복) 납득함. 죄를 고백함.  
繼承(계승) 조상이나 선임자의 뒤를 이어받음.

**認** 인정할 인  
言 7 ⑭  
인정하다. 알다. 인식. 허가하다.  
recognize  
ニン(みとめる)  
言 訂 訒 認 認 認  
말씀 언(言)과 참을 인(忍).

認可(인가) 인정하여 허락함.  
認容(인용) 인정해 받아들임.  
認定(인정) 옳다고 믿고 정하는 일.  
認證(인증) 인정하여 증명함.

## 政府(정부) 政府 政府 政府  국가의 정무를 행사하는 기관. 행정부.

**政** 정사·구실 정  
攵 5 ⑨  
정사. 바루다. 법규. 도덕.  
politice  
セイ(まつりごと)  
丅 下 正 正 政 政  
바를 정(正)과 칠 복(攵·支).

政綱(정강) 정치의 강령(綱領).  
政客(정객) 정계에서 활동하는 사람.  
政權(정권) 정치를 행하는 권력.  
政務(정무) 정치상의 사무. 행정 사무.

**府** 마을 부  
广 5 ⑧  
마을. 관청. 곳집. 고을.  
village  
フ(くら,やくしょ)  
亠 广 庁 庐 府 府  
집 엄(广)과 줄 부(付).

府庫(부고) 궁정의 문서나 재물을 넣어두는 곳.  
府君(부군) 대대의 조상을 높여 일컫는 말.  
府夫人(부부인) 대군의 아내와 왕비의 어머니.  
府署(부서) 관아. 관청.

## 紀綱(기강) 紀綱 紀綱 紀綱  국가의 제도와 기율. 다스림. 단속함.

**紀** 벼리 기  
糸 3 ⑨  
벼리. 기강. 규칙. 법.  
principle  
キ(しるす)  
幺 糸 糸 紀 紀  
실 사(糸)와 몸 기(己).

紀念(기념) 후일의 추억으로 남겨 두는 사물.  
紀元(기원) 연대를 세는 기본이 되는 해.  
紀律(기율) 일정한 규범. 법칙.  
紀行(기행) 여행 중 보고 듣고 느낀 것을 적은 글.

**綱** 벼리 강  
糸 8 ⑭  
벼리. 사물의 근본.  
head rope  
コウ(つな)  
糸 紀 細 網 網 綱  
실 사(糸)와 강할 강(岡 : 튼튼하다).

綱領(강령) 일의 으뜸 되는 큰 줄거리.  
綱目(강목) 사물을 분류하는 대단위와 소단위.  
綱常(강상) 삼강(三綱)과 오상(五常).  
綱要(강요) 일의 중요한 요점.

국가(國家)- 정치(政治)

## 權利(권리) 權利 權利 权利  법률이 주는 권세와 이익.

**權** 木 18 ㉒
권세 권
권세. 권력. 권도. 방편.
权
power ケン,コン(おもり,いきおい)
木 犭 栌 栌 榨 榨 權
나무 목(木)과 황새 관(雚 : 당김, 달다).

權力(권력) 강제로 남을 눌러 복종시키는 힘.
權能(권능) 권리를 행사할 수 있는 능력.
權不十年(권불십년) 권세가 10년을 가지 못함.
實權(실권) 실제로 행사할 수 있는 권력.

**利** 刀 5 ⑦
이로울 리
이롭다. 이익. 날카롭다. 편리.
profit ソ(えきする)
一 二 千 禾 利 利
벼 화(禾)와 칼 도(リ·刀).

利權(이권) 이익을 얻는 권리.
利己(이기) 자기 한 몸의 이익만을 꾀함.
利器(이기) 썩 잘 드는 연장. 쓸모 있는 재능.
便利(편리) 편하고 이로움.

## 自由(자유) 自由 自由 自由  남으로부터 구속받지 않는 일.

**自** 自 0 ⑥
스스로 자
스스로. 몸소. 자기. 저절로.
self シジ(みずから)
' 丨 冂 白 自 自
사람의 코 모양을 본뜬 글자.

自家撞着(자가당착) 언행의 앞뒤가 맞지 않음.
自覺(자각) 자기 스스로 반성하여 깨달음.
自然(자연) 사람의 손이 미치지 않은 천연 그 대로의 상태.

**由** 田 0 ⑤
말미암을 유
말미암다. 인연하다. ~로부터
cause コウ(よし)
丨 冂 巾 由 由
나무 열매가 가지 끝에 매달려 있는 모양.

由來(유래) 사물의 연유하여 온 바. 본디.
由緒(유서) 전하여 오는 까닭. 내력.
緣由(연유) 유래. 무슨 일이 거기에서 비롯됨.
理由(이유) 까닭. 事由(사유).

## 均等(균등) 均等 均等 均等  차별이나 차이가 없이 고름.

**均** 土 4 ⑦
고를 균
고르다. 가꾸다. 운(韻).
even キン(ひとしい)
十 土 圠 圴 均 均
흙 토(土)와 가지런할 균(勻).

均分(균분) 여럿이 똑같이 나눔.
均衡(균형) 치우침이 없이 고름.
成均館(성균관) 유교의 교육을 맡아보던 곳.
平均(평균) 많고 적음이 없이 균일함.

**等** 竹 6 ⑫
무리 등
무리. 동아리. 같다. 등급.
equals トウ(ひとしい)
^ ^ 竺 笁 等 等
대 죽(竹 : 죽간)과 관청 시(寺).

等級(등급) 계급. 우열이나 고하 등의 차례.
等分(등분) 똑같이 나눔. 또, 그 분량.
等閑視(등한시) 대수롭지 않게 여김.
平等(평등) 치우침이 없이 고르고 한결같음.

## 保障 (보장) 保障 保障 保障 장해가 없도록 보증함.

**保** 人 7 ⑨ 보호할 보
보호하다. 지키다. 맡다.
protect ホウ,ホ(たもつ)
亻 亻' 亻'' 亻日 仔 保
사람 인(亻·人)과 보전할 보(呆).

- 保守(보수) 재래의 풍속과 전통을 중요시함.
- 保安(보안) 사회의 안녕·질서를 보전함.
- 保證(보증) 어떤 사물에 대하여 틀림없음을 증명하거나 책임을 짐.

**障** 阜 11 ⑭ 막을 장
막다. 막히다. 가리다. 덮다.
obstruct ショウ(さわる)
阝 阝 阵 陪 障 障
언덕 부(阝·阜)와 글 장(章·音：보이지 않게 하다).

- 障惱(장뇌) 고민. 괴로워하고 번뇌함.
- 障壁(장벽) 칸막이 벽. 고뇌. 둘러싼 벽.
- 障害(장해) 거리껴서 해가 됨.
- 故障(고장) 사고나 장애로 생기는 탈.

## 同胞 (동포) 同胞 同胞 同胞 어머니가 같은 형제자매. 한 민족.

**同** 口 3 ⑥ 한가지 동
한가지. 같이 하다. 함께.
same トウ(おなじ)
丨 冂 冂 同 同 同
몸체와 뚜껑이 잘 맞는 원통 모양의 상형.

- 同甲(동갑) 같은 나이. 또, 그 사람.
- 同苦同樂(동고동락) 같이 고생하고 같이 즐김.
- 同僚(동료) 같은 직장에서 지위가 비슷한 사람.
- 協同(협동) 마음을 같이하고 힘을 합침.

**胞** 肉 5 ⑨ 태보·세포 포
태보. 세포. 종기(腫氣). 형제.
womb ホウ(えな,はら)
月 月' 肑 朐 朐 胞
몸 육(月·肉)과 쌀 포(包：아이 배다).

- 胞宮(포궁) 아기집.
- 胞衣(포의) 태아를 싸고 있는 막(膜)과 태반.
- 胞胎(포태) 태(胎). 아기집. 임신함.
- 細胞(세포) 생물체를 구성하는 기본 단위.

## 使命 (사명) 使命 使命 使命 당연히 해야 할, 주어진 임무.

**使** 人 6 ⑧ 부릴·사신 사
부리다. 사신. 하여금.
manage シ(つかう)
亻 亻' 亻口 亻日 使 使
사람 인(亻·人)과 아전 리(吏).

- 使臣(사신) 임금의 명으로 외국에 나가는 신하.
- 使用(사용) 어떤 목적을 위하여 물건을 씀.
- 使嗾(사주) 남을 부추기어 나쁜 일을 하게 함.
- 天使(천사) 착하고 순진한 사람.

**命** 口 5 ⑧ 목숨 명
목숨. 수명. 운수. 명령하다.
life メイ(いのち)
人 へ 合 合 命 命
명령 령(令)과 입 구(口).

- 命令(명령) 윗사람이 아랫사람에게 내리는 분부.
- 命脈(명맥) 생명의 근본이 되는 목숨과 맥.
- 命名(명명) 사물의 이름을 지어 붙임.
- 命中(명중) 겨냥한 곳을 바로 쏘아 맞힘.

국가(國家)- 정치(政治)

## 復興(부흥) 復興 復興 復興 쇠하였던 일을 다시 일으킴.

**復** 彳 9 ⑫
다시 부, 회복할 복  复
다시. 회복하다. 돌이키다.
recover
フク(かえる)
彳 彳 彳 彳 復 復
조금 걸을 척(彳)과 돌아갈 복(复).

復活(부활) 죽었다가 되살아남.
復古(복고) 옛날대로 회복함.
復舊(복구) 그 전의 상태로 돌아감.
復歸(복귀) 본디의 자리 또는 상태로 돌아감.

**興** 臼 9 ⑯
일어날 흥  兴
일어나다. 번성하다. 흥하다.
flourish
コウ(おこる)
臼 臼 臼 朗 興 興
마주들 여(舁)와 힘 합할 동(同).

興起(흥기) 떨쳐 일어남. 흥미가 솟아남.
興亡盛衰(흥망성쇠) 흥하고 망하고 성하고 쇠함.
興味(흥미) 흥을 느끼는 재미.
興奮(흥분) 감정이 북받치거나 분기함.

## 頌功(송공) 頌功 頌功 頌功 공덕을 칭송함.

**頌** 頁 4 ⑬
기릴 송  頌
기리다. 칭송하다. 얼굴.
praise
ショウ(ほめる)
八 公 公 訟 頌 頌
마을 공(公)과 머리 혈(頁).

頌歌(송가) 기리는 노래.
頌德(송덕) 공덕을 칭송함.
頌詩(송시) 공덕을 기리는 내용의 시.
稱頌(칭송) 공덕을 일컬어 기림.

**功** 力 3 ⑤
공로 공
공로. 일. 명예. 직무.
merits
コウ,ク(いさお)
一 丁 工 功 功
장인 공(工: 공작하다)과 힘 력(力).

功德(공덕) 공적과 덕행.
功勞(공로) 힘쓴 공덕. 功業(공업).
功臣(공신) 나라에 공로가 있는 신하.
功績(공적) 쌓은 공로. 공로의 실적.

## 恒常(항상) 恒常 恒常 恒常 늘. 언제나.

**恒** 心 6 ⑨
항상 항
항상. 늘. 변하지 아니하다.
always
コウ,ゴウ(つね)
忄 忄 忄 恒 恒 恒
마음 심(忄·心)과 뻗칠 긍(亙, 변치 않는 마음).

恒久(항구) 변함없이 오램. 변하지 않고 오래 감.
恒事(항사) 항상 있는 일. 보통 있는 일.
恒性(항성) 변하지 않는 성질.
恒用(항용) 희귀할 것 없이 보통임. 보통. 늘.

**常** 巾 8 ⑪
항상 상
항상. 늘. 언제나. 평일.
always
ショウ(つね)
ᄽ 带 常 常 常 常
높을 상(尙·裳: 길다)과 수건 건(巾).

常客(상객) 손님. 늘 오는 손님.
常例(상례) 두루 있는 보통의 사례(事例).
常識(상식) 보통 사람으로서 으레 가지고 있을 일반적인 지식이나 판단력.

## 泰平 (태평)   泰平 泰平 泰平   세상이 평화스러움.

### 泰 클 태
水 5 ⑩
크다. 매우 큼. 넉넉하다.
great タイ(やすい)
二 声 夫 秦 泰 泰
두 이(二 : 양손)와 큰 대(大), 물 수(水·氺).

泰東(태동) 동쪽 끝. 極東(극동). 東洋(동양).
泰山(태산) 높고 큰 산.
泰西(태서) 서양(西洋)을 일컫는 말.
泰然(태연) 흔들리지 않고 굳건한 모양.

### 平 평평할 평
干 2 ⑤
평평하다. 바르게 하다.
even ヘイ, ビョウ(たいら)
一 ㄱ ㄱ 二 平
물에 뜬 부평초의 모양을 본뜬 글자.

平均(평균) 많고 적음이 없이 균일함.
平面(평면) 평평한 표면.
平凡(평범) 뛰어난 데 없이 보통임.
平和(평화) 싸움이 없이 세상이 잘 다스려짐.

## 如此 (여차)   如此 如此 如此   이러함. 이와 같음.

### 如 같을 여
女 3 ⑥
같다. 따르다. 좇음.
same ジョ,ニョ(ごとし)
く タ 女 女 如 如
계집 녀(女)와 입 구(口).

如是(여시) 이와 같이. 이처럼. 바로 그러함.
如實(여실) 사실 그대로임. 본래 그대로의 모습.
如此如此(여차여차) 이러이러함.
如何間(여하간) 어떻든 간에. 하여튼.

### 此 이 차
止 2 ⑥
이. 이와 같은. 이곳. 이에.
this シ(これ)
丨 ㅏ ㅑ 止 止 此
발 지(止)와 나란히 할 비(匕 : 조금 벌리다).

此君(차군) 대나무의 별칭.
此期(차기) 이 시기. 이 계제.
此日彼日(차일피일) 오늘내일 하며 기한을 물림.
彼此(피차) 저것과 이것. 저편과 이편. 서로.

## 又亦 (우역)   又亦 又亦 又亦   또한. 역시.

### 又 또 우
又 0 ②
또. 거듭. 재차. 오른쪽.
again コウ(また)

오른손을 본뜬 글자.

又驚又喜(우경우희) 놀라기도 하고 또 기뻐함.
又生一秦(우생일진) 적이 하나 있는데 또 적
 이 나타남을 일컬음.
又重之(우중지) 더욱이.

### 亦 또 역
亠 4 ⑥
또. 또한. 어찌. 그래도.
also エキ(また)
丶 一 广 方 亣 亦
똑같은 사물이 양쪽에 있는 것을 뜻함.

亦是(역시) 또한. 마찬가지로.
亦如是(역여시) 이것도 또한.
亦然(역연) 역시 그러함. 또한 그러함.
亦參其中(역참기중) 남의 일에 참견함.

## 국가(國家) - 정치(政治)

### 普遍(보편) 普遍 普遍 普遍  두루 널리 미침.

**普** 넓을 보
日 8 ⑫
universal  ㄱ(あまねし)
넓다. 두루. 침침하다. 보통.
丷 丷 놧 놧 普 普
나란히 할 병(並 : 널리 퍼짐)과 날 일(日).

普告(보고) 널리 알림. 布告(포고).
普及(보급) 널리 미침. 세상에 널리 퍼지게 함.
普恩(보은) 두루 은혜를 베풂.
普通(보통) 특별하지 않고 널리 일반에 통함.

**遍** 두루 편
辶 9 ⑬
all over  ヘン(あまねく)
두루. 처음부터 끝까지 한 번.
丿 戶 冎 扁 扁 遍
작을 편(扁)과 쉬엄쉬엄 갈 착(辶・辵).

遍歷(편력) 널리 돌아다님.
遍踏(편답) 여러 가지 경험을 함.
遍散(편산) 곳곳에 널리 흩어져 있음.
遍在(편재) 두루 존재함. ↔ 偏在(편재).

### 開拓(개척) 開拓 開拓 開拓  황무지를 일굼. 새로운 분야에 손을 댐.

**開** 열 개
門 4 ⑫
open  カイ(ひらく)
열다. 벌임. 시작함. 펴다.
丨 冂 冋 門 閂 開
문 문(門)과 평평할 견(幵 : 빗장을 의미함).

開講(개강) 강의를 시작함. ↔ 終講(종강).
開發(개발) 개척하여 발전시킴. 널리 폄.
開放(개방) 속박・경계를 풀어 자유롭게 함.
開店(개점) 처음으로 가게를 엶.

**拓** 넓힐 척, 박을 탁
手 5 ⑧
develop  タク,セキ(ひらく)
넓히다. 열다. 개척함.
扌 才 扩 扩 拓 拓
손 수(扌・手)와 돌 석(石).

拓殖(척식) 땅을 개척하여 백성을 이주시킴.
拓地(척지) 땅을 개척함. 영토를 넓힘.
拓本(탁본) 금석에 새긴 글씨나 그림 따위를 그대로 박아냄. 榻本(탑본).

### 納稅(납세) 納稅 納稅 納稅  나라에 세금을 바침.

**納** 들일 납
糸 4 ⑩
receive  ノウ(おさめる)
들이다. 받아들이다. 거두다.
幺 幺 糸 紉 納 納
실 사(糸)와 들일 납(內).

納期(납기) 세금・공과금 등을 납입할 기한.
納得(납득) 남의 말이나 행동을 잘 알아 이해함.
納涼(납량) 더운 여름에 서늘함을 맛봄.
出納(출납) 내어 줌과 받아들임.

**稅** 구실 세
禾 7 ⑫
tax  ゼイ(みつぎ)
구실. 징수(세납). 풀다.
二 千 禾 禾 稅 稅
벼 화(禾)와 기쁠 태(兌 : 빠지다).

稅關(세관) 항구나 공항, 국경 등에서, 수출입 세나 선박, 하물의 단속 따위를 맡은 관청.
稅金(세금) 조세로 바치는 돈.
稅務(세무) 세금의 부과 징수에 관한 행정 사무.

## 賦租 (부조) 賦租 賦租 賦租 세금을 매겨 물림.

**賦** 구실 부
貝 8 ⑮
구실. 세금 거두다. 시 짓다.
tax フ(みつぎ)
貝 貯 貯 賦 賦 賦
조개 패(貝)와 호반 무(武 : 무력).

賦課(부과) 세금 따위를 매기는 일.
賦稅(부세) 세금을 부과함. 또, 그 세금.
賦與(부여) 나누어 줌. 벌려 줌.
賦役(부역) 국민에게 의무적으로 지우는 노역.

**租** 구실 조
禾 5 ⑩
구실. 조세. 쌓다. 빌리다.
tax ソ(みつぎ)
二 千 禾 和 租 租
벼 화(禾)와 또 차(且 : 제물).

租稅(조세) 국가나 지방자치 단체가 국민으로부터 강제로 징수하는 돈. 구실.
租餞(조전) 멀리 가는 사람을 전별함.
租借(조차) 땅이나 집을 빎.

## 柱礎 (주초) 柱礎 柱礎 柱礎 주춧돌. 礎盤(초반).

**柱** 기둥 주
木 5 ⑨
기둥. 한 집안. 한 단체.
pillar チュウ(はしら)
十 才 ォ ォ 栌 柱
나무 목(木)과 주인 주(主).

柱幹(주간) 기둥과 줄기. 가장 중요한 곳.
柱梁(주량) 기둥과 대들보.
柱石(주석) 기둥과 주춧돌.
電柱(전주) 전선을 가설하기 위하여 세운 기둥.

**礎** 주춧돌 초
石 13 ⑱
주춧돌. 초석.
foundation ショ,ソ(いしずえ)
石 砇 础 砦 礎 礎
돌 석(石)과 가시나무 초(楚 : 나무 밑의 발).

礎石(초석) 주춧돌. 어떤 사물의 기초.
礎業(초업) 기초가 되는 사업.
礎材(초재) 기초가 되는 재료.
基礎(기초) 사물의 밑바탕. 토대.

## 堅固 (견고) 堅固 堅固 堅固 굳고 단단함.

**堅** 굳을 견
土 8 ⑪
굳다. 단단함. 강하다. 굳셈.
firm ケン(かたい)
丨 匚 臣 臣 臤 堅
굳을 간(臤)과 흙 토(土).

堅強之辯(견강지변) 억지로 끌어대는 변명.
堅果(견과) 껍질이 단단한 나무의 실과.
堅忍不拔(견인불발) 굳게 참고 견디어 마음이 흔들리지 않음.

**固** 굳을 고
口 5 ⑧
굳다. 완고함. 단단하다.
hard コ(かたい)
冂 円 円 周 周 固
에울 위(口) 안에 예 고(古 : 단단하다).

固陋(고루) 완고하고 견식이 없음.
固守(고수) 굳게 지킴.
固有(고유) 본디부터 가지고 있음.
險固(험고) 지형이 험하고 수비가 견고함.

국가(國家) - 국방(國防)

## 將帥(장수) 將帥 將帥 將帥   군사를 거느리는 우두머리.

**將** 寸 8 ⑪  장수 장  將
장수. 장차. 거느리다.
general ショウ(まさに)  丨 丬 爿 㸓 將 將
조각 장(爿)과 고기 육(夕, 肉의 변형), 법도 촌(寸).
將軍(장군) 한 군(軍)을 통솔·지휘하는 우두머리.
將來(장래) 앞날. 미래. 장차 돌아올 때.
將兵(장병) 장교와 병사.
日就月將(일취월장) 날로 달로 발전해 나아감.

**帥** 巾 6 ⑨  장수 수, 거느릴 솔  帅
장수. 우두머리. 거느리다.
general スイ(ひきいる)  ㇳ 白 自 㠯 帥 帥
쌓일 퇴(㠯·堆, 집단)와 수건 건(巾, 깃발).
帥長(수장) 군대의 우두머리.
帥先(솔선) 앞장서서 인도함.
統帥權(통수권) 한 나라의 병력을 지휘·통솔하는 권한.

## 師團(사단) 師團 師團 師團   군대 편성의 한 단위.

**師** 巾 7 ⑩  스승 사  师
스승. 선생. 전문인.
teacher シ(せんせい)  ㇳ 白 自 㠯 帥 師
쌓일 퇴(㠯·堆, 집단)와 둘릴 잡(帀).
師徒(사도) 군대. 스승과 제자.
師父(사부) 스승의 존칭. 승려·도사의 존칭.
師弟(사제) 스승과 제자. 동문의 후배.
師兄(사형) 나이·학덕이 자기보다 나은 사람.

**團** 口 11 ⑭  둥글 단  团
둥글다. 모이다. 모으다.
round ダン(あつまり)  同 同 同 團 團 團
에울 위(口) 안에 오로지 전(專: 실패).
團結(단결) 많은 사람이 한데 뭉침.
團員(단원) 어떤 단체의 회원.
團地(단지) 집단을 이루고 있는 일정 구역.
團體(단체) 같은 목적을 위해 모여 맺은 집단.

## 軍卒(군졸) 軍卒 軍卒 軍卒   군사(軍士). 군인. 병사.

**軍** 車 2 ⑨  군사 군  军
군사. 전투. 군인. 진(陣)치다.
military ダン(つわもの)  冖 冃 冒 宣 軍
전차(車)를 둘러싸고 (冖) 있는 병사들의 모양.
軍納(군납) 군에 필요한 물자를 납품하는 일.
軍隊(군대) 일정한 규율 아래 조직 편성된 장병의 집단. 장교와 병사의 총칭.
軍事(군사) 군대와 전쟁에 관한 일.

**卒** 十 6 ⑧  군사·마칠 졸
군사. 병졸. 하인. 마치다.
soldier ソツ(しもべ)  丶 亠 亣 夲 卒 卒
옷 의(衣, 衣의 변형)와 열 십(十).
卒倒(졸도) 갑자기 정신을 잃고 쓰러짐.
卒業(졸업) 학교에서 전과목을 수료함.
卒然(졸연) 갑자기. 느닷없이.
驛卒(역졸) 역에 딸려 심부름하던 사람.

## 募集(모집)  募集 募集 募集  널리 구하여 모음.

**募** 모을 모
力 11 ⑬
모으다. 모집. 부름.
collect
艹 苗 莒 莫 募 募
ボ(つのる)
구할 모(莫) 힘 력(力).

募軍(모군) 군인을 모집함(징병과는 다름).
募金(모금) 기부금을 모음.
募選(모선) 여러 사람 중에서 가려 뽑음.
公募(공모) 일반에게 널리 공개하여 모집함.

**集** 모일 집
隹 4 ⑫
모이다. 모으다. 이르다.
gather
亻 彳 什 佳 隼 集
シュウ(あつまる)
새 추(隹)와 나무 목(木).

集結(집결) 한데 모임. 또는 모음.
集大成(집대성) 여럿을 모아 하나로 완성함.
集合(집합) 한 군데로 모음.
召集(소집) 예비역 등 군인을 불러 모음.

## 武班(무반)  武班 武班 武班  무관의 반열.

**武** 호반 무
止 4 ⑧
호반(虎班). 굳세다. 전술.
military
一 二 丁 于 正 武 武
ブ,マ(たけしい)
창 과(戈)와 막을 지(止).

武功(무공) 전쟁에서 세운 공. 武勳(무훈).
武器(무기) 전쟁에 쓰이는 도구. 武具(무구).
武術(무술) 무도에 관한 기술. 武藝(무예).
武勇(무용) 날래고 용맹함. 또, 그 사람.

**班** 나눌 반
玉 6 ⑩
나누다. 구역. 헤어지다.
share
丆 王 玔 玨 珏 班 班
ハン(わける)
쌍옥 각(玨)과 칼 도(刂·刀).

班家(반가) 양반의 집안.
班常(반상) 양반과 상사람.
班田(반전) 나라에서 백성에게 나누어주던 밭.
班婚(반혼) 상사람이 양반의 집안과 혼인함.

## 騎兵(기병)  騎兵 騎兵 騎兵  말 탄 군사. 말을 타는 병사.

**騎** 말탈 기
馬 8 ⑱
말 타다. 걸터앉다. 기병. 기마.
mount a horse
馬 馬 馰 駥 騎 騎
キ(のる)
말 마(馬)와 이상할 기(奇 : 몸을 구부린 모양).

騎馬(기마) 말을 탐. 乘馬(승마). 타는 말.
騎士(기사) 말 탄 무사. 馬兵(마병).
騎手(기수) 말 타는 사람.
騎虎之勢(기호지세) 범을 타고 달리는 기세.

**兵** 군사 병
八 5 ⑦
군사. 병사. 병졸. 병기. 무기.
soldier
一 厂 F 斤 丘 兵
ヘイ,ヒョウ(つわもの)
도끼 근(斤)에 맞잡을 공(廾·廾).

兵戈(병과) 칼과 창. 무기. 전쟁.
兵器(병기) 전쟁에 쓰이는 기구.
兵法(병법) 군사에 대한 모든 법칙.
兵備(병비) 전쟁의 준비. 軍備(군비).

국가(國家) - 국방(國防)

## 忌避(기피)　忌避　忌避　忌避　꺼리어 피함.

心 3 ⑦　**忌**　꺼릴 기
꺼리다. 미워하다. 시새움.
avoid キ(いむ)　一 コ 己 己 忌 忌
몸 기(己)와 마음 심(心).

忌日(기일)　어버이가 죽은 날. 제삿날.
忌祭(기제)　기일(忌日)에 지내는 제사.
忌憚(기탄)　꺼림. 어려워함
禁忌(금기)　불길하다고 하여 꺼리고 금함.

辶 13 ⑰　**避**　피할 피
피하다. 떠나다. 벗어나다.
avoid ヒ(さける)　尸 辟 辟 辟 避 避
편벽될 벽(辟)과 쉬엄쉬엄 갈 착(辶·辵).

避難(피난)　재난을 피하여 딴 곳으로 옮겨감.
避雷(피뢰)　낙뢰(落雷)를 피함.
避暑(피서)　더위를 피함.
待避(대피)　난을 임시로 피함.

## 禁止(금지)　禁止　禁止　禁止　말려서 하지 못하게 함.

示 8 ⑬　**禁**　금할 금
금하다. 꺼림. 규칙. 계율.
forbid キン(きんずる)　十 木 林 埜 禁 禁
수풀 림(林)과 보일 시(示).

禁軍(금군)　궁중을 지키고 임금을 호위하던 군.
禁忌(금기)　불길하여 꺼리고 금하는 일. 터부.
禁斷(금단)　금하여 못하게 함.
禁煙(금연)　아편이나 담배 피우는 일을 금함.

止 0 ④　**止**　그칠 지
그치다. 거동. 발. 머무르다.
stop シ(とめる)　｜ ト 止 止
사람의 발목 아래 모양을 본뜬 글자.

止戈(지과)　전쟁을 그만둠.
止於止處(지어지처)　정처 없이 어디든지 이르는
　　　　　　　　　곳에서 머물러 잠. 응당 그쳐야 할 때 그침.
止血(지혈)　나오는 피를 그치게 함.

## 徹底(철저)　徹底　徹底　徹底　속속들이 꿰뚫어 부족함이나 빈틈이 없음.

彳 12 ⑮　**徹**　통할 철
통하다. 달하다. 전달됨.
penetrate テツ(とおる)　彳 彳 彳 衜 衜 徹
조금 걸을 척(彳)과 기를 육(育), 칠 복(攵).

徹夜(철야)　밤을 샘. 밤샘.
徹悟(철오)　사물의 이치를 꿰뚫어 깨달음.
徹頭徹尾(철두철미)　처음부터 끝까지 철저하게.
貫徹(관철)　끝까지 뚫어 통하게 함.

广 5 ⑧　**底**　밑 저
밑. 바닥. 멈추다. 막히다.
bottom テイ(そこ)　广 广 庐 庐 底 底
돌집 엄(广)과 낮을 저(氐 : 바닥).

底力(저력)　마음 속에 지닌 끈기 있는 힘.
低流(저류)　밑바닥을 흐르는 흐름.
底邊(저변)　밑변 사물의 밑바닥을 이루는 부분.
底意(저의)　속마음. 진정한 의사.

## 訓練 (훈련) 訓練 訓練 訓練  가르쳐서 어떤 일에 익힘.

**訓** 言 3 ⑩ 가르칠 훈 训
가르치다. 훈계함. 인도하다.
teach クン(おしえる)  ᅳ ᆖ 言 訁 訓 訓
말씀 언(言)과 내 천(川·順: 따르다).
訓戒(훈계) 타일러 경계함.
訓民(훈민) 백성을 가르침.
校訓(교훈) 학교의 교육 이념을 표현한 말.
敎訓(교훈) 가르치고 이끌어 줌.

**練** 糸 9 ⑮ 익힐 련 练
익히다. 단련하다. 숙달되다.
drill レン(ねる)  糸 紂 紓 絙 緟 練
실 사(糸)와 분별할 간(柬).
練磨(연마) 학문·기술을 위해 노력하여 익힘.
練祥(연상) 죽은 한 돌 만에 지내는 제사. 소상.
練習(연습) 학술·기예 등을 되풀이하여 익힘.
熟練(숙련) 연습을 많이 하여 숙달하게 익힘.

## 射場 (사장) 射場 射場 射場  사격술을 배우는 곳.

**射** 寸 7 ⑩ 쏠 사, 벼슬이름 야, 맞힐 석
쏘다. 맞히다. 벼슬 이름.
shoot シャ(いる)  ´ ᅥ 自 身 射 射
몸 신(身)과 화살 시(矢·寸).
射擊(사격) 총(銃)이나 포·활 등으로 쏨.
射殺(사살) 활이나 총포로 쏘아 죽임.
射倖(사행) 요행을 바람.
僕射(복야) 활 쏘는 일을 맡은 벼슬 이름.

**場** 土 9 ⑫ 마당 장, 곳 량
마당. 곳. 제터. 때. 장터.
ground ジョウ(ば)  土 ᅻ 坮 坮 塲 場
흙 토(土)와 빛날 양(昜).
場內(장내) 어떠한 처소의 안. 회장의 내부.
場面(장면) 어떤 장소에서 벌어진 광경.
場所(장소) 곳. 처소. 좌석.
道場(도량) 불도를 닦는 곳.

## 干戈 (간과) 干戈 干戈 干戈  창과 방패. 나아가 병기. 전쟁.

**干** 干 0 ③ 방패 간
방패. 막다. 구하다.
shield カン(たて)  ᅳ 二 干
끝이 두 갈래로 갈라진 창 모양을 본뜬 글자.
干滿(간만) 간조와 만조. 썰물과 밀물.
干潟地(간석지) 조수가 드나드는 개펄.
干涉(간섭) 남의 일에 나서서 참견함.
若干(약간) 얼마 되지 아니함. 또, 그 정도.

**戈** 戈 0 ④ 창 과  ※제외자
창. 싸움. 전쟁.
spear カ(ほこ)  ᅳ 弋 戈 戈
끝이 가닥 나고 뾰족한 나무막대기 끝에 칼을 달아 맨 '창' 모양.
戈劍(과검) 창과 칼.
戈矛(과모) 창.
戈盾(과순) 창과 방패.
兵戈(병과) 군사에 쓰이는 창, 곧 무기. 전쟁.

국가(國家)- 국방(國防)

## 壯途(장도) 壯途 壯途 壯途 사명을 띠고 나서는 길.

**壯** 士 4 ⑦ 씩씩할 장
씩씩하다. 젊다. 장하다.
brave ソウ(さかん) 丨 丬 爿 爿 壯 壯
조각 장(爿)과 선비 사(士).
壯擧(장거) 장한 일. 크나큰 계획.
壯觀(장관) 굉장하고 볼 만한 광경. 훌륭한 일.
壯年(장년) 한창 기운이 왕성한 나이. 30, 40대.
壯夫(장부) 다 자란 건강한 남자. 대장부.

**途** 辵 7 ⑪ 길 도
길. 도로.
road ト(みち) 人 厶 쑤 余 㝹 途
쉬엄쉬엄 갈 착(辶·辵)과 남을 여(余, 길의 뜻).
途上(도상) 길 위. 노상(路上).
途程(도정) 길의 이수(里數). 여행의 경로.
途中(도중) 길을 가고 있는 중.
用途(용도) 쓰이는 데. 쓰이는 길.

## 派遣(파견) 派遣 派遣 派遣 일할 사람에게 사명을 띄워 보냄.

**派** 水 6 ⑨ 물갈래 파
물갈래. 가닥. 갈라져 나온 계통.
branch ハ(わかれ) 氵 氿 沉 派 派 派
물 수(氵·水)와 흐를 비(𠂢).
派黨(파당) 당파. 여러 갈래로 된 단체.
派兵(파병) 군대를 파견함.
派生(파생) 원줄기에서 갈라져 나와 생김.
派收(파수) 장날에서 다음 장날까지의 동안.

**遣** 辵 10 ⑭ 보낼 견
보내다. 파견하다. 놓아주다.
send ケン(つかわす) 丯 虍 虍 肯 肯 遣
쉬엄쉬엄 갈 착(辶·辵)과 나눈다는 뜻의 견(䏧).
遣歸(견귀) 돌려보냄.
遣使(견사) 외국으로 파견하는 사자.
遣懷(견회) 시름을 쫓음. 회포를 풂.
分遣(분견) 인원 등을 갈라 따로 내보냄.

## 叛逆(반역) 叛逆 叛逆 叛逆 배반하여 군사를 일으킴.

**叛** 又 7 ⑨ 배반할 반
배반하다. 모반하다.
rebel ハン(そむく) 二 半 半 叛 叛 叛
절반 반(半 : 갈라지다)과 반대할 반(反).
叛軍(반군) 배반한 군사. 반란 군사.
叛旗(반기) 반란을 일으킨 표시로 드는 기치.
叛奴(반노) 상전(上典)을 배반한 종.
叛徒(반도) 반란을 꾀하였거나 일으킨 무리.

**逆** 辵 6 ⑩ 거스를 역
거스르다. 넘보다. 배반하다.
oppose ギャク(さからう) 丷 屮 屮 屰 逆
거스를 역(屰)과 쉬엄쉬엄 갈 착(辶·辵).
逆境(역경) 뜻대로 되지 않는 불운한 처지.
逆理(역리) 도리에 어긋남. ↔ 順理(순리).
逆說(역설) 반대되는 의론. 패러독스(paradox).
逆心(역심) 반역을 꾀하는 마음.

## 侵略 (침략) 侵略 侵略 侵略 　남의 나라를 침노하여 땅을 빼앗음.

**侵** 人 7 ⑨ — 침노할 침
침노하다. 침략. 범하다.
invade　シン(おかす)
亻 亻 伊 伊 侵 侵
사람 인(人)과 비 추(彐·帚), 또 우(又, 손).

- 侵攻(침공) 침범하여 공격함.
- 侵擄(침노) 조금씩 개개서 빼앗음.
- 侵犯(침범) 남의 영토 등을 쳐들어가 해를 끼침.
- 侵害(침해) 침범하여 해를 끼침.

**略** 田 6 ⑪ — 간략할 략
간략하다. 생략하다. 꾀. 슬기.
brief　リャク(とる)
田 甼 畂 畋 略 略
밭 전(田)과 각각 각(各 : 이르다).

- 略圖(약도) 요점만을 추려서 그린 도면.
- 略歷(약력) 간단히 적은 이력.
- 略式(약식) 정식 절차를 생략한 의식.
- 略字(약자) 글자의 획수를 줄여 쓴 글자.

## 被襲 (피습) 被襲 被襲 被襲 　습격을 당함.

**被** 衣 5 ⑩ — 입을 피
입다. 이불. 미치다. 당하다.
coverlet　ヒ(こうむる)
衤 衤 衻 衻 被 被
옷의(衤·衣)와 가죽 피(皮 : 짐승의 가죽).

- 被擊(피격) 습격을 받음. 공격을 당함.
- 被告(피고) 소송 사건에서 소송을 당한 사람.
- 被動(피동) 남에게서 작용을 받음.
- 被服(피복) 옷을 입음. 또는 의복.

**襲** 衣 16 ㉒ — 엄습할 습　　襲
엄습하다. 덮치다. 계승하다.
attack　シュウ(おそう)
肯 龍 龍 龗 龔 襲
둔덕 룡(龍)과 옷 의(衣).

- 襲擊(습격) 갑자기 적을 덮쳐 공격함.
- 襲衣(습의) 장례 때 시체에 입히는 옷.
- 襲爵(습작) 선대(先代)의 작위를 이어받음.
- 奇襲(기습) 몰래 갑자기 습격함.

## 逢敗 (봉패) 逢敗 逢敗 逢敗 　실패를 당함.

**逢** 辶 7 ⑪ — 만날 봉　　逢
만나다. 상봉하다.
meet　ホウ(あう)
夂 冬 夆 峯 逢 逢
만날 봉(夆)과 쉬엄쉬엄 갈 착(辶·辵).

- 逢變(봉변) 남에게 욕을 봄. 뜻밖에 변을 당함.
- 逢迎(봉영) 사람을 마중하여 접대함.
- 逢辱(봉욕) 욕되는 일을 당함.
- 逢着(봉착) 서로 닥뜨려 만남.

**敗** 攴 7 ⑪ — 패할 패　　敗
패하다. 지다. 실패하다.
defeated　ハイ(やぶれる)
目 貝 貝 貯 貯 敗
조개 패(貝)와 칠 복(攵·攴).

- 敗家(패가) 가산을 탕진하여 없앰.
- 敗北(패배) 싸움에 짐. 싸움에 져 도망함.
- 敗退(패퇴) 싸움에 져서 물러섬.
- 失敗(실패) 일을 잘못하여 그르침.

국가(國家)- 국방(國防)

## 誘引(유인)  誘引 誘引 誘引   남을 꾀어 냄.

**誘** 言 7 ⑭ — 꾈 유
꾀다. 꿈. 유인하다. 달래다.
tempt ユウ(さそう)
言 言 訐 誘 誘 誘
말씀 언(言)과 아름다울 수(秀 : 빼어나다).

誘拐(유괴) 사람을 속여서 꾀어내는 일.
誘導(유도) 꾀어서 이끎. 이끌어 가르침.
誘致(유치) 시설·행사 등을 끌어들임.
誘惑(유혹) 남을 꾀어서 정신을 어지럽게 함.

**引** 弓 1 ④ — 끌 인
끌다. 당기다. 이끌다. 인도하다.
pull イン(ひく)
一 二 弓 引
활 궁(弓)과 위아래 통할 곤(丨).

引見(인견) 임금이 아랫사람을 만나봄.
引繼(인계) 하던 일을 넘겨 줌. 또는 이어받음.
引導(인도) 가르쳐 이끎. 길을 안내함.
引受(인수) 물건·권리를 넘겨받음.

## 敵陣(적진)  敵陣 敵陣 敵陣   적군의 진영.

**敵** 攴 11 ⑮ — 원수 적
원수. 적. 대적하다. 상대.
enemy テキ(あいて)
亠 产 ਨ 啇 啇 敵
뿌리 적(啇)과 칠 복(攵·攴).

敵愾(적개) 적과 싸우려는 의기를 일컬음.
敵國(적국) 적대 관계에 있는 나라.
敵手(적수) 재주나 힘이 맞서는 사람.
利敵(이적) 적을 이롭게 함.

**陣** 阜 7 ⑩ — 진칠 진
진치다. 줄. 열(列). 대오.
encamp ジン(つらわる)
ユ 阝 阡 阡 陌 陣
언덕 부(阝·阜)와 수레 거(車).

陣頭(진두) 진의 선두. 선봉. 일의 선두.
陣營(진영) 군사가 둔치는 임시 막사.
陣容(진용) 단체나 집단의 사람들의 짜임새.
軍陣(군진) 군대의 진영.

## 決死(결사)  決死 決死 決死   죽음을 각오함.

**決** 水 4 ⑦ — 결단할·정할 결
결단하다. 나누다. 정하다.
decide ケツ(きめる)
丶 氵 氵 汀 決 決
물 수(氵·水)와 터놓을 쾌(夬).

決裂(결렬) 쪼개어 나눔. 쪽쪽이 분열함.
決勝(결승) 최후의 승부를 결정하는 일.
決定(결정) 결단하여 작정함.
決行(결행) 결단하여 실행함. 단호히 행함.

**死** 歹 2 ⑥ — 죽을 사
죽다. 죽은 이. 사자(死者).
die, kill シ(しぬ)
一 厂 ア 万 歹 死
뼈 앙상할 알(歹)과 사람 인(ヒ·人).

死境(사경) 아주 위험한 곳. 또, 그 경우.
死傷(사상) 사망과 부상.
死地(사지) 죽을 곳. 살아 나오기 어려운 처지.
死活(사활) 죽느냐 사느냐의 갈림길.

## 挑戰(도전) 挑戰 挑戰 挑戰  싸움을 걸거나 돋움.

**挑** 手 6 ⑨ 돋울 도, 멜 조
돋우다. 끌어내다. 메다.
provoke  チョウ(いどむ)
丁 扌 扌 抃 挑 挑
손(手)으로 거북의 등딱지를 이용하여 점괘를 알아낸다는 뜻.

挑燈(도등)  등불을 돋우어 불을 더 밝게 함.
挑發(도발)  선동하여 일어나게 함.
挑禍(도화)  화를 일으킴.
挑選(조선)  인물을 선택함.

**戰** 戈 12 ⑯ 싸움 전    戦
싸움. 전쟁. 두려워하다.
war  セン(たたかう)
冖 罒 單 戰 戰 戰
넓고 클 선(單 : 활)과 창 과(戈).

戰亂(전란)  전쟁으로 말미암은 난리.
戰術(전술)  싸움에 이기기 위한 술책.
對戰(대전)  경기 따위에서 맞서 겨룸.
血戰(혈전)  피투성이가 되어 싸움.

## 旗幅(기폭) 旗幅 旗幅 旗幅  깃발. 깃발의 너비.

**旗** 方 10 ⑭ 기 기
기. 대장기. 기의 총칭.
flag  キ(はた)
亠 方 方 斿 旗 旗
깃발 언(㫃)과 그 기(其 : 네모가 난 기).

旗鼓(기고)  군기(軍旗)와 북.
旗手(기수)  군기(軍旗)를 받드는 사람.
旗幟(기치)  어떤 목적을 위하여 나타내는 태도.
弔旗(조기)  죽음을 슬퍼하는 뜻으로 다는 깃발.

**幅** 巾 9 ⑫ 폭 폭, 행전 핍
폭. 너비. 포백. 족자. 행전.
フク(はば)
巾 巾 帊 幅 幅 幅
수건 건(巾 : 천 조각)과 찰 복(畐 : 주변). 천의 가장자리, '폭'을 뜻한다.

幅巾(폭건)  두건(頭巾).
幅廣(폭광)  한 폭의 너비.
幅尺(폭척)  너비와 길이.
大幅(대폭)  큰 폭. 많이. 썩.

## 配置(배치) 配置 配置 配置  갈라서 따로따로 둠.

**配** 酉 3 ⑩ 짝 배
짝. 짝하다. 짝짓다. 상대.
couple  ハイ(くばる)
丙 丙 酉 酉' 酉 配
닭 유(酉 : 술)와 몸 기(己).

配給(배급)  물자를 일정한 비례로 나누어 줌.
配達(배달)  우편물이나 상품 따위를 날라다 줌.
配合(배합)  한데 알맞게 섞어 합침.
分配(분배)  몫몫이 고르게 나누어 줌.

**置** 网 8 ⑬ 둘 치
두다. 놓다. 베풀다. 세우다.
place  チ(おく)
罒 罒 罘 胃 置 置
그물 망(罒·网)과 곧을 직(直).

置簿(치부)  금전·물품의 출납을 기록함.
置重(치중)  어떤 곳에 중점을 둠.
置之(치지)  그냥 내버려 둠.
措置(조치)  필요한 대책을 세움. 또, 그 대책.

국가(國家)- 국방(國防)

## 包圍(포위) 包圍 包圍 包囲 언저리를 둘러쌈.

**勹 3 ⑤ 包** 쌀 포
싸다. 감싸다. 겸하다. 포함함.
pack ホウ(つつむ)
丿 勹 勺 匇 包
어머니 태(勹) 속에 아기(巳)가 웅크리고 있는 모양. 아이배다의 뜻.
包括(포괄) 여러 사물을 한데 묶음.
包攝(포섭) 포용하여 끌어넣음. 포괄하여 지님.
包裝(포장) 물건을 겉으로 드러나지 않게 쌈.
包含(포함) 일정한 사물 속에 함께 넣음.

**囗 9 ⑫ 圍** 둘레 위 围
둘레. 구역. 둘러싸다. 경계.
fence イ(かこむ)
冂 門 周 周 圍 圍
에울 위(囗) 안에 군복 위(韋).
圍碁(위기) 바둑. 또는 바둑을 둠.
圍立(위립) 뺑 둘러싸고 섬.
範圍(범위) 어떤 힘이 미치는 한계.
周圍(주위) 어떤 지점의 바깥 둘레. 또는 환경.

## 攻擊(공격) 攻擊 攻擊 攻擊 적을 침. 시비를 가리어 논란함.

**攴 3 ⑦ 攻** 칠 공
치다. 공격하다. 다스리다.
attack コウ(せめる)
一 T I' I⁻ 功 攻
장인 공(工)과 칠 복(攵·攴).
攻略(공략) 남의 땅을 쳐서 빼앗음.
攻伐(공벌) 공격하여 정벌함.
攻勢(공세) 공격하는 태세. 또, 그 세력.
專攻(전공) 전문적으로 연구함.

**手 13 ⑰ 擊** 칠 격 击
치다. 두드리다. 때리다.
hit ゲキ(うつ)
亘 車 軎 軗 毃 擊
부딪칠 격(毃)과 손 수(手).
擊劍(격검) 검을 쓰는 일을 익히는 일.
擊墜(격추) 비행기 따위를 쏘아 떨어뜨림.
擊退(격퇴) 쳐서 물리침.
擊破(격파) 쳐부숨.

## 拳銃(권총) 拳銃 拳銃 拳銃 짧고 작은 호신용의 총. 피스톨.

**手 6 ⑩ 拳** 주먹 권
주먹. 주먹을 쥐다. 힘. 권법.
fist ケン(こぶし)
丷 ㅗ 半 失 叁 拳
구부릴 권(失)과 손 수(手). 손을 구부려 주먹을 쥐는 것을 뜻한다.
拳曲(권곡) 꼬불꼬불 구부러짐.
拳法(권법) 주먹을 놀려서 하는 운동.
拳鬪(권투) 글러브를 끼고 주먹으로 하는 경기.
空拳(공권) 맨주먹. 빈주먹.

**金 6 ⑭ 銃** 총 총 铳
총. 화총. 도끼. 구멍.
gun ジュウ(つつ)
金 釒 釷 釷 鈝 銃
쇠 금(金)과 가득할 충(充).
銃劍(총검) 총과 칼. 곧, 무력을 뜻함.
銃器(총기) 소총·권총 등의 병기.
銃傷(총상) 총에 맞은 상처.
銃砲(총포) 총. 총과 대포.

## 銳刀 (예도)
銳刀 銳刀 銳刀  끝이 뾰족하고 날카로운 군도(軍刀).

**銳** 〔金 7 ⑮〕 날카로울 예
sharp エイ(するどい)
날카롭다. 창 끝. 민첩하다.
⺈ ⻟ 金 釒 鈗 銳
쇠 금(金)과 통할 태(兌 : 분리하다).

銳騎(예기) 굳세고 날쌘 기병.
銳利(예리) 칼날 등이 날카롭고 잘 듦.
銳敏(예민) 감각이나 행동 등이 날쌔고 민첩함.
銳鋒(예봉) 날카로운 창·칼의 끝.

**刀** 〔刀 0 ②〕 칼 도
knife トウ(かたな)
칼. 거룻배. 돈 이름. 임금(賃金).
丁 刀
날이 구부정하게 굽은 칼의 모양.

刀劍(도검) 칼과 검. 칼이나 검의 총칭.
刀圭(도규) 약을 뜨는 숟가락.
刀匠(도장) 칼을 만드는 장인(匠人).
銀粧刀(은장도) 노리개로 차던 작은 칼

## 弓矢 (궁시)
弓矢 弓矢 弓矢  활과 화살.

**弓** 〔弓 0 ③〕 활 궁
bow キュウ(ゆみ)
활. 활꼴. 궁술. 길이의 단위.
フ ⺈ 弓
활의 모양을 본뜬 글자.

弓馬(궁마) 활과 말. 궁술과 마술.
弓師(궁사) 활을 만드는 사람. 궁술의 스승.
弓術(궁술) 활 쏘는 기술.
國弓(국궁) 양궁에 대하여 우리나라의 활.

**矢** 〔矢 0 ⑤〕 화살 시
arrow シ(や)
화살. 벌여 놓다. 맹세하다.
ノ ⺈ ⺊ 午 矢
화살촉과 깃의 모양을 본뜬 글자.

矢石(시석) 옛날, 무기로 쓰던 화살과 돌.
矢心(시심) 마음속으로 맹세함.
光陰如矢(광음여시) 세월의 가는 것이 화살과 같이 빠름을 비유한 말.

## 操鍊 (조련)
操鍊 操鍊 操鍊  군대를 훈련함. 敎鍊(교련).

**操** 〔手 13 ⑯〕 잡을 조
take manage ソウ(あやつる)
잡다. 부리다. 다가서다.
扌 扩 押 挕 挕 操
손 수(扌·手)와 떼지어 울 소(喿).

操心(조심) 마음을 삼가서 경계함.
操業(조업) 기계를 움직여 작업을 함.
操縱(조종) 마음대로 부리어 복종케 함.
貞操(정조) 여자의 깨끗한 절조.

**鍊** 〔金 9 ⑰〕 단련할 련
temper レン(ねる)
단련하다. 쇠 불리다. 쇠사슬.
⺈ ⻟ 金 釘 鉀 鋪 鍊
쇠 금(金)과 가릴 간(柬). 금속을 녹여 불리는 것으로, '단련하다'를 뜻한다.

鍊金(연금) 쇠붙이를 달구어 단련함.
鍊磨(연마) 갈고 닦음. 깊이 그 도를 닦음.
鍛鍊(단련) 몸과 마음을 닦음.
修鍊(수련) 수양하고 단련함.

국가(國家)- 국방(國防)

## 彈丸(탄환) 彈丸 弾丸 弹丸  총·포 따위의 탄알.

**彈** 弓 12 ⑮ 탄환 탄
탄환. 탄알. 활로 쏘는 돌.
bullet  ダン(たま,はじく)
゛弓 弓゛ 彈゛ 彈
활 궁(弓)과 홑 단(單).

彈琴(탄금) 거문고나 가야금을 탐.
彈力(탄력) 팽팽하게 버티는 힘.
彈壓(탄압) 힘으로써 억누르고 짓밟음.
彈劾(탄핵) 죄상을 들어서 논란하여 책망함.

**丸** 、 2 ③ 알 환
알. 둥글다. 탄알.
ball  ガン(たま)
ノ 九 丸
기울 측(仄)을 반대로 뒤집은 언덕 엄(厂)과 사람 인(人).

丸石(환석) 파도에 갈려 둥글고 매끄럽게 된 돌.
丸藥(환약) 반죽하여 작고 둥글게 비빈 약.
飛丸(비환) 날아오는 탄알. 飛彈(비탄).
砲丸(포환) 대포의 포환.

## 爆裂(폭렬) 爆裂 爆裂 爆裂  불이 일어나며 터짐.

**爆** 火 15 ⑲ 터질 폭
터지다. 불사르다.
explode  バク(やく)
炉 炉 煤 爆 爆 爆
불 화(火)와 사나울 폭(暴). 사나운 불길.

爆發(폭발) 불이 일어나면서 갑자기 터짐.
爆笑(폭소) 갑자기 터져 나오는 웃음.
爆沈(폭침) 폭파하여 가라앉힘.
爆破(폭파) 폭발시켜 파괴함.

**裂** 衣 6 ⑫ 찢을 렬
찢다. 찢어지다. 터지다.
tear  レツ(さく)
ㄢ 歹 列 列 裂 裂
벌릴 열(列)과 옷 의(衣). 천을 벌려 찢다.

裂開(열개) 찢어져 벌어짐. 또는 찢어 벌림.
裂傷(열상) 피부가 찢어진 상처.
龜裂(균열) 거북 등처럼 갈라져서 터짐.
破裂(파열) 깨뜨리어 가름.

## 劍刃(검인) 劍刃 劍刃 劍刃  칼날. 검의 날.

**劍** 刀 13 ⑮ 칼 검
칼. 검. 비수(匕首). 검법.
sword  ケン(つるぎ)
ㇱ 亼 侖 僉 僉 劍
여러 첨(僉)과 칼 도(刂·刀).

劍客(검객) 검술을 잘하는 사람.
劍戟(검극) 창과 칼. 무기. 병기.
劍法(검법) 검술에서 칼을 쓰는 법식.
銃劍(총검) 총과 칼. 소총 끝에 꽂는 칼.

※제외자
**刃** 刀 1 ③ 칼날 인
칼날. 칼에 베다. 병기의 총칭.
blade  ジン,ニン(やいば)
ㄱ 刀 刃
칼 도(刀)에 불똥 주(丶)를 찍어 칼날임을 가리킨다.

刃傷(인상) 칼날 등에 다쳐서 상함.
刃創(인창) 칼날에 다침. 흉.
堅刃(견인) 단단한 칼. 꺾기 어려운 군세(軍勢).
自刃(자인) 칼로 자기의 생명을 끊음.

## 刺殺(자살, 척살)　刺殺　刺殺　刺殺　칼로 찔러서 죽임.

**刺**
刀 6⑧
pierce
シ,セキ(さす)

찌를 자, 칼로 찌를 척
찌르다. 가시. 나무라다.
一 ㄷ 市 朿 刺 刺
가시나무 자(朿)와 칼 도(刂·刀).

- 刺客(자객) 사람을 몰래 찔러 죽이는 사람.
- 刺戟(자극) 감각을 격동시켜 작용을 일으킴.
- 刺傷(자상) 칼 따위로 찔러서 상처를 입힘.
- 刺字(자자) 죄인의 몸에 문신을 하던 일.

**殺**
殳 7⑪
kill
サツ,サイ(ころす)

죽일 살, 감할 쇄　杀
죽이다. 베다. 제거하다. 감하다.
𠂉 㐅 㐅 㐅 殺 殺
풀벨 예(㐅·乂)와 나무 목(木), 칠 수(殳).

- 殺菌(살균) 병균을 죽임.
- 殺氣(살기) 소름이 끼치도록 무시무시한 기운.
- 殺伐(살벌) 거칠고 무시무시함.
- 殺到(쇄도) 세차게 몰려 듦.

## 征伐(정벌)　征伐　征伐　征伐　적이나 죄가 있는 무리를 쳐서 바로잡음.

**征**
彳 5⑧
go
セイ(うつ,ゆく)

갈 정
가다. 치다. 취하다. 구실.
彳 彳 彳 彳 征 征
조금 걸을 척(彳)과 바를 정(正). 앞으로 나아가 바로잡다.

- 征途(정도) 전쟁에 나가는 길.
- 征服(정복) 정벌하여 복종시킴.
- 征稅(정세) 세금을 받음.
- 遠征(원정) 멀리 정벌을 감.

**伐**
人 4⑥
attack
バツ(うつ)

칠 벌
치다(징벌하다). 베다.
丿 亻 亻 代 伐 伐
사람 인(亻·人)과 창 과(戈). 창으로 사람을 치다.

- 伐木(벌목) 나무를 벰.
- 伐採(벌채) 나무를 베거나 섶을 깎아 냄.
- 伐草(벌초) 무덤의 잡풀을 벰. 또, 그 일.
- 濫伐(남벌) 함부로 나무를 벰.

## 逃散(도산)　逃散　逃散　逃散　도망하여 흩어짐.

**逃**
辵 6⑩
escape
トウ(にげる)

달아날 도
달아나다. 도망하다. 피하다.
丿 ㇈ 兆 兆 兆 逃
조짐 조(兆:갈라지다)와 쉬엄쉬엄 갈 착(辶·辵).

- 逃匿(도닉) 도망하여 숨음.
- 逃亡(도망) 몰래 피해 달아남. 쫓겨 달아남.
- 逃走(도주) 달아남. 도망함.
- 逃避(도피) 달아나서 몸을 피함.

**散**
攴 8⑫
disperse
サン(ちる)

흩을 산
흩다. 흩어지다. 떨어지다.
一 卄 廿 昔 㪔 散
고기 육(月·肉)과 뿔뿔이 흩어질 산(㪔).

- 散亂(산란) 정신이 어수선함.
- 散漫(산만) 흩어져 어수선함.
- 散文(산문) 제한 없이 자유롭게 쓰는 글.
- 分散(분산) 이리저리 흩어짐.

## 滅亡(멸망) 滅亡 滅亡 滅亡  망하여 없어짐.

**滅** 멸할 **멸** 灭
水 10 ⑬ 멸하다. 멸망하다. 다하다.
ruin メツ(ほろびる) 氵 沪 沪 泭 滅 滅
물 수(氵·水)와 불꺼질 멸(威). 물로 불을 끄듯 없어지다.
滅門(멸문) 한 집안이 멸망하여 없어짐.
滅族(멸족) 일족(一族)을 멸종시킴.
滅種(멸종) 종자가 망하여 없어짐. 씨가 마름.
全滅(전멸) 모두 멸망함. 다 죽음. 모두 패함.

**亡** 망할 **망**, 없을 **무**
亠 1 ③ 망하다. 멸망하다. 죽다. 도망.
ruin ボウ,モ(ほろびる) 丶 亠 亡
사람(亠·人)이 건물 안(乚)에 숨은 모양.
亡國(망국) 망하여 없어진 나라. 나라를 망침.
亡命(망명) 남의 나라로 몸을 피함.
亡身(망신) 자기의 명예·체면 따위를 망침.
亡失(망실) 잃어버림.

## 占領(점령) 占領 占領 占領  일정한 땅을 차지하여 제 것으로 삼음.

**占** 점칠 **점**
卜 3 ⑤ 점치다. 점. 차지하다.
divine セン(しめる) 丨 卜 卜 占 占
점 복(卜)과 입 구(口). 점괘를 보고 길흉을 말한다는 뜻이다.
占據(점거) 차지하여 자리를 잡음.
占卦(점괘) 점쳤을 때 나타나는 괘.
占星(점성) 별의 모양을 보고 길흉을 점침.
占術(점술) 점을 치는 술법(術法).

**領** 옷깃 **령** 领
頁 5 ⑭ 옷깃. 거느리다. 우두머리.
collar リョウ(おさめる) 𠆢 𠆢 今 𩠐 領 領
명령 령(令)과 머리 혈(頁). 명령을 내리는 사람. '우두머리'를 뜻한다.
領空(영공) 영토와 영해의 상공.
領收(영수) 돈이나 물품 따위를 받아들임.
領域(영역) 영유하는 구역. 영지 범위.
領土(영토) 한 나라의 통치권이 미치는 지역.

## 進級(진급) 進級 進級 進級  등급·계급·학급 따위가 오름.

**進** 나아갈 **진** 进
辵 8 ⑫ 나아가다. 벼슬하다. 오르다.
advance シン(すすむ) 亻 亻 亻 佯 佳 進
새 추(隹)와 쉬엄쉬엄 갈 착(辶·辵).
進擊(진격) 나아가 적을 침.
進路(진로) 나아가는 길. 나아갈 길.
進步(진보) 점차 향상되고 발전함.
進取(진취) 나아가 공명(功名)을 취득함.

**級** 등급 **급** 级
糸 4 ⑩ 등급. 차례. 층계. 수급(首級).
class キュウ(しな) 乡 幺 糸 糸 紗 級
실 사(糸)와 미칠 급(及).
級數(급수) 기술의 우열에 의한 등급.
級友(급우) 같은 학급에서 배우는 벗.
級訓(급훈) 학교에서 교육 목표로 정한 덕목.
等級(등급) 높고 낮음의 차례를 분별한 층수.

## 肩章 (견장)

肩章　肩章　肩章　제복 어깨에 붙여 계급을 나타내는 표식.

**肩** 어깨 견
- 肉 4⑧
- shoulder
- ケン(かた)
- 어깨. 견디다. 이겨내다. 맡기다.
- 丶 戶 戶 戶 肩 肩
- 머무를 호(戶 : 어깨의 상형)와 몸 육(月·肉).

肩胛(견갑) 어깨뼈가 있는 자리.
肩負(견부) 물건을 어깨에 멤.
肩臂(견비) 어깨와 팔.
竝肩(병견) 어깨를 나란히 함.

**章** 글 장
- 立 6⑪
- sentence
- ショウ(あや)
- 글. 문채. 문장. 조목.
- 立 音 音 音 章 章
- 소리 음(音)과 열 십(十). 글이 일단락됨.

章句(장구) 글의 장(章)과 구(句).
章理(장리) 명백한 이치.
章程(장정) 여러 조목으로 정한 규정.
文章(문장) 글월. 글자로 기록한 것.

## 除隊 (제대)

除隊　除隊　除隊　현역병의 복무 해제로 예비역에 편입됨.

**除** 덜 제
- 阜 7⑩
- lessen
- ジョ(のぞく)
- 덜다. 섬돌. 층계. 가다.
- 阝 阝 阾 阾 除 除
- 언덕 부(阝·阜 : 계단)와 남을 여(余·舍 : 뻗다).

除去(제거) 없앰. 치움.
除名(제명) 명부에서 이름을 빼어 버림.
除外(제외) 범위 밖에 두어 빼어 놓음.
免除(면제) 책임이나 의무를 지우지 아니함.

**隊** 무리 대 [队]
- 阜 9⑫
- band
- タイ(くみ)
- 무리. 떼. 대오. 군대.
- 阝 阝 阾 阾 隊 隊
- 언덕 부(阝·阜)와 다할 수(㒸).

隊列(대열) 대를 지어 늘어선 행렬.
隊伍(대오) 군대 행렬의 줄. 군대의 대열.
隊員(대원) 한 대(隊)를 이루고 있는 사람.
軍隊(군대) 일정한 조직을 가진 군인 집단.

## 鬪爭 (투쟁)

鬪爭　鬪爭　鬪爭　싸우고 다툼. 싸움. 다툼질.

**鬪** 싸울 투 [斗]
- 鬥 10⑳
- fight
- トウ(たたかう)
- 싸움. 싸우게 하다. 전쟁.
- 丨 阝 鬥 鬥 鬪 鬪
- 싸울 투(鬥)와 쪼갤 착(斷·封). 투(鬥)는 사람이 다투는 모양.

鬪鷄(투계) 닭싸움. 싸움닭.
鬪技(투기) 재주를 다툼. 맞붙어 싸우는 경기.
鬪志(투지) 싸우고자 하는 의지.
鬪魂(투혼) 끝까지 투쟁하려는 기백.

**爭** 다툴 쟁 [争]
- 爪 4⑧
- quarrel
- ソウ(あらそう)
- 다투다. 겨루다. 소송하다.
- 爫 争 争 争 爭
- 손톱 조(爫)와 또 우(又 : 오른손), 갈고리 궐(亅). 손으로 물건을 잡아당기며 다투다.

爭訟(쟁송) 서로 송사를 하여 다툼.
爭點(쟁점) 쟁송의 중심이 되는 부분.
爭取(쟁취) 싸워 빼앗아 가짐.
競爭(경쟁) 같은 목적에 관하여 서로 다툼.

국가(國家)- 교통(交通)

## 順番(순번)　順番　順番　順番　차례로 오는 번. 순서.

**順** 순할 순
頁3⑫
순하다. 온순하다. 좇다.
obey ジュン(したがう)
내 천(川)과 머리 혈(頁).

順理(순리)　도리(道理)에 순종함.
順序(순서)　정해 놓은 차례. 次第(차제).
順調(순조)　어떤 일이 아무 탈 없이 예정대로 됨
歸順(귀순)　반항심을 버리고 순종함.

**番** 차례 번, 땅이름 반, 날랠 파
田7⑫
차례. 번. 땅 이름. 날래다.
number バン(つかい)
농부가 밭에 곡식의 씨앗을 뿌리고 지나간 발자국 모양. 또는 짐승 발자국 모양.

番犬(번견)　도둑을 지키거나 망을 보는 개.
番號(번호)　차례를 나타내는 호수.
番番(파파)　날래고 용맹한 모양.
當番(당번)　번 도는 차례에 당함. 또, 그 사람.

## 乘車(승차)　乘車　乘車　乘車　차를 탐. 차에 오름.

**乘** 탈 승
ノ9⑩
타다. 오르다. 곱셈. 탈 것.
ride ジョウ(のる)
사람 인(人)과 어그러질 천(舛 : 좌우 양다리), 나무 목(木).

乘客(승객)　배나 차 등을 타거나 탄 손님.
乘轎(승교)　가마.
乘馬(승마)　말을 탐. 타는 말.
乘船(승선)　배를 탐.

**車** 수레 차·거
車0⑦
수레. 수레의 바퀴. 도르래.
cart シャ(くるま)
수레나 수레바퀴 모양을 본뜬 글자.

車駕(거가)　임금이 타는 수레. 임금의 거동.
車馬費(거마비)　교통비(交通費). 차비.
車道(차도)　차가 통행하도록 규정한 도로 찻길
駐車(주차)　차를 세워 둠.

## 緩急(완급)　緩急　緩急　緩急　느림과 빠름. 위급한 일. 절박함.

**緩** 느릴 완
糸9⑮
느리다. 느슨하다. 늦추다.
slow カン(ゆるい)
실 사(糸)와 당길 원(爰 : 느슨하다).

緩慢(완만)　움직임이 느릿느릿함.
緩衝(완충)　충돌을 완화함.
緩行(완행)　느리게 감. 완행열차.
緩和(완화)　급박한 것을 느슨하게 함.

**急** 급할 급
心5⑨
급하다. 서두르다. 위태하다.
hurried キュウ(いそぐ)
미칠 급(㞍·及)과 마음 심(心).

急減(급감)　급히 줆. 갑자기 삭감함.
急激(급격)　변화·행동 등이 급하고도 격렬함.
急死(급사)　갑자기 죽음.
火急(화급)　몹시 바쁨.

## 遲延(지연) 遲延 遲延 遲延  늦어짐. 지체됨. 기일(期日)에 늦음.

**遲** 辶 12 ⑯ 늦을 지 / 迟
late チ(おそい)
늦다. 더딤. 굼뜨다. 늦어지다.
尸 尸 犀 屖 犀 遲
코뿔소 서(犀)와 쉬엄쉬엄 갈 착(辶·辵).

- 遲刻(지각) 정한 시각에 늦음.
- 遲鈍(지둔) 느리고 둔함. 굼뜸.
- 遲明(지명) 동틀 무렵. 날샐녘.
- 遲速(지속) 더딤과 빠름.

**延** 廴 4 ⑦ 끌 연
delay エン(ひく)
끌다. 끌어들이다. 늘이다.
丿 千 正 疋 延 延
끌 인(廴)과 바를 정(正·疋 : 똑바로 가다). 길게 잡아 늘이다.

- 延期(연기) 정한 기한을 물림.
- 延命(연명) 오래 삶. 목숨을 이어감.
- 延燒(연소) 불길이 번져 나감. 또, 그 화재.
- 延長(연장) 길이·시간 등을 늘여 길게 함.

## 瞬間(순간) 瞬間 瞬間 瞬間  눈 깜짝할 동안. 잠깐 동안.

**瞬** 目 12 ⑰ 눈 깜짝할 순
in a wink シュン(またたく)
눈 깜짝하다. 잠깐 사이.
目 旷 睁 睁 睁 瞬
눈 목(目)과 나팔꽃 순(舜 : 흔들리는 불꽃).

- 瞬間(순간) 눈 깜짝할 동안. 잠깐 동안.
- 瞬時(순시) 잠깐. 눈 깜짝할 사이.
- 瞬息間(순식간) 극히 짧은 동안.
- 一瞬(일순) 매우 짧은 시간. 지극히 짧은 동안.

**間** 門 4 ⑫ 사이 간
gap カン, ケン(あいだ)
사이. 틈. 때. 간격. 잠깐.
丨 丬 門 門 間 間
문 문(門)과 날 일(日). 햇빛이 문틈으로 새어 들어오다.

- 間隔(간격) 서로 떨어져 있는 거리. 둘 사이.
- 間接(간접) 매개(媒介)를 두어 연락하는 관계.
- 間諜(간첩) 적의 내정(內情)을 몰래 살피는 사람.
- 巷間(항간) 보통 민중들 사이. 村間(촌간).

## 輪禍(윤화) 輪禍 輪禍 輪禍  육상의 교통사고로 말미암은 화.

**輪** 車 8 ⑮ 바퀴 륜 / 轮
wheel リン(わ)
바퀴. 둘레. 돌다. 수레. 탈 것.
亘 車 軏 軡 輪 輪
수레 거(車)와 질서 륜(侖).

- 輪廓(윤곽) 사물의 대강의 테두리. 겉모양.
- 輪番(윤번) 돌려가며 차례로 번을 듦.
- 輪轉(윤전) 바퀴가 돎. 바퀴 모양으로 회전함.
- 輪廻(윤회) 불교에서, 중생이 생사를 반복함.

**禍** 示 9 ⑭ 재앙 화
disaster カ(わざわい)
재앙. 재난. 걱정. 죄.
礻 礻 礻 禞 禍 禍
보일 시(示)와 입 비뚤어질 와(咼 : 깎다, 없애다).

- 禍根(화근) 재앙의 근원. 화원.
- 禍難(화난) 재앙과 환난. 禍患(화환).
- 禍福(화복) 재앙과 복록.
- 殃禍(앙화) 죄의 앙갚음으로 받는 온갖 재앙.

국가(國家) - 교통(交通)

## 陸橋(육교) 陸橋 陸橋 陸橋  도로나 철로 위를 가로질러 놓은 다리.

**陸** 阜 8 ⑪ — 뭍 륙 — 뭍. 육지. 언덕. 길. 날뛰다. — 陆
land リク(おか)   ３ ß 阡 阵 陸 陸
언덕 부(ß・阜)와 언덕 륙(坴).

- 陸軍(육군) 육지의 전투를 맡은 군대.
- 陸地(육지) 물에 덮이지 않은 지구의 표면.
- 上陸(상륙) 배에서 육지로 오름.
- 離陸(이륙) 비행기가 날려고 육지에서 오름.

**橋** 木 12 ⑯ — 다리 교 — 다리. 교량. 시렁. 가름대. — 桥
bridge キョウ(はし)   木 栌 栎 桥 椅 橋
나무 목(木)과 높을 교(喬).

- 橋脚(교각) 다리를 받치는 기둥.
- 橋頭堡(교두보) 적진 가까이에 설치한 진지.
- 橋梁(교량) 다리.
- 架橋(가교) 다리를 놓음. 또는 놓은 다리.

## 踏步(답보) 踏步 踏步 踏步  제자리걸음.

**踏** 足 8 ⑮ — 밟을 답 — 밟다. 발판. 신발. 확인하다.
tread トウ(ふむ)   ロ ロ 足 趵 跄 踏
발 족(足)과 거듭 답(沓). 발을 구르며 밟는 것을 뜻한다.

- 踏査(답사) 실지로 그 곳에 가서 보고 조사함.
- 踏襲(답습) 선인의 행적을 그대로 따라 행함.
- 高踏(고답) 지위나 명리(名利)에 초연함.
- 未踏(미답) 아직 아무도 밟지 않음.

**步** 止 3 ⑦ — 걸음 보 — 걸음. 걷다. 보(여섯 자).
walk ホ,ブ(あるく)   ト ト 少 歩 步 步
발 지(止 : 오른쪽 발)와 왼쪽 발을 의미하는 '少'. 발을 번갈아 떼어 놓으며 걷다.

- 步道(보도) 사람이 걸어 다니는 길.
- 步武(보무) 활발하게 걷는 걸음.
- 步調(보조) 여러 사람의 행동의 맞고 안 맞음.
- 驅步(구보) 달음박질. 뛰어감.

## 運輸(운수) 運輸 運輸 運輸  여객이나 화물을 날라 보내는 일.

**運** 辶 9 ⑬ — 돌 운 — 돌다. 움직이다. 운전하다. — 运
turn ウン(はこぶ)   冖 冒 冒 軍 運 運
군사 군(軍)과 쉬엄쉬엄 갈 착(辶・辵).

- 運動(운동) 몸을 놀리어 움직임. 여러 경기.
- 運搬(운반) 사람이나 화물을 옮겨 나르는 일.
- 運營(운영) 조직 기구 등을 운용하여 경영함.
- 幸運(행운) 행복한 운수.

**輸** 車 9 ⑯ — 보낼 수 — 보내다. 알리다. 다하다. — 输
transport ユ(おくる)   亘 車 車 軩 輸 輸
수레 거(車)와 대답할 유(兪 : 뽑아내다).

- 輸送(수송) 사람이나 물건을 실어 보냄.
- 輸入(수입) 외국의 물품을 사들여 옴.
- 輸出(수출) 국내의 상품, 기술을 외국 팖.
- 輸血(수혈) 환자에게 다른 사람의 피를 넣음.

## 荷役 (하역) 荷役 荷役 荷役  짐을 싣고 내리는 일.

**荷** 멜 하
艸7⑪
shoulder ㄱ(はす)
메다. 어깨에 걸메다.
艹艹䒑荷荷
풀 초(艹·艸)와 멜 하(何 : 짊어지다).

荷渠(하거) 연(蓮). 부용(芙蓉).
荷擔(하담) 짐을 어깨에 걸어 등에 짐.
荷物(하물) 짐. 운송하는 물품.
荷船(하선) 짐을 싣는 배.

**役** 부릴 역
彳4⑦
work エキ,ヤク(つかう)
부리다. 싸움. 수자리. 부역.
ㄅ彳彳彳役役
조금 걸을 척(彳)과 팔모창 수(殳).

役軍(역군) 일정 부분 중요한 구실을 하는 일꾼.
役事(역사) 토목이나 건축 등의 공사.
役人(역인) 공사의 일꾼. 임무를 띤 사람.
苦役(고역) 힘든 노동. 몹시 힘들고 괴로운 일

## 驛馬 (역마) 驛馬 驛馬 驛馬  역참에 대기시켜 둔 말.

**驛** 역참 역
馬13㉓
post horse エキ(えき)
역참. 역말. 역(정거장).
馬馬馬驛驛驛
말 마(馬)와 엿볼 역(睪).

驛館(역관) 역참의 객사.
驛夫(역부) 역에서 일하는 사람.
驛站(역참) 역마를 바꿔 타던 곳. 옛 통신 기관.
終着驛(종착역) 마지막으로 닿는 역.

**馬** 말 마
馬0⑩
horse バ(うま)
말. 산가지. 수효를 세는 물건.
ㅣ厂丆厈馬馬
말의 머리와 갈기, 다리와 꼬리. 말의 모양.

馬具(마구) 말에 딸리는 기구.
馬上才(마상재) 달리는 말 위에서 부리는 재주.
馬耳東風(마이동풍)  말귀에 봄바람이란 뜻으로, 남의 말을 귀담아 듣지 아니함.

## 路程 (노정) 路程 路程 路程  길의 이수(里數). 여행의 경로.

**路** 길 로
足6⑬
road ロ,ル(みち)
길. 연줄. 방도. 방법.
ㅁ ㅁ ㅁ ㅁ 𧾷路
발 족(足)과 각각 각(各 : 이르다).

路毒(노독) 여로에 시달려 생긴 병. 旅毒(여독).
路線(노선) 두 지점 사이에 이르는 교통선.
路資(노자) 여행하는데 드는 돈. 旅費(여비).
旅路(여로) 나그네의 길. 여행하는 노정(路程).

**程** 법도 정
禾7⑫
law, road テイ(みち)
법도. 길이 단위. 한도.
ㅗ 禾 秆 程 程 程
벼 화(禾)와 드러낼 정(呈).

程度(정도) 알맞은 한도. 얼마 가량의 분량.
程式(정식) 일정한 법식(法式). 규정. 격식.
過程(과정) 사물의 진행. 발전하는 경로.
規程(규정) 사무 집행 및 사람의 행동 준칙.

국가(國家) - 교통(交通)

## 航海(항해)　航海 航海 航海　배로 바다를 건넘. 渡海(도해).

**舟 4 ⑩ 航** 건널 항
건너다. 배로 물을 건넘.
cross コウ(わたる)　冂 冃 舟 舮 舮 航
배 주(舟)와 높을 항(亢).

航空(항공)　비행기, 비행선으로 공중을 비행함.
航路(항로)　배나 비행기의 길.
航運(항운)　배로 짐을 실어 나름.
航進(항진)　배나 비행기를 타고 나아감.

**水 7 ⑩ 海** 바다 해
바다. 바닷물. 넓다. 크다.
sea カイ(うみ)　氵 氵 汇 海 海 海
물 수(氵·水)와 매양 매(每). 물이 항상 가득 차 있는 바다.

海狗(해구)　물개.
海圖(해도)　항해용의 해상 지도.
海東(해동)　발해의 동쪽에 있는 나라. 우리나라.
山海珍味(산해진미)　썩 잘 차려진 음식.

## 渡船(도선)　渡船 渡船 渡船　나룻배.

**水 9 ⑫ 渡** 건널 도
건너다. 지나가다. 건네게 하다.
cross over ト(わたる)　氵 氵 沪 浐 淬 渡
물 수(氵·水)와 건널 도(度).

渡江(도강)　강을 건넘.
渡來(도래)　물을 건너서 옴.
渡海(도해)　바다를 건넘.
不渡(부도)　수표에 쓰인 금액을 받을 수 없음.

**舟 5 ⑪ 船** 배 선
배. 의령(衣領).
ship セン(ふね)　冂 冃 舟 舮 船 船
배 주(舟)와 산 속 늪 연(㕣). 짐을 싣고 늪이나 강을 건너다니는 배.

船路(선로)　뱃길. 航路(항로).
船舶(선박)　배. 배의 총칭.
船員(선원)　배에서 일하는 사람의 총칭.
商船(상선)　상업용 선박. 여객선·화물선 등.

## 漁舟(어주)　漁舟 漁舟 漁舟　고기잡이 배. 어선.

**水 11 ⑭ 漁** 고기잡을 어
고기 잡다. 고기잡이. 어부.
fishing ギョ(すなどる)　氵 氵 汝 洆 漁 漁
물 수(氵·水)와 물고기 어(魚).

漁父之利(어부지리)　두 사람이 서로 다투는 사이에 제삼자가 뜻밖의 이익을 얻음.
漁翁(어옹)　고기잡이하는 늙은이.
漁場(어장)　고기잡이하는 곳.

**舟 0 ⑥ 舟** 배 주
배. 잔 받침. 없다.
ship シュウ(ふね)　丿 亻 力 月 月 舟
통나무배의 모양. 또는 쪽배의 모양.

舟橋(주교)　여러 척의 배를 이어 만든 임시 다리.
舟遊(주유)　뱃놀이. 船遊(선유).
吳越同舟(오월동주)　적대하는 사이끼리 같은 위험에 빠져 일시적으로 협력하게 되는 처지.

## 頗殆(파태) 頗殆 頗殆 頗殆　자못 위태로움.

**頗** 頁 5 ⑭　자못·치우칠 파
자못. 조금. 약간. 치우치다.
very ハ(すこぶる)　广 皮 皮 附 頗 頗
가죽 피(皮·波: 흔들려 기울다)와 머리 혈(頁).

- 頗多(파다) 매우 많음. 꽤 많음.
- 頗僻(파벽) 치우치고 그름.
- 兩頗(양파) 양쪽으로 치우침.
- 偏頗(편파) 한쪽으로 치우쳐 불공평함.

**殆** 歹 5 ⑨　위태로울 태
위태롭다. 의심하다.
dangerous タイ(あやうい)　歹 歹 殆 殆 殆
뼈 앙상할 알(歹)과 늙을 태(台).

- 殆無(태무) 거의 없음.
- 殆半(태반) 거의 절반.
- 危殆(위태) 위험함. 형세가 매우 어려움.
- 疲殆(피태) 피로하여 나태해짐.

## 浸沒(침몰) 浸沒 浸沒 浸沒　물에 빠져 잠기어 버림.

**浸** 水 7 ⑩　잠길 침
잠기다. 적시다. 담기다.
soak シン(ひたす)　氵 氵 浐 浔 浸 浸
물 수(氵·水)와 침범할 침(㐺).

- 浸水(침수) 홍수로 논·밭·가옥 등이 물에 잠김.
- 浸濕(침습) 물이 스며들어 젖음.
- 浸蝕(침식) 땅이나 암석 등을 개먹어 들어감.
- 浸潤(침윤) 차차 젖어 들어감.

**沒** 水 4 ⑦　빠질 몰
빠지다. 파묻히다. 잠기다.
sink ボツ(しずむ, かくれる)　丶 氵 氵 沪 沒 沒
물 수(氵·水)와 빠질 몰(殳: 소용돌이치는 물).

- 沒却(몰각) 없애 버림. 무시해 버림.
- 沒年(몰년) 죽은 나이. 죽은 연대. 卒年(졸년).
- 沒頭(몰두) 목을 벰. 일에 열중함.
- 沒落(몰락) 영락(零落)함. 적의 수중에 들어감.

## 驚動(경동) 驚動 驚動 驚動　몹시 놀라 움직임.

**驚** 馬 13 ㉓　놀랄 경　　惊
놀라다. 놀래다. 경기.
surprise キョウ(おどろく)　苟 敬 敬 警 驚 驚
공경할 경(敬)과 말 마(馬).

- 驚倒(경도) 놀라 넘어짐. 몹시 놀람.
- 驚愕(경악) 몹시 놀람.
- 驚異(경이) 놀라서 이상하게 여김.
- 驚歎(경탄) 놀라 탄식함. 매우 감탄함.

**動** 力 9 ⑪　움직일 동　　动
움직이다. 일하다. 놀라다.
move ドウ(うごく)　二 旨 重 重 動 動
무거울 중(重)에 힘 력(力).

- 動機(동기) 행동의 원인이나 계기. 일의 실마리.
- 動亂(동란) 세상이 소란함. 戰亂(전란).
- 動力(동력) 어떠한 물체를 움직이게 함.
- 胎動(태동) 태아의 움직임. 일이 생기려는 기운.

## 국가(國家) - 교통(交通)

**徐行**(서행)  徐行 徐行 徐行  천천히 감.

| 亻 7 ⑩ | 徐 | 천천히 서<br>천천히. 느릿하게. 평온하다. |
|---|---|---|

slow ジョ(おもむろ)  亻 彳 彳 徐 徐 徐

조금 걸을 척(亻)과 남을 여(余 : 안온하다).

- 徐來(서래) 천천히 옴.
- 徐步(서보) 천천히 걸음.
- 徐徐(서서) 행동이 침착한 모양.
- 徐緩(서완) 진행이 느림.

| 行 0 ⑥ | 行 | 다닐 행, 항렬 항<br>다니다. 걷다. 항렬. 줄. |
|---|---|---|

walk コウ,ギョウ(いく,おこなう)  ノ ク 彳 彳 行 行

잘 정리된 네거리를 본떠, '다니다'를 뜻한다.

- 行間(행간) 글의 줄과 줄, 행과 행 사이.
- 行軍(행군) 군대, 학생이 대오를 지어 걸어감.
- 行政(행정) 정치를 행함. 법률에의 삼권의 하나.
- 行伍(항오) 군대를 편성한 행렬.

**往來**(왕래)  往來 往來 往來  가고 오고 함. 來往(내왕).

| 彳 5 ⑧ | 往 | 갈 왕<br>가다. 옛적. 보내다. 향하다. |
|---|---|---|

go オウ(ゆく)  彳 彳 彳 行 往 往

조금 걸을 척(亻)과 임금 왕(主·王 : 임금의 영이 널리 퍼짐).

- 往年(왕년) 지나간 해. 옛날.
- 往復(왕복) 갔다가 돌아옴. 문서·편지의 왕래.
- 往診(왕진) 의사가 환자 집에 가서 진찰함.
- 古往今來(고왕금래) 옛날부터 지금까지.

| 人 6 ⑧ | 來 | 올 래<br>오다. 오게 하다. 불러옴 |
|---|---|---|

come ライ(くる)  一 十 ナ 亣 來 來

익은 보리 이삭이 매달려 쳐져 있는 모양.

- 來簡(내간) 보내 온 편지.
- 來世(내세) 다음 세대. 後世(후세).
- 來歷(내력) 겪어 지내 온 자취. 由來(유래).
- 未來(미래) 아직 오지 않은 때. ↔ 過去(과거).

**浮遊**(부유)  浮遊 浮遊 浮遊  떠돌아다님.

| 水 7 ⑩ | 浮 | 뜰 부<br>뜨다. 띄우다. 떠다니다. |
|---|---|---|

float フ(うかぶ)  氵 氵 沪 浮 浮 浮

물 수(氵·水)와 종자씨 부(孚 : 부풀다). 물 위로 부풀어 오르는 것을 뜻한다.

- 浮輕(부경) 하는 짓이나 태도가 들뜨고 경솔함.
- 浮動(부동) 고정되어 있지 않고 움직임.
- 浮浪(부랑) 일정한 주소나 직업이 없이 떠돎.
- 浮薄(부박) 천박하고 경솔함.

| 辵 9 ⑬ | 遊 | 놀 유<br>놀다. 놀이. 즐기다. 헤엄치다. |
|---|---|---|

play ユウ,リュウ(あそぶ)  方 方 斿 斿 游 遊

깃발 유(斿)와 쉬엄쉬엄 갈 착(辶·辵).

- 遊覽(유람) 돌아다니며 구경함.
- 遊離(유리) 다른 것과 떨어져 존재함.
- 遊學(유학) 다른 고장이나 외국에 가서 공부함.
- 遊戲(유희) 장난으로 놂. 즐겁게 놂.

| 漂流(표류) 漂流 漂流 漂流 물에 떠서 흘러감. 떠돌아다님. | |
|---|---|
| 水 11 ⑭ 漂 떠돌 표 떠돌다. 유랑. 빨래하다. ⺡ 氵 沪 沥 漂 漂 wander ヒョウ(ただよう) 물 수(氵・水)와 가벼울 표(票). | 水 7 ⑩ 流 흐를 류 흐르다. 떠돌다. 귀양 보내다 ⺡ 氵 汁 汗 浐 流 流 flow リュウ(ながれ) 물 수(氵・水)와 아이 돌아 나올 돌(㐬). |
| 漂浪(표랑) 물결에 떠도는 것으로 방랑을 일컬음. 漂泊(표박) 흘러 떠돎. 떠돌아다님. 漂白(표백) 바래거나 약품을 써서 희게 함. 浮漂(부표) 물에 떠서 이리저리 떠돌아다님. | 流動(유동) 액체 같은 것이 흘러 움직임. 流浪(유랑) 정처 없이 떠돌아다님. 流配(유배) 죄인을 귀양 보냄. 流血(유혈) 피를 흘림. 흘러나오는 피. |

| 竝有(병유) 竝有 竝有 竝有 한데 어울러 가짐. | |
|---|---|
| 立 5 ⑩ 竝 아우를 병 아우르다. 나란히. 나란히 서다. 亠 computed 立 竝 竝 竝 parallel ヘイ(ならべる) 설 립(立) 두 자를 짝지어 나란히 늘어서 있는 것으로, '아우르다'를 뜻한다. | 肉 2 ⑥ 有 있을 유 있다. 가지다. 많다. 소유물. 一 ナ 才 冇 有 有 exist ユウ(ある) 또 우(ナ・又)와 고기 육(月・肉). |
| 竝居(병거) 한 곳에 같이 삼. 竝起(병기) 양쪽이 함께 일어남. 일제히 일어섬. 竝列(병렬) 나란히 늘어섬. 竝立(병립) 나란히 섬. 함께 성취함. | 有口無言(유구무언) 입은 있으나 할말이 없다는 뜻으로, 변명이나 항변할 말이 없음. 有能(유능) 재능이 있음. 능력이 뛰어남. 有效(유효) 효력이 있음. 보람이 있음. |

| 漸小(점소) 漸小 漸小 漸小 점점 작아짐. | |
|---|---|
| 水 11 ⑭ 漸 점점 점 점점. 차츰. 차례. 번지다. ⺡ 氵 氵 沂 沪 漸 漸 gradually ゼン(ようやく) 물 수(氵・水)와 벨 참(斬). | 小 0 ③ 小 작을 소 작다. 적다. 낮다. 조금. 어리다. 亅 小 小 small ショウ(ちいちい) 큰 물체에서 떨어져 나간 작은 점 세 개. |
| 漸加(점가) 점점 늘어남. 漸高(점고) 점점 높아짐. 漸染(점염) 점점 물듦. 점차로 감화를 받음. 漸次(점차) 차례를 따라 점점. | 小康(소강) 소란하던 세상이 조금 안정됨. 小生(소생) 후배. 자기를 낮추어 일컫는 말. 小作(소작) 남의 땅을 빌어서 농사를 지음. 矮小(왜소) 키가 작고 몸집이 작음. |

## 국가(國家)- 통신(通信)

### 特殊(특수) 特殊 特殊 特殊   보통과 다름.

**特** (牛 6 ⑩)  유다를 특
유다르다. 뛰어난 사람. 특히.
special  ノ 牛 牛 牛 特 特
トク(ことに, ひとり)
소 우(牛)와 관청 시(寺).

**殊** (歹 6 ⑩)  다를 수
다르다. 죽이다. 뛰어나다.
different  歹 歹 殊 殊 殊 殊
シュ(ことに, とりわけ)
뼈 앙상할 알(歹)과 붉을 주(朱 : 나무를 칼로 벰).

特權(특권)  일부의 사람만 가지는 특별한 권능.
特別(특별)  보통이 아님. 일반과 다름.
特性(특성)  그것에만 있는 특별한 성질.
特異(특이)  보통과 아주 다름. 표나게 다름.

殊常(수상)  보통과 다르게 뛰어나거나 이상함.
殊恩(수은)  은혜를 입음.
殊異(수이)  유별나게 다름.
殊勳(수훈)  큰 공훈. 특별히 뛰어난 공훈.

### 電話(전화) 電話 電話 電話   전화기로 이야기함.

**電** (雨 5 ⑬)  번개 전
번개. 빠름의 비유. 전기.
lightning  一 戸 戸 電 電 電
デン(いなづま)
비 우(雨)와 펼 신(曳·申).

**話** (言 6 ⑬)  말할 화
말하다. 이야기함. 말씀.
talk  ワ(はなす)  一 ᆖ 言 言 話 話
말씀 언(言)과 혀 설(舌).

電流(전류)  도체 내를 전도하는 전기의 흐름.
電光石火(전광석화)  번갯불과 돌이 서로 부딪쳐 나는 불빛이란 뜻으로 아주 짧은 시간.
發電(발전)  전기를 일으킴. 전보를 발송함.

話頭(화두)  이야기의 첫머리. 말의 서두.
話術(화술)  말재주. 이야기하는 기교(技巧).
話題(화제)  이야깃거리. 이야기의 제목.
野話(야화)  항간에 떠도는 이야기.

### 郵便(우편) 郵便 郵便 郵便   서신·물품 등을 송달하는 통신 제도.

**郵** (邑 8 ⑪)  우편 우
우편. 역. 역말. 지나다.
post  ユウ(しゆくば)  一 丘 垂 垂 郵 郵
변방 수(垂·郵)와 고을 읍(阝·邑).

**便** (人 7 ⑨)  편할 편, 오줌 변
편하다. 편리하다. 오줌. 변소.
convenient  亻 亻 仁 佰 便 便
ベン,ゼン(たより)
사람 인(亻·人)과 고칠 경(更).

郵書(우서)  우편으로 보내는 편지.
郵送(우송)  물건이나 편지를 우편으로 보냄.
郵政(우정)  우편물에 관한 행정.
郵票(우표)  우편물에 붙이는 증표.

便利(편리)  편하고 손쉬움.
便法(편법)  편리한 방법.
便安(편안)  무사하고 심신이 편함.
便所(변소)  똥, 오줌을 누는 곳. 화장실.

## 添付 (첨부) 添付 添付 添付   더함. 덧붙임. 添附(첨부).

**添** 手8⑪ 더할 첨
더하다. 보탬. 맛을 더하다.
add テン(そえる)   氵 汙 沃 添 添 添
물 수(氵·水)와 욕될 첨(忝).

- 添加(첨가) 덧붙임. 보탬.
- 添記(첨기) 덧붙여 적음. 追伸(추신).
- 添削(첨삭) 글이나 글자를 보태거나 빼서 고침.
- 別添(별첨) 서류 등을 따로 붙임.

**付** 人3⑤ 줄 부
주다. 청하다. 부탁하다.
give フ(つける)   ノ 亻 仁 付 付
사람 인(亻·人)과 마디 촌(寸: 사람의 손).

- 付壁(부벽) 벽에 붙이는 글씨와 그림.
- 付送(부송) 물건을 부쳐서 보냄.
- 付與(부여) 줌. 가지게 함.
- 付託(부탁) 당부함. 일을 당부하여 맡김.

## 片紙 (편지) 片紙 片紙 片紙   종이 조각. 서신. 서간.

**片** 片0④ 조각 편
조각. 토막. 얇은 조각.
piece ヘン(かた)   ノ 丿 ブ 片
나무 목(木)자를 세로로 쪼개어 나눈 오른쪽 조각 형상.

- 片刻(편각) 삽시간. 짧은 시간. 片時(편시).
- 片道(편도) 가고 오는 길 중 어느 한쪽.
- 片鱗(편린) 사물의 극히 적은 일부분.
- 片肉(편육) 얇게 저민 고기. 고기 조각.

**紙** 糸4⑩ 종이 지   纸
종이. 종이를 세는 단위. 장.
paper シ(かみ)   幺 糸 糺 紅 紙 紙
실 사(糸)와 각시 씨(氏: 나무뿌리).

- 紙上(지상) 신문·잡지의 기사가 실려 있는 면.
- 紙幣(지폐) 종이 돈. 화폐.
- 紙筆墨(지필묵) 종이와 붓과 먹.
- 韓紙(한지) 우리나라 고유의 제법으로 뜬 종이.

## 連絡 (연락) 連絡 連絡 連絡   서로 사정을 알림.

**連** 辵7⑪ 이을 련   连
잇다. 잇닿다. 연하다. 끌리다.
connect レン(つれる)   曰 車 車 車 連 連
수레 거(車)와 쉬엄쉬엄 갈 착(辶·辵).

- 連結(연결) 서로 이어 맺음. 서로 맺어서 이음.
- 連繫(연계) 서로 매임. 다른 사람의 죄에 연루됨.
- 連關(연관) 서로 의존하거나 제약하는 관계.
- 連帶(연대) 서로 연결함. 공동으로 책임을 짐.

**絡** 糸6⑫ 이을 락
잇다. 연락하다. 두르다. 감다.
connect ラク(まとう)   幺 幺 糸 紡 紋 絡
실 사(糸)와 각각 각(各).

- 絡車(낙거) 실을 감는 얼레.
- 絡絡(낙락) 죽 이은 모양.
- 絡繹(낙역) 왕래가 끊이지 않음.
- 脈絡(맥락) 혈맥이 서로 연결되어 있는 계통.

사회(社會)- 질서(秩序)

## 是非(시비)  是非 是非 是非  옳음과 그름. 옳으니 그르니 다툼.

**是** 옳을 시
日 5 ⑨
right ゼシ(ただしい、これ)
옳다. 이. 이것. 여기.
日 旦 무 무 뮤 是
날 일(日)과 바를 정(疋·正). 가차하여 쓰인다.

是非曲直(시비곡직) 옳고 그르고 굽고 곧음.
是耶非耶(시야비야) 옳고 그름을 말함.
是認(시인) 옳다고 인정함.
是正(시정) 잘못된 것을 고침.

**非** 아닐 비
非 0 ⑧
not ヒ(あらず)
아니다. 거짓. 나쁘다. 허물.
丿 키 키 킈 非 非
새의 두 날개가 다른 방향으로 움직이는 모양을 본떠, '등지다'를 뜻하나 파생하여 쓰인다.

非公開(비공개) 널리 알리지 않음.
非但(비단) '다만'의 뜻. 부정의 경우에 씀.
非理(비리) 도리가 아님.
非凡(비범) 평범하지 않음. 뛰어남

## 黑白(흑백)  黑白 黑白 黑白  검은 빛과 흰 빛. 잘 잘못.

**黑** 검을 흑
黑 0 ⑫
black コク(くろ)
검다. 검은빛. 어둡다.
口 罒 四 甲 里 黑
위쪽이 검게 그을리고 밑에서는 불길이 오르는 모양으로, '검다'를 뜻한다.

黑幕(흑막) 겉으로 드러나지 않은 음흉한 내막.
黑字(흑자) 남은 이익. 검은 글자.
暗黑(암흑) 어둡고 캄캄함.
漆黑(칠흑) 옻칠과 같이 검음.

**白** 흰 백
白 0 ⑤
white ハク(しろい)
희다. 깨끗하다. 밝다.
丿 亻 冂 白 白
날 일(日)과 삐침 별(丿: 내리쬐는 햇살).

白眉(백미) 흰 눈썹이라는 뜻으로, 여럿 중에서 가장 뛰어나거나 그러한 사람의 비유.
白眼視(백안시) 시쁘게 여기거나 냉대하여 봄.
白衣(백의) 벼슬이 없는 선비. 일반 평민.

## 所謂(소위)  所謂 所謂 所謂  이른 바.

**所** 바 소
戶 4 ⑧
thing ショ(ところ)
바. 것. 곳. 장소. 경우.
丶 ニ 戶 所 所 所
지게 호(戶)와 도끼 근(斤). 나무가 도끼에 찍힌 부분을 가리키는 것.

所感(소감) 마음에 느낀 바.
所見(소견) 사물을 살피어 가지는 생각.
所望(소망) 어떤 일을 바람. 그 바라는 것
所願(소원) 원함. 그 원하는 바.

**謂** 이를 위
言 9 ⑯
speak of イ(いう)
이르다. 고하다. 까닭. 일컫다.
言 訂 訒 謂 謂 謂
말씀 언(言)과 밥통 위(胃: 에워싸다).

謂何(위하) 여하(如何)와 내하(柰何). 뭐라고 할까.
可謂(가위) 가히 이르자면. 과연. 참.
稱謂(칭위) 호칭. 명칭.

## 錯誤(착오) 錯誤 錯誤 錯誤 착각으로 인한 잘못.

**錯** 金 8⑯ 섞일 착, 둘 조
섞이다. 어지럽다. 등지다.
mingled リク(あやまる)
쇠 금(金)과 옛 석(昔 : 겹치다).

錯覺(착각) 사물을 잘못 깨닫거나 생각함.
錯亂(착란) 뒤섞여 어수선함.
交錯(교착) 이리저리 엇걸려 뒤섞임.
錯辭(조사) 문장의 글귀를 맞춰 넣음.

**誤** 言 7⑭ 그르칠 오
그르치다. 잘못. 틀리다.
mistake ゴ(あやまる)
말씀 언(言)과 화려할 오(吳).

誤記(오기) 잘못 적음. 또, 그 기록. 잘못 씀.
誤謬(오류) 그릇되어 이치에 어긋남. 잘못됨.
誤解(오해) 잘못 인식하여 해석함.
過誤(과오) 잘못. 과실. 실책.

## 但只(단지) 但只 但只 但只 다만. 오직. 겨우. 한갓.

**但** 人 5⑦ 다만 단
다만. 오직. 홀로. 단지. 대체.
only タン,ダン(ただし)
사람 인(人·亻)과 아침 단(旦 : 해가 떠오르는 모양).

但書(단서) 본문 앞에 '단(但)'자를 붙여 어떤 조건이나 예외의 뜻을 나타내는 글.
非但(비단) '다만'이란 뜻으로, 부정하는 말 앞에 쓰는 말.

**只** 口 2⑤ 다만 지
다만. 단지. 어조사. 뿐.
only シ(ただ)
입 구(口)와 나눌 팔(八).

只管(지관) 단지. 다만. 그것만을. 외곬으로.
只今(지금) 이제. 시방. 現在(현재).
只尺(지척) 썩 가까운 거리.
但只(단지) 다만. 겨우.

## 訴訟(소송) 訴訟 訴訟 訴訟 법률상의 판결을 법원에 요구하는 절차.

**訴** 言 5⑫ 하소연할 소
하소연하다. 송사. 헐뜯다.
appeal ソ(うつたえる)
말씀 언(言)과 물리칠 척(斥).

訴冤(소원) 억울하고 원통한 죄를 호소함.
訴願(소원) 호소하여 청원함.
訴狀(소장) 소송을 제기하는 서류. 訴牒(소첩).
訴追(소추) 검사가 사건의 공소를 제기함.

**訟** 言 4⑪ 송사할 송
송사하다. 시비하다. 자책.
sue ショウ(うつたえる)
말씀 언(言)과 바를 공(公).

訟事(송사) 소송(訴訟)하는 일.
訟案(송안) 송사(訟事)의 기록. 소송 사건.
訟牒(송첩) 고소장(告訴狀).
爭訟(쟁송) 서로 송사를 다툼.

## 사회(社會) - 질서(秩序)

### 榮譽(영예) 榮譽 榮譽 榮譽 빛나는 명예.

**榮** (木 10/14) 영화 영
영화. 영화롭다. 꽃. 성하다.
glory エイ(さかえる)
세차게 불타오르는 화톳불 모양에서, '영화'를 뜻한다.

榮光(영광) 영예로운 현상. 빛나는 명예.
榮達(영달) 지위가 높고 귀하게 됨. 尊貴(존귀).
榮華(영화) 귀하게 되어 이름이 빛남.
繁榮(번영) 일이 성하게 되어 영화로움.

**譽** (言 14/21) 명예 예
명예. 영예. 기리다. 칭찬.
fame ヨ(ほめる)
말씀 언(言)과 줄 여(與: 손을 모아 물건을 올리다).

譽望(예망) 명예와 인망.
譽聲(예성) 명예와 칭찬하는 소리.
譽言(예언) 칭찬하여 기리는 말.
名譽(명예) 세상에서 훌륭하다고 일컫는 이름.

### 毀損(훼손) 毀損 毀損 毀損 헐어서 못쓰게 됨. 명예가 손상됨.

**毀** (殳 9/13) 헐 훼
헐다. 깨뜨리다. 비방하다.
destroy キ(やぶれる)
흙 토(土)와 쌀 舂을 훼(毁·毀).

毀棄(훼기) 헐거나 깨뜨려 버림.
毀短(훼단) 남의 단점이나 실패를 헐뜯어 말함.
毀謗(훼방) 남을 헐뜯어 비방함.
毀言(훼언) 헐뜯는 말.

**損** (手 10/13) 덜 손
덜다. 줄임. 잃다. 해침.
reduce ソン(へる)
손 수(扌·手)와 둥글 원(員: 떨어지다).

損金(손금) 손해 본 돈. 또, 그 액수.
損傷(손상) 떨어지고 상함. 또는 상하게 함.
損失(손실) 덜리어 잃거나 축나서 손해를 봄.
損害(손해) 금전, 물질적으로 본디보다 밑짐.

### 脅迫(협박) 脅迫 脅迫 脅迫 으르고 다잡음. 을러서 괴롭게 굶.

**脅** (肉 6/10) 으를·겨드랑이 협
으르다. 위협하다. 겨드랑이.
armpit キョウ(おびやかす)
합할 협(劦)과 몸 육(月·肉).

脅勒(협륵) 협박하여 우겨댐.
脅息(협식) 몹시 두려워서 숨을 죽임.
協約(협약) 위협하여 이루어진 약속이나 조약.
威脅(위협) 힘으로 으르고 협박함.

**迫** (辵 5/9) 핍박할 박
핍박하다. 닥치다. 다그치다.
urgency ハク(せまる)
흰 백(白)과 쉬엄쉬엄 갈 착(辶·辵).

迫劫(박겁) 협박하여 을러댐.
迫力(박력) 일을 밀고 나가는 힘.
迫切(박절) 인정이 없고 야박함.
迫害(박해) 몹시 굶. 핍박하여 해롭게 굶.

## 掠奪 (약탈)  掠奪 掠奪 掠奪  폭력을 써서 억지로 빼앗음.

**掠** 手 8 ⑪ — 노략질할 **략 · 량**
노략질하다. 스치다. 매질하다.
plunder  リャク(かすめる)
扌 扌 扩 拧 掠
손 수(扌·手)와 클 경(京·畧:노략질하다).

**奪** 大 11 ⑭ — 빼앗을 **탈**  夺
빼앗다. 훔침. 잃다. 빼앗김.
rob  ダツ(うばう)
六 木 本 齐 奞 奪
옷 의(衣)와 새 추(隹), 마디 촌(寸). 옷 속에 들어 있는 새를 꺼내는 것을 뜻한다.

掠盜(약도) 노략질함. 강탈함.
掠定(약정) 공격하여 평정함.
擄掠(노략) 떼를 지어 다니면서 재물 따위를 빼앗고 약탈함.

奪氣(탈기) 담기(膽氣)를 잃음. 기가 죽음.
奪色(탈색) 색이 바램.
奪取(탈취) 빼앗아 가짐.
奪還(탈환) 빼앗겼던 것을 도로 찾음.

---

## 虛僞 (허위)  虛僞 虛僞 虛僞  허황하고 거짓됨.

**虛** 虍 6 ⑫ — 빌 **허**
비다. 헛되다. 약하다. 비우다.
empty  キョ(むなしい)
⼁ 广 卢 虍 虗 虛
범 무늬 호(虍)와 언덕 구(业·丘).

**僞** 人 12 ⑭ — 거짓 **위**  伪
거짓. 허위. 속이다.
false  ギ(いつわる)
亻 亻' 亻'' 俨 僞 僞
사람 인(亻·人)과 할 위(爲:인위적으로 만들다).

虛怯(허겁) 마음이 실하지 못하여 겁이 많음.
虛飢(허기) 굶어서 몹시 배고픈 증세.
虛妄(허망) 거짓이 많아서 미덥지 않음.
虛無(허무) 마음이 비어 아무 생각이 없음.

僞計(위계) 속임수의 계략.
僞善(위선) 본심의 선행이 아닌 겉만 착한 체함.
僞造(위조) 진짜처럼 속여 만듦.
僞證(위증) 법원에서 허위의 진술을 함.

---

## 詐欺 (사기)  詐欺 詐欺 詐欺  속임. 남을 속여 이득을 꾀함.

**詐** 言 5 ⑫ — 속일 **사**  诈
속이다. 거짓말하다. 기롱(欺弄).
deceive  サ(いつわる)
言 言' 詐 詐 詐 詐
말씀 언(言)과 잠깐 사(乍:일부러 꾸밈).

**欺** 欠 8 ⑫ — 속일 **기**
속이다. 거짓. 업신여기다.
cheat  ギ(あざむく)
丗 丗 甚 其 欺 欺
그 기(其:기대하다)와 하품 흠(欠).

詐謀(사모) 남을 속이려는 꾀. 사기의 모책.
詐術(사술) 남을 속이는 꾀. 또, 그 방법.
詐取(사취) 속여서 남의 물건을 빼앗음.
詐稱(사칭) 이름이나 직업 등을 속여 일컬음.

欺瞞(기만) 남을 속임.
欺罔(기망) 속임. 속이고 모함함.
欺心(기심) 남을 속이려는 마음.
欺情(기정) 속마음을 드러내지 않음.

사회(社會)- 질서(秩序)

## 騷亂(소란) 騷亂 騷亂 騷亂  시끄럽고 어수선함.

**騷** 떠들 소
馬 10 ⑳
떠들다. 시끄럽다. 소동.
noisy ソウ(さわぐ)
馬 馬 馭 駋 駋 騷
말 마(馬)와 벼룩 조(蚤:튀어오르다).

騷客(소객) 시인과 문사(文士). 풍류객.
騷動(소동) 소란하게 움직임. 사건이나 큰 변.
騷擾(소요) 떠들썩하게 들고일어남.
騷音(소음) 시끄러운 소리.

**亂** 어지러울 란
乙 12 ⑬
어지럽다. 난리. 반역.
confuse ラン(みだれる)
亂
다스릴 란(𤔔)과 얽힐 을(乚).

亂局(난국) 어지러운 판국.
亂動(난동) 문란하게 행동함. 또, 그런 행동.
亂民(난민) 나라의 안녕을 어지럽히는 백성.
亂刺(난자) 아무 데나 마구 찌름.

## 抗拒(항거) 抗拒 抗拒 抗拒  대항함. 버팀.

**抗** 대항할 항
手 4 ⑦
대항하다. 막다. 거부함.
resist コウ(てむかう)
一 扌 扌 扩 扩 抗
손 수(扌·手)와 겨룰 항(亢:높다).

抗命(항명) 명령에 따르지 아니하고 반항함.
抗議(항의) 반대의 뜻을 주장함.
抗爭(항쟁) 대항하여 싸움.
對抗(대항) 서로 상대하여 겨룸.

**拒** 막을 거
手 5 ⑧
막다. 맞서다. 어긋나다.
defend resist キョ(こばむ)
扌 扩 扩 拒 拒 拒
손 수(扌·手)와 클 거(巨:물리치다).

拒否(거부) 승낙하지 않고 물리침.
拒逆(거역) 사람의 뜻이나 명령을 거스름.
拒戰(거전) 적을 막아서 싸움.
拒絶(거절) 거부하고 끊어 버림. 拒否(거부).

## 盜賊(도적) 盜賊 盜賊 盜賊  남의 물건을 훔치거나 빼앗는 짓.

**盜** 도둑 도
皿 7 ⑫
도둑. 훔치다. 도둑질하다.
thief トウ(ぬすむ)
冫 氵 次 泍 盜 盜
침 연(次)과 그릇 명(皿). 그릇에 있는 음식을 보고 침을 흘리며 탐내다.

盜難(도난) 물건을 도둑맞는 재난.
盜伐(도벌) 벌채 허가 없이 나무를 벰.
盜癖(도벽) 남의 물건을 훔치는 버릇.
盜聽(도청) 엿듣는 장치를 하여 남의 비밀을 캠.

**賊** 도둑 적
貝 6 ⑬
도둑. 죽이다. 훔치다. 해치다.
thief ソク(ぬすと)
貝 貝 貯 賦 賊 賊
조개 패(貝)와 병장기 융(戎).

賊徒(적도) 도둑의 무리.
賊反荷杖(적반하장) 도둑이 도리어 매를 든다. 잘못한 사람이 도리어 나무람.
國賊(국적) 나라를 어지럽히는 놈. 매국노.

## 陰蔽(음폐) 陰蔽 陰蔽 陰蔽　보이지 않게 가림.

**陰** 그늘 음　阴
阜 8 ⑪
그늘. 음기. 음지. 세월.
shade　イン(かげ)
ß ß⁻ ß⁺ 陰 陰 陰
언덕 부(ß・阜)와 그늘 음(侌).

**蔽** 가릴 폐
艸 12 ⑯
가리다. 덮다. 숨기다.
cover　ヘイ(おおう)
艹 艹 莆 蓞 蔽 蔽
풀 초(艹・艸)와 해질 폐(敝 : 깨뜨리다).

陰莖(음경) 남자의 외부 생식기. 자지.
陰氣(음기) 음침한 기운. 소극적인 기운.
陰德(음덕) 남이 모르는 덕행. 숨은 덕행.
陰散(음산) 날씨가 흐리고 으스스하다.

蔽塞(폐색) 가려 막음. 또는 가리어 막힘.
蔽一言(폐일언) 한마디로 다 말함.
弊習(폐습) 나쁜 버릇.
蔽護(폐호) 감싸고 보호함.

## 犯罪(범죄) 犯罪 犯罪 犯罪　죄를 지음. 또는 그 지은 죄.

**犯** 범할 범
犬 2 ⑤
범하다. 어기다. 거스르다.
offend　ハン(おかす)
丿 犭 犭 犭 犯
개 견(犭・犬)과 마디 절(㔾・節 : 몸).

**罪** 허물 죄
网 8 ⑬
허물. 죄. 범죄. 과오.
crime　ザイ(つみ)
罒 罒 罗 罪 罪 罪
그물 망(罒・网)과 그를 비(非).

犯法(범법) 법에 어긋나는 짓을 함.
犯人(범인) 죄를 범한 사람.
犯則(범칙) 법이나 규칙을 어김.
侵犯(침범) 남의 영토 따위를 침노하여 범함.

罪過(죄과) 죄와 과실. 또는 죄 될 만한 과실.
罪名(죄명) 범죄의 명칭.
罪目(죄목) 범죄 행위의 명목.
罪囚(죄수) 옥에 갇힌 죄인.

## 抵觸(저촉) 抵觸 抵觸 抵觸　맞닥뜨려 어긋남. 충돌함.

**抵** 막을 저
手 5 ⑧
막다. 거스르다. 당하다.
resist　テイ(さからう)
扌 扌 扩 扺 抵 抵
손 수(扌・手)와 낮을 저(氐 : 손을 대다).

**觸** 닿을 촉　触
角 13 ⑳
닿다. 부딪히다. 범하다.
touch　ショク(ふれる)
角 角⁻ 甪⁻ 觕 觸 觸
뿔 각(角)과 벌레 촉(蜀 : 쿡쿡 찌르다).

抵當(저당) 채무의 담보로 부동산 등을 전당잡힘.
抵排(저배) 저항해서 배척함.
抵死(저사) 죽기를 작정하고 뜻을 지킴.
抵抗(저항) 맞서서 겨룸. 대듦.

觸角(촉각) 절지동물의 머리에 있는 감각기.
觸感(촉감) 무엇에 닿았을 때의 느낌. 감촉.
觸網(촉망) 그물에 걸림. 법망(法網)에 걸림.
觸發(촉발) 충동・감정 따위를 유발함.

사회(社會) - 질서(秩序)

## 傷害 (상해) 傷害 傷害 傷害 — 남의 몸에 상처를 입혀 해함.

**傷** (人 11/⑬) 다칠 상 / 伤
다치다. 상하다. 상처.
injure　ショウ(きずつ)
亻 佁 停 傷 傷
사람 인(人·亻)과 상처 입을 상(昜).

**害** (宀 7/⑩) 해칠 해
해치다. 손해. 훼방하다.
injure　ガイ(そこなう)
宀 宀 宀 宔 害 害
움집 면(宀)과 어지러울 개(丯), 입 구(口).

傷心(상심) 마음을 상함. 애태움.
傷處(상처) 부상을 입은 자리.
傷痕(상흔) 상처 자리에 남은 흔적.
感傷(감상) 슬프게 느끼어 마음 아파함.

害毒(해독) 일을 망치거나 손해를 끼치는 요소.
害心(해심) 해치려는 마음.
害惡(해악) 해가 되는 나쁜 일.
害蟲(해충) 인류 생활에 해를 끼치는 벌레.

## 頻繁 (빈번) 頻繁 頻繁 頻繁 — 일이 매우 잦음.

**頻** (頁 7/⑯) 자주 빈 / 频
자주. 여러 번. 잇달아.
frequently　ヒン(しきりに)
⺧ 歨 步 步 頻 頻
물건널 섭(步)과 머리 혈(頁).

**繁** (糸 11/⑰) 번성할 번
번성하다. 많다. 자주.
prosper　ハン(しげる)
毎 𣫭 敏 繁 繁 繁
무성할 매(敏: 초목이 잘 자람)와 이을 계(糸).

頻度(빈도) 똑같은 것이 반복되는 도수.
頻發(빈발) 자주 생김.
頻蹙(빈축) 얼굴을 찡그림.
頻出(빈출) 자주 외출함.

繁盛(번성) 형세가 붇고 늘어나 잘 됨.
繁殖(번식) 생물이 새끼를 쳐서 늘어남.
繁榮(번영) 일이 성하게 잘 되어 영화로움.
繁昌(번창) 일이 썩 잘 되어 발전함.

## 危險 (위험) 危險 危險 危險 — 위태함. 안전치 못함.

**危** (卩 4/⑥) 위태할 위
위태하다. 험하다. 바르다.
dangerous　キ(あやうい)
ノ 厃 产 产 危
언덕(厂: 벼랑) 위에 사람이(⺈) 웅크리고 있는 모양.

**險** (阜 13/⑯) 험할 험 / 险
험하다. 위태롭다. 고생.
steep　ケン(けわしい)
阝 阝 阝 险 險
언덕 부(阝·阜)와 모두 첨(僉).

危懼(위구) 두려움. 두려워함.
危急(위급) 위태롭고 급함.
危機(위기) 위험한 고비. 위험한 경우.
危殆(위태) 위험함. 형세가 매우 어려움.

險口(험구) 남의 흠을 들추어 욕을 잘하는 입.
險難(험난) 위험하고 어려움. 고생이 됨.
險惡(험악) 험하고 사나움.
險峻(험준) 지세가 썩 높고 가파름. 험함.

## 驅逐(구축) 驅逐 駆逐 駆逐 몰아냄. 쫓아냄.

**驅** 몰 구
馬 11 ㉑
몰다. 빨리 달리다. 쫓다.
drive ク(かける)
馬 馬 馬 駒 驅 驅
말 마(馬)와 지경 구(區).

驅迫(구박) 못 견디게 굶.
驅步(구보) 뛰어감. 또, 그 걸음.
驅蟲(구충) 기생충을 없앰.
先驅者(선구자) 다른 사람보다 앞선 사람.

**逐** 쫓을 축
辶 7 ⑪
쫓다. 물리치다. 쫓기다.
expel チク(おう)
一 丆 豕 豕 豕 逐
돼지 시(豕)와 쉬엄쉬엄 갈 착(辶·辵).

逐鬼(축귀) 잡귀(잡신)를 쫓음.
逐年(축년) 해마다.
逐條(축조) 한 조목 한 조목씩 쫓아감.
角逐(각축) 서로 이기려고 경쟁함.

## 怪漢(괴한) 怪漢 怪漢 怪漢 차림새나 거동이 괴상한 사나이.

**怪** 괴이할 괴
心 5 ⑧
괴이하다. 기이하게 여기다.
strange カイ(あやしい)
忄 忄 忄 怪 怪 怪
마음 심(忄·心)과 힘쓸 골(圣).

怪奇(괴기) 괴상하고 기이함. 이상야릇함.
怪談(괴담) 괴상한 이야기.
怪力(괴력) 놀라울 정도로 뛰어난 힘.
怪疾(괴질) 원인을 알 수 없는 이상스러운 병.

**漢** 한수 한
水 11 ⑭
한수(漢水). 은하수. 지명.
カン(おとこ,かん)
氵 汁 汁 澾 漢 漢
물 수(氵·水)와 어려울 난(嘆·難).

漢江(한강) 중부지역 황해로 들어가는 강.
漢文(한문) 중국의 문장. 한자로 쓴 글.
漢方(한방) 중국에서 들어온 의술. 그 처방.
漢族(한족) 중국 본토에서 살아오던 민족.

## 巡警(순경) 巡警 巡警 巡警 돌아다니며 경계함. 경찰 공무원의 하나.

**巡** 돌 순
巛 4 ⑦
돌다. 순행하다. 돌아다니다.
round ジュン(めぐる)
〈 巜 巛 巛 巡 巡
내 천(巛·川)과 쉬엄쉬엄 갈 착(辶·辵).

巡檢(순검) 순찰하여 검사함.
巡杯(순배) 주석에서 술잔을 차례로 돌림.
巡視(순시) 두루 다니며 보살핌.
巡察(순찰) 여러 곳을 다니며 사정을 살핌.

**警** 경계할 경
言 13 ⑳
경계하다. 타이르다. 깨닫다.
caution ケイ(いましめる)
芍 苟 苟 敬 敬 警
삼갈 경(敬)과 말씀 언(言).

警戒(경계) 타일러 주의하게 함.
警告(경고) 주의시킴. 경계하도록 알림.
警備(경비) 만일 대비하여 미리 경계·방비함.
警護(경호) 경계하여 호위함. 또, 그 사람.

## 사회(社會) - 질서(秩序)

### 臨檢(임검) 臨檢 臨檢 临検 현장에 나가 조사함.

**臨** 임할 림
臣 11 ⑰
confront リン(のぞむ)
임하다. 미치다. 다다르다.
ㄱ ㅋ 臣 臣 臨 臨
굽힐 와(臥)와 물건 품(品).

臨時(임시) 정하지 않은 임시적인 기간.
臨御(임어) 천자가 즉위하여 천하를 다스림.
臨戰(임전) 전장(戰場)에 나아감.
臨終(임종) 부모가 돌아가실 때 곁에서 지켜봄.

**檢** 조사할 검
木 13 ⑰
inspect ケン(しらべる)
조사하다. 헤아리다. 생각하다.
木 ホ 柊 栓 検 検
나무 목(木)과 여러 사람 첨(僉).

檢問(검문) 조사하여 물어 봄.
檢査(검사) 실상을 조사하여 판정함.
檢閱(검열) 검사하여 열람함.
檢討(검토) 검사하여 따짐.

### 探索(탐색) 探索 探索 探索 드러나지 않은 것을 살펴 찾음.

**探** 찾을 탐
手 8 ⑪
search タン(さがす)
찾다. 뒤져서 가지다. 더듬다.
扌 扩 扩 掔 捵 探
손 수(扌·手)와 깊을 심(罙).

探究(탐구) 진리·법칙 등을 깊이 연구함.
探聞(탐문) 소식을 알아내기 위하여 찾아 들음.
探査(탐사) 더듬어 찾음.
探偵(탐정) 사정을 몰래 더듬어 살핌.

**索** 찾을 색, 동아줄 삭
糸 4 ⑩
seek, rope サク(さがす,なわ)
찾다. 동아줄. 꼬다. 택하다.
一 十 士 玄 宏 索 索
집 면(宀)과 실 사(糸), 두 손 공(廾).

索引(색인) 낱말 등을 찾아보기 쉽게 꾸민 목록.
索敵(색적) 적을 색출함.
索出(색출) 뒤져서 찾아 냄.
索莫(삭막) 황폐하여 쓸쓸한 모양.

### 證據(증거) 證據 證據 證據 사실에 의하여 증명하는 일.

**證** 증거 증
言 12 ⑲
evidence ショウ(あかす)
증거. 증명하다. 밝히다.
言 言 言 訷 證 證
말씀 언(言)과 오를 등(登).

證券(증권) 증거로 되는 문권.
證明(증명) 증거를 들어 밝힘.
證憑(증빙) 증거로 둘만 함. 또, 그 것.
證人(증인) 증거를 서는 사람.

**據** 의거할 거
手 13 ⑯
dependent キョ(よる)
의거하다. 의지하다. 웅거하다.
扌 扩 扩 护 據 據
손 수(扌·手)와 큰돼지 거(豦 : 짐승이 뒤엉켜 있음).

據守(거수) 어떤 곳에 굳세게 자리잡고 버팀.
據有(거유) 웅거하여 자기의 것으로 만듦.
據竊(거절) 근거지를 정해 놓고 도둑질함.
占據(점거) 일정한 곳을 차지하여 자리잡음.

## 捕捉 (포착) 捕捉 捕捉 捕捉 꼭 붙잡음. 요점이나 요령을 앎.

**捕** 잡을 포
手 7 ⑩
catch ホ(とらえる)
잡다. 사로잡음. 체포함.
扌 扌 扌 捐 捕 捕
손 수(扌·手)와 클 보(甫 : 볏모).

捕鯨(포경) 고래를 잡음.
捕盜(포도) 도둑을 잡음.
捕虜(포로) 전투에서 적에게 사로잡힌 병사.
捕獲(포획) 적병을 사로잡음.

**捉** 잡을 착
手 7 ⑩
seize ソク,サク(とらえる)
잡다. 쥐다. 붙잡다. 체포함.
扌 扌 扌 扌 扌 捉
손 수(扌·手)와 발 족(足 : 단단히 묶다).

捉去(착거) 잡아감.
捉囚(착수) 죄인을 잡아 가둠.
捉筆(착필) 붓을 잡고 글을 씀.
追捉(추착) 뒤쫓아 가서 붙잡음.

## 拘束 (구속) 拘束 拘束 拘束 잡아 묶음. 체포하여 속박함.

**拘** 잡을 구
手 5 ⑧
catch コウ(かかわる)
잡다. 잡힘. 한정하다.
扌 扌 扌 扌 拘 拘
손 수(扌·手)와 굽을 구(句 : 잡아서 가둠).

拘禁(구금) 잡아서 감금함.
拘引(구인) 체포하여 끌고 감.
拘置(구치) 형사 피고인을 구속하여 일정한 곳에 머물러 있게 함.

**束** 묶을 속
木 3 ⑦
bind ソク(たば)
묶다. 묶음. 다발. 약속.
一 一 一 一 束 束
땔나무 묶은 것을 본떠, '묶다'를 뜻한다.

束縛(속박) 얽어매어 자유를 구속함.
束手無策(속수무책) 손을 묶은 듯이 방책이 없다는 뜻으로, 꼼짝 못함을 일컬음.
約束(약속) 장래에 관해 서로 언약하여 정함.

## 審査 (심사) 審査 審査 審査 자세히 조사함.

**審** 살필 심
宀 12 ⑮
investigate シン(つまびらか)
살피다. 조사하다. 밝히다.
宀 宁 宇 突 突 審
움집 면(宀)과 차례 번(番 : 짐승 발자국).

審問(심문) 상세히 따져서 물음.
審議(심의) 심사하고 논의함.
審判(심판) 사건을 심리하여 판단함.
誤審(오심) 잘못 심판함. 또, 그 심판.

**査** 조사할 사
木 5 ⑨
investigate サ(しらべる)
조사하다. 사실함. 떼. 뗏목.
一 十 木 杢 杳 査
나무 목(木)과 또 차(且).

査頓(사돈) 혼인한 집의 부모끼리 부르는 말.
査問(사문) 조사하여 심사함.
査閱(사열) 조사하기 위하여 쭉 살펴봄.
査定(사정) 조사하여 결정함.

사회(社會)- 질서(秩序)

## 參酌(참작) 參酌 參酌 參酌  서로 비교하여 알맞은 방법을 가림.

**參** 참여할 참, 빽빽할 삼
ム 9 ⑪
participation
サン(みつ,まじわる)
참여하다. 간여함. 빽빽하다.
ㄥ ㄥ ㅿ 夂 参 参
옥비녀 세 개인 삼태성(三台星)을 본뜬 글자.

參加(참가) 어떤 모임이나 일에 참여함.
參見(참견) 남의 일에 간섭함. 參觀(참관).
參考(참고) 이것저것 대조하여 생각함.
持參(지참) 돈이나 물건을 가지고 가서 참가함.

**酌** 따를 작
酉 3 ⑩
pour out
シャク(くむ)
따르다. 술 따르다. 잔질하다.
冂 丙 酉 酉 酌 酌
닭 유(酉 : 술)와 구기 작(勺 : 국자).

酌交(작교) 술잔을 주고받음.
酌飮(작음) 한 국자의 물. 얼마 안 되는 음료.
酌定(작정) 사정을 참작하여 정함.
對酌(대작) 마주 대하여 술을 마심.

## 裁判(재판) 裁判 裁判 裁判  옳고 그름을 가려 심판함.

**裁** 마를 재
衣 6 ⑫
cut off
サイ(さばく,たつ)
마름질하다. 헝겊. 자르다.
十 圭 表 栽 裁 裁
해할 재(𢧵 : 자르다)와 옷 의(衤 · 衣).

裁可(재가) 안건을 재량하여 결정함.
裁斷(재단) 절단함. 옷감 따위를 마름질함.
裁量(재량) 짐작하여 헤아림.
決裁(결재) 안건을 재량하여 승인함.

**判** 판단할 판
刀 5 ⑦
judge
ハン(わける)
판단하다. 가르다. 나누다.
丷 ㅛ 半 半 判 判
반 반(半)과 칼 도(刂 · 刀).

判決(판결) 시비나 선악을 판단하여 결정함.
判斷(판단) 사물의 진위 등을 가리어 정함.
判別(판별) 시비나 선악을 구별함.
判定(판정) 판별하여 결정함.

## 囚獄(수옥) 囚獄 囚獄 囚獄  감옥에 가둠.

**囚** 가둘 수
口 2 ⑤
imprison
シュウ(とらえる)
가두다. 갇히다. 죄수. 옥(獄).
丨 冂 冂 囚 囚
에울 위(口 · 圍) 안에 사람 인(人).

囚繫(수계) 죄수. 잡아 묶어 옥에 가둠.
囚役(수역) 죄수에게 시키는 일.
囚人(수인) 옥에 갇힌 사람.
罪囚(죄수) 죄를 지어 교도소에 갇힌 사람.

**獄** 감옥 옥
犬 10 ⑭
prison
ゴク(ひとや)
감옥. 판결. 송사. 법. 죄.
犭 犷 犷 獄 獄 獄
개 견(犭 · 犬)과 말씀 언(言).

獄苦(옥고) 옥살이를 하는 고생.
獄吏(옥리) 옥을 다스리는 관리.
獄死(옥사) 감옥 안에서 죽음. 牢死(뇌사).
監獄(감옥) 형벌 집행의 관아. 교도소. 옥.

## 矯導 (교도)

矯導 矯導 矯導   바로잡아 지도함.

**矯** 바로잡을 교
矢 12 ⑰
reform
キョウ(ためる, なおす)
矢 矢 矢 矫 矯 矯
곧을 시(矢)와 높을 교(喬).

矯詐(교사) 속임. 기만. 허위.
矯笑(교소) 여자의 요염한 웃음.
矯正(교정) 바로잡음.
奇矯(기교) 언행이 괴이하고 익살스러움.

**導** 이끌 도
寸 13 ⑯
guide
ドウ(みちびく)
首 首 渞 道 導 導
길 도(道)와 마디 촌(寸).

導因(도인) 사건을 이끌어낸 원인.
導入(도입) 학습 의욕을 돋우기 위한 단원 전개의 단계.
導火線(도화선) 사건 발생의 원인이나 계기.

## 刑罰 (형벌)

刑罰 刑罰 刑罰   국가가 범죄자에게 제재를 가함.

**刑** 형벌 형
刀 4 ⑥
punishment
ケイ(のり)
一 二 千 开 开 刑
형틀 모양인 평평할 견(幵)과 칼 도(刂·刀).

刑具(형구) 형을 집행하는데 쓰이는 도구.
刑期(형기) 형에 처하는 기간.
刑法(형법) 범죄와 형벌에 관한 법률.
刑場(형장) 사형 집행 장소.

**罰** 벌줄 벌
网 9 ⑭
punish
バツ(つみ)
口 四 罒 罰 罰 罰
꾸짖을 리(詈)와 칼 도(刂·刀).

罰金(벌금) 범죄의 처벌로서 부과하는 돈.
罰則(벌칙) 처벌을 정해 놓은 규칙.
賞罰(상벌) 상을 주고 벌을 줌.
信賞必罰(신상필벌) 상벌을 엄정히 함.

## 懲戒 (징계)

懲戒 懲戒 懲戒   잘못을 뉘우치도록 경계하고 나무람.

**懲** 혼날 징
心 15 ⑲
punish
チョウ(こらしめる)
彳 彳 衎 徵 徵 懲
부를 징(徵:멎다)과 마음 심(心).

懲罰(징벌) 경계하고 벌을 줌.
懲毖(징비) 전과(前過)를 뉘우쳐 삼감.
懲惡(징악) 옳지 못한 일을 징계함.
膺懲(응징) 잘못을 회개하도록 징계함.

**戒** 경계할 계
戈 3 ⑦
warn
カイ(いましめる)
一 二 开 戎 戒 戒
손 맞잡을 공(廾)과 창 과(戈).

戒懼(계구) 삼가고 두려워함.
戒愼(계신) 경계하고 삼감.
戒心(계심) 마음을 놓지 않고 경계함.
戒律(계율) 계와 율. 지켜야 할 규범.

## 사회(社會) - 질서(秩序)

### 各個(각개) 各個 各個 各個  낱낱. 하나하나.

**各** 각각 각  
口 3 ⑥  
each カク(おのおの)  
각각. 제각기. 따로따로.  
ノ ク 夂 夂 各 各  
뒤쳐져올 치(夂)와 입 구(口 : 사람을 뜻함).

**個** 낱 개  
人 8 ⑩  
piece カ,コ(ひとつ) 个  
낱. 하나하나. 단위. 한쪽.  
亻 们 們 們 個 個  
사람 인(亻·人)과 낱 개(固·箇).

各別(각별) 각각 다름.  
各樣各色(각양각색) 여러 가지 모양과 빛깔.  
各人各色(각인각색) 모두 다름.  
各種(각종) 여러 가지. 각가지.

個當(개당) 낱낱마다. 하나에.  
個別(개별) 하나하나. 낱낱이 따로 나눔.  
個體(개체) 낱낱의 물체.  
別個(별개) 서로 구별이 되어 다른 것.

### 群衆(군중) 群衆 群衆 群衆 많이 모인 여러 사람.

**群** 무리 군  
羊 7 ⑬  
crowd グン(むらがる)  
무리. 떼. 동료. 부류. 많음.  
尹 君 君 群 群 群  
임금 군(君 : 무리짓다)과 양 양(羊).

**衆** 무리 중  
血 6 ⑫  
multitude シュウ(むれ) 众  
무리. 많다. 많은 사람.  
白 血 血 乎 卑 衆  
피 혈(血)과 많은 사람 중(乑). 혈통이 같은 많은 사람, '무리'를 뜻한다.

群黨(군당) 무리. 떼. 여러 당파.  
群島(군도) 해역 안의 작고 큰 여러 섬.  
群像(군상) 떼를 지어 모여 있는 많은 사람들.  
拔群(발군) 여럿 가운데 특별히 뛰어남.

衆寡(중과) 수효의 많고 적음.  
衆論(중론) 대부분 사람들의 견해.  
衆生(중생) 이 세상의 모든 생명.  
公衆(공중) 사회의 여러 사람. 일반 사람들.

### 結盟(결맹) 結盟 結盟 結盟 맹약을 맺음.

**結** 맺을 결  
糸 6 ⑫  
tie ケツ(むすぶ)  
맺다. 묶다. 끝내다. 잇다.  
幺 糸 糸 紌 結 結  
실 사(糸)와 길할 길(吉 : 단단히 매다).

**盟** 맹세할 맹  
皿 8 ⑬  
oath メイ(ちかう)  
맹세. 약속. 모임. 구역.  
明 明 明 明 盟 盟  
밝을 명(明)과 그릇 명(皿).

結果(결과) 원인에 의하여 이루어진 결말.  
結局(결국) 마침내. 장기나 바둑의 끝판.  
結成(결성) 단체의 조직을 형성함.  
連結(연결) 서로 이어 맺음. 서로 맺어 이음.

盟邦(맹방) 동맹을 맺은 나라.  
盟誓(맹세) 장래를 두고 다짐하여 약속함.  
盟約(맹약) 맹세함. 동맹국 사이의 조약.  
盟主(맹주) 동맹의 주재자. 동맹의 주체.

## 遵守(준수) 遵守 遵守 遵守 좇아 지킴.

**遵** 좇을 준
辶 12 ⑯
follow ジュン(したがう)
좇다. 순종함. 거느리다.
어른 존(尊)과 쉬엄쉬엄 갈 착(辶·辵).

**守** 지킬 수
宀 3 ⑥
keep シュ(まもる)
지키다. 막다. 보살피다.
움집 면(宀)과 법도 촌(寸).

遵據(준거) 의거하여 따름.
遵法(준법) 법률이나 규칙이 정한 바에 따름.
遵用(준용) 좇아 씀.
遵行(준행) 좇아 행함. 따라 그대로 행함.

守舊(수구) 옛 제도나 관습을 지키고 따름.
守備(수비) 적의 침해로부터 지키어 방비함.
守節(수절) 절의(節義)와 정절(貞節)을 지킴.
守則(수칙) 지켜야 할 사항을 정한 규칙.

## 組織(조직) 組織 組織 組織 실을 자아 베를 짬. 얽어서 만듦.

**組** 짤 조
糸 5 ⑪
string ソ(くむ)
짜다. 끈. 꿰매다. 짝이 되다.
실 사(糸)와 많을 저(且).

**織** 짤 직, 무늬 치
糸 12 ⑱
weave シキ,ショク(おる)
짜다. 베를 짬. 베틀. 비단.
실 사(糸)와 소리 음(音), 창 과(戈).

組閣(조각) 내각(內閣)을 조직함.
組成(조성) 조직하여 성립시킴.
組纓(조영) 갓끈.
組合(조합) 여럿을 모아 한 덩어리가 되게 함.

織機(직기) 날을 걸어 피륙을 짜는 기계.
織女(직녀) 베 짜는 여자. 별 이름. 직녀성.
織造(직조) 기계로 피륙을 짜는 일. 길쌈.
紡織(방직) 실이 뽑아서 피륙을 짬.

## 司會(사회) 司會 司會 司会 회의 등의 진행을 맡아봄.

**司** 맡을 사
口 2 ⑤
preside シ(つかさどる)
맡다. 벼슬. 관리. 공무. 관아.
임금 후(后)를 뒤집은 글자.

**會** 모일 회
曰 9 ⑬
meet カイ(あう)
모이다. 모임. 모으다. 기회.
모을 집(亼·集)과 더할 증(曾·增).

司諫(사간) 조선 때 사간원의 정삼품 벼슬.
司牧(사목) 신자를 구원의 길로 인도하는 일.
司法(사법) 삼권의 하나. 사법권의 약칭.
司祭(사제) 가톨릭에서 의식을 맡는 신부(神父).

會計(회계) 따져서 셈함. 한데 몰아서 셈함.
會談(회담) 한 자리에 모여 이야기함.
會食(회식) 여럿이 모여 함께 음식을 먹는 일.
會合(회합) 여럿이 모임.

사회(社會) - 질서(秩序)

## 相互(상호) 相互 相互 相互   서로서로. 피차.

**相** 目 4 ⑨ 서로 상
서로. 바탕. 따르다. 보다.
mutual　ショウ,ソウ(あい)　一 十 木 村 机 相
나무 목(木)과 눈 목(目).

相見(상견) 서로 봄. 만남.
相對(상대) 서로 마주 대함. 겨룰 만한 대상.
相通(상통) 서로 통함. 서로 길이 트임.
樣相(양상) 생김새. 모양. 모습.

**互** 二 2 ④ 서로 호
서로. 함께. 같이. 뒤섞이다.
mutual　ゴ(たがいに)　一 丆 互 互
실패의 실을 이리저리 감아 놓은 모양.

互角(호각) 비슷하여 우열을 가릴 수 없음.
互流(호류) 서로 교류(交流)함.
互選(호선) 특정한 사람들이 모여 뽑는 선거.
互用(호용) 서로 넘나들며 씀. 또는 그렇게 씀.

## 扶助(부조) 扶助 扶助 扶助   남을 도와줌.

**扶** 手 4 ⑦ 도울 부
돕다. 부축하다. 붙들다.
assist　フ(たすける)　十 扌 扌 扶 扶
손 수(扌·手)와 지아비 부(夫).

扶植(부식) 도와서 서게 함.
扶養(부양) 살아갈 능력이 없는 사람을 돌봄.
扶支(부지) 어려운 일을 버티어 나감.
扶護(부호) 붙들어 보호함.

**助** 力 5 ⑦ 도울 조
돕다. 도움. 구실. 이롭다.
help　ジョ(たすける)　丨 冂 日 且 旫 助
또 차(且)와 힘 력(力).

助味(조미) 음식 맛을 좋게 함.
助言(조언) 말로써 거들어 줌.
內助(내조) 아내가 남편을 도와 줌.
協助(협조) 힘을 보태서 서로 도움.

## 比較(비교) 比較 比較 比較   서로 견주어 봄.

**比** 比 0 ④ 견줄 비
견주다. 비교하다. 비례하다.
compare　ヒ(くらべる)　一 ヒ 上 比
두 사람이 나란히 서 있는 모양을 본뜬 글자.

比肩(비견) 어깨를 나란히 함.
比等(비등) 서로 어슷비슷함.
比例(비례) 두 양의 비가 같은 일.
比率(비율) 둘 이상의 수를 비교한 비교 값.

**較** 車 6 ⑬ 비교할 교
비교하다. 견주다. 대강.
compare　カク(くらべる)　曰 亘 車 車 較 較
수레 거(車)와 사귈 교(交 : 교차하다).

較略(교략) 개략. 대개. 대강의 줄거리.
較量(교량) 견주어 헤아려 봄.
較然(교연) 뚜렷이 드러난 모양.
計較(계교) 비교해 서로 대어 봄.

## 圓滿(원만)　圓滿　圓滿　圓滿　일이 잘 되어가 순조로움.

**圓** 口 10 ⑬ 둥글 원　圓
round エン(まる)
둥글다. 동그라미. 둘레.
門 同 同 圓 圓 圓
에울 위(口) 안에 둥글 원(員)을 넣은 글자.

圓覺(원각) 부처의 원만한 깨달음.
圓熟(원숙) 인격이나 지식 따위가 깊고 원만함.
圓形(원형) 둥근 현상.
一圓(일원) 어떤 지역의 전부. 一帶(일대).

**滿** 水 11 ⑭ 찰 만　滿
full マン(みちる)
차다. 넉넉하다. 교만하다.
氵 氵 氵 滿 滿 滿
물 수(氵·水)와 평평할 만(㒼).

滿期(만기) 정해 놓은 기한이 다 참.
滿發(만발) 많은 꽃이 한꺼번에 활짝 핌.
滿場(만장) 회장에 가득 모임. 그러한 회장.
圓滿(원만) 모난 데 없이 원만함.

## 維持(유지)　維持　維持　維持　지탱하여 감. 버티어 감.

**維** 糸 8 ⑭ 맬 유　維
tie イ(つなぐ)
매다. 묶다. 밧줄. 유지하다.
糸 糸 紂 紓 維 維
실 사(糸)와 새 추(隹:일정한 길에 매어 둠).

維歲次(유세차) '이 해의 차례는'의 뜻으로, 제문(祭文)의 첫머리에 쓰이는 문구.
維新(유신) 구폐(舊弊)를 일소하여 혁신함.
維舟(유주) 배를 댐.

**持** 手 6 ⑨ 가질 지　持
hold ジ,チ(もつ)
가지다. 지니다. 보존하다.
扌 扌 扌 持 持 持
손 수(扌·手)와 관청 시(寺:멈춰서다).

持久(지구) 같은 상태에서 오래 견딤.
持論(지론) 늘 주장하는 의견.
持病(지병) 오랫동안 낫지 않고 있는 만성병.
持續(지속) 같은 상태가 오래 계속됨.

## 符合(부합)　符合　符合　符合　둘이 서로 틀림없이 꼭 들어맞음.

**符** 竹 5 ⑪ 부신 부　符
tally フ(わりふ)
부신(부적). 증거. 들어맞다.
𥫗 𥫗 笁 竼 符 符
대 죽(竹)과 줄 부(付:한데 모으다).

符信(부신) 서로 맞추어 증거를 삼았던 물건.
符籍(부적) 악귀나 잡신을 쫓는 액막이로서 그려 붙이는 종이.
符號(부호) 어떤 뜻을 나타내는 기호. '+, −' 등.

**合** 口 3 ⑥ 합할 합, 홉 홉　合
unite コウ,ゴウ(あう)
합하다. 들어맞다. 일치함. 홉.
ノ 人 ㅅ 合 合 合
모을 집(스·集)과 입 구(口).

合格(합격) 규격이나 격식의 기준에 맞음.
合邦(합방) 두 개 이상의 나라를 합병하는 일.
結合(결합) 서로 합하여 하나가 됨.
意氣投合(의기투합) 마음이 서로 맞음.

사회(社會)- 질서(秩序)

## 諸般(제반) 諸般 諸般 諸般 여러 가지 일.

**諸** 言 9 ⑯ 모든 제, 김치 저
모든. 여러. 모으다. 김치.
all ショ(もろもろ) 言 計 討 誅 諸 諸
말씀 언(言)과 놈 자(者:모여서 많다).

諸家(제가) 많은 집(사람). 여러 파(派).
諸公(제공) 점잖은 여러분.
諸君(제군) 여러분. 그대들.
諸位(제위) 여러분. 여러 벼슬자리.

**般** 舟 4 ⑩ 돌·일반 반
돌다. 옮기다. 일반.
turn ハン(はこぶ) 丿 月 月 舟 舩 般
배 주(舟)와 칠 복(殳:攴의 변형). 큰 배를 움직이는 모양.

般樂(반락) 잘 놀면서 즐김.
般旋(반선) 빙 돎. 또는 빙 돌림.
般若(반야) 미망에서 깨어나 불법을 깨달음.
一般(일반) 다른 것이 없는 마찬가지의 상태.

## 秩序(질서) 秩序 秩序 秩序 사물의 바른 순서. 차례. 秩次(질차).

**秩** 禾 5 ⑩ 차례 질
차례. 차례를 세우다. 쌓다.
order チツ(ついで) 千 禾 禾 秒 秩 秩
벼 화(禾)와 잃을 실(失:채워 넣다).

秩高(질고) 관직과 녹봉(祿俸).
秩米(질미) 녹봉으로 주는 쌀.
秩序(질서) 사물의 바른 순서. 차례.
秩然(질연) 질서가 정연한 모양.

**序** 广 4 ⑦ 차례 서
차례. 차례를 매기다. 담.
order ジョ(ついで) 亠 广 庁 庁 庁 序
집 엄(广)과 취할 여(予:뻗다).

序論(서론) 본론에 앞서, 간략하게 논하는 글.
序幕(서막) 연극 따위에서 처음 여는 막.
序文(서문) 머리말. 권두언(卷頭言).
序列(서열) 차례로 늘어섬.

## 違背(위배) 違背 違背 違背 법률·규약 등을 어김.

**違** 辶 9 ⑬ 어길 위  违
어기다. 잘못. 과실. 다르다.
violate イ(ちがう) 䒑 吾 書 韋 韋 違
어그러질 위(韋:어기다)와 쉬엄쉬엄 갈 착(辶:走).

違反(위반) 법령·규칙·약속 등을 어김.
違法(위법) 법을 어김. 犯法(범법).
違約(위약) 약속이나 계약을 어김.
相違(상위) 서로 틀림. 어긋남.

**背** 肉 5 ⑨ 등 배
등. 뒤. 등지다. 배반하다.
back ハイ(せ,そむく) ⺄ ㇇ ㇆ 北 背 背
배반할 배(北:등, 북쪽)와 몸 육(月·肉).

背景(배경) 뒤쪽의 경치. 뒤에서 도와주는 힘.
背囊(배낭) 물건을 넣어 등에 지는 주머니.
背反(배반) 논리적으로 양립할 수 없음.
背任(배임) 자기가 맡은 일을 저버림.

## 愈甚(유심)　愈甚 愈甚 愈甚　더욱 심함.

**愈** 心 9 ⑬ 나을 유
낫다. 더욱. 더하다.
be better　ユ(いよいよ)
入 入 俞 俞 愈 愈
나을 유(愈)와 마음 심(心).

愈色(유색) 기뻐하는 안색.
愈愚(유우) 어리석은 마음을 고침.
愈出愈怪(유출유괴) 갈수록 더욱 고상하여짐.
快愈(쾌유) 병이 완전히 나음. 快差(쾌차).

**甚** 甘 4 ⑨ 심할 심
심하다. 더욱. 매우. 무엇.
extremely　ジン(はなはだ)
一 卄 甘 卅 其 甚 甚
달 감(甘 : 음식이 맛있다)과 짝 필(匹 : 남녀의 즐거움).

甚急(심급) 썩 급함. 매우 급함.
甚難(심난) 매우 어려움.
甚至於(심지어) 심하다 못해 나중에는.
極甚(극심) 아주 심함.

## 擧皆(거개)　擧皆 擧皆 擧皆　거의 전부. 모두.

**擧** 手 14 ⑱ 들 거
들다. 일으키다. 날다.
lift　キョ(あげる)
𦥯 𦥯 𦥯 與 與 擧
무리 여(與)와 손 수(手).

擧國(거국) 온 나라. 전국.
擧動(거동) 행동하는 짓이나 태도. 몸가짐.
擧事(거사) 큰 일을 일으킴.
擧手(거수) 손을 위로 들어올림.

**皆** 白 4 ⑨ 다 개
다. 모두. 나란하다. 두루.
all　カイ(みな)
一 ト 比 比 皆 皆
견줄 비(比)와 흰 백(白 : 말하다).

皆骨山(개골산) 금강산의 겨울 동안의 별칭.
皆納(개납) 조세 등을 모두 바침.
皆無(개무) 전혀 없음. 조금도 없음.
皆兵(개병) 전국민이 병역 의무를 갖는 일.

## 可恐(가공)　可恐 可恐 可恐　두려워할 만함. 놀랄 만함.

**可** 口 2 ⑤ 옳을 가
옳다. 인정하다. 정도. 쯤.
right　カ(よい)
一 丆 可 可 可
입 구(口)와 정(丁・丂 : 가). 丂는 입 안의 상형. 본래는 큰소리로 꾸짖다의 뜻이다.

可決(가결) 의안을 결정함. ↔ 否決(부결).
可能(가능) 될 수 있거나, 할 수 있음.
認可(인가) 인정하여 허가함. 認許(인허).
許可(허가) 특정한 경우에 허락해 주는 행위.

**恐** 心 6 ⑩ 두려울 공
두렵다. 무서워하다. 공포.
afraid　キョ(おそれる)
丁 卂 丮 巩 巩 恐 恐
품을 공(巩 : 두 손을 가슴에 댄 모양)과 마음 심(心).

恐喝(공갈) 무섭게 으르고 위협함.
恐縮(공축) 두려워 목을 움츠림.
恐怖(공포) 두렵고 무서움.
恐慌(공황) 두려워 어찌할 바를 모름.

# 사회(社會) - 질서(秩序)

## 矛盾(모순) 矛盾 矛盾 矛盾   창과 방패. 말의 앞뒤가 맞지 않음.

**矛** 矛0⑤ 창 모 ※제외자
창. 자루가 긴 창.
spear ム(ほこ)   フマヌ予矛
병거(兵車)에 세우는 자루가 긴 장식이 달린 '창' 모양.

**盾** 目4⑨ 방패 순 ※제외자
방패. 피하다. 숨다.
shield ジュン(たて)   厂厂厂厂盾盾
방패 뒤에 몸을 숨겨 자신을 보호하는 모양을 본뜬 글자.

矛戈(모과) 창. '戈'는 가지가 달린 창.
矛戟(모극) 창. '戟'은 쌍지창.
矛櫓(모로) 창과 방패. 櫓는 큰 방패.
矛叉(모차) 끝이 두 가닥으로 된 창.

盾戈(순과) 방패와 쌍날 창.
盾鼻(순비) 방패의 손잡이.
矛盾(모순) 창과 방패. 말이나 행동의 앞뒤가 서로 맞지 않음.

## 繼續(계속) 繼續 継続 継続   뒤를 이음. 끊이지 않게 함.

**繼** 糸14⑳ 이을 계   継
잇다. 계승하다.
connect ケイ(つぐ)   糸糸糸糸繼繼
실 사(糸)와 이을 계(㡭).

**續** 糸15㉑ 이을 속   続
잇다. 뒤를 잇다. 공적.
continue ショク,ゾク(つぐ,つづく)   糸糸糸糸続續
실 사(糸)와 행상할 육(賣 : 연잇다)

繼母(계모) 아버지 후취(後娶). 의붓어머니.
繼襲(계습) 선인의 뜻과 사업을 이어받음.
繼志(계지) 앞사람의 뜻을 이어 받음.
繼統(계통) 왕통을 이어감.

續刊(속간) 신문이나 잡지를 다시 간행함.
續出(속출) 계속하여 나옴.
續行(속행) 잇달아서 실행함.
相續(상속) 다음 차례에 이어 주거나 이어 받음.

## 跳梁(도량) 跳梁 跳梁 跳梁   거리낌 없이 함부로 날뛰어 다님.

**跳** 足6⑬ 뛸 도
뛰다. 뛰어오르다. 솟구치다.
jump チョウ(おどる)   口牙呈別跳跳
발 족(足)과 조짐 조(兆 : 거북이 등딱지 위에 나타나는 터져 갈라진 금)

**梁** 木7⑪ 들보 량
들보. 대들보. 다리. 기장(수수).
beam リョウ(はし,うつばり)   氵汈汈汈梁梁
물 수(氵·水)와 벨 창(刅), 나무 목(木).

跳奔(도분) 달아남.
跳躍(도약) 뛰어오름. 뜀. 뛰어 덤비며 짖음.
跳哮(도효) 펄쩍 뛰며 짖음.
高跳(고도) 높이 뜀.

梁木(양목) 들보. 현인의 비유.
梁上君子(양상군자) '대들보 위의 군자'라는 뜻으로, 도둑이나 쥐를 일컬음.
梁材(양재) 들보가 될 수 있는 큰 재목.

## 混濁(혼탁) 混濁 混濁 混濁  세상이 어지러움을 일컬음. 渾濁(혼탁).

**混** 水 8 ⑪ — 섞을 혼
섞다. 섞임. 흐리다.
mix コン(まぜる)
氵 汨 沢 浔 混 混
물 수(氵·水)와 같을 곤(昆).

混沌(혼돈) 하늘과 땅이 나뉘지 않은 상태.
混同(혼동) 뒤섞임. 뒤섞여서 잘못 판단함.
混亂(혼란) 뒤섞여 어지러움.
混戰(혼전) 서로 뒤섞여 싸움.

**濁** 水 13 ⑯ — 흐릴 탁
흐리다. 흐리게 하다. 흐림.
cloudy ダク(にごる)
氵 沢 沢 潤 濁 濁
물 수(氵·水)와 나비 애벌레 촉(蜀).

濁流(탁류) 탁한 흐름. 불량한 패거리.
濁世(탁세) 도덕·풍속 따위가 퇴폐한 세상.
濁意(탁의) 깨끗하지 못한 뜻. 더러워진 마음.
濁音(탁음) 흐린소리. 有聲音(유성음).

## 排斥(배척) 排斥 排斥 挑斥  물리치어 내침. 반대하여 물리침.

**排** 手 8 ⑪ — 물리칠 배
물리치다. 늘어서다. 밀다.
reject ハイ(おす)
扌 扩 扩 扪 排 排
손 수(扌·手)와 아닐 비(非:좌우로 나누다).

排却(배각) 물리쳐 버림.
排擊(배격) 남의 의견·사상 따위를 물리침.
排球(배구) 구기의 일종.
排泄(배설) 노폐물을 몸 밖으로 내보냄.

**斥** 斤 1 ⑤ — 물리칠 척
물리치다. 쫓다. 가리키다.
refuse セキ(しりぞける)
一 厂 斥 斥 斥
도끼 근(斤)과 불똥 주(丶).

斥鹵(척로) 염분이 많은 땅. 개펄.
斥邪(척사) 요사스러움을 물리침.
斥和(척화) 화의를 물리침. 화해를 배척함.
斥候(척후) 적군의 형편을 몰래 살핌.

## 制御(제어) 制御 制御 制御  억눌러서 자기 마음대로 함.

**制** 刀 6 ⑧ — 마를 제
마르다. 짓다. 만들다. 법도.
restrain セイ(せいす)
ノ 二 牛 告 制 制
아닐 미(耒·未:가지가 많은 나무)와 칼 도(刂·刀).

制度(제도) 제정된 법규. 나라의 법칙. 법제.
制壓(제압) 위력이나 위엄으로 남을 통제함.
制約(제약) 어떤 조건을 붙임.
制定(제정) 제도 따위를 만들어 정함.

**御** 彳 8 ⑪ — 어거할 어
어거하다. 모시다. 거느리다.
serve ゴ,ギョ(お,おんす)
彳 彳 彳 徍 御 御
조금 걸을 척(彳)과 짐 부릴 사(卸).

御駕(어가) 임금의 수레.
御用(어용) 임금이 쓰는 물건.
御札(어찰) 임금의 편지.
崩御(붕어) 임금의 죽음. 崩殂(붕조).

사회(社會)- 질서(秩序)

## 缺陷(결함)
缺陷 缺陷 缺陷　흠이 있어 완전치 못함.

**缺** 缶 4 ⑩ 이지러질 결
이지러지다. 깨지다. 빠지다.
deficient　ケツ(かける)
午 缶 缶 缸 缺 缺
장군 부(缶)와 나누어질 쾌(夬).

缺席(결석)　출석하지 아니함.
缺損(결손)　일부분이 축나거나 망가짐.
缺員(결원)　정원에서 일부가 모자라는 인원수.
補缺(보결)　빈자리를 채움. 결점을 보충함.

**陷** 阜 8 ⑪ 빠질 함
빠지다. 가라앉다. 함락하다.
sink　カン(おちいる)
阝 阝ᐟ 阝ᐨ 陷 陷 陷
언덕 부(阝·阜)와 구덩이 함(臽 : 빠지다).

陷溺(함닉)　물 속으로 빠져 들어감.
陷落(함락)　성이나 요새가 적의 수중에 들어감.
陷沒(함몰)　재난을 당하여 멸망함.
陷穽(함정)　짐승을 잡기 위하여 파놓은 구덩이.

## 改革(개혁)
改革 改革 改革　새롭게 뜯어 고침. 바꿈.

**改** 攴 3 ⑦ 고칠 개
고치다. 바로잡다. 바꾸다.
change　カイ(あらためる)
コ 己 己ᐟ 改 改 改
몸 기(己)와 칠 복(攵·攴).

改閣(개각)　내각을 개편함.
改良(개량)　좋도록 고침.
改善(개선)　나쁜 점을 고쳐 좋게 함.
改造(개조)　다시 고쳐 만듦. 改作(개작).

**革** 革 0 ⑨ 가죽 혁
가죽. 피부. 북. 고치다.
leather　カク(かえる, かわ)
一 艹 廾 苩 莒 革
짐승의 머리에서 꼬리까지 벗긴 가죽의 모양.

革帶(혁대)　가죽으로 만든 띠.
革命(혁명)　왕조(王朝)가 바뀜. 급격한 변혁.
革新(혁신)　풍속이나 제도를 바꿔 새롭게 함.
革罷(혁파)　낡아서 못 쓰게 된 것을 폐지함.

## 變更(변경)
變更 變更 變更　바꾸어서 고침. 變改(변개).

**變** 言 16 ㉓ 변할 변
변하다. 바뀌다. 변경됨.
change　ヘン(かわる)
言 結 縊 継 變 變
말 이를 련(䜌)과 칠 복(攵·攴).

變德(변덕)　변하기 잘하는 마음이나 태도.
變動(변동)　변하여 움직임.
變亂(변란)　사변이 일어나 세상이 어지러움.
變則(변칙)　원칙·규정에서 벗어난 법칙.

**更** 曰 3 ⑦ 다시 갱, 고칠 경
다시. 재차. 고치다. 바꾸다.
again　コウ(さらに)
一 冂 曰 甴 更 更
밝을 병(丙)과 칠 복(攴).

更生(갱생)　다시 살아남. 蘇生(소생).
更紙(갱지)　좀 거친 양지(洋紙)의 한 가지.
更新(경신)　옛것을 고치어 새롭게 함.
更迭(경질)　딴 사람을 그 자리에 임용함.

## 轉換 (전환) 轉換 轉換 轉換  이리저리 변하거나 바뀜.

**車 11 ⑱ 轉** 구를 전 / 转
구르다. 옮기다. 돌리다.
roll テン(ころぶ)
軎 軗 軘 軘 轉 轉
수레 거(車)와 실패 전(專).

- 轉嫁(전가) 다른 곳으로 다시 시집감.
- 轉交(전교) 다른 사람의 손을 거쳐서 전달함.
- 轉勤(전근) 근무하는 직장을 옮김.
- 急轉(급전) 갑자기 형세가 바뀜.

**手 9 ⑫ 換** 바꿀 환 / 换
바꾸다. 고치다. 갈다.
exchange カン(とりかえる)
扌 扩 护 拵 換 換
손 수(扌·手)와 맞바꿀 환(奐).

- 換穀(환곡) 곡식을 서로 바꿈.
- 換氣(환기) 공기를 바꾸어 넣음.
- 渙算(환산) 단위가 다른 수량으로 고쳐 계산함.
- 換節(환절) 철이 바뀜. 절조를 바꿈.

## 起伏 (기복) 起伏 起伏 起伏  일어섬과 엎드림. 높음과 낮음.

**走 3 ⑩ 起** 일 기
일다. 일어서다. 일어나다.
rise キ(おきる)
土 キ 走 起 起 起
달릴 주(走)와 몸 기(己).

- 起工(기공) 토목·건축 등 공사를 시작함.
- 起床(기상) 잠자리에서 일어남.
- 起訴(기소) 소송을 법원에 제기함.
- 蹶起(궐기) 많은 사람이 뜻을 품고 분기함.

**人 4 ⑥ 伏** 엎드릴 복
엎드리다. 엎어짐. 굴복하다.
prostrate フク(ふす)
丿 亻 仁 仕 伏 伏
사람 인(亻·人)과 개 견(犬).

- 伏乞(복걸) 엎드려 빎. 애걸.
- 伏龍(복룡) 세상에 나가지 않고 숨어 있는 인물.
- 伏兵(복병) 뜻밖에 나타난 경쟁 상대나 장애.
- 伏線(복선) 뒤에 일어날 일을 미리 암시하는 일.

## 重複 (중복) 重複 重複 重複  거듭함. 거듭됨. 겹침.

**里 2 ⑨ 重** 무거울 중
무겁다. 크다. 귀중함. 거듭.
heavy ジュウ(かさなる)
二 亖 肀 重 重 重
클 임(壬: 서 있는 모습)과 동녘 동(東: 짐을 진 모습).

- 重大(중대) 예사가 아니고 매우 중요함.
- 重力(중력) 지구가 물체를 잡아당기는 힘.
- 輕重(경중) 가벼움과 무거움. 신분의 고하.
- 尊重(존중) 높이고 중히 여김.

**衣 9 ⑭ 複** 겹칠 복 / 复
겹치다. 겹쳐지다. 거듭. 겹옷.
double フク(かさなる)
衤 衤 衪 衵 褔 複
옷 의(衤·衣)와 거듭 복(复).

- 複利(복리) 이자에 다시 이자를 붙이는 셈.
- 複數(복수) 둘 이상의 수.
- 複式(복식) 두 항 이상으로 된 산식(算式).
- 複合(복합) 두 가지 이상을 겹치어 합함.

# 사회(社會)- 단체(團體)

## 社則(사칙) 社則 社則 社則 — 회사에서 정해진 규칙

**社** 모일 사
示 3 ⑧
모이다. 토지의 신. 단체.
society シャ(いえ、やしろ)
丶 亠 亍 禾 社 社
보일 시(示)와 흙 토(土).

- 社交(사교) 사회생활에서의 교제.
- 社說(사설) 신문·잡지 등에서 주장으로 펴는 글
- 社宅(사택) 사원을 위하여 마련한 주택.
- 會社(회사) 영리를 목적으로 설립된 사단법인.

**則** 법칙 칙, 곧 즉
刀 7 ⑨
법칙. 규칙. 곧. 결국. 다만.
rule ソク(のり)
丨 冂 目 貝 則 則
조개 패(貝: 재물)와 칼 도(刂·刀).

- 然則(연즉) '그러면·그런즉'의 뜻. 접속 부사.
- 規則(규칙) 다같이 지키기로 작정한 법칙.
- 法則(법칙) 꼭 지켜야 하는 규범.
- 然則(연칙) '그러면', '그런즉'의 접속 부사.

## 振揚(진양) 振揚 振揚 振揚 — 떨쳐 일으켜 선양함.

**振** 떨칠 진
手 7 ⑩
떨치다. 떨쳐 일어나다.
wield シン(ふるう)
扌 扩 护 护 振 振
손 수(扌·手)와 별 진(辰: 떨치는 입술).

- 振古(진고) 예. 옛날. 또는 예부터.
- 振起(진기) 떨치고 일어남. 분기함.
- 振動(진동) 흔들어 움직임.
- 不振(부진) 일이 잘 되어 나가지 않음.

**揚** 오를 양
手 9 ⑫
오르다. 날다. 떨치다. 높이다.
raise ヨウ(あがる)
扌 扩 护 护 捐 揚
손 수(扌·手)와 빛날 양(昜).

- 揚陸(양륙) 배에 실린 짐을 육지로 끌어올림.
- 揚名(양명) 이름을 들날림.
- 揚水(양수) 물을 자아올림. 또, 그 물.
- 讚揚(찬양) 칭찬하여 드러냄. 贊襄(찬양).

## 部署(부서) 部署 部署 部署 — 근무상의 나누어진 부분.

**部** 떼 부
邑 8 ⑪
떼. 무리. 나누다. 부문
group ブ(くみ、すべる)
亠 ㅗ 咅 咅 咅 部
가를 부(咅)와 고을 읍(阝·邑).

- 部隊(부대) 한 단위의 군대.
- 部落(부락) 동네. 마을. 한 민족이 모여 사는 곳
- 本部(본부) 한 기관의 중심이 되는 조직.
- 患部(환부) 병 또는 상처가 난 곳.

**署** 관청 서
网 9 ⑭
관청. 부서. 관직. 벼슬. 마을.
office ショ(ところ、しるす)
罒 罒 罗 罗 署 署
그물 망(罒·网: 안에 가두다)과 놈 자(者: 모으다).

- 署理(서리) 공석 중에 있는 직무를 대리함.
- 署名(서명) 서류 따위에 책임을 밝히기 위해 직접 이름을 적어 넣음. 또, 그 이름.
- 官署(관서) 관청과 그 보조 기관의 총칭.

## 監督(감독) 監督 監督 監督 감시하여 단속함. 또, 그 일을 하는 사람.

**監** 볼 감
皿 9 ⑭
보다. 경계하다. 감옥. 살피다.
look　カン(かん, がみる)
厂 臣 臥 臤 監 監
신하 신(臣 : 눈)과 사람 인(人), 그릇 명(皿).

監事(감사)　공공단체의 서무를 맡아보는 직책.
監守(감수)　감독하고 지킴. 또, 그러한 사람.
監視(감시)　잘못되는 일이 없도록 늘 살핌.
舍監(사감)　기숙사의 감독자.

**督** 살펴볼 독
目 8 ⑬
살펴보다. 감독하다. 통솔하다.
supervise　トク(みる, ただす)
⺊ ⺉ 未 叔 叔 督
어릴 숙(叔)과 눈 목(目).

督納(독납)　세금을 바치도록 독촉함.
督勵(독려)　감독하고 격려함.
督促(독촉)　독려하여 재촉함.
提督(제독)　함대의 사령관.

## 係長(계장) 係長 係長 係長 관청이나 회사의 한 계의 책임자.

**係** 맬 계
人 7 ⑨
매다. 연결함. 묶다. 결박함.
fasten　ケイ(かかる)
亻 亻 仨 伫 俘 係
사람 인(亻·人)과 이을 계(系).

係戀(계련)　몹시 연연해하여 잊지 못함.
係累(계루)　얽매임. 사물에 얽매이어 누가 됨.
係蹄(계제)　짐승의 발을 옭는 올가미.
係着(계착)　마음에 걸려 있음.

**長** 길 장
長 0 ⑧
길다. 오래다. 멀다. 어른.
long　チョウ(ながい)
丨 厂 仨 手 長 長
머리가 길고 수염이 흰 노인이 지팡이를 짚고 있는 모양.

長久(장구)　오램. 영구히 변치 아니함.
長短(장단)　길고 짧음. 장점과 단점.
長生不死(장생불사)　오래 살고 죽지 아니함.
長者(장자)　덕망이나 신분이 높은 사람.

## 受諾(수락) 受諾 受諾 受諾 청을 받아들임. 승낙함.

**受** 받을 수
又 6 ⑧
받다. 받아들이다. 당하다.
receive　ジュ(うける)
⺈ ⺥ 爫 𠬅 受 受
손톱 조(爫)와 배 주(一·舟), 손 우(又).

受講(수강)　강습이나 강의를 받음.
受難(수난)　어려운 처지에 처함.
受賂(수뢰)　뇌물(賂物)을 받음.
受胎(수태)　아이를 뱀. 懷妊(회임).

**諾** 대답할 낙
言 9 ⑯
대답하다. 허락. 승낙하다.
respond　ダク(こたえる)
言 言 訁 訃 䛄 諾
말씀 언(言)과 이에 약(若 : 그것이다).

諾否(낙부)　승낙함과 승낙하지 않음.
諾約(낙약)　계약 신청을 승낙함.
承諾(승낙)　청하는 바를 들어 줌. 許諾(허락).
許諾(허락)　청하고 바라는 바를 들어 줌.

사회(社會)- 단체(團體)

## 核心(핵심) 核心 核心 核心    사물의 중심이 되는 요긴한 부분.

**核** (木 6 ⑩) 씨 핵
씨. 알맹이. 중심. 핵.
core カク(さわ)
木 朾 朾 朸 核 核
나무 목(木)과 돼지 해(亥 : 단단하다).

核果(핵과) 씨가 단단한 핵으로 싸여 있는 열매.
核武器(핵무기) 핵에너지를 이용한 각종 무기.
結核(결핵) 결핵균이 맺혀 있는 망울. 결핵병.
剋核(극핵) 엄격함.

**心** (心 0 ④) 마음 심
마음. 생각. 가슴. 중심. 근본.
mind シン(しん, こころ)
丶 心 心 心
사람 심장의 모습을 본뜬 글자.

心身(심신) 마음과 몸. 정신과 육체.
心情(심정) 마음속에 품은 생각과 감정.
心醉(심취) 어떤 일에 마음이 쏠리어 열중함.
心血(심혈) 심장의 피. 지성과 정력.

## 討議(토의) 討議 討議 討議    각자의 의견을 내어 검토하고 협의함.

**討** (言 3 ⑩) 칠 토
치다. 토벌하다. 정벌하다.
suppress トゥ(うつ)
丶 亠 宀 言 言 討 討
말씀 언(言)과 마디 촌(寸).

討論(토론) 논제를 놓고 각자 의견을 논의함.
討伐(토벌) 군대를 보내어 침.
檢討(검토) 내용을 검사하여 따짐.
聲討(성토) 여럿이 모여 잘못을 비판하고 규탄함.

**議** (言 13 ⑳) 의논할 의
의논하다. 논쟁하다. 의견.
discuss ギ(はかる)
訁 詳 詳 詳 議 議
말씀 언(言)과 옳을 의(義).

議決(의결) 의논하여 결정함.
議案(의안) 회의에서 심의할 안건.
議定書(의정서) 협의하여 결정된 문서.
講議(강의) 글이나 학설의 뜻을 풀이하여 가르침.

## 批評(비평) 批評 批評 批評    사물을 평가하여 논의하는 일.

**批** (手 4 ⑦) 비평할 비
비평하다. 후려치다.
criticize ヒ(うつ, しめす)
扌 扌 扌 扎 扎 批
손 수(扌·手)와 견줄 비(比).

批難(비난) 남의 허물을 들추어 말함.
批答(비답) 상소에 대한 임금의 하답(下答).
批准(비준) 조약 체결에 대한 당사국의 동의 절차.
批判(비판) 비평하고 판단함.

**評** (言 5 ⑫) 평론할 평
평론하다. 품평하다.
comment ヘョウ(しなさだめ)
言 言 訂 訂 評 評
말씀 언(言)과 공평할 평(平).

評價(평가) 물건의 값을 정함. 정한 가격.
評論(평론) 사물의 가치 등을 비평하여 논함.
評判(평판) 비평하여 판정함.
評說(평설) 세상의 평판. 비평을 가하여 설명함.

## 贊否 (찬부)
贊否 贊否 贊否 — 찬성과 불찬성.

### 贊 — 찬성할 찬
貝 12 ⑲
assist サン(ほめる)
찬성하다. 찬양하다. 돕다.
획순: 〃 业 耂 共 兟 替 贊
나아갈 신(兟 : 올리다)과 조개 패(貝).

- 贊同(찬동) 찬성하여 동의함.
- 贊反(찬반) 찬성과 반대. 贊否(찬부).
- 贊成(찬성) 도와서 성취시킴. 동의함.
- 協贊(협찬) 협력하여 도움.

### 否 — 아닐 부, 막힐 비
口 4 ⑦
not deny ヒ, ビ(いな)
아니다. 부정하다. 막히다.
획순: 一 ナ 不 不 否 否
아니 불(不)과 입 구(口). 아니라고 부정하는 것을 뜻한다.

- 否決(부결) 의안을 성립시키지 않기로 함.
- 否定(부정) 그렇지 않다고 단정함.
- 否運(비운) 막힌 운수. 불행한 운명.
- 拒否(거부) 승낙하지 않고 물리침.

## 推薦 (추천)
推薦 推薦 推薦 — 사람을 천거함.

### 推 — 옮을 추, 밀 퇴
手 8 ⑪
transfer スイ(おす)
옮다. 변천. 밀다. 천거하다.
획순: 扌 扌 扩 折 抡 推
손 수(扌・手)와 새 추(隹・出 : 나다).

- 推戴(추대) 떠받듦.
- 推理(추리) 사리를 미루어 생각함.
- 推仰(추앙) 높이 받들어 우러러봄.
- 推敲(퇴고) 자구를 여러 번 생각하여 고침.

### 薦 — 천거할 천
艹 13 ⑰
recommend セン(すすめる)
천거하다. 추천함. 올리다.
획순: 产 芦 芹 蓎 薦 薦
풀 초(艹・艸)와 해태 채(廌).

- 薦擧(천거) 사람을 추천함.
- 薦度(천도) 죽은 혼령을 극락세계로 가게 함.
- 薦新(천신) 햇곡식을 신에게 먼저 올리는 일.
- 自薦(자천) 자기가 자기를 추천함.

## 委員 (위원)
委員 委員 委員 — 일정한 직무를 위촉받은 사람.

### 委 — 맡길 위
女 5 ⑧
entrust イ(ゆだねる)
맡기다. 버리다. 자세하다.
획순: 二 千 禾 秂 委 委
벼 화(禾)와 계집 녀(女).

- 委棄(위기) 버리고 돌보지 않음.
- 委任(위임) 어떤 일을 책임 지워서 맡김.
- 委囑(위촉) 사무 처리 따위를 남에게 맡김.
- 委託(위탁) 일정한 행위를 하도록 부탁함.

### 員 — 인원 원
口 7 ⑩
personnel イン(かず)
인원. 관원. 둥글다. 수효.
획순: 口 口 尸 吊 員 員
입 구(口)와 조개 패(貝). 돈을 관리하는 사람.

- 員石(원석) 둥근 돌. 圓石(원석).
- 員外(원외) 정한 인원(人員) 이외.
- 隊員(대원) 대(隊)를 이루고 있는 사람.
- 要員(요원) 중요한 지위에 있는 임원.

사회(社會) - 단체(團體)

## 的確(적확)  的確 的確 的確  의심할 나위 없이 틀림이 없음.

**的** 白 3 ⑧
과녁 적
과녁. 표준. 요점. 적실하다.
target テキ(まと)
丿 白 白 白 的 的
흰 백(白)과 조금 작(勺).

的當(적당) 틀림없이 꼭 맞음.
的中(적중) 꼭 들어맞음. 화살이 과녁에 맞음.
公的(공적) 공공에 관한 것. ↔ 私的(사적).
靜的(정적) 정지한 것 조용한 것 ↔ 動的(동적).

**確** 石 10 ⑮
확실할 확
확실하다. 굳다. 분명.
true カク(たしか)
石 矿 砰 碎 碎 確
돌 석(石)과 새 높이 날 학(寉).

確固(확고) 확실하고 견고함.
確率(확률) 확실성의 정도를 나타내는 수치.
確立(확립) 확실하게 정해 움직이지 않음.
確信(확신) 확실히 믿음.

## 狀況(상황)  狀況 狀況 狀況  일이 되어 가는 형편이나 모양.

**狀** 犬 4 ⑧
형상 상, 문서 장
형상. 문서. 편지. 모양.
letter ジョウ(かたち)
丨 丬 丬 爿 狀 狀
조각 장(爿)과 개 견(犬).

狀貌(상모) 얼굴의 생김새.
狀態(상태) 처해 있는 형편이나 모양.
賞狀(상장) 상을 주는 뜻을 적어 주는 증서.
狀紙(장지) 양식에 의거하여 인쇄한 용지.

**況** 水 5 ⑧
하물며 황
하물며. 더구나. 이에. 형편.
much キョウ(いわんや)
氵 氵 氵 汨 況 況
물 수(氵·水)와 클 형(兄: 모형, 상황).

況且(황차) 하물며. 더구나.
近況(근황) 최근의 상황.
盛況(성황) 성대한 상황.
情況(정황) 사정과 상황.

## 氣勢(기세)  氣勢 氣勢 氣勢  의기가 강한 형세.

**氣** 气 6 ⑩
기운 기
기운. 숨기. 호흡. 날씨. 절기.
air キ,ケ(いき)
丿 匚 气 气 氣 氣
기운 기(气: 수증기)와 쌀 미(米).

氣槪(기개) 씩씩한 기상과 꿋꿋한 절개.
氣象(기상) 대기 중에서 일어나는 물리적 현상.
氣風(기풍) 기상과 풍도.
景氣(경기) 여러 가지 경제 현상의 상태.

**勢** 力 11 ⑬
기세 세
기세. 권세. 형세. 무리. 불안.
force セイ(いきおい)
土 吉 刲 执 執 勢
심을 예(執)와 힘 력(力).

勢家(세가) 권세 있는 집안.
勢道(세도) 정치상의 권세를 잡음.
勢力(세력) 남을 복종시키는 기세와 힘.
勢利(세리) 세력과 권리. 권세와 이욕.

## 倒懸(도현) 倒懸 倒懸 倒懸 거꾸로 매달림.

**倒** 人 8 ⑩ 넘어질 도
넘어지다. 넘어뜨림. 거꾸로.
fall トウ(たおれる) 亻 亻 仁 仆 住 倒
사람 인(亻·人)과 이를 도(到 : 쓰러지다).

倒壞(도괴) 무너뜨림. 무너짐.
倒産(도산) 기업 등이 재산을 모두 써 버림.
壓倒(압도) 눌러서 넘어뜨림.
打倒(타도) 쳐서 거꾸러뜨림.

**懸** 心 16 ⑳ 매달 현
매달다. 달아 맴. 걸다. 빚.
hang ケン(かける) 県 県 縣 縣 縣 懸
고을 현(縣 : 달다)과 마음 심(心).

懸隔(현격) 썩 동떨어짐.
懸燈(현등) 등불을 높이 매닮.
懸賞(현상) 상금을 걸어 모으거나 찾는 일.
懸案(현안) 아직 결정을 못 지은 의안.

## 早晚(조만) 早晚 早晚 早晚 이름과 늦음. 아침저녁. 요새. 작금.

**早** 日 2 ⑥ 일찍 조
일찍. 새벽. 미리. 급히. 이르다.
early ソウ,サツ(はやい) 丶 冂 曰 旦 므 早
날 일(日)과 동쪽 갑(十·甲 : 머리).

早期(조기) 이른 시기. 일찍.
早老(조로) 나이에 비하여 일찍 늙음.
早熟(조숙) 나이에 비해 심신의 발달이 빠름.
早朝(조조) 이른 아침.

**晚** 日 7 ⑪ 저물 만
저물다. 저녁. 해질녘. 늦다.
late バン(おくれる) 冂 日 旷 晗 晗 晚
날 일(日)과 면할 면(免 : 빠져나오다).

晚覺(만각) 늦게 깨달음.
晚年(만년) 나이가 들어서 늙은 때.
晚成(만성) 늦게 성취함.
晚秋(만추) 늦가을. 음력 9월.

## 枯渴(고갈) 枯渴 枯渴 枯渴 물이 바싹 마름. 돈 등이 귀해짐.

**枯** 木 5 ⑨ 마를 고
마르다. 야위다. 수척함.
wither コ(かれる) 一 十 木 木 朴 枯
나무 목(木)과 예 고(古 : 굳다).

枯淡(고담) 욕심이 없고 담담함.
枯死(고사) 말라죽음.
枯蟬(고선) 매미의 벗은 허물. 한약재로 쓰임.
枯木(고목) 마른 나무.

**渴** 水 9 ⑫ 목마를 갈
목마르다. 갈증. 서두르다.
thirsty カツ(かわく) 氵 沪 渇 渇 渇 渴
물 수(氵·水)와 그칠 갈(曷).

渴求(갈구) 몹시 애써서 구함.
渴望(갈망) 목말라 물을 찾듯이 몹시 바람.
渴症(갈증) 목이 자꾸 마르는 증세.
渴水(갈수) 물이 마름.

사회(社會)- 단체(團體)

## 模倣(모방) 模倣 模倣 模倣 본받고 흉내 냄. 본뜨기.

**木 11 ⑮ 模** 법 모
법. 모범. 본. 본보기. 무늬.
pattern
モ(のり)
十 木 栌 栒 橏 模
나무 목(木)과 해질 모(莫·暮: 찾아 구함).

模範(모범) 본보기. 본받을 만함.
模樣(모양) 겉에 나타나는 형태. 형상.
模型(모형) 모델. 실물과 같게 만든 물건.
模造(모조) 본떠서 만듦.

**人 8 ⑩ 倣** 본받을 방
본받다. 본뜨다. 모방하다.
imitate
ホウ(ならう)
亻 仿 仿 倣 倣 倣
사람 인(亻·人)과 모방할 방(放).

倣古(방고) 옛것을 모방함.
倣似(방사) 아주 비슷함.
倣效(방효) 모서서 본받음.
依倣(의방) 흉내냄. 모방함.

## 信賴(신뢰) 信賴 信賴 信賴 남을 믿고 의지함.

**亻 7 ⑨ 信** 믿을 신
믿다. 믿음. 신표. 편지.
trust
シン(まこと)
丿 亻 亻 亻 信 信
사람 인(亻·人)과 말씀 언(言).

信念(신념) 옳다고 굳게 믿고 있는 마음.
信徒(신도) 종교를 믿는 사람들의 무리.
信望(신망) 믿고 바람. 믿음과 덕망.
通信(통신) 우편·전화 등으로 소식을 전함.

**貝 9 ⑯ 賴** 의지할 뢰
의지하다. 의뢰. 힘입다.
trust to
ライ(たのむ)
ヨ 申 刾 軬 軬 賴
자루에 넣을 라(刺·刺)과 조개 패(貝).

賴德(뇌덕) 남의 덕을 입음.
賴力(뇌력) 남의 힘을 입음.
賴天(뇌천) 하늘의 은혜를 입음.
依賴(의뢰) 남에게 의지함. 남에게 부탁함.

## 貢獻(공헌) 貢獻 貢獻 貢獻 공물을 바침. 국가·사회를 위해 이바지함.

**貝 3 ⑩ 貢** 바칠 공
바치다. 천거하다. 공물.
tribute
コウ(みつぎ)
一 二 干 吉 貢 貢
바칠 공(工)과 조개 패(貝).

貢納(공납) 공물을 바침.
貢物(공물) 나라에 바치던 물건.
租貢(조공) 조세(租稅) 등을 바침.
朝貢(조공) 속국이 예물로 물건을 바치는 일.

**犬 16 ⑳ 獻** 바칠 헌
바치다. 제사지내다. 받들다.
dedicate
ケン, コン(たてまつる)
广 卢 唐 虐 鬳 獻
솥 권(鬳: 호랑이 모양의 시루)과 개 견(犬).

獻金(헌금) 돈을 바침. 또, 그 돈.
獻納(헌납) 금품을 바침. 헌금.
獻身(헌신) 몸을 바쳐 있는 힘을 다함.
獻呈(헌정) 바침. 드림. 獻上(헌상).

## 奉仕(봉사) 奉仕 奉仕 奉仕　남을 위해 공손히 시중듦.

**奉** 받들 봉
大 5 ⑧
받들다. 바치다. 기르다. 돕다.
一 三 丰 夫 表 奉
serve　ホウ(たてまつる)
무성할 봉(丰)과 들 공(廾), 그리고 손 수(手).

**仕** 벼슬 사
人 3 ⑤
벼슬. 벼슬살이. 섬기다.
ノ イ 仁 什 仕
official post　シ(つかえる)
사람 인(亻·人)과 선비 사(士).

奉讀(봉독)　남의 글을 받들어 읽음.
奉養(봉양)　부모 등 웃어른을 받들어 모심.
奉行(봉행)　받들어 행함.
奉獻(봉헌)　경건한 마음으로 물건을 바침.

仕官(사관)　벼슬살이. 仕宦(사환).
仕途(사도)　벼슬길.
仕路(사로)　선비로서 가야 할 길. 宦路(환로).
仕宦家(사환가)　대대로 내려오는 벼슬 집안.

## 吉祥(길상) 吉祥 吉祥 吉祥　상서로운 일이 있을 좋은 조짐.

**吉** 길할 길
口 3 ⑥
길하다. 상서로움. 좋다.
一 十 士 吉 吉 吉
lucky　キツ,キチ(よい)
선비 사(士)와 입 구(口).

**祥** 상서로울 상
示 6 ⑪
상서롭다. 복. 좋다.
ネ ネ' ネ'' ネ''' ネ'''' 祥
lucky　ショウ(めでたい)
보일 시(示)와 양 양(羊 : 크다).

吉慶(길경)　즐겁고 경사로운 일.
吉夢(길몽)　좋은 꿈.
吉凶(길흉)　길함과 흉함. 행복과 재앙.
大吉(대길)　매우 길함.

祥夢(상몽)　좋을 조짐이 있을 꿈.
祥瑞(상서)　복되고 길한 일이 일어날 징조.
祥雲(상운)　상서로운 구름.
祥兆(상조)　상서로운 조짐.

## 徵兆(징조) 徵兆 徵兆 徵兆　어떤 일이 생길 기미가 보이는 일.

**徵** 부를 징
彳 12 ⑮
부르다. 구하다. 요구함.
彳 彳' 彳'' 徨 徵 徵
call　チョウ(めす,きざし)
작은 미(微)와 나타날 임(壬).

**兆** 조짐 조
儿 4 ⑥
조짐. 점. 조(억의 만 배).
ノ 丿 兆 兆 兆 兆
omen　チョウ(きざし)
거북의 갈라진 등껍질을 본뜬 글자.

徵發(징발)　사람 또는 물품을 강제로 거둠.
徵收(징수)　조세·곡식 등을 거두어들임.
徵集(징집)　사람을 불러 모음.
徵候(징후)　겉으로 나타나는 징조.

兆民(조민)　국민. 많은 백성.
兆域(조역)　무덤이 있는 지역.
兆朕(조짐)　길흉이 생길 기세가 보이는 현상.
前兆(전조)　사건 발생의 조짐.

사회(社會)- 단체(團體)

## 身元(신원) 身元 身元 身元 — 출생·신분 등 일신상의 관계.

**身** 몸 신
0⁄⑦ 몸. 아이 배다. 몸소. 연령.
body シン(み) ′ ′ ′ 冂 冃 身 身
사람이 아이를 밴 모양을 본뜬 글자.
身命(신명) 몸과 목숨.
身分(신분) 개인의 사회적인 지위와 계급.
身長(신장) 몸의 길이. 키.
身體髮膚(신체발부) 몸과 머리털과 살갗.

**元** 으뜸 원
儿2⁄④ 으뜸. 우두머리. 처음. 시초.
principal ゲン(もと) 一 二 テ 元
위 상(二·上)과 어진 사람 인(儿).
元氣(원기) 만물의 근본이 되는 기운.
元年(원년) 첫 해. 임금이 즉위한 첫 해.
元旦(원단) 정월 초하룻날 아침. 설날.
元素(원소) 물건을 만들어 내는 근본.

## 履歷(이력) 履歷 履歷 履歷 — 지금까지의 학업·직업 따위의 경력.

**履** 신 리
尸12⁄⑮ 신발. 신다. 밟다. 걷다.
shoes リ(くつ,ふむ) 尸 尸 尸 屈 屈 履
주검 시(尸)와 조금 걸을 척(彳), 칠 복(攵)과 배 주(舟).
履尙(이상) 품행이 고상함.
履跡(이적) 신발 자국. 발자국.
履踐(이천) 실천함. 몸소 이행함.
履行(이행) 실제로 행함. 말과 같이 함.

**歷** 지낼 력
止12⁄⑯ 지내다. 겪다. 두루. 책력.
pass through レキ(へる) 厂 厂 厂 麻 麻 歷
세월 력(曆·厤)과 이를 지(止).
歷代(역대) 여러 대를 이음.
歷歷(역력) 또렷함. 분명함.
歷史(역사) 인류 사회의 변천·흥망의 기록.
遍歷(편력) 이곳저곳을 돌아다님.

## 適宜(적의) 適宜 適宜 適宜 — 맞추기에 마땅함.

**適** 알맞을 적
辵11⁄⑮ 알맞다. 맞다. 만나다. 가다.
suitable テキ(かなう) 亠 产 商 商 適 適
쉬엄쉬엄 갈 착(辶·辵)과 꼭지 적(啇).
適格(적격) 알맞게 자격이 갖추어져 있음.
適當(적당) 알맞음. 마땅함.
適法(적법) 법규의 정하는 바에 맞음.
適任(적임) 임무에 알맞음. 알맞은 임무.

**宜** 마땅할 의
宀5⁄⑧ 마땅하다. 옳다. 형편이 좋다.
suitable ギ(よろしい) 宀 宀 宀 宜 宜 宜
움집 면(宀)과 많을 다(且:제사그릇).
宜可(의가) 좋음. 마땅함.
宜當(의당) 마땅히 그러함.
宜乎(의호) 마땅한 모양.
時宜(시의) 그때의 사정에 맞음.

## 赴任 (부임)
赴任 赴任 赴任  임명받아 새로 맡겨진 자리에 감.

**赴** 다다를 부
走 2 ⑨
다다르다. 가다. 향하다.
get to フ(おもむく)
キ キ キ 走 赴 赴
달릴 주(走)와 점 복(卜 : 순식간에 금이 생기다).

赴擧(부거) 과거를 보러 감.
赴告(부고) 사람이 죽은 것을 알리는 통지.
赴役(부역) 부역(賦役)을 치르러 나감.
赴援(부원) 구원하러 감.

**任** 맡길 임
人 4 ⑥
맡기다. 주다. 맡은 일.
charge ニン(まかせる)
ノ イ 仁 仁 任 任
사람 인(亻·人)과 짊어질 임(壬).

任官(임관) 관직에 임명됨.
任期(임기) 일정한 책임을 맡아보는 기간.
任用(임용) 관직을 주어 등용함.
責任(책임) 맡아서 해야 할 일.

## 責務 (책무)
責務 責務 責務  맡은 바 일. 직책과 임무.

**責** 꾸짖을 책, 빚 채
貝 4 ⑪
꾸짖다. 요구하다. 강요함. 빚.
scold セキ(せめる)
一 十 主 青 責 責
가시 자(主·朿)와 조개 패(貝).

責望(책망) 구하여 바람. 요구함.
責罰(책벌) 죄과를 꾸짖어 벌함.
責任(책임) 맡아서 해야 할 임무.
問責(문책) 잘못을 캐묻고 추궁함.

**務** 힘쓸 무
力 9 ⑪
힘쓰다. 일. 직분. 향하다.
endeavor ム(つとめる)
矛 矛 殍 豨 務 務
힘쓸 무(敄)와 힘 력(力). 힘쓰고 또 힘쓰는 것을 뜻한다.

務望(무망) 꼭 이루어지기를 바람.
務實力行(무실역행) 참되도록 힘쓰고 행함.
公務(공무) 국가나 공공단체의 사무.
勤務(근무) 일을 맡아 봄. 또, 그 일.

## 完遂 (완수)
完遂 完遂 完遂  완전히 이루어 냄.

**完** 완전할 완
宀 4 ⑦
완전하다. 완전하게 하다.
perfect カン(まつたい)
丶 宀 宀 宀 宇 完
움집 면(宀)과 으뜸 원(元).

完璧(완벽) 흠이 없는 구슬. 결점 없이 훌륭함.
完全無缺(완전무결) 조금의 결점도 없음.
完快(완쾌) 병이 완전히 나음.
未完成(미완성) 완성되지 못함.

**遂** 이룰 수
辶 9 ⑬
이루다. 드디어. 나가다.
accomplish スイ(ついに)
八 亠 予 豕 家 遂
쉬엄쉬엄 갈 착(辶·辵)과 다할 수(㒸).

遂事(수사) 이미 이룬 일.
遂成(수성) 드디어 이룸.
遂意(수의) 뜻을 이룸.
遂行(수행) 일을 계획한 대로 해냄.

사회(社會)- 단체(團體)

## 條件(조건)  條件 條件 條件  정한 약속 사항. 규약의 조항.

**條** 木 7 ⑪ 가지 조
branch ジョウ(えだ)
가지. 나뭇가지. 곁가지.
イ 亻 伫 佟 俢 條
대롱거릴 유(攸)와 나무 목(木).

條例(조례) 일일이 조리를 따져 예를 드는 일.
條目(조목) 하나하나 따져서 벌인 일의 가닥.
條文(조문) 조목별로 벌여 적은 글.
條約(조약) 조문으로서 약속하는 일.

**件** 人 4 ⑥ 일 건
thing ケン(くだん)
일. 물건. 것. 사건. 조건.
ノ 亻 亻 仁 仨 件
사람 인(亻·人)과 소 우(牛).

件名(건명) 일이나 물건의 이름. 서류의 제목.
件數(건수) 사건의 수.
事件(사건) 뜻밖에 일어난 변고. 事故(사고).
用件(용건) 볼일. 用務(용무).

## 簡單(간단)  簡單 简单 簡單  단출함. 홀가분함.

**簡** 竹 12 ⑱ 편지 간
letter カン(ふだ,てがみ)
편지. 글. 문서. 대쪽. 서책.
竺 笠 節 節 簡 簡
대 죽(竹)과 사이 간(間).

簡潔(간결) 간략하고 요령 있음.
簡略(간략) 번거롭지 않음. 생략하여 간단함.
簡易(간이) 간단하고 쉬움.
簡便(간편) 간단하고 편리함.

**單** 口 9 ⑫ 홑 단, 이름 선
single タン(ひとえ)
홑. 하나. 오직. 다만. 혼자.
丨 吅 吅 單 單 單 單
끝이 두 갈래로 갈라진 무기. 또는 부채를 본뜬 글자.

單價(단가) 일정한 단위의 값. 낱개의 값.
單純(단순) 잡것이 섞이어 있지 아니함.
單一(단일) 복잡하지 않음.
名單(명단) 일에 관계된 사람의 이름을 적은 표.

## 每于(매우)  每于 每于 每于  항상 그러한 모양.

**每** 母 3 ⑦ 매양 매
always マイ(つねに,ごとに)
매양. 늘. 항상. 탐내다.
ノ 亠 仁 乍 每 每 每
싹 날 철(丿: 屮의 변형)과 어미 모(母).

每年(매년) 해마다. 매해.
每番(매번) 번번이. 여러 번 다.
每事(매사) 일마다. 모든 일. 일이 있을 때마다.
每樣(매양) 항상 그 모양으로.

**于** 二 1 ③ 어조사 우
particle ウ(ここに)
어조사. 가다. 크다. 탄식하다.
一 二 于
숨이 막히어 '아아' 소리가 새어 나오는 모양.

于歸(우귀) 신부가 처음으로 시집에 가는 일.
于今(우금) 지금까지.
于役(우역) 부역을 나감.
于嗟(우차) '아아'하고 탄식함.

## 孟浪(맹랑) 孟浪 孟浪 孟浪  실없음. 엉터리. 방황함.

**孟** 맏 맹
子5⑧
first born
モウ(はじめ)
맏. 처음. 용맹. 맹자의 약칭.
子 孑 쥬 쥼 굶 孟
아들 자(子)와 그릇 명(皿 : 처음).

孟冬(맹동) 초겨울. 음력 시월(十月)의 별칭.
孟母三遷(맹모삼천) 맹자 어머니가 아들의 교육을 위해 세 번 이사한 고사.
孟陽(맹양) 음력 정월의 별칭.

**浪** 물결 랑
水7⑩
wave
ロウ(なみ)
물결. 파도. 유랑하다.
丶 氵 氵 沪 浔 浪
물 수(氵·水)와 어질 량(良 : 노을 치는 물결).

浪漫(낭만) 실현성이 적고 매우 이상적인 상태.
浪費(낭비) 재물이나 시간 따위를 헛되이 씀.
浪說(낭설) 터무니없는 헛소문.
浪人(낭인) 지위나 벼슬이 없이 노는 사람.

## 盲點(맹점) 盲點 盲點 盲點  생각이 미치지 못하여 모순 있는 점.

**盲** 소경 맹
目3⑧
blind
モウ(めくら)
소경. 장님. 색맹. 어둡다.
丶 亠 亡 亡 盲 盲
잃을 망(亡)과 눈 목(目).

盲目的(맹목적) 시비를 가리지 못하는 상태.
盲信(맹신) 옳고 그름을 가리지 않고 믿음.
盲啞(맹아) 소경과 벙어리.
文盲(문맹) 글을 모르는 무식한 사람.

**點** 점 점  点
黑5⑰
dot
テン(てん,しるす)
점. 흠. 잎. 물방울. 점찍다.
日 甲 里 黑 黑 點 點
검을 흑(黑)과 차지할 점(占).

點檢(점검) 일일이 검사함.
點字(점자) 맹인용(盲人用)의 기호 문자.
點火(점화) 불을 붙임. 등불을 켬.
焦點(초점) 관심이 집중되는 가장 중요한 곳.

## 負擔(부담) 負擔 負擔 負擔  짐을 짐. 어떤 일을 맡음.

**負** 짐질 부
貝2⑨
bear
フ(おう,まける)
짐지다. 책임을 지다.
′ ″ 夕 角 負 負
사람 인(亻·人)과 조개 패(貝 : 재물).

負袋(부대) 자루. 包袋(포대).
負傷(부상) 상처를 입음. 또, 그 상처.
負債(부채) 빚.
抱負(포부) 마음속에 품고 있는 생각.

**擔** 멜 담  担
手13⑯
bear
タン(になう)
메다. 짊어지다. 맡다.
扌 扩 扩 擔 擔 擔
손 수(扌·手)와 이를 첨(詹).

擔當(담당) 일을 맡아 함. 어떤 일을 맡음.
擔保(담보) 맡아서 보장함.
擔任(담임) 책임을 지고 맡아 봄. 또, 그 사람.
加擔(가담) 거들어 도와 줌.

사회(社會)- 단체(團體)

## 概要(개요) 概要 概要 概要 대강의 요점.

木 11 ⑮ 概
대개 개 概
대개. 대강. 평미레. 저울.

generally
ガイ(おおむね)
朼 朼 楖 椏 榍 概
나무 목(木)과 이미 기(旣).

西 3 ⑨ 要
요긴할 요 要
요긴하다. 종요롭다. 구하다.

seek ヨウ(かなめ)
一 一 戸 西 要 要
여자가 두 손을 허리에 대고 있는 모양을 본떠, '허리'를 뜻하다가 변하여 쓰인다.

概觀(개관) 대충 살펴봄.
概括(개괄) 개요를 잡아 한데 뭉뚱그림.
概略(개략) 대강만을 추림. 또, 그 것. 개요.
節概(절개) 지조와 기개. 기개 있는 지조.

要綱(요강) 중요한 강령(綱領).
要求(요구) 강력히 청하여 구함.
要塞(요새) 국경 등에 있는 방어 시설.
摘要(적요) 요점을 뽑아 적음.

## 調整(조정) 調整 調整 調整 골라서 알맞게 정돈함.

言 8 ⑮ 調
고를 조 調
고르다. 길들이다. 지키다.

even adjust
チョウ(ととのう)
言 訂 訂 訶 調 調
말씀 언(言)과 두루 미칠 주(周).

攴 12 ⑯ 整
가지런할 정 整
가지런하다. 정돈함.

arrange
ヒイ(ととのう)
一 束 軟 敕 軟 整
묶을 속(束)과 칠 복(攵·攴), 바를 정(正).

調達(조달) 조화되어 통달함.
調理(조리) 조화되게 다스림. 치료함.
調和(조화) 이것과 저것이 서로 잘 어울림.
協調(협조) 힘을 합해 서로 조화를 이룸.

整頓(정돈) 가지런히 하여 바로잡음.
整列(정렬) 가지런히 줄섬.
整理(정리) 가지런히 바로잡아 다스림.
端整(단정) 깨끗이 정돈되어 있음.

## 課題(과제) 課題 課題 課題 처리하거나 해결해야 할 문제.

言 8 ⑮ 課
과정 과 課
과정. 과목. 조세. 매기다.

impose
カ(しごと)
言 訂 詚 訊 評 課
말씀 언(言)과 열매·결과 과(果).

頁 9 ⑱ 題
제목·이마 제 題
제목. 글제. 표제. 이마.

subject
ダイ(ひたい)
旦 是 是 題 題 題
이 시(是)와 머리 혈(頁).

課目(과목) 과정(課程)을 세분한 항목(項目).
課稅(과세) 세금을 매김. 또, 그 세금.
課程(과정) 할당된 일이나 학과의 정도.
賦課(부과) 세금을 매김. 조세를 할당함.

題目(제목) 책이나 시문 등의 표제.
題材(제재) 문예 작품의 주제가 되는 재료.
題品(제품) 사물의 가치나 우열 따위를 평함.
話題(화제) 이야기의 제목. 이야깃거리.

## 指針 (지침) 指針 指針 指針    지시. 생활이나 행동의 준칙 따위.

**指** 손가락 지
手 6 ⑨
손가락. 발가락. 가리키다.
finger シ(ゆび)
ㅊ ㅊ ㅊ 指 指 指
손 수(ㅊ·手)와 뜻 지(旨).

指導(지도) 가르쳐 인도함.
指名(지명) 누구라고 가리켜 말함.
指示(지시) 가리켜 보임. 일일이 가르침.
指向(지향) 뜻하여 향함.

**針** 바늘 침
金 2 ⑩
바늘. 침. 바느질하다.
needle シン(はり)
ㅅ ㅅ 숃 金 金 針
쇠 금(金)과 열 십(十 : 바늘).

針孔(침공) 바늘귀. 바늘이 드나드는 구멍.
針灸(침구) 침질과 뜸질. 鍼灸(침구).
針母(침모) 바느질로 품삯을 받는 여자.
針線(침선) 바늘과 실. 곧, 바느질.

## 肯志 (긍지) 肯志 肯志 肯志    찬성하는 뜻.

**肯** 즐길 긍
肉 4 ⑧
즐기다. 기꺼이. 수긍함.
enjoy コウ(うなずく)
ㅣ ㅏ ㅑ 片 肯 肯
멈출 지(止 : 뼈)와 몸 육(月·肉).

肯諾(긍낙) 수긍해 허락함.
肯定(긍정) 그러하다고 인정함. 동의함.
肯意(긍의) 그렇다고 수긍하는 의사.
首肯(수긍) 그러하다고 고개를 끄덕임.

**志** 뜻 지
心 3 ⑦
뜻. 의향. 본심. 희망. 감정.
intention シ(こころす)
一 十 士 志 志 志
갈 지(士 : 之의 변형)와 마음 심(心).

志氣(지기) 뜻. 의지와 기개.
志望(지망) 뜻하여 희망함. 소원.
志士(지사) 고매한 뜻을 품은 사람.
志向(지향) 뜻하여 향하는 곳.

## 含蓄 (함축) 含蓄 含蓄 含蓄    속에 지니어 드러나지 아니함.

**含** 머금을 함
口 4 ⑦
머금다. 다물다. 넣다.
include ガン(ふくむ)
ノ 人 人 今 含 含
입 구(口)와 이제 금(今).

含量(함량) 들어 있는 분량.
含淚(함루) 눈물을 머금음.
含笑(함소) 웃음을 머금음. 꽃이 피기 시작함.
含有(함유) 어떤 성분을 포함하고 있음.

**蓄** 쌓을 축
艸 10 ⑭
쌓다. 쌓아두다. 두다.
store チク(たくわえる)
艹 芗 芗 莐 蓄 蓄
풀 초(艹·艸)와 쌓을 축(畜 : 길러서 모으다).

蓄財(축재) 재물을 모아서 쌓음.
蓄積(축적) 많이 모아서 쌓음.
備蓄(비축) 미리 장만하여 저축해둠.
貯蓄(저축) 소득의 일부를 적립함.

사회(社會)- 단체(團體)

## 罷免(파면) 罷免 罷免 罷免　직무를 그만두게 함.

网 10 ⑮ **罷**　파할 파　罢
파하다. 그만두다. 멈추다.
cease ヒ(やめる)　㓁 罒 罝 胃 罷 罷
그물 망(㓁·网)과 능할 능(能 : 현자).

罷市(파시)　물건 파는 일을 중지하는 일.
罷業(파업)　일제히 작업을 중지함.
罷場(파장)　시장이 파함. 과장(科場)이 파함.
罷職(파직)　관직을 물러나게 함.

儿 5 ⑦ **免**　면할 면　免
면하다. 벗어나다. 허락하다.
avoid メン(まぬかれる)　フ 宀 凸 各 免 免
아기를 낳는 사람의 사타구니의 모습.

免官(면관)　관직을 그만두게 함.
免問(면문)　처벌이나 문책을 면함.
免除(면제)　책임이나 의무를 지우지 아니함.
免罪(면죄)　죄를 용서함. 또는 겨우 죄를 면함.

## 失脚(실각) 失脚 失脚 失脚　발을 헛디딤. 권력이나 지위를 잃음.

大 2 ⑤ **失**　잃을 실
잃다. 잘못. 졸렬. 그르치다.
lose シツ(うしなう)　ノ 丿 二 失 失
손 수(手)와 굽을 을(乙).

失格(실격)　자격을 잃음. 격식에 맞지 않음.
失手(실수)　무슨 일에서 잘못됨.
紛失(분실)　잃어버림.
損失(손실)　잃거나 축이 나서 손해를 봄.

肉 7 ⑪ **脚**　다리 각　脚
다리. 물건 떠받치는 것.
leg キャク(あし)　月 肝 肚 胠 胠 脚
육달 월(月·肉)과 뒤로 물러날 각(却).

脚本(각본)　연극의 무대 장치나 대사 등을 적은 책.
脚注(각주)　본문 아래 난(欄) 밖에 다는 주석.
健脚(건각)　튼튼한 다리. 튼튼해 잘 걸음.
馬脚(마각)　가식하여 숨긴 본성이나 진상.

## 衰殘(쇠잔) 衰殘 衰殘 衰殘　쇠퇴하여 약해짐.

衣 4 ⑩ **衰**　쇠할 쇠, 상복 최　衰
쇠하다. 쇠잔하다. 상복.
decay スイ(おとろえる)　亠 亠 丧 声 乗 衰
풀로 엮어 만든, 비 올 때 걸치는 도롱이를 본뜬 글자.

衰老(쇠로)　늙어 쇠약함.
衰亡(쇠망)　쇠퇴(衰退)하여 멸망함.
衰弱(쇠약)　몸이 쇠하여 약해짐.
衰服(최복)　부모, 조부모 초상에 입는 상복.

歹 8 ⑫ **殘**　남을 잔　残
남다. 잔인하다. 미워하다.
remain ザン(のこる)　歹 歹 歽 殘 殘 殘
뼈 앙상할 알(歹)과 상할 잔(戔).

殘金(잔금)　쓰고 남은 돈.
殘黨(잔당)　남은 무리. 餘黨(여당).
殘留(잔류)　남아서 처져 있음.
殘餘(잔여)　남아 있는 것. 처져 있는 나머지.

## 陳腐(진부)　陳腐　陳腐　陳腐　묵어서 썩음. 낡아서 새롭지 못함.

**陳** 阜 8 ⑪ 늘어놓을 진　陈
チン(つらねる)
늘어놓다. 늘어서다. 묵다.
ㄱ ㅏ ㅏ 阡 陣 陳
언덕 부(阝·阜)와 동녘 동(東).

陳述(진술) 구두로 말함. 자세히 말함.
陳列(진열) 물건 따위를 죽 벌여 놓음.
陳情(진정) 실정을 진술함. 심정을 펴서 말함.
開陳(개진) 자기의 의견을 말함. 陳述(진술).

**腐** 肉 8 ⑭ 썩을 부
rotten フ(くさる)
썩다. 썩히다. 괴롭히다. 묵다.
广 庁 庐 府 腐 腐
곳집 부(府)와 고기 육(肉).

腐植(부식) 흙 속에서 유기물이 썩는 일.
腐蝕(부식) 썩고 벌레가 먹음.
腐心(부심) 속을 썩임. 마음 쓰고 애씀.
腐敗(부패) 썩어서 못 쓰게 됨.

## 廢棄(폐기)　廢棄　廢棄　廢棄　못쓰게 된 것을 버림. 폐지해서 버림.

**廢** 广 12 ⑮ 폐할 폐　废
abolish ハイ(やめる,すたれる)
폐하다. 엎드리다. 떨어지다.
广 庁 庐 廖 廢 廢
집 엄(广)과 떠날 발(發 : 망가지다).

廢刊(폐간) 신문·잡지 등의 간행을 폐지함.
廢農(폐농) 농사를 그만둠.
廢物(폐물) 아무 소용없이 된 물건.
廢業(폐업) 학문 닦기를 그만둠. 가업을 폐함.

**棄** 木 8 ⑫ 버릴 기　弃
abandon キ(すてる)
버리다. 내버림. 그만두다.
亠 云 玄 奁 章 棄
버릴 거(厶 : 去), 쓰레받기와 양손(廾)을 나타낸 朩.

棄却(기각) 버려두고 문제 삼지 않음.
棄權(기권) 권리를 포기함.
棄世(기세) 세상을 떠남. 別世(별세).
棄兒(기아) 어린애를 내버림. 버림받은 아이.

## 擴充(확충)　擴充　擴充　擴充　넓혀서 충실하게 함.

**擴** 手 15 ⑱ 넓힐 확　扩
expend カク(おしひろめる)
넓히다. 늘리다. 확대.
扌 扩 护 擔 擴 擴
손 수(扌·手)와 넓을 광(廣).

擴大(확대) 크게 넓힘. 늘려서 크게 함.
擴散(확산) 퍼져 흩어짐.
擴聲器(확성기) 소리를 크게 하는 기계.
擴張(확장) 넓혀 충실하게 함.

**充** 儿 4 ⑥ 가득할 충
full ジュウ(みちる)
가득하다. 채우다. 막다.
丶 亠 云 玄 㐬 充
기를 육(云·育)과 사람 인(儿·人).

充當(충당) 모자라는 것을 채워서 메움.
充員(충원) 부족한 인원을 채움.
充足(충족) 일정한 분량에 차거나 채움.
補充(보충) 모자라거나 부족한 것을 보태 채움.

사회(社會)- 단체(團體)

## 屛息(병식) 屛息 屛息 屛息　겁이 나서 숨을 죽임. 두려워서 조심함.

**屛** 尸 8 ⑪
병풍 **병**
병풍. 울(담). 막음. 숨죽이다.
screen　ヘイ,ピョウ(へい,かき)
尸 尸 屋 屋 屛 屛
주검 시(尸 : 몸통)와 합할 병(幷 : 늘어지다).

屛去(병거) 물리쳐서 버림.
屛居(병거) 하던 일에서 물러나 집에만 있음.
屛迹(병적) 자취를 감추고 드러내지 않음.
屛風(병풍) 방안에 치는 물건.

**息** 心 6 ⑩
숨쉴 **식**
숨쉬다. 쉬다. 그치다. 살다.
breathe　ソク(いき)
冂 白 白 自 息 息
코 비(自 · 鼻)와 마음 심(心).

息影(식영) 활동을 멈추고 쉼.
不息(불식) 쉬지 아니함.
棲息(서식) 동물이 깃들여 삶.
消息(소식) 안부나 어떤 사실에 대한 기별.

## 秘密(비밀) 秘密 秘密 秘密　숨기어 남에게 공개하지 않는 일.

**祕** 示 5 ⑩
숨길 **비**
숨기다. 비밀. 신비롭다.
hide　ヒ(ひめる)
千 禾 秒 秘 秘 秘
보일 시(示)와 반드시 필(必 : 닫다).

秘訣(비결) 숨겨두고 혼자만 쓰는 좋은 방법.
秘報(비보) 비밀히 보고함. 또, 그 보고.
秘史(비사) 세상에 알려지지 않은 이면사.
秘傳(비전) 비밀히 전하여 내려옴.

**密** 宀 8 ⑪
빽빽할 **밀**
빽빽하다. 자세하다. 은밀.
dense　ミツ(ひそか)
丶 宀 宓 宓 密
빽빽할 밀(宓)과 뫼 산(山).

密談(밀담) 몰래 나누는 이야기.
密林(밀림) 나무가 빽빽이 들어선 숲.
密封(밀봉) 단단히 봉함.
密約(밀약) 내밀히 약속함. 비밀 약속.

## 計劃(계획) 計劃 計劃 計劃　꾀하여 미리 얽이를 세움.

**計** 言 2 ⑨
셀 **계**
세다. 수. 헤아리다. 꾀하다. 꾀.
count　ケイ(はかる)
丶 亠 言 言 計
말씀 언(言)과 열 십(十).

計巧(계교) 요리조리 생각해 낸 꾀.
計量(계량) 분량을 잼. 양을 계산함.
計算(계산) 셈을 헤아림.
累計(누계) 소계를 계속해서 덧붙여 계산함.

**劃** 刀 12 ⑭
그을 **획**
긋다. 나누다. 구분하다.
draw　カク(かぎる)
コ ユ 畫 畫 畫 劃
가를 획(畫)과 칼 도(刂 · 刀).

劃給(획급) 그어 줌. 잘라서 나눠 줌.
劃期的(획기적) 새 시대를 긋는 것.
劃然(획연) 분명히 구별된 모양.
劃一(획일) 한결 같아서 차별이 없음.

## 許容 (허용)  許容 許容 許容  허락하여 용납함.

**許** 言 4 ⑪ 허락할 허
permit
キョ(ゆるす)
허락하다. 나아가다. 가량.
一 亠 言 訐 訐 許
말씀 언(言)과 공이 저(午·杵).

- 許可(허가) 허락함. 들어줌.
- 許多(허다) 많음. 수두룩함.
- 許諾(허락) 청하는 일을 들어 줌. 승낙.
- 特許(특허) 특별히 허락함.

**容** 宀 7 ⑩ 얼굴 용
face
ヨウ(いれる)
얼굴. 모양. 모습. 몸가짐.
丶 宀 宛 宛 容 容
움집 면(宀)과 골 곡(谷 : 입).

- 容共(용공) 공산주의 정책을 용인하는 일.
- 容器(용기) 물건을 담는 그릇.
- 容量(용량) 용기 안에 들어갈 수 있는 분량.
- 寬容(관용) 너그럽게 용서하거나 받아들임.

## 昨今 (작금)  昨今 昨今 昨今  어제오늘. 요즈음. 근래. 근일.

**昨** 日 5 ⑨ 어제 작
yesterday
サク(きのう)
어제. 앞서. 옛날. 과거.
日 旷 旷 旷 昨 昨
날 일(日)과 잠깐 사(乍).

- 昨年(작년) 지난해. 지난 연도.
- 昨夜(작야) 어젯밤.
- 昨月(작월) 지난 달.
- 再昨年(재작년) 지난해의 전 해.

**今** 人 2 ④ 이제 금
now
キン,コン(いま)
이제. 지금. 곧. 오늘. 이에.
ノ 人 亼 今
사람이 모여서 때를 맞추어 나가서 이르는 것.

- 今明間(금명간) 오늘이나 내일 사이.
- 今方(금방) 이제 방금. 지금 막.
- 今時(금시) 이제. 지금.
- 只今(지금) 이제.

## 疑惑 (의혹)  疑惑 疑惑 疑惑  의심하여 분별키 어려움.

**疑** 疋 9 ⑭ 의심할 의
doubt
ギ(うたがう)
의심하다. 의심. 두려워하다.
匕 矣 얐 얐 疑 疑
갑골문에서 사람이 갈림길을 만나 지팡이를 세우고 생각하며 서 있는 모양을 그렸다.

- 疑懼(의구) 의심하고 두려워함.
- 疑問(의문) 의심스러운 점을 물음.
- 疑似(의사) 비슷해서 가려내기 어려움.
- 疑心(의심) 믿지 못하는 마음이나 생각.

**惑** 心 8 ⑫ 미혹할 혹
bewitch
ワク(まどう)
미혹하다. 빠지다. 탐닉함.
一 丁 或 或 或 惑
혹시 혹(或)과 마음 심(心).

- 惑亂(혹란) 미혹되어 어지러움.
- 惑說(혹설) 미혹시키는 말이나 주장.
- 惑世(혹세) 어지러운 세상.
- 迷惑(미혹) 마음이 흐려지고 무엇에 홀림.

사회(社會) - 도덕(道德)

## 忠孝(충효)  忠孝 忠孝 忠孝   임금과 어버이를 잘 섬김.

**忠** 心/4/⑧ 충성 충 — 충성. 진심. 정성. 도.
loyalty チュウ(まごころ)
`丶 口 口 中 忠 忠`
가운데 중(中)과 마음 심(心).

**孝** 子/4/⑦ 효도 효 — 효도. 부모 잘 섬기다. 상복.
filial piety コウ(まこと)
`＋ 土 耂 耂 孝 孝`
늙을 노(耂·老)와 아들 자(子).

忠告(충고)  남의 잘못을 진심으로 타일러 줌.
忠僕(충복)  주인을 섬기는 충성스러운 종.
忠臣(충신)  충절을 다하는 신하.
忠言逆耳(충언역이)  바른 말은 귀에 거슬림.

孝敬(효경)  부모를 잘 섬기고 공경함.
孝女(효녀)  효도하는 딸.
孝道(효도)  효행의 도. 부모를 잘 섬기는 도리.
孝誠(효성)  마음을 다해 부모를 섬기는 정성.

## 崇仰(숭앙)  崇仰 崇仰 崇仰   높여 우러러 봄.

**崇** 山/8/⑪ 높을 숭 — 높다. 높이다. 존중하다.
high スウ(あがめる)
`山 出 屵 岸 崇 崇`
뫼 산(山)과 마루 종(宗 : 족장).

**仰** 人/4/⑥ 우러를 앙 — 우러르다. 우러러보다.
respect ギョウ(あおぐ)
`ノ 亻 亻 仁 仰 仰`
사람 인(亻·人)과 높을 앙(卬).

崇高(숭고)  존귀하고 고상함.
崇德(숭덕)  덕(德)을 숭상함.
崇拜(숭배)  높이 우러러 존경함.
崇尙(숭상)  높여 소중히 여김.

仰見(앙견)  우러러봄. 仰望(앙망).
仰告(앙고)  우러러보고 여쭘.
仰望(앙망)  우러러 바람. 편지 등에서 씀.
仰慕(앙모)  우러러 사모함. 仰望(앙망).

## 道德(도덕)  道德 道德 道德   사람이 행해야 할 바른 길. 도리.

**道** 辵/9/⑬ 길 도 — 길. 도로. 이치. 도리. 인도하다.
road ドウ(みち)
`丷 䒑 首 首 道 道`
쉬엄쉬엄 갈 착(辶·辵)과 머리 수(首 : 사람).

**德** 彳/12/⑮ 큰 덕 — 크다. 덕. 복. 은혜. 혜택.
virtue トク(とく)
`亻 彳 彳 德 德 德`
조금 걸을 척(彳)과 큰 덕(悳·惠 : 똑바른 마음).

道敎(도교)  황제와 노자·장자 등을 받드는 종교.
道義(도의)  응당 행해야 할 도덕상의 의리.
道通(도통)  사물의 이치를 깨달아서 통달함.
道學(도학)  도의와 학문. 도덕에 관한 학문.

德分(덕분)  어질고 고마운 행동을 하는 일.
德澤(덕택)  남에게 끼치는 은덕의 혜택.
德行(덕행)  어질고 너그러운 행실.
功德(공덕)  착한 일을 많이 쌓은 일.

## 趣向 (취향)

趣向 趣向 趣向  하고 싶은 마음이 쏠리는 방향.

**趣** 달릴 취
走 8 ⑮
run
シュ(おもむき)
달리다. 빨리 가다. 뜻. 취미.
走走走走趄趣
달릴 주(走)와 찾을 취(取 : 빠르다).

趣味(취미) 감상하고 비판하는 능력.
趣舍(취사) 취할 것은 취하고 버릴 것은 버림.
趣旨(취지) 기본적인 목적이나 의도.
情趣(정취) 정조(情調)와 흥취. 멋·운치.

**向** 향할 향
口 3 ⑥
face
コウ(むく)
향하다. 나아감. 북창(北窓).
′ ⼃ 冂 向 向 向
집 밖을 향해 나 있는 창문을 본뜬 글자.

向路(향로) 향하여 나아가는 길. 갈 길.
向上(향상) 오름. 승천(昇天). 차차 나아짐.
向日(향일) 지난날. 지난번. 접때. 전일.
動向(동향) 마음의 움직임. 행동 등의 방향.

## 仁義 (인의)

仁義 仁義 仁義  어진 것과 의로운 것.

**仁** 어질 인
人 2 ④
benevolent
ジン,ニン(いつくしみ)
어질다. 어진 이. 사람. 동정.
′ 亻 仁 仁
사람 인(亻·人)에 두 이(二).

仁德(인덕) 어진 덕.
仁術(인술) 사람을 살리는 어진 기술.
仁愛(인애) 어질고 사랑하는 마음.
仁慈(인자) 마음이 어질고 자애로움.

**義** 옳을 의   义
羊 7 ⑬
righteous
ギ(よし)
옳다. 바르다. 의리. 정의.
⺸ ⺷ 羊 義 義 義
양 양(羊)과 나 아(我).

義擧(의거) 정의를 위해 일으키는 일.
義理(의리) 바른 길. 지켜야 할 올바른 도리.
義務(의무) 맡은 직분.
正義(정의) 바른 뜻. 바른 의리.

## 恭敬 (공경)

恭敬 恭敬 恭敬  삼가 예를 차려 높임. 공손히 섬김.

**恭** 공손할 공
心 6 ⑩
respectful
キョウ(うやうやしい)
공손하다. 공경하다. 삼가다.
⺺ 井 共 恭 恭 恭
맞잡을 공(共 : 바치다)과 마음 심(忄·心).

恭待(공대) 공손히 대접함.
恭順(공순) 고분고분함.
不恭(불공) 공손하지 아니함.
溫恭(온공) 온화하고 공손함.

**敬** 공경할 경
攴 9 ⑬
respect
ケイ(うやまう)
공경하다. 공경. 훈계하다.
⼂ ⺌ 芍 苟 敬 敬
진실할 구(苟)와 칠 복(攵·攴).

敬虔(경건) 공경하는 마음으로 삼가고 조심함.
敬老(경로) 노인을 공경함.
敬語(경어) 존경하는 뜻을 나타내는 말.
敬意(경의) 존경하는 마음.

## 사회(社會) - 도덕(道德)

### 凶厄(흉액) 凶厄 凶厄 凶厄 흉한 액운.

**凶** 흉할 흉
니 2 ④
흉하다. 재앙. 흉년. 언짢다.
wicked キョウ(わるい)
ノ メ 凶 凶
움푹 패여 있는 땅(니 : 함정)과 갈라진 곳(メ).

凶計(흉계) 음흉한 꾀.
凶器(흉기) 사람을 살상하는데 쓰는 연장.
凶年(흉년) 농작물이 잘 되지 않은 해.
吉凶(길흉) 길함과 흉함.

**厄** 재앙 액
厂 2 ④
재앙. 불행한 일. 변고.
misfortune ヤク(わざわい)
一 厂 万 厄
굴바위 엄(厂 : 벼랑)과 몸기 절(㔾 : 무릎을 꿇은 모양).

厄難(액난) 재앙과 어려움. 厄災(액재).
厄年(액년) 운수가 사나운 해.
厄運(액운) 액을 당할 운수. 불행한 운수.
厄禍(액화) 액(厄)으로 당하는 화(禍).

### 憂患(우환) 憂患 憂患 憂患 근심이나 걱정되는 일.

**憂** 근심 우
心 11 ⑮
근심. 근심하다. 걱정하다.
anxiety ユウ(うれえる)
一 百 百 悳 憂 憂
머리 혈(血 · 頁)과 마음 심(心), 천천히 걸을 쇠(夂).

憂國(우국) 나라 일을 근심하고 염려함.
憂慮(우려) 근심과 걱정. 염려함.
憂愁(우수) 걱정과 근심. 우울과 수심.
憂鬱(우울) 마음이 개운하지 않음.

**患** 근심 환
心 7 ⑪
근심. 고통. 재난. 근심하다.
anxiety カン(うれえる)
口 吕 串 串 患 患
꼬챙이 곶(串)과 마음 심(心).

患苦(환고) 근심 때문에 생기는 고통.
患難(환난) 근심 걱정과 재난.
患亂(환란) 재앙. 兵亂(병란).
患憂(환우) 근심과 걱정.

### 困難(곤난) 困難 困難 困難 사정이 매우 딱하고 어려움.

**困** 곤할 곤
口 4 ⑦
곤하다. 괴로움. 난처하다.
distress コン(こまる)
丨 冂 冂 用 困 困
에울 위(囗) 안에 나무 목(木).

困珂(곤가) 곤란하여 괴로워함. 고생함.
困境(곤경) 곤란한 처지. 몹시 힘든 지경.
困窮(곤궁) 몹시 곤란함. 몹시 가난함.
困惑(곤혹) 곤란한 일을 당해 어찌할 바를 모름.

**難** 어려울 난  难
隹 11 ⑲
어렵다. 재앙. 난리. 근심하다.
difficult ナン(かたい)
廿 堇 菓 勤 勤 難
어려울 근(菓·堇)과 새 추(隹).

難關(난관) 지나가기가 어려운 목(관문).
難局(난국) 어려운 판국.
難産(난산) 해산(解産)이 순조롭지 못함.
難題(난제) 어려운 문제. 어려운 일.

## 窮塞(궁색) 窮塞 窮塞 窮塞 아주 가난함.

**窮** 穴 10 ⑮ 다할 궁
finish キュウ(きわまる)
다하다. 끝나다. 멈추다.
穴 宀 宀 宀 宀 宇 宕 窮 窮
구멍 혈(穴)과 몸 궁(躬).

窮境(궁경) 곤궁한 처지. 窮地(궁지)
窮極(궁극) 끝. 다함. 극도로 가난함.
窮理(궁리) 사물의 이치를 연구함.
窮乏(궁핍) 빈궁함. 몹시 가난함. 또, 그 사람.

**塞** 土 10 ⑬ 변방 새, 막을 색
frontier サイ(とりで)
변방. 변경. 막다. 막히다.
宀 宀 宀 宔 宲 塞
틈 하(寒)와 흙 토(土).

塞源(색원) 근원을 막아 버림.
塞責(색책) 책임을 다함.
要塞(요새) 군사상 중요한 방어 시설.
閉塞(폐색) 닫아 막음. 막힘.

## 飢餓(기아) 飢餓 飢餓 飢餓 굶주림.

**飢** 食 2 ⑪ 주릴 기
hunger キ(うえる)
주리다. 굶주림. 기아(飢餓).
今 育 育 育 飣 飢
밥 식(貪·食)과 상 궤(几 : 머무르다).

飢渴(기갈) 배고프고 목마름. 갈망함.
飢饉(기근) 흉년으로 양식이 매우 부족함.
飢疫(기역) 기근과 전염병.
飢寒(기한) 배고프고 추움.

**餓** 食 7 ⑯ 주릴 아
hunger ガ(うえる)
주리다. 굶기다. 굶주림.
育 育 育 餅 餓 餓
먹을 식(貪·食)과 나 아(我 : 앙상하다).

餓鬼(아귀) 굶주림에 시달리는 게걸든 사람.
성질이 사납고 탐욕스러운 사람.
餓狼(아랑) 굶주린 이리.
餓死(아사) 굶어 죽음. 饑死(기사).

## 救濟(구제) 救濟 救濟 救濟 어려운 지경에 빠진 사람을 도와 줌.

**救** 攵 7 ⑪ 구원할 구
rescue キュウ(すくう)
구원하다. 돕다. 도움. 건지다.
一 十 寸 寸 求 求
구할 구(求)와 칠 복(攵·攴).

救國(구국) 나라를 위기에서 구제함.
救急(구급) 위급한 상황을 구원함.
救援(구원) 도와서 건져줌.
救護(구호) 구조하여 보호함.

**濟** 水 14 ⑰ 건널 제
cross サイ,セイ(わたる,すむ)
건너다. 구제하다. 이루다.
氵 汀 浐 泲 泲 濟 濟
물 수(氵·水)와 가지런할 제(齊·進 : 나아가다).

濟度(제도) 중생을 피안(彼岸)에 이르게 함.
濟民(제민) 백성을 도탄에서 건져 냄.
濟世(제세) 세상을 잘 다스려 백성을 구제함.
決濟(결제) 처결하여 끝을 냄.

## 사회(社會) - 도덕(道德)

### 甘苦(감고) 甘苦 甘苦 甘苦 — 단 것과 쓴 것.

**甘** 달 감
甘 0⑤
sweet カン(あまい)
달다. 맛 좋다. 즐기다.
一 十 廿 甘 甘
입 구(口)와 한 일(一). 혀에 얹어서 단맛을 맛보는 것을 뜻한다.
- 甘露(감로) 단 이슬. 태평하면 내린다고 함.
- 甘受(감수) 달게 받음.
- 甘雨(감우) 알맞은 때 내리는 비.
- 甘呑苦吐(감탄고토) 달면 삼키고 쓰면 뱉음.

**苦** 쓸 고
艸 5⑨
bitter ク(くるしい)
쓰다. 쓴맛. 괴롭다. 씀바귀.
⺿ ⺿ 芋 苧 苦
풀 초(艹·艸)와 오랠 고(古).
- 苦難(고난) 괴로움과 어려움.
- 苦生(고생) 괴로운 생활. 괴롭게 수고함.
- 刻苦(각고) 고생을 이겨내면서 무척 애씀.
- 同苦同樂(동고동락) 괴롭고 즐거움을 함께 함.

### 災殃(재앙) 災殃 災殃 災殃 — 자연의 변화로 말미암은 불행한 사고.

**災** 재앙 재
火 3⑦
calamity サイ(わざわい)
재앙. 천재. 응징하다.
灾 ⺍ ⺍⺍ 巛 巛 災
내 천(巛·川)과 불 화(火).
- 災難(재난) 뜻밖에 일어나는 변고.
- 災變(재변) 재앙으로 말미암아 생긴 변고.
- 災厄(재액) 재앙. 재난. 액운.
- 天災(천재) 자연의 변화로 일어나는 재해.

**殃** 재앙 앙
歹 5⑨
disaster オウ(わざわい)
재앙. 패하다. 해를 끼치다.
歹 歹 歹 殃 殃 殃
나쁠 대(歹)와 가운데 앙(央).
- 殃罰(앙벌) 하늘이 내리는 벌.
- 殃禍(앙화) 재난. 災殃(재앙).
- 池魚之殃(지어지앙) 못의 물로 불을 끄니 물이 말라 물고기가 재앙을 입음.

### 憐憫(연민) 憐憫 憐憫 憐憫 — 가련하고 불쌍히 여김.

**憐** 불쌍히여길 련
心 12⑮
pity レン,リン(あわれむ)
불쌍히(어여삐) 여기다.
忄 忄 忄 憐 憐 憐
마음 심(忄·心)과 도깨비불 린(粦: 이웃끼리의 마음).
- 憐情(연정) 어여삐 여기는 마음.
- 可憐(가련) 신세가 딱하고 가엾음.
- 哀憐(애련) 가엾고 애처롭게 여김.
- 愛憐(애련) 사람을 가엾게 여기어 사랑함.

**憫** 근심할 민
心 12⑮
pity ビン,ミン(あわれむ)
근심하다. 가엾게 생각함.
忄 忄 忄 憫 憫 憫
마음 심(忄·心)과 애처롭게 여길 민(閔).
- 憫惘(민망) 답답하고 딱하여 안타까움.
- 憫迫(민박) 근심이 아주 절박함.
- 憫然(민연) 가엾은 모양.
- 憫恤(민휼) 불쌍하게 여겨 사람을 도와 줌.

## 慈悲(자비) 慈悲 慈悲 慈悲 사랑하고 가엾게 여김.

**慈** 사랑할 자
心 10 ⑭
사랑하다. 어머니. 인자.
mercy ジ(いつくしむ)
` 亠 玄 兹 兹 慈 慈`
초목 우거질 자(兹 : 불리다)와 마음 심(心).

**悲** 슬플 비
心 8 ⑫
슬프다. 슬퍼하다. 마음 아파함.
sad ヒ(かなしい)
`ノ ヨ 非 非 悲 悲`
아닐 비(非 : 좌우로 갈라지다)와 마음 심(心).

慈堂(자당) 남의 어머니의 존칭.
慈母(자모) 사랑이 많은 어머니.
慈悲(자비) 중생에게 괴로움을 덜어 주는 일.
慈愛(자애) 도타운 사랑. 인정이 많음.

悲歌(비가) 슬픈 노래. 슬프게 노래함.
悲觀(비관) 인생을 부정적으로 보는 일.
悲憤(비분) 슬퍼하고 분개함.
悲歎(비탄) 슬퍼 탄식함. 슬픈 탄식.

## 安逸(안일) 安逸 安逸 安逸 편안하고 한가함.

**安** 편안할 안
宀 3 ⑥
편안하다. 즐기다.
peaceful アン(やすい)
`、 ソ 宀 宀 安 安`
움집 면(宀)과 계집 녀(女).

**逸** 잃을 일
辶 8 ⑫
잃다. 숨다. 달리다. 달아나다.
lose イツ,イチ(はやる)
`〃 刍 多 免 兔 逸`
토끼 토(兔)와 쉬엄쉬엄 갈 착((辶·辵)).

安堵(안도) 자기 거처에서 평안히 지냄.
安樂(안락) 편안하고 즐거움.
安否(안부) 편안한지의 여부.
問安(문안) 웃어른에게 안부를 여쭘.

逸德(일덕) 잘못된 행동. 덕을 잃음.
逸樂(일락) 놀며 즐김. 놀며 지냄.
逸出(일출) 피해 빠져 나옴.
逸品(일품) 썩 빼어난 물품이나 작품.

## 祈願(기원) 祈願 祈願 祈願 소원을 빎.

**祈** 빌 기
示 4 ⑨
빌다. 기도함. 구하다.
pray キ(いのる)
`亍 禾 衤 衤 祈 祈`
보일 시(示)와 살필 근(斤).

**願** 원할 원
頁 10 ⑲
원하다. 바라다. 소원.
wish ガン(ねがう)
`戶 戶 原 原 願 願`
근원 원(原)과 머리 혈(頁).

祈求(기구) 빌어 구함. 기도하여 바람.
祈禱(기도) 바램이 이루어지도록 신에게 빎.
祈雨(기우) 가물 때 비 내리기를 비는 일.
祈祝(기축) 빌고 바람.

願望(원망) 원하고 바람.
願書(원서) 허가를 얻기 위하여 내는 서류.
所願(소원) 원함. 또는 그 원하는 바.
念願(염원) 늘 생각하고 간절히 바람.

사회(社會) - 도덕(道德)

## 飮酒(음주)  飮酒 飮酒 飮酒  술을 마심.

**飮** 食 4 ⑬ 마실 음
마시다. 마실 것. 주연. 음료.
drink イン(のむ)
𠆢 今 亇 食 飮 飮
밥 식(𠆢·食)과 하품할 흠(欠).

飮毒(음독) 독약을 먹음.
飮料(음료) 물·술 등 마시는 것의 총칭.
飮食(음식) 먹고 마시는 물건. 음식물.
過飮(과음) 술을 지나치게 마심.

**酒** 酉 3 ⑩ 술 주
술. 물. 주연(酒宴).
wine シュ(さけ)
氵 氵 沂 沂 酒 酒
본래 술그릇(酉)을 본떴으나 뒤에 물(氵·水)을 덧붙여 '술'을 뜻한다.

酒客(주객) 술을 좋아하는 사람. 술꾼.
酒量(주량) 마시고 견디어 낼만한 술의 양.
酒癖(주벽) 술을 마신 뒤 드러나는 버릇.
酒興(주흥) 술에 얼근하여 느끼는 흥취.

## 陶醉(도취)  陶醉 陶醉 陶醉  기분 좋게 취함. 무엇에 열중함.

**陶** 阜 8 ⑪ 질그릇 도
질그릇. 오지그릇. 가르치다.
earthen ware トウ(すえやの)
阝 阝 阣 阣 陶 陶
언덕 부(阝·阜)와 가마 요(匋).

陶工(도공) 옹기장이.
陶器(도기) 질그릇. 오지그릇.
陶冶(도야) 도기를 굽고 금속을 불림.
陶土(도토) 도자기의 원료로 쓰이는 진흙.

**醉** 酉 8 ⑮ 취할 취
취하다. 취기. 취하게 하다.
get drunk スイ(よう)
丆 兀 酉 酉 醉 醉
닭 유(酉: 술의 의미)와 다할 졸(卒).

醉客(취객) 술에 취한 사람. 주정꾼.
醉生夢死(취생몽사) 흐리멍덩하게 살아감.
醉中(취중) 술 취한 동안.
醉興(취흥) 술에 취하여 일어나는 흥취.

## 言語(언어)  言語 言語 言語  말. 음성·문자 따위의 수단.

**言** 言 0 ⑦ 말씀 언
말씀. 언어. 말하다. 타이르다.
talk ゲン,ゴン(ゆう,こと)
丶 亠 宀 言 言 言
혀를 앞으로 빼내어 사람이 말하는 모양. 또는, 매울 신(辛·𠂉: 죄인)과 입 구(口: 자기 변론).

言及(언급) 하는 말이 그 일에 미침.
言辯(언변) 말재주. 입담. 口辯(구변).
言中有骨(언중유골) 말속에 뼈가 있음.
言行一致(언행일치) 말과 행동이 같음.

**語** 言 7 ⑭ 말씀 어
말씀. 말. 이야기. 어구.
words ゴ(かたる)
亠 言 訂 評 語 語
말씀 언(言)과 나 오(吾).

語句(어구) 언어. 文句(문구). 숙어와 말.
語訥(어눌) 말을 더듬어 부드럽지 못함.
語法(어법) 말의 일정한 법칙. 말법.
語原(어원) 말의 성립된 근원.

## 放恣 (방자)  放恣 放恣 放恣  삼가는 태도가 없고 건방짐.

**放** 攵 4 ⑧ 놓을 방
놓다. 풀어주다. 내쫓다.
release  ホウ(はなし)
亠 方 方 方 放 放
방위 방(方)과 칠 복(攴·攵).

放課(방과) 그 날 학과를 끝냄.
放談(방담) 생각대로 거리낌 없이 말함.
放浪(방랑) 정처 없이 떠돌아다님.
放心(방심) 마음을 다잡지 않고 놓아 버림.

**恣** 心 6 ⑩ 방자할 자
방자하다. 방종하다.
arrogant  シ(ほしいまま)
丶 丶 丷 次 次 恣
버금 차(次)와 마음 심(心).

恣樂(자락) 아무 꺼림 없이 멋대로 즐김.
恣心(자심) 제멋대로 하는 마음.
恣意(자의) 제 뜻대로 함. 방자한 마음.
恣行(자행) 제멋대로 행함. 또, 그 행동.

## 暴惡 (포악)  暴惡 暴惡 暴惡  성질이 사납고 악함.

**暴** 日 11 ⑮ 사나울 폭·포
사납다. 세차다. 해치다.
wild  ボウ(あばれる)
日 昦 昱 異 暴 暴 暴
날 일(日)과 나갈 출(共:出), 두 손(八)과 쌀 미(米).

暴擧(폭거) 난폭한 행동.
暴徒(폭도) 폭동을 일으키는 무리.
暴騰(폭등) 물가나 주가 등이 갑자기 오름.
暴力(폭력) 난폭한 완력.

**惡** 心 8 ⑫ 악할 악, 미워할 오
악하다. 모질다. 미워하다.
hate  アク(わるい)
一 〒 开 亞 亞 惡
추할 아(亞:묘실)와 마음 심(心).

惡女(악녀) 성질이 모질고 나쁜 여자.
惡談(악담) 남의 일을 나쁘게 말하는 일.
惡意(악의) 나쁜 생각. 나쁜 마음씨.
憎惡(증오) 몹시 미워함.

## 性質 (성질)  性質 性質 性質  타고난 기질.

**性** 心 5 ⑧ 성품 성
성품. 천성. 본질. 생명.
nature  セイ,ショウ(うまれつき)
丶 忄 忄 忄 性 性
마음 심(忄·心)과 날 생(生).

性格(성격) 각 사람이 가진 특유한 성질.
性能(성능) 물건이 가지고 있는 성질과 기능.
性別(성별) 남녀의 구별. 암수의 구별.
性品(성품) 성질과 품격. 성질과 됨됨이.

**質** 貝 8 ⑮ 바탕·볼모 질
바탕. 진실. 사실. 볼모.
disposition  シツ,シチ(もと,しち)
斤 斦 斦 質 質 質
모탕 은(斦)과 조개 패(貝).

質量(질량) 물체에 포함되어 있는 물질의 분량.
質問(질문) 모르거나 의심나는 점을 물음.
質朴(질박) 자연 그대로 단순함.
質責(질책) 책망하여 바로잡음.

## 사회(社會) - 도덕(道德)

### 姦淫(간음) — 남녀간의 부정한 교접(交接).

**姦** 女/6/⑨ 간사할 간 / 奸
간사하다. 속임. 간음하다.
adultery カン(よこしま)
여자가 북적대는 것으로 '음란'의 뜻을 나타냄.

- 姦計(간계) 간사한 계략.
- 姦邪(간사) 간교하고 행실이 바르지 못함.
- 姦臣(간신) 간사한 신하. 奸臣(간신).
- 姦通(간통) 배우자 아닌 자와 성교하는 일.

**淫** 水/8/⑪ 음란할 음
음란하다. 음탕하다. 방탕하다.
lewd イン(みだる)
물 수(氵·水)와 가까이할 임(㸒).

- 淫女(음녀) 음탕한 계집. 淫婦(음부).
- 淫溺(음닉) 색(色)에 빠짐.
- 淫亂(음란) 음탕하고 난잡함.
- 淫慾(음욕) 음탕한 욕심. 호색(好色)하는 마음.

### 不倫(불륜) — 인륜에서 벗어남.

**不** 一/3/④ 아닐 불·부
아니다. 못하다. 없다(부정).
not フ, ブ(せず)
새가 하늘 높이 날아오르는 것을 본뜬 글자.

- 不屈(불굴) 어려움이 닥쳐도 굽히지 않음.
- 不能(불능) 능력이나 재능이 없음. 힘에 겨움.
- 不事二君(불사이군) 두 임금을 섬기지 아니함.
- 不安(불안) 마음이 편안하지 아니함.

**倫** 人/8/⑩ 인륜 륜 / 伦
인륜. 윤리. 무리. 또래.
morals リン(みち,たぐい)
사람 인(亻·人)과 질서 륜(侖).

- 倫理(윤리) 인간 사회에서 지켜야 할 도리.
- 倫常(윤상) 인륜의 떳떳한 도리.
- 倫次(윤차) 신분(身分)의 차례.
- 人倫(인륜) 사람으로서 지켜야 할 도리.

### 傲慢(오만) — 잘난 체하여 방자함. 거만한 태도.

**傲** 人/11/⑬ 거만할 오
거만하다. 깔보다. 업신여기다.
haughty ゴウ(おこる)
사람 인(亻·人)과 놀 오(敖: 자유로이 놀고 즐기다).

- 傲氣(오기) 남에게 지기 싫어하는 마음.
- 傲色(오색) 거만한 기색.
- 傲逸(오일) 거만하고 방종함.
- 驕傲(교오) 잘난 체하고 뽐내며 건방짐.

**慢** 心/11/⑭ 게으를 만
게으르다. 느슨하다. 오만함.
lazy マン(おこたる)
마음 심(忄·心)과 먼길 만(曼).

- 慢性(만성) 버릇이 되어 고치기 힘든 일.
- 慢心(만심) 지나친 자부.
- 慢言(만언) 깊이 생각하지 않고 하는 일.
- 慢然(만연) 맺힌 데가 없이 헤벌어진 모양.

## 貪慾 (탐욕) 貪慾 貪慾 貪慾  욕심이 많음. 탐함. 貪欲(탐욕).

### 貪 탐낼 탐
貝 4 ⑪
covet
タン(むさぼる)
筆順: 人 今 今 貪 貪 貪

탐내다. 지나치게 욕심을 냄.

이제 금(今: 품다의 뜻)과 조개 패(貝).

- 貪官汚吏(탐관오리) 재물을 탐하는 관리.
- 貪讀(탐독) 욕심내어 읽음. 마구 읽음.
- 貪心(탐심) 탐내는 마음. 부당한 욕심.
- 食貪(식탐) 음식을 욕심껏 탐내는 일.

### 慾 욕심 욕
心 11 ⑮
greed
ヨク(むさぼる)
筆順: 欲 欲 欲 慾 慾

욕심. 욕심내다. 욕정(欲情).

하고자할 욕(欲)과 마음 심(心).

- 慾求(욕구) 욕심껏 구함. 욕망과 요구.
- 慾望(욕망) 무엇을 하고자 간절히 바람.
- 慾心(욕심) 지나치게 탐내는 마음.
- 過慾(과욕) 욕심이 지나침.

## 蠻夷 (만이) 蠻夷 蠻夷 蠻夷  오랑캐.

### 蠻 오랑캐 만 ※제외자
虫 19 ㉕
barbarian
バン(えびす)
筆順: 言 絲 絲 蠻 蠻 蠻

오랑캐. 이민족. 야만스럽다.

어지러울 련(䜌)과 벌레 충(虫).

- 蠻歌(만가) 오랑캐의 노래.
- 蠻語(만어) 오랑캐 말. 야만인의 말.
- 蠻勇(만용) 야만적인 용기.
- 蠻風(만풍) 야만인의 풍속. 오랑캐의 풍속.

### 夷 오랑캐 이
大 3 ⑥
barbarian
イ(えびす)
筆順: 一 ㄱ 弓 弓 夷 夷

오랑캐. 동방종족. 상하다.

본래는 줄이 휘감긴 화살을 본뜬 모양.

- 夷國(이국) 오랑캐의 나라. 야만인의 나라.
- 夷滅(이멸) 멸망시킴.
- 夷狄(이적) 오랑캐.
- 東夷(동이) 동쪽에 사는 이민족.

## 徒輩 (도배) 徒輩 徒輩 徒輩  같은 무리. 패.

### 徒 무리 도
彳 7 ⑩
crowd
ト(ともがら)
筆順: 彳 彳 彳 徒 徒

무리. 동아리. 여럿.

조금 걸을 척(彳)에 흙 토(土)와 발 소(疋).

- 徒黨(도당) 떼를 지은 무리.
- 徒步(도보) 걸어감. 걸어서 다니는 사람.
- 徒食(도식) 놀고먹음.
- 暴徒(폭도) 치안을 어지럽히는 무리.

### 輩 무리 배
車 8 ⑮
fellow
ハイ(ともがら)
筆順: ノ ヨ 非 非 輩 輩

무리. 동류. 짝. 동아리.

아닐 비(非: 벌이다)와 수레 거(車).

- 輩出(배출) 인재가 쏟아져 나옴.
- 同輩(동배) 나이나 신분이 서로 같은 사람.
- 先輩(선배) 학교나 일터에 먼저 거친 사람.
- 年輩(연배) 서로 비슷한 나이.

사회(社會)- 도덕(道德)

## 余汝(여여) 余汝 余汝 余汝  나와 너. 우리.

**余** 나 여
人 5 ⑦
나. 음력 4월의 별칭.
ㅣ ヨ(われ, あまり)
ノ 人 스 仐 余 余
지붕을 기둥으로 받치고 있는 건물의 모양.

余等(여등) 우리들. 吾等(오등).
余輩(여배) 우리네.
余我也(여아야) 나. 자기.
余月(여월) 음력 4월의 별칭.

**汝** 너 여
水 3 ⑥
너(2인칭 대명사). 강 이름.
you ジョ(なんじ)
丶 冫 氵 汝 汝 汝
물 수(氵·水)와 계집 녀(女).

汝南月旦(여남월단) 인물의 비평.
汝等(여등) 너희. 汝輩(여배).
汝曹(여조) 너희들. 당신들. 汝輩(여배).
爾汝(이여) 너. 썩 친한 사이의 2인칭.

## 誰某(수모) 誰某 誰某 誰某  누구. 아무개.

**誰** 누구 수
言 8 ⑮
누구. 묻다. 무엇. 어찌.
who スイ(だれ)
言 訁 訐 訐 誰 誰
말씀 언(言)과 새 추(隹 : 누구냐고 물을 때의 목소리).

誰昔(수석) 옛날. 그 옛날.
誰哉(수재) 누구냐고 힐문(詰問)하는 말.
誰何(수하) 누구. 군사의 경계 자세로 누구, 누구냐? 무엇하는 자냐?고 묻는 말.

**某** 아무 모
木 5 ⑨
아무. 아무개. 어느. 어느 것.
anyone ボウ(それがし)
一 十 廿 甘 苷 苬 某
달 감(甘)과 나무 목(木).

某國(모국) 어느 나라. 아무 나라.
某年(모년) 어느 해. 아무 해.
某某(모모) 아무아무. 누구누구.
某氏(모씨) 아무 양반. 아무개.

## 恩惠(은혜) 恩惠 恩惠 恩惠  베풀어주는 혜택. 고마움.

**恩** 은혜 은
心 6 ⑩
은혜. 사랑하다. 인정.
favor オン(めぐみ)
冂 円 円 因 因 恩 恩
의지할 인(因·愛 : 사랑하다)과 마음 심(心).

恩德(은덕) 은혜를 베푸는 덕.
恩師(은사) 은혜가 깊은 스승.
恩愛(은애) 은혜와 사랑.
背恩忘德(배은망덕) 은덕을 잊고 배반함.

**惠** 은혜 혜
心 8 ⑫
은혜. 혜택. 착하다. 인자하다.
favor ケイ(めぐみ)
一 亖 串 史 東 惠 惠
삼갈 전(叀)과 마음 심(心).

惠諒(혜량) '살피어 이해함'이란 뜻으로 쓰는 말.
惠書(혜서) 남의 편지에 대한 존칭.
惠存(혜존) 자기 작품을 증정할 때, '받아 간직해 주십시오'의 뜻.

## 忘却(망각)  忘却 忘却 忘却  잊어버림.

**忘** 잊을 망
心 3 ⑦
잊다. 버리다. 소홀히 하다.
`丶 亠 亡 亡 忘 忘`
forget  ボウ(わすれる)
잃을 망(亡)과 마음 심(心).

忘失(망실) 잊음. 남의 잘못을 잊음.
忘我(망아) 나를 잊음. 자기 자신을 잊음. 어떤 일에 골몰하여 열중함.
忘恩(망은) 은혜를 잊음. 은혜를 모름.

**却** 물리칠 각
卩 5 ⑦
물리치다. 물러남. 어조사.
`十 土 去 去 却 却`
reject  キャク(しりぞける)
갈 거(去)와 몸기 절(卩).

却說(각설) 말머리를 돌릴 때, 쓰는 말.
却走(각주) 뒤로 물러나 달아남.
棄却(기각) 버려두고 문제 삼지 않음.
退却(퇴각) 뒤로 물러남. 退去(퇴거).

## 憤怒(분노)  憤怒 憤怒 憤怒  분하여 성냄. 또 그 노여움.

**憤** 분할 분
心 13 ⑮
분하다. 성내다. 분기하다.
`忄 忄 忄 忄 忄 憤 憤`
indignant  フン(いきどおる)
마음 심(忄·心)과 클 분(賁:왕성하다).

憤慨(분개) 매우 분하게 여김.
憤發(분발) 마음을 단단히 먹고 기운을 냄.
憤痛(분통) 몹시 분하여 마음이 쓰리고 아픔.
激憤(격분) 벌컥 치미는 분.

**怒** 성낼 노
心 5 ⑨
성내다. 성. 화. 힘쓰다.
`夂 女 如 奴 怒 怒`
angry  ド(いかる)
종 노(奴)와 마음 심(心).

怒氣(노기) 노여운 기색.
怒發大發(노발대발) 몹시 성냄.
怒潮(노조) 힘차게 밀어닥치는 조류.
怒號(노호) 성내어 부르짖음.

## 怨恨(원한)  怨恨 怨恨 怨恨  원통하고 한이 되는 생각.

**怨** 원망할 원
心 5 ⑨
원망하다. 미워하다. 힐책하다.
`夕 夕 夗 夗 怨 怨`
grudge  エン(うらむ)
몸을 굽힐 원(夗)과 마음 심(心).

怨骨(원골) 원한을 품고 죽은 사람.
怨望(원망) 남을 못 마땅히 여겨 탓함.
怨讐(원수) 원한이 맺힐 정도로 자기에게 해를 끼친 집단이나 사람.

**恨** 한할 한
心 6 ⑨
한하다. 원한을 품다.
`忄 忄 忄 忄 恨 恨 恨`
deplore  コン(うらむ)
마음 심(忄·心)과 머무를 간(艮).

恨死(한사) 원한을 품고 죽음. 뉘우치며 죽음.
恨惋(한완) 원한을 품고 탄식함.
恨人(한인) 다정다한(多情多恨)한 사람.
恨歎(한탄) 한스러워 한숨쉬며 하는 탄식.

사회(社會)- 도덕(道德)

## 墮落(타락) 墮落 墮落 墮落    떨어짐. 심신이나 생활을 망침.

**墮** 떨어질 타
土 12 ⑮
fall ダ(おちる)
떨어지다. 무너지다. 무너뜨림.
阡 陀 隋 陪 階 墮

**落** 떨어질 락
艸 9 ⑬
fall ラク(おちる)
떨어지다. 낙하하다. 흩어지다.
艹 艹 艹 莎 茨 落

떨어질 타(隋)와 흙 토(土).
풀 초(艹·艸)와 낙수 락(洛 : 이르다).

- 墮淚(타루) 눈물을 흘림.
- 墮弱(타약) 기력이 없어져 약함.
- 墮獄(타옥) 악업(惡業)으로 죽어서 지옥에 감.
- 謫墮(적타) 나뭇잎이 말라 떨어짐.

- 落膽(낙담) 실망하여 맥이 풀림. 몹시 놀람.
- 落淚(낙루) 눈물을 흘림. 또는 흐르는 눈물.
- 落望(낙망) 희망을 잃음.
- 沒落(몰락) 다 떨어짐. 멸망하여 없어짐.

## 慨歎(개탄) 慨歎 慨歎 慨歎    한탄함. 의분이 북받쳐 탄식함.

**慨** 분개할 개
心 11 ⑭
lament ガイ(なげく)
분개하다. 슬퍼하다. 탄식함.
忄 忄 忄 悁 慨 慨

**歎** 탄식할 탄 叹
欠 11 ⑮
sigh タン(なげく)
탄식하다. 노래하다. 읊음.
莒 茣 茣 蕲 歎 歎

마음 심(忄·心)과 이미 기(旣 : 목을 메다).
어려울 난(莫·難)과 하품할 흠(欠).

- 慨世(개세) 세상을 근심하고 탄식함.
- 慨然(개연) 분개하는 모양.
- 慨恨(개한) 탄식하고 원망함.
- 感慨無量(감개무량) 깊이 느끼어 탄식함.

- 歎服(탄복) 깊이 감탄하여 복종함.
- 歎辭(탄사) 감탄하는 말. 탄식해 하는 말.
- 歎聲(탄성) 탄식하는 소리. 감탄하는 소리.
- 歎息(탄식) 한숨을 쉬며 한탄함. 嘆息(탄식).

## 告白(고백) 告白 告白 告白    숨김없이 사실대로 솔직하게 말함.

**告** 알릴 고, 청할 곡
口 4 ⑦
tell コク(つげる)
알리다. 찾다. 묻다. 타이르다.
一 牛 告 告 告 告

**白** 흰 백
白 0 ⑤
white ハク,ヒャク(しろい)
희다. 밝다. 깨끗하다. 작위.
丿 丨 冂 白 白

소 우(牛)에 입 구(口)를 받쳐 놓은 글자.
삐침 별(丿 : 내리쬐는 햇볕)과 날 일(日).

- 告發(고발) 범죄를 관청에 알림.
- 告變(고변) 변을 알림. 반역을 고발함.
- 警告(경고) 주의하라고 경계하여 알림.
- 布告(포고) 국가의 결정적 의사를 발표하는 일.

- 白骨(백골) 흰 뼈. 죽은 이의 뼈.
- 白米(백미) 희게 쓿은 멥쌀.
- 白髮(백발) 흰 머리.
- 白放(백방) 무죄로 판명되어 놓아 줌.

## 恕諒 (서량) 용서하고 양해함.

### 恕 용서할 서
心 6 ⑩  
용서하다. 어질다. 헤아려 주다.  
pardon  ジョ(ゆるす)  
女 如 如 恕 恕 恕  
같을 여(如)와 마음 심(心).

恕思(서사) 남을 동정하는 마음. 동정함.
恕宥(서유) 정상을 살펴 용서함.
寬恕(관서) 마음이 너그럽고 따뜻함. 용서함.
容恕(용서) 잘못을 꾸짖지 아니함.

### 諒 살필 량
言 8 ⑮  
살피다. 헤아리다. 참. 진실.  
consider  リョウ(まこと)  
亠 主 言 訂 訂 諒  
말씀 언(言)과 헤아릴 경(京·量).

諒恕(양서) 양해하며 용서해 줌.
諒知(양지) 살펴서 앎.
諒察(양찰) 사정을 잘 살펴 알아 줌.
諒解(양해) 사정을 잘 헤아려 이해함.

## 悔悟 (회오) 잘못을 뉘우쳐 깨달음.

### 悔 뉘우칠 회
心 7 ⑩  
뉘우치다. 애석하게 여김.  
repent  カイ(くやむ)  
忄 忙 忙 悔 悔 悔  
마음 심(忄·心)과 어두울 매(每).

悔改(회개) 잘못을 뉘우쳐 고침.
悔淚(회루) 잘못을 뉘우치며 흘리는 눈물.
悔心(회심) 뉘우치는 마음.
悔恥(회치) 뉘우쳐 부끄럽게 여김.

### 悟 깨달을 오
心 7 ⑩  
깨닫다. 슬기롭다. 깨우치다.  
realize  ゴ(さとる)  
忄 忓 忏 悟 悟 悟  
마음 심(忄·心)과 나 오(吾: 밝아지다).

悟道(오도) 도리. 또는 불도를 깨달음.
悟悅(오열) 깨닫고 기뻐함.
悟悔(오회) 잘못을 깨닫고 후회함.
覺悟(각오) 닥쳐올 일을 미리 마음을 다잡음.

## 省察 (성찰) 깊이 생각함. 반성하여 자기를 살핌.

### 省 살필 성, 덜 생
目 4 ⑨  
살피다. 깨닫다. 마을. 덜다.  
watch  セイ,ショウ(かえりみる)  
丿 小 少 省 省 省  
작을 소(少)와 눈 목(目).

省墓(성묘) 조상의 산소를 찾아 살핌.
反省(반성) 자기가 한 일을 스스로 돌이켜 살핌.
省略(생략) 간단하게 덜어서 줄임.
人事不省(인사불성) 의식을 잃은 상태.

### 察 살필 찰
宀 11 ⑭  
살피다. 알다. 드러나다.  
watch  サツ(つまびらか)  
宀 宀 宀 突 察 察  
움집 면(宀)과 제사 제(祭).

察見(찰견) 살펴 잘 알고 있음. 훤히 앎.
察色(찰색) 안색으로 상대의 기분을 앎.
察知(찰지) 살펴서 앎. 미루어 앎.
觀察(관찰) 사물이 되어 가는 형편을 자세히 봄.

사회(社會)- 위생(衛生)

## 醫藥(의약)  醫藥 醫藥 醫藥  의료에 쓰는 약품.

**醫** 酉 11 ⑱
doctor イ(いやす)
의원 의
의원. 의사. 치료하다. 병.
医 医 殹 醫 醫 醫
소리 마주칠 예(殹)와 닭 유(酉).

**藥** 艹 15 ⑲
medicine ヤク(くすり)
약 약
약. 화약. 독(毒). 치료하다.
药
艹 苭 茲 藥 藥 藥
풀 초(艹·艸)와 즐거울 락(樂 : 다스리다).

醫療(의료) 의술로 병을 고침.
醫師(의사) 병을 고치는 일을 하는 사람.
名醫(명의) 이름이 널리 알려진 의원.
獸醫(수의) 가축(家畜)의 병을 고치는 의사.

藥果(약과) 과줄. 감당하기 어렵지 않은 일.
藥房(약방) 약을 짓는 방. 조제법. 약방문.
靈藥(영약) 신령스러운 약.
丸藥(환약) 약재를 반죽하여 둥글게 빚은 약.

## 內科(내과)  內科 內科 內科  내장의 여러 병을 고치는 병원.

**內** 入 2 ④
inside ナイ,ダイ(うち,いれる)
안 내, 들일 납
안. 속. 들이다. 여관.
丨 冂 冂 內
빌 경(冂 : 집)과 들 입(入). 어떤 영토의 '안, 속'을 뜻함.

**科** 禾 4 ⑨
article カ(しな,とが)
과목 과
과목. 과정. 품등. 조목.
二 千 禾 禾 科 科
벼 화(禾)와 말 두(斗).

內閣(내각) 국가의 행정권을 담당하는 기관
內簡(내간) 여자들끼리 주고받는 편지.
內幕(내막) 겉으로 드러나지 아니한 사실.
入內(입납) 삼가 편지를 드림(봉투에 쓰는 말).

科擧(과거) 옛날 문무관 등용에 시행하던 시험.
科目(과목) 학문의 구분. 분류한 조목.
科學(과학) 보편적인 진리나 법칙의 발견을 목적으로 한 지식.

## 疾病(질병)  疾病 疾病 疾病  병. 疾患(질환). 병이 위독해짐.

**疾** 疒 5 ⑩
disease ジツ(やまい)
병 질
병. 질병. 전염병. 불구.
疒 疒 疒 疒 疾 疾
병 녁(疒)과 화살 시(矢).

**病** 疒 5 ⑩
disease ビョウ(やまい)
병 병
병. 질병. 병들다. 앓다.
疒 疒 疒 病 病 病
병 녁(疒)과 밝을 병(丙 : 퍼지다).

疾苦(질고) 괴로워함. 또는 괴롭힘. 病故(병고)
疾視(질시) 밉게 봄. 흘겨 봄.
疾走(질주) 빨리 달림.
疾風(질풍) 빠른 바람. 센바람.

病苦(병고) 병으로 인한 고통.
病院(병원) 환자를 진찰하고 치료하는 곳.
病害(병해) 병으로 말미암은 농작물의 피해.
看病(간병) 병자를 돌보고 병구완하여 줌.

## 鎭痛(진통) 鎭痛 鎭痛 鎭痛 아픔을 가라앉힘.

**鎭** 金 10 ⑱
진압할 진
진압하다. 편안하게 하다.
suppress
金 釒 釒 釒 鎭 鎭
チン(しずまる)
쇠 금(金)과 참 진(眞 : 누름쇠).

鎭撫(진무) 난리를 평정하고 백성을 평안케 함.
鎭壓(진압) 진정시켜 억누름. 억눌림.
鎭靜(진정) 흥분이나 아픔 따위를 가라앉힘.
鎭火(진화) 불을 끔. 불길을 잡음.

**痛** 疒 7 ⑫
아플 통
아프다. 마음 아파함.
painful
广 疒 疒 病 痛 痛
ツウ(いたむ)
병들 녁(疒)과 꿰뚫고 나갈 용(甬).

痛感(통감) 몹시 마음에 사무치게 느낌.
痛哭(통곡) 큰 소리로 슬피 욺. 또, 그 울음.
痛烈(통렬) 몹시 맵고 사나움. 猛烈(맹렬).
苦痛(고통) 몸이나 마음의 괴로움과 아픔.

## 胃腸(위장) 胃腸 胃腸 胃腸 위와 장.

**胃** 肉 5 ⑨
밥통 위
밥통. 위. 마음. 별 이름.
stomach
ㅁ 罒 田 胃 胃 胃
イ(いぶくろ)
밭 전(田 : 위에 들어 있는 음식물)과 몸 육(月·肉).

胃壁(위벽) 위를 형성하는 벽.
胃病(위병) 위에서 생기는 병.
胃酸(위산) 위액 속에 들어 있는 산.
胃液(위액) 위선에서 분비되는 소화액.

**腸** 肉 9 ⑬
창자 장
창자. 마음. 기질.
bowels
刀 月 胆 胆 腸 腸
チョウ(はらわた)
몸 육(月·肉)과 빛날 양(昜 : 발돋움하다).

腸骨(장골) 엉덩이뼈 뒤쪽 위에 있는 뼈.
腸腎(장신) 창자와 콩팥. 마음.
斷腸(단장) 창자가 끊어질 듯한 슬픔을 일컬음.
羊腸(양장) 양의 창자. 꼬불꼬불한 길.

## 肝臟(간장) 肝臟 肝臟 肝臟 오장의 하나. 간.

**肝** 肉 3 ⑦
간 간
간. 간장. 정성. 충정.
liver
刀 月 月 肝 肝 肝
カン(きも)
고기 육(月·肉)과 방패 간(干 : 줄기(幹)를 가리킴).

肝膽(간담) 간장과 담낭. 간과 쓸개. 참마음.
肝要(간요) 중요함. 썩 요긴함.
肝腸(간장) 간과 창자. 몹시 애타는 심정.
忠肝(충간) 충성스러운 마음.

**臟** 肉 18 ㉒
오장 장
오장(五臟). 내장. 장기.
viscera
月 腙 臟 臟 臟 臟
ゾウ(はらわた)
몸 육(月·肉)과 감출 장(藏 : 숨기어 간수하다).

臟器(장기) 내장의 여러 기관.
臟腑(장부) 오장(五臟)과 육부(六腑).
內臟(내장) 고등 척추동물의 흉강과 복강 속에 있는 여러 가지 기관의 총칭.

## 사회(社會) - 위생(衛生)

### 菌蟲 (균충) 菌蟲 菌蟲 菌蟲  곰팡이와 벌레. 균과 벌레.

**菌** 버섯 균
艸 8 ⑫
버섯. 곰팡이. 균. 세균.
mushroom　キン(きのこ)
艹 芦 芦 芹 菌 菌
풀 초(艹·艸)와 곰팡이 균(囷).

菌根(균근)　균류가 붙어서 생육하고 있는 고등 식물의 뿌리.
菌類(균류)　버섯·곰팡이류의 총칭.
菌傘(균산)　버섯 윗머리의 우산 모양의 부분.

**蟲** 벌레 충
虫 12 ⑱
벌레. 벌레 피해. 좀먹다.
insect　チュウ(むし)
口 中 虫 虫 蛊 蟲
벌레 훼(虫) 셋을 합하여 발이 없는 '벌레'를 뜻한다.

蟲類(충류)　벌레의 종류.
蟲垂炎(충수염)　충양돌기에 생기는 염증.
蟲齒(충치)　벌레가 먹은 이. 삭은니.
昆蟲(곤충)　벌레의 속칭. 곤충류의 동물.

### 症疫 (증역) 症疫 症疫 症疫  병의 증세와 돌림병.

**症** 증세 증
疒 5 ⑩
증세. 병. 병의 증세.
disease　ショウ(しるし)
广 疒 疔 疔 症 症
병 녁(疒)과 바를 정(正).

症狀(증상)　병이나 상처의 상태.
症勢(증세)　병으로 앓는 여러 가지 모양.
病症(병증)　병의 증세.
重症(중증)　위중한 병세.

**疫** 염병 역
疒 4 ⑨
염병. 돌림병. 역귀(疫鬼).
pestilence　エキ(はやりやみ)
广 疒 疒 疒 疫 疫
병 녁(疒)과 칠 수(殳).

疫鬼(역귀)　전염병을 퍼뜨리는 귀신.
疫病(역병)　전염병. 악성의 유행병.
檢疫(검역)　전염병의 유무를 조사함.
防疫(방역)　전염병이 퍼지지 않게 예방함.

### 皮膚 (피부) 皮膚 皮膚 皮膚  몸의 겉을 둘러싸고 있는 조직.

**皮** 가죽 피
皮 0 ⑤
가죽. 생가죽. 겉가죽. 껍질.
skin　ヒ(かわ)
丿 厂 广 皮 皮
손(又)으로 짐승의 가죽(𠂆)을 벗기고 있는 모양.

皮帶(피대)　가죽 띠. 벨트.
皮毛(피모)　털이 붙어 있는 가죽.
皮封(피봉)　편지의 겉봉투.
皮革(피혁)　날가죽과 무두질한 가죽의 총칭.

**膚** 살갗 부　※제외자　肤
肉 11 ⑮
살갗. 겉껍질. 길이. 얕다.
skin　フ(はだ)
广 庐 庐 唐 膚 膚
범의 무늬 로(虍)와 몸 육(月·肉).

膚受(부수)　겉만 이어받아 전함.
膚淺(부천)　지식이나 말이 천박함.
膚學(부학)　천박한 학문.
身體髮膚(신체발부)　몸과 머리털과 피부.

## 汚染 (오염)　汚染　汚染　汚染　더럽게 물듦.

**水 3 ⑥ 汚** 더러울 오
더럽다. 더럽히다. 괸 물.
dirty　オ(けがす, よごす)　丶 冫 氵 氵 汙 汚
물 수(氵·水)와 있을 우(亐·于: 움푹 팸).

- 汚吏(오리) 청렴하지 못한 벼슬아치.
- 汚名(오명) 더럽혀진 이름. 나쁜 평판.
- 汚辱(오욕) 더럽히고 욕되게 함. 부끄러움.
- 汚點(오점) 더러운 점. 얼룩. 불명예스러운 점.

**木 5 ⑨ 染** 물들일 염
물들이다. 물들다. 적시다.
dye　セン(そめる)　氵 氿 氿 染 染 染
물 수(氵·水)와 방기 궤(朵: 물감을 풀어 물 담는 그릇).

- 染料(염료) 염색 물감.
- 染色(염색) 피륙 따위에 물을 들임.
- 染俗(염속) 세속에 물듦.
- 染織(염직) 물들인 직물.

## 肺炎 (폐렴)　肺炎　肺炎　肺炎　세균으로 폐에 염증이 생기는 병.

**肉 4 ⑧ 肺** 허파 폐
허파. 부아. 오장의 하나.
lung　ハイ(はい)　月 月' 广 肰 肺 肺
몸 육(月·肉)과 슬갑 불(巿: 나누다).

- 肺肝(폐간) 폐와 간. 전하여, 진심.
- 肺病(폐병) 폐에 균이 침투하여 일어나는 병.
- 肺腑(폐부) 폐. 마음의 깊은 속. 급소.
- 心肺(심폐) 심장과 폐.

**火 4 ⑧ 炎** 불꽃 염
불꽃. 불타다. 덥다.
flame　エン(やむ, もえる)　丶 丷 ヅ 火 火 炎
불 화(火) 두 개가 겹쳐서 불타오르는 불꽃을 뜻함.

- 炎上(염상) 불꽃을 뿜으며 타오름.
- 炎署(염서) 매우 심한 더위. 炎熱(염열).
- 炎天(염천) 몹시 더운 여름철. 남쪽 하늘.
- 腦炎(뇌염) 뇌수의 염증으로 일어나는 병.

## 吐血 (토혈)　吐血　吐血　吐血　피를 토함.

**口 3 ⑥ 吐** 토할 토
토하다. 뱉어내다. 소리를 내다.
vomit　ト(はく)　丨 冂 口 口' 吐 吐
입 구(口)와 흙 토(土). 입에서 토해내는 것을 뜻한다.

- 吐露(토로) 마음에 있는 것을 다 말함.
- 吐絲(토사) 누에가 고치를 만들어 실을 토해 냄.
- 吐說(토설) 일의 내용을 사실대로 말함.
- 吐逆(토역) 게움. 또, 그 일. 嘔吐(구토).

**血 0 ⑥ 血** 피 혈
피. 골육. 상처. 물들이다.
blood　ケツ(ち)　丿 丨 冂 血 血 血
제사 때 희생의 피를 그릇에 담은 모양을 본떠, '피'를 뜻한다.

- 血管(혈관) 혈액이 통하여 흐르는 관. 핏줄.
- 血氣(혈기) 목숨을 유지하는 피와 원기.
- 血糖(혈당) 혈액에 포함되어 있는 당류.
- 血書(혈서) 제 몸의 피로 쓴 글발.

사회(社會)- 위생(衛生)

## 門戶(문호) 門戶 門戶 門戶   집으로 출입하는 문. 교류를 위한 수단.

| 門 0 ⑧ | **門** | 문·집안 **문**<br>문. 문간. 집안. 가문. 문벌. | 門 |
|---|---|---|---|
| door | モン(かど) | ｜ ｜¯ ｜¯¯ ｜¯¯¯ 門 門 | |

두 개의 문짝이 있는 문의 모양.

門閥(문벌)  대대로 내려온 가문의 지체.
門前(문전)  대문 앞.
門中(문중)  동성동본의 가까운 친척.
門下生(문하생)  제자. 門生(문생). 門人(문인).

| 戶 0 ④ | **戶** | 지게 **호**<br>지게. 지게문. 출입구. 집. | |
|---|---|---|---|
| door | コ(と) | ˊ ˋ 戶 戶 | |

두 짝으로 된 문의 한 짝인 '지게문'을 본뜬 글자. 외짝문.

戶口(호구)  호수와 인구. 집과 사람의 수효.
戶當(호당)  한집 몫. 집마다 배당된 몫.
戶別(호별)  집마다. 집집마다. 每戶(매호).
戶籍(호적)  호수·식구 등을 기록한 문서.

## 淨掃(정소) 淨掃 浄掃 浄掃   깨끗하게 소제함.

| 水 8 ⑪ | **淨** | 깨끗할 **정**<br>깨끗하다. 청정하다. 맑다. | 浄 |
|---|---|---|---|
| clean | セイ,ジョウ(きよい) | ˋ ˋ˘ ˘˘ 浐 浐 淨 | |

물 수(氵·水)와 다툴 쟁(爭·瀞: 맑다).

淨戒(정계)  부처의 계법, 5계·10계 따위.
淨寫(정사)  깨끗하게 베낌. 淨書(정서).
淨水(정수)  깨끗한 물. 손을 씻는 물.
淨化(정화)  더러운 것을 없애고 깨끗이 함.

| 手 8 ⑪ | **掃** | 쓸 **소**<br>쓸다. 없애다. 제거하다. | 扫 |
|---|---|---|---|
| sweep | ソウ(はく) | 扌 扌¯ 扌¯¯ 押 掃 掃 | |

손 수(扌·手)와 비 추(帚).

掃去(소거)  쓸어서 없앰.
掃滅(소멸)  싹 쓸어 없앰.
掃除(소제)  쓸고 닦아서 먼지 따위를 없게 함.
掃蕩(소탕)  휩쓸어 죄다 없애 버림.

## 沐浴(목욕) 沐浴 沐浴 沐浴   머리를 감고 몸을 씻음.

※제외자

| 水 4 ⑦ | **沐** | 머리감을 **목**<br>머리 감다. 씻다. 은택 입다. | |
|---|---|---|---|
| bathe | モク(かみをあらう) | ˋ ˋ˘ 汁 汁 沐 | |

물 수(氵·水)와 나무 목(木: 잎과 가지를 쓴 나무).

沐間(목간)  목욕간에서 목욕함.
沐髮(목발)  머리를 감음.
沐浴齋戒(목욕재계)  목욕하여 부정을 피함.
沐恩(목은)  은혜를 입음.

| 水 7 ⑩ | **浴** | 목욕할 **욕**<br>목욕하다. 목욕. 멱감다. | |
|---|---|---|---|
| bathe | ヨク(あびる) | ˋ ˋ˘ ˘˘ 浐 浴 浴 | |

물 수(氵·水)와 골짜기 곡(谷: 대야).

浴佛日(욕불일)  석가 탄일. 음력 4월 초파일.
浴室(욕실)  목욕하는 설비가 되어 있는 방.
浴槽(욕조)  목욕물을 담는 통. 목욕통.
日光浴(일광욕)  햇볕으로 건강을 증진하는 일

## 洗濯(세탁) 洗濯 洗濯 洗濯 빨래. 洗滌(세척).

**洗** 水 6 ⑨ — 씻을 세
씻다. 깨끗이 씻다.
氵 氿 泮 洗 洗 洗
wash　センあらう
물 수(氵·水)와 먼저 선(先 : 발을 씻다).

洗腦(세뇌) 새로운 사상을 주입시키는 일.
洗禮(세례) 죄악을 씻는 표시로 행하는 의식.
洗心(세심) 마음을 깨끗이 씻음.
梳洗(소세) 머리를 빗고 낯을 씻는 일.

**濯** 水 14 ⑰ — 씻을 탁
씻다. 헹구다. 빨래하다.
氵 氵 㲾 㲾 濯 濯
wash　タクあらう
물 수(氵·水)와 꿩 적(翟 : 뛰어 일어나다).

濯禊(탁계) 더러운 것을 씻음.
濯足(탁족) 발을 씻음. 洗足(세족). 세속(世俗)을 초탈함.
濯枝雨(탁지우) 음력 6월경에 내리는 큰 비.

## 汗蒸(한증) 汗蒸 汗蒸 汗蒸 땀을 흘려 병을 고치는 일.

**汗** 水 3 ⑥ — 땀 한
땀. 땀을 흘리다. 임금의 명령.
、 丶 氵 氵 汗 汗
sweat　カンあせ
물 수(氵·水)와 볕 쬘 간(干·旱 : 가뭄).

汗黨(한당) 불한당.
汗衫(한삼) 속옷. 땀받이. 汗衣(한의).
汗血(한혈) 피와 땀. 피와 같은 땀. 귀중한 땀.
冷汗(냉한) 식은 땀.

**蒸** 艸 10 ⑭ — 찔 증
찌다. 일하다. 덥다. 나아가다.
艹 艹 芝 茲 蒸 蒸
steam　ジョウむす
풀 초(艹)와 삶을 증(烝 : 찌다).

蒸氣(증기) 김. 수증기.
蒸發(증발) 액체에서 기체 상태로 변하는 일.
蒸庶(증서) 모든 백성. 蒸民(증민).
炎蒸(염증) 찌는 듯한 더위.

## 胡臭(호취) 胡臭 胡臭 胡臭 고약한 냄새. 암내.

**胡** 肉 5 ⑨ — 오랑캐 호
오랑캐. 멀다. 장수하다.
十 ナ 古 古 胡 胡
savage　コえびす,なんぞ
옛 고(古)와 몸 육(月·肉).

胡國(호국) 미개한 야만인의 나라.
胡桃(호도) 호두나무 열매. 호두.
胡亂(호란) 오랑캐들로 인해 일어난 병란.
胡虜(호로) 중국 북방의 이민족 흉노를 일컬음.

**臭** 自 4 ⑩ — 냄새 취
냄새. 냄새나다. 썩다.
白 自 臬 臭 臭 臭
odor　シュウくさい
스스로 자(自 : 코)와 개 견(犬).

臭腥(취성) 냄새가 비림. 또, 그러한 것.
臭敗(취패) 썩음. 부패하여 무용지물이 됨.
惡臭(악취) 나쁜 냄새. 불쾌한 냄새.
體臭(체취) 몸의 냄새.

## 사회(社會)- 체육(體育)

### 體育(체육) 體育 體育 體育  건강을 위해 하는 운동.

**骨 13 ㉓ 體** 몸 체
몸. 신체. 사지(四肢). 팔다리.
body　タイ(からだ)
骨 骨 骨 體 體 體
뼈 골(骨)과 풍성할 풍(豊).

體格(체격)　인체의 골격. 시문(詩文)의 체재.
體面(체면)　남을 대하는 낯. 면목. 체재.
體驗(체험)　자신이 실제로 경험함. 또, 그 경험.
形體(형체)　물건의 생김새와 그 바탕 되는 몸.

**肉 4 ⑧ 育** 体　기를 육
기르다. 키우다. 자라다. 낳다.
bring up　イク(そだてる)
亠 亠 玄 产 育 育
아이 돌아 나올 돌(㐬)과 몸 육(月·肉).

育成(육성)　길러 냄. 길러서 키움.
育兒(육아)　어린애를 기름.
敎育(교육)　가르치어 기름.
發育(발육)　발달하여 크게 자람.

### 周旋(주선) 周旋 周旋 周旋  일이 잘되게 보살펴 줌.

**口 5 ⑧ 周** 두루 주
두루. 널리. 골고루 미침.
all around　シュウ(めぐる)
丿 刀 月 用 周 周
쓸 용(用)에 입 구(口).

周忌(주기)　죽은 뒤 해마다 돌아오는 기일.
周到(주도)　주의가 두루 미쳐 실수가 없음.
周易(주역)　주대의 역법. 오경의 하나.
周知(주지)　여러 사람들이 두루 앎.

**方 7 ⑪ 旋** 돌 선
돌다. 돌리다. 회전하다.
revolve　セン(めぐる)
方 方 扩 扩 旋 旋
깃발 언(㫃)과 발 소(疋).

旋螺(선라)　나사.
旋流(선류)　빙빙 돌아 흐름. 소용돌이쳐 흐름.
旋律(선율)　음악의 가락.
旋回(선회)　둘레를 빙빙 돎. 또는 돌림.

### 健兒(건아) 健兒 健兒 健兒  건강한 남아.

**人 9 ⑪ 健** 튼튼할 건
튼튼하다. 굳세다. 건장하다.
healthy　ケン(すこやか)
亻 亻 亻 侓 健 健
사람 인(亻·人)과 세울 건(建).

健脚(건각)　튼튼한 다리.
健康(건강)　몸의 상태가 순조로움. 병이 없음.
健忘(건망)　듣거나 본 것을 잘 잊어버림.
健全(건전)　튼튼하고 온전함.

**儿 6 ⑧ 兒** 儿　아이 아
아이. 유아. 사내아이.
child　ジ,ニ(こ)
ㄈ 臼 臼 臼 兒 兒
갓난아기 머리의 정수리(臼)와 사람(儿).

兒女子(아녀자)　사내아이와 계집아이.
兒童(아동)　어린아이.
兒孩(아해)　아이.
麒麟兒(기린아)　재주·지혜가 뛰어난 젊은 이.

## 選拔 (선발)
選拔 選拔 選拔  여럿 가운데 뽑아 추림.

**가릴 선** 选
走 12 ⑯
選
select
センえらぶ
쉬엄쉬엄 갈 착(辶·辵)과 겸손할 손(巽).

**뺄 발** 拔
手 5 ⑧
拔
pull out
バツぬく
빼다. 빼어나다. 성하다.
손 수(扌·手)와 개 달아날 발(犮).

選擧(선거) 많은 사람 중 적합한 사람을 뽑음.
選任(선임) 뽑아서 직무를 맡김.
選集(선집) 가려 뽑은 글을 엮은 책.
選出(선출) 가려 냄. 가려 뽑음.

拔劍(발검) 칼을 뽑음.
拔群(발군) 여럿 가운데서 특별히 뛰어남.
拔本(발본) 뿌리를 뽑고 근원을 막음.
拔抄(발초) 가려 뽑아 베낌. 또, 그 초록(抄錄).

## 競泳 (경영)
競泳 競泳 競泳  수영의 실력을 겨룸.

**다툴 경** 竞
立 15 ⑳
競
quarrel
キョウきそう
다투다. 말다툼으로 겨룸.
다투어 말할 경(誩:誩의 변형)과 사람 인(儿·人).

**헤엄칠 영** 泳
水 5 ⑧
泳
swim
エイおよぐ
헤엄치다. 헤엄. 무자맥질하다.
물 수(氵·水)와 길 영(永:사람이 물 위에 떠 있음).

競技(경기) 기술이나 능력을 서로 겨룸.
競爭(경쟁) 서로 우위에 서려고 다툼.
競走(경주) 빨리 달리기를 겨루는 육상 경기.
競進(경진) 서로 다투어 앞으로 나아감.

泳法(영법) 헤엄치는 법.
背泳(배영) 위를 향해 누워서 치는 헤엄.
水泳(수영) 헤엄치기. 遊泳(유영).
平泳(평영) 두 발을 오므렸다 뻗치며 치는 헤엄.

## 優勝 (우승)
優勝 優勝 優勝  첫째로 이김. 가장 뛰어남.

**넉넉할 우** 优
人 15 ⑰
優
ample
ユウ,ウすぐれる
넉넉하다. 후하다. 우아하다.
사람 인(人)에 생각할 우(憂).

**이길 승** 胜
力 10 ⑫
勝
win
ショウかつ
이기다. 성하다. 훌륭하다.
나 짐(朕:들어올리다)과 힘 력(力).

優待(우대) 특별히 잘 대우함.
優等(우등) 성적이 우수함. 높은 등급.
優良(우량) 뛰어나게 좋음.
優秀(우수) 뛰어나고 빼어남.

勝利(승리) 싸움이나 경기 등에서 이김.
勝負(승부) 이김과 짐. 勝敗(승패).
勝地(승지) 경치 좋은 이름난 곳.
百戰百勝(백전백승) 싸울 때마다 다 이김.

사회(社會)- 체육(體育)

## 稱讚(칭찬) 稱讚 稱讚 稱讚　잘한다고 추어올림.

**禾 9 ⑭ 稱** 일컬을 칭　称
일컫다. 이르다. 부르다.
call　ショウ(となえる)　禾 禾 禾 称 稱 稱
벼 화(禾)와 물건을 담아 올린다는 '爯'을 합한 글자.

稱德(칭덕) 덕을 일컬어 기림.
稱量(칭량) 저울로 닮. 사정이나 형편을 헤아림.
稱頌(칭송) 공덕을 찬양하여 기림.
稱號(칭호) 어떤 뜻으로 일컫는 이름.

**言 19 ㉖ 讚** 기릴 찬　贊
기리다. 칭찬함. 밝히다.
praise　サン(ほめる)　言 言 計 詩 譜 讚
말씀 언(言)과 칭찬할 찬(贊).

讚歌(찬가) 예찬하는 노래. 찬송가.
讚美(찬미) 아름다운 것을 기림. 찬송.
讚辭(찬사) 칭찬하는 말이나 글.
讚頌(찬송) 덕을 기림. 감사하여 칭찬함.

## 拍手(박수) 拍手 拍手 拍手　환영하여 손뼉을 침.

**手 5 ⑧ 拍** 칠 박
치다. 손뼉치다. 박자(拍子).
strike　ハク,ヒョウ(うつ)　扌 扌 扌 扌 扌 拍
손 수(扌·手)와 말할 백(白).

拍動(박동) 장기(臟器)의 율동적인 수축 운동.
拍子(박자) 곡조의 진행 시간을 헤아리는 단위.
　　　 곡조의 빠르기를 지휘하는데 쓰는 악기.
拍掌大笑(박장대소) 손뼉을 치며 크게 웃음.

**手 0 ④ 手** 손 수
손. 손가락. 팔. 손바닥.
hand　シュ(て)　一 二 三 手
다섯 손가락을 편 손의 모양.

手記(수기) 체험을 손수 적음. 또, 그 기록.
手段(수단) 묘안을 만들어 내는 솜씨와 꾀.
手腕(수완) 일을 꾸미거나 치러 나가는 재간.
手足(수족) 손과 발. 마음대로 부리는 사람.

## 强弱(강약) 强弱 强弱 强弱　강함과 약함.

**弓 8 ⑪ 强** 강할 강
굳세다. 힘쓰다. 단단하다.
strong　キョウ(つよい)　弓 弓 弘 强 强 强
클 홍(弘 : 강하다)과 벌레 충(虫).

强硬(강경) 굽힘없이 주장이나 뜻을 고집함.
强力(강력) 힘이 셈. 세력이 강함. 또, 그 힘.
强壓(강압) 강제로 억누름. 권력으로 억누름.
列强(열강) 여러 강대한 나라들.

**弓 7 ⑩ 弱** 약할 약
약하다. 쇠약해지다.
weak　ジャク(よわい)　弓 弓 弓 弓 弱 弱
새끼 새의 두 날개가 나란히 펼쳐진 모양.

弱骨(약골) 골격이 약함. 또, 그 골격.
弱冠(약관) 남자의 20세 전후 때. 또, 그 나이.
弱點(약점) 허물어지거나 깨지기 쉬운 곳.
薄弱(박약) 굳세지 못하고 여림. 얇고도 약함.

## 對局(대국) 對局 對局 對局  어떤 국면을 당함. 장기나 바둑을 둠.

**對** 대답할 대
寸 11 ⑭
대답하다. 대하다. 마주보다.
reply タイ(こたえる)   対
" ⺶ ⺶ ⺶ 丵 對
초목이 무성한 모양(丵)에 입 구(口)를 받치고 그 옆에 법도 촌(寸).

對決(대결) 양자가 맞서서 우열을 결정함.
對談(대담) 마주 대해 말함.
對立(대립) 서로 대하여 맞섬.
相對(상대) 서로 마주 봄. 마주 겨룸.

**局** 판 국
尸 4 ⑦
판. 방. 추세. 작게 나눈 구획.
board キョク(つぼね)
フ コ 尸 爲 局 局
자 척(尺 : 사람 모양)과 구절 구(句 : 굽히다, 구획 짓다).

局面(국면) 바둑·장기 등의 승패를 다루는 판.
局限(국한) 어떤 한 부분에만 한정함.
結局(결국) 일의 끝장. 일의 귀결되는 마당.
時局(시국) 지금 일어나고 있는 대세.

## 羽翼(우익) 羽翼 羽翼 羽翼  새의 날개. 도와 받듦. 또 그 사람.

**羽** 깃 우
羽 0 ⑥
깃. 날개. 새. 돕다. 느슨함.
wing ウ(はね, は)
丁 丁 刁 刃 羽 羽
새의 깃 또는 양 날개를 본뜬 글자.

羽鱗(우린) 새와 물고기. 조류와 어류.
羽毛(우모) 깃털. 깃에 붙어 있는 새털.
羽扇(우선) 새의 깃으로 만든 부채.
羽衣(우의) 새의 깃으로 짠 옷.

**翼** 날개 익
羽 11 ⑰
날개. 깃. 지느러미. 돕다.
wing ヨク(つばさ)
羽 㹴 㹴 㹴 翼 翼
깃 우(羽 : 날개)와 다를 이(異 : 두 손을 듦).

翼戴(익대) 받들어 정성스럽게 추대함.
翼卵(익란) 새가 알을 품음.
翼輔(익보) 도와서 잘 인도함. 도움. 보좌함.
翼善(익선) 착한 일을 도와 실행시킴.

## 援護(원호) 援護 援護 援護  도와주고 보호함.

**援** 도울 원
手 9 ⑫
돕다. 구원하다. 끌다.
aid エン(ひく, たすける)
扌 扩 拧 拧 挣 援 援
손 수(扌·手)와 당길 원(爰).

援兵(원병) 구원하는 군대의 병사.
援助(원조) 도와줌.
聲援(성원) 격려·고무하여 형세를 도와 줌.
應援(응원) 곁들어 도와줌.

**護** 보호할 호
言 14 ㉑
보호하다. 감쌈. 통솔하다.
protect ゴ(まもる)   护
訁 訮 訮 諦 護 護
말씀 언(言)과 잡을 획(蒦).

護國(호국) 나라를 외적으로부터 지킴.
護法(호법) 법을 지킴. 불법을 지키는 일.
護送(호송) 위해에 대비하여 호위하여 보냄.
護身(호신) 자기 몸을 지킴. 몸을 보호함.

문화(文化)- 문학(文學)

## 小說(소설) 小説 小説 小说 작가의 구상을 그린 문학적 이야기.

**小** 小 ③
작을 소
작다. 적다. 낮다.
small
ショウ(ちいさい)
亅 小 小
큰 물체에서 떨어져 나간 작은 점 세 개.

小康(소강) 소란하던 세상이 조금 안정됨.
小數(소수) 적은 수효.
小生(소생) 후배. 자기를 낮추어 일컫는 말.
小作(소작) 남의 땅을 빌어서 농사를 지음.

**說** 言 7 ⑭
말씀 설, 기쁠 열, 달랠 세
말씀. 기쁘다. 달래다.
word
セツ(とく)
言 言 訡 詤 詤 說
말씀 언(言)과 바꿀 태(兌 : 풀리다).

說得(설득) 여러 모로 알아듣도록 말함.
說明(설명) 풀이하여 밝힘. 또, 그 말.
說樂(열락) 기쁘고 즐거움.
遊說(유세) 자기 의견을 설명하는 일.

## 雜誌(잡지) 雜誌 雜誌 雑誌 정기적으로 간행되는 출간물.

**雜** 佳 10 ⑱
섞일 잡
섞이다. 어수선함. 번거롭다.
mixed
ザツ(まじる)
亠 产 亲 新 新 雜
본래는 '襍'자로 옷 의(衣·衤)와 모일 집(集).

雜念(잡념) 쓸데없는 여러 가지 생각.
雜談(잡담) 쓸데없이 지껄이는 말.
雜音(잡음) 뒤섞인 여러 가지의 소리.
雜貨(잡화) 여러 가지 상품.

**誌** 言 7 ⑭
기록할 지
기록하다. 적어 두다. 기억하다.
record
シ(しるす)
言 言 計 計 誌 誌
말씀 언(言)과 기록할 지(志).

誌面(지면) 글이나 그림 등을 게재하는 곳.
日誌(일지) 날마다의 일이나 느낌을 적은 글.
雜誌(잡지) 잡다한 일을 실은 책.
地誌(지지) 고장의 지세·풍속 등을 기록한 책.

## 飜譯(번역) 飜譯 飜譯 飜譯 다른 나라의 말이나 글로 옮김.

**飜** 飛 12 ㉑
뒤집을 번
뒤집다. 날다. 번역. 엎어짐.
fly
ホン(ひるがえる)
番 番 番 番 飜 飜
차례 번(番 : 짐승의 발자국)과 날 비(飛 : 새가 나는 모양).

飜倒(번도) 거꾸로 됨. 거꾸로 함.
飜弄(번롱) 멋대로 놀림.
飜覆(번복) 안팎이 뒤집어짐.
飜案(번안) 외국작품을 자기의 것으로 개작함.

**譯** 言 13 ⑳
번역할 역
번역하다. 통역하다.
interpret
ヤク(わけ)
言 評 譯 譯 譯 譯
말씀 언(言)과 엿볼 역(睪).

譯官(역관) 통역이나 번역을 맡아보던 관리.
譯讀(역독) 번역하여 읽음.
譯書(역서) 번역한 책. ↔ 原書(원서).
通譯(통역) 서로 다른 말을 번역하여 통하게 함.

## 脫稿(탈고) 脫稿 脫稿 脫稿　원고를 다 씀. 초고가 완성됨.

**肉 7 ⑪ 脫** 　벗을 **탈**, 기뻐할 **태**
take off　벗다. 벗기다. 기뻐하다.
ダツ(ぬける)　月 𠂉 肞 肑 肑 脫
몸 육(月·肉)과 벗어져 떨어질 태(兌).

脫穀(탈곡)　곡식의 이삭에서 낟알을 떨어 냄.
脫落(탈락)　동행자들을 따라가지 못하게 됨.
脫線(탈선)　정상적인 행동에서 벗어남.
脫然(태연)　천천히 가는 모양. 기뻐하는 모양.

**禾 10 ⑮ 稿**　볏짚 **고**
rice straw　볏짚. 초고. 원고. 화살대.
コウ(わら,したがき)　二 禾 秅 秼 稿 稿
벼 화(禾)와 높을 고(高).

稿料(고료)　저작·번역물 등 원고에 대한 보수.
稿葬(고장)　시체를 싸서 묻는 장사.
原稿(원고)　출판·인쇄를 위해 쓴 글이나 그림.
草稿(초고)　시문의 초벌 원고.

## 構想(구상) 構想 構想 構想　생각을 얽어 짬.

**木 10 ⑭ 構**　얽을 **구**　构
frame　얽다. 맺다. 일으키다. 집.
コウ(かまえる)　木 𣏑 栱 構 構 構
나무 목(木)과 쌓을 구(冓).

構圖(구도)　꾀하여 도모함.
構成(구성)　사물이 이루어지게 함.
構造(구조)　꾸미어 만듦. 싸서 맞춤.
構築(구축)　구조물을 쌓아 만듦.

**心 9 ⑬ 想**　생각할 **상**
imagine　생각하다. 상상하다. 바라다.
ソウ(おもう)　十 木 机 相 想 想
서로 상(相)과 마음 심(心).

想起(상기)　지난 일을 도로 생각해 냄.
想念(상념)　생각함. 또, 그 생각.
想像(상상)　짐작으로 생각함. 空想(공상).
感想(감상)　마음 속에 느끼어 일어나는 생각.

## 收錄(수록) 收錄 收錄 收錄　모아서 기록함.

**攴 2 ⑥ 收**　거둘 **수**
gather　거두다. 받아들이다. 떠맡다.
シコウ(おさめる)　ㅣ ㅑ 𠂉 𠂉 收 收
얽힐 구(丩)와 칠 복(攵·攴).

收監(수감)　옥에 가두어 감금함.
收買(수매)　거두어 사들임.
收拾(수습)　정리함. 정돈함. 안정되게 함.
收穫(수확)　농작물을 거두어들임.

**金 8 ⑯ 錄**　기록할 **록**　录
record　기록하다. 베끼다. 문서.
ロク(しるす)　金 𨥂 𨥖 鋅 鋳 錄
쇠 금(金)과 나무 깎을 록(彔).

錄名(녹명)　이름을 적음.
錄畵(녹화)　비디오테이프에 영상을 기록함.
記錄(기록)　남길 필요가 있는 사항을 적는 일.
實錄(실록)　한 임금 일대의 사실을 적은 역사.

## 문화(文化)- 문학(文學)

### 新聞(신문) 新聞 新聞 新聞  새로운 소식을 전하는 간행물.

**新** 새 신
斤 9 ⑬
새롭다. 새로. 새로워지다.
new  シン(あたらしい)
亠 亲 亲 新 新 新
설 립(立)과 나무 목(木), 도끼 근(斤).

新綠(신록) 늦은 봄. 새로 나온 잎의 푸른 빛.
新設(신설) 새로 마련함.
新婚(신혼) 갓 결혼함.
溫故知新(온고지신) 옛것을 익히고 새것을 앎.

**聞** 들을 문
耳 8 ⑭
듣다. 냄새 맡다. 방문함.
hear  ブン(きく)
冂 門 門 門 聞 聞
문 문(門:묻다)과 귀 이(耳).

聞見(문견) 듣고 보아 얻은 지식.
聞達(문달) 명성이 높고 현달(顯達)함.
聞道(문도) 도리(道理)를 들어 앎.
聞知(문지) 들어 앎.

### 記者(기자) 記者 記者 記者  신문·잡지에 글을 쓰거나 편집하는 사람.

**記** 적을 기
言 3 ⑩
적다. 기록하다. 기억.
record  キ(しるす)
亠 言 言 記 記 記
말씀 언(言)과 몸 기(己). 말을 다듬어 쓰다.

記念(기념) 기억하여 잊지 않음.
記錄(기록) 사실을 적음. 또, 그 글.
記事(기사) 사실을 그대로 적음. 기록된 사실.
記入(기입) 적어 넣음.

**者** 놈 자
老 5 ⑨
놈. 사람. 것. 곳. 어조사.
person  シャ(もの)
土 耂 耂 者 者 者
늙을 로(耂·老)와 스스로 자(白·自).

聖者(성자) 성인. 숭상 받을 만한 사람.
仁者(인자) 마음이 어진 사람.
筆者(필자) 글 또는 글씨를 쓴 사람.
賢者(현자) 성인 다음가는 사람.

### 輿論(여론) 輿論 輿論 輿論  여러 사람의 공통된 의견.

**輿** 가마·수레 여
車 10 ⑰
가마. 수레. 수레의 총칭.
palankeen  ヨ(こし)
F 臼 銵 銵 輿 輿
마주 들 여(舁)와 수레 거(車).

輿駕(여가) 임금이 타는 물건.
輿圖(여도) 천하. 세계. 輿地圖(여지도).
輿望(여망) 세상의 인망(人望).
輿地(여지) 땅. 만물을 싣고 있는 땅.

**論** 논의할 론
言 8 ⑮
논의하다. 말하다. 고하다.
discuss  ロン(とく)
言 診 診 論 論 論
말씀 언(言)과 조리세울 륜(侖).

論考(논고) 문헌을 고증하여 논술함.
論告(논고) 자기의 믿는 바를 논술하여 알림.
論理(논리) 이치를 생각하며 분별하는 이론.
論爭(논쟁) 말이나 글로 서로 논하여 다툼.

## 顧慮 (고려)

顧慮 顧慮 顧慮  앞일을 걱정함. 다시 돌이켜 생각함.

**顧** 頁 12 ㉑  돌아볼 고  顾
look after  ㄱ(かえりみる)
尸 尸 雇 雇 顧 顧
품팔이 고(雇)와 머리 혈(頁).

- 顧客(고객) 영업의 상대로 찾아오는 손.
- 顧念(고념) 돌보아 줌. 뒷일을 염려함.
- 顧問(고문) 의견을 물음. 자문에 응해 의견을 말함. 또, 그 직에 있는 사람.

**慮** 心 11 ⑮  생각할 려  虑
consider  リョ(おもんばかり)
广 卢 虍 虖 虑 慮
호랑이 호(虍)와 생각 사(思).

- 慮外(여외) 뜻밖에. 의외. 생각 밖.
- 慮後(여후) 장래에 대하여 염려함.
- 苦慮(고려) 애써 생각함. 苦心(고심).
- 念慮(염려) 마음을 놓지 못함. 헤아려 걱정함.

## 見解 (견해)

見解 見解 兄解  자기가 본 의견과 해석.

**見** 見 0 ⑦  볼 견, 뵐 현  见
see  ケン(みる)
丨 冂 月 目 貝 見
눈 목(目)과 사람 인(儿·人).

- 見聞(견문) 보고 들음. 또, 그 지식.
- 見習(견습) 남이 하는 것을 보고 배움.
- 謁見(알현) 지체 높은 사람을 만나 뵙는 일.
- 意見(의견) 마음 속에 느낀 바의 생각.

**解** 角 6 ⑬  풀 해
solve  カイ(とく)
ク 角 角 角 解 解
뿔 각(角)과 칼 도(刀), 소 우(牛).

- 解渴(해갈) 갈증을 풀어 버림. 목마름을 풂.
- 解決(해결) 얽힌 일을 풀어서 처리함.
- 解說(해설) 문제를 알기 쉽게 풀어서 설명함.
- 解消(해소) 지워 없앰.

## 轉載 (전재)

轉載 轉載 轉載  내었던 글을 다른 데에 옮겨 실음.

**轉** 車 11 ⑱  구를 전  转
roll  テン(ころぶ)
車 軋 軒 轉 轉 轉
수레 거(車)와 둥글 단(專).

- 轉嫁(전가) 자기 책임 등을 남에게 덮어씌움.
- 轉動(전동) 굴러 움직임.
- 轉落(전락) 굴러 떨어짐.
- 轉屬(전속) 원적을 다른 데로 옮김.

**載** 車 6 ⑬  실을 재  載
load  サイ(のせる)
十 直 車 載 載 載
해할 재(㦱 : 덧방나무)와 수레 거(車).

- 載送(재송) 물건을 실어 보냄.
- 載筆(재필) 기록함. 문장을 지음.
- 記載(기재) 적어서 올림. 적어서 실음.
- 連載(연재) 신문·잡지 등에 글이나 그림을 실음.

문화(文化)- 문학(文學)

## 動搖(동요) 童謠 童謠 童謠 어린이의 정서를 표현한 노래.

**童** 立 7 ⑫
child ドゥ(わらべ)
아이 동
아이. 어리석다. 눈동자.
一 亠 立 咅 音 童 童
설 립(立)과 마을 리(里).

童心(동심) 어린이의 마음.
童話(동화) 어린이를 위하여 지은 이야기.
神童(신동) 재주와 지혜가 뛰어난 아이.
兒童(아동) 3~12세의 어린아이.

**謠** 言 10 ⑰
song ヨゥ(うた)
노래 요
노래하다. 소문. 노래.
言 訡 訡 詻 謠 謠
말씀 언(言)과 노래할 요(䍃).

謠言(요언) 뜬소문. 流言(유언).
謠諑(요탁) 비방함. 헐뜯음. 험담을 함.
歌謠(가요) 민요·동요·속요·유행가 등의 속칭.
民謠(민요) 민간의 감정 등을 전해 오는 노래.

## 字句(자구) 字句 字句 字句 문자와 어구.

**字** 子 3 ⑥
letter ジ(もじ)
글자 자
글자. 아이를 배다. 양육하다.
丶 宀 宀 字 字
움집 면(宀)과 아들 자(子).

字音(자음) 글자의 음. 한자의 음.
字典(자전) 한자(漢字)를 모아 일정한 순서로 배열하고, 그 음과 뜻 등을 풀이한 책.
文字(문자) 글자.

**句** 口 2 ⑤
phrase ク(くぎり)
글귀 구·귀
글귀. 구절. 굽다. 거리끼다.
丿 勹 勹 句 句
쌀 포(勹)와 입 구(口).

句讀(구두) 글 뜻을 위해 쉼표·마침표를 찍는 일
句節(구절) 구와 절. 한 토막의 말이나 글.
金句(금구) 아름다운 구절. 훌륭한 격언.
語句(어구) 말. 언어. 문구(文句).

## 修訂(수정) 修訂 修訂 修訂 글의 잘못을 고침.

**修** 人 8 ⑩
cultivate シュウ(おさめる)
닦을 수
닦다. 익히다. 다스리다.
丨 亻 亻 亻 俢 修 修
바 유(攸)와 터럭그릴 삼(彡).

修交(수교) 나라 사이에 교제를 맺음.
修練(수련) 수양하고 단련함.
修辭(수사) 말이나 문장을 아름답게 하는 일.
修身齊家(수신제가) 몸을 닦고 집안을 정제함.

**訂** 言 2 ⑨
correct テイ(ただす)
바로잡을 정
바로잡다. 고치다. 맺다.
一 亠 言 言 言 訂
말씀 언(言)과 고무래 정(丁 : 못을 박아 고정시킴).

訂交(정교) 교분을 정함. 약속함.
訂正(정정) 글자 등의 틀린 곳을 바로잡음.
訂定(정정) 잘 잘못을 의논(議論)하여 정함.
改訂(개정) 고쳐서 정정함.

## 印刷 (인쇄)  印刷  印刷  印刷  글이나 그림을 박아 냄.

**印** 卩 4 ⑥ 도장 인
seal イン(しるし)
도장. 찍다. 찍히다. 묻다.
´ ⌒ F E 印 印
손톱 조(⺜·爪)와 병부 절(卩: 임금이 내리는 符節(부절)).
印鑑(인감) 대조용으로 관공서에 신고하여 둔 도장.
印象(인상) 마음에 와 닿는 느낌.
刻印(각인) 도장을 새김.
捺印(날인) 도장을 찍음.

**刷** 刀 6 ⑧ 인쇄할 쇄
print サツ(する)
인쇄하다. 쓸다. 씻다.
⺈ 尸 吊 吊 刷 刷
주검 시(尸)와 수건 건(巾), 칼 도(刂·刀).
刷掃(쇄소) 더러운 곳을 청소함.
刷新(쇄신) 나쁜 폐단을 없애고 새롭게 함.
刷行(쇄행) 판(版)에 박아 세상에 폄.
縮刷(축쇄) 원형을 줄여서 인쇄하는 일.

## 其他 (기타)  其他  其他  其他  그 밖의 또 다른 것.

**其** 八 6 ⑧ 그 기
it キ(その)
그. 그것. 발어사. 어조사.
一 十 卄 甘 其 其
곡식을 까부는 키(甘·其)와 그 키를 얹는 대(丌·臺)를 그린 것이다.
其間(기간) 그 사이. 그 동안.
其實(기실) 그 실상. 그 사실. 사실은. 실제는.
其餘(기여) 그 나머지.
其亦(기역) 그것도. 또는 그것 역시.

**他** 人 3 ⑤ 다를 타
different タ(ほか)
다르다. 딴. 남. 타인.
ノ 亻 仁 他 他
사람 인(亻·人)과 뱀 사(也·蛇).
他界(타계) 다른 세계. 다른 세계로 감.
他人(타인) 남. 다른 사람.
排他(배타) 남을 배척함.
自他(자타) 자신과 남. 모든 이.

## 思潮 (사조)  思潮  思潮  思潮  그 시대 사상의 일반적인 경향.

**思** 心 5 ⑨ 생각할 사
think シ(おもう)
생각하다. 바라다. 사모하다.
丶 冂 田 田 思 思
정수리 신(田·囟)과 마음 심(心).
思考(사고) 생각하고 궁리함.
思慕(사모) 그리워함. 받들고 마음으로 따름.
思想(사상) 사회 및 인생에 대한 일정한 견해.
思索(사색) 사물의 이치를 깊이 생각함.

**潮** 水 12 ⑮ 조수 조
tide チョウ(しお)
조수. 밀물. 빛깔이 들다.
氵 氵 洰 淖 潮 潮
물 수(氵·水)와 아침 조(朝).
潮流(조류) 조수의 흐름. 시세나 세태의 경향.
潮水(조수) 간만의 현상을 이루는 바닷물.
滿潮(만조) 꽉 차게 들어왔을 때의 밀물.
風潮(풍조) 바람과 조수. 되어 가는 추세.

## 문화(文化) - 문학(文學)

### 啓蒙(계몽)
啓蒙 啓蒙 啓蒙 어린이·몽매한 사람을 가르쳐 깨우침.

**啓** 열 계
口 8 ⑪
열다. 인도하다. 일깨우다.
open ケイ(ひらく)
집 대문 호(戶)와 칠 복(攵:손), 입 구(口).

啓發(계발) 슬기와 재능을 널리 열어 줌.
啓示(계시) 열어 보임.
啓蟄(계칩) 봄에 동면하던 벌레가 깨어남.
啓行(계행) 앞장서서 길을 이끌음.

**蒙** 어릴 몽
艸 10 ⑭
어리다. 어리석다. 입다.
young モウ(こうむる)
풀 초(艹·艸)와 덮을 몽(冢).

蒙籠(몽롱) 흐릿하고 밝지 않은 모양.
蒙利(몽리) 이익을 봄.
蒙昧(몽매) 사리에 어둡고 어리석음.
蒙恩(몽은) 은혜를 입음.

### 共鳴(공명)
共鳴 共鳴 共鳴 사상·의견 등에 공감하여 찬성함.

**共** 함께 공
八 4 ⑥
함께. 모두. 한가지. 공손하다.
together キョウ(ともに)
스물 입(廿)과 맞잡을 공(六).

共感(공감) 남의 의견이나 주장에 대해 공명함.
共同(공동) 여러 사람이 일을 같이함.
共通(공통) 다같이 통함.
公共(공공) 사회 일반(社會一般). 공중(公衆).

**鳴** 울 명
鳥 3 ⑭
울다. 새·짐승 울음.
chirp メイ(なく)
입 구(口)와 새 조(鳥).

鳴琴(명금) 거문고를 탐. 폭포 소리 따위의 형용.
鳴絲(명사) 거문고.
鳴笛(명적) 피리를 붊. 피리.
悲鳴(비명) 몹시 공포를 느낄 때 지르는 소리.

### 編著(편저)
編著 編著 編著 편집하여 저술함. 또, 그 책.

**編** 엮을 편, 땅을 변
糸 9 ⑮
엮다. 책으로 엮다. 땋다.
compile ヘン(あむ)
실 사(糸)와 작을 편(扁). 扁은 문자를 써넣는 대쪽.

編刊(편간) 책을 편찬하여 발간함.
編隊(편대) 대오를 편성함. 편성된 대오.
編成(편성) 책이나 신문 따위를 엮어서 만듦.
編入(편입) 짜 넣음. 한 동아리에 끼어 들어감.

**著** 지을 저, 붙일 착
艸 9 ⑬
짓다. 드러나다. 붙이다.
write チョ,チャク(あらわす,きる)
풀 초(艹·艸·竹:죽간)와 것 자(者:합치다. 붙이다).

著名(저명) 이름을 나타냄. 유명함.
著書(저서) 책을 저술함. 또, 그 책.
著服(착복) 남의 것을 부당하게 자기 것으로 함.
著手(착수) 일에 손을 댐. 일을 시작함.

## 出版(출판) 出版 出版 出版 서적이나 그림을 인쇄하여 내놓음.

**出** 날 출
ㄴ 3 ⑤
come out
シュツ(でる)
ㄴㄴ中出出
나다. 태어나다. 나타나다.
초목의 싹이 차츰 위로 나오며 자라는 모양.

出家(출가) 집을 떠나감. 불문에 듦.
出嫁(출가) 처녀가 시집을 감.
出現(출현) 나타남. 나타나서 보임.
特出(특출) 남보다 특별히 뛰어남.

**版** 판목 판
片 4 ⑧
block
ハン(ふだ)
ㄱ 片 片 片 版 版
판목. 널. 인쇄. 책. 편지.
조각 편(片)과 뒤집을 반(反).

版權(판권) 출판에 관한 이익을 전유하는 권리.
版圖(판도) 세력이 미치는 영역이나 범위.
版木(판목) 인쇄하기 위해 글자·그림을 새긴 나무.
版本(판본) 목판으로 인쇄한 책.

## 抽象(추상) 抽象 抽象 抽象 공통적인 요소를 뽑아 파악하는 일.

**抽** 뽑을 추
手 5 ⑧
draw out
チュウ(ぬく)
扌扌扫抽抽抽
뽑다. 빼다. 뽑아 냄.
손 수(扌·手)와 말미암을 유(由 : 깊은 구멍).

抽利(추리) 남은 이익을 뽑아서 계산함.
抽拔(추발) 골라서 뽑아냄.
抽賞(추상) 여럿 가운데서 뽑아 기림.
抽籤(추첨) 제비를 뽑음. 제비뽑기.

**象** 코끼리 상
豕 5 ⑫
elephant
ショウ,ゾウ(ぞう,かたち)
ク ク 色 争 象 象
코끼리. 상아(象牙) 모양.
큰 코와 귀의 특성을 살려 '코끼리'의 모양을 본뜬 글자.

象牙(상아) 코끼리의 어금니.
象形(상형) 형상을 본뜸. 형상을 본뜬 글자.
印象(인상) 마음에 와 닿는 느낌.
現象(현상) 눈에 보이는 모습.

## 佳作(가작) 佳作 佳作 佳作 당선작 다음으로 썩 잘된 작품.

**佳** 아름다울 가
人 6 ⑧
beautiful
カ(よい)
亻 亻 什 佳 佳 佳
아름답다. 좋다. 좋아하다.
사람 인(亻·人)과 서옥 규(圭 : 균형 잡힘).

佳境(가경) 재미있는 판. 묘미를 느끼는 고비.
佳約(가약) 가인과 만날 언약.
佳宴(가연) 좋은 잔치. 경사스러운 연회.
絶佳(절가) 더없이 훌륭하고 좋음.

**作** 지을 작
人 5 ⑦
make
サク(つくる)
丿 亻 亻 亻 作 作
짓다. 만들다. 일어나다.
사람 인(亻·人)과 잠깐 사(乍).

作家(작가) 예술품의 제작자.
作業(작업) 일정한 계획과 목표로 일을 함.
作用(작용) 동작하는 힘.
製作(제작) 재료를 가지고 물건을 만듦.

## 문학(文化)- 문학(文學)

### 詩文(시문) 詩文 詩文 詩文  시가와 산문.

**詩** 시 시
言 6 ⑬
poetry
シ(からうた)
시. 시경(詩經). 귀글.
言 計 討 詰 詩 詩
말씀 언(言)과 관청 시(寺).

詩歌(시가) 시와 노래. 시문학의 총칭.
詩經(시경) 상고(上古)의 시를 모은 책 이름.
詩論(시론) 시의 본질이나 양식에 관한 이론.
詩畫(시화) 시와 그림.

**文** 글월 문
文 0 ④
sentence
ブン, モン(もじ, あや)
글월. 문장. 글자. 서적. 책.
丶 亠 ナ 文
사람의 몸에 그린 무늬(문신)를 본뜬 글자.

文句(문구) 글의 구절. 글귀.
文答(문답) 글로써 회답함.
文盲(문맹) 글을 볼 줄도 쓸 줄도 모름.
文房四友(문방사우) 종이·붓·먹·벼루.

### 敍述(서술) 敍述 敍述 敍述  일정한 내용을 차례대로 말하거나 적음.

**敍** 차례 서
攴 7 ⑪
order
ジョ(のべる)
차례. 순서. 행렬(行列).
𠂉 余 刹 敇 敍 敍
남을 여(余: 자유로이 뻗다)와 칠 복(攴).

敍論(서론) 순서를 따라 논함. 또, 그 논설.
敍事(서사) 사실을 있는 그대로 서술함.
敍說(서설) 차례를 좇아 설명함.
敍情(서정) 자기의 정서를 그려냄.

**述** 지을 술
辵 5 ⑨
write
ジュツ(のべる)
짓다. 책 쓰다. 펴다.
十 朮 朮 沭 沭 述
삽주 뿌리 출(朮)과 쉬엄쉬엄 갈 착(辶·辵).

述載(술재) 서술하여 실음.
述懷(술회) 마음 속에 품은 생각을 진술함.
記述(기술) 사물의 특징을 있는 그대로 표시함.
口述(구술) 말로 진술함.

### 採擇(채택) 採擇 採擇 採擇  골라서 가려냄. 가려 뽑음.

**採** 캘 채
手 8 ⑪
pick
サイ(とる)
캐다. 파냄. 가리다.
扌 才 扩 抙 拃 採
손 수(扌·手)와 캘 채(采).

採鑛(채광) 광물을 캐어 냄.
採掘(채굴) 땅 속에 물건을 캐어 내는 일.
採納(채납) 의견·요구 등을 받아들임.
採用(채용) 채택하여 씀.

**擇** 가릴 택
手 13 ⑯
select
タク(えらぶ)
가리다. 좋은 것을 가려 뽑다.
扌 扞 擇 擇 擇 擇
손 수(扌·手)와 엿볼 택(睪).

擇交(택교) 사귈 대상을 고름.
擇良(택량) 보다 좋은 것을 선택함.
擇拔(택발) 많은 것에서 뽑아냄.
擇日(택일) 좋은 날을 가림. 擇吉(택길).

## 創刊(창간) 創刊 創刊 創刊
신문·잡지 등을 처음으로 간행함.

**創** 비롯할 창
刀 10 ⑫
비롯하다. 시작하다. 만들다.
begin
ソウ(はじめる)
ノ 亼 슝 슌 倉 創
곳집 창(倉)과 칼 도(刂·刀).

**刊** 책펴낼 간
刀 3 ⑤
책 펴내다. 깎다. 새김.
publish
カン(きざむ)
一 二 千 刊 刊
방패 간(干)과 칼 도(刂·刀).

創立(창립)  처음으로 세움. 創設(창설).
創傷(창상)  칼날 따위에 다친 상처.
創業(창업)  사업을 시작함. 나라의 기틀을 세움.
創造(창조)  처음으로 생각해 내어 만듦.

刊刻(간각)  글자를 새김. 책을 펴냄.
刊布(간포)  간행하여 널리 폄.
刊行(간행)  책을 인쇄하여 세상에 널리 펴냄.
新刊(신간)  새로 책을 간행함. 또, 그 책.

## 玉篇(옥편) 玉篇 玉篇 玉篇
한자를 모아 그 뜻을 풀어놓은 책.

**玉** 구슬 옥
玉 0 ⑤
구슬. 아름다운 돌. 아름답다.
gem
ギョク(たま)
一 丅 干 王 玉
구슬 세 개를 끈으로 꿴 모양을 본뜬 글자.

**篇** 책 편
竹 9 ⑮
책. 완결된 책. 완결된 시문.
book
ヘン(まき)
竺 笁 笆 笆 筥 篇
대 죽(竹)과 현판 편(扁:실로 꿰어 엮은 책).

玉童子(옥동자)  옥같이 예쁜 어린 아들.
玉璽(옥새)  임금의 도장. 國璽(국새).
玉石(옥석)  옥과 돌. 좋음과 나쁨.
珠玉(주옥)  구슬과 옥. 잘된 글.

篇法(편법)  시와 글을 짓는 방법.
篇首(편수)  책 편의 첫머리.
篇次(편차)  책의 부류(部類)의 차례.
千篇一律(천편일률)  거의 같음. 대동소이 함.

## 注釋(주석) 注釋 注釋 注釋
낱말이나 문장을 알기 쉽게 풀이함.

**注** 물댈 주
水 5 ⑧
물을 대다. 흐르다. 붓다.
pour into
チュウ(そそぐ)
氵 氵 汗 汁 注 注
물 수(氵·水)와 주인 주(主:머물다).

**釋** 풀 석
釆 13 ⑳
풀다. 풀어내다. 다스리다.
explain
シャク(とく)
釆 釆" 釋 釋 釋 釋
분별할 변(釆)과 엿볼 역(睪).

注目(주목)  일을 조심하고 경계하여 봄.
注視(주시)  눈여겨 봄. 정신을 기울여 살핌.
注意(주의)  마음에 새겨 두고 조심함.
傾注(경주)  물을 기울여 쏟음.

釋明(석명)  한 말의 참뜻을 새삼 설명하는 일.
釋放(석방)  구속하였던 사람을 놓아 줌.
解釋(해석)  어려운 어구나 문장 등의 의미를
　　　　　밝혀내거나, 그 내용을 설명하는 것.

문화(文化) - 학문(學問)

## 學校 (학교) 學校 學校 學校  교사가 교육을 실시하는 기관.

**學** 子 13 ⑯ 배울 학 / 学
배우다. 학문. 학생. 학교.
learn ガク(まなぶ)
丨 𠀎 臼 與 學 學
양손으로 보자기를 뒤집어 쓴(臼) 무지한 아이(子)를 잘 가르쳐 본받게 하는 것.

學歷(학력) 수학(修學) 및 연구한 경력.
學閥(학벌) 출신 학교나 학파에 따른 파벌.
學業(학업) 학문을 닦는 일.
碩學(석학) 큰 학자. 학식이 높은 사람.

**校** 木 6 ⑩ 학교 교
학교. 가르치다. 본받다. 장교.
school コウ(くらべる)
十 才 朽 朽 校 校
나무(木)와 엇갈릴 교(交). 엇갈린 것을 바로잡는 '학교'를 뜻한다.

校歌(교가) 학교의 특징을 살려 부르는 노래.
校友(교우) 같은 학교에서 배우는 벗.
校則(교칙) 학교의 규칙.
校訓(교훈) 학교의 교육 이념을 나타낸 표어.

## 成績 (성적) 成績 成績 成績  학업의 결과. 다 마친 뒤의 결과.

**成** 戈 3 ⑦ 이룰 성
이루다. 이루어지다. 다스리다.
accomplish セイ(なる)
厂 厂 厅 成 成 成
무성할 무(戊)와 장정 정(丁).

成果(성과) 일을 이룬 솜씨. 일의 좋은 결과.
成熟(성숙) 다 자람. 사물이 완성 단계에 들어섬.
成就(성취) 일을 완성함. 목적한 바를 이룸.
成敗(성패) 일의 됨과 아니 됨. 성공과 실패.

**績** 糸 11 ⑰ 자을·길쌈 적
잣다. 잇다. 길쌈. 일. 쌓다.
spin out セキ(つむぐ)
糸 糸 糾 結 績 績
실사(糸)와 쌓을 책(責).

績女(적녀) 실을 잣는 여자.
功績(공적) 쌓은 공로. 수고한 실적.
紡績(방적) 길쌈함. 실을 잣고 베를 짬.
治績(치적) 정치상의 공적(功績).

## 試驗 (시험) 試驗 試驗 試驗  학문 등을 실제로 경험하여 봄.

**試** 言 6 ⑬ 시험할 시 / 试
시험하다. 해보다. 맛보다.
test シ(こころみる)
言 言 訂 試 試 試
말씀 언(言)과 법 식(式).

試圖(시도) 시험 삼아 꾀하여 봄.
試鍊(시련) 겪기 어려운 단련이나 고난.
試案(시안) 시험적으로 만들어 본 계획.
試合(시합) 서로 재주를 겨루어 승부를 다툼.

**驗** 馬 13 ㉓ 증험할 험 / 验
증험하다. 시험. 증거.
examine ケン(ためす)
馬 馬 馿 験 驗 驗
말 마(馬)와 다 첨(僉).

驗證(험증) 증거를 조사함.
經驗(경험) 몸소 겪고 치러봄.
實驗(실험) 실제로 시험함.
效驗(효험) 일이나 작용의 보람.

## 考案 (고안) 考案 考案 考案    머리를 짜서 새로운 안을 생각해 냄.

**考** 老 2 ⑥ 상고할 고
상고하다. 생각하다. 치다.
think
一 十 土 耂 耂 考
コウ(かんがえる)
늙을 로(耂·老)와 교묘할 교(丂·巧).

考慮(고려)   생각하여 헤아림.
考査(고사)   자세히 생각하고 조사함.
熟考(숙고)   곰곰이 잘 생각함. 깊이 고려함.
參考(참고)   살펴서 생각함. 참조하여 고증함.

**案** 木 6 ⑩ 책상 안
책상. 방석. 소반. 생각하다.
desk
丶 宀 安 安 宰 案
アン(つくえ)
편안할 안(安)과 나무 목(木).

案件(안건)   사건. 조사하거나 논의할 사항.
案內(안내)   인도하여 내용을 알려 주는 일.
案出(안출)   생각해 냄.
草案(초안)   초잡은 글. 기초한 의안·법안 따위.

## 琢磨 (탁마) 琢磨 琢磨 琢磨    옥석(玉石)을 세공(細工)하는 일.
※제외자

**琢** 玉 8 ⑫ 쫄 탁
쪼다. 옥을 다듬다. 연마함.
chisel
王 珏 玎 琢 琢 琢
タク(みがく)
구슬 옥(王·玉)과 쫄 탁(豕:啄의 획 줄임).

琢器(탁기)   틀에 박아 쪼아서 만든 그릇.
琢玉(탁옥)   옥을 쪼아 모양을 만듦.
刓琢(완탁)   깎고 갊. 연마함.
切磋琢磨(절차탁마) 학문 등을 배우고 닦음.

**磨** 石 11 ⑯ 갈 마
갈다. 숫돌에 갈다. 닳다.
whet
广 庁 庁 麻 磨 磨
マ(みがく)
삼 마(麻:부수다)와 돌 석(石).

磨光(마광)   옥이나 돌 등을 갈아서 윤기를 냄.
磨礪(마려)   쇠나 돌 따위를 갈음.
磨耗(마모)   기계의 부품이나 도구 등이 닳음.
磨石(마석)   맷돌. 돌을 갊.

## 龜鑑 (귀감) 龜鑑 龜鑑 龜鑑    거울로 삼아 본보기가 될 만한 것.

**龜** 龜 0 ⑯ 거북 귀, 이름 구, 틀 균
거북. 거북점. 이름. 트다.
tortoise
⺈ 龟 龟 龜 龜 龜
キ,キン(かめ,ひび)
거북의 머리와 등판, 네 발의 모양을 본떠, 거북을 뜻한다.

龜甲(귀갑)   거북의 등껍데기.
龜貝(귀패)   거북 껍데기와 조가비.
龜裂(균열)   갈라짐. 손발이 트거나 땅 같은 것이 갈라짐. 사귀는 정이 버성기다.

**鑑** 金 14 ㉒ 거울 감
거울. 본보기. 교훈. 보다.
mirror
金 釛 鉆 鎑 鑑 鑑
カン(かんがみる)
쇠 금(金)과 살필 감(監).

鑑別(감별)   감정하여 양부·진위를 가림.
鑑賞(감상)   감정함. 작품을 음미하고 이해함.
鑑識(감식)   감정하여 식별함.
鑑定(감정)   진위와 가치를 분별하여 판정함.

문화(文化)- 학문(學問)

## 該博(해박) 該博 該博 該博  학식이 다방면에 풍부함.

**該** 言 6 ⑬ — 갖출 해
갖추다. 겸하다. 마땅히.
furnish ガイ(あたる)
言 訁 訐 訡 該 該
말씀 언(言)과 돼지 해(亥:고치다).

該當(해당) 바로 들어맞음. 바로 그것.
該人(해인) 그 사람.
該地(해지) 그 땅. 그 곳.
當該(당해) 이 일. 그 일. 그것에 해당되는.

**博** 十 10 ⑫ — 넓을 박
넓다. 크다. 학문이 넓다.
extensive ハク(ひろい)
十 恒 博 博 博 博
열 십(十)에 펼 부(尃).

博物(박물) 널리 사물을 알고 있는 일.
博識(박식) 아는 것이 많음. 널리 앎.
博愛(박애) 모든 사람을 널리 사랑함.
博學(박학) 널리 배움. 널리 여러 학문에 통함.

## 知識(지식) 知識 知識 知識  지혜. 알고 있는 내용.

**知** 矢 3 ⑧ — 알·슬기 지
알다. 깨닫다. 터득함. 슬기.
know チ(しる)
ノ ト 午 矢 矢 知 知
화살 시(矢)와 입 구(口).

知覺(지각) 앎. 깨달음. 능력.
知能(지능) 두뇌의 작용. 슬기와 능력.
知命(지명) 천명(天命)을 앎. 50세를 일컬음.
知彼知己(지피지기) 그를 알고 나를 앎.

**識** 言 12 ⑲ — 알식, 적을지, 깃발치  识
알다. 적다. 깃발. 표지.
recognize シキ(しる)
言 訁 諳 識 識 識
말씀 언(言)과 찰진 흙 시(戠).

識見(식견) 사물을 식별하고 관찰하는 능력.
識別(식별) 분별하여 잘 앎.
識者(식자) 아는 것이 많은 사람.
標識(표지) 어떤 사물을 표기하기 위한 기록.

## 書架(서가) 書架 書架 書架  책을 얹어 두는 시렁.

**書** 曰 6 ⑩ — 글 서  书
글. 책. 문장. 기록. 편지. 글자.
writing ショ(かく)
フ 聿 聿 書 書 書
붓 율(聿)과 말할 왈(曰).

書庫(서고) 책을 간수하는 곳집. 文庫(문고).
書堂(서당) 글방.
書式(서식) 증서·원서 등을 쓰는 일정한 양식.
書翰(서한) 편지. 書簡(서간).

**架** 木 5 ⑨ — 시렁 가
시렁. 횃대. 도리(桁). 말뚝.
shelf カ(たな)
カ 加 加 架 架 架
나무 목(木)과 더할 가(加).

架空(가공) 근거가 없음. 사실이 아님.
架橋(가교) 다리를 놓음. 또, 놓은 다리.
架設(가설) 줄 따위를 공중에 건너질러 설치함.
十字架(십자가) '十'자로 된 나무.

## 鉛筆 (연필)

鉛筆  鉛筆  鉛筆   흑연으로 된 심을 박아 만든 필기구.

| 金 5 ⑬ | **鉛** | 납 연<br>납. 백분. 따르다. | | 竹 6 ⑫ | **筆** | 붓 필<br>붓. 쓰다. 필적. 글씨. | 笔 |
|---|---|---|---|---|---|---|---|

lead  エン(なまり)　　 𠂉 𠂊 𠂉 金 鈆 鉛

writing brush  ヒツ(ふで)　　 𥫗 竺 笁 竺 筀 筆

쇠 금(金)과 뚫을 연(㕣). 부드러워서 구멍을 뚫기 쉬운 쇠, '납'을 뜻한다.

대 죽(竹)과 붓 률(聿 : 붓을 쥔 손).

- 鉛鑛(연광) 납을 캐는 광산.
- 鉛粉(연분) 화장하는 데 바르는 흰 가루.
- 亞鉛(아연) 청백색의 빛을 띤 쇠붙이. 기호 Zn.
- 黑鉛(흑연) 탄소로 된 판상 결정의 광물.

- 筆答(필답) 글로 써서 답함.
- 筆力(필력) 글씨의 획에 드러난 힘.
- 筆舌(필설) 붓과 혀. 곧, 글과 말.
- 執筆(집필) 붓을 잡고 시가·작품 등의 글을 씀.

---

## 硯滴 (연적)

硯滴  硯滴  硯滴   벼룻물을 담는 그릇. 벼루.

※제외자

| 石 7 ⑫ | **硯** | 벼루 연<br>벼루. 돌. | 砚 | 水 11 ⑭ | **滴** | 물방울 적<br>물방울. 방울져 떨어짐. | |
|---|---|---|---|---|---|---|---|

ink slab  ケン(すずり)　　 石 矴 矴 研 硯 硯

drop  テキ(したたり)　　 氵 汁 泔 淌 滴 滴

돌 석(石)과 볼 견(見 : 갈다).

물 수(氵·水)와 꼭지 적(啇 : 모여들다).

- 硯石(연석) 벼룻돌.
- 硯席(연석) 공부하는 자리. 배우는 곳.
- 硯池(연지) 벼룻물을 담아두는 곳.
- 筆硯(필연) 붓과 벼루.

- 滴露(적로) 방울지어 떨어지는 이슬.
- 滴水(적수) 떨어지는 물방울.
- 餘滴(여적) 작품에 사용하고 남은 먹물.
- 殘滴(잔적) 남은 물방울. 남은 술.

---

## 濃墨 (농묵)

濃墨  濃墨  濃墨   진한 먹물.

※제외자

| 水 13 ⑯ | **濃** | 짙을 농<br>짙다. 진하다. 두텁다. | 浓 | 土 12 ⑮ | **墨** | 먹 묵<br>먹. 형벌 이름. 검다. | |
|---|---|---|---|---|---|---|---|

thick  ノウ(こい)　　 氵 汁 洴 浀 濃 濃

ink  ボク(すみ)　　 㓝 罒 甲 里 黑 墨

물 수(氵·水)에 농사 농(農).

검을 흑(黑)과 흙 토(土).

- 濃淡(농담) 짙고 연함. 진한 빛깔과 엷은 빛깔.
- 濃度(농도) 용액 속에 들어 있는 성분의 비율.
- 濃霧(농무) 짙은 안개.
- 濃艶(농염) 화사하고 아름다움.

- 墨客(묵객) 서예가·화가·문인(文人)의 총칭.
- 墨畵(묵화) 먹으로 그린 그림.
- 白墨(백묵) 분필(粉筆).
- 水墨(수묵) 물과 먹. 묵화를 칠 때 쓰는 먹물.

문화(文化)- 학문(學問)

## 教授(교수)  教授 教授 教授  대학에서 학술을 가르치는 사람.

**教** 攴 7 ⑪ 가르칠·교령 교
teach キョウ(おしえる)
가르치다. 학교. 종교.
ゞ 孝 孝 孝 教
아이(子)를 본받도록(爻) 매로 치는(攵·攴) 것을 뜻함.
- 教範(교범) 가르치는 법식. 교육 방법이나 형식.
- 教示(교시) 가르쳐 보임. 또, 그 가르침.
- 教育(교육) 가르쳐 기름. 지식을 가르치며 품성(品性)을 길러 줌. 또, 그 일.

**授** 手 8 ⑪ 줄 수
give ジュ(さずける)
주다. 가르치다. 임명하다.
扌 扩 扩 护 授 授
손 수(扌·手)와 받을 수(受).
- 授戒(수계) 불문에서 계율을 수여함.
- 授業(수업) 학문이나 기술을 가르침.
- 授與(수여) 증서·상품 따위를 줌.
- 傳授(전수) 전하여 줌.

## 講座(강좌)  講座 講座 講座  교수가 맡아 강의하는 학과목.

**講** 言 10 ⑰ 익힐 강
preach コウ(ならう)
익히다. 강론하다. 설명.
言 訁 誹 誹 講 講
말씀 언(言)과 어긋매겨 맞출 구(冓).
- 講究(강구) 조사하여 구명함.
- 講論(강론) 학술을 강의하고 토론함.
- 講習(강습) 학문이나 예술을 학습하는 일.
- 開講(개강) 강의를 시작함. ↔ 終講(종강).

**座** 广 7 ⑩ 자리 좌
seat ザ(すわる ところ)
자리. 깔개. 지위. 별자리.
亠 广 广 庐 座 座
집 엄(广)에 앉을 좌(坐).
- 座談(좌담) 한 자리에 마주앉아 나누는 얘기.
- 座上(좌상) 여러 사람이 모인 자리.
- 座席(좌석) 앉는 자리. 앉은 자리.
- 座標(좌표) 놓여진 특수한 위치를 일컫는 말.

## 聽覺(청각)  聽覺 聽覺 聽覺  귀청이 울려 나는 감각.

**聽** 耳 16 ㉒ 들을 청
hear チョウ(きく)
듣다. 단정하다. 재판함.
耳 耵 耵 聍 聽 聽
귀 이(耳)와 내밀 정(壬), 큰 덕(悳).
- 聽力(청력) 소리를 듣는 힘.
- 聽令(청령) 명령을 들음. '차려'의 구령.
- 聽聞(청문) 퍼져 돌아다니는 소문. 들음.
- 聽衆(청중) 설교나 연설 등을 듣는 사람들.

**覺** 見 13 ⑳ 깨달을 각
awake カク(おぼえる)
깨닫다. 깨우치다. 드러남.
⺇ 臼 睅 興 譽 覺
배울 학(臼·學)과 볼 견(見).
- 覺得(각득) 깨달아서 앎.
- 覺書(각서) 약속을 잊지 않기 위해 기록함.
- 覺醒(각성) 잠에서 깸. 잘못을 깨달음.
- 覺悟(각오) 깨달음. 마음의 준비를 함.

## 問答 (문답) 問答 問答 问答  물음과 대답.

**問** 물을 문
口 8 ⑪
묻다. 안부를 묻다.
ask モン(とう)
丨 冂 門 門 問 問
문 문(門)과 입 구(口).

問病(문병) 앓는 사람을 찾아보고 위로함.
問安(문안) 웃어른에게 안부하는 일.
問題(문제) 대답을 얻기 위한 물음.
諮問(자문) 개인이나 특정 기관에 의견을 물음.

**答** 대답할 답
竹 6 ⑫
대답하다. 갚다. 응답하다.
answer トウ(こたえる)
⺮ ⺮ 交 答 答 答
대나무 죽(竹)과 합할 합(合).

答禮(답례) 남에게 받은 예(禮)를 갚는 일.
答辯(답변) 물음에 대답하여 말함.
答辭(답사) 식장에서 축사 등에 답하는 말.
解答(해답) 질문이나 문제에 대하여 답함.

## 期必 (기필) 期必 期必 期必  확정하여 틀림이 없음.

**期** 만날 기
月 8 ⑫
만나다. 기약하다. 약속하다.
meet キ,ゴ(あう,ちぎる)
一 ㅂ 其 其 期 期
그 기(其)와 달 월(月).

期間(기간) 어느 일정 기한의 사이.
期待(기대) 믿고 기다림.
期約(기약) 때를 정하여 약속함.
期限(기한) 미리 정한 시기.

**必** 반드시 필
心 1 ⑤
반드시. 오로지. 꼭. 기필코.
surely ヒツ(かならず)
丶 ソ 义 必 必
주살 익(弋)과 여덟 팔(八). 가차하여 쓰인다.

必讀(필독) 꼭 읽음. 반드시 읽어야 함.
必罰(필벌) 죄 있는 자는 반드시 벌을 줌.
必需(필수) 반드시 없으면 안 됨.
必勝(필승) 반드시 이김.

## 忍耐 (인내) 忍耐 忍耐 忍耐  참고 견딤.

**忍** 참을 인
心 3 ⑦
참다. 견디다. 잔인하다.
bear ニン(しのぶ)
刀 刃 刃 忍 忍 忍
칼 도(刃)와 마음 심(心).

忍苦(인고) 괴로움을 참음.
忍辱(인욕) 욕된 일을 견디어 참음.
忍從(인종) 묵묵히 참고 좇는 일.
堅忍(견인) 굳게 참고 견딤.

**耐** 견딜 내
而 3 ⑨
견디다. 참음. 능히 함.
endure タイ(たえる)
一 ア 而 而 耐 耐
턱수염 이(而)와 마디 촌(寸).

耐久(내구) 오래 견딤.
耐煩(내번) 번거로움을 참고 견딤.
耐熱(내열) 열을 견디어 냄.
耐乏(내핍) 부족함을 참고 견딤.

문화(文化)- 학문(學問)

## 研究(연구) 研究 研究 研究  사물의 이치나 진리를 밝혀내는 일.

**研** 石 6 ⑪
갈·벼루 연
갈다. 궁구하다. 벼루.
whet ケン(みがく)
石 石 矸 矸 研 研
돌 석(石)과 평평할 견(开).

研磨(연마) 갈고 닦음. 먹을 갊.
研修(연수) 학업을 연구하여 닦음.
研鑽(연찬) 사물의 도리를 깊이 연구함.
精研(정연) 정밀하게 연구함. 깊이 연구함.

**究** 穴 2 ⑦
궁구할 구
궁구하다. 연구하다. 다하다.
inquiry キュウ(きわめる)
丶 宀 宀 空 究
구멍 혈(穴)과 아홉 구(九:다하다).

究考(구고) 깊이 생각함.
究極(구극) 궁구함. 극에 달함. 또는 종국.
究明(구명) 파고들어서 밝힘.
究察(구찰) 충분히 살펴서 분명히 함.

## 分析(분석) 分析 分析 分析  나누어서 가름.

**分** 刀 2 ④
나눌 분
나누다. 나누이다. 구별.
divide フン,ブン(わける)
ノ 八 分 分
나눌 팔(八)과 칼 도(刀).

分斷(분단) 여러 개로 나누어 끊음.
分別(분별) 가름. 경계를 세워서 나눔.
分解(분해) 따로따로 나누어 헤침. 또는 헤어짐.
本分(본분) 사람이 저마다 갖는 본디의 신분.

**析** 木 4 ⑧
가를 석
가르다. 쪼개다. 해부하다.
split セキ(わける)
一 十 才 村 析 析
나무 목(木)과 도끼 근(斤).

析薪(석신) 장작을 쪼갬. 땔나무를 팸.
析出(석출) 어떤 물건을 골라 냄.
析別(석별) 나뉘어 헤어짐.
解析(해석) 풀어서 이해함.

## 閑暇(한가) 閑暇 閑暇 閑暇  조용하고 시간 여유가 있음.

**閑** 門 4 ⑫
한가할 한
한가하다. 느긋하다. 틈이 있음.
leisure カン(しずか,しきり)
丨 冂 冂 門 閑 閑
문 문(門) 속에 나무 목(木).

閑居(한거) 한가히 있음. 한적한 곳에 삶.
閑談(한담) 조용히 이야기함. 또, 그 이야기.
閑良(한량) 돈 잘 쓰고 잘 노는 사람.
閑散(한산) 조용하고 쓸쓸함.

**暇** 日 9 ⑬
겨를 가
겨를. 한가하다. 틈.
leisure カ(いとま)
日 旫 旫 旫 旫 暇
날 일(日)과 빌 가(叚).

暇隙(가극) 틈. 겨를. 여가.
暇日(가일) 한가한 날. 틈이 있는 날.
休暇(휴가) 정한 기간을 쉬는 겨를.
寸暇(촌가) 얼마 안 되는 겨를.

## 弄談 (농담) 弄談 弄談 弄談  실없이 하는 장난의 말.

**弄** 廾 4 ⑦  희롱할 롱
희롱하다. 놀다. 즐기다.
一 二 干 王 王 弄
banter  ロウ(もてあそぶ)
구슬 옥(王·玉)과 손맞잡을 공(廾).

弄奸(농간)  일을 그르치게 하는 간사한 짓.
弄巧(농교)  잔꾀를 씀.
弄法(농법)  제멋대로 법을 악용함.
弄調(농조)  희롱하는 말투.

**談** 言 8 ⑮  말씀 담
말씀. 이야기하다. 설화.
言 言 言 診 談 談
speak  ダン(はなす)
말씀 언(言)과 불꽃 염(炎).

談笑(담소)  웃으면서 이야기함.
談判(담판)  서로 의논하여 옳고 그른 것을 판단함.
面談(면담)  서로 만나 이야기함.
會談(회담)  한 자리에 모여 얘기함. 또, 그 일.

## 畢竟 (필경) 畢竟 畢竟 畢竟  마침내. 결국.

**畢** 田 6 ⑪  마칠 필   毕
마치다. 다하다. 끝내다. 모두.
日 尸 目 昌 旱 畢
finish  ヒツ(おわる)
밭 전(田 : 사냥)과 마칠 필(苹·畢의 원자).

畢納(필납)  납세·납품을 끝냄. 전부 마침.
畢生(필생)  생명이 다할 때까지. 平生(평생).
畢業(필업)  업을 마침.
未畢(미필)  아직 마치지 못함.

**竟** 立 6 ⑪  마칠 경
마치다. 끝남. 마침내. 다하다.
丶 亠 咅 音 音 竟
finish  キョウ(ついに)
소리 음(音)과 사람 인(儿·人).

竟夕(경석)  밤새도록. 하룻밤 동안.
竟夜(경야)  밤새도록. 하룻밤 내내.
竟日(경일)  하루를 끝냄. 종일.
究竟(구경)  마침내. 필경. 궁극(窮極)함.

## 愚鈍 (우둔) 愚鈍 愚鈍 愚鈍  어리석고 둔함.

**愚** 心 9 ⑬  어리석을 우
어리석다. 우직하다. 나.
日 甲 禺 禺 愚 愚
foolish  グ(おろか)
원숭이 우(禺)와 마음 심(心).

愚見(우견)  어리석은 생각.
愚弄(우롱)  사람을 어리석게 만들어 놀려 댐.
愚昧(우매)  어리석고 사리에 어두움.
愚劣(우열)  어리석고 못남.

**鈍** 金 4 ⑫  둔할 둔   钝
둔하다. 무디다. 우둔하다.
丿 亇 金 金 釦 鈍
dull  ドン(にぶい)
쇠 금(金)에 모일 둔(屯).

鈍感(둔감)  감각이 둔함.
鈍器(둔기)  무딘 날붙이.
鈍步(둔보)  느리고 굼뜬 걸음.
鈍才(둔재)  둔한 재주. 또는 그러한 사람.

문화(文化)- 학문(學問)

## 睡眠(수면) 睡眠 睡眠 睡眠　잠. 또는 잠을 잠.

**睡** 졸 수
目 8 ⑬
졸다. 자다. 잠.
sleep　スイ(ねむる)
目 旷 旷 睡 睡 睡
눈 목(目)과 드리울 수(垂).

睡魔(수마) 못 견디게 오는 졸음.
睡臥(수와) 드러누워 잠.
假睡(가수) 거짓 졸음. 잠깐 잠.
酣睡(감수) 달게 잠. 깊이 잠듦.

**眠** 잠잘 면
目 5 ⑩
잠자다. 졸다. 모르다.
sleep　ミン(ねむる)
目 旷 旷 旷 眠 眠
눈 목(目)과 백성 민(民: 어둡다).

眠期(면기) 누에가 잠자는 기간.
眠食(면식) 잠자는 일과 먹는 일.
酣眠(감면) 달게 잠. 깊이 잠듦.
冬眠(동면) 겨울잠. 자면서 겨울을 나는 일.

## 疏忽(소홀) 疎忽 疎忽 疎忽　대수롭지 않고 예사로움.

**疏** 트일 소
疋 7 ⑫
트이다. 트다. 성기다. 멀다.
be opened　ソ(うとし)
フ ア 下 疋 疌 疏
발 소(疋)와 흐를 류(㐬). 疎(성기다)는 속자.

疏待(소대) 소홀히 대접함. 푸대접.
疏外(소외) 주위에서 꺼리며 멀리함.
疏遠(소원) 사이가 탐탁하지 아니하고 멂.
疏脫(소탈) 수수하고 털털함.

**忽** 문득 홀
心 4 ⑧
문득. 소홀히 하다. 갑자기.
suddenly　コツ(たちまち)
ノ ク 勺 勿 忽 忽
없을 물(勿: 없다)과 마음 심(心).

忽待(홀대) 탐탁하지 않은 대접.
忽微(홀미) 아주 가늘고 작음.
忽然(홀연) 뜻밖에 나타나거나 사라지는 모양.
忽諸(홀저) 갑자기 사라짐. 소홀함.

## 頃刻(경각) 頃刻 頃刻 頃刻　잠시. 잠깐 동안.

**頃** 잠깐 경
頁 2 ⑪
잠깐. 잠시. 밭 넓이.
instant　ケイ(ごろ)
- ヒ ビ 皉 頃 頃
비수 비(匕: 몸을 기울임)와 머리 혈(頁). 가차하여 쓰인다.

頃間(경간) 요즈음. 요사이.
頃日(경일) 요즈음. 지난번.
頃者(경자) 지난번.
食頃(식경) 한 끼 밥을 먹을 정도의 시간.

**刻** 새길 각
刀 6 ⑧
새기다. 깎다. 심하다.
carve　コク(きざむ)
亠 宀 亥 亥 亥 刻
알맹이 핵(亥・核)과 칼 도(刂・刀).

刻苦(각고) 고생을 견디며 무척 애씀.
刻本(각본) 판(版)에 새겨 찍은 책.
刻印(각인) 도장을 새김.
寸刻(촌각) 얼마 안 되는 시간. 썩 짧은 시간.

## 奔忙(분망) 奔忙 奔忙 奔忙  매우 부산하여 바쁨.

**奔** 大 6 ⑨ 달아날 분
달아나다. 달리다. 분주하다.
run away ホン(はしる)
大 太 本 杢 夲 奔
큰 대(大)와 다리 지(止) 세 개(夲·夻).

奔競(분경) 지지 않으려고 몹시 다툼.
奔告(분고) 달려가서 알려 줌.
奔騰(분등) 물건값이 갑자기 뛰어 오름.
奔散(분산) 달아나 흩어짐.

**忙** 心 3 ⑥ 바쁠 망
바쁘다. 조급하다. 분주하다.
busy ボウ(いそがしい)
ノ 丶 忄 忙 忙
마음 심(忄·心)과 잃을 망(亡: 없다).

忙迫(망박) 일에 몰리어 몹시 바쁨.
忙事(망사) 바쁜 일.
忙月(망월) 농사일에 가장 바쁜 달.
忙中閑(망중한) 바쁜 가운데도 짬이 있음.

## 催促(최촉) 催促 催促 催促  재촉하고 서두름.

**催** 人 11 ⑬ 재촉할 최
재촉하다. 닥쳐오다. 열다.
urge サイ(もよおす)
亻 亻' 亻" 俨 催 催
사람 인(亻·人)과 우뚝한 산 최(崔: 추진하다).

催告(최고) 재촉하는 뜻의 통지.
催淚(최루) 눈물이 나게 함.
催眠(최면) 잠이 오게 함.
開催(개최) 회합이나 행사를 차려주어 엶.

**促** 人 7 ⑨ 재촉할 촉
재촉하다. 독촉함. 절박하다.
urge ソク(うながす)
亻 亻' 亻" 促 促
사람 인(亻·人)과 발 족(足: 빠르다).

促求(촉구) 재촉하여 요구함.
促迫(촉박) 기한 따위가 닥쳐 여유가 없음.
促步(촉보) 빠르게 걸음.
促進(촉진) 재촉하여 빨리 나아가게 함.

## 勸誘(권유) 勸誘 勸誘 勸誘  권하고 이끎.

**勸** 力 18 ⑳ 권할 권
권하다. 힘쓰다. 가르치다.
advise カン(すすめる)
艹 节 茸 萑 藿 勸
황새 관(藿: 도와주다)과 힘 력(力).

勸告(권고) 권면하고 충고함.
勸農(권농) 농업을 권장함.
勸勉(권면) 노력하도록 권함. 격려함.
勸善(권선) 선한 일을 권장함.

**誘** 言 7 ⑭ 꾈 유
꾀다. 꾐. 유인하다. 달래다.
tempt ユウ(さそう)
言 言' 訐 詳 誘 誘
말씀 언(言)과 아름다울 수(秀: 빼어나다).

誘拐(유괴) 사람을 속여서 꾀어내는 일.
誘導(유도) 꾀어서 이끎. 이끌어 가르침.
誘致(유치) 시설·행사 등을 끌어들임.
誘惑(유혹) 남을 꾀어서 정신을 어지럽게 함.

문화(文化) - 학문(學問)

## 勤勉(근면)　勤勉 勤勉 勤勉　부지런히 힘씀. 노력함.

**勤** (力 11 ⑬) 부지런할 근
부지런하다. 힘쓰다. 일. 직무.
diligent　キン(つとめる)
艹 苗 茸 堇 勤 勤
맥질할 근(堇)과 힘 력(力).

勤勞(근로) 부지런히 일함.
勤務(근무) 일을 맡아 봄.
勤續(근속) 여러 해 계속하여 근무함.
勤學(근학) 학문에 힘씀. 열심히 공부함.

**勉** (力 7 ⑨) 힘쓸 면
힘쓰다. 권하다. 격려함.
strive　ベン(つとめる)
ⱼ 凸 乃 免 免 勉
면할 면(免 : 여성이 다리를 벌리고 출산하는 모양)과 힘 력(力).

勉強(면강) 힘을 다하여 노력함.
勉勵(면려) 힘써 함. 남을 힘내도록 격려함.
勉勉(면면) 부지런히 힘쓰는 모양.
勸勉(권면) 듣도록 타일러 힘쓰게 함.

## 努力(노력)　努力 努力 努力　힘을 들이고 애를 씀. 또, 그 들인 힘.

**努** (力 5 ⑦) 힘쓸 노
힘쓰다. 부지런히 일하다.
endeavor　ド(つとめる)
ㄣ ㄠ 如 奴 努 努
종 노(奴)와 힘 력(力). '奴'는 힘들여 일하는 노비(奴婢)의 뜻. '力'을 더하여 '힘쓰다'의 뜻.

努力(노력) 힘을 씀. 힘을 다함.
努目(노목) 성을 내어 눈을 부라림.
努肉(노육) 굳은살.

**力** (力 0 ②) 힘 력
힘. 힘쓰다. 군사. 심하다.
strength　リョク,リキ(ちから)
フ 力
물건을 들어올릴 때 생기는 근육의 모양.

力量(역량) 어떤 일을 해낼 수 있는 힘.
力說(역설) 힘써 주장함. 다짐을 주어 말함.
力行(역행) 힘써 행함. 노력함.
強力(강력) 힘이나 작용이 셈. 또, 그 힘.

## 疲怠(피태)　疲怠 疲怠 疲怠　피로하여 게으름.

**疲** (疒 5 ⑩) 피곤할 피
피곤하다. 고달프게 함.
tired　ヒ(つかれる)
疒 疒 疒 疒 疲 疲
병 녁(疒)과 가죽 피(皮).

疲困(피곤) 지치고 괴로움. 고달픔.
疲勞(피로) 피곤함. 느른함. 지치고 고단함.
疲癃(피륭) 기운이 쇠약하여 생긴 노인의 병.
疲弊(피폐) 지치고 쇠약해짐.

**怠** (心 5 ⑨) 게으를 태
게으르다. 해이(解弛)하다.
lazy　タイ(おこたる)
ㄥ ㄙ 台 台 怠 怠
늦을 태(台 : 멎다)와 마음 심(心).

怠慢(태만) 게으름. 소홀히 함. 怠忽(태홀).
怠業(태업) 일을 게을리 함. 노동 쟁의 하나.
怠傲(태오) 거드름스러워 예법이 없음.
倦怠(권태) 싫증이 나서 게을러짐.

## 克服 (극복) 克服 克服 克服  어려움을 이겨 냄.

**克** 이길 극
- 儿 5 ⑦
- 이기다. 능히. 견디어내다.
- overcome  コク(かつ)
- 무거운 물건을 떠받들고 있는 사람의 모습을 그린 글자.
- 一 十 士 古 古 克

克己(극기) 자기의 감정 등을 의지로써 이겨냄.
克明(극명) 충분히 밝힘. 속속들이 잘 밝힘.
克慾(극욕) 탐욕의 생각을 억제함.
超克(초극) 어려움을 이겨 냄. 난관을 극복함.

**服** 옷 복
- 肉 4 ⑧
- 옷. 의복. 옷입다. 일하다.
- clothes  フク(きもの,したがう)
- 刀 月 肝 肝 服 服
- 배 주(月·舟)와 다스릴 복(𠬝: 수습함).

服務(복무) 직무를 맡아 봄.
服色(복색) 신분에 맞추어 입는 옷의 꾸밈새.
服飾(복식) 옷의 차림새.
服從(복종) 남의 의사나 명령에 따름.

## 暫時 (잠시) 暫時 暫時 暫時  오래지 않은 동안. 짧은 시간. 잠깐.

**暫** 잠깐 잠
- 日 11 ⑮
- 잠깐. 잠시. 별안간. 갑자기.
- moment  ザン(しばらく)
- 亘 車 斬 斬 暫 暫
- 벨 참(斬)과 날 일(日).

暫留(잠류) 잠시 머무름.
暫逢(잠봉) 잠깐 만남.
暫時(잠시) 짧은 시간. 잠깐.
暫定(잠정) 어떤 일을 임시로 정함.

**時** 때 시
- 日 6 ⑩
- 때. 시간. 때때로. 철. 좋다.
- time  ジ(とき)
- 日 日⁺ 旪 旪 時 時
- 날 일(日)과 갈 지(土·之: 움직임)와 규칙 촌(寸).

時間(시간) 어느 시각과 어느 시각과의 사이.
時代(시대) 시간을 역사적으로 구분한 기간.
時節(시절) 철. 계절. 일생의 한동안.
常時(상시) 임시가 아닌 관례대로의 보통 때.

## 休憩 (휴게) 休憩 休憩 休憩  일을 하거나 걷는 도중에 잠깐 쉬는 일.

**休** 쉴 휴
- 人 4 ⑥
- 쉬다. 아름답다. 기뻐하다.
- rest  キュウ(やすむ)
- 丿 亻 仁 什 休 休
- 사람(亻·人)이 나무(木)에 기대어 쉼.

休暇(휴가) 근무 따위를 일정 기간 쉬는 일.
休講(휴강) 강의를 한때 쉼.
休息(휴식) 잠깐 쉼. 쉬어서 그침. 休止(휴지).
連休(연휴) 휴일이 겹쳐 연달아 쉼.

**憩** 쉴 게
- 心 12 ⑯
- 쉬다. 숨을 돌림. 휴식함.
- ※제외자
- rest  ケイ(いこう)
- 千 舌 舌 舌 甜 憩
- 혀 설(舌: 구멍 속을 마음대로 움직임)과 쉴 식(息).

憩泊(게박) 쉬며 머무름. 머물러 휴식함.
憩息(게식) 쉼. 휴식.
憩潮(게조) 바닷물 조류의 정지 상태.
流憩(유게) 이리저리 거닐며 쉼.

문화(文化)- 학문(學問)

## 至誠(지성) 至誠 至誠 至誠  지극한 정성.

**至** ⼀ 0 ⑥ 이를 지
이르다. 오다. 도태함. 미치다.
reach シ(いたる)
一 丆 工 至 至 至
화살이 땅에 꽂혀 있는 모양에서, '이르다'를 뜻한다.

至公無私(지공무사) 지극히 공평함.
至極(지극) 극진한 데까지 이름. 극한. 최상.
至上(지상) 더할 수 없이 가장 높음. 최상.
至尊(지존) 가장 존귀(尊貴)함. 至貴(지귀).

**誠** 言 7 ⑭ 정성 성
정성. 진심. 참된 마음. 사실.
sincerity セイ(まこと)
訁 訂 訌 訊 誠 誠
말씀 언(言)과 이룰 성(成).

誠金(성금) 정성으로 내는 돈.
誠心(성심) 참된 마음. 誠意(성의).
精誠(정성) 순수한 참된 마음.
誠意(성의) 참된 마음. 정성스러운 마음.

## 實踐(실천) 實踐 実践 実践  실제로 이행함.

**實** 宀 11 ⑭ 열매 실
열매. 결실하다. 실하다.
fruit ジツ(みのる)
宀 宁 宙 宙 實 實
움집 면(宀)과 꿸 관(貫).

實感(실감) 실제로 체험하는 듯한 느낌.
實利(실리) 실지로 얻은 이익.
實存(실존) 실제로 있음. 현실적으로 존재함.
有名無實(유명무실) 이름만 있고 실상은 없음.

**踐** 足 8 ⑮ 밟을 천
밟다. 발로 누름. 따르다.
tread セン(ふむ)
足 趴 趴 践 践 踐
발 족(足)과 해칠 잔(戔 : 발로 밟아 해치다).

踐極(천극) 천자의 지위에 오름. 踐阼(천조).
踐踏(천답) 짓밟음. 蹈踐(도천). 蹂踐(유천).
踐言(천언) 말한 바를 이행함.
踐行(천행) 실지로 행함.

## 隨意(수의) 隨意 隨意 隨意  생각대로. 마음대로.

**隨** 阜 13 ⑯ 따를 수
따르다. 거느리다. 따라서.
follow ズイ(したがう)
阝 阼 隋 隋 隨 隨
쉬엄쉬엄 갈 착(辶·辵)과 떨어질 타(隋 : 흙이 부서짐).

隨駕(수가) 어가(御駕)를 뒤따름. 호송함.
隨伴(수반) 반려로서 붙어 따름.
隨想(수상) 그때그때 떠오르는 생각이나 느낌.
隨時(수시) 때를 따라 함. 때때로. 그때그때.

**意** 心 9 ⑬ 뜻 의
뜻. 생각. 의미. 의의. 의심.
meaning イ(こころ)
亠 音 音 音 意 意
소리 음(音)과 마음 심(心).

意見(의견) 마음에 느낀 바 생각.
意味(의미) 말 등이 지니고 있는 내용.
意識(의식) 깨어 있을 때 사물을 지각하는 상태.
意向(의향) 마음의 향하는 바.

## 速斷(속단) 速斷 速斷 速斷 빨리 판단을 내림.

**速** 빠를 속
走 7 ⑪
빠르다. 빨리. 부르다.
fast ソク(はやい)
一 㝈 束 涑 速
쉬엄쉬엄 갈 착(辶·辵)과 묶을 속(束).

速達(속달) 속히 배달함.
速成(속성) 빨리 이룸. 빨리됨.
過速(과속) 표준에서 벗어난, 더 빠른 속도.
拙速(졸속) 서투르지만 빠름.

**斷** 끊을 단
斤 14 ⑱
끊다. 끊어지다. 쪼개다.
cut off ダン(たつ)
丝 丝 丝 斷 斷 斷
이을 계(㡭)와 도끼 근(斤).

斷交(단교) 교제를 끊음. 외교 관계를 끊음.
斷念(단념) 생각을 끊음. 미련 없이 잊어버림.
斷然(단연) 과감히 행하는 모양.
斷定(단정) 딱 잘라 결정함.

## 影響(영향) 影響 影響 影響 다른 사물에 미치는 결과.

**影** 그림자 영
彡 12 ⑮
그림자. 모양. 화상. 초상.
shadow エイ(かげ)
日 昌 景 景 影 影
빛 경(景 : 둘이 마주 보다)과 터럭 삼(彡).

影堂(영당) 조상의 사당을 모신 곳. 사당.
影寫(영사) 그림이나 글씨를 본뜬 덧그림.
影像(영상) 초상(肖像). 그림자.
影幀(영정) 얼굴을 그린 족자.

**響** 울릴 향
音 13 ㉒
울리다. 명성. 소식. 소리.
echo キョウ(ひびく)
乡 丝 鄉 鄉 響 響
음향 향(鄉 : 마주 보다)과 소리 음(音).

響卜(향복) 물건이 울리는 소리로 점을 침.
響應(향응) 소리에 마주쳐 그 소리와 같이 울림.
反響(반향) 어떤 언동이 사회에 미치는 영향.
音響(음향) 소리와 그 울림. 소리.

## 弘益(홍익) 弘益 弘益 弘益 큰 이익. 널리 이롭게 함.

**弘** 넓을 홍
弓 2 ⑤
넓다. 넓히다. 널리. 큼.
extensive コウ(ひろい)
フ 弓 弓 弘 弘
활 궁(弓)과 사사 사(厶 : 넓다).

弘簡(홍간) 도량이 크고 대범함.
弘大(홍대) 범위나 규모가 넓고 큼.
弘報(홍보) 일반에게 널리 알림. 또, 그 보도.
弘深(홍심) 넓고 깊음.

**益** 더할 익
皿 5 ⑩
더하다. 보태다. 이익.
increase エキ(ます)
八 公 谷 谷 益 益
물 수(氺·水)와 그릇 명(皿).

益金(익금) 이익금.
益友(익우) 사귀어서 도움이 되는 벗.
益鳥(익조) 사람에게 직·간접으로 유익한 새.
多多益善(다다익선) 많을수록 더욱 좋음.

문화(文化)- 예술(藝術)

## 映畫 (영화)
映畫 映畫 映畫 스크린에 비치는 사진. 시네마.

**映** 비칠 영
日 5 ⑨
reflect
エイ(うつる)
비치다. 빛나다. 햇빛.
日 日 旷 旷 映 映
날 일(日)과 가운데 앙(央).

映寫(영사) 영화나 환등을 상영함.
映像(영상) 광선에 따라 비치는 물체의 모습.
映窓(영창) 방을 환하게 하기 위해 낸 창문.
投映(투영) 슬라이드 따위를 비쳐냄.

**畫** 그림 화, 그을 획 画
田 7 ⑫
picture
カク,ガ(かぎる,えがく)
그림. 그리다. 채색. 긋다.
一 ㄱ 聿 聿 畫 畫
손에 붓(聿)을 잡고 무엇인가를 그리고(田) 있는 모습이다.

畫家(화가) 그리는 일을 전문으로 하는 사람.
畫廊(화랑) 그림 등 미술품을 전시하는 곳.
畫順(획순) 글씨를 쓸 때의 자획의 차례.
壁畫(벽화) 벽에 그린 그림.

## 觀覽 (관람)
觀覽 觀覽 觀覽 연극·영화 따위를 구경함.

**觀** 볼 관 观
見 18 ㉕
look
カン(みる)
보다. 자세히 봄. 보이다.
艹 苩 莑 雚 觀 觀
황새 관(雚)과 볼 견(見).

觀客(관객) 구경하는 사람. 관람객. 구경꾼.
觀光(관광) 다른 나라의 문물제도를 봄.
觀衆(관중) 많은 구경꾼.
可觀(가관) 언행이 꼴답지 않아 비웃는 말.

**覽** 볼 람 览
見 14 ㉑
view
ラン(みる)
보다. 전망. 경관. 받다.
臣 臣 臨 臨 覽 覽
볼 감(監)과 볼 견(見).

博覽(박람) 책을 많이 읽음. 사물을 널리 봄.
閱覽(열람) 책 따위를 훑어보거나 조사하여 봄.
遊覽(유람) 놀면서 봄. 두루 돌아다니며 구경함.
展覽(전람) 펴서 봄. 벌이어 놓고 봄.

## 演劇 (연극)
演劇 演劇 演劇 희곡을 무대 위에 연출하는 종합 예술.

**演** 펼 연
水 11 ⑭
spread
エン(のべる)
펴다. 넓다. 익히다.
氵 汀 沪 淠 演 演
물 수(氵·水)와 동방 인(寅 : 당기다).

演技(연기) 배우가 연출해 보이는 말이나 동작.
演說(연설) 여러 사람 앞에서 의견을 진술함.
演習(연습) 배운 것을 되풀이하여 익힘.
主演(주연) 연극·영화중에서의 주인공.

**劇** 심할 극 剧
刀 13 ⑮
violent
ゲキ(はげしい)
심하다. 혹독하다. 성함.
广 卢 虍 虜 豦 劇
범 호(虍·虎)와 돼지 시(豕), 칼 도(刂·刀).

劇壇(극단) 연극하는 무대. 연극인들의 사회.
劇烈(극렬) 매우 열렬하거나 맹렬함.
劇本(극본) 연극이나 방송국 등의 대본(臺本).
劇甚(극심) 아주 심함. 極甚(극심).

## 戱曲 (희곡) 戱曲 戱曲 戏曲 — 연극의 각본. 문학 형식의 하나.

**戱** 놀 희
戈 13 ⑰
play ギ(たわむれる)
놀다. 희롱하다. 놀이. 연극.
丿 广 虍 虛 戱 戱
옛 질그릇 희(虛 : 공허하다)와 창 과(戈).

戱具(희구) 유희에 쓰는 제구. 장난감.
戱劇(희극) 연극. 진실하지 않은 행동.
戱弄(희롱) 말·행동으로 실없는 장난으로 놀림.
戱謔(희학) 실없는 말로 하는 농지거리.

**曲** 굽을 곡
日 2 ⑥
bent キョク(まげる)
굽다. 굽히다. 휘다. 자세하다.
丨 冂 曲 曲 曲
속이 둥글게 되어 있는 바구니의 굽은 모양.

曲線(곡선) 부드럽게 구부러진 선. 수학에서 직선만으로는 이루어지지 아니하는 선.
曲調(곡조) 가사·음악 등의 가락.
曲解(곡해) 사실과 어긋나게 잘못 이해함.

## 登壇 (등단) 登壇 登壇 登坛 — 문단 등 사회적 분야에 등장함.

**登** 오를 등
癶 7 ⑫
climb トウ(のぼる)
오르다. 기재하다. 더하다.
⺈ 癶 癶 登 登 登
걸을 발(癶)과 제기 이름 두(豆).

登科(등과) 과거에 급제함. 登第(등제).
登校(등교) 학생이 학교에 감. 출석함.
登載(등재) 신문·잡지 등에 글을 실음.
登程(등정) 여정(旅程)에 오름.

**壇** 제터 단 坛
土 13 ⑯
altar ダン(だん)
제터. 제단. 단. 뜰.
土 圹 坍 坦 壇 壇
흙 토(土)와 도타울 단(亶).

壇上(단상) 교단·강단 등의 단 위.
文壇(문단) 문인들의 사회. 文林(문림).
演壇(연단) 청중 앞에 높이 마련한 단.
祭壇(제단) 제사를 지내게 만들어 놓은 단.

## 朗讀 (낭독) 朗讀 朗讀 郎读 — 소리 내어 글을 읽음.

**朗** 밝을 랑 ※제외자
月 7 ⑪
bright ロウ(ほがらか)
밝다. 맑게 환하다.
⺅ ⺅ 良 良 朗 朗
어질 량(良 : 좋다)과 달 월(月).

朗朗(낭랑) 소리가 맑은 모양. 밝은 모양.
朗報(낭보) 반가운 소식.
朗吟(낭음) 소리 내어 읊음.
明朗(명랑) 밝고 쾌활함.

**讀** 읽을 독, 구두점 두 读
言 15 ㉒
read ドク(よむ)
읽다. 읽기. 설명함. 구두점.
言 言 訁 訁 讀 讀
말씀 언(言)과 계속할 육(賣).

讀經(독경) 소리 내어 경서(經書)를 읽음.
讀書(독서) 책을 읽음.
讀習(독습) 글을 읽어 스스로 익힘.
讀者(독자) 책·신문 등 출판물을 읽는 사람.

문화(文化)- 예술(藝術)

## 專屬(전속) 專屬 專屬 專屬 오직 한 곳에만 속함.

**專** 오로지 전
寸 8 ⑪
only　セン(もっぱら)
오로지. 마음대로. 홀로.
一 亘 車 車 專 專
물레 전(叀)과 규칙 촌(寸).

- 專決(전결) 혼자서 제 마음대로 결정함.
- 專攻(전공) 한 가지 일을 전문적으로 익힘.
- 專念(전념) 오로지 그 일에만 마음을 씀.
- 專用(전용) 혼자서만 씀. 오로지 그것만을 씀.

**屬** 붙을 속, 부탁할 촉　属
尸 18 ㉑
cling　ゾク,ショク(つく,たのむ)
붙다. 잇다. 무리. 벼슬아치.
尸 屋 屬 屬 屬 屬
꼬리 미(尸·尾)와 벌레 촉(蜀 : 계속되다).

- 屬國(속국) 정치적으로 타국에 매여 있는 나라.
- 屬吏(속리) 하급 관리.
- 屬望(촉망) 잘 되기를 바라고 기대함.
- 囑託(촉탁) 어떤 일을 남에게 부탁하여 맡김.

## 藝術(예술) 藝術 藝術 藝術 기예와 학술.

**藝** 재주 예　艺
艸 15 ⑲
art　ゲイ(わざ)
재주. 기예. 학문. 글.
艹 艹 莉 蓺 藝 藝
풀 초(艹·艸)와 심을 예(埶).

- 藝能(예능) 예술과 기능.
- 藝題(예제) 상연하는 연예물의 제목.
- 工藝(공예) 공작의 예술. 공업과 예술.
- 技藝(기예) 기술상의 재주와 솜씨.

**術** 재주 술　术
行 5 ⑪
artifice　ジュツ(わざ,すべ)
재주. 기술. 꾀. 도(道).
彳 彳 徉 徉 術 術
다닐 행(行)과 삽주 뿌리 출(朮).

- 術策(술책) 무슨 일을 도모하려는 꾀나 방법.
- 技術(기술) 어떤 일을 능률적으로 해내는 솜씨.
- 妖術(요술) 사람의 눈을 어리게 하는 술법.
- 醫術(의술) 병을 고치는 기술.

## 歌舞(가무) 歌舞 歌舞 歌舞 노래와 춤. 노래하고 춤춤.

**歌** 노래 가
欠 10 ⑭
song　カ(うた)
노래. 노래하다. 울다.
可 哥 哥 歌 歌 歌
하품(欠)하듯이 입을 벌리고 여럿이 소리를 내는 모양.

- 歌曲(가곡) 노래. 노래의 곡조.
- 歌詞(가사) 노래의 내용이 되는 글.
- 歌謠(가요) 노래. 또는 노래함.
- 牧歌(목가) 목동이 부르는 노래.

**舞** 춤출 무
舛 8 ⑭
dance　ブ(まう)
춤추다. 무용하다. 춤.
二 無 無 舞 舞 舞
없을 무(無·无)와 어그러질 천(舛).

- 舞曲(무곡) 춤출 때 부르는 노래.
- 舞臺(무대) 무용이나 연극 등을 연기하는 단.
- 舞蹈(무도) 춤춤. 무용. 댄스.
- 舞姬(무희) 춤추는 여자.

## 齊唱(제창)  齊唱 斉唱 高唱  여럿이 함께 노래를 부름.

**齊** 0 ⑭ 가지런할 제, 재계 재 / 斉
가지런하다. 바르다. 재계.
arrange セイ(ひとしい)
亠 亣 恋 莁 齊 齊
보리나 벼 따위가 패서 이삭의 끝이 가지런한 모양.

齊家(제가) 집안을 바로 다스림. 治家(치가).
齊明(제명) 바르고 밝음.
齊民(제민) 백성을 잘 다스림. 보통 사람.
齊戒(재계) 마음과 몸을 깨끗하게 함.

**唱** 口 8 ⑪ 노래 창
노래. 노래 부르다. 인도하다.
sing ショウ(となえる)
口 叩 吅 吅 唱 唱
입 구(口)와 창성할 창(昌).

唱歌(창가) 곡조에 맞추어 노래 부름.
唱曲(창곡) 노래하기 위한 곡조.
先唱(선창) 맨 먼저 주장함. 맨 먼저 부름.
主唱(주창) 주의나 주장을 앞장서서 부르짖음.

## 娛樂(오락)  娛樂 娯楽 娱乐  즐겁게 노는 놀이. 또는 즐겁게 놂.

**娛** 女 7 ⑩ 즐거워할 오
즐거워하다. 즐겁다. 즐기다.
amuse ゴ(たのしむ)
女 妇 妈 娱 娱 娛
계집 녀(女)와 크게 말할 오(吳 : 즐기다).

娛笑(오소) 즐거워하며 웃음.
娛遊(오유) 오락과 유희. 즐거이 놂.
娛足(오족) 즐거워하며 만족해함.
娛嬉(오희) 즐거워하고 기뻐함.

**樂** 木 11 ⑮ 풍류 악, 즐길 락, 좋아할 요 / 乐
풍류. 즐기다. 좋아하다.
music ガク,ラク(たのしい)
自 伯 组 緦 樂 樂
나무(木) 위에 크고 작은 북(絲)이 걸려 있는 모양. 파생하여 쓰인다.

樂曲(악곡) 음악의 곡조(曲調).
樂觀(낙관) 모든 사물의 형편을 좋게 봄.
樂園(낙원) 인간 세상을 떠난 안락한 곳.
樂山樂水(요산요수) 산수를 좋아함.

## 雅淡(아담)  雅淡 雅淡 雅淡  고상하고 담박함. 우아하고 산뜻함.

**雅** 隹 4 ⑫ 우아할 아
우아하다. 고상함. 맑다.
elegance ガ(みやびやか)
⼀ 千 牙 邪 邪 雅
어금니 아(牙)와 새 추(隹).

雅量(아량) 관대한 기상. 너그러운 도량.
雅樂(아악) 종묘·궁정에서 연주하는 음악.
雅號(아호) 본명 외에 갖는 풍아한 호.
優雅(우아) 품위가 있고 아름다움.

**淡** 水 8 ⑪ 맑을 담
맑다. 연하다. 물 맑다.
light タン(あわい)
丶 氵 氵 沙 沙 淡
물 수(氵·水)와 불꽃 염(炎).

淡淡(담담) 물이 맑음. 달빛이 선명하게 밝음.
淡泊(담박) 욕심이 없고 마음이 깨끗함.
淡水(담수) 짠맛이 없는 맑은 물.
濃淡(농담) 짙음과 옅음. 표현의 강함과 약함.

문화(文化) - 예술(藝術)

## 吹笛(취적) 吹笛 吹笛 吹笛   피리를 붊.

**吹** 불 취
口 4 ⑦
불다. 충동하다. 부추기다.
blow スイ(ふく)
ㅁ ㅁ ㅁ 吖 吹 吹
입 구(口)와 하품할 흠(欠 : 입을 크게 벌린 모양).

吹管(취관) 피리 따위의 관악기를 붊.
吹奏(취주) 관악기를 불어 연주함.
吹打(취타) 군(軍)에서 징·북 등을 치던 군악.
蛙吹(와취) 개구리 우는 소리.

**笛** 피리 적  ※제외자
竹 5 ⑪
피리. 취악기.
flute テキ(ふえ)
ㅏ ㅏ 竹 竹 笛 笛 笛
대 죽(竹)과 행할 유(由 : 속이 깊은 구멍).

笛伶(적령) 피리를 부는 악사.
笛聲(적성) 피리를 부는 소리.
笛吹(적취) 피리를 붊.
汽笛(기적) 기차·기선 같은 것의 신호 장치.

## 弦琴(현금) 弦琴 弦琴 弦琴   여섯 줄의 현악기. 거문고를 탐.

**弦** 활시위 현  ※제외자
弓 5 ⑧
활시위. 초승달. 반달.
bowstring ゲン(つるいと)
ㄱ 弓 弓 弦 弦 弦
활 궁(弓)과 아득할 현(玄 : 양 끝이 당겨진 실).

弦樂(현악) 현악기로 연주하는 음악.
弦月(현월) 초승달. 또는 그믐달. 半月(반월).
弦影(현영) 초승달의 그림자.
弦吹(현취) 현악기와 관악기.

**琴** 거문고 금
玉 8 ⑫
거문고(한국의 현악기).
birds キン(こと)
ㅜ 王 玨 珡 珡 琴
거문고 머리 부분을 본뜬 글자.

琴曲(금곡) 거문고의 곡.
琴瑟之樂(금실지락) 부부의 화목한 즐거움.
彈琴(탄금) 거문고를 탐.
風琴(풍금) 건반 악기의 한 가지. 오르간.

## 絃誦(현송) 絃誦 絃誦 絃誦   거문고를 타면서 시를 읊음.

**絃** 악기줄 현
糸 5 ⑪
악기줄. 현악기. 타다.
string ダン(いと)
幺 糸 紆 紆 絃 絃
실 사(糸)와 현묘할 현(玄).

絃歌(현가) 거문고 따위와 아울러서 하는 노래.
絃索(현삭) 현악기의 줄. 또, 그 소리.
絃樂(현악) 줄을 타거나 켜서 소리 내는 음악.
絶絃(절현) 줄을 끊음.

**誦** 욀 송
言 7 ⑭
외다. 암송하다. 말하다.
recite ショウ(となえる)
言 訂 訂 訟 誦 誦
말씀 언(言)과 뛰어오를 용(甬).

誦經(송경) 경서를 읽음.
誦讀(송독) 외어 읽음. 암송함.
誦書(송서) 글을 소리 내어 읽음.
暗誦(암송) 머릿속에 외어 두고 읽음.

## 音譜(음보) 音譜 音譜 音譜 음악의 고저장단을 기록한 악보.

**音** 소리 음
音 0 ⑨
sound オン(おと)
소리. 음악. 가락. 소식.
丶 亠 立 产 产 音 音

땅(一)에 서서(立) 말하는 입(曰)의 모양.

音讀(음독) 소리 내어 읽음. 한자를 음으로 읽음.
音聲(음성) 목소리. 말소리.
音樂(음악) 음향을 통해 미감을 일으키는 예술.
和音(화음) 다른 소리가 한데 어울리는 소리.

**譜** 계보 보
言 13 ⑳
genealogy フ(しるす)
계보(족보). 적다. 악보. 문서.
言 訁 訫 訸 諧 諧 譜

말씀 언(言)과 두루 보(普 : 펼치다).

譜曲(보곡) 악보에 적힌 곡조. 樂譜(악보).
譜記(보기) 가계(家系)의 기록.
譜錄(보록) 악보를 모아 실은 기록.
譜牒(보첩) 족보로 만든 책.

## 韻律(운율) 韻律 韻律 韻律 시문의 음성적 형식. 리듬.

**韻** 운 운
音 10 ⑲
rhyme イン(ひびき)
운. 운치. 음운. 울림.
音 韵 韵 韵 韻 韻

소리 음(音)과 둥글 원(員).

韻脚(운각) 글귀의 끝에 쓰는 운자(韻字).
韻文(운문) 일정한 운을 달아서 지은 글.
韻致(운치) 고아한 품위가 있는 기상.
音韻(음운) 한자의 음과 운.

**律** 법률
彳 6 ⑨
law リツ(のり,おきて)
법. 법칙. 자리. 음률. 가락.
彳 彳 彳 彳 徍 律

조금 걸을 척(彳)과 붓 률(聿).

律科(율과) 법. 형률에 밝은 사람을 뽑던 과거.
律動(율동) 규칙적으로 되풀이되는 운동.
律法(율법) 법률. 생활에 대해 신이 내린 법규.
戒律(계율) 계와 율. 불문(佛門)의 율법.

## 效果(효과) 效果 效果 效果 보람이 있는 좋은 결과.

**效** 본받을 효
攴 6 ⑩
imitate コウ(ききめ)
본받다. 힘쓰다. 주다.
亠 产 苅 苅 効 效

사귈 교(交 : 배우다)와 칠 복(攵·攴).

效能(효능) 효험을 나타내는 능력.
效力(효력) 한 일에 대하여 나타나는 좋은 결과.
效率(효율) 들인 노력과 얻은 결과와의 비율.
失效(실효) 효력을 잃음.

**果** 과실 과
木 4 ⑧
fruit カ(くだもの)
과실. 나무의 열매. 해내다.
丨 冂 日 旦 里 果 果

나무(木) 위에 둥근 열매(田). '과실'을 본뜬 글자.

果敢(과감) 결단성 있고 용감함.
果實(과실) 과수(果樹)에 열리는 열매.
果然(과연) 참으로 그러함.
結果(결과) 원인에 대하여 이루어진 결말.

문화(文化)- 예술(藝術)

## 詠吟(영음)  詠吟 詠吟 詠吟  시나 노래를 읊조림.

**詠** 言 5 ⑫ 읊을 영
읊다. 노래하다. 시가.
recite  エイ(よむ)
言言訂訶詠詠
말씀 언(言)과 길 영(永 : 길게 끌어 늘이다).

**吟** 口 4 ⑦ 읊을 음
읊다. 읊조림. 신음하다.
recite  ギン(くちずさむ)
丶 口 口 吖 吟 吟
입 구(口)와 이제 금(今 : 머금다).

詠歌(영가) 시가(詩歌)를 읊음. 또, 그 시가.
詠志(영지) 자기의 뜻을 시가로 읊음.
詠歎(영탄) 소리를 길게 뽑아 읊음.
誦詠(송영) 시가를 외어 읊조림.

吟味(음미) 시나 노래를 읊어 그 맛을 봄.
吟誦(음송) 시가를 소리 높이 외어 읽음.
吟風弄月(음풍농월) 맑은 바람과 밝은 달에 대하여 시를 짓고 즐겁게 놂.

## 名聲(명성) 名聲 名声 名聲  세상에 널리 떨친 이름.

**名** 口 3 ⑥ 이름 명
이름. 외형. 명분. 평판.
name  メイ(な)
ノ ク タ 夕 名 名
저녁 석(夕)과 입 구(口). 저녁에 자기의 이름을 말하는 것을 뜻한다.

**聲** 耳 11 ⑰ 소리 성  声
소리. 음향. 말. 언어.
voice  セイ(こえ)
声 声 殸 殸 磬 聲
높은 음이 나는 경(殸·磬)과 귀 이(耳).

名曲(명곡) 이름난 악곡. 뛰어나게 잘된 악곡.
名單(명단) 일에 관계된 사람의 이름을 적은 표.
名所(명소) 뛰어나게 경치가 좋은 곳.
名譽(명예) 세상에서 훌륭하다고 일컫는 이름.

聲帶(성대) 목구멍 가운데 있는 발성 기관.
聲望(성망) 명성과 인망(人望).
聲明(성명) 발설함. 말하여 밝힘.
聲援(성원) 소리쳐서 사기를 북돋아 줌.

## 技巧(기교) 技巧 技巧 技巧  손으로 하는 세밀한 기술.

**技** 手 4 ⑦ 재주 기
재주. 재능. 바르지 않다.
skill  ギ(わざ)
一 十 扌 扩 抟 技
손 수(扌·手)와 헤아릴 지(支).

**巧** 工 2 ⑤ 공교할 교
공교하다. 교묘하다. 예쁘다.
skilful  コウ(たくみ)
一 T 工 工 巧
장인 공(工)에 교묘할 교(丂 : 구부러진 조각칼).

技能(기능) 기술상의 재능.
技術(기술) 예능 따위의 재주.
技藝(기예) 예술적인 재주. 기술. 예능.
特技(특기) 특수한 기능.

巧技(교기) 교묘한 재주.
巧妙(교묘) 매우 잘 되고 묘함. ↔ 拙劣(졸렬).
巧智(교지) 재주가 뛰어나 교묘하고 민첩함.
精巧(정교) 세밀하고 교묘함.

## 發展(발전) 發展 發展 發展 — 더 낫고 좋은 상태로 나아감.

**發** 필발 / 发
- 癶 / 7 / ⑫
- 피다. 일어나다. 펴다.
- bloom ハツ,ホツ(ひらく,はなつ)
- 癶 癶 癶 發 發 發
- 짓밟을 발(癶)과 활 궁(弓).

發覺(발각) 숨겼던 일이 드러남. 또는 드러냄.
發達(발달) 성장하여 완전한 형태에 가까워짐.
發祥(발상) 상서로운 조짐이 나타남.
奮發(분발) 마음을 단단히 먹고 기운을 냄.

**展** 펼 전
- 尸 / 7 / ⑩
- 펴다. 열다. 늘이다. 살피다.
- spread テン(のびる)
- 尸 尸 屈 屈 屈 展
- 주검 시(尸 : 몸통)와 화려한 의복 전(㞒).

展開(전개) 눈앞에 벌어짐. 늘여 폄.
展覽(전람) 여러 가지 물건을 진열해 놓고 봄.
展示(전시) 책·그림 등을 펴서 보임.
進展(진전) 일이 진행되어 발전함.

## 寫眞(사진) 寫眞 寫眞 寫眞 물체를 그려냄. 사진기로 촬영함.

**寫** 베낄 사 / 写
- 宀 / 12 / ⑮
- 베끼다. 그리다. 본뜨다.
- copy シャ(うつす)
- 宀 宀 宵 寫 寫 寫
- 움집 면(宀 : 덮다)과 까치 작(舃·鵲).

寫本(사본) 문서나 책을 베낌. 베낀 문서나 책.
寫生(사생) 자연 풍물 등을 보고 그대로 그림.
寫實(사실) 사물을 실제 있는 대로 그려 냄.
謄寫(등사) 베껴 씀. 사본(寫本)을 씀.

**眞** 참 진 / 真
- 目 / 5 / ⑩
- 참. 진짜. 순수하다. 바르다.
- true シン(まこと)
- 一 ヒ 卢 旨 直 眞
- 숟가락 비(匕)와 솥 정(貝·鼎).

眞談(진담) 진정으로 하는 말. 참말.
眞理(진리) 참된 도리. 올바른 이치(理致).
眞實(진실) 참됨. 성정(性情)이 바르고 참됨.
純眞(순진) 마음이 순박하고 진실함.

## 透明(투명) 透明 透明 透明 환히 속까지 비쳐 보임.

**透** 통할 투 / 透
- 辶 / 7 / ⑪
- 통하다. 환하다. 꿰뚫어 보다.
- pass through トウ(とおる)
- 一 千 禾 秀 秀 透
- 팰 수(秀 : 길게 뻗다)와 쉬엄쉬엄 갈 착(辶·辵).

透過(투과) 지나감. 통과함.
透寫(투사) 그림 등을 종이를 대어 그대로 베낌.
透視(투시) 속에 있는 것을 꿰뚫어 비추어 봄.
滲透(삼투) 스며듦. 浸透(침투).

**明** 밝을 명
- 日 / 4 / ⑧
- 밝다. 밝히다. 맑다.
- light メイ,ミョウ(あかるい)
- 丨 冂 日 町 明 明
- 날 일(日)과 달 월(月).

明堂(명당) 썩 좋은 묏자리나 집터.
明晳(명석) 사고·판단이 분명하고 똑똑함.
明日(명일) 내일. 다음 날.
明確(명확) 명백하고 확실함. 뚜렷함.

산업(産業)- 농림(農林)

## 治産(치산) 治産 治産 治産　산업을 권해 수입을 늘림.

**治** 水5⑧ 다스릴 치
govern
ジ(おさめる)
다스리다. 병 고치다. 정사.
氵 汒 汒 治 治
물 수(氵·水)와 기를 이(台·司 : 다스리다).
물을 다스려 이롭게 하는 것을 뜻한다.

治療(치료) 병이나 상처를 다스려서 낫게 함.
治安(치안) 나라를 다스려 편안하게 함.
治世(치세) 잘 다스려진 세상. 세상을 잘 다스림.
政治(정치) 나라를 다스리는 일.

**産** 生6⑪ 낳을 산　产
bear
サン(うむ)
낳다. 나다. 일어나다. 산업.
亠 产 产 产 產 產
선비 언(产·彦)과 날 생(生).

産苦(산고) 아이를 낳는 괴로움.
産物(산물) 그 지방에서 생산되어 나오는 물건.
農産物(농산물) 농업에 의하여 생산된 물건.
資産(자산) 경제적 가치가 있는 것의 총체.

## 奬勵(장려) 奬勵 奬励 奬励　권하여 힘쓰게 함. 권하여 북돋아 줌.

**奬** 大11⑭ 권면할 장　奖
exhort
ショウ(すすめる)
권면하다. 장려하다. 돕다.
丬 爿 將 將 奬 奬
장차 장(將)과 큰 대(大).

奬勸(장권) 권면함. 장려함. 勸奬(권장).
奬導(장도) 권장하여 인도함.
奬學(장학) 배움을 장려함.
抽奬(추장) 여럿 가운데서 뽑아 가림.

**勵** 力15⑰ 힘쓸 려　励
encourage
レイ(はげむ)
힘쓰다. 권장하다.
厂 厈 厉 厲 厲 勵
타이를 려(厲 : 갈다의 뜻)와 힘 력(力).

勵相(여상) 격려하여 도움.
勵精(여정) 정신을 가다듬어 힘씀. 힘써 행함.
激勵(격려) 북돋우어 힘쓰도록 함. 분기시킴.
督勵(독려) 감독하여 장려함.

## 耕畓(경답) 耕畓 耕畓 耕畓　농사를 위해 논을 갊.

**耕** 耒4⑩ 갈 경
plough
コウ(たがやす)
갈다. 논밭을 갊. 농사에 힘쓰다.
二 丰 耒 耒 耕 耕
쟁기 뢰(耒)와 우물 정(井 : 농토).

耕讀(경독) 농사를 지으며 틈틈이 글을 읽음.
耕鋤(경서) 논밭을 갈고 김을 맴.
耕作(경작) 땅을 갈아 농사를 지음.
耕田(경전) 논밭을 갊. 또, 그 논밭.

**畓** 田4⑨ 논 답
rice field
논.
フ 水 水 沓 畓
우리나라에서 만든 글자. 논은 밭(田)에 물(水)을 대어 만들었다는 뜻.

畓穀(답곡) 논에서 나는 곡식.
畓土(답토) 논으로 된 토지.
沃畓(옥답) 기름진 논.
田畓(전답) 논밭.

## 稻禾(도화) 稻禾 稻禾 稻禾   벼.

**稻** 禾 10 ⑮
벼 도
벼(화본과에 속하는 일년초).
rice plant
トウ(いね)
― 二 千 禾 秆 秆 稻 稻
벼 화(禾)와 절구 요(舀 : 절구에서 꺼내다).
절구에서 꺼내는 곡식들.

稻作(도작) 벼농사.
粳稻(갱도) 메벼. 메진 벼. 秔稻(갱도).
水稻(수도) 논에 물을 대어 심는 벼.
早稻(조도) 올벼. 철 이르게 익는 벼.

**禾** 禾 0 ⑤
벼 화
벼. 곡물. 모. 이삭.
rice plant
カ(いね)
― 二 千 千 禾
벼이삭이 드리워진 모양.

禾穀(화곡) 벼 종류인 곡식의 총칭.
禾苗(화묘) 벼의 묘.
禾粟(화속) 벼. 곡식.
禾穗(화수) 벼의 이삭.

## 移植(이식) 移植 移植 移植  옮겨 심음.

**移** 禾 6 ⑪
옮길 이
옮기다. 보내다. 전하다.
remove
イ(うつす)
― 二 千 禾 秒 移
벼 화(禾)와 많을 다(多).

移動(이동) 옮겨 움직임. 자리 변동을 함.
移民(이민) 다른 나라에 이주하는 일.
移轉(이전) 장소·주소 등을 옮김.
移行(이행) 옮겨 감. 변해 감.

**植** 木 8 ⑫
심을 식, 둘 치
심다. 식물. 초목. 두다.
plant
ショク(うつす)
十 木 杧 柿 枯 植 植
나무 목(木)과 곧을 직(直).

植木(식목) 나무를 심음. 또는 심은 나무.
植物(식물) 초목(草木)의 총칭.
植民(식민) 정치·경제적으로 이주시키는 일.
蕃植(번식) 붇고 늘어서 많이 퍼짐.

## 栽培(재배) 栽培 栽培 栽培   초목을 심고 북돋아 기름.

**栽** 木 6 ⑩
심을 재
심다. 묘목. 어린 싹.
plant
サイ(うえる)
十 ナ 未 栽 栽 栽
흙 토(土)와 창 과(戈), 나무 목(木).

栽揷(재삽) 꽂아 심음.
栽植(재식) 초목이나 농작물을 심음.
栽種(재종) 씨를 뿌림. 재배함.
盆栽(분재) 화초나 나무를 화분에 심어 가꿈.

**培** 土 8 ⑪
북돋을 배, 언덕 부
북돋우다. 가꾸다. 언덕.
nourish
バイ(つちかう)
十 土 圹 坛 垃 培
흙 토(土)와 가를 부(咅·部).

培根(배근) 뿌리를 북돋아 줌.
培植(배식) 식물을 재배함.
培養(배양) 초목을 북돋우어 기름.
培土(배토) 그루에 북을 돋우어 줌. 또, 그 흙.

## 산업(産業) - 농림(農林)

### 穫粟(확속) 穫粟 穫粟 穫粟 조를 거둬들임.

**穫** 거둘 확
禾 14 ⑲
거두다. 벼 베다. 얻다.
harvest 禾 秆 秤 稚 穫 穫
カク(かる)
벼 화(禾)와 잡을 확(蒦).

穫稻(확도) 벼를 베어 거두어들임.
穫刈(확예) 곡식을 베는 일. 곡식을 수확함.
收穫(수확) 농작물을 거두어들임.
秋穫(추확) 가을 수확하는 일.

**粟** 조 속
米 6 ⑫
조. 벼. 곡식. 녹미.
millet 一 襾 襾 襾 粟 粟
ゾク(あわ)
쌀 미(米)와 열매 달릴 조(襾).

粟豆(속두) 조와 콩.
粟粒(속립) 좁쌀(곡식)의 낟알.
粟米(속미) 조와 쌀. 쓿지 않은 벼.
黍粟(서속) 기장과 조.

### 糧穀(양곡) 糧穀 糧穀 糧穀 양식으로 쓰는 곡식.

**糧** 양식 량 粮
米 12 ⑱
양식. 먹이. 급여. 구실. 조세.
food 米 米 粐 糎 糧 糧
リョウ(かて)
쌀 미(米)와 헤아릴 량(量).

糧米(양미) 군량미. 양식으로 쓰는 쌀.
糧食(양식) 식용인 곡식. 식량.
糧草(양초) 군량과 꼴.
軍糧(군량) 군대의 양식.

**穀** 곡식 곡 谷
禾 10 ⑮
곡식. 곡물. 양식. 착하다.
grain 声 壼 壼 彙 穀 穀
コク(たなつもの)
벼 화(禾)와 껍질 각(殼 : 殼).

穀殼(곡각) 낟알의 껍질.
穀類(곡류) 쌀·보리·밀 따위의 총칭.
穀食(곡식) 식량이 되는 쌀 따위의 총칭.
穀倉(곡창) 곡물의 창고. 곡식이 많이 나는 고장.

### 餘裕(여유) 餘裕 餘裕 餘裕 넉넉하여 남음이 있음.

**餘** 남을 여 余
食 7 ⑯
남다. 넉넉함. 나머지. 여분.
remain 𠆢 𠆢 𩙿 飮 餘 餘
ヨ(あまる)
밥 식(亼·食)과 나머지 여(余 : 펴지다).

餘暇(여가) 겨를. 틈.
餘念(여념) 딴 생각. 정신을 쓰고 남은 생각.
餘談(여담) 용건 이외의 이야기.
剩餘(잉여) 나머지. 쓰고 난 나머지. 잔여.

**裕** 넉넉할 유
衣 7 ⑫
넉넉하다. 너그럽다. 관대함.
enough 衤 衤 衤 衫 裕 裕
ユウ(ゆたか)
옷 의(衣)와 골짜기 곡(谷).

裕寬(유관) 너그러움.
裕福(유복) 살림이 넉넉함.
裕裕(유유) 마음이 너그러운 모양.
裕足(유족) 살림살이가 넉넉함.

## 豊足(풍족) 豊足 豊足 豊足   부족함이 없이 넉넉함.

**豊** 풍성할 풍 丰
豆 6 ⑬
abundance
풍성하다. 풍년. 넉넉하다.
日 曲 曲 豊 豊 豊
제사의 제기(祭器)에 음식이 풍성하게 담겨 있는 모양. 丰의 약자임.

豊年(풍년) 농사가 잘된 해.
豊滿(풍만) 풍족하고 그득함. 물자가 풍족함.
豊味(풍미) 푸짐한 맛. 풍요한 느낌.
豊富(풍부) 양이 넉넉하고 많음.

**足** 발 족
足 0 ⑦
foot ソク(あし)
발. 뿌리. 산기슭. 족하다.
丨 口 口 卫 足 足
사람의 무릎에서 발까지의 모양을 본떠, '발'을 뜻한다.

足部(족부) 발에서 발목까지의 언저리.
手足(수족) 손발. 마음대로 부리는 사람.
滿足(만족) 족함. 충분함. 흐뭇함.
自足(자족) 스스로 만족을 느낌.

## 麥飯(맥반) 麥飯 麦飯 麦饭   보리밥.

**麥** 보리 맥 麦
麥 0 ⑪
barley バク(むぎ)
보리. 메밀. 귀리.
ㅁ 丷 夾 夾 麥 麥
올 래(來 : 까끄라기가 있는 보리)와 뿌리내릴 치(夊). 땅 속 깊이 뿌리내린 '보리'를 뜻한다.

麥藁(맥고) 밀짚 또는 보릿짚.
麥穀(맥곡) 보리·밀 등의 곡식.
麥芽(맥아) 보리싹.
麥酒(맥주) 보리를 원료로 하여 담근 술.

**飯** 밥 반 饭
食 4 ⑬
boiled rice ハン(めし)
밥. 먹다. 먹이다. 기르다.
ㅅ 亽 刍 刍 飭 飯
먹을 식(倉·食)과 돌이킬 반(反).

飯器(반기) 밥그릇.
飯囊(반낭) 밥주머니. 밥만 축내는 사람.
飯店(반점) 음식점. 요리점.
飯酒(반주) 밥을 먹을 때에 곁들여 마시는 술.

## 精米(정미) 精米 精米 精米   벼를 찧어 쌀로 만듦.

**精** 정미할 정
米 8 ⑭
minute セイ(せい,こころ)
정미하다. 찧다. 세밀하다.
米 籵 精 精 精 精
쌀 미(米)와 푸를 청(青 : 맑다).

精巧(정교) 자세하고 교묘함.
精勤(정근) 쉬지 않고 부지런히 힘씀.
精力(정력) 심신의 활동력. 부지런히 애씀.
精神(정신) 마음이나 생각. 의식. ↔肉體(육체).

**米** 쌀 미
米 0 ⑥
rice ベイ,マイ(こめ)
쌀. 열매. 수의 무늬. 단위.
丶 丷 二 半 米 米
벼(禾)의 이삭 끝에 달린 열매, 또는 낟알이 흩어져 있는 모양.

米穀(미곡) 쌀. 곡식.
米粒(미립) 쌀의 낟알. 쌀알.
米壽(미수) 여든여덟 살. 米는 八十八임.
玄米(현미) 겉겨만 벗기고 쓿지 않은 쌀.

산업(産業)- 농림(農林)

| 累積(누적) 累積 累積 累積 포개어 쌓음. 또, 포개져 쌓임. |
|---|

| 糸 5 ⑪ 累 묶을 루<br>묶다. 포개다. 여럿.<br>tie ルイ(かさねる) 口 曰 田 里 累 累<br>포갤 뢰(畾)와 실 사(糸).<br>累計(누계) 여러 합계를 덧붙여 계산함.<br>累代(누대) 여러 대에 걸쳐. 대대(代代).<br>累卵(누란) 쌓아 놓은 새알. 곧 위태로운 형 편의 비유. | 禾 11 ⑯ 積 쌓을 적, 저축 자<br>쌓다. 모으다. 저축.<br>pile up セキ(つむ) 禾 秆 秸 秸 積 積<br>벼 화(禾)와 맡을 책(責).<br>積極(적극) 일의 긍정적·능동적인 것.<br>積立(적립) 모아서 쌓아 둠.<br>積善(적선) 착한 일을 많이 함.<br>積載(적재) 배·수레 등에 물건을 실음. |

| 貯藏(저장) 貯藏 貯藏 貯藏 쌓아서 간직하여 둠. |
|---|

| 貝 5 ⑫ 貯 쌓을 저<br>쌓다. 저축하다. 두다.<br>save チク(たくわえる) 目 貝 貝 貯 貯 貯<br>조개 패(貝)와 축적할 저(宁).<br>貯金(저금) 돈을 모아 둠. 돈을 맡겨 저축함.<br>貯水(저수) 물을 저장함.<br>貯蓄(저축) 절약하여 모아 둠.<br>貯置(저치) 저축하여 놓음. | 艸 14 ⑱ 藏 감출 장<br>감추다. 간직함. 품다. 곳집.<br>conceal ソウ(くら,おさめる) 芦 芹 蒁 藏 藏 藏<br>풀 초(艹·艸)와 감출 장(臧).<br>藏經(장경) 불교 경전의 총칭. 大藏經(대장경).<br>藏匿(장닉) 숨김. 또는 숨음.<br>藏鋒(장봉) 재능을 감추고 드러내지 않음.<br>藏書(장서) 책을 간직하여 둠. 또, 그 책. |

| 先次(선차) 先次 先次 先次 차례에서의 먼저. 지난번. |
|---|

| 几 4 ⑥ 先 먼저 선<br>먼저. 우선. 앞서서. 앞.<br>first セン(さき) ノ ∠ 牛 生 步 先<br>갈 지(土 : 之의 변형)과 사람 인(儿).<br>先見之明(선견지명) 앞일을 꿰뚫어 보는 눈.<br>先鋒(선봉) 본대(本隊)에 앞서서 가는 부대.<br>先祖(선조) 조상(祖上) 또는 시조(始祖).<br>先進(선진) 문물(文物)이 앞섬. | 欠 2 ⑥ 次 버금 차<br>버금. 잇다. 이어짐. 다음에.<br>next ジ(つぎ) 丶 冫 冫 次 次 次<br>두 이(二)와 하품 흠(欠).<br>次期(차기) 다음 시기. 다음 기회.<br>次等(차등) 버금 되는 등급. 둘째 등급.<br>次子(차자) 둘째아들. 次男(차남).<br>行次(행차) 어른이 길가는 것을 높여 일컬음. |

## 飽食 (포식) 飽食 飽食 飽食  배부르게 먹음.

**飽** 배부를 포  
食 5 ⑭  
satiated ホウ(あきる)  
배부르다. 물림. 포식하다.  
먹을 식(食·飠)과 감쌀 포(包 : 싸안아 부풀다).

- 飽德(포덕) 은덕을 많이 받음.
- 飽滿(포만) 음식을 많이 먹어서 배가 가득함.
- 飽聞(포문) 듣기 싫도록 들음.
- 飽和(포화) 최대한 차서 부족함이 없음.

**食** 밥 식, 먹일 사  
食 0 ⑨  
eat, meal ショク(たべる)  
밥. 음식. 먹다. 먹이다.  
식기에 음식을 담고 뚜껑을 덮은 모양으로, '음식'을 뜻한다.

- 食客(식객) 남의 집에서 문객 노릇을 하는 사람.
- 食單(식단) 음식 이름과 값을 적은 쪽지.
- 食祿(식록) 벼슬아치에게 주는 봉급.
- 食慾(식욕) 먹고 싶어 하는 욕망.

## 菜蔬 (채소) 菜蔬 菜蔬 菜蔬  남새. 푸성귀. 蔬菜(소채).

**菜** 나물 채  
艸 8 ⑫  
vegetables サイ(な)  
나물. 푸성귀. 반찬(飯饌).  
풀 초(艹·艸)와 캘 채(采 : 뜯다).

- 菜根(채근) 채소의 뿌리. 변변치 못한 음식.
- 菜麻(채마) 심어 가꾸는 채소.
- 菜食(채식) 반찬을 푸성귀로만 먹음.
- 野菜(야채) 식용 초본(草本). 식물의 총칭.

**蔬** 나물 소  
艸 11 ⑮  
vegetables ソ(あおもの)  
나물(푸성귀). 채소. 성기다.  
풀 초(艹·艸)와 트일 소(疏).

- 蔬果(소과) 채소와 과일.
- 蔬飯(소반) 거친 음식. 변변치 못한 음식.
- 蔬菽(소속) 채소. 푸성귀.
- 蔬食(소식) 고기반찬이 없는 검소한 음식.

## 瓜葉 (과엽) 瓜葉 瓜葉 瓜葉  오이 잎.
※제외자

**瓜** 오이 과  
瓜 0 ⑤  
cucumber カ(うり)  
오이. 참외. 모과(木瓜).  
오이가 덩굴에 달려 있는 모양을 본뜬 글자.

- 瓜果(과과) 오이와 과일.
- 瓜年(과년) 여자가 혼기에 이른 나이. 벼슬의 임기가 끝나는 해.
- 瓜滿(과만) 임기가 다됨.

**葉** 잎 엽, 성 섭   叶  
艸 9 ⑬  
leaf ヨウ(は)  
잎. 뽕. 대. 세대. 끝. 성.  
풀 초(艹·艸)와 나무 엽(枼 : 잎사귀).

- 葉書(엽서) 나뭇잎에 쓴 편지. 우편엽서.
- 葉錢(엽전) 놋으로 만든 옛날 돈.
- 一葉片舟(일엽편주) 하나의 작은 조각배.
- 紅葉(홍엽) 붉은 나뭇잎. 단풍이 든 나뭇잎.

산업(産業)- 농림(農林)

## 肥料(비료) 肥料 肥料 肥料  식물의 생장을 높이기 위한 영양 물질.

肉 肥 살찔 비
4 살찌다. 기름지다. 거름.
⑧
fat　ヒ(こえる)　月 月 肝 肝 肥 肥

고기 육(月·肉)과 파(巴 : 뚱뚱하다).

肥大(비대) 살찌고 몸집이 큼.
肥滿(비만) 몸에 기름기가 많아 뚱뚱함.
肥沃(비옥) 땅이 기름짐.
堆肥(퇴비) 풀·짚 등을 썩혀서 만든 거름.

斗 料 헤아릴 료
6 헤아리다. 세다. 되질하다.
⑩
estimate　リョウ(はかる)　丷 斗 米 米 米 料

쌀 미(米)와 말 두(斗). 말로 쌀을 헤아리다.

料金(요금) 대가로 셈하는 돈.
料量(요량) 앞일에 대해 잘 생각하여 헤아림.
料理(요리) 식품의 맛을 돋우어 조리함.
材料(재료) 물건을 만드는데 드는 원료.

## 俱備(구비) 　필요한 것을 골고루 다 갖춤. 具備(구비).

人 俱 함께 구
8 함께. 다. 모두. 함께하다.
⑩
together　グ(ともに)　亻 亻 们 但 俱 俱

사람 인(亻·人)과 갖출 구(具).

俱慶(구경) 부모가 살아계시어 경사스러움.
俱發(구발) 함께 발생함.
俱存(구존) 어버이가 모두 살아계심.
俱現(구현) 내용이 다 드러남. 드러나게 함.

人 備 갖출 비　　　备
10 갖추다. 구비하다. 준비.
⑫
prepare　ビ(そなえる)　亻 伊 伊 俌 備 備

여러 사람(人)이 함께(共) 쓸(用) 것을 마련하는 것을 뜻함.

備蓄(비축) 만일의 경우를 위해 저축해 둠.
備置(비치) 갖추어 둠.
備品(비품) 비치하여 두는 물품.
對備(대비) 무엇에 대응할 준비를 함.

## 桑田(상전) 桑田 桑田 桑田  뽕나무 밭.

木 桑 뽕나무 상
6 뽕나무. 뽕잎 따다.
⑩
mulberry　ソウ(くわ)　フ ヌ 圣 圣 幸 桑

동쪽신목 약(叒) : 큰 잎이 달린 세 개의 나뭇가지)과 나무 목(木).

桑林(상림) 뽕나무 숲.
桑葉(상엽) 뽕잎. 뽕.
桑田碧海(상전벽해) 뽕나무 밭이 푸른 바다로 바뀐다는 뜻으로, 세상이 덧없이 변함.

田 田 밭 전
0 밭. 경지 구획 이름. 심다.
⑤
field　デン(た,そだけ)　丨 冂 田 田 田

큰입 구(口)와 열 십(十). 口는 땅의 경계. 十은 사방으로 통하는 길.

田畓(전답) 논과 밭. 農土(농토).
田獵(전렵) 사냥. 또는 사냥함.
田園(전원) 논밭. 시골. 郊外(교외).
田地(전지) 경작하는 토지. 논밭. 처지. 형편.

## 蠶室 (잠실)　蠶室　蚕室　蚕室　누에를 치는 방. 누에고치.

**蠶** 虫 18 ㉔  누에 잠 ※제외자
silkworm　サン(かいこ)
一ナ疌蟜蠶蠶
누에. 누에치다.
숨을 잠(朁)과 벌레 곤(虫).

蠶農(잠농) 누에를 치는 일. 누에농사.
蠶卵(잠란) 누에의 알.
蠶絲(잠사) 누에고치에서 켜낸 실. 명주실.
養蠶(양잠) 누에를 침.

**室** 宀 6 ⑨  집 실　蚕
house　シツ(へや)
宀宁宎宏宖室
집. 방. 거처. 아내. 가족.
사람이 일과를 마치고 가는(至) 곳(宀)이 바로 '집'.

室內(실내) 방안. 남의 아내를 일컬음.
室人(실인) 거느리고 있는 처첩의 총칭.
芝蘭之室(지란지실) 향초(香草)가 있어 좋은 향기가 나는 방. 선인(善人)에 비유함.

## 絹絲 (견사)　絹絲　絹絲　絹絲　깁이나 비단을 짜는 명주실의 총칭.

**絹** 糸 7 ⑬  명주 견　絹
silk　ケン(きぬ)
纟纟糸糽絹絹
명주. 비단. 생견(生絹).
실 사(糸)에 실줄기 물 연(肙).

絹毛(견모) 견사와 모사. 견직물과 모직물.
絹本(견본) 명주에 쓰거나 그린 서화(書畫).
絹織(견직) 명주로 짠 직물.
生絹(생견) 생사(生絲)로 짠 깁.

**絲** 糸 6 ⑫  실 사　丝
thread　シ(いと)
幺糸糸糸絲絲
실. 명주실. 명주. 실을 잣다.
실 사(糸)와 실 사(糸). 실을 감아 놓은 실타래 모양.

絲桐(사동) 거문고의 이칭.
絲笠(사립) 명주실로 싸개를 하여 만든 갓.
絲雨(사우) 가랑비. 보슬비.
絲竹(사죽) 현악기와 관악기. 거문고와 피리.

## 麻布 (마포)　麻布　麻布　麻布　삼실의 피륙. 삼베.

**麻** 麻 0 ⑪  삼 마　麻
hemp　マ(あさ)
亠广广庁麻麻
삼. 조직. 삼옷의 총칭.
돌집 엄(广)과 㯻(줄기가 긴 풀). 삼의 껍질을 벗긴 모양으로, '삼'을 뜻한다.

麻莖(마경) 삼대. 삼줄기.
麻姑(마고) 거친 삼실로 짠 큰 자루.
麻藥(마약) 마취약. 모르핀·아편·코카인 등.
麻醉(마취) 약물 등으로 의식·감각을 잃게 함.

**布** 巾 2 ⑤  베 포
hemp　フ(ぬの)
ノナ才右布
베. 피륙의 총칭. 돈. 펴다.
아비 부(ナ·父) 밑에 수건 건(巾).

布告(포고) 일반에게 널리 알림.
布敎(포교) 가르침을 널리 알림.
布木(포목) 베와 무명. 또는 직물. 木布(목포).
葛布(갈포) 칡의 섬유로 짠 베.

산업(産業)- 농림(農林)

## 養豚(양돈)  養豚 養豚 養豚  돼지를 기름.

**養** 食 6 ⑮
기를 **양**
기르다. 성장시키다. 사육하다.
nourish ヨウ(やしなう)
䒑 丷 𦍌 𦍌 𦍋 養 養
양 양(羊)과 밥 식(食).

養老(양로) 노인을 돌보아 편안히 지내게 함.
養成(양성) 능력을 길러 냄. 양육함.
養育(양육) 잘 자라도록 기름.
敎養(교양) 가르쳐 기름.

**豚** 豕 4 ⑪
돼지 **돈**
돼지. 새끼돼지. 복. 복어.
pig トン(ぶた)
丿 月 𦙾 肵 豚 豚
고기 육(月:肉)과 돼지 시(豕:살찐 돼지).

豚犬(돈견) 돼지와 개. 어리석은 자식.
豚舍(돈사) 돼지우리.
豚肉(돈육) 돼지고기.
家豚(가돈) 자기 아들을 낮추어 일컫는 말.

## 牧畜(목축)  牧畜 牧畜 牧畜  가축을 기름.

**牧** 牛 4 ⑧
칠 **목**
치다. 기르다. 마소 치는 사람.
shepherd ボク(まき)
丨 𠂉 牛 牛 牧 牧
소 우(牛)와 칠 복(攵·攴).

牧歌(목가) 목동이 부르는 노래.
牧童(목동) 양·마소를 먹이는 아이.
牧者(목자) 양을 치는 사람. 신자를 보호하고 지도하는 성직자.

**畜** 田 5 ⑩
가축 **축**
가축. 모으다. 쌓다. 붙들다.
livestock チク(たくわえる)
亠 玄 斉 斉 畜 畜
검을 자(玄·玆:붙다, 무성하다)와 밭 전(田).

畜舍(축사) 가축을 기르는 건물.
畜産(축산) 가축을 사육·증식하는 산업.
畜財(축재) 재물을 모아 쌓음. 蓄財(축재).
貯畜(저축) 절약하여 모아 둠.

## 鷄卵(계란)  鷄卵 鷄卵 鷄卵  닭의 알. 달걀.

**鷄** 鳥 10 ㉑
닭 **계**  鸡
닭.
chicken ケイ(にわとり)
爫 奚 奚 鄸 鷄 鷄
맬 혜(奚)와 새 조(鳥). 가축으로 매어두는 새, '닭'을 뜻한다.

鷄鳴(계명) 닭의 울음.
鷄頭(계두) 닭의 볏. 맨드라미.
鷄肋(계륵) 닭의 갈비. 버리기 아까운 사물.
群鷄(군계) 닭의 무리. 많은 닭.

**卵** 卩 5 ⑦
알 **란**
알. 새·물고기·벌레 따위의 알.
egg ラン(たまご)
丿 𠃌 𠂌 卯 卯 卵
개구리나 물고기의 양쪽 알주머니의 모양을 본뜬 글자.

卵殼(난각) 알껍데기.
卵生(난생) 알이 부화되어 새끼가 나옴.
卵巢(난소) 난자를 만들어 내는 여자의 생식기.
卵子(난자) 성숙한 난세포. ↔ 精子(정자).

193

## 糖蜜(당밀) 糖蜜 糖蜜 糖蜜  사탕을 녹인 액체.

**糖** 米 10 ⑯ 엿 **당**
엿. 사탕. 설탕.
sugar トウ(さとう)
⼆ 米 粐 粐 粐 糖
쌀 미(米)와 당나라 당(唐).

糖菓(당과) 캔디. 사탕과자.
糖尿病(당뇨병) 포도당이 많이 나오는 병.
糖類(당류) 가용성이며 단맛이 있는 탄수화물.
果糖(과당) 포도당과 함께 과실에 있는 당분.

**蜜** 虫 8 ⑭ 꿀 **밀**
꿀. 벌꿀. 명충의 알.
honey ミツ(みつ)
宀 宀 宓 宓 密 蜜
꽉 차 있을 밀(宓)과 벌레 충(虫).

蜜柑(밀감) 귤. 귤나무.
蜜蠟(밀랍) 꿀벌의 집을 이루는 물질. 밀.
蜜水(밀수) 꿀물.
蜜月(밀월) 결혼 초의 즐겁고 달콤한 동안.

## 種牛(종우) 種牛 種牛 種牛  씨받이 소.

**種** 禾 9 ⑭ 씨 **종**
씨. 근본. 원인. 갖가지 종류.
seed シュ(たね)
种
禾 利 䅐 稻 種 種
벼 화(禾)와 무거울 중(重).

種豚(종돈) 씨받이 돼지. 씨돼지.
種類(종류) 사물의 부문(部門)을 나누는 갈래.
種子(종자) 씨. 사물의 근본.
種族(종족) 사람의 종류. 인류(人類).

**牛** 牛 0 ④ 소 **우**
소. 무릅쓰다. 별 이름. 희생.
ox, cow ギュウ(うし)
⼃ ⼇ ⼆ 牛
정면에서 본 소의 머리 부분을 본뜬 글자.

牛角(우각) 쇠뿔. 호각(互角).
牛耳讀經(우이독경) 쇠귀에 경 읽기라는 뜻으로, 가르치고 일러 주어도 알아듣지 못함.
牽牛(견우) 28수(宿)의 하나.

## 羊乳(양유) 羊乳 羊乳 羊乳  양에서 짠 젖.

**羊** 羊 0 ⑥ 양 **양**
양.
sheep ヨウ(ひつじ)
⼂ ⼃ ⼄ ⼆ 兰 羊
뿔이 난 양의 모양을 본뜬 글자.

羊毛(양모) 면양·산양 등의 털.
羊腸(양장) 양의 창자. 꼬불꼬불한 길의 비유.
羊皮(양피) 양의 가죽.
羔羊(고양) 희생의 하나로 어린양을 뜻함.

**乳** 乙 7 ⑧ 젖 **유**
젖. 젖먹이다. 기르다.
milk ニュウ(ちち)
⼃ ⼇ 孚 孚 乳
기를 부(孚)와 새 을(乚·乙).

乳菓(유과) 우유를 넣고 만든 과자.
乳母(유모) 젖어미. 어머니 대신 길러 주는 여자.
乳兒(유아) 젖먹이. 嬰兒(영아).
乳液(유액) 식물에서 분비되는 젖 같은 흰 액체.

산업(産業)- 농림(農林)

## 綠豆(녹두)
綠豆 綠豆 綠豆 콩과의 한해살이풀. 녹색이 도는 팥.

**綠** 糸 8 ⑭ 푸를 록
푸르다. 초록빛. 초록빛 비단.
green リョク(みどり)
糹 紆 紼 紆 綠 綠
실 사(糸)와 두레박으로 퍼 올린 물 록(彔).

- 綠茶(녹차) 푸른빛이 그대로 나도록 말린 차.
- 綠色(녹색) 청색과 황색의 중간색.
- 綠水(녹수) 푸른 물.
- 新綠(신록) 초목의 새잎의 푸른 빛.

**豆** 豆 0 ⑦ 콩 두
콩. 팥. 제기 이름. 제수.
bean ズ(まめ)
一 丆 戸 豆 豆 豆
뚜껑이 달리고 굽이 높은 제사그릇의 모양을 본떠, '제기, 콩'을 뜻한다.

- 豆粕(두박) 콩깻묵.
- 豆腐(두부) 콩으로 만든 식품의 한 가지.
- 豆乳(두유) 진하게 만든 콩국.
- 豆油(두유) 콩기름.

## 製粉(제분)
製粉 製粉 製粉 빻아서 가루로 만듦.

**製** 衣 8 ⑭ 지을 제
짓다. 만들다. 모습. 모양.
make セイ(つくる)
乍 𠂹 制 制 製 製
지을 제(制 : 나무를 깎아 다듬다)와 옷 의(衣).

- 製具(제구) 물건을 만드는 연장.
- 製鍊(제련) 광석에서 금속을 정제하여 냄.
- 製本(제본) 책을 매는 일. 또, 그 책.
- 製作(제작) 재료를 가지고 물건을 만듦.

**粉** 米 4 ⑩ 가루 분
가루. 분. 분 바르다. 희다.
powder フン(こな)
丷 ヽ 半 米 粉 粉
쌀 미(米)와 가를 분(分).

- 粉末(분말) 가루.
- 粉碎(분쇄) 가루처럼 잘게 부스러뜨림.
- 粉食(분식) 가루음식을 먹음. 또, 그 음식.
- 花粉(화분) 꽃가루.

## 綿裳(면상)
綿裳 綿裳 綿裳 면직으로 만든 치마.

**綿** 糸 8 ⑭ 솜 면
솜. 풀솜. 명주. 이어지다.
cotton メン(わた)
糸 紆 紵 綿 綿 綿
本字는 緜. 비단 백(帛 : 하얀 천과 이을 계(系).

- 綿力(면력) 세력이 없음. 힘이 약함.
- 綿綿(면면) 길이 이어지는 모양. 세밀한 모양.
- 綿密(면밀) 자세하고 빈틈없음.
- 綿花(면화) 목화(木花).

**裳** 衣 8 ⑭ 치마 상
치마. 낮에 입는 옷.
skirt ショウ(すそも)
尚 尚 裳 裳 裳 裳
꾸밀 상(尚 : 창문, 길다)과 옷 의(衣).

- 羅裳(나상) 얇은 비단으로 만든 치마.
- 繡裳(수상) 수놓은 치마.
- 衣裳(의상) 배우·무용수들이 연할 때 입는 옷.
- 纁裳(훈상) 분홍치마.

## 嘗味(상미) 嘗味 嘗味 嘗味 맛보기 위해 조금 먹음.

**嘗** 口 11 ⑭ 맛볼 상 尝
맛보다. 먹다. 시험하다.
taste
ショウ(なめる、かつて)
⺌ 尚 尚 嘗 嘗 嘗
맛 지(旨 : 맛있는 것)와 델 상(尚).

嘗糞(상분) 똥을 맛보다. 아첨. 지극한 효성.
嘗試之說(상시지설) 시험 삼아 하는 말.
嘗禾(상화) 햇곡식으로 신에게 제사지냄.
未嘗不(미상불) 아닌 게 아니라. 과연.

**味** 口 5 ⑧ 맛 미
맛. 풍미(風味). 맛보다.
taste
ミ(あじ)
口 口 吁 吁 味 味
입 구(口)와 아닐 미(未 : 미묘하다, 가는 나뭇가지 끝).

味覺(미각) 맛을 아는 감각. 味感(미감).
味讀(미독) 내용을 충분히 음미하는 독서.
味盲(미맹) 미각의 감수성이 병든 상태.
吟味(음미) 시가를 읊조리며 그 정취를 맛봄.

## 玆以(자이) 玆以 玆以 玆以 이로써.

**玆** 玄 5 ⑩ 이 자
이. 여기. 이에. 검다(현).
this
シ、ジ(ここ)
亠 玄 玄 玆 玆
검을 현(玄)을 짝지어 놓은 글자.

玆白(자백) 맹수 이름. 모양이 말과 비슷하고 날카로운 이빨로 범을 잡아 먹는다함.
今玆(금자) 올해. 금년(今年).
來玆(내자) 올해의 바로 다음 해.

**以** 人 3 ⑤ 써 이
써(~로써). 이(是). ~부터.
by
イ(もつて)
丨 レ レ 以 以
쟁기 모양(レ)과 사람 인(人).

以南(이남) 어떤 한계로부터 남쪽.
以實直告(이실직고) 사실 그대로 고함.
以心傳心(이심전심) 마음에서 마음으로 전달됨.
以爲(이위) 생각하건대.

## 幸福(행복) 幸福 幸福 幸福 욕구가 충족되어 부족함이 없는 상태.

**幸** 干 5 ⑧ 다행 행
다행. 요행. 혜택. 즐기다.
fortunate
コウ(さいわい)
十 ± 专 亠 亠 幸
쇠고랑을 찬 사람의 모습을 본뜬 글자.

幸冀(행기) 요행을 바람. 행여 바람.
幸運(행운) 행복한 좋은 운수. 好運(호운).
行爲(행위) 요행으로 얻은 벼슬.
多幸(다행) 운수가 좋음. 일이 잘 풀려 좋음.

**福** 示 9 ⑭ 복 복
복. 행복. 상서롭다.
blessing
フク(さいわい)
示 示 和 和 福 福
보일 시(示)와 찰 복(畐 : 술동이).

福券(복권) 제비 뽑아 상금을 받게 되는 표찰.
福祿(복록) 행복과 녹봉(祿俸).
福祉(복지) 행복과 이익. 福利(복리).
祝福(축복) 앞날의 행복을 빔.

산업(産業)- 기업(企業)

## 企業(기업) 企業 企業 企業 영리를 목적으로 사업을 경영하는 일.

**企** 人 4 ⑥
도모할 기
도모하다. 꾀함. 발돋움하다.
scheme
キ(くわだて)
ノ 人 亽 수 企 企
사람 인(人)과 발 지(止·趾).

企待(기대) 발돋움하여 기다림.
企圖(기도) 일을 꾸며내려고 꾀함.
企劃(기획) 일을 꾀함.
鶴企(학기) 고개를 늘이고 발돋움하여 바람.

**業** 木 9 ⑬
업 업　业
업. 일. 사업. 학문. 기예.
business
ギョウ(わざ)
业 业 业 茟 業
악기(작은 북)를 매단 받침틀의 모양.

業務(업무) 직업으로, 또는 맡아서 하는 일.
業績(업적) 일의 성과. 사업의 성적.
修業(수업) 학업이나 기예를 익히어 닦음.
職業(직업) 생계를 위하여 하는 일.

## 經營(경영) 經營 経営 経営 사업이나 기업을 경리하고 운영함.

**經** 糸 7 ⑬
날 경　经
날. 날실. 경서. 겪다. 세로.
warp
ケイ,キョウ(たていと)
幺 幺 糸 糽 經 經
실 사(糸)와 날실 경(巠).

經過(경과) 지남. 일의 경과. 시일이 지나감.
經歷(경력) 겪어 지내온 일들.
經書(경서) 사서오경(四書五經).
經濟(경제) 나라를 다스려 백성을 구제함.

**營** 火 13 ⑰
경영할 영　营
경영하다. 경영. 짓다. 진영.
manage
エイ(いとなむ)
丷 ⺌ 𢉖 𢉖 營 營
빛날 형(熒·炏)과 집 궁(呂·宮).

營利(영리) 이득을 꾀함.
營業(영업) 영리를 목적으로 사업을 경영함.
營養(영양) 생물이 필요한 성분을 섭취함.
營造(영조) 건축을 역사하여 지음.

## 需給(수급) 需給 需給 需給 수요와 공급.

**需** 雨 6 ⑭
구할 수
구하다. 쓰다. 기다리다.
demand
ジュ(もとめる)
雨 雨 雪 雪 雩 需
비 우(雨)와 말 이을 이(而: 무당).

需要(수요) 소용됨. 필요해서 얻고자 함. 재화에 대하여 가지는 욕망.
需用(수용) 구하여 씀. 꼭 써야 될 일.
必需(필수) 꼭 있어야 함. 꼭 필요로 함.

**給** 糸 6 ⑫
줄 급　给
주다. 넉넉하다. 더하다. 보탬.
give
キュウ(あたう)
幺 糸 糸 糸 給 給
실 사(糸)와 합할 합(合).

給料(급료) 노력에 대한 보수.
給食(급식) 음식물을 공급함. 식사를 제공함
供給(공급) 수요에 응하여 물품을 대어 줌.
支給(지급) 물건이나 돈을 치러 줌.

## 管理(관리) 管理 管理 管理 관할하고 처리함.

**管** 竹 8 ⑭ 대롱 관
대롱. 피리. 붓대. 집.
tube pipe　カン(くだ)
⺮ ⺮ 竺 竿 管 管
대 죽(竹)과 꿰뚫을 관(官).

管樂(관악) 관악기로 연주하는 음악.
管掌(관장) 맡아서 주관함.
管制(관제) 관리하고 통제함.
主管(주관) 어떤 일을 주장하여 관할·관리함.

**理** 玉 7 ⑪ 다스릴 리
다스리다. 바루다.
regulate　リ(おさめる, のり)
王 玥 玾 玾 理 理
구슬 옥(王·玉)과 마을 리(里). 구슬 잘 닦음.

理念(이념) 이성의 판단으로 얻은 최고의 개념.
理論(이론) 사물의 이치·조리(條理).
理智(이지) 사물을 분변하고 이해하는 슬기.
道理(도리) 사람이 마땅히 행하여야 할 바른 길

## 媒介(매개) 媒介 媒介 媒介 둘 사이에 서서 관계를 맺어 줌.

**媒** 女 9 ⑫ 중매할 매
중매. 매개. 중개. 미끼.
go between　バイ(なかだち)
女 女 妒 姓 媒 媒
계집 녀(女)와 아무 모(某 : 도모하다).

媒約(매약) 중매를 함.
媒鳥(매조) 미끼로 쓰는 새. 후림새.
媒婆(매파) 혼인을 중매하는 할멈.
仲媒(중매) 혼인을 어울리게 하는 일.

**介** 人 2 ④ 끼일 개
끼이다. 굳다. 낱(단위). 나눔.
between　カイ(はさまる)
ノ 人 介 介
사람 인(人)과 나누다(丿 : 八의 변형).

介潔(개결) 스스로 굳게 지킴이 깨끗함.
介意(개의) 마음에 두고 걱정함.
介入(개입) 사이에 끼어 듦.
介在(개재) 사이에 끼어 있음. 또는 끼임.

## 折衝(절충) 折衝 折衝 折衝 상대와 흥정하여 자신을 보전하는 일.

**折** 手 4 ⑦ 꺾을 절
꺾다. 굽히다. 쪼개다.
break off　セツ(おる)
一 十 扌 扩 折 折
손 수(手·扌)와 도끼날 근(斤).

折價(절가) 지폐를 현금으로 바꿈. 값을 깎음.
折半(절반) 하나를 둘로 똑같이 나눔.
折衷(절충) 치우치지 않고 알맞은 것을 취함.
屈折(굴절) 휘어서 꺾임.

**衝** 行 9 ⑮ 찌를 충
찌르다. 뚫다. 치다. 부딪치다.
pierce　ショウ(つく)
彳 彳 徫 衝 衝 衝
다닐 행(行)과 무거울 중(重 : 꿰뚫다).

衝激(충격) 서로 세차게 부딪침.
衝擊(충격) 마음에 격동을 받는 강한 자극.
衝突(충돌) 서로 맞부딪침.
衝天(충천) 공중에 솟아올라 하늘을 찌름.

산업(産業)- 기업(企業)

## 妥協(타협) 妥協 妥協 妥協  서로 좋도록 의견을 절충함.

**妥** 女 4 ⑦ 온당할 타
온당하다. 평온하다.
proper ダ(おだやか)
一 ʳ ʰ ʸ 妥 妥
손톱 조(爫·爪)와 계집 녀(女).

妥結(타결)  서로가 좋도록 결말을 지음.
妥當(타당)  사리에 비추어 마땅함. 적절함.
妥議(타의)  온당하게 서로 의논함.
帖妥(첩타)  조용함. 편안함. 平妥(평타).

**協** 十 6 ⑧ 합할 협
합하다. 일치하다. 화합.
harmonize キョウ(かなう)
十 ㄣ 劦 劦 協 協
열 십(十)에 힘을 같이 할 협(劦).

協同(협동)  여럿이 마음과 힘을 합함.
協力(협력)  어떤 일을 이루기 위해 힘을 합함.
協議(협의)  여러 사람이 모여 의논함.
協調(협조)  힘을 합해 서로 조화함.

## 販賣(판매) 販賣 販賣 販賣  상품을 팖. 매매함.

**販** 貝 4 ⑪ 팔 판
팔다. 사다. 매매함. 장사함.
buy, sell ハン(うる)
目 貝 貯 貯 販 販
돈 패(貝: 화폐)와 뒤집을 반(反: 돌려주다).

販禁(판금)  상품의 판매를 금지함.
販路(판로)  상품이 팔려 나가는 길.
販促(판촉)  판매가 늘어나도록 유도하는 일.
街販(가판)  거리에 벌리어 놓고 판매함.

**賣** 貝 8 ⑮ 팔 매
팔다. 넓히다. 널리 퍼뜨림.
sell バイ(うる)
士 吉 吉 吉 賣 賣
날 출(士·出)과 살 매(買). 사들인 물건을 다시 내놓는 것으로, '팔다'를 뜻한다.

賣買(매매)  팔고 사는 일.
賣官賣職(매관매직)  돈을 받고 벼슬을 시킴.
賣盡(매진)  물건이 전부 팔림.
競賣(경매)  경쟁시켜서 물건을 파는 일.

## 總額(총액) 總額 總額 總額  전부를 합한 액수.

**總** 糸 11 ⑰ 거느릴 총
거느리다. 합하다. 모두 다.
control ソウ(すべて)
糸 紆 納 緦 總 總
실 사(糸)와 묶을 총(悤).

總計(총계)  소계(小計)를 합하여 계산함.
總括(총괄)  통틀어 한데 묶음.
總督(총독)  전체를 거느려 다스림. 벼슬 이름.
總論(총론)  전체를 총괄하는 이론.

**額** 頁 9 ⑱ 이마 액
이마. 머릿수. 편액. 액자.
forehead ガク(ひたい)
宀 安 客 客 額 額
나그네 객(客)과 머리 혈(頁). 머리 앞부분.

額面(액면)  유가증권 등에 적힌 금액.
額數(액수)  돈 따위의 머릿수. 定額(정액).
額子(액자)  그림·글·사진 따위를 걸기 위한 틀.
金額(금액)  돈의 액수.

## 割當 (할당) 割當 割當 割當   몫을 갈라 분배함.

**割** 刀 10 ⑫ 나눌 할
나누다. 쪼갬. 가르다. 찢음.
divide カツ(わる)
宀 宀 宀 宲 害 割
칼 도(刂·刀)와 해칠 해(害:끊다).

**當** 田 8 ⑬ 마땅할 당   当
마땅하다. 당하다. 맡다.
suitable トウ(あたる)
⺌ 尚 尚 常 常 當
짝지을 상(尚:바라다)과 밭 전(田).

割去(할거) 베어버림. 찢어버림.
割據(할거) 땅을 나누어 차지하고 막아 지킴.
割愛(할애) 아깝게 여기는 것을 기꺼이 내어 줌.
割引(할인) 일정한 가격에서 얼마간을 감함.

當局(당국) 어떤 일을 담당함. 또, 그 곳.
當到(당도) 어떤 곳이나 일에 닿아서 이름.
當選(당선) 선거에 뽑힘. 入選(입선).
堪當(감당) 일을 능히 해냄. 勘當(감당).

## 基幹 (기간) 基幹 基幹 基幹   본바탕이 되는 줄기.

**基** 土 8 ⑪ 터 기
터. 근본. 기초. 비롯하다.
base キ(もとい)
卄 甘 其 其 基 基
그 기(其:가지런하다)와 흙 토(土).

**幹** 干 10 ⑬ 줄기 간   干
줄기. 기둥. 근본. 본질.
trunk カン(みき)
十 古 卓 乾 幹 幹
해돋을 간(倝:깃대 모양)과 방패 간(干).

基盤(기반) 기본이 되는 지반. 터전.
基本(기본) 사물의 가장 중요한 밑바탕.
基礎(기초) 주춧돌. 사물의 밑바다.
國基(국기) 나라의 기초. 나라를 유지하는 기틀.

幹略(간략) 재간과 지략. 재간과 모략.
幹部(간부) 조직에서 중심을 이루는 수뇌부.
幹線(간선) 철도·도로 등의 주요한 선로.
根幹(근간) 뿌리와 줄기. 근본.

## 施策 (시책) 施策 施策 施策   책략을 베풂.

**施** 方 5 ⑨ 베풀 시
베풀다. 주다. 쓰다. 옮기다.
perform シ(ほどこす)
亠 方 方 方 施 施
깃발 언(㫃)과 이끼 야(也:뱀).

**策** 竹 6 ⑫ 꾀 책
꾀. 꾀함. 채찍. 지팡이.
plan サク(ふだ,はかりごと)
⺮ 笁 笁 笁 笁 策
대 죽(竹)과 까끄라기 치(朿:가시 돋친 모양).

施工(시공) 공사를 시행함.
施賞(시상) 상품이나 상금을 줌.
施設(시설) 건물 따위의 설비를 하는 일.
施主(시주) 물건을 베풀어주는 사람.

策動(책동) 남을 부추겨 어떤 일을 꾀하게 함.
策略(책략) 어떤 일을 처리하는 꾀와 방법.
策命(책명) 왕이 신하에게 주는 사령장.
策士(책사) 책략을 잘 쓰는 사람. 謀士(모사).

산업(產業)- 기업(企業)

| 無盡(무진) 無盡 無盡 無盡 다하여 그치는 데가 없음. | |
|---|---|
| 火 8 ⑫ 無 없을 무 无<br>없다. 아니다. 허무의 도.<br>nothing ム,ブ(ない)<br>丶ノ仁冊無無<br>큰 대(一·大)와 수풀을 뜻하는 皿에 불 화(灬·火). | 皿 9 ⑭ 盡 다할 진 尽<br>다하다. 정성. 정성을 다함.<br>exhaust ジン(つまる,つくす)<br>⺕⺕聿肀聿盡盡<br>붓 율(聿)과 불 화(灬), 그릇 명(皿). |
| 無故(무고) 까닭이 없음. 또는 까닭 없이.<br>無所不爲(무소불위) 하지 못할 일이 없음.<br>無量(무량) 한없이 많음.<br>虛無(허무) 마음이 비어 아무 생각이 없음. | 盡善盡美(진선진미) 더할 나위 없이 잘됨.<br>盡言(진언) 생각한 바를 말함.<br>盡終日(진종일) 온종일. 하루 종일.<br>賣盡(매진) 남김없이 다 팔림. |

| 株券(주권) 株券 株券 株券 주식을 소유하고 있는 유가 증권. | |
|---|---|
| 木 6 ⑩ 株 그루 주<br>그루. 나무줄기의 밑동.<br>stump シュ(かぶ)<br>木 朩 朾 柠 枾 株<br>나무 목(木)과 붉을 주(朱). | 刀 6 ⑧ 券 문서 권 券<br>문서. 증서. 증표. 계약서.<br>bond ケン(てがた)<br>⺍⺌半关券券<br>약속한 내용을 새겨 하나씩 가져 증거로 삼는 '문서'를 뜻한다. |
| 株價(주가) 주식의 가격.<br>株連(주련) 죄인과 관련이 있음.<br>株式(주식) 주식회사 자본의 단위.<br>株主(주주) 주식(株式)을 가진 사람. | 券契(권계) 약속한 어음.<br>券面額(권면액) 증권의 겉면에 기입한 금액.<br>券書(권서) 사실을 증명하는 문서.<br>證券(증권) 재산에 관한 것을 나타내는 증서. |

| 私債(사채) 私債 私債 私債 개인 사이의 대차(빚). | |
|---|---|
| 禾 2 ⑦ 私 사사 사<br>사사(私事). 개인. 사사로움.<br>private シ(わたくし)<br>一二千禾私私<br>벼 화(禾)와 사사 사(厶). | 人 11 ⑬ 債 빚 채<br>빚. 청산되지 않는 대차 관계.<br>debt サイ(かり)<br>亻仁仹債債債<br>사람 인(亻·人)과 꾸짖을 책(責: 나무라다). |
| 私感(사감) 사사로운 감정.<br>私利(사리) 사사로운 이득.<br>私服(사복) 제복·관복이 아닌 보통 옷.<br>公平無私(공평무사) 공평하여 사사로움이 없음. | 債權(채권) 채권자가 청구할 수 있는 권리.<br>債務(채무) 남에게 빚을 갚아야 하는 의무.<br>國債(국채) 나라 빚. 국가 금전상의 채무.<br>負債(부채) 남에게 빚을 짐. 또, 그 진 빚. |

## 帳簿 (장부)  帳簿 帳簿 帳簿   금품의 수입 지출을 기록하는 책.

**帳** 巾 8 ⑪ — 휘장 장
curtain / チョウ(とばり)
휘장. 장막. 천막. 공책. 장부.
巾 忙 帴 帳 帳 帳
수건 건(巾)과 길 장(長).

- 帳幕(장막) 볕·비를 가리기 위해 둘러친 막.
- 帳中(장중) 휘장의 안. 장막의 안.
- 帳下(장하) 대장군(大將軍)이 있는 곳.
- 記帳(기장) 장부에 적어 놓음.

**簿** 竹 13 ⑲ — 장부 부
book-keeping / ボ(ちょうめん)
장부. 문서. 홀(忽). 맡다.
汁 笞 溥 簿 簿 簿
대 죽(竹)과 넓을 부(溥).

- 簿記(부기) 장부에 적음. 출납의 기장법.
- 簿錄(부록) 문서에 기록함.
- 簿書(부서) 관청의 출납부 문서.
- 名簿(명부) 관계자의 성명을 기록한 장부.

## 造幣 (조폐)  造幣 造幣 造幣   화폐를 만듦.

**造** 辶 7 ⑪ — 지을 조
make / ソウ(つくる)
짓다. 만듦. 세우다. 건립함.
牛 牛 告 告 浩 造
쉬엄쉬엄 갈 착(辶·辵)과 알릴 고(告).

- 造景(조경) 아름다운 경관을 조성함.
- 造林(조림) 나무를 심어 숲을 만듦.
- 造化(조화) 창조·육성하는 신. 자연의 이치.
- 改造(개조) 고쳐 다시 만듦.

**幣** 巾 12 ⑮ — 폐백 폐
silk / ヘイ(おりもの,ぜに)
폐백. 비단. 예물. 돈.
丷 市 甫 敝 敝 幣
힘쓸 폐(敝 : 절하다)와 수건 건(巾).

- 幣物(폐물) 선사하는 물건. 膳物(선물).
- 幣帛(폐백) 예물. 신부가 시부모에게 올리는 예.
- 幣聘(폐빙) 예물을 갖추어 손님을 초대함.
- 納幣(납폐) 신랑집에서 신부집으로 보내는 예물.

## 倉庫 (창고)  倉庫 倉庫 倉庫   물자를 저장·보관하기 위해 세운 건물.

**倉** 人 8 ⑩ — 곳집 창
warehouse / ソウ(くら)
곳집. 창고. 갑자기.
入 今 今 슝 슌 倉
먹을 식(倉·食)과 입 구(口).

- 倉穀(창곡) 곳집에 넣어 둔 곡물.
- 倉忙(창망) 황급함. 부산함.
- 倉茫(창망) 넓고 멀어서 아득함.
- 倉卒(창졸) 미처 어쩌할 사이 없이 급작스러움.

**庫** 广 7 ⑩ — 곳집 고
warehouse / コ(くら)
곳집. 곳간. 창고. 무기고.
广 广 庐 庐 庫 庫
집 엄(广)과 수레 거(車).

- 庫間(고간) 곳간.
- 庫房(고방) 살림살이를 넣어 두는 방.
- 私庫(사고) 개인의 창고.
- 書庫(서고) 책을 넣어 두는 곳집. 文庫(문고).

산업(産業) - 기업(企業)

## 原油(원유) 原油 原油 原油  천연에서 산출된 정제하지 않은 석유.

**原** 厂 8 ⑩ 근원 원
근원. 근본. 언덕. 본디.
origin
一 厂 厂 厉 原 原
グン(はら,もと)
언덕 엄(厂)과 샘 천(泉).

原告(원고) 재판을 청구한 당사자.
原料(원료) 생산에 쓰이는 재료.
原理(원리) 사물의 근본이 되는 이치.
原始(원시) 처음. 시초. 진화·발전하지 않음.

**油** 水 5 ⑧ 기름 유
기름. 유지. 윤기. 광택.
oil
冫 氵 氿 油 油 油
ユ(あぶら)
물 수(氵·水)와 말미암을 유(由·酉:항아리).

油然(유연) 저절로 일어나 형세가 왕성함.
油田(유전) 석유가 나는 지역.
油畵(유화) 기름 물감으로 그린 그림.
豆油(두유) 콩에서 짜낸 기름. 콩기름.

## 炭鑛(탄광) 炭鑛 炭鑛 炭鑛  석탄이 나는 광산.

**炭** 火 5 ⑨ 숯 탄
숯. 목탄. 석탄. 숯불.
charcoal
山 屵 户 岸 岸 炭
タン(すみ)
언덕 안(户·岸)과 불 화(火).

炭坑(탄갱) 석탄을 캐내는 굴.
炭酸(탄산) 탄산가스.
炭素(탄소) 생물체를 구성하는 원소. 기호 C.
石炭(석탄) 땅속에 묻힌 가연성의 퇴적암.

**鑛** 金 15 ㉓ 쇳돌 광  矿
쇳돌. 광석(鑛石). 조광(粗鑛).
ore
鉐 鉐 鑛 鑛 鑛 鑛
コウ(あらがね)
쇠 금(金)과 넓을 광(廣).

鑛區(광구) 광물의 채굴을 허가한 구역.
鑛量(광량) 땅 속에 매장되어 있는 광물의 양.
鑛脈(광맥) 광물의 맥. 광물이 매장된 줄기.
鑛泉(광천) 광물질이 들어 있는 샘.

## 機械(기계) 機械 機械 機械  동력 장치를 부착하고 작업하는 도구.

**機** 木 12 ⑯ 틀 기  机
틀. 베틀. 기계. 재치. 거짓.
loom
木 术 楼 機 機 機
キ(はた)
나무 목(木)과 작을 기(幾:베틀).

機能(기능) 어떠한 기관의 활동 능력.
機動(기동) 시기에 맞추어 제때에 행동함.
機敏(기민) 날쌔고 재빠름. 사물의 미묘한 징후.
機密(기밀) 중요하고 비밀한 일 아주 높은 직위.

**械** 木 7 ⑪ 기계 계
기계. 기구. 도구. 형틀.
machine
木 朾 栌 械 械 械
カイ(てかせ)
나무 목(木)과 징계할 계(戒).

械繫(계계) 죄수에게 형구를 채워 구속함.
械器(계기) 기계나 도구와 기물.
械桎(계추) 형틀.
兵械(병계) 군사에 쓰이는 기구.

## 貿易 (무역)
貿易 貿易 貿易 — 재화를 교환하여 유무상통함.

**貿** 바꿀 무
貝 5 ⑫
trade ボウ(あきなう)
바꾸다. 무역하다. 장사하다.
무성할 묘(卯·卯)와 조개 패(貝).

- 貿穀(무곡) 곡식을 무역하는 일.
- 貿市(무시) 서로 물품을 교환하여 장사함.
- 貿易風(무역풍) 남·북회귀선 가까이에서 적도 쪽으로 일년 내내 부는 바람.

**易** 바꿀 역, 쉬울 이
日 4 ⑧
exchange エキ(とりかえる, やすい)
바꾸다. 교환. 점(占). 쉽다.
도마뱀의 머리와 네 발을 본뜬 글자.

- 易經(역경) 오경(五經)의 하나. 周易(주역).
- 易書(역서) 점에 관한 책.
- 易學(역학) 주역(周易)을 연구하는 학문.
- 容易(용이) 쉬움. 매우 쉬움.

## 弗貨 (불화)
弗貨 弗貨 弗貨 — 달러를 본위로 하는 화폐.

**弗** 아닐 불 ※제외자
弓 2 ⑤
not フツ(あらず)
아니다. 어기다. 달러(dollar).
서로 반대 방향으로 굽은 두 개의 선을 실로 묶은 모양.

- 弗素(불소) 화학 원소의 하나. 기호 F.
- 弗豫(불예) 즐거워하지 않음.
- 弗鬱(불울) 불만으로 마음이 끓어오르고 답답함.
- 弗乎(불호) 아님. 부인하는 말.

**貨** 재화 화
貝 4 ⑪
property カ(たから, かね)
재화. 화폐. 물품. 화물.
될 화(化)와 조개 패(貝).

- 貨物(화물) 물품. 차 등에 실어 나르는 짐.
- 貨幣(화폐) 상품 교환의 매개물로서, 가치의 척도로 쓰이는 물건. 돈.
- 載貨(재화) 화물을 차나 배에 실음.

## 獲得 (획득)
獲得 獲得 獲得 — 손에 넣음. 잡아 가짐. 얻음.

**獲** 얻을 획
犬 14 ⑰
get カク(える)
얻다. 손에 넣다. 잡히다.
개 견(犭·犬)과 놀라 두리번거릴 확(矍:矍의 변형).

- 獲利(획리) 이익이나 유리한 조건을 얻는 일.
- 獲者(획자) 사냥에서 짐승을 잡은 사람.
- 獲旌(획정) 과녁을 맞히는 것을 알리는 기.
- 濫獲(남획) 지나치게 마구 잡음.

**得** 얻을 득
彳 8 ⑪
get トク(える)
얻다. 깨닫다. 탐하다.
조금 걸을 척(彳)과 조개 패(貝), 마디 촌(寸).

- 得道(득도) 도를 깨침. 오묘한 뜻을 깨침.
- 得勢(득세) 세력을 얻음. 시세가 좋게 됨.
- 得失(득실) 이익과 손해. 성공과 실패.
- 得票(득표) 표를 얻음.

산업(産業)- 기업(企業)

## 標準(표준)  標準 標準 標準  알맞은 목표. 기준. 평균적인 것.

**標** 木 11 ⑮
mark
ヒョウ(しるし)
표 표. 표시. 표적. 표하다.
标
朼 朴 栖 栖 標 標
나무 목(木)과 끝 표(票).

**準** 水 10 ⑬
law
ジュン(みずもり)
법 준. 법. 법도. 표준. 평형하다.
准
氵 汁 汁 淮 淮 準
물 수(氵·水)와 새매 준(隼).

標記(표기) 무슨 표로 기록함. 또는 그런 부호.
標木(표목) 표시하기 위하여 박은 말뚝.
標本(표본) 본보기가 되는 물건.
目標(목표) 일을 이루거나 완성하기 위한 대상.

準據(준거) 본받음. 표준으로 삼음.
準備(준비) 필요한 것은 미리 마련하여 갖춤.
準則(준칙) 표준을 삼아서 따라야 할 규칙.
基準(기준) 기본이 되는 표준.

## 規格(규격)  規格 規格 規格  본. 일정한 규정에 들어맞는 격식.

**規** 見 4 ⑪
rule
キ(のり)
법 규. 법. 법칙. 모범. 걸음쇠.
規
二 夫 却 却 规 規
지아비 부(夫)와 볼 견(見).

**格** 木 6 ⑩
reach
カク(いたる,のり)
이를 격. 이르다. 다다름. 오다. 겨루다.
各
十 才 才 杉 校 格
나무 목(木)과 각각 각(各 : 이르다).

規範(규범) 본보기. 規模(규모).
規約(규약) 일정한 규칙.
規則(규칙) 지키고 따를 준칙.
例規(예규) 관례로 되어 있는 규칙.

格式(격식) 격에 어울리는 법식.
格言(격언) 사리에 맞아 교훈이 될 만한 말.
規格(규격) 규칙과 격식. 일정한 표준.
人格(인격) 사람의 품격. 고상한 인물.

## 資材(자재)  資材 資材 資材  어떤 물건을 만드는데 필요한 재료.

**資** 貝 6 ⑬
property
シ(から,もと)
재물 자. 재물. 밑천. 자본. 비용.
資
冫 氵 次 次 咨 資
버금 차(次)와 조개 패(貝).

**材** 木 3 ⑦
timber
ザイ(まるた)
재목 재. 재목. 원료. 감. 재료.
材
一 十 木 术 村 材
나무 목(木)과 바탕 재(才).

資格(자격) 신분·지위. 어떤 필요한 조건.
資金(자금) 사업을 경영하는 데 쓰이는 돈.
資本(자본) 사업의 기본이 되는 돈이나 물자.
資質(자질) 타고난 성품과 바탕. 天性(천성).

材幹(재간) 솜씨. 手腕(수완). 材木(재목).
材能(재능) 재주와 능력.
材料(재료) 물건을 만드는 감. 일을 할 거리.
人材(인재) 학식이나 능력이 뛰어난 사람.

## 請求(청구) 請求 請求 請求  청하여 구함. 要求(요구).

**請** 청할 청
言 8 ⑮
request
セイ(こう)
청하다. 구하다. 고(告)하다.
言 計 請 請 請
말씀 언(言)과 맑을 청(靑).

請負(청부) 도급으로 일을 맡음.
請援(청원) 구원을 청함.
請牒(청첩) 초청하는 편지. 알리는 글.
申請(신청) 신고하여 청구함.

**求** 구할 구
水 2 ⑦
get
キュウ(もとめる)
구하다. 찾다. 묻다. 부르다.
一 十 寸 寸 求 求
가죽으로 만든 덧옷의 모양을 본뜬 글자. 가차하여 쓰인다.

求乞(구걸) 돈·곡식 등을 거저 달라고 함.
求道(구도) 길을 찾음. 불도를 구함.
求職(구직) 직업을 구함.
探求(탐구) 더듬어 구함.

## 器具(기구) 器具 器具 器具  세간·그릇·연장 등의 총칭.

**器** 그릇 기
口 13 ⑯
vessel
キ(うつわ)
그릇. 재능이나 도량.
吅 吅 哭 哭 器 器
뭇 입 습(品 : 제기를 벌여 놓은 모양)과 개견(犬 : 희생물).

器官(기관) 생물체를 형성하는 한 부분.
器量(기량) 일정한 양. 재기와 도량.
器物(기물) 그릇·세간 따위의 물건.
什器(집기) 살림살이에 쓰는 온갖 그릇.

**具** 갖출 구
八 6 ⑧
equip
グ(そなえる)
갖추다. 차림. 그릇. 기구.
丨 冂 目 且 具 具
조개(貝 : 두 손에 돈)를 쥐고 있는 두 손(六) 모양.

具格(구격) 격식을 갖춤.
具備(구비) 빠짐없이 갖춤. 모두 갖춤.
具象(구상) 형체를 갖춤. ↔ 抽象(추상)
具現(구현) 전체를 갖추어 표현함.

## 買入(매입) 買入 買入 買入  사들임.

**買** 살 매
貝 5 ⑫
buy
バイ(かう)
사다. 구매하다. 고용함.
丶 冖 罒 罒 罒 買 買
그물 망(罒·网 : 망태기)과 조개 패(貝).

買官(매관) 돈을 내고 벼슬을 함.
買收(매수) 사들임. 남을 자기편으로 삼음.
買食(매식) 음식을 사서 먹음. 또, 그 음식.
買怨(매원) 어떤 일로 인하여 남의 원한을 삼.

**入** 들 입
入 0 ②
enter
ニュウ(いる)
들다. 들이다. 들어오다.
丿 入
초목의 뿌리가 갈라져 땅 속으로 뻗어 들어가는 모양.

入閣(입각) 내각의 일원이 됨. 국무위원이 됨.
入選(입선) 응모 출품한 것 등이 심사에 뽑힘.
入場(입장) 식장 등의 장내로 들어감.
出入(출입) 나감과 들어옴. 드나듦.

산업(産業)- 기업(企業)

## 削減(삭감) 削減 削減 削減  깎아서 줄임. ↔ 添加(첨가).

**削** 刀 7 ⑨  깎을 삭
깎다. 범하다. 해침. 재다.
cut  サク(けずる)
ノ ソ 十 肖 肖 削
작을 초(肖)와 칼 도(刂·刀).

削刀(삭도) 중의 머리를 깎는 칼.
削髮(삭발) 머리를 깎음. 중.
削除(삭제) 깎아 없앰. 지워 버림.
削奪(삭탈) 깎아 내림. 빼앗아 버림.

**減** 水 9 ⑫  덜 감
덜다. 다하다. 줄다. 빼다.
decrease  ゲン(へる)
冫 氵 沪 減 減 減
물 수(氵·水)와 다 함(咸).

減價(감가) 값을 내림. 명성이 떨어짐.
減算(감산) 뺄셈. 빼기. ↔ 加算(가산).
減員(감원) 인원을 줄임. ↔ 增員(증원).
減刑(감형) 형벌을 가볍게 함.

## 支拂(지불) 支拂 支拂 支拂  값을 치러 줌. 지급(支給).

**支** 支 0 ④  가지 지
가지. 혈통. 가르다. 지탱하다.
branch  シ(ささえる)
一 十 芇 支
나무의 가지를 손에 든 모양.

支局(지국) 본사나 본국에서 갈라져 나간 곳.
支給(지급) 물건이나 돈을 치러 줌.
支援(지원) 원조함. 지지해 도움.
支持(지지) 받쳐 듦. 찬동하여 뒷받침함.

**拂** 手 5 ⑧  떨칠 불
떨치다. 떨어뜨리다. 털다.
brush away  フツ(はらう)
扌 扌 扪 拐 拂 拂
손 수(手·扌)와 버릴 불(弗:제거하다).

拂拭(불식) 털어내고 아주 치워 없앰.
拂入(불입) 세금이나 공과금을 냄.
拂下(불하) 공공단체의 재산을 민간에게 팖.
受拂(수불) 받음과 치름.

## 鋼鐵(강철) 鋼鐵 鋼鐵 鋼鐵  단련을 거쳐서 강도와 인성을 높인 쇠.

**鋼** 金 8 ⑯  강철 강  钢
강철. 강하다.
steel  コウ(はがね)
金 釘 釘 鋼 鋼 鋼
쇠 금(金)과 굳셀 강(岡·剛).

鋼管(강관) 강철로 만든 관.
鋼橋(강교) 강철을 주로 하여 만든 교량.
鋼板(강판) 강철로 만든 판.
製鋼(제강) 시우쇠를 불리어서 강철을 만듦.

**鐵** 金 13 ㉑  쇠 철  铁
쇠. 검다. 단단하다. 굳다.
iron  テツ(てつ)
針 鋅 錯 鐵 鐵 鐵
쇠 금(金)과 날카로울 철(𢧜).

鐵甲(철갑) 쇠로 만든 갑옷.
鐵道(철도) 철제 궤도를 깐 길.
鐵壁(철벽) 쇠로 된 것같이 견고한 벽.
鐵則(철칙) 엄격한 규칙. 절대적인 원칙.

## 石灰(석회) 石灰 石灰 石灰  산화칼슘.

**石** 石 돌 석
0⑤
stone
돌. 돌로 만든 악기. 돌침.
一ア丆石石
セキ(いし)
언덕(厂) 아래로 굴러 떨어진 돌멩이의 모양.

石器(석기) 돌로 만든 그릇.
石像(석상) 돌을 조각하여 만든 상(像).
石造(석조) 돌로 만든 물건.
石塔(석탑) 돌로 쌓은 탑. 돌탑.

**灰** 재 회 ※제외자
火2⑥
ashes
재. 재가 되다. 석회(石灰).
一ナ大ナ灰灰
カイ(はい)
손 수(ナ・手)와 불 화(火).

灰壁(회벽) 석회를 바른 벽.
灰色(회색) 잿빛. 소속, 주의가 분명하지 않음.
灰心(회심) 마음을 돌려먹음.
灰汁(회즙) 재에서 우려낸 물. 잿물.

## 交涉(교섭) 交涉 交涉 交涉  어떤 일을 처리하기 위해 서로 의논함.

**交** 사귈 교
亠4⑥
associate
사귀다. 엇갈리다. 섞이다.
、一亠六亠交
コウ(まじわる)
사람이 정강이를 엇걸어 꼬는 모양을 본뜬 글자.

交感(교감) 서로 맞대어 느낌.
交代(교대) 어떤 일을 서로 번갈아 함.
交流(교류) 서로 만나서 흐름.
交換(교환) 서로 바꿈. 서로 주고받음.

**涉** 건널 섭
水7⑩
wade
건너다. 걸어서 돌아다니다.
氵沙泮沙涉涉
ショウ(わたる)
물 수(氵・水)와 걸음 보(步).

涉獵(섭렵) 넓은 범위를 찾아 돌아다님.
涉世(섭세) 세상을 살아감.
涉外(섭외) 외부와 연락하거나 교섭하는 일.
干涉(간섭) 남의 일에 나서서 참견함.

## 借用(차용) 借用 借用 借用  물건을 빌려 쓰거나 돈을 꾸어 씀.

**借** 빌릴 차
人8⑩
borrow
빌리다. 빌려 옴. 빌려 줌.
亻亻世件借借
シャク(かりる)
사람 인(亻・人)과 오랠 석(昔 : 쌓다).

借款(차관) 다른 나라에서 돈을 빌리는 일.
借金(차금) 돈을 빎. 또, 그 돈. 꾼 돈.
借給(차급) 물건을 빌려 줌.
借入(차입) 돈이나 물건을 꾸어 들임.

**用** 쓸 용
用0⑤
use
쓰다. 쓰이다. 작용. 용도.
ノ几月月用
ヨウ(もちいる)
점 복(卜)과 맞힐 중(中).

用器(용기) 기구를 씀. 또, 그 기구.
用度(용도) 씀씀이. 드는 비용.
用例(용례) 전부터 써 오는 실례.
用務(용무) 볼일. 필요한 임무.

산업(産業) - 기업(企業)

## 消費(소비) 消費 消費 消費  돈·물건·시간·노력 등을 써서 없앰.

**水 7 ⑩ 消** 사라질 소
사라지다. 사라지게 하다.
extinguish ｼｮｳ(きえる,けす)
氵 氵 氵 氵 消 消
물 수(氵·水)와 젊을 초(肖).

消却(소각)  없애 버림. 제거함.
消毒(소독)  병균을 죽여 전염병을 예방함.
消滅(소멸)  사라져 없어짐.
抹消(말소)  있는 사실을 지워 없애 버림.

**貝 5 ⑫ 費** 쓸 비
쓰다. 소비하다. 비용. 용도.
spend ﾋ(ついやす)
一 二 弓 弗 曹 費
버릴 불(弗)과 조개 패(貝:돈).

費目(비목)  지출하는 비용의 명목.
費用(비용)  물건을 사거나 하는데 드는 돈.
費錢(비전)  돈을 헛되이 씀.
浪費(낭비)  재물이나 시간 따위를 헛되이 씀.

## 提供(제공) 提供 提供 提供  내주어 이바지함.

**手 9 ⑫ 提** 끌 제, 보리수 리
끌다. 이끌다. 들다. 보리수.
draw ﾃｲ(ひつさげる)
扌 押 押 押 押 提
손 수(扌·手)와 바를 시(是).

提起(제기)  어떤 문제나 의견을 내어 놓음.
提示(제시)  의사를 글이나 말로 드러내 보임.
提案(제안)  의안을 창출함. 또, 그 의안.
提出(제출)  문안·법안 등을 내어 놓음.

**人 6 ⑧ 供** 이바지할 공
이바지하다. 받들다. 바치다.
offer ｷｮｳ,ｸ(そなえる)
亻 仁 什 世 供 供
사람 인(亻·人)과 함께 공(共:공손히 바치는 모양).

供給(공급)  요구하는 물품을 대어 줌.
供物(공물)  신불(神佛) 앞에 바치는 물건.
供需(공수)  물품의 수요와 공급.
供養(공양)  부모를 섬김.

## 宣傳(선전) 宣傳 宣傳 宣傳  말하여 전함. 널리 전함.

**宀 6 ⑨ 宣** 베풀 선
베풀다. 펴다. 밝히다.
proclaim ｾﾝ(のべる)
宀 宀 宀 宁 宣 宣
움집 면(宀)과 펼 선(亘).

宣告(선고)  널리 알림. 판결을 공표함.
宣明(선명)  분명하게 선언함.
宣誓(선서)  공적으로 맹세함.
宣布(선포)  널리 퍼 알림. 公布(공포).

**人 11 ⑬ 傳** 전할 전
전하다. 전하여지다. 전기.
convey ﾃﾞﾝ(つたえる)
亻 伊 俥 俥 傳 傳
사람 인(亻·人)과 오로지 전(專:두르다).

傳記(전기)  개인 일생의 사적의 기록.
傳達(전달)  전하여 이르게 함.
傳染(전염)  물들임. 병균 따위가 남에게 옮음.
傳來(전래)  전하여 옴. 대대로 전해져 옴.

## 看板(간판) 看板 看板 看板 상업 수단으로 걸어 놓은 판.

**看** 볼 간
目 4 ⑨
see
カン(みる)
보다. 바라봄. 방문하다. 지키다.
二 手 禾 看 看 看
손 수(手)와 눈 목(目).

看過(간과) 훑어 봄. 못 보고 빠뜨림.
看病(간병) 환자의 시중을 듦. 看護(간호).
看守(간수) 지킴. 또는 지키는 사람.
看破(간파) 속마음을 알아차림.

**板** 널빤지 판
木 4 ⑧
board
ハン(いた)
널빤지. 널조각. 판목(板木).
十 木 朾 朾 板 板
나무 목(木)과 뒤집을 반(反).

板面(판면) 널빤지의 겉면.
板本(판본) 목판으로 인쇄한 책. 版本(판본).
板書(판서) 칠판에 분필로 글씨를 씀.
板子(판자) 나무로 만든 널조각. 널빤지.

## 商店(상점) 商店 商店 商店 상품을 파는 가게.

**商** 장사 상
口 8 ⑪
trade
ショウ(あきない)
장사하다. 장사. 헤아리다.
亠 产 产 产 商 商
밝힐 장(立·章)과 빛날 경(冏).

商街(상가) 가게가 늘어선 거리.
商業(상업) 상품을 매매로 생산과 소비를 연락하고 이익을 취하는 영업.
商品(상품) 팔고 사는 물건.

**店** 가게 점
广 5 ⑧
shop
テン(みせ)
가게. 점방. 상점. 주막.
广 广 广 庐 店 店
집 엄(广)과 차지할 점(占).

店房(점방) 가겟방.
店員(점원) 상점에서 일하는 종업원.
店鋪(점포) 상점. 가게를 벌인 집.
書店(서점) 책을 판매하는 가게. 책방.

## 暖爐(난로) 暖爐 暖爐 暖爐 주위를 따뜻하게 하는 기구.

**暖** 따뜻할 난
日 9 ⑬
warm
ダン(あたたかい)
따뜻하다. 온순하다.
日 日 旷 旷 昁 暖 暖
날 일(日)과 느즈러질 원(爰).

暖帶(난대) 열대와 온대의 중간지대.
暖房(난방) 방을 따뜻하게 함. 또는 따뜻한 방.
暖地(난지) 따뜻한 곳. 따뜻한 지방.
暖飽(난포) 따뜻하게 입고 밥을 배불리 먹음.

**爐** 화로 로
火 16 ⑳
fireplace
ロ(いろり)
화로. 난로.
炉
火 炉 炉 炉 爐 爐
불 화(火)와 큰그릇 로(盧).

爐邊(노변) 화롯가. 난롯가.
爐冶(노야) 쇠를 녹이는 가마.
爐香(노향) 향로에 피운 향.
火爐(화로) 숯불을 담아 두는 그릇.

산업(産業)- 기업(企業)

## 茶房(다방) 茶房 茶房 尗房　차를 끓이는 방. 차를 파는 곳. 찻집.

**茶** 艸 6 ⑩ 차 다, 차 차
tea plant　チャ(ちゃのき)
차. 차나무. 찻잎. 소녀.
十 艹 艾 苶 茶 茶
풀 초(艹·艸)와 나머지 여(朩·余 : 자라다).

**房** 戶 4 ⑧ 방 방
room　ボウ(へや)
방. 곁방. 집. 아내.
丶 亠 宀 户 房 房
지게 호(戶)와 모 방(方).

茶器(다기)　차를 마시는 그릇.
茶菓(다과)　차와 과자. 또는 과일.
茶道(다도)　차 만드는 법. 차에 관한 예의.
茶禮(차례)　조상에게 지내는 제사.

房門(방문)　방으로 출입하는 문.
房事(방사)　남녀가 교합(交合)하는 일.
監房(감방)　죄수를 수용하는 방.
書房(서방)　남편(낮은 말). 아랫사람 호칭.

## 賃貸(임대) 賃貸 賃貸 傐貸　삯을 받고 물건을 남에게 빌려 줌.

**賃** 貝 6 ⑬ 품팔 임
be hired　チン(やとう)
품팔다. 품삯. 품팔이.
亻 仁 任 侟 傐 賃
맡길 임(任)과 조개 패(貝).

**貸** 貝 5 ⑫ 빌릴 대
lend　タイ(かす)
빌리다. 차용하다. 빌려 주다.
亻 亻 代 伐 貸 貸
대신할 대(代)와 조개 패(貝).

賃金(임금)　삯돈. 일에 대한 보수.
賃作(임작)　품삯을 받고 일을 함.
賃借(임차)　돈을 주고 빌리는 일.
勞賃(노임)　노동에 대한 보수. 품삯.

貸金(대금)　빌려 준 돈.
貸付(대부)　이자·기한을 정하고 돈을 빌려 줌.
貸與(대여)　빌려 주거나 꾸어 줌.
貸出(대출)　꾸어 주어 지출함.

## 旅館(여관) 旅館 旅館 旅舘　나그네를 묵게 하는 집.

**旅** 方 6 ⑩ 나그네 려
traveler　リョ(はた)
나그네. 여행하다. 무리. 군대.
方 方 方 放 旅 旅
깃발 언(㫃)과 사람 인(从)으로 언(㫃)은 군기를 본뜬 것. 군기를 앞세우고 가는 것을 뜻한다.

**館** 食 8 ⑰ 집 관
house　カン(やかた)
집. 객사 큰 건물. 여관.
𠂉 𠂉 𠂉 𠂉 館 館
밥 식(𩙿·食)과 벼슬 관(官 : 숙식소).

旅客(여객)　나그네. 길손. 여행하는 사람.
旅居(여거)　체류함. 기우(寄寓)함.
旅毒(여독)　여행에 의한 해독이나 피로.
行旅(행려)　나그네가 되어 다님. 나그네.

館舍(관사)　외국 사신을 머물러 묵게 하던 집.
館儒(관유)　성균관에서 기숙하던 유생.
開館(개관)　기관이나 업소의 문을 엶.
公館(공관)　공용 건물. 고관의 공적인 저택.

## 宿泊 (숙박)
宿泊 宿泊 宿泊 — 여관에 들어 잠을 자고 머묾.

**宿** 잘 숙, 별자리 수
宀 8 ⑪
자다. 묵다. 별자리(星座).
lodge　シュク(やどる)
宀宀宀宀宿宿
움집 면(宀)과 백 사람(佰).

宿命(숙명) 타고난 운명. 인연에 의한 운명.
宿所(숙소) 머물러 묵는 곳.
宿敵(숙적) 오래 전부터의 원수.
星宿(성수) 모든 성좌의 별들.

**泊** 배댈 박
水 5 ⑧
배 대다. 묵다. 머무르다.
anchor　ハク(とまる)
氵氵汁泊泊泊
물 수(氵·水)와 백(白·迫:다가감). 배가 머무는 물가.

泊船(박선) 배를 댐. 돛을 내림.
泊如(박여) 마음이 고요하고 욕망이 없는 모양.
淡泊(담박) 욕심이 적고 깨끗함. 집착이 없음.
碇泊(정박) 배가 닻을 내리고 머무름.

## 最善 (최선)
最善 最善 最善 — 가장 좋음. 全力(전력).

**最** 가장 최
日 8 ⑫
가장. 제일. 으뜸.
most　サイ(もっとも)
日旦昌最最最
무릅쓸 모(冃·冒)와 취할 취(取).

最高(최고) 가장 높음. 제일임.
最近(최근) 지나간 지 얼마 안 되는 날.
最上(최상) 맨 위. 정상. 가장 훌륭함.
最初(최초) 맨 처음.

**善** 착할 선
口 9 ⑫
착하다. 좋다. 높다. 후하다.
good　ゼン(よい)
䒑䒑䒑羊羊善
양(羊)은 제물과 길상으로 아름답고 착하다(좋다).

善導(선도) 바른 길로 이끎.
善良(선량) 착하고 어짊. 또, 그 사람.
善意(선의) 착한 마음. 남을 위하는 마음.
善行(선행) 착한 행실. ↔ 惡行(악행).

## 能率 (능률)
能率 能率 能率 — 일정한 시간에 할 수 있는 비율.

**能** 능할 능
肉 6 ⑩
능하다. 잘하다. 미치다.
able　ノウ(よく,よくする)
䏍䏍育育能能
'곰'의 모양을 나타내어 '곰'을 뜻하나 가차하여 쓰인다.

能動(능동) 제 마음에 내켜서 함.
能爛(능란) 익숙하고 솜씨가 매우 있음.
能力(능력) 일을 감당해 내는 힘.
能通(능통) 사물에 잘 통달함.

**率** 비율 률(율), 거느릴 솔
玄 6 ⑪
비율. 거느리다. 대략.
lead　リツ,ソツ(わりあい,したがう)
亠玄率率率率
새 그물의 모양을 본뜬 글자. 파생하여 쓰인다.

比率(비율) 둘 이상의 수를 비교한 비교값.
率家(솔가) 객지에 온 집안 식구를 데려가 삶.
率去(솔거) 거느리고 감.
率直(솔직) 거짓이나 꾸밈이 없고 곧음.

산업(産業)- 기업(企業)

## 再考(재고) 再考 再考 再考  다시 생각함. 고쳐 생각함.

**再** 두 재
冂 / 4 / ⑥
두. 둘. 두 번. 거듭하다. 반복.
twice 一 丆 冂 丙 再 再
サイ(ふたたび)
한 일(一)과 쌓을 구(冉·冓).

再建(재건) 다시 일으켜 세움.
再生(재생) 다시 살아남. 가공하여 다시 씀.
再演(재연) 한 번 있었던 일을 다시 되풀이함.
再會(재회) 다시 만남. 두 번째 모임.

**考** 상고할 고
老 / 2 / ⑥
상고하다. 생각하다. 두드리다.
think 一 + 土 耂 考 考
コウ(かんがえる)
늙을 로(耂·老)와 교묘할 교(丂·巧).

考慮(고려) 생각하여 헤아림.
考査(고사) 자세히 생각하고 조사함.
考察(고찰) 상고하여 살펴봄.
熟考(숙고) 곰곰이 잘 생각함. 깊이 고려함.

## 發揮(발휘) 發揮 發揮 發揮  떨치어 나타냄(드러냄).

**發** 떨칠 발  发
癶 / 7 / ⑫
피다. 일어나다. 펴다. 쏘다.
bloom 癶 癶 癶 發 發 發
ハツ,ホツ(ひらく,はなつ)
짓밟을 발(癹)과 활 궁(弓).

發覺(발각) 숨겼던 일이 드러남. 또는 드러냄.
發刊(발간) 책 등을 박아 펴냄.
發達(발달) 성장하여 완전한 형태에 이름.
發福(발복) 운이 틔어 복이 닥침.

**揮** 휘두를 휘  挥
手 / 9 / ⑫
휘두르다. 지시하다. 지휘하다.
wield 扌 扌 扩 揎 揎 揮
キ(ふるう)
손 수(扌·手)와 군사 군(軍).

揮喝(휘갈) 큰 소리로 외쳐 지휘함.
揮發(휘발) 실온에서 액체가 기체로 변하는 작용.
揮帳(휘장) 둘러치는 장막.
指揮(지휘) 일을 하도록 지시함.

## 漆工(칠공) 漆工 漆工 漆工  칠장이.

**漆** 옻 칠
水 / 11 / ⑭
옻. 옻칠하다. 검다.
lacquer 氵 氵 汱 漆 漆 漆
シツ(うるし)
물 수(氵·水)와 옻나무 칠(桼).

漆器(칠기) 옻칠을 하여 만든 그릇.
漆汁(칠즙) 옻나무의 진액.
漆板(칠판) 검은 칠을 한 판때기.
漆黑(칠흑) 옻처럼 검고 광택이 있음.

**工** 장인 공
工 / 0 / ③
장인. 교묘하다. 만드는 일.
artisan 一 丅 工
コウ(たくみ)
일을 할 때 사용하는 연장, '자'의 모양.

工業(공업) 원료를 가공하여 물품을 만드는 일.
工藝(공예) 미술적 조형미를 갖추는 일.
工匠(공장) 물품 만드는 일의 전문직.
工程(공정) 작업의 되어 가는 정도.

## 熟達(숙달)  熟達 熟達 熟達  익숙하여 통달함.

**熟** 火 11 ⑮ 익을 숙
ripe / ジュク(みのる)
악다. 익숙하다. 불에 익히다.
亨 亨 孰 孰 熟
어느 숙(孰)과 불화 받침(灬·火).

熟考(숙고)  깊이 생각함.
熟果(숙과)  잘 익은 과일.
熟讀(숙독)  충분히 익숙하도록 읽음.
熟成(숙성)  충분히 익숙해진 상태가 됨.

**達** 辶 9 ⑬ 통달할 달  达
reach to / タツ(さとる,いたる)
통달하다. 통하다. 다다름.
土 耂 产 幸 幸 達
큰 대(土·大)와 양 양(羊), 쉬엄쉬엄 갈 착(辶·辵).

達觀(달관)  사물에 통달한 관찰.
達辯(달변)  말을 잘함. 능란한 말.
達成(달성)  목적한 바를 이룸.
到達(도달)  정한 곳에 다다름. 목적한 데에 미침.

## 裝飾(장식)  裝飾 裝飾 裝飾  치장으로 꾸밈. 또, 그 꾸밈.

**裝** 衣 7 ⑬ 꾸밀 장  裝
decorate / ソウ(よそおう)
꾸미다. 차리다. 장식품.
丬 壯 壯 봈 裝 裝
장정 장(壯:씩씩하다)과 옷 의(衣).

裝甲(장갑)  투구와 갑옷을 갖추어 차림.
裝備(장비)  일정한 장치와 설비를 갖추어 차림.
裝塡(장전)  총포에 탄알·화약을 잼.
裝置(장치)  설치함. 또, 그 설치한 물건.

**飾** 食 5 ⑭ 꾸밀 식  饰
decorate / ショク(かざる)
꾸미다. 덮다. 장식. 나타냄.
ク 仒 食 飠 飾 飾
밥 식(食:먹다)과 수건 건(巾), 사람 인(人).

飾詐(식사)  남을 속이기 위하여 거짓을 꾸밈.
飾說(식설)  겉을 번드르르하게 꾸민 말.
飾言(식언)  말을 번드르르하게 꾸며서 함.
假飾(가식)  거짓으로 꾸밈.

## 價値(가치)  價値 價値 價値  사물의 유용성이나 중요성의 정도.

**價** 人 13 ⑮ 값 가  价
value / カ(あたい)
값. 시세. 가격. 값어치.
亻 仁 價 價 價 價
사람 인(亻·人)과 장사 고(賈).

價格(가격)  화폐로써 상품의 교환 가치.
價金(가금)  팔고 사는 물건의 값.
代價(대가)  물건을 산 대신의 값.
市價(시가)  시장 가격.

**値** 人 8 ⑩ 값 치  値
price / チ(あたい)
값. 가치. 값하다. 가지다.
亻 仁 仃 佔 値 値
사람 인(亻·人)과 곧을 직(直:가지다).

値遇(치우)  우연히 만남. 뜻밖에 서로 만남.
數値(수치)  계산하여 얻은 값.
絶對値(절대치)  어떤 수의 양, 또는 음의 부호를 떼어버린 수.

산업(產業)- 기업(企業)

## 遺品(유품) 遺品 遺品 遺品  세상 떠난 이가 생전에 쓰던 물건.

辶 12 ⑯ **遺** 남길 유
남기다. 끼치다. 보내다.
bequeath  丿 虫 虫 貴 貴 遺 遺
イ, ユイ(のこす, わすれる)
귀할 귀(貴)와 쉬엄쉬엄 갈 착(辶·辵).

遺稿(유고) 죽은 사람이 남긴 시문의 원고.
遺棄(유기) 내버림. 돌보지 아니함.
遺産(유산) 고인이 남긴 재산.
遺言(유언) 죽음에 임해서 남기는 말.

口 6 ⑨ **品** 물건 품
물건. 물품. 품수. 등급.
goods 丿 口 口 吕 吕 品
ヒン(しな)
입 구(口:물건) 셋을 합한 글자.

品格(품격) 사람된 바탕과 타고난 성질.
品貴(품귀) 물건이 귀함.
品性(품성) 사람의 됨됨이. 품격과 성질.
物品(물품) 일정하게 쓰일 가치가 있는 물건.

## 贈與(증여) 贈與 贈與 贈與  재산을 남에게 주는 법률상의 행위.

貝 12 ⑲ **贈** 보낼 증
보내다. 주다. 선물하다.
send  月 目 貝 貝 贈 贈
ゾウ(おくる)
조개 패(貝)와 거듭 증(曾:보태다).

贈答(증답) 선물을 주고받고 함.
贈呈(증정) 남에게 물품 등을 드림.
寄贈(기증) 물품을 보내어 증정함.
追贈(추증) 죽은 뒤에 관위(官位)를 내린 일.

臼 7 ⑭ **與** 줄·참여할 여   与
주다. 동아리. 무리. 함께 하다.
give  𠂉 𠂉 𠂉 𠂉 與 與
ヨ(あたえる)
마주들 여(舁:집어 올리는 양손의 모양)와
줄 여(与·予).

與國(여국) 동맹(同盟)을 맺은 나라.
與黨(여당) 정부 편에 서는 정당. 정부당.
與否(여부) 그러함과 그러하지 않음.
授與(수여) 상장이나 훈장 따위를 줌.

## 珍寶(진보) 珍寶 珍寶 珍寶  진기한 보물.

玉 5 ⑨ **珍** 보배 진
보배. 진귀하다. 맛 좋은 음식.
precious  一 T 王 王 玖 珍
チン(めずらしい)
구슬 옥(王·玉)과 훌륭할 진(㐱).

珍貴(진귀) 보배롭고 귀중함.
珍味(진미) 썩 좋은 맛. 진기한 요리.
珍羞盛饌(진수성찬) 맛이 좋고 잘 차린 음식.
珍異(진이) 진기한 물건. 귀중한 물건.

宀 17 ⑳ **寶** 보배 보   宝
보배. 보배롭다. 돈. 재보.
treasure  宀 宀 宯 寶 寶 寶
ホウ(たから)
움집 면(宀·冖), 구슬 옥(王·玉), 장군 부(缶),
조개 패(貝).

寶鑑(보감) 모범이 될 만한 책. 훌륭한 거울.
寶庫(보고) 재화(財貨)를 쌓아 두는 창고.
寶物(보물) 보배로운 물건. 寶財(보재).
寶座(보좌) 임금의 자리. 옥좌.

## 潤澤 (윤택)  潤澤 润泽 润泽  윤기 있는 광택. 물건이 풍부함.

**潤** 水 12 ⑮  윤택할 윤  润
윤택하다. 젖다. 이윤.
氵氵氵沪沪沪润润潤
abundant  ジュン(うるおう)
물 수(氵·水)와 윤달 윤(閏 : 적시다).

潤氣(윤기)  윤택한 기운. 윤택이 나는 기운.
潤文(윤문)  글을 윤색함.
潤色(윤색)  매만져 곱게 함.
潤滑(윤활)  윤이 나고 반질반질함.

**澤** 水 13 ⑯  못 택  泽
못. 늪. 윤택하게 하다.
氵氵沪沪沪澤澤澤
pond  タク(さわ)
물 수(氵·水)와 엿볼 역(睪).

澤畔(택반)  못의 가.
澤雨(택우)  만물을 적셔 주는 비.
光澤(광택)  빛의 반사에 의하여 번쩍이는 현상.
沼澤(소택)  늪과 못.

## 辨償 (변상)  辨償 辨償 辨償  빚을 갚음. 손실을 물어줌.

**辨** 辛 9 ⑯  분별할 변, 두루 편
분별하다. 구별하다. 나누다.
亠亠立立产辛辛 ... 辨
distinguish  ベン(わきまえる)
나눌 변(釆)과 칼 도(刂·刀).

辨理(변리)  일을 맡아서 처리함.
辨明(변명)  사리를 분별하여 똑똑히 밝힘.
辨別(변별)  사물의 시비나 선악을 분별함.
辨識(변식)  분별하여 앎.

**償** 人 15 ⑰  갚을 상  偿
갚다. 보상함. 보상. 속죄.
亻亻伴伴僧僧償償償
repay  ショウ(つぐなう)
사람 인(亻·人)과 상줄 상(賞 : 일한 대가).

償金(상금)  갚는 돈. 배상금.
償債(상채)  빚을 갚음. 償債(상채).
償還(상환)  빚진 돈을 갚아 줌. 물어 줌. 갚음.
無償(무상)  보상이 없음. 거저.

## 取捨 (취사)  取捨 取捨 取捨  취할 것은 취하고 버릴 것은 버림.

**取** 又 6 ⑧  취할 취
취하다. 가지다. 장가들다.
一 丅 丅 耳 耳 取 取
take  シュ(とる)
귀 이(耳)와 또(손) 우(又).

取扱(취급)  사물을 다룸. 응대하거나 대접함.
取得(취득)  자기 소유로 만듦. 자격을 취득함.
取消(취소)  기재하거나 진술한 사실을 말살함.
取材(취재)  기사의 재료 또는 제재를 얻음.

**捨** 手 8 ⑪  버릴 사  舍
버리다. 베풀다. 내버려두다.
扌 扌 扒 扒 拎 拎 捨 捨
throw away  シャ(すてる)
손 수(扌·手)와 폐할 사(舍 : 놓다).

捨身(사신)  목숨을 버림.
捨撤(사철)  남에게 물건을 거저 줌.
取捨選擇(취사선택)  쓸 것은 쓰고 버릴 것은 버려 골라잡음.

산업(産業)- 기업(企業)

## 金塊(금괴) 金塊 金塊 金塊  순금 덩어리. 금덩이.

**金** 金(8) 쇠금, 성김
쇠. 금. 오행(五行). 성(姓).
metal キン(かね)
ノ 人 人 △ 今 全 余 金
흙(土) 속에서(ㅅ) 빛(ノ)을 발하는 모양에서, '금, 쇠'를 뜻한다.
金剛(금강) 금속 가운데 가장 단단한 금강석.
金科玉條(금과옥조) 금옥과 같이 귀중한 법칙이나 규정.
金融(금융) 경제에서 자금의 수요 공급의 관계.

**塊** 土(10) 13  흙덩이 괴 块
흙덩이. 덩어리. 나. 자기.
lump カイ(つちくれ)
十 土 垆 垆 塊 塊
흙 토(土)와 귀신 귀(鬼:징그러운 머리를 한 사람).
塊莖(괴경) 덩이줄기. 감자·고구마 등.
塊鑛(괴광) 큰 덩이로 된 광석.
塊狀(괴상) 덩이 모양.
塊石(괴석) 돌덩이

## 返還(반환) 返還 返還 返還  돌려보냄. 되돌아오거나 감.

**返** 辶(4) 8  돌아올 반
돌아오다. 되돌아옴. 돌려주다.
return ヘン,ハン(かえす)
厂 厂 反 反 返 返
쉬엄쉬엄 갈 착(辶·辵)과 돌아올 반(反).
返納(반납) 도로 돌려 바침.
返戾(반려) 되돌림. 返還(반환).
返送(반송) 도로 돌려보냄.
返信(반신) 회답하는 통신.

**還** 辶(13) 17  돌아올 환 还
돌아오다. 물러나다. 돌다.
return カン(かえる)
罒 罒 睘 睘 景 還
쉬엄쉬엄 갈 착(辶·辵)과 돌 환(睘).
還甲(환갑) 사람의 나이가 61세. 回甲(회갑).
還給(환급) 돈이나 물건을 소유자에게 돌려 줌.
還拂(환불) 요금 따위를 되돌려 줌.
還生(환생) 되살아남. 형상을 바꿔 다시 생겨남.

## 貝物(패물) 貝物 貝物 貝物  수정·산호·호박 등으로 만든 장신구.

**貝** 貝(0) 7  조개 패 贝
조개. 소라. 돈. 재물.
shell バイ(かい)
丨 冂 冂 月 目 貝
조개의 모양을 본떠, '조개'를 뜻한다.
貝殼(패각) 조개껍데기. 조가비.
貝類(패류) 여러 가지 조개의 종류.
貝塚(패총) 조개더미.
貝貨(패화) 원시 시대의 조개로 유통하던 화폐.

**物** 牛(4) 8  만물 물
만물. 일. 물건. 무리. 사물.
matter ブツ,モツ(もの)
丿 牛 牜 牧 物 物
소 우(牛)와 말 물(勿:부정을 씻음).
物價(물가) 물건 값. 시세.
物件(물건) 물품. 법률에서 권리의 목적물.
物物交換(물물교환) 화폐를 쓰지 않고 물건으로 맞바꿈.

## 代替 (대체) 代替 代替 代替 다른 것으로 바꿈.

**代** 人 3 ⑤
대신할 대
대신하다. 세대. 시대.
ノ イ 仁 代 代
substitute ダイ(かわる)
사람 인(亻·人)과 주살 익(弋).

代價(대가) 물건 값. 노력이나 일에 대한 보수.
代理(대리) 남을 대신하여 일을 처리함.
代辯(대변) 대신하여 의견을 말함.
時代(시대) 역사적으로 구분한 기간. 세상.

**替** 日 8 ⑫
바꿀 체
바꾸다. 값. 교체함. 번갈다.
= 夫 扶 替 替 替
change タイ(かえる)
사내 부(夫) 둘과 가로 왈(曰).

替代(체대) 서로 바꿔 가며 대신함.
替番(체번) 순번의 차례로 갈마듦.
替送(체송) 대신 보냄. 代送(대송).
交替(교체) 갈마듦. 번갈아 들어 대신함.

## 鹽酸 (염산) 鹽酸 塩酸 塩酸 염화수소의 수용액.

**鹽** 鹵 13 ㉔
소금 염    盐
소금. 절이다. 매료.
臣 臤 酸 䀋 鹽 鹽
salt エン(しお)
살필 감(監 : 엄하다)과 염밭 로(鹵).

鹽分(염분) 소금기. 짠맛.
鹽藏(염장) 소금에 절이어 저장함.
鹽田(염전) 바닷물에서 식염을 채취하는 곳.
苦鹽(고염) 간수. 소금이 녹아 흐르는 물.

※제외자

**酸** 酉 7 ⑭
초 산
초. 식초. 신 기운.
一 亻 西 酉 酘 酸
acid サン(す)
닭 유(酉 : 술)와 갚을 준(夋 : 험하다).

酸味(산미) 신맛. 고통. 고생.
酸性(산성) 산(酸)이 지니는 성질.
酸素(산소) 공기의 5분 1을 차지하는 원소.
酸化(산화) 산소와 화합하는 일.

## 隆昌 (융창) 隆昌 隆昌 隆昌 번영함. 성하게 됨.

**隆** 阜 9 ⑫
높을 륭
높다. 성하다. 불룩하다. 두텁다.
ㄱ 阝 阧 陊 隆 隆
eminent リュウ(たかい)
언덕 부(阝)와 날 생(生)과 내릴 강(降).

隆起(융기) 불룩하게 두드러져 일어남.
隆盛(융성) 매우 기운차고 높이 일어남.
隆崇(융숭) 태도가 매우 정중하고 극진함.
隆興(융흥) 기운차게 일어남.

**昌** 日 4 ⑧
창성할 창
창성하다. 훌륭하다. 아름답다.
丶 口 曰 昌 昌
prosper ショウ(さかん)
날 일(日)과 가로 왈(曰).

昌盛(창성) 성하여 잘되어 감. 번창함.
昌言(창언) 이치에 맞는 말. 嘉言(가언).
昌平(창평) 일이 썩 잘되어 발전함.
壽昌(수창) 오래 살고 자손이 번성함.

인간(人間)- 신체(身體)

## 顔面(안면)  顔面 顔面 顔面  얼굴. 서로 알 만한 친분. 顔貌(안모)

**顔** (頁 9 ⑱) 얼굴 안
얼굴. 낯빛. 얼굴 표정. 안색.
face ガン(かお)
亠 产 彦 彦 顔 顔
선비 언(彦)과 머리 혈(頁).

顔料(안료) 연지나 분. 화장 재료. 그림물감.
顔貌(안모) 얼굴의 생김새.
顔色(안색) 낯빛. 얼굴에 나타난 기색. 색채.
龍顔(용안) 임금의 얼굴.

**面** (面 0 ⑨) 낯 면
낯. 얼굴. 앞. 겉. 표면. 쪽.
face メン(かお)
一 ㄷ 丆 而 面 面
이마(一) 밑 눈(目)과 볼(冂)이 있는 사람의 얼굴 모양.

面鏡(면경) 얼굴이나 볼 정도의 작은 거울.
面灸(면구) 부끄러움. 面愧(면괴).
面談(면담) 서로 만나서 이야기함.
面目(면목) 얼굴의 생김새. 명예. 태도나 모양.

## 姿態(자태)  姿態 姿態 姿態  몸가짐과 맵시. 모습 또는 모양.

**姿** (女 6 ⑨) 맵시 자
맵시. 태도. 모습. 풍취(風趣).
figure シ(すがた)
冫 冫 次 次 姿 姿
차례 차(次)와 계집 녀(女).

姿貌(자모) 얼굴 모양. 얼굴 모습.
姿勢(자세) 몸을 가진 모양과 태도.
姿質(자질) 타고난 성품과 소질.
芳姿(방자) 아름다운 자태.

**態** (心 10 ⑭) 모양 태
모양. 생김새. 형상. 태도. 맵시.
attitude タイ(さま)
自 育 能 能 態 態
능할 능(能 : 움직임)과 마음 심(心).

態度(태도) 몸가짐. 모양. 맵시.
態勢(태세) 태도와 자세. 준비 상태.
世態(세태) 세상 돌아가는 상태나 형편.
形態(형태) 사물의 모양.

## 耳目(이목)  耳目 耳目 耳目  귀와 눈. 여러 사람의 눈초리와 귀.

**耳** (耳 0 ⑥) 귀 이
귀. 뿐. 따름. 귀에 익다.
ear ジ(みみ)
一 丆 ㅋ 圧 王 耳
사람의 귀 모양을 본뜬 글자로 '귀'를 가리킴.

耳聾(이롱) 귀가 먹어 들리지 아니함.
耳目口鼻(이목구비) 눈과 귀·입·코. 인물.
耳環(이환) 귀고리.
馬耳東風(마이동풍) 소귀에 경읽기.

**目** (目 0 ⑤) 눈 목
눈. 안구(眼球). 눈동자.
eye モク(め)
丨 冂 月 目
사람 눈의 모양을 본뜬 글자.

目擊(목격) 눈으로 직접 봄. 언뜻 봄.
目不忍見(목불인견) 몹시 참혹하여 눈뜨고 볼 수 없음.
目的(목적) 일을 이루려는 목표.

## 口鼻(구비) 口鼻 口鼻 口鼻  입과 코.

**口** ③ 입 구
입. 말하다. 어귀. 인구.
mouth コウ(くち)　ㅣ ㅁ ㅁ
사람의 입 모양을 본뜬 글자.
口腔(구강) 입 속. 입 안.
口頭(구두) 직접 입으로 하는 말.
口頭禪(구두선) 실행이 따르지 않는 빈 말.
口實(구실) 평계 삼을 밑천.

**鼻** ⑭ 코 비
코. 처음. 시초. 구멍.
nose ゼ(はな)　自 鼻 鼻 畠 畠 鼻
스스로 자(自)와 줄 비(畀).
鼻骨(비골) 코를 형성하는 연골.
鼻孔(비공) 콧구멍.
鼻笑(비소) 코웃음. 冷笑(냉소).
耳目口鼻(이목구비) 귀·눈·입·코. 용모.

## 毛髮(모발) 毛髮 毛髮 毛髮  머리털.

**毛** ④ 털 모, 없을 무
털. 머리털. 모피. 없다.
hair モウ(け)　ノ 二 三 毛
사람의 머리털이나 짐승의 털이 나 있는 모양.
毛骨(모골) 터럭과 뼈. 사람의 얼굴 모양.
毛孔(모공) 털구멍. 살갗에서 털이 나는 구멍.
毛根(모근) 털의 모공(毛孔) 속에 박힌 부분.
毛織(모직) 털섬유로 짠 피륙.

**髮** ⑮ 터럭 발　发
머리털(머리). 터럭. 초목.
hair ハツ(かみ)　長 髟 髟 髣 髮 髮
머리 늘일 표(髟)과 개 달아날 발(犮).
髮膚(발부) 머리털과 피부. 몸. 신체.
髮妻(발처) 시집 와서 같이 늙은 아내.
間髮(간발) 머리카락 한 올 사이.
危機一髮(위기일발) 여유가 없는 위급한 순간

## 美醜(미추) 美醜 美醜 美醜  아름다움과 추함.

**美** ⑨ 아름다울 미
아름답다. 맛나다. 기리다.
beautiful ビ(うつくしい)　ソ ソ ソ 半 羊 美
양 양(羊)과 큰 대(大).
美觀(미관) 훌륭한 경치. 아름다운 조망.
美談(미담) 아름다운 이야기. 갸륵한 이야기.
美德(미덕) 아름다운 덕. 훌륭한 덕.
美風良俗(미풍양속) 아름답고 좋은 풍속.

**醜** ⑰ 더러울 추　丑
더럽다. 추하다. 못생기다..
ugly シュウ(みにくい)　丆 丙 酉 酌 醜 醜
닭 유(酉)와 도깨비 귀(鬼).
醜怪(추괴) 용모가 못나고 괴상함.
醜女(추녀) 얼굴이 못생긴 여자.
醜聞(추문) 추악하거나 추잡한 소문. 스캔들.
醜態(추태) 추한 태도나 수치스러운 몰골.

인간(人間)- 신체(身體)

## 眉眼(미안) 眉眼, 眉眼 眉眼  눈썹과 눈.

**眉** 눈썹 미
目 4 ⑨
eyebrow  ビ,ミ(まゆ)
ㄱ ㄲ ㄲ 尸 尸 眉 眉
눈 목(目) 위에 있는 털(尸).

眉間(미간) 두 눈썹 사이. 兩眉間(양미간).
眉目(미목) 눈썹과 눈. 매우 가까움의 비유.
眉壽(미수) 노인. 장수하는 사람.
蛾眉(아미) 미인의 눈썹. 미인. 초승달.

**眼** 눈 안
目 6 ⑪
eye  ガン(め)
눈. 눈알. 눈매. 보다.
目 目 目ㄱ 眼 眼 眼
눈 목(目)과 그칠 간(艮).

眼鏡(안경) 시력을 돕기 위해 쓰는 기구.
眼目(안목) 눈매. 사물을 분별하는 견식.
眼界(안계) 눈에 보이는 범위.
眼中(안중) 눈 속. 관심을 가지는 범위의 안.

## 齒牙(치아) 齒牙 齒牙 齒牙  이와 어금니. '이'를 점잖게 일컫는 말.

**齒** 이 치
齒 0 ⑮
tooth  シ(は)
이. 나이. 연령. 늘어서다.
ㅏ 止 齿 齿 齒 齒
물건을 물어(齒) 멈추게(止) 하는 아래위의 '이'를 뜻한다.

齒科(치과) 이에 관한 의술.
齒德(치덕) 나이가 많고 덕이 있음.
齒序(치서) 나이의 차례. 齒次(치차).
齒石(치석) 이의 표면에 석화분이 굳어진 물질.

**牙** 어금니 아
牙 0 ④
molar  ガ(きば)
어금니. 송곳니. 병기. 말뚝.
ㅡ 二 于 牙
아래위의 '어금니'가 맞닿은 모양을 본뜬 글자.

牙旗(아기) 임금이나 대장군의 기.
牙城(아성) 대장의 기를 세운 주장이 있는 성.
牙音(아음) 어금닛소리. ㄱ · ㄲ · ㅇ · ㅋ 등.
象牙(상아) 코끼리의 앞니.

## 舌脣(설순) 舌脣 舌脣 舌脣  혀와 입술.

**舌** 혀 설
舌 0 ⑥
tongue  ゼツ(した)
혀. 말. 언어(言語). 혀 모양.
ㅡ 二 千 千 舌 舌
입으로 내민 혀의 모양으로, '혀, 말'을 뜻한다.

舌鋒(설봉) 날카로운 변설을 창날에 비유한 말.
舌戰(설전) 말다툼. 論爭(논쟁).
舌禍(설화) 자기가 한 말이 화근이 되는 재앙.
口舌(구설) 남의 입에 오르내리는 말.

**脣** 입술 순
肉 7 ⑪
lips  シン(くちびる)
입술. 가. 언저리. 맞다.
尸 尸 辰 辰 脣 脣
별 진(辰: 조개가 발을 내민 형상)과 몸 육(月·肉).

脣舌(순설) 말을 잘함.
脣齒(순치) 입술과 이. 이해관계가 밀접함.
脣齒之勢(순치지세) 서로서로 의지하는 관계.
兎脣(토순) 언청이.

## 咽喉(인후) 咽喉 咽喉 咽喉 목구멍. 급소.

**咽** 口 6 ⑨
throat
イン,エツ(のど,むせぶ)
목구멍 인, 목멜 열
목구멍. 인후. 목. 목이 메다.
丨 口 叨 叨 咽 咽
입 구(口)와 인할 인(因).

- 인두(咽頭) 비강과 구강으로 이어지는 근육기관
- 인색(咽塞) 병으로 인하여 숨이 막힘.
- 열열(咽咽) 슬퍼서 목이 멤.
- 오열(嗚咽) 목메어 욺. 흐느껴 욺.

**喉** 口 9 ⑫ ※제외자
throat
コウ(のど)
목구멍 후
목구멍. 목. 긴한 곳.
口 叿 旷 旷 喉 喉
입 구(口)와 과녁 후(侯).

- 후두(喉頭) 호흡기의 한 부분. 발성 기관.
- 후문(喉門) 목구멍. 咽喉(인후).
- 후성(喉聲) 목에서 나는 소리. 목소리.
- 후음(喉音) 내쉬는 숨으로 마찰하여 내는 소리.

## 胸腹(흉복) 胸腹 胸腹 胸腹 가슴과 배.

**胸** 肉 6 ⑩
breast
キョウ(むね)
가슴 흉
가슴. 마음. 앞. 요충지.
月 肍 肑 胸 胸 胸
몸 육(月·肉)과 가슴 흉(匈).

- 흉간(胸間) 가슴의 언저리. 懷抱(회포).
- 흉금(胸襟) 가슴속에 품은 생각. 胸中(흉중).
- 흉산(胸算) 암산. 속셈.
- 흉중(胸中) 가슴속. 마음. 생각.

**腹** 肉 9 ⑬
belly
フク(はら)
배 복
배. 두텁다. 껴안다. 마음.
月 肑 腴 腴 腹 腹
육달 월·몸 육(月·肉)과 쌀 복(复).

- 복막(腹膜) 복벽의 속 전체를 덮은 얇은 막.
- 복부(腹部) 가슴 아래의 위장을 싼 부분.
- 복안(腹案) 마음속으로 품고 있는 생각.
- 심복(心腹) 가슴과 배. 없어서는 안 될 사물.

## 雙掌(쌍장) 雙掌 雙掌 雙掌 두 손바닥.

**雙** 隹 10 ⑱
pair
ソウ(ならぶ)
쌍·두 쌍  双
쌍. 한 쌍. 둘. 짝. 견주다.
亻 隹 俳 雔 雙 雙
새 한 쌍 수(雔)와 또 우(又 : 손).

- 쌍검(雙劍) 두 손으로 쓰는 큰 칼.
- 쌍동(雙童) 한 태에서 나온 두 아이. 쌍둥이.
- 쌍방(雙方) 두 편. 이쪽과 저쪽. 이편과 저편.
- 쌍벽(雙壁) 우열이 없이 특히 뛰어난 둘.

**掌** 手 8 ⑫
palm
ショウ(てのひら)
손바닥 장
손바닥. 발바닥. 받들다.
丷 ⺍ 尚 常 堂 掌
높일 상(常 : 넓게 퍼지다, 부딪다)과 손 수(手).

- 장내(掌內) 맡아보는 일의 범위 안.
- 장문(掌紋) 손바닥의 무늬. 손금.
- 장상(掌狀) 손바닥을 펼친 것과 같은 형상.
- 장악(掌握) 권세 따위를 자기 것으로 만듦.

인간(人間)- 가족(家族)

## 男女(남녀) 男女 男女 男女 남자와 여자.

**男** 사내 **남**
田 2 ⑦
사내. 남자. 정부(情夫). 젊은이.
man ダン,ナン(おとこ) ノ 口 田 田 男 男
밭 전(田)과 힘 력(力). 밭에 나가 힘써 일하는 남자.
男負女戴(남부여대) 남자는 지고 여자는 이고 감. 곧, 가난한 사람이 떠돌아다니며 삶..
男裝(남장) 여자가 남자처럼 차림.
男便(남편) 아내의 배우자.

**女** 여자 **녀**
女 0 ③
여자. 계집. 딸. 시집보내다.
female ジョ,ニョ(おんな) く 女 女
여자가 손을 모으고 가지런히 앉아 있는 모양.
女傑(여걸) 남자같이 굳센 여자. 女丈夫(여장부)
女權(여권) 여자의 사회·정치·법률상의 권리.
女史(여사) 시집간 여자의 존칭. 여자로서 사회적으로 이름이 있는 사람의 성명 뒤에 씀.

## 老少(노소) 老少 老少 老少 늙은이와 어린이. 노인과 소년.

**老** 늙을 **로**
耂 2 ⑥
늙다. 지치다. 쉬다. 어른.
old ロウ(おいる) 一 + 土 耂 耂 老
허리가 굽은 노인이 지팡이를 짚고 서 있는 모양.
老練(노련) 경험을 쌓아 익숙하고 능란함.
老母(노모) 늙은 어머니.
老熟(노숙) 경험이 많아 익숙함.
老將(노장) 늙은 장수. 노련한 장군.

**少** 적을·젊을 **소**
小 1 ④
적다. 잠시. 젊다. 어리다.
few ショウ(すくない) 丿 小 小 少
작을 소(小)와 삐침 별(丿).
少量(소량) 적은 분량.
少時(소시) 어릴 때.
少額(소액) 적은 금액.
少壯(소장) 나이가 젊고 혈기가 왕성함.

## 父母(부모) 父母 父母 父母 아버지와 어머니.

**父** 아비 **부**, 남자미칭 **보**
父 0 ④
아비. 아버지. 남자미칭.
father フ(ちち) ノ 八 グ 父
오른손(乂·又)에 도끼(매채)를 든 모양
父系(부계) 아버지 쪽으로 내려오는 혈연.
父老(부노) 동네에서 나이가 많은 어른.
父子有親(부자유친) 아버지와 아들의 도리는 친애함에 있음. 오륜(五倫)의 하나.

**母** 어미 **모**
母 1 ⑤
어미. 근원. 암컷. 땅.
mother ボ(はは) ㄴ 口 口 母 母
여자(女)가 어린아이에게 젖을 먹이는 모양.
母系(모계) 어머니 쪽의 혈족 계통.
母性(모성) 어머니로서 가지는 특성.
母胎(모태) 어머니의 태 안. 사물의 발생·발전의 근거가 되는 토대.

## 兄弟 (형제) 兄弟 兄弟 兄弟  형과 아우. 동기(同氣).

**兄** 儿 3 ⑤ 맏 형
맏이. 형. 언니. 벗의 높임말.
eldest ケイ,キョウ(あに)  丿 口 尸 兄
말(口)과 행동(儿)으로 솔선수범하는 사람을 어른으로 여겨 '맏이'를 뜻함.

兄丈(형장) 비슷한 나이의 상대에 대한 존칭.
兄友弟恭(형우제공) 형은 우애하고, 아우는 형을 공경함. 형제가 서로 우애를 다함.
兄嫂(형수) 형의 아내.

**弟** 弓 4 ⑦ 아우 제
아우. 제자. 공경하다. 차례.
younger brother テイ(おとうと)  丶 丷 꼬 弟 弟
창(戈)에 가죽을 나선형으로 감은 모양을 본떠, '차례, 아우'를 뜻한다.

弟妹(제매) 남동생과 여동생.
弟嫂(제수) 아우의 아내. 季嫂(계수).
弟子(제자) 가르침을 받는 사람. 門人(문인).
弟兄(제형) 아우와 형. 형제.

## 姉妹 (자매) 姉妹 姉妹 姉妹  손위누이와 손아래의 누이.

**姉** 女 5 ⑧ 누이 자
손위누이. 여자의 경칭.
elder sister ケイ(あね)  く 夂 女 女 妒 姉
姉는 姊의 속자임. 계집 녀(女)와 그칠 자(朿 : 앞으로 나아감).

姉夫(자부) 손위누이의 남편. 매형.
姉氏(자씨) 남의 손위누이.
姉姉(자자) 乳母(유모). 어머니.
姉兄(자형) 손위누이의 남편. 妹兄(매형).

**妹** 女 5 ⑧ 손아래누이 매
손아래누이. 누이. 소녀.
younger sister マイ(いもうと)  女 女 妇 妇 妹 妹
계집 녀(女)와 아닐 미(未).

妹夫(매부) 누이의 남편.
妹弟(매제) 손아래누이의 남편.
妹兄(매형) 손위누이의 남편. 姉兄(자형).
男妹(남매) 오라비와 누이. 오누이.

## 夫婦 (부부) 夫婦 夫婦 夫婦  남편과 아내.

**夫** 大 1 ④ 지아비 부
지아비(남편). 사내. 일꾼.
husband フ(おつと)  一 二 丰 夫
사람(大) 머리 위에 모자(一)를 쓴 성인 남자. 지아비.

夫君(부군) 남편의 높임말.
夫婦有別(부부유별) 오륜(五倫)의 하나. 부부 사이에는 침범치 못할 인륜의 구별이 있음.
凡夫(범부) 보통 사람. 평범한 사람.

**婦** 女 8 ⑪ 며느리 부
며느리. 아내. 지어미.
daughter in law フ(つま,おんな)  女 女' 妇 妇 婦 婦
계집 녀(女)와 비 추(帚). 비를 들고 집안을 청소하는 여자.

婦功(부공) 부인의 공덕이나 공적.
婦女子(부녀자) 부인 부인과 여자. 婦女(부녀).
婦德(부덕) 부녀가 지켜야 할 덕행.
姑婦(고부) 시어머니와 며느리.

인간(人間)- 가족(家族)

## 子孫(자손)  子孫 子孫 子孫   아들과 손자. 후손.

**子** 아들 자
女0③
son シ,ズ(こ)
아들. 자식. 새끼. 알. 열매.
ㄱ 了 子
갓난아이가 두 팔을 벌리고 있는 모양.

子宮(자궁) 여자 생식기의 하나. 아기집.
子女(자녀) 아들과 딸.
子息(자식) 아들과 딸의 총칭.
子婦(자부) 며느리.

**孫** 손자 손   孙
子7⑩
grandson ソン(まご)
손자. 자손. 움. 싹. 순종.
孑 孖 孫 孫 孫 孫
아들 자(子)와 이을 계(系).

孫女(손녀) 아들의 딸.
孫壻(손서) 손녀의 남편. 손자사위.
孫枝(손지) 늙은 가지에서 새로 돋은 가지.
孫婦(손부) 손자며느리.

## 妻妾(처첩)  妻妾 妻妾 妻妾   본 아내와 첩.

**妻** 아내 처
女5⑧
wife サイ(つま)
아내. 시집보내다.
一 ㄱ ㅋ ㅌ 圭 妻
풀잎 돋을 철(屮 : 비녀)과 손 수(又·手), 계집 녀(女).

妻家(처가) 아내의 집. 처갓집.
妻男(처남) 아내의 남자 형제.
妻子(처자) 아내와 자식. 아내.
妻弟(처제) 아내의 여동생.

**妾** 첩 첩
女5⑧
concubine ショウ(めかけ)
첩. 측실(側室). 몸종.
一 ㅗ 立 立 立 妾 妾
고생 신(辛·𢆉 : 문신)과 계집 녀(女).

妾室(첩실) 남의 첩을 모나지 않게 일컫는 말.
妾子(첩자) 첩의 자식. 庶子(서자).
妾出(첩출) 첩의 소생. 庶出(서출).
小妾(소첩) 여자가 자신을 낮추어 일컫는 말.

## 伯仲(백중)  伯仲 伯仲 伯仲   맏형과 둘째형. 서로 어금버금 맞섬.

**伯** 맏 백
人5⑦
elder ハク(かしら)
맏이(첫째). 큰아버지.
ノ 亻 亻' 亻′ 伯 伯
사람 인(亻·人)과 흰 백(白 : 밝다, 밝히다).

伯父(백부) 큰아버지.
伯仲叔季(백중숙계) 네 형제의 순서.
伯叔(백숙) 형과 아우. 형제.
伯兄(백형) 맏형.

**仲** 버금 중
人4⑥
next チュウ(なか)
버금. 둘째. 가운데. 거간.
ノ 亻 亻 亻″ 伫 仲
사람 인(亻·人)과 가운데 중(中).

仲介(중개) 두 당사자 사이에서 일을 주선함.
仲媒(중매) 혼인을 맺도록 주선하는 일. 중신.
仲裁(중재) 분쟁의 사이에서 화해를 시킴.
仲秋節(중추절) 추석을 명절로 일컫는 말.

## 叔姪(숙질)  叔姪 叔姪 叔姪  아저씨와 조카.

### 叔 아재비 숙
又 6 ⑧
uncle
シユク(おじ)
아재비. 숙부. 삼촌. 어리다.
ㅏ ㅑ ㅕ ㅕ 차 叔
콩 숙(尗)과 또 우(又).

叔季(숙계) 끝 동생. 막내아우.
叔妹(숙매) 시누이. 남편의 누이동생.
叔父(숙부) 아버지의 동생. 작은아버지.
叔伯(숙백) 아우와 형. 형제.

### 姪 조카 질
女 6 ⑨
nephew
テツ(めい・おい)
조카. 조카딸. 모종. 이질.
ㄴ 女 女´ 妒 姪 姪 姪
계집 녀(女)와 이를 지(至). 여자 조카. 남자 조카는 생(甥).

姪女(질녀) 형제의 딸. 조카딸.
姪婦(질부) 조카며느리.
姪子(질자) 조카.
堂姪(당질) 종질(사촌형제의 아들).

## 翁姑(옹고)  翁姑 翁姑 翁姑  시아버지와 시어머니.

### 翁 늙은이 옹
羽 4 ⑩
old man
オウ(おきな)
늙은이. 노인의 존칭. 아버지.
ㅅ 公 今 爹 翁 翁
아비 공(公 : 목)과 깃 우(羽).

翁嫗(옹구) 늙은 남자와 늙은 여자.
翁壻(옹서) 장인과 사위.
翁主(옹주) 왕 또는 제후의 딸.
老翁(노옹) 늙은이.

### 姑 시어미 고
女 5 ⑧
mother in law
コ(しゆうとめ)
시어미. 고모. 여자의 통칭.
ㄴ 女 女´ 妒 姑 姑
계집 녀(女)와 선조 고(古).

姑母(고모) 아버지의 누이.
姑息之計(고식지계) 임시 모면을 위한 계책.
姑姊(고자) 아버지의 누이. 큰고모.
先姑(선고) 돌아간 시어머니. 皇姑(황고).

## 顯妣(현비)  顯妣 顯妣 顯妣  돌아가신 어머님의 존칭.

### 顯 나타날 현
頁 14 ㉓
appear
ケン(あらわる)
나타나다. 드러나다. 광명.
日 昂 㬎 顯 顯 顯
미묘할 현(㬎)과 머리 혈(頁).

顯考(현고) 돌아가신 아버지의 신주(神主).
顯達(현달) 벼슬과 명망을 세상에 드날림.
顯明(현명) 밝음. 명백히 나타냄. 해돋이.
顯否(현부) 나타남과 나타나지 않음.

### 妣 죽은어미 비
女 4 ⑦
deceased mother
ヒ(なきはは)
죽은 어미. 돌아가신 어머니.
ㄴ 女 女´ 妣 妣 妣
계집 녀(女)와 견줄 비(比).

妣位(비위) 돌아가신 어머니의 위(位).
考妣(고비) 돌아가신 아버지와 어머니.
先妣(선비) 돌아가신 어머니.
祖妣(조비) 돌아가신 할머니.

인간(人間) - 가족(家族)

## 氏族(씨족) 氏族 氏族 氏族  원시사회에서 같은 조상을 가진 혈족.

**氏** 0획 ④
각시 씨
각시. 씨. 뿌리. 성. 지나라
clan family  シ(うじ)  一 厂 斤 氏
땅 속에 뻗친 나무뿌리. 파생하여 쓰인다.

氏名(씨명) 성씨와 이름. 姓名(성명).
氏譜(씨보) 씨족의 계보.
月氏(월지) 중앙아시아 아무르강에 세웠던 나라.
無名氏(무명씨) 이름을 드러내지 않은 사람.

**族** 方 7획 ⑪
겨레 족
겨레. 인척. 일가. 동포.
people  ゾク(やから)  亠 方 尣 龶 族 族
깃발 언(㫃)과 화살 시(矢).

族黨(족당) 같은 문중 계통에 속하는 겨레붙이.
族譜(족보) 일족의 계보.
族屬(족속) 같은 문중의 겨레붙이. 같은 동아리.
族戚(족척) 친족과 인척. 한 집안사람.

## 系統(계통) 系統 系統 系統  일정한 차례에 따라 이어져 있는 것.

**系** 糸 1획 ⑦
이을 계
잇다. 계보. 실마리. 단서.
connect  ケイ(つなぐ)  一 乁 至 至 乎 系
실이 이어져 있는 모양을 본뜬 글자로, '잇다'를 뜻한다.

系譜(계보) 혈통과 역사를 적은 책.
系孫(계손) 촌수가 먼 자손. 遠孫(원손).
系列(계열) 계통의 서열.
系子(계자) 양아들. 양자.

**統** 糸 6획 ⑫
거느릴 통
거느리다. 통괄하다. 한데 묶다.
command  トウ(すべる)  糸 糸 糸 糸 糸 統
실 사(糸)와 채울 충(充).

統監(통감) 통괄하여 감독함.
統計(통계) 한데 몰아서 계산함.
統括(통괄) 낱낱의 일을 한데 몰아 잡음.
統率(통솔) 조직 등, 온통 몰아서 거느림.

## 骨肉(골육) 骨肉 骨肉 骨肉  뼈와 살. 혈통이 같은 부자 형제.

**骨** 骨 0획 ⑩
뼈 골
뼈. 뼈대. 핵심. 몸.
bone  コツ(ほね)  冂 冎 咼 骨 骨 骨
살 발라낼 과(冎)와 고기 육(月·肉).

骨格(골격) 뼈의 조직. 뼈대.
骨氣(골기) 뼈대와 기질. 됨됨이.
骨彫(골조) 상아나 뼈에 조각하는 일.
骨痛(골통) 뼈가 바늘로 찌르듯 아픈 병.

**肉** 肉 0획 ⑥
고기 육
고기. 살. 몸. 혈연. 둘레.
meat  ニク(にく)  丨 冂 内 内 肉 肉
잘라 낸 한 점의 고깃덩이를 본뜬 글자.

肉類(육류) 식용할 수 있는 짐승의 고기 따위.
肉味(육미) 육류로 만든 음식. 고기의 맛.
肉眼(육안) 본디의 눈이나 시력. 맨눈.
肉體(육체) 물질적인 신체. 사람의 몸.

## 親睦 (친목)
親睦 親睦 親睦 — 서로 친하여 뜻이 맞고 정다움.

**親** 친할 친 / 亲
- 見 9 ⑯
- intimate
- シン(おや、したしい)
- 효 후 亲 新 親 親
- 친하다. 사이좋게 지내다.
- 가까울 친(亲)과 볼 견(見).

親舊(친구) 오랫동안 가깝게 사귀어 온 벗.
親鞫(친국) 임금이 죄인을 직접 신문하던 일.
親密(친밀) 지내는 사이가 아주 가깝고 친함.
親戚(친척) 친족과 외척.

**睦** 화목할 목
- 目 8 ⑬
- friendly
- ボク(むつましい)
- 目 目⁺ 旷 旷 睦 睦
- 화목하다. 눈매가 온순하다.
- 눈 목(目)과 흙덩이 육(초 : 온화하다).

睦崇(목숭) 화목하게 모임.
睦友(목우) 형제간 사이가 좋음.
睦族(목족) 동족끼리 화목하게 지냄.
睦親(목친) 화목하고 즐거워함.

## 孰予 (숙여)
孰予 孰予 孰予 — 어느 쪽이 나으냐고 묻는 말.

**孰** 누구 숙
- 子 8 ⑪
- who
- ジュク(いずれ)
- 亠 亨 享 享 孰 孰
- 누구. 어느. 무엇. 익다.
- 드릴 향(享)과 알약 환(丸).

孰慮(숙려) 곰곰이 잘 생각함.
孰成(숙성) 익어서 충분하게 이루어짐.
孰誰(숙수) 누구. 어떤 사람.
孰視(숙시) 눈여겨 자세히 봄.

**予** 나·줄 여
- ㅣ 3 ④
- I
- ヨ(われ)
- ㄱ ㄲ ㄲ 予
- 나(1인칭). 주다. 함께 하다.
- 둥근 고리를 풀어 상대방에게 밀어 주는 모양.

予寧(여녕) 휴가를 얻어 부모상을 치르는 일.
予奪(여탈) 주고 빼앗음. 與奪(여탈).
附予(부여) 지니거나 가지도록 하여 줌.
施予(시여) 남에게 거저 물건을 베풀어 줌.

## 唯惟 (유유)
唯惟 唯惟 唯惟 — 오직. 한갓.

**唯** 오직 유
- 口 8 ⑪
- only
- イ(ただ)
- 口 叮 吖 吖 呼 唯
- 오직. 이. 대답하다.
- 입 구(口)와 새 추(隹).

唯諾(유락) 응답. 대답.
唯物(유물) 오직 물질만이 존재한다고 하는 일.
唯我(유아) 오직 내가 제일임.
唯一(유일) 오직 그것 하나뿐임.

**惟** 생각할 유
- 心 8 ⑪
- think
- ユ,ユイ(ただ)
- 丶 忄 忄 忄 怍 惟
- 생각하다. 오직. 한갓. 이유.
- 마음 심(忄·心)과 높을 추(隹 : 잇다).

惟獨(유독) 오직 홀로.
惟惟(유유) 응낙하는 모양.
惟一(유일) 단지 하나. 오직 하나.
伏惟(복유) 엎드려 삼가 생각하옵건대.

## 인간(人間) - 가족(家族)

### 姻戚(인척) 姻戚 姻戚 姻戚 — 혈연이 아닌 혼인으로 맺어진 친족.

**姻** (女 6/⑨) 혼인할 인
결혼하다. 혼인. 인척. 인연.
marriage イン(よめいり)
女 女 如 如 姻 姻
계집 녀(女)와 의지할 인(因 : 의지해 가까이 함).

- 姻家(인가) 인척의 집. 사돈집.
- 姻故(인고) 친척과 오랜 친구.
- 姻兄(인형) 처남 매부 사이에 높여 부르는 말.
- 婚姻(혼인) 장가들고 시집가는 일.

**戚** (戈 7/⑪) 겨레 척
겨레. 친족. 친하다. 가깝다.
relative セキ(みうち)
厂 厂 厅 戚 戚 戚
무성할 무(戊)와 콩 숙(尗).

- 戚黨(척당) 외척과 처족(妻族). ↔ 親堂(친당)
- 戚里(척리) 임금의 외척.
- 戚臣(척신) 임금과 외척이 되는 신하.
- 外戚(외척) 같은 본을 가진 사람 이외의 친척.

### 閨秀(규수) 閨秀 閨秀 閨秀 — 남의 집 처녀를 점잖게 일컫는 말. ※제외자

**閨** (門 6/⑭) 안방 규
안방. 규방(閨房).
boudoir ケイ(ねや)
丨 冂 門 門 閏 閨
문 문(門)과 서옥 규(圭).

- 閨房(규방) 안방. 침실.
- 閨範(규범) 여자의 가르침. 또는 본보기.
- 閨庭(규정) 침실 안. 집안.
- 閨中(규중) 부녀가 거처하는 방 안.

**秀** (禾 2/⑦) 빼어날 수
빼어나다. 꽃. 꽃이 피다.
surpass シュウ(ひいでる)
一 二 千 禾 秀 秀
벼 화(禾)와 아이밸 잉(乃). 벼이삭이 탐스럽게 잘 여문 것.

- 秀麗(수려) 산수의 경치가 뛰어나고 아름다움.
- 秀拔(수발) 여럿 가운데 뛰어나게 훌륭함.
- 秀才(수재) 뛰어난 재주. 또, 그러한 사람.
- 俊秀(준수) 재주와 슬기, 풍채가 아주 뛰어남.

### 外祖(외조) 外祖 外祖 外祖 — 어머니의 친정부모.

**外** (夕 2/⑤) 바깥 외
바깥. 겉. 남. 타향. 외가.
outside ガイ,グ(そと)
丿 ク 夕 外 外
저녁 석(夕)과 점 복(卜).

- 外家(외가) 어머니의 친정. 외갓집.
- 外界(외계) 바깥 세계. 나 이외의 모든 세계.
- 外面(외면) 대면하기를 꺼려 얼굴을 돌림.
- 外資(외자) 외국인의 자본.

**祖** (示 5/⑩) 할아비 조
할아버지. 조상. 선조. 시초.
grand father ソ(そじい)
二 千 禾 和 祖 祖
보일 시(示)와 도마 조(且).

- 祖國(조국) 자기가 태어난 나라.
- 祖上(조상) 한 혈통을 이어온, 대대의 어른.
- 祖宗(조종) 역대 임금을 통틀어 일컫는 말.
- 先祖(선조) 먼 대의 조상. 한 집안의 조상.

## 岳丈 (악장)
岳丈 岳丈 岳丈 — 아내의 아버지. 장인.

### 岳 — 큰산 악
山 5 ⑧
큰산. 장인. 뫼뿌리.
great mountain ガク(おか)
厂 匚 丘 丘 乒 岳
높을 구(丘 : 언덕)와 뫼 산(山).

- 岳頭(악두) 산꼭대기. 山頂(산정).
- 岳母(악모) 아내의 어머니. 장모.
- 岳父(악부) 아내의 아버지. 장인. 岳丈(악장).
- 山岳(산악) 산. 땅 표면이 솟은 부분.

### 丈 — 어른 장
一 2 ③
어른. 장(길이). 지팡이.
adult ジョウ(たけ)
一 ナ 丈
긴 막대기를 손에 든 모양. 손에 지팡이를 든 어른.

- 丈家(장가) 사내가 아내를 맞는 일.
- 丈母(장모) 아내의 어머니. 聘母(빙모).
- 丈夫(장부) 성인 남자. 기개 높은 남자. 남편.
- 丈席(장석) 학문과 덕망이 높은 사람.

## 奴婢 (노비)
奴婢 奴婢 奴婢 — 사내종과 계집종. 종의 총칭.

### 奴 — 종 노
女 2 ⑤
종. 사내종. 노예.
servant ド(やつこ)
く 夕 女 奴 奴
계집 녀(女)와 손 수(又 : 手의 변형).

- 奴僕(노복) 남자종. 奴子(노자).
- 奴隷(노예) 종. 종신토록 주인에게 예속된 하인. 물욕 따위에 사로잡혀 본성을 잃은 상태.
- 賣國奴(매국노) 나라 팔아먹을 짓을 하는 놈.

### 婢 — 계집종 비
女 8 ⑪
계집종. 하녀. 소첩.
maid ヒ(はしため)
女 妇 婢 婢 婢 婢
계집 녀(女)와 천할 비(卑).

- 婢女(비녀) 계집종.
- 婢僕(비복) 계집종과 사내종.
- 婢夫(비부) 계집종의 지아비.
- 婢子(비자) 여종. 여자 자신의 겸칭.

## 彼我 (피아)
彼我 彼我 彼我 — 그와 나. 남과 나. 저편과 이편.

### 彼 — 저 피
彳 5 ⑧
저. 저기. 아니다. 그.
that ヒ(かれ)
彳 彳 彳 彼 彼 彼
조금 걸을 척(彳)과 가죽 피(皮 · 波 : 물결).

- 彼己(피기) 그 사람과 나. 그.
- 彼岸(피안) 이승의 번뇌를 해탈해 열반의 세계에 도달함.
- 彼此(피차) 그것과 이것. 서로.

### 我 — 나 아
戈 3 ⑦
나. 나의. 아집(我執).
I, we が(われ)
一 二 千 手 我 我 我
손 수(手)와 창 과(戈).

- 我國(아국) 우리나라.
- 我輩(아배) 우리들. 나. 자기.
- 我執(아집) 자기 의견만을 고집함.
- 無我(무아) 자기의 존재를 깨닫지 못함.

인간(人間) - 풍속(風俗)

## 賓客(빈객) 賓客 賓客 賓客 　손. 손님. 문하(門下)의 식객.

**賓** 貝 7 ⑭
손 빈
손. 손님. 묵다. 대접하다.
guest
ヒン(まらうど)
宀 宀 宀 宵 窨 賓
손 맞을 빈(宀)과 조개 패(貝).

**客** 宀 6 ⑨
손 객
손. 손님. 나그네. 여행. 객지.
guest
キャク(まらうど)
宀 宀 宀 灾 客 客
움집 면(宀)과 각각 각(各).

賓待(빈대) 손님으로 대접함.
賓主(빈주) 손님과 주인(主人).
國賓(국빈) 나라의 손님으로 대접받는 외국인.
貴賓(귀빈) 귀한 손님.

客觀(객관) 대상을 있는 그대로 보는 것.
客氣(객기) 객쩍게 부리는 혈기.
客席(객석) 손님이 앉는 자리.
觀客(관객) 구경하는 사람. 관람객. 구경꾼.

## 招聘(초빙) 招聘 招聘 招聘 　예를 갖추어 부름.

**招** 手 5 ⑧
부를 초
부르다. 초래하다. 오게 함.
call
ショウ(まねく)
扌 扌 扌 招 招 招
손 수(扌·手)와 부를 소(召).

**聘** 耳 7 ⑬
부를 빙
부르다. 초빙하다. 찾다.
invite
ヘイ(めす)
耳 耵 耵 聘 聘 聘
귀 이(耳)와 아우를 병(甹).

招待(초대) 불러서 대접함.
招來(초래) 어떤 결과를 가져오게 함.
招宴(초연) 연회에 초대함.
招魂(초혼) 죽은 사람의 혼을 부름.

聘母(빙모) 아내의 친정어머니.
聘物(빙물) 남을 방문할 때 가지고 가는 예물.
聘父(빙부) 아내의 친정아버지. 장인.
聘用(빙용) 예를 갖추어 사람을 맞아서 씀.

## 禮儀(예의) 禮儀 禮儀 禮儀 　예절과 몸가짐의 태도.

**禮** 示 13 ⑱
예도 례
예도. 예절. 절. 인사. 예물.
courtesy
レイ,ライ(れい)
衤 衤 禮 禮 禮 禮
보일 시(示)와 풍년 풍(豊:제기).

**儀** 人 13 ⑮
거동 의
거동. 법도. 예식. 모형. 법.
manners
ギ(のり)
亻 伴 儀 儀 儀 儀
사람 인(亻·人)과 옳을 의(義).

禮物(예물) 사례의 뜻으로 주는 물건.
禮法(예법) 예의로 지켜야 할 법칙. 예절.
禮式(예식) 예법에 따라 행하는 식.
禮節(예절) 예의와 범절.

儀範(의범) 예의와 규범.
儀式(의식) 예식을 갖추는 법.
儀表(의표) 본보기. 모범. 귀감.
地球儀(지구의) 지구의 모형. 지구본.

## 歡待 (환대)

歡待　歡待　欢待　정성껏 후하게 대접함.

**歡** 기뻐할 환
欠 18 ㉒
기뻐하다. 기쁘게 하다. 즐거워하다.
delight　カン(よろこぶ)
艹 吅 芦 藋 歡 歡
황새 관(雚 : 부르다)과 하품할 흠(欠).

**待** 기다릴 대
彳 6 ⑨
기다리다. 대접하다.
wait　タイ(まつ)
彳 彳 <sup>-</sup> 待 待 待
조금 걸을 척(彳)과 관청 시(寺 · 止 : 멎다).

歡談(환담) 정답게 이야기함. 또, 그 이야기.
歡樂(환락) 기뻐하고 즐거워함.
歡迎(환영) 기쁜 마음으로 맞음.
歡呼(환호) 기뻐서 고함을 지름.

待機(대기) 기회를 기다림.
待望(대망) 바라고 기다림.
待罪(대죄) 죄인이 처벌을 기다림.
待避(대피) 위험이나 난을 피하여 기다리는 일.

## 朋友 (붕우)

朋友　朋友　朋友　벗. 친구.

**朋** 벗 붕
月 4 ⑧
벗. 친구. 동문수학하는 사람.
friend　ホウ(とも)
刀 月 刖 朋 朋 朋
여러 개의 조개를 꿰어 두 줄로 늘어놓은 모양. 같은 무리가 나란히 있는 것.

**友** 벗 우
又 2 ④
벗. 동무. 벗하다. 우애.
friend　コウ(とも)
一 ナ 方 友
왼손 좌(ナ)와 또 우(又 : 오른손).

朋黨(붕당) 이해 · 주의를 같이 하는 사람들의 단체.
朋徒(붕도) 한패. 한동아리. 동료.
朋輩(붕배) 지위나 나이가 비슷한 벗.
佳朋(가붕) 좋은 벗.

友邦(우방) 서로 친밀한 관계를 맺은 나라.
友愛(우애) 형제간의 사랑. 벗 사이의 정분.
友情(우정) 친우 사이의 정. 友誼(우의).
文房四友(문방사우) 종이 · 붓 · 먹 · 벼루.

## 尋訪 (심방)

尋訪　尋訪　尋訪　사람을 찾아봄. 방문함.

**尋** 찾을 심
寸 9 ⑫
찾다. 찾아보다. 캐묻다.
visit　ジン(たずねる)
ヨ ヨ 글 쿋 尋 尋
또 우(ヨ · 又)와 왼쪽 좌(工 · 左), 오른쪽 우(口 · 右), 법도 촌(寸).

**訪** 찾을 방
言 4 ⑪
찾다. 뵙다. 꾀하다.
visit　ホウ(おとずれる)
一 言 言 訁 訪 訪
말씀 언(言)과 모 방(方 : 좌우).

尋求(심구) 찾아서 구함.
尋問(심문) 물어 봄. 질문함.
尋味(심미) 깊은 뜻을 찾아 구함.
尋常(심상) 대수롭지 않고 예사로움. 평범.

訪客(방객) 찾아온 손님. 訪問客(방문객).
訪問(방문) 남을 찾아봄.
來訪(내방) 찾아옴.
巡訪(순방) 차례로 방문함.

인간(人間)- 풍속(風俗)

## 喜悅(희열)  喜悅 喜悅 喜悅   기쁨과 즐거움. 즐거워함.

口  **喜**  기쁠 희
9
⑫  기쁘다. 즐겁다. 좋아하다.
delightful  一 十 吉 吉 吉 喜 喜
キ(よろこぶ)
북 고(壴·鼓)와 입 구(口).

喜懼(희구) 즐거움과 두려움.
喜劇(희극) 익살과 풍자(諷刺)가 섞인 희극.
喜悲(희비) 기쁨과 슬픔.
喜壽(희수) 혼례와 탄생의 경사. 77살.

心  **悅**  기쁠 열
7
⑩  기쁘다. 기뻐하다. 즐겁다.
pleased  ' 忄 忄 忄 怡 怡 悅
エッ(よろこぶ)
마음 심(心)과 기쁠 태(兌: 맺혀 있던 것이 빠지다).

悅慕(열모) 기쁘게 사모함.
悅樂(열락) 기뻐하고 즐거워함.
悅服(열복) 기쁜 마음으로 복종함.
悅愛(열애) 기뻐하고 사랑함.

## 迎接(영접)  迎接 迎接 迎接   손님을 맞아 대접함.

辵  **迎**  맞을 영
4
⑧  맞다. 맞이하다. 마중함.
welcome  ' ㄣ ㄐ 卬 迎 迎
ゲイ(むかえる)
높을 앙(卬)과 쉬엄쉬엄 갈 착(辶·辵).

迎賓(영빈) 손님을 맞음. 손님을 영접함.
迎送(영송) 맞이하는 일과 보내는 일.
迎新(영신) 새해를 맞음. 새로운 것을 맞음.
出迎(출영) 마중 나감. 나가서 맞음.

手  **接**  사귈 접
8
⑪  사귀다. 접하다. 대접하다.
associate  扌 扩 护 护 接 接
セツ(まじわる)
손 수(扌·手)와 첩 첩(妾).

接客(접객) 손을 대접함.
接待(접대) 손에게 음식을 차려서 대우함.
接受(접수) 받아들임.
接觸(접촉) 두 물체가 맞닿음.

## 冠婚(관혼)  冠婚 冠婚 冠婚   어른이 되는 예식과 혼례.

冖  **冠**  갓 관
7
⑨  갓. 관. 볏. 관례. 성년.
crown  一 冖 冖 元 冠 冠
カン(かんむり)
덮을 멱(冖) 아래에 으뜸 원(元: 관을 쓴 사람)과 마디 촌(寸).

冠帶(관대) 관과 띠. 관리. 공복.
冠禮(관례) 20세가 되어 관을 쓰는 예식.
冠玉(관옥) 관 앞을 꾸미는 옥.
弱冠(약관) 남자 나이 20세의 일컬음.

女  **婚**  혼인할 혼
8
⑪  혼인하다. 혼인. 처가. 사돈.
marry  女 女 妡 妡 娇 婚
コン(えんぐみ)
계집 녀(女)와 어두울 혼(昏).

婚期(혼기) 혼인하기에 적당한 나이.
婚談(혼담) 혼인을 정하기 위하여 오고가는 말.
婚需(혼수) 혼인에 쓰는 물건.
婚姻(혼인) 장가들고 시집가는 일.

## 喪祭 (상제)  喪祭 喪祭 喪祭  상례와 제례.

**喪** 복입을 상
口 9 ⑫
복(服)입다. 죽다. 잃다.
mourning　ソウ(うしなう)
一 亠 亠 声 喪 喪
울 곡(哭)과 잃을 망(亡·亡).

喪家(상가) 초상 난 집. 또, 상제의 집.
喪禮(상례) 상중에 행하는 모든 예절.
喪服(상복) 상중에 입는 예복.
喪失(상실) 잃어버림.

**祭** 제사 제
示 6 ⑪
제사. 제사 지내다.
sacrifice　サイ(まつり)
ク 쑷 쑷 祭 祭 祭
고기 육(夕·肉)과 손 우(又·手), 보일 시(示).

祭官(제관) 제사를 맡은 관리.
祭壇(제단) 제사를 지내는 단.
祭文(제문) 죽은 이를 조상하는 글.
祭祀(제사) 신에게 음식을 바쳐 표하는 예절.

## 慣習 (관습)  慣習 慣習 慣習  오랫동안 지켜 내려온 익은 습관.

**慣** 버릇 관
心 11 ⑭
버릇. 익숙하다. 습관.
custom　カン(なれる)
慣 慣 慣 慣 慣 慣
마음 심(忄·心)과 꿸 관(貫: 통하다).

慣例(관례) 관습이 된 전례. 常例(상례).
慣用(관용) 늘 많이 씀. 관습적으로 씀.
慣行(관행) 습관이 되어 늘 행하여지는 일.
舊慣(구관) 예전부터 내려오는 관례.

**習** 익힐 습
羽 5 ⑪
익히다. 익숙하다. 버릇.
study　シュウ(ならう)
フ ヲ ヲ 羽 羽 習
날개 우(羽)와 흰 백(白).

習慣(습관) 버릇. 익혀 온 행습.
習性(습성) 버릇이 되어 버린 성질. 버릇.
習俗(습속) 내려온 습관들이 생활화된 풍속.
習作(습작) 익히기 위하여 지은 작품.

## 良俗 (양속)  良俗 良俗 良俗  아름다운 풍속.

**良** 어질 량
艮 1 ⑦
어질다. 좋다. 착하다. 진실로.
good　リョウ(よい)
、 コ ヨ 彐 良 良
체나 키로 쳐서 곡식을 가려내는 모양을 본뜬 글자.

良家(양가) 양민의 집. 신분이 있는 집안.
良民(양민) 선량한 백성.
良識(양식) 건전한 식견. 좋은 견식(見識).
良好(양호) 매우 좋음.

**俗** 풍속 속
人 7 ⑨
풍속. 풍습. 속되다. 속인.
custom　ソク(ならわし)
ノ イ 伙 伙 俗 俗
사람 인(亻·人)과 골짜기 곡(谷).

俗界(속계) 세속 일에 얽매어 지내는 곳.
俗談(속담) 예부터 내려오는 민간의 격언.
俗語(속어) 통속적으로 쓰이는 저속한 말.
俗人(속인) 속세의 사람.

인간(人間)- 풍속(風俗)

## 埋葬(매장) 埋葬 埋葬 埋葬  시체를 땅에 묻음.

**埋** 土 7 ⑩ 묻을 매
묻다. 묻히다. 감추다.
bury
マイ(うずめる)
土 圠 圲 坤 埋 埋
흙 토(土)와 안 리(里 : 묻다).

埋沒(매몰) 파묻음. 파묻혀 보이지 않음.
埋伏(매복) 숨어서 기다림. 복병(伏兵)을 둠.
埋藏(매장) 묻어서 감춤. 묻히어 있음.
暗埋葬(암매장) 남몰래 장사 지냄.

**葬** 艸 9 ⑬ 장사지낼 장
장사지내다. 장사. 땅에 묻다.
bury
ソウ(ほうむる)
艹 艿 莁 莚 葬
풀 초(艹·艸)와 죽을 사(死), 맞잡을 공(廾).

葬具(장구) 장사에 쓰는 기구.
葬禮(장례) 장사의 예식.
葬事(장사) 시체를 매장 혹은 화장(火葬)하는 일
葬地(장지) 장사지낼 땅.

## 墳墓(분묘) 墳墓 墳墓 墳墓  무덤.

**墳** 土 13 ⑯ 봉분 분   坟
봉분. 무덤. 크다. 둑. 언덕.
mound
フン(はか)
圠 坼 垆 塌 墳 墳
흙 토(土)와 꾸밀 비(賁).

墳起(분기) 흙이 부풀어 올라옴.
墳山(분산) 묘를 쓴 산.
墳上(분상) 무덤의 봉긋한 부분.
古墳(고분) 옛 무덤.

**墓** 土 11 ⑭ 무덤 묘
무덤. 묘지. 묘역.
grave
ボ(はか)
艹 苩 苜 莫 墓
저물 모(莫)와 흙 토(土).

墓碣(묘갈) 묘 앞에 세우는 둥그스름한 묘비.
墓奴(묘노) 묘지기.
墓幕(묘막) 묘를 지키기 위해 지은 작은 집.
墓碑(묘비) 무덤 앞에 세우는 비석.

## 碑銘(비명) 碑銘 碑銘 碑銘  비(碑)에 새긴 글. 碑文(비문).

**碑** 石 8 ⑬ 비석 비
비석. 돌기둥. 문체 이름.
monument
ヒ(いしぶみ)
石 石' 砷 砷 碑 碑
돌 석(石)과 하여금 비(卑).

碑石(비석) 빗돌. 글자를 새겨 세운 돌.
口碑(구비) 대대로 전해 내려오는 말.
墓碑(묘비) 무덤 앞에 세우는 비석.
詩碑(시비) 시(詩)를 새긴 비석.

**銘** 金 6 ⑭ 새길 명   銘
새기다. 기록하다.
engrave
メイ(しるす)
⺈ ⺀ 金 釤 鈴 銘
쇠 금(金)과 이름 명(名).

銘刻(명각) 쇠나 돌, 그릇 따위에 글자를 새김.
銘記(명기) 깊이 마음에 새겨 잊지 않음.
銘心(명심) 마음에 잘 새김.
感銘(감명) 감격하여 명심함.

## 鬼神 (귀신)  鬼神 鬼神 鬼神  죽은 사람의 혼령. 신령. 혼백.

**鬼** 鬼 0 ⑩  귀신 귀 / 귀신. 도깨비. 지혜롭다.
ghost  キ(おに)
무시무시한 머리를 한 사람으로, '귀신'을 뜻한다.
- 鬼才(귀재)  세상에 드물게 뛰어난 재능.
- 鬼火(귀화)  도깨비불.
- 魔鬼(마귀)  못된 잡귀의 총칭. 惡鬼(악귀).
- 寃鬼(원귀)  원통하게 죽은 귀신.

**神** 示 5 ⑩  귀신 신 / 귀신. 신. 상제(上帝).
god  ジン(かみ)
보일 시(示)와 펼 신(申 : 번갯불).
- 神技(신기)  신묘한 기술.
- 神童(신동)  재주와 지혜가 특출한 아이.
- 神靈(신령)  죽은 사람의 혼.
- 神秘(신비)  보통으로는 알 수 없는 신묘한 일.

## 靈魂 (영혼)  靈魂 靈魂 靈魂  죽은 사람의 넋.

**靈** 雨 16 ㉔  신령 령 / 신령. 영혼. 혼백. 신통하다
spirit  レイ(たましい)
비올 령(霝)과 무당 무(巫).
- 靈感(영감)  신의 계시를 받은 것 같은 느낌.
- 靈界(영계)  정신 또는 그 작용이 미치는 범위.
- 靈柩(영구)  시체를 넣은 관.
- 靈物(영물)  신령한 물건.

**魂** 鬼 4 ⑭  넋 혼 / 넋. 혼. 정신. 마음. 생각.
soul  コン(たましい)
구름 운(云·雲)과 귀신 귀(鬼).
- 魂怯(혼겁)  혼이 빠지도록 겁을 냄.
- 魂氣(혼기)  영혼의 기운. 정신.
- 魂靈(혼령)  죽은 사람의 넋. 혼.
- 魂魄(혼백)  사람의 정령. 넋.

## 享祀 (향사)  享祀 享祀 享祀  제사를 지냄. 또, 그 제사.

**享** 亠 6 ⑧  누릴 향 / 누리다. 드리다. 바치다.
enjoy  キョウ(うける)
대상(臺上)에 세워진 조상을 모신 곳을 본뜬 모양.
- 享年(향년)  한평생을 살아 누린 나이.
- 享樂(향락)  즐거움을 누림.
- 享福(향복)  복을 누림.
- 享宴(향연)  아랫사람에게 내리는 주연.

**祀** 示 3 ⑧  제사 사 / 제사. 제사지내다. 해(年).
sacrifice  シ(まつる)
보일 시(示)와 지지 사(巳 : 동남쪽 방향).
- 祀孫(사손)  조상 제사를 받드는 자손.
- 祀典(사전)  제사의 의식(儀式).
- 祀天(사천)  하늘에 제사를 지냄.
- 奉祀(봉사)  조상의 제사를 받듦.

인간(人間)- 풍속(風俗)

## 寄附(기부)  寄附 寄附 寄附  금품을 무상으로 제공함.

**寄** 부칠 기
- 부치다. 보냄. 맡기다.
- send depend キ(よる)
- 움집 면(宀)과 이상할 기(奇).

寄居(기거) 임시로 거처함. 또, 그 거처.
寄稿(기고) 원고를 신문사나 잡지사에 보냄.
寄生(기생) 남에게 붙어 삶.
寄宿(기숙) 남의 집에 침식을 위탁함.

**附** 붙을 부
- 붙다. 붙이다. 가깝다.
- attach フ(つく)
- 언덕 부(阝·阜)와 붙을 부(付).

附加(부가) 덧붙임. 添加(첨가).
附近(부근) 가까운 언저리.
附錄(부록) 본문의 끝에 덧붙이는 기록.
附屬(부속) 주되는 일이나 물건에 딸려 붙음.

## 謙讓(겸양)  謙讓 謙讓 謙讓  겸손하여 사양함.

**謙** 겸손할 겸
- 겸손하다. 공손하다. 양보하다.
- humble ケン(へりくだる)
- 말씀 언(言)과 단정할 겸(兼).

謙恭(겸공) 자기를 낮추고 남을 높임. 겸손함.
謙辭(겸사) 겸손한 말.
謙遜(겸손) 남 앞에서 자기를 낮춤.
謙虛(겸허) 겸손하고 허심탄회함.

**讓** 사양할 양
- 사양하다. 양보하다. 겸손.
- decline ジョウ(ゆずる)
- 말씀 언(言)과 오를 양(襄).

讓渡(양도) 권리·재산 따위를 남에게 넘겨 줌.
讓步(양보) 제 주장을 굽혀 남의 의견을 좇음.
讓位(양위) 임금의 자리를 물려줌.
辭讓(사양) 겸손하여 응하지 않거나 받지 않음.

## 壽宴(수연)  壽宴 壽宴 壽宴  장수를 축하하는 잔치. 壽筵(수연).

**壽** 목숨 수
- 목숨. 나이. 장수. 헌수.
- longevity ジュ(ことぶく)
- 늙을 노(耂·老의 변형)와 장수 수(㠭·壽).

壽命(수명) 타고난 목숨. 생명.
壽衣(수의) 염습할 때 시체에 입히는 옷.
長壽(장수) 목숨이 긺. 오래 삶.
天壽(천수) 타고난 수명. 天命(천명).

**宴** 잔치 연
- 잔치. 즐기다. 편안하다.
- banquet エン(さかもり)
- 움집 면(宀)과 늦을 안(㬫·晏).

宴樂(연락) 편안히 지내며 즐김.
宴席(연석) 연회를 베푼 자리.
宴息(연식) 편안히 쉼.
宴會(연회) 여러 사람이 모여 베푸는 잔치.

## 家慶 (가경) 家慶 家慶 家慶 집안의 즐거운 일.

**家** 집 가 — 집. 가정. 가족. 전문가.
宀 7 ⑩
house カ,ケ(いえ)
宀宀宁宇宇家家
움집 면(宀)과 돼지 시(豕).

家道(가도) 집안에서 행해야 할 도덕.
家庭(가정) 한 가족을 단위로 하는 집안.
家親(가친) 남에 대해 자기 아버지를 일컫는 말.
家風(가풍) 한 집안의 규율과 풍습.

**慶** 경사 경 — 경사. 경사스럽다. 축하함.
心 11 ⑮
happy event ケイ(よろこぶ)
戶戶戶廣廣慶
사슴 록(严·鹿)과 마음 심(心), 천천히 걸을 쇠(夂).

慶福(경복) 경사스럽고 복됨.
慶事(경사) 경축할 만한 일. 기쁜 일.
慶筵(경연) 경사스러운 잔치를 벌인 자리.
慶賀(경하) 경사스러운 일을 치하함.

## 祝賀 (축하) 祝賀 祝賀 祝賀 경사에 인사함. 또는 그 인사.

**祝** 빌 축 — 빌다. 축하하다. 기원하다. 축문.
示 5 ⑩
pray シュク(いわう)
一二亍亓利和祝
보일 시(示)와 입 구(口), 사람 인(儿·人).

祝杯(축배) 축하하는 뜻으로 드는 술잔.
祝福(축복) 앞길의 행복을 빎.
慶祝(경축) 기쁜 일을 축하함.
奉祝(봉축) 공경하는 마음으로 축하함.

**賀** 하례할 하 — 하례하다. 경축. 경사.
貝 5 ⑫
greetings ガ(いわう)
加加賀賀賀賀
조개 패(貝)와 더할 가(加).

賀客(하객) 축하하는 손님.
賀禮(하례) 축하하는 예식(禮式). 賀儀(하의).
賀宴(하연) 축하하는 잔치.
慶賀(경하) 경사스러운 일을 치하함.

## 拜謝 (배사) 拜謝 拜謝 拜謝 엎드려 사례함.

**拜** 절 배 — 절. 절하다. 공경하다. 벼슬.
手 5 ⑨
bow ハイ(おがむ)
三手丰丰拝拜
손 수(手)와 손 수(手), 아래 하(下).

拜金(배금) 돈을 매우 귀중히 여김.
拜禮(배례) 절하는 예. 절을 함.
拜伏(배복) 엎드려 절함.
拜謁(배알) 높은 어른께 공경하여 뵘.

**謝** 사례할 사 — 사례하다. 사과하다. 말하다.
言 10 ⑰
thank シャ(あいさつする)
訂訂訪謝謝謝
말씀 언(言)과 쏠 사(射).

謝過(사과) 잘못에 대하여 용서(容恕)를 빎.
謝禮(사례) 고마운 뜻을 나타내는 말이나 금품.
謝罪(사죄) 죄에 대해 용서를 빎.
陳謝(진사) 까닭을 말하고 사죄함. 사례함.

인간(人間) - 풍속(風俗)

## 罔極(망극) 罔極 罔極 罔極  어찌할 바를 모름. 끝이 없음.

**罔** 그물 망
网 3 ⑧
그물. 없다. 맺다. 속이다.
net ホウ,モウ(なし)
冂 冂 冈 冈 罔 罔
그물 망(冈)과 잃을 망(亡:덮어 가리다).

罔罟(망고) 그물.
罔然(망연) 멍한 모양. 상심(喪心)한 모양.
罔測(망측) 이치에 맞지 않아 헤아릴 수 없음.
妄惑(망혹) 마음이 어두워 미혹함.

**極** 다할 극
木 9 ⑬
다하다. 지극하다. 최고.
extreme ゴク,キョク(むね)
木 朽 柯 極 極 極
나무 목(木)과 빠를 극(亟).

極端(극단) 중용을 벗어나 한쪽으로 치우침.
極度(극도) 더할 나위 없이 극심한 정도.
極樂(극락) 한껏 즐김. 극락세계.
極致(극치) 극도에 이른 경지.

## 哭泣(곡읍) 哭泣 哭泣 哭泣  소리를 내어 섧게 욺.

**哭** 울 곡
口 7 ⑩
울다. 곡하다. 곡.
weep コク(なく)
口 吅 吅 哭 哭 哭
부르짖을 현(吅: 많은 입)과 개 견(犬: 희생물).

哭聲(곡성) 애곡하는 소리.
哀哭(애곡) 소리 내어 슬피 욺.
痛哭(통곡) 소리를 높여 슬피 욺.
號哭(호곡) 소리 내어 슬피 욺.

**泣** 울 읍
水 5 ⑧
울다. 울음. 눈물. 근심함.
weep リュウ(なく)
氵 氵 汁 汴 泣 泣
물 수(氵·水)와 알갱이 립(立·粒).

泣諫(읍간) 울면서 간함.
泣哭(읍곡) 소리를 내어 몹시 욺.
泣訴(읍소) 눈물로써 간절히 하소연함.
泣血(읍혈) 피눈물 나게 슬피 욺.

## 噫嗚(희오) 噫嗚 噫嗚 噫嗚  슬퍼 탄식하는 모양.

※제외자

**噫** 탄식할 희, 트림할 애
口 13 ⑯
탄식하다. 한숨. 트림하다.
sigh イ(ああ)
口 吣 吣 唶 唶 噫
입 구(口)와 뜻 의(意).

噫瘖(희음) 똑똑히 소리를 내지 못하는 모양.
噫乎(희호) 찬미하거나 탄식, 애통하는 소리.
噫氣(애기) 내쉬는 숨. 하품.
噫欠(애흠) 트림과 하품.

**嗚** 탄식할 오
口 10 ⑬
탄식하다. 노랫소리.
alas オ(ああ)
叮 叮 叮 咀 嗚 嗚
입 구(口)와 까마귀 오(烏: 한숨소리).

嗚咽(오열) 흐느껴 욺. 목메어 욺.
嗚嗚(오오) 노래를 부르는 소리.
嗚呼(오호) 슬플 때나 탄식할 때 내는 소리.
嗚呼噫噫(오호희희) 놀라 탄식하는 소리.

## 弔詞(조사)  弔詞  弔词   조상하는 글. 弔辭(조사).

**弔** 조상할 조
弓1④
condole
チョウ(とむらう)
조상하다. 위문하다. 이르다.
ㄱ ㄱ 弓 弔
막대에 덩굴이 휘감고 늘어져 있는 모양.

弔旗(조기) 조의를 표해 다는 기.
弔問(조문) 상가에 가서 위문함.
弔喪(조상) 남의 상사에 조의를 표함.
弔意(조의) 죽은 이를 애도하는 마음.

**詞** 말 사
言5⑫
word
シ(ことば)
말. 언어. 알리다. 고함.
ㄱ ㄱ 訂 訂 詞 詞
말씀 언(言)과 맡을 사(司).

詞林(사림) 시문을 모은 책. 문인들의 사회.
詞章(사장) 시가(詩歌)와 문장.
詞兄(사형) 문인끼리 상대를 높여 부르는 말.
詞賦(사부) 사(詞)와 부(賦). 한시.

## 側近(측근)  側近  側近   윗사람을 가까이서 섬기는 사람.

**側** 곁 측
人9⑪
side
ソク(かたはら)
곁. 옆. 기울이다. 엎드리다.
亻 仂 但 俱 側 側
사람 인(亻·人)과 격식 칙(則).

側面(측면) 물체의 좌우에 향하는 표면.
側目(측목) 곁눈질을 함.
側傍(측방) 가까운 곁. 멀지 않은 바로 옆.
側言(측언) 치우친 말. 공평치 못한 말.

**近** 가까울 근
辵4⑧
near
キン(ちかい)
가깝다. 친하다. 속되다.
ㄱ 斤 斤 斤 近 近
쉬엄쉬엄 갈 착(辶·辵)과 무게 근(斤 : 물건을 만들기 위한 칼의 뜻).

近刊(근간) 가까운 시일 내에 간행함.
近隣(근린) 가까운 이웃.
近視(근시) 먼 데 있는 것을 잘 보지 못하는 눈.
接近(접근) 가까이 함. 서로 바싹 다가붙음.

## 慰勞(위로)  慰勞  慰勞   고달픔을 풀도록 따뜻이 대해 줌.

**慰** 위로할 위
心11⑮
comfort
イ(なぐさめる)
위로하다. 달래다. 우울해지다.
ㄱ 尸 尸 尉 尉 慰
편안하게 할 위(尉)와 마음 심(心).

慰安(위안) 위로함. 위로해 마음을 편안케 함.
慰問(위문) 위로하기 위해 문안(問安)함.
慰撫(위무) 위로하고 어루만져 달램.
慰藉(위자) 위로하고 도와 줌.

**勞** 수고로울 로
力10⑫
toil
ロウ(つかれる)
수고롭다. 애쓰다. 위로하다.
` ` ` 炏 炏 炐 勞
밝을 형(炏·熒)과 힘 력(力).

勞苦(노고) 힘들여 애쓰고 고생함.
勞動(노동) 마음과 몸을 움직여 일을 함.
勞使(노사) 노동자와 사용자. 마구 부려먹음.
勞心(노심) 애를 씀.

인간(人間) - 풍속(風俗)

## 富貴 (부귀) 富貴 富貴 富貴  재산이 많고 지위가 높음.

**富** 가멸 부
가멸(재산이 많다). 넉넉하다.
rich フウ,フ(とみ)
움집 면(宀)과 찰 복(畐: 술통).

- 富強(부강) 나라가 부유하고 군사력이 강함.
- 富民(부민) 살림이 넉넉한 백성.
- 富益富(부익부) 부자일수록 더욱 부자가 됨.
- 致富(치부) 재물을 모아 부자가 됨.

**貴** 귀할 귀
귀하다. 비싸다. 소중하다.
noble キ(とうとい)
잠깐 유(虫·叀: 선물)와 조개 패(貝: 재물).

- 貴賓(귀빈) 귀한 손님. 존귀한 손. 貴客(귀객)
- 貴賤(귀천) 귀함과 천함. 또는 귀인과 천인.
- 貴宅(귀택) 상대의 집의 존칭.
- 貴下(귀하) 상대를 높이어 일컫는 말.

## 貧賤 (빈천) 貧賤 貧賤 貧賤  가난하고 천함.

**貧** 가난할 빈
가난하다. 모자라다. 곤궁.
poor ヒン(まずしい)
나눌 분(分)과 조개 패(貝).

- 貧家(빈가) 살림이 구차한 집.
- 貧困(빈곤) 가난하여 살기 어려운 고생.
- 貧富(빈부) 가난함과 부유함.
- 貧弱(빈약) 보잘것없음. 가난하고 고약함.

**賤** 천할 천
천하다. 값이 싸다. 신분이 낮다.
humble セン(いやしい)
조개 패(貝: 재화)와 적을 전(戔).

- 賤價(천가) 싼값. 염가. 헐값.
- 賤格(천격) 천한 품격. 천하게 생긴 골격.
- 賤骨(천골) 비천하게 생긴 골격. ↔ 貴骨(귀골).
- 賤視(천시) 업신여김.

## 康寧 (강녕) 康寧 康寧 康寧  평안함. 우환이 없음.

**康** 편안할 강
편안하다. 화목하다. 즐기다.
peaceful コウ(やすい)
고칠 경(庚: 절굿공이)과 쌀 미(米).

- 康福(강복) 건강하고 행복함.
- 康健(강건) 몸이 튼튼하고 편안함.
- 康樂(강락) 편안히 즐김.
- 小康(소강) 소란하던 세상이 조금 안정됨.

**寧** 편안할 녕
편안하다. 문안하다. 귀성함.
peaceful ネイ(やすい)
움집 면(宀)과 마음 심(心), 그릇 명(皿)과 못 정(丁).

- 寧息(영식) 편안히 쉼.
- 寧日(영일) 무사하고 평화로운 날.
- 寧靜(영정) 편안하고 고요함.
- 寧親(영친) 부모를 뵈러 고향으로 돌아감.

## 亨通 (형통)

亨通 亨通 亨通  모든 일이 뜻과 같이 잘됨.

**亨** (형통할 **형**, 드릴 **향**, 삶을 **팽**)
亠 5 ⑦
go well　キョウ(とおる)
亠 亠 吉 亨 亨
형통하다. 일이 잘 되다.
조상신을 모신 장소를 본뜬 모양.

亨途(형도) 평탄한 길.
享有(향유) 누려서 가짐.
吉亨(길형) 길하여 사물이 잘 형통함.
亨淑(팽숙) 삶아서 익힘. 삶음.

**通** (통할 통)
辶 7 ⑪
go through　ツウ(とおる)
マ 甬 甬 涌 通
통하다. 꿰뚫다. 이르다. 닿음.
대롱 용(甬)과 쉬엄쉬엄 갈 착(辶·辵).

通告(통고) 서면이나 말로 통지하여 알림.
通過(통과) 시험이나 검사에 합격함.
通達(통달) 꿰뚫어 통함. 사물의 이치를 환히 앎.
通用(통용) 일반에 널리 쓰임.

## 旣爲 (기위)

旣爲 旣爲 旣爲  이미. 벌써.

**旣** (이미 기)
旡 7 ⑪
already　キ(すでに)
皀 皀 皀 旣 旣 旣
이미. 본디. 원래. 이윽고.
고소할 조(皀)와 외면할 기(旡).

旣決(기결) 재판의 판결이 확정됨.
旣成(기성) 이미 이루어짐. 이미 만들어짐.
旣往(기왕) 이미 지나간 일.
旣定(기정) 이미 정해짐.

**爲** (할 위)
爪 8 ⑫
do　イ(なす,ため)
爫 爫 爫 爲 爲
하다. 행하다. ~라고 하다.
원숭이의 손톱(爪)과 머리·눈·다리를 형상화한 글자.

爲國(위국) 나라를 위함.
爲民(위민) 백성을 구함.
爲先(위선) 다른 것에 앞서. 우선.
爲業(위업) 생업(生業)을 삼음. 사업을 경영함.

## 限定 (한정)

限定 限定 限定  제한하여 정함. 또, 그 한도.

**限** (한정 한)
阝 6 ⑨
limit　グン(かぎる)
阝 阝 阝 阳 限 限
한정. 한계. 지경. 목.
언덕 부(阝·阜)와 한정할 간(艮).

限界(한계) 땅의 경계. 사물의 정해 놓은 범위.
限度(한도) 한정함. 제한된 기준.
限死(한사) 죽기로 한함. 목숨을 내 걺.
局限(국한) 어떤 부분에 한정함.

**定** (한정 정)
宀 5 ⑧
set　テイ,ヂョウ(さだむ)
宀 宀 宀 宁 定 定
정하다. 바로잡다. 정해지다.
움집 면(宀)과 바를 정(疋·正).

定價(정가) 정해진 값. 매겨 놓은 값. 값.
定規(정규) 정해진 규약이나 규칙.
定員(정원) 정해진 인원수.
認定(인정) 옳다고 믿고 정하는 일.

인간(人間) - 감정(感情)

## 愛憎(애증) 愛憎 愛憎 愛憎  사랑과 미움. 사랑함과 미워함.

**愛** 心 9 ⑬ 사랑 애
사랑. 인정. 자애. 사랑하다.
love  アイ(あいする)
물 받을 수(受)와 마음 심(心), 천천히 걸을 쇠(夊).

愛國(애국) 자기 나라를 사랑함.
愛情(애정) 이성간에 연모하는 마음.
愛之重之(애지중지) 사랑하여 소중히 여김.
博愛(박애) 모든 사람을 널리 사랑함.

**憎** 心 12 ⑮ 미워할 증
미워하다. 증오함. 미움.
hate  ゾウ(にくむ)
마음 심(忄·心)과 거듭 증(曾 : 겹쳐 쌓이다).

憎忌(증기) 미워하고 꺼림.
憎惡(증오) 미워함. 싫어함.
憎怨(증원) 미워하고 원망함.
憎嫌(증혐) 미워하고 싫어함.

## 煩惱(번뇌) 煩惱 煩惱 煩惱  마음으로 몹시 괴로워함. 그 괴로움.

**煩** 火 9 ⑬ 번거로울 번
번거롭다. 성가시다. 귀찮다
trouble some  ハン(わずらわしい)
불 화(火)와 머리 혈(頁).

煩渴(번갈) 가슴이 답답하고 목이 마름.
煩急(번급) 몹시 번거롭고도 급함.
煩悶(번민) 번거롭고 답답하여 괴로워함.
煩雜(번잡) 뒤섞여 어수선함.

**惱** 心 9 ⑫ 괴로워할 뇌
괴로워하다. 고민함. 괴로움
troubled  ノウ(なやむ)
마음 심(忄·心)과 한해 입은 밭 치(甾).

惱亂(뇌란) 고민하여 어지러움.
惱殺(뇌살·뇌쇄) 애가 타도록 몹시 괴롭힘. 남자를 매혹하는 일.
苦惱(고뇌) 괴로워하고 번뇌함.

## 追憶(추억) 追憶 追憶 追憶  지난 일을 돌이켜 생각함.

**追** 辵 6 ⑩ 따를 추, 갈 퇴
따르다. 쫓다. 쫓다. 내쫓다.
pursue  ツイ(おう)
쌓일 퇴(𠂤 : 고기)와 쉬엄쉬엄 갈 착(辶·辵).

追加(추가) 나중에 더하여 보탬.
追擊(추격) 뒤쫓아 가며 냅다 침.
追究(추구) 근본을 캐어 들어가며 연구함.
追慕(추모) 죽거나 떠나간 사람을 사모함.

**憶** 心 13 ⑯ 생각할 억
생각하다. 추억하다. 기억.
recall  オク(おもう)
마음 심(忄·心)과 뜻 의(意 : 생각하다).

憶起(억기) 과거의 경험을 불러일으키는 작용.
憶昔(억석) 옛날을 돌이켜 생각함.
憶念(억념) 잊지 않고 생각해 봄.
記憶(기억) 이전의 것을 다시 생각해 냄.

## 隱愁(은수) 隱愁 隱愁 隱愁 남이 모르는 근심.

**隱** 阜 14 ⑰ 숨을 은
숨다. 숨기다. 희미하다.
hide　イン(かくれる)
阝 阝¹ 阝² 隱 隱 隱
언덕 부(阝·阜 : 벽)와 숨을 은(㒰).

隱居(은거) 세상을 피하여 삶.
隱匿(은닉) 숨기어 감춤. 숨어 있는 사람.
隱遁(은둔) 세상을 피해 숨음. 모습을 감춤.
隱密(은밀) 숨겨 비밀히 함.

**愁** 心 9 ⑬ 근심할 수
근심하다. 시름. 슬퍼하다.
anxiety　シュウ(うれえる)
千 禾 秋 秋 愁 愁
가을 추(秋 : 가냘픈 울음소리)와 마음 심(心).

愁眉(수미) 근심에 잠긴 눈썹.
愁心(수심) 근심하는 마음.
愁色(수색) 근심하는 빛.
愁懷(수회) 근심하는 회포.

## 永遠(영원) 永遠 永遠 永遠 계속하여 끝이 없음. 길고 멂.

**永** 水 1 ⑤ 길 영
길다. 오래다. 깊다. 멀다.
eternal　エイ(ながい)
丶 ㇇ 亅 永 永
강물이 여러 갈래로 갈라지면서 흘러가는 모양.

永劫(영겁) 매우 긴 시간. 영원한 세월.
永久長川(영구장천) 한없이. 늘. 언제나.
永眠(영면) 영원히 잠을 잔다는 뜻으로, 죽음을 일컬음.

**遠** 辵 10 ⑭ 멀 원
멀다. 선조. 멀리하다.
far　エン(とおい)
十 土 吉 幸 袁 遠
옷자락 길 원(袁)과 쉬엄쉬엄 갈 착(辶·辵).

遠近(원근) 먼 곳과 가까운 곳.
遠大(원대) 뜻이 깊고 큼.
遠視(원시) 멀리 봄. 먼 곳까지 보임. 원시안.
遠征(원정) 먼 곳을 정벌하러 감.

## 現在(현재) 現在 現在 現在 지금. 이제.

**現** 玉 7 ⑪ 나타날 현
나타나다. 나타냄. 현재.
appear　ゲン(あらわれる)
旦 显 累 累 顯 顯
구슬 옥(王·玉)과 나타날 현(見).

現金(현금) 현재 가지고 있는 돈.
現象(현상) 현재의 상태. 지금의 형편.
現實(현실) 실제의 사실 또는 상태.
再現(재현) 거듭하여 나타남.

**在** 土 3 ⑥ 있을 재
있다. 찾다. 살다. 살피다.
exist　ザイ(ある)
一 ナ 才 左 存 在
초목의 싹을 뜻하는 재(ナ·才)와 흙 토(土). 새싹이 흙에 뿌리를 박고 있다는 뜻.

在京(재경) 서울에 머물러 있음.
在庫(재고) 창고에 있음. 재고품(在庫品).
在來(재래) 전부터 있어 내려온 것.
在野(재야) 초야(草野)에 있음.

인간(人間) - 감정(感情)

## 好感(호감)  好感 好感 好感   좋게 느끼는 감정. 좋은 인상.

**好** 좋을 호
女 3 ⑥
좋다. 좋아하다. 사이가 좋다.
good コウ(よい)  く 女 女 女 好 好
계집 녀(女)와 아들 자(子). 여자가 아이를 안고 좋아하다.

- 好機(호기): 좋은 기회.
- 好色(호색): 여색(女色)을 좋아함. 미인.
- 好意(호의): 친절한 마음씨.
- 好轉(호전): 무슨 일이 잘 되어 가기 시작함.

**感** 느낄 감
心 9 ⑬
느끼다. 깨닫다. 생각하다.
feel カン(かんずる)  厂 咸 咸 咸 感
다 함(咸)과 마음 심(心).

- 感覺(감각): 느끼어 깨달음.
- 感慨(감개): 마음속 깊이 사무치게 느낌.
- 感激(감격): 몹시 고맙게 느낌.
- 共感(공감): 남의 의견·주장에 공명함.

## 純潔(순결)  純潔 纯洁 純潔   아주 깨끗함. 마음과 몸이 깨끗함.

**純** 순수할 순   纯
糸 4 ⑩
순수하다. 순진하다. 천진하다.
pure ジュン(きいと)  幺 纟 糸 糸 紀 純
실 사(糸)와 모을 둔(屯: 새싹).

- 純毛(순모): 순수한 털. 모직물이나 털실.
- 純朴(순박): 성질이 순진하고 꾸밈이 없음.
- 純粹(순수): 다른 것이 조금도 섞이지 않음.
- 單純(단순): 복잡하지 않고 간단함.

**潔** 깨끗할 결   洁
水 12 ⑮
깨끗하다. 깨끗이 하다.
clean ケツ(いさぎよし)  氵 浐 津 浐 潔 潔
물 수(氵·水)와 조촐할 결(絜).

- 潔廉(결렴): 깨끗하고 욕심이 적음.
- 潔白(결백): 마음이 깨끗하여 켕기는 데가 없음.
- 簡潔(간결): 검소하고 청결함.
- 純潔(순결): 마음에 더러움이 없이 깨끗함.

## 情緒(정서)  情緒 情绪 情緒   어떤 생각함에 따라 일어나는 감정.

**情** 뜻 정   情
心 8 ⑪
뜻. 욕심. 심기. 본성. 정성.
affection ジョウ(なさけ)  忄 忄 忄 忄 情 情 情
마음 심(忄·心)과 푸를 청(靑: 순수하다).

- 情景(정경): 가엾은 지경에 놓인 딱한 모양.
- 情談(정담): 다정한 이야기.
- 情表(정표): 간곡한 정의 표시로 물품을 줌.
- 愛情(애정): 사랑하는 마음. 戀情(연정).

**緒** 실마리 서   绪
糸 9 ⑮
실마리. 시작. 발단. 첫머리.
clue ショ(いとぐち)  糸 紗 紗 紗 緒 緒
실 사(糸)와 놈 자(者: 삶다).

- 緒論(서론): 본론에 들어가기 전, 서두의 논설.
- 緒言(서언): 논설의 발단으로서 하는 말.
- 緒業(서업): 시작한 일. 事業(사업).
- 端緒(단서): 일의 처음. 일의 실마리.

## 因緣 (인연)  因緣 因緣 因緣   서로의 연분. 연줄. 유래.

**因** 인할 인
口 3 ⑥
cause  イン(よる)
| 冂 冂 因 因
에워쌀 위(口)와 큰 대(大).

**緣** 인연 연
糸 9 ⑮
affinity  エン(ふち)
糸 糹 紛 紛 絲 緣
실 사(糸)와 두를 단(彖).

因果(인과)  원인과 결과. 전생에 대한 응보.
因習(인습)  이전부터 전하여 내려오는 풍습.
起因(기인)  일이 일어나는 원인.
敗因(패인)  싸움에 지거나 일에 실패한 원인.

緣故(연고)  까닭. 이유. 맺어진 관계.
緣分(연분)  인연으로 정해진 분수.
緣由(연유)  까닭. 유래(由來).
緣坐(연좌)  집안의 범죄로 인하여 처벌당함.

## 戀慕 (연모)  戀慕 戀慕 恋慕   사랑하여 그리워함.

**戀** 사모할 련       恋
心 19 ㉓
love  レン(こい,こいしい)
亠 言 結 結 綴 戀
맬 련(䜌 : 당기다)과 마음 심(心).

**慕** 사모할 모
心 11 ⑮
long for  ボ(したう)
艹 苩 莫 莫 慕 慕
저물 모(莫)와 마음 심(忄·心).

戀歌(연가)  이성에 대한 사랑을 나타낸 노래.
戀愛(연애)  남녀간의 그리워 사모하는 애정.
戀人(연인)  사모하고 그리는 사람.
戀情(연정)  연모하여 그리워하는 마음.

慕念(모념)  사모하는 생각.
慕戀(모련)  그리워하여 늘 생각함.
慕心(모심)  그리워하는 마음.
思慕(사모)  생각하고 그리워함.

## 執念 (집념)  執念 執念 執念   집착하여 떠나지 않는 생각.

**執** 잡을 집       执
土 8 ⑪
catch  シツ(とる)
土 杢 幸 幸 執 執
수갑을 찬 채(幸) 무릎 꿇고(丸) 있는 모양.

**念** 생각 념
心 4 ⑧
think  ネン(おもう)
人 今 今 念 念 念
이제 금(今)과 마음 심(心).

執權(집권)  정권을 잡음.
執禮(집례)  예식을 집행함. 지켜 행할 예(禮).
執務(집무)  사무를 맡아 봄.
執政(집정)  국정을 집행함. 또, 그 사람.

念頭(염두)  생각. 마음 속. 心中(심중).
念慮(염려)  헤아려 걱정함. 또, 그런 생각.
念願(염원)  늘 생각하고 간절히 바람.
通念(통념)  일반 사회에 널리 통하는 개념.

인간(人間)- 품격(品格)

## 豪傑(호걸) 豪傑 豪傑 豪傑  지용이 뛰어나고 기개가 있는 사람.

豕 7 ⑭ **豪** 호걸 호
호걸. 귀인. 호협하다. 빼어나다.
hero
ゴウ(つよい, おおきい)
亠 言 亨 亨 亭 豪豪
높을 고(高·髙)와 돼지 시(豕).

人 10 ⑫ **傑** 뛰어날 걸  杰
뛰어나다. 출중(出衆)함.
eminent
ケツ(すぐれる)
亻 亻 俨 俨 傑 傑
사람 인(亻·人)에 빼어날 걸(桀).

豪放(호방) 의기가 장하고 거리낌이 없음.
豪商(호상) 규모가 매우 큰 상인.
豪言(호언) 호기스러운 말.
文豪(문호) 문학의 대가.

傑句(걸구) 뛰어나게 잘 지은 시구(詩句).
傑物(걸물) 남보다 훨씬 뛰어난 사람.
傑作(걸작) 썩 훌륭하게 잘된 작품.
傑出(걸출) 남보다 훨씬 뛰어남.

## 俊才(준재) 俊才 俊才 俊才  뛰어난 재능. 또는 그러한 사람.

人 7 ⑨ **俊** 준걸 준
준걸. 준수하다. 뛰어남.
superior
シュン(さといも)
亻 亻 俨 佟 俊 俊
사람 인(亻·人)과 갈 준(夋: 뛰어나다).

手 0 ③ **才** 재주 재
재주. 지혜. 재능 있는 사람.
talent
サイ(もちまえ, わざ)
一 十 才
새싹이 땅에서 돋아 나오는 모양을 본뜬 글자.

俊傑(준걸) 재주나 역량이 뛰어난 사람.
俊德(준덕) 높은 덕.
俊馬(준마) 훌륭한 말.
俊秀(준수) 재주나 슬기·풍채 등이 빼어남.

才能(재능) 재주와 능력.
才色(재색) 빼어난 용모와 재주를 가진 여자.
才致(재치) 눈치 빠른 재주. 또는 능란한 솜씨.
秀才(수재) 재능이나 학문이 뛰어남.

## 聰敏(총민) 聰敏 聰敏 聰敏  총명하고 민첩함.

耳 11 ⑰ **聰** 귀밝을 총  聡
귀가 밝다. 총명하다. 명민함.
clever
ソウ(さとい)
耳 耵 聃 聰 聰 聰
귀 이(耳)와 밝을 총(悤: 모으다).

攴 7 ⑪ **敏** 민첩할 민
민첩하다. 재빠르다. 총명하다.
quick
ビン(さとい)
亠 匀 每 每 敏 敏
매양 매(每)와 칠 복(攵·攴).

聰氣(총기) 총명한 기질. 기억하는 능력.
聰明(총명) 재주가 있고 영리함.
聰達(총달) 슬기롭고 사리에 통달함.
聰慧(총혜) 총명한 지혜.

敏感(민감) 사물에 대한 느낌이 예민함.
敏腕(민완) 민첩한 수완.
敏智(민지) 민첩한 지혜. 재빠른 슬기.
敏活(민활) 재능이 날카롭고 잘 돌아감.

## 智慧 (지혜)

智慧 智慧 智慧 슬기. 사리를 분별하는 마음 작용.

**智** 슬기 지
日 8 ⑫
슬기. 지혜. 슬기롭다.
wisdom チ(ちえ)
알 지(知)와 날 일(日).

**慧** 지혜 혜
心 11 ⑮
지혜. 슬기롭다. 총명함.
wise エ, ケイ(さとい)
비(영리함) 혜(彗)와 마음 심(心).

智見(지견) 지혜와 식견(識見).
智能(지능) 지혜와 기능. 두뇌의 능력.
智略(지략) 슬기로운 계략.
智謀(지모) 슬기로운 계책(꾀).

慧巧(혜교) 밝은 슬기와 묘한 기교.
慧敏(혜민) 슬기롭고 민첩함.
慧眼(혜안) 사물을 명찰(明察)하는 눈.
慧鳥(혜조) 앵무새.

## 兼全 (겸전)

兼全 兼全 兼全 여러 가지를 다 갖추어 완전함.

**兼** 겸할 겸
八 8 ⑩
겸하다. 다하다. 쌓다.
combine ケン(かねる)
벼 화(禾) 두 자와 또 우(又).

**全** 온전·모두 전
入 4 ⑥
온전하다. 온전히 하다. 모두.
perfect ゼン(まったく)
들 입(入:입구)과 구슬 옥(王:玉). 순수한 옥.

兼務(겸무) 본래의 직무 외에 겸해서 하는 일.
兼備(겸비) 아울러 갖춤. 兼存(겸존).
兼用(겸용) 하나로 여러 가지를 겸하여 씀.
兼職(겸직) 본래의 직무 외에 다른 일도 겸함.

全權(전권) 모든 권리.
全面(전면) 어떤 범위의 전체.
全人(전인) 지덕이 원만하여 결점이 없는 사람.
完全(완전) 부족한 점이나 흠이 없음.

## 超越 (초월)

超越 超越 超越 보통보다 뛰어남. 세속에서 벗어남.

**超** 넘을 초
走 5 ⑫
넘다. 뛰어넘다. 밟고 넘다.
leap over チョウ(こえる)
달릴 주(走)와 부를 소(召:뛰어오르다).

**越** 넘을 월
走 5 ⑫
넘다. 넘기다. 멀다. 앞지르다.
overpass エツ(こえる)
달아날 주(走)와 멀 월(戉).

超過(초과) 한도를 넘음. 예정된 수를 넘어섬.
超克(초극) 어려움을 이겨냄.
超然(초연) 세속 따위에 얽매이지 않는 모양.
超人(초인) 뛰어난 능력을 가진 사람.

越境(월경) 국경 등의 경계선을 넘음.
越權(월권) 남의 직권을 침범함.
越冬(월동) 겨울을 넘김. 겨울을 남.
越等(월등) 훨씬 나음. 정도의 차이가 현격함.

인간(人間)- 품격(品格)

## 頭腦(두뇌) 頭腦 頭腦 頭腦  머릿골. 슬기롭게 판단하는 힘.

**頭** 頁 7 ⑯
머리 두  头
머리. 우두머리. 꼭대기.
head  トウ(あたま)
豆 豆 頭 頭 頭 頭
콩 두(豆)와 머리 혈(頁).

**腦** 肉 9 ⑬
뇌 뇌  脑
뇌. 머릿골. 머리. 마음.
brain  ノウ(のう)
月 月𡿺 胪 胳 腦 腦
몸 육(月·肉)과 머리털 천(巛), 정수리 신(囟).

頭角(두각) 우뚝 뛰어남. 또는 뛰어난 재능.
頭目(두목) 여러 사람 중의 우두머리.
竿頭(간두) 百尺竿頭(백척간두)의 준말. 대단히 위태롭고 어려운 지경에 빠짐.

腦裏(뇌리) 머릿속. 마음속.
腦炎(뇌염) 뇌수의 염증으로 일어나는 병.
腦溢血(뇌일혈) 뇌 속에서 혈관이 터져 그 출혈로 일어나는 병.

## 昏暗(혼암) 昏暗 昏暗 昏暗  어두움.

**昏** 日 4 ⑧
어두울 혼
어둡다. 혼미하다. 어리석음.
dark  コン(くらい)
一 ㄷ 氏 氏 昏 昏
백성 민(氏 : 民 눈을 찔러 잘 보지 못함)과 날 일(日).

**暗** 日 9 ⑬
어두울 암
어둡다. 어리석다. 밤. 어둡.
dark  アン(くらい)
日 日 𣈆 晤 暗 暗
날 일(日)과 소리 음(音 : 흐리다).

昏君(혼군) 어둡고 어리석은 임금.
昏亂(혼란) 분별이 없고 도리를 모름.
昏迷(혼미) 사리에 어둡고 미욱함.
昏睡(혼수) 의식이 없어지고 인사불성이 됨.

暗記(암기) 머릿속에 기억하여 잊지 아니함.
暗澹(암담) 희망이 없이 막막함.
暗行(암행) 남모르게 다님.
暗黑(암흑) 캄캄함. 불안하고 비참한 상태.

## 表裏(표리) 表裏 表裏 表裏  겉과 속. 안팎. 언행과 내심.

**表** 衣 3 ⑧
겉 표
겉. 바깥. 나타내다. 밝히다.
surface  ヒョウ(おもて,あらわす)
十 土 丰 圭 表 表
털 모(毛)와 옷 의(衣).

**裏** 衣 7 ⑬
속 리  里
속. 내부. 안. 안쪽.
inside  リ(うら)
亠 宀 宣 重 裏 裏
옷 의(衣)와 마을 리(里 : 솔기의 줄).

表決(표결) 의안에 대한 가부(可否)를 결정함.
表記(표기) 표시하여 기록함. 또, 그 기록.
表面(표면) 겉으로 드러난 쪽. 外面(외면).
發表(발표) 세상에 널리 드러내어 알림.

裏面(이면) 사물의 표면에 나타나지 않은 내부.
裏書(이서) 종이 뒤에 글자를 쓰는 일.
裏言(이언) 가만히 거드는 말.
表裏不同(표리부동) 마음의 겉과 속이 다름.

## 凡庸 (범용) 凡庸 凡庸 凡庸  평범하고 용렬함.

**几 1 ③ 凡** 무릇 범
무릇. 대체로 보아. 대강.
common  ボン、ハン(およそ)  ノ 几 凡
땅에서 하늘에까지 미침. 천지간의 만물.

**广 8 ⑪ 庸** 떳떳할 용
떳떳하다. 쓰다. 범상하다.
fair  ヨウ(つねもちいる)  广 户 户 肩 肩 庸
고칠 경(庚)과 쓸 용(用).

凡例(범례) 일러두기.
凡民(범민) 평범한 백성. 또는 모든 백성.
凡夫(범부) 평범한 사람. 衆生(중생).
凡常(범상) 대수롭지 않고 평범함.

庸劣(용렬) 어리석고 변변치 못함. 또, 그 사람.
庸輩(용배) 평범한 사람들.
庸俗(용속) 범상(凡常)하고 속됨.
庸人(용인) 평범한 사람. 凡人(범인).

## 拙劣 (졸렬) 拙劣 拙劣 拙劣  서투르고 옹졸함.

**手 5 ⑧ 拙** 졸할 졸
졸하다(옹졸). 못나다.
illiberal  ソツ(まずい)  扌 扌 扗 抖 拙 拙
손 수(扌·手)와 나갈 출(出 : 표준 미달).

**力 4 ⑥ 劣** 용렬할 렬
용렬하다. 못나다.
inferior  レツ(おとる)  丿 ⺌ 小 少 劣 劣
적을 소(少)와 힘 력(力).

拙稿(졸고) 졸렬하게 쓴 원고.
拙作(졸작) 졸렬한 작품. 자기 작품의 겸칭.
拙丈夫(졸장부)  도량이 좁고 용렬한 사내.
拙策(졸책) 어리석은 계책.

劣等(열등) 수준이 보통보다 낮음.
劣惡(열악) 품질이나 능력 따위가 떨어짐.
劣位(열위) 남보다 못한 지위.
卑劣(비열) 성품과 행실이 천하고 용렬함.

## 幼稚 (유치) 幼稚 幼稚 幼稚  나이가 어림. 언행이나 수준이 낮음.

※제외자

**幺 2 ⑤ 幼** 어릴 유
어리다. 어린아이. 깊다.
infant  ヨウ(おさない)  ⺄ 幺 幺 幻 幼
작을 요(幺)와 힘 력(力).

**禾 8 ⑬ 稚** 어릴 치
어리다. 만생종. 어린이.
young  チ(あどけない)  千 禾 禾 利 秆 秵 稚
벼 화(禾)와 새 추(隹).

幼年(유년) 나이가 어림. 또는 어린이.
幼兒(유아) 어린아이.
幼弱(유약) 어리고 아주 약함.
幼稚園(유치원)  어린이의 보육시설.

稚氣(치기) 철없는 상태. 어린애 같은 기분.
稚木(치목) 어린 나무. 穉木(치목).
稚心(치심) 어릴 때의 마음. 어린이와 같은 마음.
稚魚(치어) 어린 물고기.

인간(人間)- 품격(品格)

## 寡欲(과욕) 寡欲 寡欲 寡欲 하고자 하는 마음이 적음. 寡慾(과욕).

**寡** 적을 과
宀 11 ⑭
few カ(すくない)
적다. 약하다. 과부. 홀어미.
宀 宀 宋 宣 寡 寡
움집 면(宀)과 머리 혈(頁), 나눌 분(分).

寡聞淺識(과문천식) 견문이 좁고 지식이 얕음.
寡黙(과묵) 말이 적음.
寡約(과약) 검소하고 절약함.
寡人(과인) 임금이 자기를 낮추어 일컫는 말.

**欲** 하고자할 욕
欠 7 ⑪
desire ヨク(ほっする)
하고자 하다. 바라다. 탐내다.
𠂉 谷 谷 谷 欲 欲
골 곡(谷 : 넣다, 담다)과 하품 흠(欠 : 입 벌린 모양).

欲求(욕구) 바라고 구함. 욕심이 생겨 구함.
欲望(욕망) 누리고자 탐함. 또, 그 마음.
欲心(욕심) 자기에게 이롭게 하려는 마음.
欲情(욕정) 몹시 가지고 싶은 마음. 정욕.

## 輕薄(경박) 輕薄 輕薄 輕薄 침착하지 못함. 경솔하고 천박함.

**輕** 가벼울 경
車 7 ⑭
light ケイ(かるい)
轻
가볍다. 적다. 모자라다.
日 亘 車 車 輕 輕
수레 거(車)와 물줄기 경(巠).

輕擧(경거) 경솔하게 일을 함.
輕率(경솔) 언행이 신중하지 못하고 가벼움.
輕視(경시) 가볍게 봄. 깔봄. ↔ 重視(중시).
輕重(경중) 가벼움과 무거움.

**薄** 얇을 박
艹 13 ⑰
thin ハク(うすい)
얇다. 숲. 적다. 메마르다.
艹 苩 蒲 蒲 薄 薄
풀 초(艹·艸)와 두루 부(溥).

薄待(박대) 푸대접. 불친절한 대우.
薄德(박덕) 심덕이 두텁지 못하거나 덕이 적음.
薄明(박명) 해뜨기 전이나 해가 진 후, 주위가 얼마 동안 희미하게 밝은 상태.

## 恥辱(치욕) 恥辱 恥辱 恥辱 부끄러움과 욕됨.

**恥** 부끄러울 치
心 6 ⑩
shame チ(はじる)
부끄럽다. 도에 부끄러운 마음.
一 丅 F 王 耳 恥
귀 이(耳)와 마음 심(心).

恥部(치부) 자신의 부끄러운 부분.
恥事(치사) 남부끄러운 일.
恥心(치심) 부끄러움을 아는 마음.
廉恥(염치) 부끄러움을 아는 마음.

**辱** 욕될 욕
辰 3 ⑩
disgrace ジョク(はずかしめる)
욕되다. 욕보이다. 욕.
厂 尸 辰 辰 辱 辱
별 진(辰)과 법도 촌(寸).

辱說(욕설) 남을 욕하는 말. 모욕적인 말.
困辱(곤욕) 심한 모욕. 몹시 욕함.
屈辱(굴욕) 남에게 눌려 업신여김을 받음.
侮辱(모욕) 깔보아 욕되게 함.

## 慚愧(참괴) 慚愧 慚愧 慚愧 부끄러워함.

**慚** 心 11 ⑮ — 부끄러울 **참**
shame ザン(はじる)
부끄럽다. 부끄러움. 수치.
筆順: 忄 忄 忄 恒 悼 慚 慚
마음 심(忄·心)과 벨 참(斬 : 베다).

**愧** 心 10 ⑬ — 부끄러워할 **괴**
bashful ゲ(はじる)
부끄러워하다. 창피를 주다.
筆順: 忄 忄 忄 怀 愧 愧
마음 심(忄·心)과 도깨비 귀(鬼).

慚慨(참개) 몹시 부끄러워 탄식함.
慚汗(참한) 부끄러워서 흘리는 땀.
慚悔(참회) 부끄러워 뉘우침.
慚色(참색) 부끄러워하는 얼굴빛.

愧赧(괴란) 부끄러워서 낯이 붉어짐.
愧服(괴복) 부끄럽게 생각해서 굴복함.
愧死(괴사) 부끄러운 죽음. 매우 부끄러워함.
愧色(괴색) 부끄러워하는 얼굴빛.

## 莫而(막이) 莫而 莫而 莫而 없다. 아득하다.

**莫** 艸 7 ⑪ — 없을 **막**, 저물 **모**
not バク(ない)
없다. 멀다. 아득하다. 저물다.
筆順: 艹 艹 芇 莒 莫 莫
풀 초(艹·艸)와 햇빛 대(旲).

**而** 而 0 ⑥ — 말이을 **이**
and ジ(しかして)
말 잇다(~와 같다). 어조사.
筆順: 一 丆 丆 丙 而 而
코 밑 또는 턱수염의 모양을 본뜬 글자. 가차하여 쓰인다.

莫强(막강) 매우 강함.
莫大(막대) 수량이 예상 이상으로 많음.
莫論(막론) 의론(議論)할 것이 없음.
莫逆(막역) 서로 허물없이 썩 친함.

而今(이금) 지금에 이르러. 이제 와서.
而立(이립) 공자가 30세에 뜻을 세웠다는 말.
而後(이후) 지금부터.
然而(연이) 그러나.

## 激奮(격분) 激奮 激奮 激奮 몹시 성냄.

**激** 水 13 ⑯ — 과격할 **격**
violent ゲキ(はげしい)
과격하다. 부딪쳐 흐르다.
筆順: 氵 氵 沪 沪 激 激
물 수(氵·水)와 두드릴 교(敫).

**奮** 大 13 ⑯ — 떨칠 **분**
rouse up フン(ふるう)
떨치다. 힘쓰다. 분발하다.
筆順: ナ 木 木 奞 奮 奮
옷 의(衣)와 새 추(隹), 밭 전(田 : 바구니).

激減(격감) 갑자기 많이 줆.
激動(격동) 급격하게 움직임. 몹시 감동함.
激昂(격앙) 감정이 고조됨. 신경이 흥분함.
激增(격증) 급격한 증가. ↔ 激減(격감).

奮激(분격) 급격히 마음을 떨쳐 일으킴.
奮擊(분격) 분발해 공격함.
奮起(분기) 분발해 일어남.
興奮(흥분) 어떤 일에 감동되어 분기함.

인간(人間) - 품격(品格)

## 淸廉(청렴) 淸廉 淸廉 淸廉  마음이 깨끗하고 바름.

**淸** (水 8 ⑪) 맑을 청 / 淸
맑다. 갚다. 다스려지다.
clear　セイ(きよい)
ㆍㆍㆍㆍㆍ汁 洋 淸 淸
물 수(氵ㆍ水)와 푸를 청(靑).

淸潔(청결) 맑고 깨끗함. 淸淨潔白(청정결백).
淸白吏(청백리) 청렴하고 결백한 관리.
淸貧(청빈) 청렴하며 가난함.
肅淸(숙청) 다잡아서 부정(不正)을 없애는 일.

**廉** (广 10 ⑬) 청렴할 렴 / 廉
청렴하다. 맑다. 검소하다.
upright　レン(かど)
广 广 产 庐 廉 廉
집 엄(广)과 겸할 겸(兼).

廉價(염가) 값이 쌈. 싼 값.
廉夫(염부) 마음이 청렴한 사람.
廉恥(염치) 부끄러움을 아는 마음.
廉探(염탐) 비밀히 사정을 살펴 조사함.

## 儉約(검약) 儉約 儉約 儉約  절약하여 낭비하지 않음.

**儉** (人 13 ⑮) 검소할 검 / 儉
검소하다. 절약하다.
frugality　ケン(つづしやか)
亻 亻 俨 俨 倫 儉
사람 인(亻ㆍ人)과 여러 사람 첨(僉).

儉朴(검박) 검소하고 꾸밈이 없음.
儉素(검소) 사치하지 않고 수수함.
勤儉(근검) 부지런하고, 검소하며 절약함.
節儉(절검) 절약하고 검소하게 함.

**約** (糸 3 ⑨) 묶을 약 / 約
묶다. 약속하다. 계약. 대강.
about　ヤク(おおむれ)
幺 幺 糸 糸 約 約
실 사(糸)와 작을 작(勺).

約款(약관) 법령ㆍ조약ㆍ계약 등에 정한 조항.
約束(약속) 묶음. 다발지음. 언약함. 맹세함.
約定(약정) 어떤 일을 약속하여 정함.
要約(요약) 중요한 대목을 추려 냄.

## 寬厚(관후) 寬厚 寬厚 寬厚  너그럽고 인정이 후함.

**寬** (宀 12 ⑮) 너그러울 관 / 寬
너그럽다. 넓다. 느슨하다.
generous　カン(ひろい)
宀 宀 宇 宵 寬 寬
움집 면(宀)과 패모 한(寛 : 약초).

寬大(관대) 너그럽고 도량이 큼. 寬弘(관홍).
寬恕(관서) 너그럽게 용서함.
寬容(관용) 너그럽게 받아들임. 용서함.
裕寬(유관) 너그러움.

**厚** (厂 7 ⑨) 두터울 후 / 厚
두텁다. 도탑다. 두껍다.
thick　コウ(あつい)
一 厂 厂 戶 厚 厚
언덕 엄(厂)과 높을 고(旱ㆍ高).

厚待(후대) 후하게 대접함. 또는 그러한 대접.
厚德(후덕) 두터운 덕행. 또는 두터운 은덕.
厚朴(후박) 인정이 두텁고 거짓이 없음.
厚意(후의) 두텁고 인정 있는 마음.

## 沈着(침착) 沈着 沈着 沈着 — 당황하지 않고 마음이 가라앉아 있음.

**沈** 水 4 ⑦ — 잠길 **침**, 성 **심**
잠기다. 가라앉다. 익사하다.
sink チン(しずむ)
丶 氵 氵 汀 沙 沈
물 수(氵·水)와 머뭇거릴 유(冘 : 베개).

沈溺(침닉) 어떤 사물에 지나치게 열중함.
沈沒(침몰) 물에 빠져 가라앉음. 숨어 없어짐.
沈黙(침묵) 소리를 내지 않고 잠잠히 있음.
擊沈(격침) 적의 배를 쳐서 침몰시킴.

**着** 目 7 ⑫ — 붙을 **착**
붙다. 붙이다. 입다. 신다.
attach チャク(きる)
䒑 䒑 羊 差 着 着
양 양(羊)과 눈 목(目).

着陸(착륙) 비행기가 육지에 내림.
着服(착복) 옷을 입음. 着衣(착의). 남의 금품을 부당하게 자기 것으로 함.
到着(도착) 목적지에 다다름.

## 正邪(정사) 正邪 正邪 正邪 — 바른 것과 간사한 것.

**正** 止 1 ⑤ — 바를 **정**
바르다. 바로잡다. 정하다.
straight セイ, ショウ(ただしい)
一 丅 下 正 正
한 일(一)과 발 지(止).

正攻(정공) 정정당당히 공격함.
正氣(정기) 만물의 근원이 되는 기(氣).
正確(정확) 바르고 확실함.
改正(개정) 고치어 바르게 함.

**邪** 邑 4 ⑦ — 간사할 **사**, 어조사 **야**
간사하다. 어긋나다. 속이다.
cunning ジャ(よこしま)
一 ㄷ 彑 牙 邪 邪
어금니 아(牙 : 어긋나다)와 고을 읍(阝·邑).

邪敎(사교) 현혹하여 사회에 악을 끼치는 종교.
邪氣(사기) 사악한 기운. 요사한 기운.
邪道(사도) 부정한 길. ↔ 正道(정도).
奸邪(간사) 간교하고 행실이 바르지 못함.

## 謹愼(근신) 謹愼 謹愼 謹愼 — 언행을 삼가고 조심함.

**謹** 言 11 ⑱ — 삼갈 **근**
삼가다. 조심하다. 엄하게 하다.
respectful キン(つつしむ)
言 計 詳 謹 謹 謹
말씀 언(言)과 진흙 근(堇 : 찰흙을 바르다).

謹啓(근계) 아뢴다는 뜻으로, 편지 서두에 씀.
謹拜(근배) 편지 끝의 자기 이름 밑에 쓰는 말.
謹白(근백) 삼가 아룀. 편지 끝에 쓰는 말.
謹嚴(근엄) 삼가고 엄숙함.

**愼** 心 10 ⑬ — 삼갈 **신**
삼가다. 조심하다. 이루다.
careful シン(つつしむ)
丶 忄 忄 愃 愼 愼
마음 심(忄·心)과 참 진(眞 : 신중하다).

愼口(신구) 함부로 지껄임을 삼감.
愼黙(신묵) 삼가 침묵을 지킴.
愼言(신언) 말을 삼감.
愼重(신중) 매우 조심스러움. 삼가고 조심함.

인간(人間)- 품격(品格)

## 勇敢(용감) 勇敢 勇敢 勇敢  씩씩하고 기운차 과단성이 있음.

**勇** 力 7 ⑨ — 날랠 용
brave コウ(いさましい)
날래다. 날쌔다. 용맹하다.
丙 而 雨 面 禹 勇
물 솟아오름 용(甬)과 힘 력(力).

勇氣(용기) 씩씩하고 굳센 기운.
勇猛(용맹) 날래고 사나움.
蠻勇(만용) 사리를 분별하지 못하고 날뛰는 용기.
武勇(무용) 무예와 용맹.

**敢** 攵 8 ⑫ — 감히 감
daringly カン(あえて)
감히. 함부로. 감당하다.
一 丅 干 耳 耴 敢
칠 공(攴·攻)과 귀 이(耳).

敢決(감결) 용감하게 결정지음.
敢當(감당) 과감히 적대함. 과감히 떠맡음.
敢然(감연) 과단성 있게 하는 모양.
果敢(과감) 결단성이 있고 용감함.

## 快活(쾌활) 快活 快活 快活  명랑하고(씩씩하고) 활발함.

**快** 心 4 ⑦ — 쾌할 쾌
cheerful カイ(こころよい)
쾌하다. 상쾌하고 기분이 좋다.
丶 忄 忄 忄 快 快
마음 심(忄·心)과 결단할 결(夬·活: 생기 넘치다).

快感(쾌감) 상쾌하고 즐거운 느낌.
快樂(쾌락) 유쾌하고 즐거움.
快勝(쾌승) 통쾌한 승리. 시원스럽게 이김.
快哉(쾌재) 뜻대로 되어 만족스러움.

**活** 水 6 ⑨ — 살 활, 물흐를 괄
live カツ(いきる)
살다. 생존하다. 물 흐르다.
氵 氵 氵 汗 活 活
물 수(氵·水)와 입막을 괄(舌).

活氣(활기) 싱싱한 생기. 활발한 기개나 기운.
活動(활동) 활발하게 움직임.
活用(활용) 이리저리 잘 응용하거나 변통함.
生活(생활) 살아서 활동함.

## 剛柔(강유) 剛柔 剛柔 剛柔  굳셈과 부드러움.

**剛** 刀 8 ⑩ — 굳셀 강
firm ゴウ(つよい)
굳세다. 굳다. 성하다.
刀 冂 円 冈 剛
산등성이 강(岡: 강하다)과 칼 도(刂·刀).

剛健(강건) 뜻이 굳세며 굴하지 아니함.
剛斷(강단) 마음이 굳세고 결단력이 있음.
剛忍(강인) 억세어 인정이 없음.
剛直(강직) 마음이 굳세고 곧음.

**柔** 木 5 ⑨ — 부드러울 유
soft ジュウ(やわらかい)
부드럽다. 순하다. 약하다.
フ 予 予 矛 柔 柔
창 모(矛)와 나무 목(木).

柔順(유순) 성질이 부드럽고 온순함.
柔弱(유약) 부드럽고 약함.
柔軟(유연) 부드럽고 연함.
外柔內剛(외유내강) 겉은 부드럽고 안은 강함.

## 唐突(당돌) 唐突 唐突 唐突 부딪침. 갑자기 올차고 다부짐.

**唐** 당나라 당
口 7 ⑩
당나라. 황당하다. 황당무계함.
トウ(にわか)
一 广 庐 序 庚 唐
굳셀 경(庚·庚)과 입 구(口).

唐津(당진) 당나라의 상선이 오가던 나루터.
唐黃(당황) 성냥.
唐慌(당황) 놀라서 정신이 어리둥절해짐.
荒唐(황당) 언행이 거칠고 거짓이 많음.

**突** 부딪칠 돌
穴 4 ⑨
부딪치다. 우뚝하다. 굴뚝.
collide トツ(つく)
宀 宀 宍 突 突 突
구멍 혈(穴)과 개 견(犬).

突擊(돌격) 돌진하여 쳐들어감.
突起(돌기) 어떤 형체에서 뾰족하게 나온 부분.
突發(돌발) 일이 갑자기 일어남.
突然(돌연) 갑자기. 느닷없이.

## 威嚴(위엄) 威嚴 威嚴 威嚴 위광이 있어 엄숙함.

**威** 위엄 위
女 6 ⑨
위엄. 세력. 두려움. 해치다.
dignity イ(たけし)
厂 厂 反 威 威 威
도끼 월(戉)과 계집 녀(女).

威德(위덕) 위엄이 있어 범하기 어려운 덕.
威力(위력) 남을 위압하는 세력. 강대한 힘.
威風(위풍) 위엄이 있는 풍채.
威脅(위협) 위력으로 협박함.

**嚴** 엄할 엄 严
口 17 ⑳
엄하다. 엄정하다. 의연함.
strict ゲン,ゴン(おごそか)
严 严 严 嚴 嚴 嚴
부르짖을 훤(吅). 산 험할 엄(厂)과 용감할 감(敢).

嚴格(엄격) 언행이 흐트러짐이 없이 바름.
嚴禁(엄금) 엄중하게 금지함.
嚴罰(엄벌) 엄중한 처벌을 함. 또, 그 벌.
嚴重(엄중) 몹시 엄격함. 엄격하고 정중함.

## 靜肅(정숙) 靜肅 靜肅 靜肅 고요하고 엄숙함.

**靜** 고요할 정 静
青 8 ⑯
고요하다. 맑다. 정밀하다.
quiet セイ(しずか)
主 青 青 青 靜 靜
푸를 청(靑)과 다툴 쟁(爭).

靜物(정물) 정지하여 움직이지 않는 물건.
靜謐(정밀) 고요하고 평온함. 세상이 편안함.
靜寂(정적) 고요하고 괴괴함.
靜中動(정중동) 조용한 가운데 움직임이 있음.

**肅** 엄숙할 숙 肃
聿 7 ⑬
엄숙하다. 공경하다. 정중하다.
solemn シュク(つつしむ)
尹 尹 尹 肅 肅 肅
붓 율(聿·肀:일하다)과 연못 연(爿·淵).

肅拜(숙배) 머리 숙여 공손히 절함.
肅然(숙연) 두려워하여 삼가는 모양.
肅淸(숙청) 엄격하게 다스려 잘못을 없앰.
嚴肅(엄숙) 장엄하고 정숙함.

단위(單位)

## 壹錢(일전) 壹錢 壹錢 壹銭　한 푼. 한 돈.

**壹** 士 9 ⑫　한 일　※제외자
one　イチ(ひとつ)
한. 하나. 一의 갖은자.
士 吉 吉 壹 壹 壹
병 호(壺)와 길할 길(口 : 吉의 획 줄임).

壹大(일대) 심히. 매우. 크게.
壹是(일시) 모두. 한결같이. 오로지.
壹意(일의) 한 가지 일에 전심함.
均壹(균일) 한결같이 고름.

**錢** 金 8 ⑯　돈 전　钱
money　セン(ぜに)
돈. 안주. 가래. 무게 단위.
金 金 釒 錢 錢 錢
쇠 금(金)과 해칠 잔(戔).

錢穀(전곡) 돈과 곡식. 재물의 총칭.
錢主(전주) 자본주. 밑천을 대어 주는 사람.
銅錢(동전) 매우 작은 돈의 일컬음.
用錢(용전) 용돈.

## 貳兩(이량) 貳兩 貳兩 貳两　두 냥.

**貳** 貝 5 ⑫　두 이　※제외자　貳
two　ニ(ふたつ)
두. 둘. 두 마음. 버금.
二 弍 弎 貢 貳 貳
창 과(弋·戈)에 두 이(二), 조개 패(貝).

貳車(이거) 여벌로 따르는 수레.
貳臣(이신) 두 마음을 품은 신하.
貳心(이심) 신의를 지키지 않고 배반하는 마음.
副貳(부이) 보좌관. 보좌함.

**兩** 入 6 ⑧　두 량, 양 냥　両
both　リョウ(ふたつ)
두. 둘. 짝. 필. 양. 냥.
一 冂 币 币 兩 兩
저울추의 두 쪽을 본뜬 글자.

兩家(양가) 양편의 집. 양쪽의 집.
兩斷(양단) 하나를 둘로 끊음.
兩面(양면) 앞면과 뒷면.
兩親(양친) 아버지와 어머니.

## 一寸(일촌) 一寸 一寸 一寸　한 치(3.030㎝). 일 척의 10분지 1.

**一** 一 0 ①　한 일
one　イチ(ひとつ)
한. 하나. 첫째. 단독.
一
손가락 하나 또는 선 하나를 그어 '하나'를 뜻함.

一等(일등) 첫째. 첫째 등급.
一片丹心(일편단심) 한 조각 붉은 마음.
一平生(일평생) 한평생.
非一非再(비일비재) 한두 번이 아님.

**寸** 寸 0 ③　마디 촌
inch　スン(すん)
마디. 치(길이의 단위). 법도.
一 十 寸
팔목에서 맥을 짚는 자리까지의 거리. 곧 '한 치'를 뜻함.

寸隙(촌극) 얼마 안 되는 겨를. 寸暇(촌가).
寸劇(촌극) 아주 짧은 단편적인 연극. 토막극.
寸數(촌수) 친족간의 관계를 나타내는 수.
寸陰(촌음) 얼마 안 되는 시간. 썩 짧은 시간.

## 二尺(이척) 二尺 二尺 二尺　두 자. 60.606cm.

**二** 두 이
二0② 두. 둘. 둘째. 둘로 나누다.
two ニ(ふたつ)　一 二
두 손가락 또는 두 개의 가로줄을 본뜬 글자.
二毛作(이모작) 1년에 두 번 수확하는 농사.
二更(이경) 하룻밤을 오경으로 나눈 둘째. 오후 9~11시까지.
二律背反(이율배반) 모순되는 두 개의 명제.

**尺** 자 척
尸1④ 자. 길이의 단위.
ruler シャク(ものさし)　フ ユ 尸 尺
사람을 옆에서 본 모양. 두 발 사이의 길이, 보폭의 길이를 나타냄.
尺度(척도) 물건을 재는 자. 계량의 표준.
尺童(척동) 열 살 안팎의 아이.
尺地(척지) 퍽 좁은 땅. 아주 가까운 땅.
咫尺(지척) 바로 옆까지 접근함.

## 三斤(삼근) 三斤 三斤 三斤　세 근. 600g×3.

**三** 석 삼
一2③ 석. 세. 셋. 세 번. 자주. 거듭.
three サン(みっつ)　一 二 三
세 개의 가로줄 모양.
三綱(삼강) 세 가지 벼리. 군신·부자·부부의 도. 곧 군위신강·부위자강·부위부강.
三不惑(삼불혹) 미혹하여 빠지지 말아야 할 세 가지. 곧, 술·계집·재물.

**斤** 근 근
斤0④ 근. 무게의 단위. 1근은 16냥.
pound キン(はかり)　一 厂 斤 斤
날이 선 도끼로 물건을 자르려는 형상을 본떠 만든 글자.
斤斗(근두) 재주넘기. 공중제비. 筋斗(근두)
斤量(근량) 무게의 단위. 근과 양.
斤斧(근부) 도끼.
斤數(근수) 근 단위로 된 저울. 무게의 셈.

## 四貫(사관) 四貫 四貫 四貫　네 관(한 관은 3.75kg).

**四** 넉 사
口2⑤ 넷. 네 번, 사방.
four シ(よっつ)　丨 冂 冂 四 四
큰 입 구(口)는 사방 네 귀퉁이의 모양.
四季(사계) 춘(春)·하(夏)·추(秋)·동(冬). 四時(사시). 四節(사절). 사계화(四季花).
四分五裂(사분오열) 여러 갈래로 분열됨.
四通八達(사통팔달) 길이 여러 갈래로 통함.

**貫** 꿸 관
貝4⑪ 꿰다. 꿰뚫다. 입다. 통하다.
pierce カン(つらぬく)　丨 口 四 毌 貫 貫
꿸 관(毌)과 조개 패(貝).
貫祿(관록) 인격에 구비된 위엄.
貫徹(관철) 끝까지 뚫어 통하게 함.
貫通(관통) 꿰뚫음. 조리가 분명히 섬.
本貫(본관) 시조가 난 땅. 본(本). 관향(貫鄕).

# 단위(單位)

## 五升(오승) 五升 五升 五升 닷 되(9.02ℓ).

**五** 二 2 ④ 다섯 오
다섯. 다섯 번.

five ゴ(いつつ)　一 丁 五 五

두 이(二)와 乂를 합한 글자. 갖은 자는 伍.

**五穀百果**(오곡백과) 온갖 곡식과 과실.
**五感**(오감) 오관(五官)의 감각. 시각·청각·
　후각·미각·촉각을 일컬음.
**五福**(오복) 삶에 있어서 다섯 가지의 복.

※제외자

**升** 十 2 ④ 되 승
되(홉의 열 배). 오르다.

measure ショウ(ます)　′ ⺍ 千 升

곡식을 일정한 분량으로 되는 그릇을 본뜬 글자.

**升斛**(승곡) 분량. 분량을 되는 그릇. 되, 말 따위.
**升平**(승평) 나라가 태평함.
**斗升**(두승) 말과 되. 어떤 사물을 헤아리는
　기준을 일컫는 말.

## 六斗(육두) 六斗 六斗 六斗 여섯 말.

**六** 八 2 ④ 여섯 륙
여섯. 여섯 번.

six ロク(むつ)　丶 ㅗ 六 六

양손으로 내려서 세 손가락을 펼친 모양.

**六書**(육서) 한자의 구성과 활용에 대한 여섯
　가지 방법. 곧, 상형(象形)·지사(指事)·
　회의(會意)·형성(形聲)의 제자(題字) 원리
　에 전주(轉注)·가차(假借)의 활용을 합한 것

**斗** 斗 0 ④ 말 두
말(용량의 단위). 1두는 10승(升).

measure ト(ます)　丶 ⺀ 二 斗

곡식을 담아서 수량을 헤아리는 말(斗 : 자루
달린 국자)의 모양.

**斗覺**(두각) 갑자기 깨달음.
**斗斛**(두곡) 斗는 10되(升), 斛은 10말(斗).
**斗栱**(두공) 들보 위에 세우는 짧은 기둥.
**北斗**(북두) 북두칠성. 숭상받는 사람의 비유.

## 七卷(칠권) 七卷 七卷 七卷 일곱 권(책).

**七** 一 1 ② 일곱 칠
일곱. 일곱 번. 문체 이름.

seven シチ(ななつ)　一 七

열 십(十)자에 내려 긋는 획을 오른쪽으로 구부
려 놓은 글자.

**七竅**(칠규) 사람의 얼굴에 있는 일곱의 구멍.
　귀·눈·코의 각각 두 구멍과 입의 한 구멍.
**七顚八起**(칠전팔기) 일곱 번 넘어지고 여덟
　번째 일어남. 곧 수많은 실패를 딛고 해냄.

**卷** 卩 6 ⑧ 책 권
책. 권. 두루마리. 말다.

volume ケン(まき)　′ ⺍ 龹 夯 夯 卷

구부릴 권(龹 : 두루마리처럼 말다)과 몸기 절
(卩).

**卷頭**(권두) 책의 첫머리.
**卷末**(권말) 책의 맨 끝이나 마지막 권.
**卷帙**(권질) 책. 또는 편수와 부수. 권과 질.
**席卷**(석권) 자리를 말듯이 모조리 차지하는 일

## 八匹 (팔필)  八匹 八匹 八ㄷ  여덟 짝.

### 八  여덟 팔
八 0 ②
여덟. 여덟째. 여덟 번.

eight  ハチ,ハツ(やつつ)  ノ 八

두 손을 네 손가락씩 펴서 보이는 모양.

八方(팔방) 사방과 사우(四隅). 모든 방면.
八不出(팔불출) 몹시 어리석은 사람. 팔불용.
八耋(팔질) 여든 살. 八旬(팔순).
望八(망팔) 여든 살을 바라봄.

### 匹  짝 필
匚 2 ④
짝. 필(옷감). 상대.

head  ヒツ(ひき,たぐい)  一 厂 兀 匹

말꼬리의 형상. 말을 세는 단위. 또는 옷감의 길이를 나타내는 단위.

匹馬(필마) 한 필의 말.
匹夫之勇(필부지용) 소인의 용기.
匹敵(필적) 어깨를 겨룸. 맞상대.
配匹(배필) 부부의 짝. 配偶(배우).

## 九十 (구십)  九十 九十 九十  아홉이나 열.

### 九  아홉 구
乙 1 ②
아홉. 아홉 번. 수효의 끝.

nine  キュウ,ク(ここのつ)  ノ 九

수가 많거나 사물이 끝남을 뜻함.

九曲肝臟(구곡간장) 사무치는 깊은 마음 속.
九牛一毛(구우일모) 많은 소의 털 가운데 한 개의 털. 즉 많은 가운데 극히 적은 양.
十中八九(십중팔구) 거의 그러함.

### 十  열 십
十 0 ②
열(번째). 완전하다. 전부.

ten  ジュウ(とお)  一 十

바늘을 본뜬 상형. 동서(一)와 남북(丨). 가차하여 쓰인다.

十年知己(십년지기) 오랫동안 사귄 친구.
十人十色(십인십색) 저마다 달라 가지각색임.
十匙一飯(십시일반) 열 사람이 모은 밥이 한 사람의 끼니가 됨.

## 百千 (백천)  百千 百千 百千  백이나 천.

### 百  일백 백
白 1 ⑥
일백. 100. 많다. 모든.

hundred  ヒャク(もも)  一 丆 丆 百 百

흰 백(白)에 한 획을 그어 숫자 100을 표시하였다.

百科(백과) 많은 과목. 각종 학과나 과목.
百年偕老(백년해로) 부부가 함께 늙음.
百折不屈(백절불굴) 수없이 꺾여도 굽히지 않음. 여러 어려움을 무릅쓰고 이겨 나감.

### 千  일천 천
十 1 ③
천. 천 번. 많다. 반드시. 꼭.

thousand  セン(せん,ち)  一 二 千

사람 인(ノ·人)과 열 십(十).

千古(천고) 썩 먼 옛적. 영구한 세월.
千里眼(천리안) 사물을 꿰뚫어 보는 능력.
千載一遇(천재일우) 만나기 어려운 좋은 기회.
千篇一律(천편일률) 대동소이하여 변화가 없음.

## 단위(單位)

### 數萬(수만)  數萬 数萬 数萬  많은 수효. 두서너 갑절의 만.

**數** (支 11 ⑮) 셈할 수, 자주 삭  数  셈. 셈하다. 몇. 운수. 자주.
count  スウ(かず,かぞえる)  曰 昌 書 婁 婁 數
여럿 루(婁:끊이지 않고 계속하다)와 칠 복(攵·支).

- 數量(수량) 수효와 분량.
- 數理(수리) 수학의 이론이나 이치.
- 數次(수차) 자주. 두서너 차례.
- 數數(삭삭) 자주. 여러 번. 바쁜 모양.

**萬** (艸 9 ⑬) 일만·큰 만  万  1만. 다수. 크다. 전갈.
ten thousand  マン(よろず)  艹 苩 莒 萬 萬 萬
열대 지방의 전갈 모양을 본뜬 글자. 가차하여 쓰인다.

- 萬古(만고) 아주 오랜 옛날. 영구(永久)히.
- 萬世(만세) 영원한 세대. 아주 오랜 세대.
- 萬壽無疆(만수무강) 끝없이 수를 누리라는 뜻으로, 장수를 축복하는 말.

### 億倍(억배)  億倍 億倍 億倍  억의 갑절.

**億** (人 13 ⑮) 억 억  亿  억. 수의 단위. 많은 수.
hundred million  オク(おく)  亻 亻 倍 億 億
사람 인(亻·人)과 생각할 의(意).

- 億劫(억겁) 무한히 긴 시간.
- 億代(억대) 아주 오랜 세대.
- 億兆蒼生(억조창생) 수많은 백성. 億兆(억조).
- 億測(억측) 미루어 헤아림.

**倍** (人 8 ⑩) 곱 배  곱. 곱하다. 갑절. 더하다.
double  バイ(ます)  亻 亻 位 倅 倍 倍
사람 인(亻·人)과 가를 부(咅).

- 倍加(배가) 수량이 갑절로 늘어남.
- 倍償(배상) 배로 하여 갚음. 배로 변상함.
- 倍數(배수) 갑절이 되는 수.
- 倍增(배증) 갑절로 늚.

### 前後(전후)  前後 前後 前後  먼저와 나중. 일의 순서.

**前** (刀 7 ⑨) 앞 전  앞. 나아가다. 앞서다.
front  ゼン(まえ)  亠 亣 前 前 前
칼(刀)로 묶었던 배(舟)의 밧줄을 끊으면 배가 앞으로 나감을 뜻함.

- 前科(전과) 이전에 지은 범죄.
- 前代未聞(전대미문) 지금까지 들은 적이 없음.
- 前途遼遠(전도요원) 앞으로 갈 길이 아득히 멂.
- 生前(생전) 살아 있는 동안. 죽기 전.

**後** (彳 6 ⑨) 뒤 후  后  뒤. 나중. 장래. 늦다.
back  コウ,ゴ(のち,うしろ)  彳 彳 後 後 後
조금 걸을 척(彳)과 작을 요(幺), 뒤처져올 치(夂).

- 後繼(후계) 뒤를 이음.
- 後記(후기) 뒷날의 기록. 본문 뒤에 기록함.
- 後發(후발) 뒤늦게 떠남.
- 後進(후진) 나이나 사회적 지위가 뒤짐.

## 左右 (좌우)

左右 左右 左右 　왼쪽과 오른쪽. 곁. 옆. 신변. 동료.

**左** 　왼쪽 **좌**
工 / 2 / ⑤
왼쪽. 왼손. 아래. 하위.
left　サ(ひだり)
一ナナ左左

왼손 좌(ナ・左)와 장인 공(工 : 공구).

左傾(좌경)　왼쪽으로 기욺. 좌익 사상을 가짐.
左翼(좌익)　왼쪽 날개.
左遷(좌천)　낮은 지위로 떨어짐.
證左(증좌)　참고될 만한 증거.

**右** 　오른쪽 **우**
口 / 2 / ⑤
오른쪽. 숭상하다. 편리하다.
right　ユウ(みぎ)
一ナナ右右

또 우(ナ・右 : 오른 손)와 입 구(口 : 기도의 말).

右記(우기)　본문의 오른쪽에 씀. 또, 그 글.
右往左往(우왕좌왕)　우로 갔다 좌로 갔다 한다는 뜻으로, 이랬다저랬다 갈팡질팡함.
左之右之(좌지우지)　남을 마음대로 지휘함.

## 上下 (상하)

上下 上下 上下 　위와 아래.

**上** 　위 **상**
一 / 2 / ③
위. 위쪽. 꼭대기. 오르다.
top　ジョウ(うえ)
丨 ト 上

땅(一)에 물건이 놓이는 형태에서 위쪽임을 표시.

上監(상감)　임금의 존칭.
上級(상급)　위 등급. 높은 등급.
最上(최상)　맨 위. 가장 우수함. ↔ 最下(최하).
向上(향상)　위로 오름. 차차 나아짐.

**下** 　아래 **하**
一 / 2 / ③
아래. 낮은 곳. 아랫사람.
lower　カ,グ(した)
一 丁 下

일정한 위치를 의미하는 일(一)과 아래(丨)임을 나타냄.

下降(하강)　아래로 내려가거나 옴.
下剋上(하극상)　아랫사람이 윗사람을 누름.
下落(하락)　정도나 등급이 떨어짐.
下行(하행)　아래쪽으로 내려감. ↔ 上行(상행).

## 縱橫 (종횡)

縱橫 縱橫 縱橫 　세로와 가로.

**縱** 　세로 **종**
糸 / 11 / ⑰
세로. 남북. 밟다. 늘어지다.
vertical　ジュウ(たて)
糸 糸 紛 紛 縱 縱

실 사(糸)와 좇을 종(從 : 사람이 뒤따르다).

縱斷(종단)　세로로 끊음. 남북 방향으로 자름.
縱隊(종대)　세로로 늘어선 대열. 縱列(종렬).
縱的(종적)　종(縱)으로 관계되는 (것).
放縱(방종)　아무 꺼림 없이 마음대로 행동함.

**橫** 　가로 **횡**
木 / 12 / ⑯
가로. 동서. 옆. 가로지르다.
crosswise　オウ(よこ)
十 木 桁 橫 橫 橫

나무 목(木)과 누를 황(黃).

橫擊(횡격)　적을 측면에서 공격함.
橫斷(횡단)　가로지름. 가로 건너감.
橫財(횡재)　뜻밖에 재물을 공짜로 얻음.
橫死(횡사)　비명(非命)의 죽음.

# 단위(單位)

## 距離(거리) 두 물체 사이의 길이.

**距** 足 5 ⑫ 떨어질 거
떨어지다. 며느리발톱.
distant キョ(へだたる)
` 口 呈 乒 距 距`
발 족(足·足)과 클 거(巨: 물리치다).

距今(거금) 지금으로부터 거슬러 올라가서.
距躍(거약) 뛰어 넘음. 뛰어서 넘거나 오름.
距絶(거절) 거부하여 끊음. 拒絶(거절).
相距(상거) 서로 떨어져 있음.

**離** 隹 11 ⑲ 떠날 리
떠나다. 이별하다. 흩어지다.
leave リ(はなれる)
`卤 斉 离 䧳 離 離`
헤어질 리(离)와 새 추(隹).

離農(이농) 농사일을 버리고 농촌을 떠남.
離別(이별) 서로 갈라짐. 헤어짐.
離散(이산) 떨어져 흩어짐. 뿔뿔이 헤어짐.
離職(이직) 직장이나 직업을 떠남.

## 角度(각도) 각의 크기. 사물을 보는 관점.

**角** 角 0 ⑦ 뿔 각
뿔. 모. 촉각. 술잔. 총각.
horn カク(つの)
`´ ⺈ 丹 角 角 角`
속이 빈 딱딱한 짐승의 뿔 모양을 본뜬 글자.

角列(각렬) 서로 버티고 늘어섬.
角逐(각축) 서로 이기려고 다툼.
角戲(각희) 승부를 겨루는 모든 유희.
頭角(두각) 뛰어난 학식·재능·기예.

**度** 广 6 ⑨ 법도 도, 헤아릴 탁
법도. 도수. 자. 헤아리다.
law ド(のり)
`广 广 庐 庐 庹 度`
무리 서(庶·尺: 자)와 오른손 우(又).

度量(도량) 자(尺)와 말(斗). 마음이 넓음.
度數(도수) 각도·광도·온도 등의 도수.
度外視(도외시) 문제로 삼지 않고 보아 넘김.
忖度(촌탁) 남의 마음을 미루어 헤아림.

## 假量(가량) 수량을 대강 짐작함.

**假** 人 9 ⑪ 거짓 가
거짓. 임시적. 빌다. 빌리다.
pretend カ(かり)
`亻 伫 伫 伫 假 假`
사람 인(亻·人)과 허물 가(叚).

假橋(가교) 임시로 놓은 다리.
假令(가령) 예를 들면. 이를테면. 가정하여.
假想(가상) 가정하여 생각함.
假定(가정) 추측하여 임시로 인정함.

**量** 里 5 ⑫ 양 량
양. 분량. 용량. 헤아리다.
measure リョウ(はかる)
`旦 昌 昌 畺 量 量`
곡물을 넣는 주머니 위에 깔때기를 댄 모양으로, '분량'을 뜻한다.

量感(양감) 회화(繪畵)에서의 볼륨.
量器(양기) 물건의 양을 되는 기구(되·말 등).
度量(도량) 너그러운 마음과 깊은 생각.
雅量(아량) 깊고 너그러운 마음씨.

## 庶幾 (서기)  庶幾 庶幾 庶幾  거의. 가까움.

### 庶 — 뭇 서
广 8 ⑩
뭇. 여러. 많다. 풍부함.
multitude  シ ョ(もろもろ)
一 广 广 庐 庐 庶
집 엄(广)과 스물 입(廿 : 동물 머리), 불 화(灬 · 火).

- 庶母(서모) 아버지의 첩(妾).
- 庶務(서무) 특정 명목이 없는 일반적인 사무.
- 庶民(서민) 백성. 평민.
- 庶人(서인) 일반 백성.

### 幾 — 몇 기  几
幺 9 ⑫
몇. 자주. 어찌. 기미. 낌새.
some  キ(いくばく)
幺 幺 幺 幾 幾 幾
작을 요(幺 : 자잘한 실) 두 개와 지킬 수(戍).

- 幾年(기년) 몇 해.
- 幾多(기다) 여럿. 수효가 많음.
- 幾度(기도) 여러 번. 몇 번.
- 幾微(기미) 조짐. 낌새. 일의 야릇한 기틀.

---

## 加算 (가산)  加算 加算 加算  더하여 셈함.

### 加 — 더할 가
力 3 ⑤
더하다. 뽐내다. 살다.
add  カ(くわえる)
フ カ カ 加 加
힘 력(力)과 입 구(口).

- 加擔(가담) 한 편이 되어 일을 함께 함.
- 加入(가입) 단체 구성원이 되기 위해 들어감.
- 加重(가중) 더 무거워짐. 더 무겁게 됨.
- 增加(증가) 수량이 더 늘어 많아짐.

### 算 — 셈할 산
竹 8 ⑭
셈하다. 산가지. 산술(算術).
count  サン(かず)
⺮ ⺮ 竹 笁 筲 算 算
대 죽(竹 : 산가지)과 갖출 구(具 : 두 손을 움직이는 모양).

- 算數(산수) 셈함. 또, 그 방법. 數學(수학).
- 算術(산술) 계산의 방법.
- 算定(산정) 셈하여 정함.
- 算出(산출) 셈하여 냄.

---

## 過多 (과다)  過多 過多 過多  지나치게 많음.

### 過 — 지날 과  过
辵 9 ⑬
지나다. 거치다. 들르다.
excess  カ(すぎる, あやまち)
冎 咼 咼 咼 過 過
입이 삐뚤어진 괘(咼)에 쉬엄쉬엄 갈 착(辶 : 辵).

- 過客(과객) 길손. 나그네. 旅客(여객).
- 過去(과거) 지나감. 지나간 때. ↔ 未來(미래).
- 過誤(과오) 잘못. 허물. 過失(과실).
- 看過(간과) 대충 보아 넘김.

### 多 — 많을 다
夕 3 ⑥
많다. 많아지다. 뛰어남.
many  タ(おおい)
ノ ク 夕 夕 多 多
저녁 석(夕)과 저녁 석(夕).

- 多寡(다과) 많고 적음. 多少(다소).
- 多端(다단) 할 일이 많음. 일이 바쁨.
- 多忙(다망) 일이 많아 바쁨.
- 許多(허다) 몹시 많음. 수두룩함.

## 기타(其他) - 고제(古制)

### 遙昔(요석) 遙昔 遙昔 遙昔 먼 옛날. 긴 밤.

**遙** 멀 요
手 10 ⑭
멀다. 아득하다. 소요하다.
distant ヨウ(はるか)
쉬엄쉬엄 갈 착(辵·辶)과 흔들 요(䍃).

- 遙望(요망) 멀리 바라봄.
- 遙遠(요원) 아득히 멂.
- 遙度(요탁) 먼 곳에서 남의 심정을 헤아림.
- 逍遙(소요) 산책삼아 이리저리 거닒.

**昔** 예 석
日 4 ⑧
예. 옛날. 옛적. 오래다.
ancient セキ(むかし)
날 일(日)과 (丑 : 많이 포개어 쌓은 고깃점).

- 昔年(석년) 옛날. 이전. 지난 해.
- 昔人(석인) 옛 사람. 古人(고인).
- 昔日(석일) 옛날. 이전 날. 先日(선일).
- 今昔(금석) 지금과 옛날. 今古(금고). 어젯밤.

### 悠久(유구) 悠久 悠久 悠久 아득하게 길고 오램.

**悠** 멀 유
心 7 ⑪
멀다. 아득하다. 한가하다.
distant ユウ(とおい)
아득할 유(攸 : 긴 줄)와 마음 심(心).

- 悠然(유연) 침착하고 여유가 있음.
- 悠悠(유유) 멀고 아득함.
- 悠悠蒼天(유유창천) 한없이 멀고 푸른 하늘.
- 悠長(유장) 오래고 깂.

**久** 오랠 구
丿 2 ③
오래다. 오래 기다리다.
long time キュウ(ひさしい)
등이 굽은 노인(夂)과 파임 불(乀).

- 久故(구고) 오랜 벗.
- 久遠(구원) 아득히 멀고 오램.
- 永久(영구) 길고 오램. 영원.
- 天長地久(천장지구) 하늘과 땅은 변함이 없음.

### 古跡(고적) 古跡 古跡 古跡 남아 있는 옛 문건이나 건물.

**古** 예 고
口 2 ⑤
예. 예전. 선조. 오래되다.
old コ(ふるい)
입 구(口 : 머리를 뜻함)와 열 십(十). 십대(十代)에 걸쳐 내려온 옛날.

- 古家(고가) 지은 지 퍽 오래 된 집.
- 古稀(고희) 나이 일흔 살의 일컬음.
- 萬古(만고) 아주 먼 옛날. 한없는 세월.
- 太古(태고) 아주 오랜 옛날.

**跡** 자취 적
足 6 ⑬
자취. 발자취. 흔적.
traces セキ(あと)
발 족(足)과 또 역(亦 : 쌓여 겹치다).

- 跡捕(적포) 뒤를 밟아 잡음. 미행하여 체포함.
- 人跡(인적) 사람의 발자취.
- 足跡(족적) 발자취. 발자국.
- 追跡(추적) 뒤를 밟아 쫓아감.

## 史蹟(사적)  史蹟 史蹟 史蹟  역사상으로 남아 있는 사건의 자취.

**史** 역사 사
口 2 ⑤
history
シ(ふみ)
、 口 口 史 史
역사. 사기. 사관(史官).
가운데 중(中:올바름)과 또 우(又:손).

史觀(사관) 역사적 현상을 파악하여 해석하는 입장.
史記(사기) 역사상의 사실을 기록한 책.
野史(야사) 민간에서 사사로이 기록한 역사.
歷史(역사) 인류 사회가 변천, 발전하여 온 기록.

**蹟** 자취 적 ※제외자
足 11 ⑱
trace
セキ(あと)
𧾷 𧾷 𧾷⁺ 蹟 蹟 蹟
자취. 자국. 쫓다. 따름.
발 족(足)과 맡을 책(責).

古蹟(고적) 남아 있는 옛 물건이나 건물.
奇蹟(기적) 상식으로는 생각할 수 없는 현상.
遺蹟(유적) 건축물이나 사건이 일어났던 옛터.
行蹟(행적) 행위의 실적. 평생에 한 일.

## 城郭(성곽)  城郭 城郭 城郭  내성(內城)과 외성(外城). 성의 둘레.

**城** 성 성
土 7 ⑩
castle
ジョウ(しろ)
ɟ ɟ 圻 城 城 城
성. 재. 성벽. 도읍. 나라.
흙 토(土)와 이룰 성(成:안정하다).

城樓(성루) 성문 위에 세운 누각.
城壁(성벽) 성의 담벼락.
城池(성지) 성벽과 이를 에워 싼 해자(垓字).
長城(장성) 길게 둘러쌓은 성.

**郭** 둘레 곽
邑 8 ⑪
outer wall
カク(くるわ)
亠 亠 亨 亨 亨⁷ 郭 郭
둘레. 외성(外城). 성곽. 가죽.
누릴 향(享)과 고을 읍(阝·邑).

郭內(곽내) 어떤 구역의 안.
郭田(곽전) 성곽 밖의 땅.
外郭(외곽) 성밖으로 다시 둘러쌓은 성.
外城(외성) 바깥 테두리.

## 宮闕(궁궐)  宮闕 宮闕 宮闕  임금이 거처하는 집. 대궐.

**宮** 집 궁
宀 7 ⑩
palace
キュウ(みや)
宀 宀 宮 宮 宮 宮
집. 궁궐. 종묘. 후궁. 절. 널.
움집 면(宀)과 법칙 려(呂).

宮女(궁녀) 왕의 시중을 드는 나인.
宮城(궁성) 궁궐을 쌓고 있는 성.
宮刑(궁형) 생식기를 없애는 형벌.
龍宮(용궁) 바다 속에 있다는 용왕의 궁전.

**闕** 대궐 궐
門 10 ⑱
palace
ケツ(もん)
闕
厂 阝 門 門 闕 闕
대궐. 궁궐 문. 문. 빠지다. 틈.
문 문(門)과 궐(欮). 궐(欮)은 큰 입이 열리다의
뜻으로, 중앙에 큰 입이 열려 있는 성문을 뜻함.

闕門(궐문) 대궐의 문.
闕席(궐석) 자리가 빔. 또는 출석하지 않음.
闕食(궐식) 끼니를 거름.
闕誤(궐오) 빠지고 잘못이 있음.

## 기타(其他) - 고제(古制)

### 佛塔(불탑) 佛塔 佛塔 佛塔  절의 탑.

**佛** 人 5 ⑦ / Buddha / フ,ブツ(ほとけ)
부처 불
부처. 깨닫다. 프랑스의 약칭.
亻 亻' 亻" 佣 佛
사람 인(亻·人)에 아닐 불(弗).

- 佛家(불가) 불교를 믿는 사람. 또, 그 사회.
- 佛經(불경) 불교의 교리를 적은 경전(經典).
- 佛堂(불당) 부처를 모신 대청. 법전.
- 佛心(불심) 자비스러운 부처의 마음.

**塔** 土 10 ⑬ / tower / トウ(とう)
탑 탑
탑. 탑파(塔婆). 절. 불당.
土 圤 圹 垯 垯 塔
흙 토(土)와 대답할 답(荅 : 두껍게 포갬).

- 塔影(탑영) 탑의 그림자.
- 塔尖(탑첨) 탑 끝의 뾰족한 곳.
- 塔婆(탑파) 범어 stúpa의 음역. 불탑을 일컬음.
- 舍利塔(사리탑) 부처의 사리를 봉안한 탑.

### 僧堂(승당) 僧堂 僧堂 僧堂  승려가 좌선하며 거처하는 집.

**僧** 人 12 ⑭ / bonze / ソウ,ゾウ(ばうず)
중 승
중. 승려.
亻 亻' 伫 伫' 僧 僧
사람 인(亻·人)과 일찍이 증(曾).

- 僧尼(승니) 중과 여승. 佛子(불자).
- 僧侶(승려) 중들. 僧徒(승도).
- 僧服(승복) 승려의 옷.
- 托鉢僧(탁발승) 동냥을 다니는 중.

**堂** 土 8 ⑪ / house / ドウ(おもてざしき)
집 당
집. 마루. 당당하다. 번듯하다.
⺍ ⺍' 兴 兴' 堂 堂
높일 상(尚)과 흙 토(土).

- 堂山(당산) 토지나 부락의 수호신이 있는 곳.
- 堂上(당상) 대청 위. 정삼품 이상의 벼슬아치.
- 祠堂(사당) 신주를 모셔 놓은 집. 家廟(가묘).
- 椿堂(춘당) 남의 아버지를 높여 일컫는 말.

### 寺院(사원) 寺院 寺院 寺院  절. 寺刹(사찰).

**寺** 寸 3 ⑥ / temple / シ,ジ(てら)
절 사, 내시 시
절. 불도를 수행하는 곳. 내시.
一 十 土 寺 寺
갈 지(土·之)와 법도 촌(寸). 법에 따르는 관청을 뜻하였다.

- 寺署(사서) 마을. 관아(官衙).
- 寺田(사전) 절에 딸린 밭.
- 寺刹(사찰) 절. 寺院(사원).
- 寺塔(사탑) 절의 탑(塔).

**院** 阜 7 ⑩ / house / イン(つかさ)
집 원
집. 담. 내전. 뜰. 관청.
阝 阝' 阼 阼' 陘 院
언덕 부(阝·阜)와 튼튼할 완(完 : 토담).

- 院內(원내) '院'자가 붙은 각종 기관의 내부.
- 院生(원생) 소년원에 수용되어 있는 사람.
- 院長(원장) '원'자가 붙은 기관의 우두머리.
- 法院(법원) 국가의 사법권을 행사하는 기관.

## 坐禪(좌선) 坐禪 坐禅 坐禅　조용히 앉아서 불도를 닦음.

**坐** 앉을 좌
土 4 ⑦
sit　ザ(すわる)
앉다. 무릎 꿇다. 지키다.
丶 丷 ⺌ ⺍ 坐 坐
흙 토(土)와 두 사람을 뜻하는(从).

坐不安席(좌불안석)　마음이 불안·초조한 모양
坐像(좌상)　앉은 모양의 그림이나 조각.
坐席(좌석)　앉은자리. 깔고 앉는 물건의 총칭.
坐視(좌시)　앉아서 봄. 돕지 않고 내버려 둠.

**禪** 고요할 선
示 12 ⑰
quiet　ゼン(ゆずる)
고요하다. 참선(參禪). 사양하다.
示 祀 袒 祵 禋 禪
보일 시(示)와 홀로 단(單).

禪道(선도)　참선하는 도. 선종(禪宗)의 도.
禪師(선사)　선종의 고승. 法師(법사).
禪位(선위)　임금이 그 자리를 물려 줌.
參禪(참선)　좌선 수행을 함.

## 皇帝(황제) 皇帝 皇帝 皇帝　임금. 天子(천자). 제국의 군주.

**皇** 임금 황
白 4 ⑨
emperor　コウ,オウ(きみ)
임금. 천제. 크다. 꽃.
丿 白 白 白 皇 皇
흰 백(白 : 해)과 임금 왕(王 : 큰 도끼).

皇考(황고)　돌아가신 아버지의 존칭.
皇國(황국)　황제가 다스리는 나라.
皇路(황로)　큰 길. 군주가 행한 길.
皇天(황천)　하늘·하느님. 신(神).

**帝** 임금 제
巾 6 ⑨
emperor　テイ(みかど)
임금. 천자. 하느님. 크다.
亠 亠 产 产 帝 帝
신을 모시는 대(臺)의 모양을 본뜬 글자.

帝國(제국)　제왕이 다스리는 나라.
帝業(제업)　천자가 천하를 다스리는 일.
帝王(제왕)　황제 또는 국왕의 총칭.
帝政(제정)　임금의 정치. 제국.

## 卽位(즉위) 卽位 卽位 卽位　제왕의 자리에 오름. 곧, 제왕이 됨.

**卽** 곧 즉
卩 7 ⑨
namely　ソク(つく,すなわち)
곧. 즉시. 자리에. 나아가다.
白 白 皀 皀 卽 卽
고소할 흡(皀)과 몸기 절(卩).

卽刻(즉각)　그때. 바로.
卽決(즉결)　곧 결정함. 즉시 처결함.
卽死(즉사)　그 자리에서 죽음. 죽음을 따름.
卽席(즉석)　앉은 자리. 그 자리.

**位** 자리 위
人 5 ⑦
position　イ(くらい)
자리. 위치. 방위. 분.
丿 亻 亻 亻 位 位
사람 인(亻·人)과 설 립(立).

位階(위계)　벼슬의 품계. 지위의 등급.
位置(위치)　사람이나 물건이 있는 장소.
方位(방위)　어떠한 방향의 위치.
品位(품위)　사람이 갖고 있는 기품이나 위엄.

기타(其他)- 고제(古制)

## 王妃(왕비)  王妃 王妃 王妃  임금의 아내.

**王** 玉0④ 임금 왕
임금. 우두머리. 으뜸.
king オウ(きみ)
一 丁 干 王
큰 도끼의 모양으로, '임금'을 뜻한다.

王道(왕도) 왕이 마땅히 지켜야 할 길.
王業(왕업) 나라 다스리는 업적.
王政(왕정) 임금의 친정.
王佐之材(왕좌지재) 제왕을 도울 만한 재목.

**妃** 女3⑥ 왕비 비
왕비. 짝(배필). 짝짓다.
queen キ(きさき)
乙 女 女 妃 妃 妃
계집 녀(女)와 몸 기(己).

妃嬪(비빈) 임금의 정실. 비(妃)와 빈(嬪).
妃子(비자) 황비를 일컬음.
妃匹(비필) 부부. 부부의 짝.
后妃(후비) 제왕의 배필.

## 冊封(책봉)  冊封 冊封 冊封  왕세자·왕세손 등을 봉작함.

**冊** 冂3⑤ 책 책
책. 칙서(봉록·작위를 내리는).
book サツ(ほん)
丿 冂 冂 冊 冊 冊
종이가 없던 옛날에는 대쪽을 엮어 맨 책의 모양을 본뜸.

冊匣(책갑) 책을 넣어 두거나 겉으로 싸는 갑.
冊卷(책권) 서책의 권질(卷帙). 얼마간의 책.
冊曆(책력) 책으로 된 역서(曆書).
冊子(책자) 책. 서적.

**封** 寸6⑨ 봉할 봉
봉하다. 무덤을 만들다.
seal ホウ,フウ(ほおずる)
土 圭 圭 圭 封 封
흙 토(土)와 법도 촌(寸).

封墳(봉분) 흙을 쌓아올려서 무덤을 만듦.
封鎖(봉쇄) 굳게 잠가서 출입 못하게 함.
封域(봉역) 흙을 쌓아서 만든 경계.
封印(봉인) 봉한 자리에 인장을 찍음.

## 侯爵(후작)  侯爵 侯爵 侯爵  다섯 작위 중 공작 다음의 둘째 작위.

**侯** 人7⑨ 제후 후
제후. 후작. 임금. 후. 과녁.
feudal lord コウ(きみ)
亻 伊 伊 伊 侯 侯
칼 도(刀→人의 변형)과 과녁 뒤의 막(厂), 화살 시(矢).

侯王(후왕) 한 나라의 군주. 왕후.
侯鯖(후정) 대단한 진미(珍味).
諸侯(제후) 봉건 시대에 영토를 가지고 그 영내의 백성을 다스리던 영주(領主).

**爵** 爪14⑱ 벼슬 작
벼슬. 술잔. 작위. 참새.
wine cup シャク(さかずき)
爫 罒 罗 罗 爵 爵
참새 모양의 의식용 '술잔'을 본뜬 글자.

爵祿(작록) 작위와 봉록.
爵位(작위) 벼슬과 지위. 작(爵)의 계급.
公爵(공작) 오등작(五等爵)의 첫째 작위.
封爵(봉작) 제후로 봉하고 관직을 줌.

## 公卿(공경) 삼공(三公)과 구경(九卿). 고관의 총칭.

**公** 공변될 공
八 / 2 / ④
public コウ,ク(おおやけ)
ノ 八 公 公
둘로 나누어진 팔(八) 아래에 사사로울 사(厶 · 私의 본자).
公告(공고) 널리 세상에 알림.
公務(공무) 공적인 일. 공공의 사무.
公用(공용) 관청이나 공공 단체의 용무.
公衆(공중) 사회의 여러 사람. 일반 사람들.

**卿** 벼슬 경
卩 / 10 / ⑫
sir ケイ,キョウ(くげ)
厂 戶 皀 卵 卿 卿
두 사람이(卯) 음식(皀)을 사이에 두고 마주 보고 있는 모양.
卿等(경등) 임금이 신하들을 부르는 말.
卿相(경상) 재상. 대신.
卿雲(경운) 상서로운 구름.
卿子(경자) 상대방의 존칭.

## 廷臣(정신) 조정에서 일 보는 신하.

**廷** 조정 정
廴 / 4 / ⑦
government テイ(やくしょ)
ニ 千 壬 任 廷 廷
줄기 정(壬 : 튀어나오다)과 길게 걸을 인(廴 : 뜰).
廷論(정론) 조정의 논의. 조정에서 의논함.
廷吏(정리) 법정에서 잡무를 담당하는 직원.
朝廷(조정) 정치를 의논하고 집행하는 곳.
出廷(출정) 법정(法廷)에 나감.

**臣** 신하 신
臣 / 0 / ⑥
subject シン(たみ)
一 T 丆 匞 臣 臣
임금 앞에 공손히 엎드려 있는 사람의 모양.
臣僚(신료) 벼슬아치. 官吏(관리).
臣民(신민) 군주국의 벼슬아치와 백성.
臣妾(신첩) 여자가 임금에게 하는 자신의 호칭.
臣下(신하) 임금을 섬기어 벼슬하는 사람.

## 補佐(보좌) 상관을 도와 일을 처리함.

**補** 기울 보
衣 / 7 / ⑫
repair ホ(おぎなう)
衤 衤 衤 衤 補 補
옷 의(衤 · 衣)와 클 보(甫 : 도와주다).
補強(보강) 보태고 채워서 더 튼튼하게 함.
補缺(보결) 비어 모자라는 곳을 채움.
補給(보급) 물품을 뒷바라지로 대어 줌.
補身(보신) 보약을 먹어 몸을 잘 보호함.

**佐** 도울 좌
人 / 5 / ⑦
assist サ(たすける)
亻 亻 仁 佐 佐 佐
사람 인(亻 · 人)과 왼쪽 좌(左 : 돕다).
佐理(좌리) 군주를 도와 나라를 다스림.
佐命(좌명) 건국 대업(大業)을 도움.
佐酒(좌주) 술을 권하여 마시게 함.
保佐(보좌) 보호하여 도움.

기타(其他)- 고제(古制)

## 官吏(관리)  官吏 官吏 官吏  관직에 있는 사람. 공무원.

**官** 벼슬 관
宀 5 ⑧
official カン(つかさ)
벼슬. 벼슬아치. 관청. 마을.
宀 宀 宀 宁 官 官
움집 면(宀)과 많을 부(▯·阜 : 군대).

官界(관계) 국가의 각 기관. 그 관리의 사회.
官報(관보) 정부에서 발행하는 문서.
官認(관인) 관청에서 인정함.
仕官(사관) 관리가 되어 종사함.

**吏** 관리 리
口 3 ⑥
officer リ(つかさ)
관리. 관원. 벼슬아치.
一 一 一 中 吏 吏
관리의 상징인 깃대를 손에 든 모양을 본뜬 글자.

吏道(이도) 관리로서 지켜야 할 도리.
吏務(이무) 관리의 직무.
吏民(이민) 관리와 서민. 지방의 아전과 백성.
吏士(이사) 벼슬아치. 관리.

## 侍郞(시랑)  侍郞 侍郞 侍郞  신라와 고려 때의 벼슬 이름.

**侍** 모실 시
人 6 ⑧
serve シ,ジ(はべる)
모시다. 받들다. 심부름꾼.
亻 亻 仁 仕 侍 侍
사람 인(亻·人)과 절 사(寺 : 멈춰 서다).

侍女(시녀) 궁녀. 귀인 곁에서 시중드는 여자.
侍立(시립) 웃어른을 모시고 섬.
侍臣(시신) 임금을 가까이 모시는 신하.
內侍(내시) 내시부의 관리. 내관. 환관.

**郞** 사내 랑
邑 7 ⑩
man ロウ(おとこ)
사내. 낭군. 남편. 벼슬 이름.
亠 亠 自 良 郞 郞
어질 량(良)과 고을 읍(阝·邑).

郞官(낭관) 각 관아의 당하관(堂下官)의 총칭.
郞君(낭군) 아내가 남편을 사랑스럽게 일컫는 말.
郞子(낭자) 옛날에 총각을 점잖게 일컫던 말.
女郞(여랑) 남자와 같은 재주를 가진 여자.

## 財祿(재록)  財祿 財祿 財祿  재물과 관록.

**財** 재물 재
貝 3 ⑩
wealth ザイ(たから)
재물. 재화. 녹(祿). 재능.
冂 冃 目 貝 貝 財 財
조개 패(貝)와 바탕 재(才 : 질 좋은 재목).

財界(재계) 실업가 및 금융업자의 사회.
財物(재물) 돈이나 재산이 되는 물건.
財産(재산) 개인이나 단체가 소유하는 재물.
橫財(횡재) 뜻밖에 재물을 공짜로 얻음.

**祿** 녹 록
示 8 ⑬
salary ロク(ふち)
녹(급료). 복(행복). 기록하다.
一 ⺝ 示 祁 祁 祿 祿
보일 시(示)와 근본 록(彔).

祿命(녹명) 사람이 타고난 관록과 운명.
祿米(녹미) 녹봉으로 받는 쌀.
祿俸(녹봉) 벼슬아치에게 주던 봉급.
祿位(녹위) 녹봉과 작위. 祿爵(녹작).

## 播遷 (파천)
播遷 播遷 㨊遷 — 임금이 난을 피하여 궁궐을 떠남.

**播** 씨뿌릴 파
手 12 ⑮
sow ハ(たねまき)
扌 扩 扩 挢 捲 播
손 수(扌·手)와 순서 번(番). 손으로 논밭에 씨를 뿌림.

- 播多(파다) 소문 등이 널리 퍼짐.
- 播說(파설) 말을 퍼뜨림.
- 播植(파식) 씨앗을 뿌리고 모종을 함.
- 播種(파종) 씨를 뿌림. 播植(파식).

**遷** 옮길 천 迁
辵 12 ⑯
move セン(うつす)
西 西 要 栗 署 遷
높은 곳에 오를 선(署)과 쉬엄쉬엄 갈 착(辶·辵). 나은 곳으로 옮긴다.

- 遷都(천도) 도읍을 옮김.
- 遷延(천연) 물러남. 움츠림. 꾸물거림.
- 遷移(천이) 옮김. 遷徙(천사).
- 左遷(좌천) 벼슬자리가 못한 데로 떨어짐.

## 聖人 (성인)
聖人 聖人 聖人 — 길이 우러러 받들고 본받을 만한 사람.

**聖** 성인 성 圣
耳 7 ⑬
saint セイ(ひじり)
耳 耶 耶 聖 聖 聖
귀 이(耳)와 드러날 정(呈).

- 聖經(성경) 종교상 신앙의 최고 법전.
- 聖代(성대) 덕 있는 임금이 다스리는 세상.
- 聖誕(성탄) 그리스도의 탄일. 크리스마스.
- 聖賢(성현) 성인과 현인.

**人** 사람 인
人 0 ②
human ジン,ニン(ひと)
丿 人
사람이 허리를 펴고 서있는 모양을 본뜬 글자.

- 人間(인간) 사람. 인류. 사람이 사는 곳. 세상.
- 人格(인격) 사람의 인품.
- 人類(인류) 세계의 모든 사람.
- 人事(인사) 공경의 뜻으로 하는 예의. 사람의 일

## 賢哲 (현철)
賢哲 賢哲 㗾哲 — 지혜가 깊고 사리에 밝음.

**賢** 어질 현 贤
貝 8 ⑮
virtuous ケン(かしこい)
厂 戶 臣 臤 臤 賢
굳을 견(臤·堅)과 조개 패(貝).

- 賢君(현군) 어진 임금.
- 賢明(현명) 어질고 사리에 밝음.
- 賢淑(현숙) 여자의 마음이 어질고 정숙함.
- 賢愚(현우) 어짊과 어리석음.

**哲** 밝을 철
口 7 ⑩
wisdom テシ(あきらか)
扌 扩 扩 折 折 哲
절단할 절(折)과 입 구(口).

- 哲理(철리) 현묘한 이치. 철학상의 이론.
- 哲夫(철부) 어질고 사물에 밝은 남자.
- 哲人(철인) 학식이 높고 사리에 밝은 사람.
- 明哲(명철) 총명하고 사리에 밝음.

## 英雄(영웅) 英雄 英雄 英雄   세상을 경륜할 만한 사람.

**英** 꽃부리 영
艸 5 ⑨
꽃부리. 재주가 뛰어나다.
corolla エイ(はなぶさ)
一 艹 艹 苎 英 英
풀 초(艹·艸)와 가운데 앙(央).

英斷(영단) 슬기롭고 용기 있는 결단.
英敏(영민) 영리하고 민첩함.
英才(영재) 뛰어난 재능. 재능을 지닌 사람.
俊英(준영) 뛰어나고 빼어남. 또, 그런 사람.

**雄** 수컷 웅
隹 4 ⑫
수컷. 수. 이기다. 웅장하다.
male ユウ(おす)
ナ 右 広 広 雄 雄
팔꿈치 굉(宏: 넓다)과 새 추(隹).

雄大(웅대) 웅장하고 규모가 큼.
雄辯(웅변) 회술이 뛰어나 설득력 있는 말솜씨.
雄志(웅지) 씩씩하고 장한 마음.
雌雄(자웅) 암컷과 수컷.

## 偉烈(위렬) 偉烈 偉烈 偉烈   훌륭한 큰 공훈.

**偉** 위대할 위
人 9 ⑪
위대하다. 훌륭하다. 거룩하다.
great イ(えらい)
亻 亻 伊 伊 倠 偉
사람 인(亻·人)과 어길 위(韋).

偉大(위대) 업적이 크게 뛰어나고 훌륭함.
偉力(위력) 위대한 힘. 뛰어난 힘.
偉容(위용) 훌륭하고 뛰어난 모습.
偉人(위인) 위대한 사람. 뛰어난 인물.

**烈** 세찰 렬
火 6 ⑩
세차다. 굳세다. 사납다. 심하다.
powerful レツ(はげしい)
一 ア 歹 列 烈 烈
벌일 렬(列)과 불화 받침(灬·火).

烈女(열녀) 남편에 대한 절개를 지킨 여자.
烈烈(열렬) 주의·주장·애정 등이 맹렬함.
烈火(열화) 맹렬히 타는 불.
先烈(선열) 정의를 위해 싸우다 죽은 열사.

## 儒士(유사) 儒士 儒士 儒士   유학을 공부한 선비.

**儒** 선비 유
人 14 ⑯
선비. 유교. 대접하다.
scholar ジュ(かくしゃ)
亻 亻 俨 儒 儒 儒
사람 인(亻·人)과 소용될 수(需).

儒敎(유교) 공자(孔子)의 유학을 받드는 교.
儒林(유림) 유교의 도(道)를 닦는 학자들.
儒佛仙(유불선) 유교·불교·선교의 총칭.
儒生(유생) 유학을 배우거나 유교를 닦는 선비.

**士** 선비 사
士 0 ③
선비. 사내. 남자. 무사.
scholar シ(さむらい)
一 十 士
하나(一)를 배우면 열(十)을 깨우치는 선비. 큰 도끼의 상형.

士氣(사기) 선비의 기개. 병사의 기세.
士大夫(사대부) 문무 양반의 일반적인 총칭.
士林(사림) 선비들의 세계.
士兵(사병) 하사관(下士官) 이하의 군인.

## 及第 (급제)　及第　及第　及第　과거에 합격함. 登第(등제).

**及** 미칠 **급**
又 2 ④
미치다. 미치게 하다. 이르다.
reach　キュウ(およぶ)　ノ 丁 乃 及
사람 인(人)과 또 우(又).

及其也(급기야)　결말에 가서는. 마침내는.
及落(급락)　급제와 낙제. 합격과 불합격.
及唱(급창)　조선시대 군아에서 부리던 사내종.
普及(보급)　널리 퍼뜨려 실행되게 함.

**第** 차례 **제**
竹 5 ⑪
차례. 계급. 집. 과거. 다만.
order　ダイ(ついで,やしき)　笁 笁 笁 笃 第 第
대 죽(竹)과 순서를 나타내는 아우 제(弟·弟).

第三者(제삼자)　당사자 이외의 사람.
第一(제일)　첫째. 으뜸. 가장.
落第(낙제)　상급 학교에 진학을 하지 못하는 일
私第(사제)　개인 소유의 집.

## 宗廟 (종묘)　宗廟　宗廟　宗廟　역대의 제왕의 위패를 모시는 사당.

**宗** 마루 **종**
宀 5 ⑧
마루. 일의 근원. 으뜸. 사당.
floor　ソウ(むね)　宀 宀 宀 宇 宗 宗
움집 면(宀)과 보일 시(示).

宗家(종가)　일족. 같은 문중. 맏이의 집안.
宗廟社稷(종묘사직)　왕실과 나라.
宗氏(종씨)　겨레붙이에 대한 호칭.
宗派(종파)　일족의 갈래. 학예 등의 유파(流派).

**廟** 사당 **묘**　庙
广 12 ⑮
사당. 위패. 빈소. 종묘. 조정.
shrine　ビョウ(たまや)　广 广 庐 庫 廟
집 엄(广)과 아침 조(朝 : 조례하는 곳).

廟堂(묘당)　종묘. 朝廷(조정).
廟謨(묘모)　나라를 다스리는 방법과 계략.
廟社(묘사)　종묘와 사직.
廟謁(묘알)　임금이 종묘에 나가 참배하는 일.

## 謁見 (알현)　謁見　謁見　謁見　임금이나 귀인을 뵙는 일.

**謁** 뵐·아뢸 **알**　謁
言 9 ⑯
뵈다. 아뢰다. 만나 보다.
visit　エツ(まみえる)　言 訂 訒 謁 謁 謁
말씀 언(言)과 청할 갈(曷).

謁告(알고)　휴가를 청함.
謁廟(알묘)　사당에 참배함.
謁舍(알사)　손을 접대하는 곳. 客舍(객사).
拜謁(배알)　윗사람을 삼가 만나 뵘.

**見** 볼 **견**, 뵐 **현**
見 0 ⑦
보다. 보이다. 뵙다. 의견.
see　ケン,ゲン(みる)　丨 冂 月 目 貝 見
눈 목(目)과 사람 인(儿·人).

見聞(견문)　보고 들음. 또, 그 지식.
見習(견습)　남이 하는 것을 보고 배움.
見解(견해)　어떤 사물에 대한 의견이나 평가.
意見(의견)　마음속에 느낀 바의 생각.

## 기타(其他) - 간지(干支)

### 甲乙(갑을)  甲乙 甲乙 甲乙  십간의 甲과 乙. 첫째와 둘째. 이것저것.

**甲** 갑옷 갑
田 0 ⑤
갑옷. 첫째 천간. 껍질. 우두머리.
armor  コウ(よろい)  ㅣ 冂 冃 日 甲
거북의 등딱지 모양을 본뜬 글자. 가차하여 쓰인다.
甲科(갑과) 과거에서의 등급의 하나.
甲男乙女(갑남을녀) 평범한 일반 사람들.
甲冑(갑주) 갑옷과 투구.
龜甲(귀갑) 거북의 등껍데기.

**乙** 새 을
乙 0 ①
새. 제비. 둘째 천간. 둘째.
bird  オツ(きのと)  乙
새의 모양을 본뜬 글자. 가차하여 쓰인다.
乙覽(을람) 임금이 글을 봄.
乙夜(을야) 하룻밤을 다섯으로 나눈 둘째 밤. 밤 9~11시 사이.
甲論乙駁(갑론을박) 서로 논란하고 반박함.

### 丙丁(병정)  丙丁 丙丁 丙丁  '불' 의 뜻으로 쓰임.

**丙** 남녘 병
一 4 ⑤
남녘. 셋째 천간. 불(火).
south  ヘイ(ひのえ)  一 ㄒ 丙 丙 丙
제사상에 불을 켜 놓은 모양을 본뜬 글자. 가차하여 쓰인다.
丙科(병과) 시험 성적의 셋째 등급.
丙舍(병사) 궁중의 제3의 집. 墓幕(묘막).
丙夜(병야) 오후 12시경. 삼경(三更).
丙坐(병좌) 병방(丙方)을 등진 좌.

**丁** 넷째 천간 정
一 1 ②
넷째 천간. 장정. 일꾼. 소리.
fourth  テイ,チョウ(ひのと)  一 丁
고무래 모양. 또는 못(釘:압정)의 모양을 본뜬 글자. 가차하여 쓰인다.
丁艱(정간) 부모의 상(喪)을 당함.
丁年(정년) 천간이 '丁'인 해. 남자의 만 20세.
丁時(정시) 24시의 14째 시.
壯丁(장정) 혈기 왕성한 남자.

### 戊己(무기)  戊己 戊己 戊己  천간의 다섯·여섯째

**戊** 다섯째 천간 무
戈 1 ⑤
다섯째 천간. 오행으로는 토(土).
ボ(つちのえ)  ノ 厂 戊 戊 戊
도끼와 비슷한 창의 모양을 본뜬 글자. 가차하여 쓰인다.
戊夜(무야) 오경(五更). 새벽 3시부터 5시 사이.
戊己校尉(무기교위) 한 대(漢代)의 관직명. 서역(西域)에 주둔하는 무관. 무기는 중앙에서 사방을 진압한다는 뜻을 취(取)하였음.

**己** 몸 기
己 0 ③
몸. 자기. 천간의 여섯째.
body  キ,コ(つちのと,おのれ)  ㄱ コ 己
사람이 자기 몸을 굽히고 있는 모양을 본뜬 글자. 가차하여 쓰인다.
己未(기미) 육십갑자(甲子)의 쉰여섯 째.
己身(기신) 제 몸. 자기. 自身(자신).
利己(이기) 자기의 이익을 차림.
知彼知己(지피지기) 적과 나의 사정을 잘 앎.

| 庚辛 (경신) | 庚辛 庚辛 庚辛 | 천간의 일곱·여덟 째. |

**庚**
广 5 ⑧
일곱째 천간 **경**
일곱째 천간. 별. 나이. 길.
correct コウ(かのえ)  广 庐 庐 庐 庚 庚
절굿공이를 들어 올려 곡식을 찧는 것을 나타냄. 가차하여 쓰인다.

庚伏(경복) 불꽃과 같은 삼복더위.
庚熱(경열) 삼복의 더위. 庚炎(경염).
庚帖(경첩) 약혼했을 때 성명·나이·적관과 삼대의 경력을 써서 서로 교환하던 문서.

**辛**
辛 0 ⑦
매울·여덟째 천간 **신**
맵다. 독하다. 괴롭다. 고생하다.
hot シン(かのと,からい)   ㆍ 亠 立 产 辛
문신을 하기 위한 바늘을 본뜬 글자. 가차하여 쓰인다.

辛苦(신고) 어려운 일을 당하여 몹시 애씀.
辛勤(신근) 고된 일을 맡아 부지런히 일함.
辛辣(신랄) 수단이나 비평이 날카롭고 매서움.
辛酸(신산) 세상살이의 쓰라리고 고된 일.

| 壬癸 (임계) | 壬癸 壬癸 壬癸 | 천간의 아홉·열 번째. |

**壬**
士 1 ④
아홉째 천간 **임**
아홉째 천간. 북방. 간사하다.
north ジン,ニン(みずのえ)  ノ 亻 仁 任 任
베 짜는 실을 감은 모양을 본뜬 글자. 가차하여 쓰인다.

壬年(임년) 태세의 천간이 임으로 된 해.
壬佞(임녕) 간사함.
壬方(임방) 서쪽에서 북방에 가까운 방위.
壬人(임인) 간사한 사람. 아첨 잘하는 사람.

**癸**
癶 4 ⑨
열째 천간 **계**
열째 천간(天干). 월경. 북방.
north キ(みづのと)   ㇇ 癶 癶 癶 癸 癸
두 개의 나무를 열십자로 맞추어 방위를 아는 기구의 형상이었으나 가차하여 쓰인다.

癸方(계방) 24방위의 하나. 동으로 15°되는 쪽을 중심으로 한 방위. 북쪽.
天癸(천계) '月經(월경)'의 한의학 이름. 성질은 찬데, 해독·해열의 약재로 씀.

| 子丑 (자축) | 子丑 子丑 子丑 | 십이지 중 첫째·둘째. 쥐와 소. |

**子**
子 0 ③
아들·쥐 **자**
아들. 자식. 새끼. 알. 쥐.
son シ,ス(ね,こ)   ㇇ 了 子
갓난아이가 두 팔을 벌리고 있는 모양. 가차하여 쓰인다.

子宮(자궁) 여자 생식기의 하나. 아기집.
子孫(자손) 아들과 손자. 후손.
嫡子(적자) 정실 아내가 낳은 아들. 적남.
種子(종자) 씨. 씨앗. 동식물, 또는 사물의 근본.

**丑**
一 3 ④
소 **축**
소. 둘째 지지. 축시. 수갑(고랑).
cattle チュウ(うし)   ㇀ 刀 丑 丑
叉'와 물건 'l'. 손가락에 힘을 주어 비트는 모양. 가차하여 쓰인다.

丑年(축년) 태세의 지지가 축(丑)으로 되는 해.
丑時(축시) 하루를 12시를 나눈 둘째 시.(오전 1-3시) 이십사 시의 셋째 시.(오전 1시 반-2시 반).
丑日(축일) 일진의 지지가 축(丑)으로 되는 날.

## 기타(其他)- 간지(干支)

### 寅卯(인묘)  寅卯 寅卯 寅卯  십이지의 셋째·넷째. 범과 토끼.

**寅** 범 인
- 宀8 ⑪
- イン(とら)
- 범. 셋째 지지. 공경하다. 동방.
- 宀宀宁宙宙寅
- 움집 면(宀)과 큰 대(大), 양손 국(臼). 가차하여 쓰인다.

寅供(인공) 삼가 공경함.
寅念(인념) 삼가 생각함.
寅方(인방) 24방위의 하나. 동북 간의 방위.
寅時(인시) 오전 3시부터 5시까지의 시각.

**卯** 토끼 묘
- 卩3 ⑤
- rabbit ボウ(う)
- 토끼. 넷째 지지. 동쪽.
- ´ ㄏ ㄐ ㄇ 卯
- 양쪽 문짝을 열어젖뜨린 모양을 본뜬 글자. 가차하여 쓰인다.

卯飯(묘반) 아침밥. 朝飯(조반).
卯酒(묘주) 묘시. 이른 아침이나 조반 전 아침 6시경에 마시는 술. 해장술.
破卯(파묘) 새벽. 날샐 녘.

### 辰巳(진사)  辰巳 辰巳 辰巳  십이지의 다섯·여섯째. 용과 뱀.

**辰** 별 진, 날 신
- 辰0 ⑦
- star シン(ほしのな)
- 별. 별 이름. 다섯째 지지.
- ー厂厂厅辰辰
- 조개가 껍데기에서 발을 내밀고 있는 모양. 가차하여 쓰인다.

辰方(진방) 동남동의 방위.
辰宿(진수) 온갖 별자리의 별들.
辰時(진시) 오전 7시에서 9시 사이.
佳辰(가신) 좋은 철. 좋은 날. 길일.

**巳** 뱀 사
- 己0 ③
- snake シ(み)
- 뱀. 여섯째 지지(地支).
- ㄱ ㄱ 巳
- 뱀이 몸을 사리고 꼬리를 드리우고 있는 모양. 가차하여 쓰인다.

巳時(사시) 오전 9시부터 11시까지의 시각.
巳初(사초) 사시의 첫 시각. 곧 오전 9시경.
己巳(기사) 육십갑자의 여섯째.
上巳(상사) 음력 3월의 첫 사일(巳日).

### 午未(오미)  午未 午未 午未  십이지의 일곱·여덟째. 말과 양.

**午** 낮 오
- 十2 ④
- noon ゴ(うま)
- 낮. 일곱째 지지. 붐비다.
- ノ ㅏ 느 午
- 절구질 할 때 들어올린 절굿공이의 모양. 가차하여 쓰인다.

午睡(오수) 낮잠. 午寢(오침).
午餐(오찬) 손을 대접하는 점심 식사.
端午(단오) 음력 오월 초닷샛날의 명절.
正午(정오) 오정 때. 낮 12시.

**未** 아닐 미
- 木1 ⑤
- not ミ(いまだ,ひつじ)
- 아니다. 못하다. 여덟째 지지.
- 一 二 キ ヂ 未
- 나무 목(木)과 한 일(一 : 가지). 가차하여 쓰인다.

未開(미개) 꽃 따위가 아직 피지 않음.
未決(미결) 아직 결정하지 않음.
未完(미완) 아직 완결되지 않음.
未洽(미흡) 흡족하지 못함.

## 申酉(신유) 申酉 申酉 申酉  십이지의 아홉·열 번째. 원숭이와 닭.

**申** 田 0 ⑤ 납·펼 신
납. 아홉째 지지. 거듭하다.
report シン(さる)  ノ 冂 曰 日 申
공중에서 떨어지는 번개의 모양을 본뜬 글자. 가차하여 쓰인다.
申告(신고) 국민이 법률상의 의무로서 행정 관청에 일정한 사실의 진술을 하는 일.
申申付託(신신부탁) 간절히 하는 부탁.
申請(신청) 신고하여 청구함.

**酉** 酉 0 ⑦ 닭 유
닭. 열째 지지. 익다(성숙함). 술.
cock ユウ(とり)  一 丆 丙 丙 酉 酉
술을 담그는 단지의 모양을 본뜬 글자. 가차하여 쓰인다.
酉年(유년) 태세의 지지가 유(酉)로 된 해.
酉方(유방) 서쪽.
酉聖(유성) '술(酒)'의 별칭.
酉時(유시) 하오 5시부터 7시까지의 시각.

## 戌亥(술해) 戌亥 戌亥 戌亥  십이지의 열하나·열두 번째. 개와 돼지.

**戌** 戈 2 ⑥ 개 술
개(犬). 열한째 지지. 깎다.
dog ジュツ(いぬ)  ノ 厂 F 戊 戌 戌
무성할 무(戊:창)와 한 일(一). 가차하여 쓰인다.
戌年(술년) 태세의 지지가 술(戌)인 해.
戌方(술방) 이십사 방위의 하나. 서북쪽.
戌削(술삭) 깎고 밀어서 만듦.
戌時(술시) 오후 7시부터 9시까지의 사이.

**亥** 亠 4 ⑥ 돼지 해
돼지. 열두째 지지. 끝.
pig ガイ(い)  、 亠 亠 亥 亥 亥
돼지 시(豕)에서 글자의 모양을 본뜬 글자. 가차하여 쓰인다.
亥年(해년) 태세(太歲)가 '亥'로 된 해.
亥月(해월) 달의 간지가 해(亥)인 달. 음력 10월.
亥時(해시) 오후 9시부터 11시 사이. 12지(支)의 맨 끝 시간.

## 干支(간지) 干支 干支 干支  천간의 십이지의 총칭.

**干** 干 0 ③ 방패 간
방패. 범하다. 막다. 구하다.
shield カン(おかす,たて)  一 二 干
끝이 두 갈래로 갈라진 창 모양을 본뜬 글자.
干戈(간과) 창과 방패. 나아가 병기. 전쟁.
干滿(간만) 간조와 만조. 썰물과 밀물.
干涉(간섭) 남의 일에 나서서 참견함.
若干(약간) 얼마 되지 아니함. 또, 그 정도.

**支** 支 0 ④ 가지 지
가지. 혈통. 가르다. 지파.
branch シ(ささえる)  十 扌 才 扚 扚 枝
열 십(十)과 손 수(又:手의 변형).
支局(지국) 본사나 본국에서 갈라져 나간 곳.
支給(지급) 물건이나 돈을 치러 줌.
支援(지원) 원조함. 지지해 도움.
支持(지지) 받쳐 듦. 찬동하여 뒷받침함.

# 기타(其他)- 단어(單語)

## 殉職(순직) 직무를 위하여 목숨을 버림.

**殉** 따라죽을 순
歹 6 ⑩
따라 죽다. 순사. 목숨 바치다.
immolation
ジュン(したがう)
죽을사 변(歹)과 고를 순(旬: 따르다).

- 殉敎(순교) 종교를 위하여 목숨을 바침.
- 殉國(순국) 국난을 건지기 위해 목숨을 바침.
- 殉名(순명) 명예를 위하여 목숨을 버림.
- 殉節(순절) 충신이 정절을 지키어서 죽음.

**職** 벼슬 직   职
耳 12 ⑱
벼슬. 구실. 관직. 직분. 일.
position
ショク(つかさどる)
귀 이(耳)와 알 직(戠).

- 職工(직공) 공장에서 일하는 노동자.
- 職權(직권) 직무상의 권한.
- 職務(직무) 관직 또는 직업상의 임무.
- 職業(직업) 생계를 위하여 하는 일.

## 從令(종령) 명령을 좇음.

**從** 좇을 종   从
彳 8 ⑪
좇다. 좇아가다. 본받음.
obey
ジュウ(したがう)
조금 걸을 척(彳)과 뒤좇을 종(从).

- 從來(종래) 지금까지 내려온 그대로.
- 從事(종사) 어떤 일에 마음과 힘을 다하는 것.
- 從屬(종속) 주되는 것에 딸려 붙음.
- 服從(복종) 남의 명령이나 의사에 따름.

**令** 명령할 령   令
人 3 ⑤
명령하다. 법령. 하여금.
order
レイ,リョウ(のり)
모을 집(스·集)과 병부 절(卩).

- 令監(영감) 정3품과 종2품의 관원.
- 令息(영식) 남의 아들에 대한 경칭.
- 令狀(영장) 명령을 적은 문서.
- 命令(명령) 윗사람이 내리는 분부.

## 去就(거취) 일신(一身)의 진퇴.

**去** 갈 거
厶 3 ⑤
가다. 떠나다. 떨어지다. 피하다.
go away
キョ,コ(さる)
밥그릇 모양과 그 뚜껑을 본뜬 글자.

- 去來(거래) 상인간의 영리를 위한 매매 행위.
- 去勢(거세) 권력이나 위력을 버림.
- 去處(거처) 가는 곳이나 갈 곳.
- 過去(과거) 지나가 버림. 지나간 때.

**就** 나아갈 취
尢 9 ⑫
나아가다. 이루다. 좇다.
enter
シュウ(つく)
서울 경(京: 높은 건물)과 더욱 우(尤).

- 就勞(취로) 일에 착수함. 일에 종사함.
- 就業(취업) 일을 함. 직업을 얻음. 就職(취직).
- 就任(취임) 임무에 나아감. 또, 그 일.
- 就學(취학) 학교에 들어가서 공부를 함.

## 猶豫(유예)　猶豫　猶豫　狨像　일이나 날짜를 미룸.

**犬 9 ⑫ 猶** 오히려 유
오히려. 원숭이. 망설이다.
rather
犭犭犳猶猶猶
ユウ(なお)
개 견(犭·犬)과 오래 될 추(酋 : 묵은 술).

猶女(유녀) 조카딸.
猶不足(유부족) 아직도 모자람. 오히려 부족함.
猶然(유연) 웃는 모양.
猶子(유자) 형제의 아들. 조카.

**豕 9 ⑯ 豫** 미리 예
미리. 기뻐하다. 즐기다.
beforehand
予 予 豫 豫 豫 豫
ヨ(あらかじめ)
취할 여(予)와 코끼리 상(象).

豫感(예감) 어떤 일을 사전에 느낌.
豫防(예방) 탈이 나기 전에 미리 방비함.
豫備(예비) 일이 있기 전에 미리 갖춤.
豫言(예언) 미래의 일을 미리 말함. 또, 그 말.

## 副賞(부상)　副賞　副賞　剐賞　정식으로 받는 외의 상.

**刀 9 ⑪ 副** 버금 부
버금. 다음. 둘째. 쪼개다.
second
一 戸 畐 畐 副 副
フク(そう, わける)
찰 복(畐 : 술항아리)과 칼 도(刂·刀).

副題(부제) 서적이나 논문 등 주된 제목에 덧
　붙이는 제목.
副作用(부작용) 어떤 일에 부차적으로 일어
　나는 작용.

**貝 8 ⑮ 賞** 상줄 상
상 주다. 상. 기리다. 찬양함.
reward
　賞 賞 賞 賞 賞 賞
ショウ(ほめる)
오히려 가상할 상(尚)과 조개 패(貝).

賞杯(상배) 상으로 주는 잔. 우승컵.
賞狀(상장) 상으로 주는 증서.
賞春(상춘) 봄 경치를 구경하여 즐김.
賞牌(상패) 상으로 주는 패.

## 應報(응보)　應報　應報　應報　보답함. 선악의 인연에 응하여 받는 보과.

**心 13 ⑰ 應** 응할 응
응하다. 승낙하다. 대답하다.
respond
广 庐 庐 雁 應 應
オウ(こたえる)
매 응(雁·鷹)과 마음 심(心).

應急(응급) 급한 대로 우선 처리함.
應諾(응낙) 응하여 승낙함.
應答(응답) 물음에 응하여 답함.
應募(응모) 모집에 응함. 凝集(응집).

**土 9 ⑫ 報** 갚을 보
갚다. 보답. 알리다. 고함.
reward
土 幸 幸 却 報 報 報
ホウ(むくいる)
놀랄 접(幸 : 수갑, 족쇄)과 다스릴 복(攴).

報告(보고) 알림. 通報(통보). 보고서.
報答(보답) 회답(回答). 은혜를 갚음.
報道(보도) 사회의 새 소식을 널리 알림.
報償(보상) 손해를 배상함. 보복함.

## 기타(其他) - 단어(單語)

### 硬軟(경연) 硬軟 硬軟 硬軟 — 단단함과 부드러움.

**硬** (石 7 ⑫) 굳을 경
- 굳다. 단단하다. 강하다.
- hard / コウ(かたい)
- 돌 석(石)과 지날 경(更).

硬骨(경골) 척추동물의 골격을 이루는 뼈.
硬度(경도) 물체의 단단한 정도.
硬直(경직) 굳어서 꼿꼿하게 됨.
硬化(경화) 단단하게 굳어짐.

**軟** (車 4 ⑪) 연할 연
- 연하다. 부드럽다.
- soft / ナン(やわらかい)
- 수레 거(車)와 부드러울 연(奐·欠).

軟骨(연골) 물렁뼈. 여린 뼈. 어린 나이.
軟性(연성) 부드럽고 연한 성질.
軟弱(연약) 몸이 약하고 마음이 굳지 못함.
軟化(연화) 강경한 태도나 주장을 굽힘.

---

### 緊縮(긴축) 緊縮 緊縮 緊縮 — 바싹 줄임.

**緊** (糸 8 ⑭) 긴요할 긴
- 긴요하다. 급하다. 굳게 얽다.
- urgent / キン(ひきしめる)
- 단단할 견(臤)과 실 사(糸).

緊急(긴급) 일이 아주 긴하고 급함.
緊談(긴담) 절실히 요긴한 이야기.
緊密(긴밀) 관계가 아주 긴하고 가까움.
緊迫(긴박) 아주 긴장되게 절박함.

**縮** (糸 11 ⑰) 줄어들 축
- 줄어들다. 오그라들다.
- shrink / シュク(ちぢむ)
- 실 사(糸)와 잘 숙(宿).

縮圖(축도) 실물이나 원화로 축소한 그림.
縮小(축소) 줄여 작게 함. 또는 작아짐.
縮刷(축쇄) 책이나 그림의 크기를 줄여 인쇄함.
減縮(감축) 덜고 줄여서 적게 함.

---

### 呼吸(호흡) 呼吸 呼吸 呼吸 — 숨을 들이마심. 한 번 숨쉬는 사이.

**呼** (口 5 ⑧) 부를 호
- 부르다. 외치다. 숨 내쉬다.
- call / コ(よぶ)
- 입 구(口)와 온 호(乎).

呼客(호객) 손님을 불러들임.
呼氣(호기) 기운을 내뿜음. 숨을 내쉼. 날숨.
呼訴(호소) 억울한 사정을 남에게 하소연함.
呼名(호명) 이름을 부름.

**吸** (口 4 ⑦) 숨들이쉴 흡
- 숨 들이쉬다. 마시다.
- breath / キュウ(すう)
- 입 구(口)와 미칠 급(及).

吸氣(흡기) 기운을 빨아들임. 또, 그 기운.
吸收(흡수) 흩뿌려진 물건을 한데 모아들임.
吸煙(흡연) 담배를 피움.
吸着(흡착) 표면에 달라붙는 현상.

## 叫號 (규호) 叫號 叫號 叫號 — 높고 날카로운 소리로 부르짖음.

**叫** 口 2 ⑤ — 부르짖을 규
부르짖다. 부르다. 울다.
cry キュウ(さけぶ)
丨 口 口 叫 叫
입 구(口)와 얽힐 구(丩).

叫苦(규고) 괴로워 부르짖음.
叫聲(규성) 외치는 소리.
叫喚地獄(규환지옥) 8대 지옥의 하나. 죄인들이 괴로워 부르짖는다는 사후(死後) 세계.

**號** 虍 7 ⑬ — 부르짖을 호  号
부르짖다. 울부짖다. 울다.
shout コウ(さけぶ)
口 号 号ト 號 號 號
이름 호(号)와 범 호(虎).

號哭(호곡) 목 놓아 소리 내어 슬피 욺.
號外(호외) 임시로 발간하는 신문이나 잡지.
符號(부호) 어떤 뜻을 나타내는 기호.
商號(상호) 영업상으로 쓰는 칭호.

## 枕席 (침석) 枕席 枕席 枕席 — 베개와 자리. 잠자리.

**枕** 木 4 ⑧ — 베개 침
베개. 베개를 베다. 다다르다.
pillow チン(まくら)
一 十 木 朩 枕 枕
나무 목(木)과 머뭇거릴 유(冘). 머리를 받치는 베개 모양.

枕肱(침굉) 팔베개. 청빈(淸貧)을 즐기는 모양.
枕頭(침두) 베갯머리. 머리말.
枕木(침목) 물건 밑을 괴어 놓는 나무토막.
枕上(침상) 베개 위. 자거나 누워 있음.

**席** 巾 7 ⑩ — 자리 석
자리. 차지하고 있는 곳. 직위.
seat セキ(むしろ,せき)
广 产 产 产 席 席
무리 서(产·庶 : 풀을 엮은 깔개)와 돗자리를 뜻하는 수건 건(巾).

席卷(석권) 자리를 말듯이 모조리 차지하는 일.
席上(석상) 어떤 모임의 자리.
席次(석차) 자리의 차례. 성적의 순서.
坐席(좌석) 깔고 앉는 자리의 총칭.

## 毫末 (호말) 毫末 毫末 毫末 — 터럭 끝. 아주 작거나 적은 것.

**毫** 毛 7 ⑪ — 가는털 호
가는 털. 아주 가늘다. 붓.
fine hair ゴウ(け)
亠 宀 宁 亭 豪 毫
높을 고(亯·高)와 털 모(毛).

毫端(호단) 붓끝. 筆端(필단).
毫釐(호리) 자나 저울눈의 호(毫)와 이(釐).
毫毛(호모) 가는 털. 전하여 근소함. 미소함.
毫髮(호발) 가는 털과 모발. 극히 적은 것.

**末** 木 1 ⑤ — 끝 말
끝. 지엽(枝葉). 신하.
end マツ(すえ)
一 二 十 才 末
나무 목(木)에 한 일(一)을 더하여 나무의 끝을 뜻한다.

末期(말기) 일생의 끝 무렵. 끝나는 시기.
末端(말단) 맨 끄트머리. 맨 아래. 끝.
末席(말석) 맨 끝 좌석.
始末(시말) 처음과 끝. 일의 전말.

# 기타(其他)- 단어(單語)

## 偶像(우상) 偶像 偶像 偶像 — 신불을 본떠 만든 상.

**偶** 人 9 ⑪ — 짝 우
짝. 배필. 짝수. 무리. 인형.
couple グウ(たまたま)
伊 伊 偶 偶 偶 偶
사람 인(亻·人)과 원숭이 우(禺).

偶發(우발) 일이 우연히 발생하거나 일어남.
偶數(우수) 짝수.
偶然(우연) 뜻하지 않은 것이 저절로 그러함.
偶日(우일) 짝수로 된 날. 우수(偶數)의 날.

**像** 人 12 ⑭ — 형상 상  象
형상. 모습. 본뜬 형상.
figure ゾウ(かたち)
亻 亻' 俨 倬 像 像
사람 인(亻·人)과 코끼리 상(象 : 모양).

像擬(상의) 모방하여 만듦.
像形(상형) 어떤 물건의 모양을 비슷하게 만듦. 그 모양. 象形(상형).
肖像(초상) 그 사람을 닮게 만드는 그림.

## 厥乃(궐내) 厥乃 厥乃 厥乃 — 그것.

**厥** 厂 10 ⑫ — 그 궐
그. 그 사람. 그것. 병. 숙이다.
that ケツ(それ)
厂 厂 居 屌 厥 厥
언덕 엄(厂)과 숨찰 궐(欮).

厥角(궐각) 이마를 땅에 대고 절을 함. 그 뿔.
厥明(궐명) 날이 밝을 무렵. 이튿날.
厥者(궐자) 그 자. 사람을 홀하게 일컫는 말.
厥後(궐후) 그 후.

**乃** 丿 1 ② — 이에 내
이에. 너. 그. 곧. 접때. 어조사.
namely ナイ(すなわち)
丿 乃
모태(母胎)에서 몸을 구부린 태아를 본뜬 모양.

乃父(내부) 네 아비. 이 아비. 乃翁(내옹).
乃往(내왕) 이전. 기왕.
乃子(내자) 그이의 아들.
乃至(내지) 얼마에서 얼마까지. 또는 혹은.

## 抑壓(억압) 抑壓 抑壓 抑壓 — 힘으로 억누름. 억지로 누름.

**抑** 手 4 ⑦ — 누를 억
누르다. 윽박질러 누르다.
restrain ヨク(おさえる)
扌 扌' 扩 抑 抑
손 수(扌·手)와 나 앙(卬). 卬은 인(印 : 도장 인)을 뒤집은 모양.

抑留(억류) 억지로 머무르게 함.
抑揚(억양) 누름과 날림.
抑制(억제) 억눌러서 제어함.
抑奪(억탈) 억지를 써서 빼앗음.

**壓** 土 14 ⑰ — 누를 압  圧
누르다. 제지하다. 윽박지르다.
press アツ(おさえる)
厂 厈 厭 厭 厭 壓
누를 엽(厭)과 흙 토(土).

壓卷(압권) 여럿 가운데서 으뜸임. 뛰어남.
壓倒(압도) 눌러서 넘어뜨림. 굴복시킴.
壓力(압력) 누르는 힘. 억압하는 힘.
壓制(압제) 억압하고 통제함.

## 妨害(방해) 妨害 妨害 妨害  해살을 놓아 해를 끼침.

**妨** 女 4 ⑦ 방해할 방
hinder ボウ(さまたげる)
방해하다. 손상하다. 거리끼다.
계집 녀(女)와 모 방(方).

**害** 宀 7 ⑩ 해칠 해
harm ガイ(そこなう)
해치다. 손해. 훼방하다.
움집 면(宀)과 어지러울 개(丰), 입 구(口).

妨礙(방애) 일을 막아 거리끼게 함.
妨止(방지) 막아 정지시킴.
無妨(무방) 거리낄 것이 없음. 지장이 없음.
妨沮(방저) 일을 방해하여 막음.

害毒(해독) 어떤 일에 손해를 끼치는 요소.
害惡(해악) 해가 되는 나쁜 일.
害蟲(해충) 인류 생활에 해를 끼치는 벌레.
旱害(한해) 가뭄으로 인한 피해.

## 苟且(구차) 苟且 苟且 苟且  가난하고 궁색함. 떳떳하지 못함.

**苟** 艸 5 ⑨ 구차할 구
poor コウ(いやしくも)
구차하다. 진실로. 정작.
풀 초(艹·艸)와 굽을 구(句).

**且** 一 4 ⑤ 또 차, 도마 저
also シャ(かつ)
또. 또한. 머뭇거리다. 도마.
물건을 쌓아 놓은 모양.

苟命(구명) 구차한 목숨.
苟生(구생) 구차하게 삶.
苟安(구안) 한때의 편안을 꾀함.
苟容(구용) 비굴하게 남의 비위를 맞춤.

且看(차간) 잠깐 봄.
且說(차설) 화제를 돌릴 때, 첫머리에 쓰는 말.
且月(차월) 음력 6월의 딴 이름.
且置(차치) 제쳐놓음. 논외(論外)로 함.

## 携帶(휴대) 携帶 携帶 携帶  어떤 물건을 몸에 지니고 다님.

**携** 手 10 ⑬ 가질 휴
carry ケイ(たずさえる)
가지다. 들다. 끌다. 이끌다.
손 수(扌·手)와 소쩍새 휴(隽·巂): 잇다. 연결하다.

**帶** 巾 8 ⑪ 띠 대
belt タイ(おび, おびる)
띠. 띠다. 두르다. 허리에 차다.
허리 띠 장식 모양(丗)과 수건 건(巾).

携手(휴수) 손을 맞잡음. 곧 함께 감.
携貳(휴이) 서로 믿지 않고 딴마음을 가짐.
携抱(휴포) 끌어안음.
提携(제휴) 서로 붙잡아 끌어줌.

帶劍(대검) 칼을 참. 몸에 차는 칼.
帶同(대동) 데리고 함께 감.
帶電(대전) 물체가 전기를 띠는 현상.
連帶(연대) 두 사람 이상이 서로 책임을 짐.

## 기타(其他) - 단어(單語)

### 傍若(방약) 傍若 傍若 傍若  사람이 없는 것처럼 함부로 행동함.

**傍** 人 10 ⑫ 곁 방
곁. 옆. 방(한자의 오른쪽 부수).
亻亠产产旁旁
beside ボウ(かたわら)
사람 인(亻·人)과 의지할 방(旁 : 곁).

傍系(방계) 직계에서 갈라져 나온 계통.
傍觀(방관) 어떤 일의 추이를 보고만 있음.
傍聽(방청) 회의 등을 옆에서 들음.
近傍(근방) 가까운 곁. 썩 가까운 곳. 곁.

**若** 艹 5 ⑨ 같을 약, 반야 야
같다. 이와 같은. 너(이인칭).
艹 艹 艹 艹 若 若
like ジャク(なんじ)
풀 초(艹·艸)와 오른 우(右). 가차하여 쓰인다.

若干(약간) 몇. 얼마 되지 아니함.
若輩(약배) 너희들. 자네들. 젊은이들.
若是若是(약시약시) 이러이러함.
若此(약차) 이와 같다.

### 依托(의탁) 依托 依托 依托  남에게 의존함. 부탁함.

**依** 人 6 ⑧ 의지할 의
의지하다. 기대다. 의탁하다.
亻 亻 亻 佉 依 依
lean on イ,エ(よる)
사람 인(亻·人)과 옷 의(衣).

依據(의거) 근거로 삼음. 의지하여 웅거함.
依舊(의구) 옛 모양과 다름이 없음.
依賴(의뢰) 의지하거나 부탁함.
依存(의존) 의지하고 있음.

**托** 手 3 ⑥ 밀 탁
밀다. 열다. 받침. 대(臺).
一 十 扌 扩 扩 托
push タク(よる)
손 수(扌·手)와 부탁할 탁(乇).

托故(탁고) 사고를 핑계함.
托鉢(탁발) 중이 동냥하는 일.
托生(탁생) 의탁하여 삶.
托子(탁자) 찻잔 받침. 작은 쟁반.

### 破鏡(파경) 破鏡 破鏡 破鏡  부부의 생이별. 이지러진 달의 비유.

**破** 石 5 ⑩ 깨뜨릴 파
깨뜨리다. 부수다. 망그러뜨림.
石 石 矿 矿 破 破
break ハ(やぶる)
돌 석(石)과 가죽 피(皮 : 파도).

破局(파국) 판국이 결딴남.
破壞(파괴) 무너뜨림. 깨뜨려 기능을 잃게 함.
破産(파산) 가산을 모두 잃어버림.
破裂(파열) 깨어져서 갈라짐. 깨뜨리어 가름.

**鏡** 金 11 ⑲ 거울 경
거울. 안경. 거울삼다. 본보기.
亠 牟 金 鈩 鏡 鏡
mirror キョウ(かがみ)
쇠 금(金)과 빛 경(竟). 모습을 비추어 내는 구리거울을 뜻한다.

鏡鑑(경감) 거울. 본보기.
鏡面(경면) 거울의 비치는 면.
鏡影(경영) 거울에 비치는 형상.
明鏡止水(명경지수) 밝은 거울과 조용한 물.

## 悽慘 (처참) 悽慘 悽慘 悽慘 슬프고 참혹함.

### 悽 슬퍼할 처
心 8 ⑪
sad
セイ(いたむ)
ㅏ ㅏ ㅏ 忄 忄 悽 悽
마음 심(忄·心)과 아내 처(妻 : 凄 : 어둡다).

- 悽戀(처련) 슬퍼하여 연모(戀慕)함.
- 悽憫(처민) 딱하게 여김. 애처롭게 여김.
- 悽然(처연) 슬퍼하는 모양.
- 悽絶(처절) 더할 나위없이 애처로움.

### 慘 참혹할 참
心 11 ⑭
misery
サン(いたむ)
ㅏ ㅏ 忄 忄 忄 怵 怵 慘
마음 심(忄·心)과 참여할 참(參 : 침범하다).

※제외자

- 慘憺(참담) 괴롭고 슬픈 모양.
- 慘死(참사) 참혹하게 죽음.
- 慘慽(참척) 아들딸·손자 손녀가 앞서 죽음.
- 慘敗(참패) 참혹한 실패나 패배.

## 內紛 (내분) 內紛 內紛 內紛 내부에서 일어나는 분쟁.

### 內 안 내, 들입 납, 여관 나
入 2 ④
inside
ナイ,ダイ(うち)
丿 冂 冂 內
빌 경(冂)과 들 입(入). 어떤 영토의 '안, 속'을 뜻함.

- 內閣(내각) 국가의 행정을 담당하는 최고 기관.
- 內簡(내간) 여자들끼리 주고받는 편지.
- 內幕(내막) 겉으로 드러나지 아니한 사실.
- 入內(입납) 삼가 편지를 드림 入納(입납).

### 紛 어지러울 분
糸 4 ⑩
confused
フン(まぎれる)
幺 幺 糸 糹 紛 紛
실 사(糸)와 나눌 분(分).

- 紛糾(분규) 일이 뒤얽혀서 시끄러움.
- 紛劇(분극) 번거롭고 바쁨.
- 紛亂(분란) 엉클어져 어지러움.
- 紛紛(분분) 여러 사물이 한데 뒤섞여 어수선함.

## 哀惜 (애석) 哀惜 哀惜 哀惜 슬프고 아깝게 여김.

### 哀 슬플 애
口 6 ⑨
sad
アイ(かなしむ)
亠 㐄 产 声 亨 亨 哀
옷 의(衣)와 입 구(口).

- 哀乞(애걸) 슬프게 하소연하여 빎.
- 哀悼(애도) 사람의 죽음을 슬퍼함.
- 哀憐(애련) 가엾고 애처롭게 여김.
- 悲哀(비애) 슬픔. 또는 슬퍼함.

### 惜 아낄 석
心 8 ⑪
grudge
セキ,シャク(おしい)
ㅏ 忄 忄 忄 惜 惜 惜
마음 심(忄·心)과 옛 석(昔).

- 惜吝(석린) 아낌. 인색함.
- 惜愍(석민) 애석히 여겨 슬퍼함.
- 惜別(석별) 이별을 아쉬워함.
- 惜敗(석패) 아깝게 짐. 분패.

기타(其他)- 단어(單語)

## 碧空(벽공) 碧空 碧空 碧空  푸른 하늘. 청천.

**碧** 石 9 ⑭ 푸를 벽
푸르다. 푸른 옥돌.
ㅜ ㅌ 珀 珀 碧 碧
blue ヘキ(あおい)
구슬 옥(王·玉)과 흰 백(白), 돌 석(石).

碧溪(벽계) 물빛이 푸른 시내.
碧羅(벽라) 푸르고 얇은 비단.
碧眼(벽안) 눈동자가 푸른 눈.
碧玉(벽옥) 푸른 하늘, 또는 물이 맑고 푸름.

**空** 穴 3 ⑧ 빌 공
비다. 하늘. 공중. 크다.
丶 宀 穴 空 空 空
empty クウ(そら)
구멍 혈(穴)과 만들 공(工).

空間(공간) 비어 있는 곳. 건물의 비워 둔 곳. 무한히 펼쳐진 빈 곳.
空理空論(공리공론) 근거 없는 이론.
空想(공상) 헛된 상상. 사실이 없는 생각.

## 彩色(채색) 彩色 彩色 彩色  색을 칠함. 또 그 색.

**彩** 彡 8 ⑪ 채색 채
채색. 아름다운 빛깔. 색을 칠함.
ㄱ ㄱ 요 平 采 采 彩
color サイ(つや,いろどり)
가리 채(釆)와 터럭 삼(彡).

彩料(채료) 그림을 그릴 때 쓰는 물감.
彩雲(채운) 아름다운 빛의 구름.
彩畵(채화) 여러 색깔을 칠하여 그린 그림.
異彩(이채) 색다른 빛. 뛰어남. 이상한 빛.

**色** 色 0 ⑥ 빛 색
빛. 빛깔. 얼굴빛. 광택. 형상.
ㄱ ㄱ ㅅ ㅅ 多 色
color ショク(いろ)
사람 인(ク : 人의 변형)과 병부 절(巴 : 卩의 변형). 파생하여 쓰인다.

色感(색감) 색채의 감각. 빛깔에서 받는 느낌.
色盲(색맹) 빛깔을 가려낼 능력을 잃은 상태.
色彩(색채) 빛깔. 빛깔과 무늬.
姿色(자색) 자태(姿態)와 용모.

## 銅像(동상) 銅像 銅像 銅像  구리로 만든 사람의 형상.

**銅** 金 6 ⑭ 구리 동
구리. 동화. 돈. 도장. 구리그릇.
ㄴ ㅅ 숙 金 釕 銅
copper ドウ(あかがね)
쇠 금(金)과 같을 동(同 : 원기둥).

銅鏡(동경) 구리로 만든 거울. 石鏡(석경).
銅鼓(동고) 꽹과리.
銅鑛(동광) 구리를 캐는 광산. 銅店(동점).
銅錢(동전) 구리로 만든 돈.

**像** 人 12 ⑭ 형상 상
형상. 모습. 본뜬 형상.
亻 亻 佇 俜 像 像
figure ショウ,ゾウ(かたち)
사람 인(亻·人)과 코끼리 상(象 : 모양).

像擬(상의) 모방하여 만듦.
像形(상형) 어떤 물건의 모양을 본떠서 비슷하게 만듦. 또 그 모양.
肖像(초상) 그 사람을 닮게 그린 그림.

## 肖似(초사) 肖似 肖似 肖似 닮음. 비슷함.

**肖** 肉 3 ⑦ be like ショウ(にる)
닮을 초
닮다. 같다. 법. 좋다. 작다.
ノ ソ 小 戶 肖 肖
작을 소(小)와 몸 육(月·肉).

肖像(초상) 그 사람을 닮게 만드는 화상(畫像).
肖形(초형) 모양을 닮게 함.
不肖(불초) 부조(父祖)의 덕망이나 유업을 이어받지 못함. 또, 그러한 사람.

**似** 人 5 ⑦ same シ,ジ(にる)
같을 사
같다. 유사하다. ~인 듯하다.
亻 亻 化 似 似
사람 인(亻·人)과 할 이(以 : 일하다).

似模(사모) 본떠 그 모양대로 쓰거나 그림.
似而非(사이비) 비슷해 보이지만 같지 않음.
近似(근사) 아주 비슷함. 그럴싸하게 멋짐.
類似(유사) 서로 비슷함. 많음.

## 尖端(첨단) 尖端 尖端 尖端 물건의 뾰족한 끝. 맨 앞.

**尖** 小 3 ⑥ pointed セン(とがる)
뾰족할 첨
뾰족하다. 끝이 날카로움.
丨 ㅣ 小 少 尖 尖
작을 소(小)와 큰 대(大).

尖尾(첨미) 아래로 뾰족한 물건의 맨 끝.
尖銳(첨예) 뾰족하고 날카로움. 尖利(첨리).
尖塔(첨탑) 지붕 꼭대기가 뾰족한 탑.
指尖(지첨) 손가락의 끝.

**端** 立 9 ⑭ end タン(はし)
끝 단
끝. 가. 실마리. 단정하다.
亠 辛 辛 端 端 端
설 립(立)과 끝 단(耑).

端末(단말) 끄트머리. 끝. 처음과 끝.
端緒(단서) 일의 처음. 일의 실마리.
端言(단언) 바른 말을 함. 또, 그 말.
端午(단오) 음력 오월 초닷샛날의 명절.

## 朱紅(주홍) 朱紅 朱紅 朱紅 붉은 빛.

**朱** 木 2 ⑥ red シュ(あか)
붉을 주
붉다. 붉은 빛깔을 띤 물건.
丿 ᅳ ㅡ 牛 牛 朱
아닐 미(未)에 삐칠 별(丿).

朱記(주기) 특별한 곳을 붉은 글씨로 표시함.
朱門(주문) 붉은 문. 지위 높은 관리의 집.
朱書(주서) 주묵(朱墨)으로 글씨를 씀.
印朱(인주) 도장 찍는데 쓰는 붉은 빛의 재료.

**紅** 糸 3 ⑨ red コウ(くれない)
붉을 홍
붉다. 붉은 빛. 연지.
ㄴ 幺 糸 糸 紅 紅
실 사(糸)와 만들 공(工).

紅樓(홍루) 부잣집 여자나 미인이 거처하는 집.
紅裳(홍상) 붉은 치마. 다홍치마.
紅潮(홍조) 부끄럽거나 취하여 붉어진 얼굴.
紅塵(홍진) 세상의 번거로운 일. 또는 속세.

기타(其他)- 단어(單語)

| 或云(혹운) 或云 或云 或云 | 어떤 사람이 말하기를. |

**或** 戈 4 ⑧
혹 혹, 나라 역
혹. 혹은. 누구. 늘. 나라.
if　ワク(あるいは)
一 ㄇ �667 式 或 或
창 과(戈)와 입 구(口). 땅을 의미하는 한 일(一).

或說(혹설) 어떤 사람의 말이나 학설.
或是(혹시) 만일에. 행여나. 어떠한 경우.
或者(혹자) 어떤 사람. 혹시.
間或(간혹) 가끔. 이따금. 어쩌다가.

**云** 二 2 ④
이를 운
이르다. 말하다. 가로되. 어조사.
say　ウン(いう)
一 二 云 云
구름이 뭉게뭉게 피어오르는 모양.

云云(운운) 인용이나 생략할 때 씀.
云爲(운위) 일러 말함. 또는 평함. 말과 행동.
云爾(운이) 위에 말한 바와 같이.
云何(운하) 어찌하여. 어떠한가. 如何(여하).

| 稀姓(희성) 稀姓 稀姓 稀姓 | 아주 드문 성(姓). |

**稀** 禾 7 ⑫
드물 희
드물다. 성기다. 적다.
rare　キ(まれ)
二 禾 衤 秒 稀 稀
벼 화(禾)와 드물 희(希).

稀貴(희귀) 드물어 진귀함.
稀年(희년) 70세. 나이 일흔 살을 일컬음.
稀代(희대) 세상에 드묾. 稀世(희세).
稀微(희미) 분명하지 못하고 어렴풋함.

**姓** 女 5 ⑧
성 성
성. 성씨. 씨족. 인민. 겨레.
family name　セイ(みようじ)
夕 女 女 姓 姓 姓
계집 녀(女)와 날 생(生). 사람의 태어난 곳, '성씨'를 뜻한다.

姓名(성명) 성과 이름.
姓鄕(성향) 성씨 시조의 고향. 貫鄕(관향).
百姓(백성) 예전에 유덕한 사람에게 벼슬을 주고 성(姓)을 내렸기 때문에 일컫는 말. 서민

| 抄本(초본) 抄本 抄本 抄本 | 필요한 것을 뽑아서 적음. |

**抄** 手 4 ⑦
가릴 초
가리다. 뽑아 적음. 노략질하다.
select　ショウ(ぬきがき)
二 千 禾 利 利 抄
손 수(扌·手)와 적을 소(少 : 조금).

抄掠(초략) 노략질로 빼앗음.
抄略(초략) 글의 내용을 간추리고 생략함.
抄譯(초역) 필요한 곳만 뽑아서 번역함.
抄出(초출) 빼냄. 빼내어 씀.

**本** 木 1 ⑤
근본 본
근본. 근원. 뿌리. 농사. 바탕.
origin　ホン(もと,ほん)
一 十 才 木 本
나무 목(木)과 한 일(一).

本家(본가) 본집. 宗家(종가). 親庭(친정).
本格(본격) 근본·본래의 격식. 올바른 법식.
本能(본능) 날 때부터 타고난 성능(性能).
根本(근본) 사물이 발생하는 근원.

## 漏籍 (누적)

漏籍 漏籍 漏籍　사무 착오로 문서에서 빠짐.

**漏** 水 11 ⑭
샐 루
새다. 빠뜨리다. 틈나다.
leak　ロウ(もれる)
氵 沪 浔 漏 漏 漏
물 수(氵·水)와 집샐 루(屚).

**籍** 竹 14 ⑳
문서 적
문서. 서적. 장부. 명부.
document　セキ(ふみ)
竹 筘 筘 籍 籍 籍
대 죽(竹)과 깔개 적(耤).

漏落(누락)　기록되어야 할 것이 기록에서 빠짐.
漏網(누망)　죄인이 수사망을 빠져 달아남.
漏泄(누설)　물이 샘. 비밀이 밖으로 샘.
漏水(누수)　새는 물. 또는 물을 새게 함.

籍記(적기)　문서에 적음. 또, 그 문서.
籍沒(적몰)　중죄인의 재물을 관에서 몰수함.
國籍(국적)　국민으로서의 자격과 신분.
戶籍(호적)　호수와 식구별로 기록한 장부.

## 燃燒 (연소)

燃燒 燃燒 燃燒　불붙어 탐.

**燃** 火 12 ⑯
불사를 연
불사르다. 불타다. 불태우다.
burn　ネン(もえる)
火 炒 炒 燃 燃 燃
불 화(火)와 태울 연(然).

**燒** 火 12 ⑯
불사를 소 　烧
불사르다. 불태움. 익히다.
burn　ショウ(やく)
火 炉 炉 烷 燒 燒
불 화(火)와 높을 요(堯).

燃燈(연등)　등을 달고 불을 켬.
燃料(연료)　열을 얻기 위해 태우는 재료.
燃油(연유)　연료로 쓰는 기름.
不燃(불연)　불에 타지 않음.

燒却(소각)　불에 태워 없애 버림.
燒滅(소멸)　타서 없어짐.
燒酒(소주)　증류하여 만든 무색투명한 술.
全燒(전소)　모두 타 버림.

## 蘇生 (소생)

蘇生 蘇生 蘇生　다시 살아남. 회생. 蘇活(소활).

**蘇** 艹 16 ⑳
깨어날 소 　苏
깨어나다. 회생하다. 차조기.
revive　ソ(よみがえる)
艹 苏 芦 萨 萨 蘇
풀 초(艹·艸)와 소생할 소(穌: 잎 사이로 공기가 통함).

**生** 生 0 ⑤
날 생
나다. 낳다. 살다. 살리다. 삶.
born　セイ,ショウ(うまれる)
丿 一 ヒ 牛 生
초목의 새싹이 땅 위로 솟아 나오는 모양.

蘇聯(소련)　소비에트 사회주의 연방공화국.
蘇方(소방)　콩과에 속하는 작은 상록 교목.
蘇葉(소엽)　차조기의 잎.
蘇子(소자)　차조기의 씨.

生命(생명)　목숨. 어떤 사물의 본질.
生色(생색)　생생한 윤기. 안색에 드러남.
生涯(생애)　살아 있는 동안. 한평생.
生存(생존)　살아 있음. 끝까지 살아서 남음.

# 기타(其他) - 단어(單語)

## 中央(중앙) 　中央　中央　中央　한가운데. 사물의 중심이 되는 곳.

**中** 가운데 중
가운데. 안. 속. 동아리.
midst middle　チュウ(なか)
丶 口 口 中
사물(口)의 한가운데를 꿰뚫는(丨: 뚫을 곤) 모양.

中間(중간) 한가운데. 사이. 중도. 소개.
中途(중도) 갈가는 동안. 일이 되어 가는 과정.
中庸(중용) 치우침이 없는 바른 도.
中興(중흥) 어떤 일이 다시 일어남.

**央** 가운데 앙
가운데. 중앙. 중심. 다하다.
center　オウ(なかば)
丶 口 口 央 央
목에 칼을 씌운 사람의 형상에서, '한가운데'를 뜻한다.

央及(앙급) 간절히 원함.
央屬(앙속) 부탁함. 선명한 모양.
未央(미앙) 아직 일이 끝나지 않음.
央央(앙앙) 넓고 선명한 모양.

## 零細(영세) 　零細　零細　零細　변변하지 못함. 궁색함.

**零** 떨어질 령
떨어지다. 시들다. 작다.
drop　レイ(ふる, ぜろ)
一 雨 雨 雯 零 零
비 우(雨)와 소리 령(令: 신의 뜻).

零落(영락) 초목의 잎이 시들어 떨어짐. 죽음.
零淚(영루) 떨어지는 눈물.
零點(영점) 득점·점수가 없음. 어는 점.
零縮(영축) 수효가 줄어 모자람.

**細** 가늘 세
가늘다. 잘다. 작다. 자세하다.
thin　サイ(ほそい)
幺 糸 紅 細 細 細
실 사(糸)와 숫구멍 신(囟: 田의 변형).

細慮(세려) 꼼꼼하게 생각함.
細流(세류) 작은 시내.
細心(세심) 작은 일에도 꼼꼼하여 빈틈이 없음.
微細(미세) 가늘고 작음.

## 尊卑(존비) 　尊卑　尊卑　尊卑　신분의 높고 낮음.

**尊** 높을 존, 술통 준
높다. 우러러보다. 술통.
high　ソン(とうとい)
仁 內 酋 酋 尊 尊
술항아리 추(酋)와 법도 촌(寸).

尊敬(존경) 받들어 공경함.
尊屬(존속) 부모와 같은 항렬 이상의 친족.
尊嚴(존엄) 지위나 인품이 높아서 범할 수 없음.
尊啣(존함) 남을 이름을 높이어 일컫는 말.

**卑** 낮을 비
낮다. 천하다. 비루하다.
mean　ヒ(いやしい)
丿 白 白 甶 鱼 卑
손잡이가 있는 술통에 손을 댄 모양.

卑怯(비겁) 용기가 없음. 심사가 야비함.
卑屈(비굴) 줏대가 없고 하는 짓이 천함.
卑近(비근) 고상하지 아니함. 가까운 곳.
卑賤(비천) 지위나 신분이 낮고 천함.

## 貞淑 (정숙)  貞淑 貞淑 貞淑　여자의 정조가 곧고 마음이 깨끗함.

**貞** 貝 2 ⑨ — 곧을 정
곧다. 바르다. 정조. 절개.
virtuous　テイ(ただしい)
　ノ ト 占 卢 貞 貞
점 복(卜)과 조개 패(貝).

貞潔(정결) 정조가 곧고 결백함.
貞烈(정렬) 굳게 정조나 절개를 지킴.
貞節(정절) 굳은 마음과 변하지 않는 절개.
童貞(동정) 이성과 성적 접촉이 없음.

**淑** 水 8 ⑪ — 맑을 숙
맑다. 착하다. 얌전하다.
pure　シュク(よし,しとやか)
　氵 汁 汁 沫 沫 淑
물 수(氵·水)와 콩 숙(叔 : 선량하다).

淑女(숙녀) 선량하고 부덕이 있는 여자.
淑德(숙덕) 착하고 올바른 덕.
淑美(숙미) 정숙하고 아름다움.
淑弟(숙제) 착한 아우.

## 素朴 (소박)  素朴 素朴 素朴　꾸밈없이 그대로임.

**素** 糸 4 ⑩ — 흴 소
희다. 바탕. 질박하다.
white　ソ(しろい)
　 丰 丰 圭 丟 孛 素
드리울 수(主·垂)와 실 사(糸).

素量(소량) 어떤 종류의 양의 최소 단위.
素服(소복) 흰 옷. 상복(喪服).
素質(소질) 본디부터 타고난 천성.
素材(소재) 예술 작품에서 재료가 되는 대상.

**朴** 木 2 ⑥ — 순박할 박
순박하다. 꾸밈이 없음.
simple　ボク(ほうのき)
　一 十 才 木 木 朴
나무 목(木)과 점칠 복(卜).

朴陋(박루) 세련되지 못하고 촌스러움.
朴厚(박후) 인품이 후하고 소박함.
朴野(박야) 꾸밈이 없이 촌스러움.
質朴(질박) 꾸민 데가 없이 수수함.

## 墨契 (묵계)  默契 默契 默契　은연중에 서로 뜻이 맞음.

**默** 黒 4 ⑯ — 말없을 묵
말 없다. 잠잠하다. 조용하다.
silent　モク(だまる)
　日 甲 里 黒 默 默
검을 흑(黒)과 개 견(犬).

默念(묵념) 묵묵히 생각함. 마음속으로 빎.
默讀(묵독) 소리 없이 읽음.
默秘(묵비) 잠자코 비밀로 함.
默認(묵인) 슬그머니 허락함.

**契** 大 6 ⑨ — 맺을 계, 나라이름 글
맺다. 계약서. 문서. 나라 이름.
contract　ケイ(ちぎる)
　三 丰 扫 却 契 契
새길 갈(㓞)과 클 대(大).

契機(계기) 사물의 동기. 결정하게 되는 전기.
契約(계약) 쌍방이 지켜야 할 의무에 관한 약속.
契丹(글안) 거란. 4세기 이래 내몽고의 시라무렌 강 유역에 유목하고 있었던 부족.

## 迷夢(미몽) 迷夢 迷夢 迷夢  무엇에 미혹하여 흐릿해진 정신.

**迷** 走 6 ⑩ 미혹할 미
미혹하다. 헷갈리다.
bewitch  ㆍ丷米米迷迷
メイ(まよう)
낟알 미(米 : 많음)와 쉬엄쉬엄 갈 착(辶 · 辵).

迷宮(미궁) 사건 따위가 쉽게 해결될 수 없게 됨.
迷路(미로) 헷갈리기 쉬운 길.
迷信(미신) 허망한 것을 믿음.
迷惑(미혹) 마음이 흐려서 무엇에 홀림.

**夢** 夕 11 ⑭ 꿈 몽
꿈. 꿈꾸다. 어둡다. 흐림.
dream  ㅗ艹芇莭夢夢
ム(ゆめ)
어두울 몽(苜·瞢)과 저녁 석(夕).

夢寐(몽매) 꿈을 꿈. 꿈꾸는 동안. 꿈결.
夢想(몽상) 꿈속에서 생각함. 또, 그 생각.
夢遊(몽유) 꿈속에 헤맴. 꿈을 꿈.
夢幻(몽환) 꿈과 환상(幻想). 헛된 꿈.

## 斯卜(사복) 斯卜 斯卜 斯卜  이 점.

**斯** 斤 8 ⑫ 이 사
이(이것). 어조사. 곧. 이에.
this  ㅕ甘其斯斯斯
シ(この)
그 기(其 : 키, 대바구니)와 도끼 근(斤).

斯界(사계) 이 분야. 이 방면. 이 사회.
斯道(사도) 이 길. 성현의 길. 공맹의 가르침.
斯文(사문) 이 글. 이 학문. 유교의 학문과 도의.
斯學(사학) 이 학문. 숭상할 만한 학문.

**卜** 卜 0 ② 점 복
점. 점치다. 짐바리. 짐.
divination  丨卜
ボク(うらなう)
거북의 등에 나타난 금을 본뜬 글자.

卜居(복거) 살 만한 곳을 가려서 정함.
卜吉(복길) 길한 날을 가려서 받음.
卜師(복사) 점치는 사람.
卜債(복채) 점을 쳐 준 값으로 주는 돈.

## 昭詳(소상) 昭詳 昭詳 昭詳  분명하고 자세함.

**昭** 日 5 ⑨ 밝을 소
밝다. 밝히다. 나타나다.
bright  丨日町昭昭
ショウ(あきらか)
날 일(日)과 부를 소(召).

昭光(소광) 환한 빛. 광명.
昭代(소대) 밝게 다스려진 세상. 태평한 세상.
昭明(소명) 속이 밝고 영리함.
昭耀(소요) 환히 빛남.

**詳** 言 6 ⑬ 자세할 상
자세하다. 상세하다. 두루.
detail  言言言詳詳詳
ショウ(くわしい)
말씀 언(言)과 양 양(羊 : 자태).

詳考(상고) 자세히 참고함. 자세히 검토함.
詳記(상기) 자세히 기록함.
詳報(상보) 자세히 알림. 자세한 보고.
詳述(상술) 자세하게 진술 또는 서술함.

## 誇張 (과장)  誇張 誇張 誇張  실제보다 지나치게 크게 나타냄.

**誇** 자랑할 과
言 6 ⑬
pride
자랑하다. 자만함. 자랑. 자만.
言 言 訝 誇 誇
コ(ほこる)
말씀 언(言)과 큰체할 과(夸).

誇大(과대) 작은 것을 크게 떠벌임. 풍을 떪.
誇示(과시) 뽐내어 보임.
誇讚(과찬) 자만하여 크게 나타내 보임.
誇稱(과칭) 실제보다 과장해 부름.

**張** 베풀 장
弓 8 ⑪
give
베풀다. 당기다. 벌리다.
ˊ 弓 引 弜 弡 張
チョウ(はる)
활 궁(弓)과 긴 장(長).

張大(장대) 벌려 크게 함. 확대함. 확장함.
張力(장력) 물질이 서로 당기거나 당겨지는 힘.
張本人(장본인) 어떠한 일을 빚어낸 그 사람.
張數(장수) 얇고 넓적한 물건의 수효.

## 奇遇 (기우)  奇遇 奇遇 奇遇  뜻하지 않게 만남.

**奇** 기이할 기
大 5 ⑧
strange
기이하다. 기특하다. 뛰어나다.
ナ 大 杏 奇 奇 奇
キ(くし,めずらしい)
큰 대(大)와 옳을 가(可 : 갈고리 모양).

奇骨(기골) 특이한 골상이나 뛰어난 성품.
奇怪(기괴) 기이하고 괴상함.
奇妙(기묘) 진기하고 이상함.
奇想天外(기상천외) 극히 기발한 생각.

**遇** 만날 우
辶 9 ⑬
meet
만나다. 알현. 당하다.
㕰 禺 禺 遇 遇 遇
グウ(めう)
짐승 우(禺)와 쉬엄쉬엄 갈 착(辶·辵).

遇害(우해) 해(害)를 당함. 살해를 당함.
遇合(우합) 우연히 만남.
待遇(대우) 직장에서의 근무자에 대한 처우.
禮遇(예우) 예의를 다하여 정중히 대우함.

## 化粧 (화장)  化粧 化粧 化粧  바르고 매만져 얼굴을 곱게 꾸밈.

**化** 화할 화
匕 2 ④
change
화하다. 변함. 가르치다.
ノ 亻 仁 化
カ,ケ(かるる)
바로 선 사람(亻·人)과 거꾸로 선 사람(匕).

化石(화석) 지층에 묻혀 돌이 된 동식물의 유체.
化學(화학) 물질의 변화·법칙을 연구하는 학문.
國有化(국유화) 토지 등을 국가의 소유로 함.
變化(변화) 사물의 성질·모양 등이 바뀜.

**粧** 단장할 장
米 6 ⑫
adorn
단장하다. 단장. 꾸미다.
丷 丬 米 籵 籵 粧
ショウ(よそおい)
가루 분(米·粉)과 꾸밀 장(庄).

粧飾(장식) 화장하여 꾸밈. 또, 그 꾸밈새.
丹粧(단장) 얼굴을 곱게 꾸밈.
美粧(미장) 얼굴 등을 아름답게 다듬음.
盛粧(성장) 짙은 화장.

기타(其他)- 단어(單語)

## 視事(시사) 視事 視事 視事  임금이 나랏일을 돌봄.

**視** 볼 시
見 5 ⑫
보다. 살피다. 돌보다. 본받다.
一 亍 禾 和 祖 視
look at　シ(みる)
보일 시(示 : 가리키다)와 볼 견(見).

視覺(시각) 물체의 현상이 보이는 착각.
視野(시야) 눈의 보는 힘이 미치는 범위.
視察(시찰) 돌아다니며 실지 사정을 살핌.
凝視(응시) 한참 동안 뚫어지게 자세히 봄.

**事** 일 사
亅 7 ⑧
일하다. 직분. 임무. 직업.
一 亓 亓 耳 写 事
work　ジ(こと)
깃발 달린 깃대를 세운 모양을 본뜬 글자.

事件(사건) 일이나 일거리. 뜻밖에 일어난 변고.
事物(사물) 유형, 무형의 모든 일과 물건.
事典(사전) 여러 사항을 순서대로 모아 설명한 책.
慶事(경사) 경축할 만한 일. 기쁜 일.

## 賜送(사송) 賜送 賜送 賜送  임금이 신하에게 물건을 내려 보냄.

**賜** 줄 사
貝 8 ⑮
주다. 하사하다. 은혜를 베풀다.
目 貝 貝 貺 賜 賜
bestow　シ(たまわる)
조개 패(貝)와 옮길 역(易 : 팔을 내밀다).

賜暇(사가) 휴가(休暇)를 줌. 말미를 줌.
賜死(사사) 임금이 중죄인에게 자결을 명함.
賜藥(사약) 임금이 독약을 내려 죽게 함.
賜饌(사찬) 임금이 음식을 내림.

**送** 보낼 송
辶 6 ⑩
보내다. 전송하다. 선물.
八 𠆢 兰 关 关 送 送
send　ソウ(おくる)
양손을 올린 모양(关)과 쉬엄쉬엄 갈 착(辶 · 辵).

送稿(송고) 원고를 편집 담당자에게 보냄.
送舊(송구) 묵은해를 보냄.
送達(송달) 편지 · 서류 또는 물품을 보냄.
送別(송별) 사람을 이별하여 보냄.

## 投票(투표) 投票 投票 投票  선거로써 가부의 표시를 하는 일.

**投** 던질 투
扌 4 ⑦
던지다. 내던지다. 내버리다.
一 十 扌 扩 抄 投
throw　トウ(なげる)
손 수(扌 · 手)와 창 수(殳).

投稿(투고) 신문 · 잡지 등에 원고를 보냄.
投機(투기) 요행을 바라고 하는 상행위.
投獄(투옥) 옥에 가둠. 교도소에 수감함.
投資(투자) 자금이나 자본을 댐. 出資(출자).

**票** 쪽지 표
示 6 ⑪
쪽지. 표. 표하다. 어음.
一 西 西 覀 票 票
ticket　ヒョウ(ふだ)
허리 요(覀 · 要)와 보일 시(示).

票決(표결) 투표로써 결정함.
票然(표연) 가볍게 날리는 모양.
票子(표자) 지폐(紙幣). 어음. 수표.
開票(개표) 투표의 결과를 조사함.

## 範式 (범식) 範式 範式 範式 본보기.

**範**
竹 9 ⑮
low ハン(のり)
법 범
법. 틀. 본보기. 항상.
⺮ ⺮ 笒 笵 範 範
본보기 범(范)과 수레 거(車).

範例(범례) 본보기. 예시하여 모범으로 삼는 것.
範圍(범위) 어떤 힘이 미치는 한계. 테두리.
範疇(범주) 같은 성질의 것이 속해야 할 부류.
模範(모범) 본받아 배울 만한 본보기.

**式**
弋 3 ⑥
rule シキ(のり)
법 식
법. 제도. 표준. 의식. 형식.
一 二 丁 丐 式 式
주살 익(弋 : 말뚝)과 장인 공(工 : 공구).

式順(식순) 의식의 차례.
式場(식장) 의식을 올리는 장소.
樣式(양식) 이미 정해진 공통의 형식이나 방식.
儀式(의식) 예식을 갖추는 법. 儀典(의전).

## 掛圖 (괘도) 掛圖 掛圖 掛図 벽에 걸게 되어 있는 그림.

**掛**
手 8 ⑪
hang ケ,カイ(かける)
걸 괘
걸다. 걸쳐놓다. 달아매다.
扌 扌 扩 拝 挂 掛
손 수(扌·手)와 점 괘(卦).

掛念(괘념) 마음에 두고 잊지 아니함.
掛曆(괘력) 벽에 거는 달력.
掛錫(괘석) 석장(錫杖)을 걺.
掛鐘(괘종) 벽걸이용 시계.

**圖**
口 11 ⑭
picture ト,ス(はかる,え)
그림 도
그림. 지도. 꾀하다. 다스리다.
门 冂 周 圕 圖 圖
에울 위(口) 안에 마을 비(啚·鄙 : 농토, 구역).

圖鑑(도감) 그림이나 사진을 설명한 책.
圖謀(도모) 어떤 일을 이루려고 꾀함.
圖案(도안) 의장·고안을 설계, 표현한 그림.
企圖(기도) 일을 꾸며내려고 꾀함.

## 已了 (이료) 已了 已了 已了 이미 끝남.

**已**
己 0 ③
already イ(すでに,やむ)
이미 이
이미. 벌써. 그치다. 버리다.
フ コ 已
본래는 농기구로 사용하던 쟁기의 모양을 본뜬 글자. 차용하여 쓰인다.

已久(이구) 이미 오래 됨.
已甚(이심) 지나치게 매우 심함.
已往(이왕) 이전(以前). 그전. 이미.
而已(이이) ~할 뿐. ~일 따름. ~그것뿐.

**了**
亅 1 ②
finish リョウ(おわる)
마칠 료
마치다. 깨닫다. 알다. 똑똑하다.
丁 了
손발이 모두 감싸인 젖먹이 모양을 본뜬 글자.

了結(요결) 일을 끝마침.
了解(요해) 깨달아 알아 냄. 인식의 하나.
修了(수료) 일정한 학과를 다 배워 마침.
完了(완료) 완전히 끝을 냄.

기타(其他)- 단어(單語)

## 熱湯(열탕)  熱湯 熱湯 热汤  끓는 물.

| 火 11 ⑮ | 熱 | 더울 열 | 热 |
|---|---|---|---|
| | | 덥다. 더워지다. 더위. 뜨겁다. | |
| hot | ネツ(あつい) | 土 耂 耂 화 執 執 熱 | |

형세 세(埶 : 勢의 획 줄임)와 불 화(灬).

熱氣(열기) 뜨거운 기운. 더위. 높은 체온.
熱烈(열렬) 느끼는 정도가 더할 나위 없이 강함.
熱中(열중) 정신을 한 곳으로 쏟아 골몰함.
加熱(가열) 열을 가함.

| 水 9 ⑫ | 湯 | 끓일 탕 | 汤 |
|---|---|---|---|
| | | 끓이다. 끓인 물. 목욕탕. | |
| boil | トウ(ゆ) | 氵 氵 沪 渭 湯 湯 | |

물 수(氵 · 水)와 빛날 양(昜 : 뻗쳐 오르다).

湯罐(탕관) 국을 끓이거나 약을 달이는 그릇.
湯沐(탕목) 더운 물로 몸을 씻음.
湯藥(탕약) 달여 먹는 한약.
湯治(탕치) 온천에서 목욕하여 병을 고치는 일

## 杯盤(배반)  杯盤 杯盤 杯盤  흥취 있게 노는 잔치.

| 木 4 ⑧ | 杯 | 잔 배 | |
|---|---|---|---|
| | | 잔. 대접. 국그릇. | |
| cup | ハイ(さかずき) | 十 才 木 朾 杯 杯 | |

나무 목(木)과 아니 불(不 : 술잔의 모양).

杯酒(배주) 술잔에 따른 술.
杯池(배지) 잔과 같은 작은 연못.
乾杯(건배) 술잔을 높이 들어 축배를 듦.
祝杯(축배) 축하의 뜻으로 마시는 술.

| 皿 10 ⑮ | 盤 | 소반 반 | |
|---|---|---|---|
| | | 소반. 쟁반. 받침. 바탕. | |
| tray | バン(さら) | 力 月 舟 舣 般 盤 | |

많을 반(般)과 그릇 명(皿).

盤據(반거) 땅을 굳게 차지하고 의거함.
盤古(반고) 아득한 옛날. 太古(태고)
盤曲(반곡) 얽히어 구부러짐.
盤石(반석) 너럭바위.

## 和暢(화창)  和暢 和暢 和暢  따뜻하고 맑음. 마음이 상쾌함.

| 口 5 ⑧ | 和 | 고를 화 | |
|---|---|---|---|
| | | 고르다. 조화됨. 알맞음. | |
| even | ワ(やわらぐ) | 丿 二 千 禾 和 和 | |

벼 화(禾)와 입 구(口).

和氣(화기) 평온한 기분. 누그러진 마음.
和談(화담) 화목하게 주고받는 말.
和樂(화락) 함께 모여서 사이좋게 즐김.
和親(화친) 의좋게 지냄. 또는 그러한 관계.

| 日 10 ⑭ | 暢 | 펼 창 | 畅 |
|---|---|---|---|
| | | 펴다. 화창하다. 통하다 | |
| bright | チョウ(のびる) | 申 甲 甲 晿 暢 暢 | |

펼 신(申)과 빛날 양(昜).

暢達(창달) 구김살 없이 자라남. 통달함.
暢茂(창무) 풀과 나무가 잘 자라서 무성함.
暢月(창월) 음력 동짓달. 음력 11월의 이칭.
流暢(유창) 말이 매끄러워서 거침이 없음.

## 畏懼(외구)  畏懼 畏懼 畏懼  무서워하고 두려워함.

### 畏 두려워할 외
田 4 ⑨
두려워하다. 꺼리다. 으르다.
fear  イ(おそれる)
ノ 口 日 田 畏 畏
귀신 귀(鬼 : 보통과 다른 형상)와 점 복(卜 : 채찍).
畏敬(외경)  어려워하고 공경함.
畏忌(외기)  두려워하고 꺼림.
畏惡(외오)  두려워하고 미워함.
敬畏(경외)  공경하고 두려워함.

### 懼 두려워할 구
心 18 ㉑
두려워하다. 겁이 나다.
fear  ク(おそれる)
忄 忄 忄 忄 忄 懼
마음 심(忄·心)과 놀라울 구(瞿).
懼然(구연)  두려워하는 모양.
敬懼(경구)  공경하고 두려워함.
悚懼(송구)  마음이 두렵고 거북함.
危懼心(위구심)  염려되고 두려워하는 마음.

## 首尾(수미)  首尾 首尾 首尾  머리와 꼬리. 처음과 끝.

### 首 머리 수
首 0 ⑨
머리. 첫머리. 우두머리.
head  シュ(くび)
丶 丷 亠 产 斉 首
머리카락이 두 개(ソ) 났고, 이마(一)와 코(自)를 본뜬 모양에서, '머리'를 뜻한다.
首肯(수긍)  그러하다고 머리를 끄덕임.
首腦(수뇌)  중요한 자리에 있는 사람.
首席(수석)  맨 윗자리. 성적 따위의 제1위.
梟首(효수)  목을 베어 나무 같은 데 매닮.

### 尾 꼬리 미
尸 4 ⑦
꼬리. 교미하다. 별 이름.
tail  ビ(お)
フ 彐 尸 尸 尾 尾
주검 시(尸 : 몸뚱이)와 털 모(毛).
尾骨(미골)  꼬리뼈.
尾行(미행)  몰래 뒤를 따라다님.
末尾(말미)  맨 끝. 末端(말단).
首尾相應(수미상응)  서로 응하여 도움.

## 曉示(효시)  曉示 曉示 曉示  깨우쳐 타이름.

### 曉 새벽 효
日 12 ⑯
새벽. 밝다. 깨닫다. 타이르다.
dawn  ギョウ(あかつき)
日 旷 暁 暁 暁 曉
해 일(日)과 멀 요(堯 : 높다).
曉鷄(효계)  새벽을 알리는 닭.
曉告(효고)  타이름. 알아듣도록 타이름.
曉氣(효기)  새벽녘의 공기. 또, 그 기분.
曉星(효성)  새벽에 보이는 별. 샛별.

### 示 보일 시
示 0 ⑤
보이다. 가르치다. 알리다.
exhibit  シ(しめす)
一 二 T 亍 示
제물을 차려놓은 제상의 모양을 본뜬 글자.
示範(시범)  모범을 보임.
示唆(시사)  미리 암시하여 일러 줌.
示威(시위)  위력이나 기세를 드러내어 보임.
提示(제시)  뜻을 글이나 말로 나타내어 보임.

## 屈伸(굴신)  屈伸 屈伸 屈伸   몸을 굽힘과 폄.

**尸 5 ⑧ 屈** 굽힐 굴
굽히다. 굽다. 움츠리다.
bend  ク ッ (かがむ)
尸 尺 尸 屈 屈 屈
주검 시(尸)와 나갈 출(出).

屈巾(굴건) 상주가 두건 위에 덧쓰는 건(巾).
屈曲(굴곡) 인생에서 성쇠가 번갈아 오는 일.
屈伏(굴복) 꿇어 엎드림.
屈指(굴지) 손가락을 꼽아 셈.

**人 5 ⑦ 伸** 펼 신
펴다. 늘이다. 기지개. 사뢰다.
extend  シ ン (のびる)
亻 ⺅ 亻⺅ 伯 伸
사람 인(亻·人)과 펼 신(申 : 번개가 뻗는 모양).

伸眉(신미) 눈썹을 폄. 곧 근심이 가셔짐.
伸寃(신원) 가슴에 맺힌 원한을 풀어 버림.
伸張(신장) 물체·세력 따위를 넓게 뻗음.
伸縮(신축) 퍼짐과 오그라짐. 늘이고 줄임.

## 敦篤(돈독)  敦篤 敦篤 敦篤   인정이 두터움.

**攵 8 ⑫ 敦** 도타울 돈
도탑다. 정성. 힘쓰다.
cordial  ト ン (あつい)
亠 亠 亨 享 享 敦
드릴 향(享)과 칠 복(攵·攴).

敦睦(돈목) 정이 도탑고 화목함.
敦親(돈친) 친족이나 친척끼리 정이 두터움.
敦厚(돈후) 인정이 도타움.
安敦(안돈) 편안하고 정성스러움

**竹 10 ⑯ 篤** 도타울 독
도탑다. 미쁘다. 신실함.
generous true  ト ク (あつい)
⺮ ⺮ 竺 笘 笞 篤 篤
대나무 죽(竹)과 말 마(馬).

篤敬(독경) 말과 행동거지가 도탑고 공손함.
篤愼(독신) 매우 신중함.
篤實(독실) 인정이 두텁고 일에 충실함.
篤志(독지) 열심히 함. 진실한 마음씨.

## 浩然(호연)  浩然 浩然 浩然   넓고 큼. 마음이 넓고 뜻이 아주 큼.

**水 7 ⑩ 浩** 넓을 호
넓다. 크다. 넉넉하다.
wide  コ ウ (ひろい)
氵 氵 浐 浐 浩 浩
물 수(氵·水)와 알릴 고(告·好 : 좋다).

浩歌(호가) 큰 소리로 노래 부름. 또, 그 노래.
浩氣(호기) 마음이 넓고 뜻이 큰 기운.
浩歎(호탄) 대단히 탄식함.
浩蕩(호탕) 넓고 큰 모양.

**火 8 ⑫ 然** 그러할 연
그러하다. 대답하는 말.
so  ゼ ン (しかり)
夕 夕 外 狄 然 然
개고기 연(肰)과 불화 발(灬·火).

然故(연고) 그러한 까닭.
當然(당연) 이치로 보아 마땅히. 그럴 것임.
浩然之氣(호연지기) 사물에서 해방되어 자유스럽고 유쾌한 마음. 호기(浩氣).

## 微笑 (미소) 微笑 微笑 微笑 — 소리를 내지 아니하고 가볍게 웃음.

**微** 彳 / 10 / ⑬ — 적을 미
적다. 작다. 숨기다. 몰래.
minute　ビ(かすか)
彳 袢 袢 微 微 微
조금 걸을 척(彳)과 자잘할 미(散).

**笑** 竹 / 4 / ⑩ — 웃을 소
웃다. 웃음. 꽃이 피다.
laugh　ショウ(わらう)
⺮ 竺 竺 竺 笑 笑
머리가 긴 젊은 무당의 모양으로, '웃다'를 뜻한다.

微官末職(미관말직) 지위가 낮은 벼슬.
微力(미력) 힘이 약함. 자기 노력의 겸칭.
微妙(미묘) 이치가 매우 깊어 알기 어려움.
微物(미물) 작은 물건. 변변치 못한 물건.

笑劇(소극) 관객을 웃게 하는 연극.
笑談(소담) 우스운 이야기.
笑花(소화) 활짝 핀 꽃.
笑話(소화) 우스운 이야기.

## 希望 (희망) 希望 希望 希望 — 어떤 일을 이루고자, 얻고자 바람.

**希** 巾 / 4 / ⑦ — 바랄 희
바라다. 드물다(稀와 通用).
hope　キ(ねがう)
丿 㐅 产 齐 希 希
사귈 효(爻: 직물의 발)와 수건 건(巾).

**望** 月 / 7 / ⑪ — 바랄 망
바라다. 기다리다. 원망하다.
hope　ボウ(のぞむ)
亠 圹 圽 朔 望 望
도망 망(亡)과 달 월(月), 우뚝 설 임(壬).

希求(희구) 원하고 바람.
希臘(희랍) 그리스의 한자말.
希世(희세) 세상에 드물음.
希少(희소) 드물고 적음. 성김. 鮮希(선희).

望間(망간) 보름께.
望臺(망대) 먼 곳을 보기 위한 높은 건물.
望雲之情(망운지정) 부모를 생각하는 마음.
望祭(망제) 음력 보름에 종묘에 지내던 제사.

## 懷抱 (회포) 懷抱 懷抱 懷抱 — 가슴에 품음. 어버이의 품.

**懷** 心 / 16 / ⑲ — 품을 회
품다. 품안. 생각. 마음. 정.
cherish　カイ(おもう)
忄 忄 忄 㥶 愫 懷 懷
마음 심(忄·心)과 따를 회(裏: 그리워하다).

**抱** 手 / 5 / ⑧ — 안을 포
안다. 껴안다. 알을 품다.
embrace　ホウ(だく)
扌 扌 扚 扚 抱 抱
손 수(扌·手)와 쌀 포(包: 싸다).

懷古(회고) 옛 자취를 돌이켜 생각함.
懷爐(회로) 불을 담아 품에 지니는 작은 화로.
懷想(회상) 생각함. 생각해 냄.
懷柔(회유) 어루만져 잘 달램.

抱卵(포란) 조류가 알을 품어 따스하게 함.
抱負(포부) 안고 업고 함. 품고 있는 계획이나 큰 의지.
抱怨(포원) 원한을 품음.

기타(其他) - 단어(單語)

## 錦衣(금의)  錦衣 錦衣 锦衣   비단옷. 화려한 옷.

**錦** 金 8 ⑯ silk キン(にしき)
비단 금 / 錦
비단. 아름다운 것의 비유.
钅 金 釕 釦 鋉 錦
쇠 금(金)과 비단 백(帛).

**衣** 衣 0 ⑥ clothing イ(ころも)
옷 의 / 衣
옷. 의복 옷. 입다. 웃옷.
丶 亠 ナ 衤 衣 衣
사람이 겉저고리를 입고 깃을 여민 모양.

錦帶(금대) 비단 띠. 순채(蓴菜)의 이칭.
錦上添花(금상첨화) 비단에 꽃을 더한다는 뜻으로, 아름다운 일에 아름다운 것을 보탬.
錦衣還鄕(금의환향) 출세하여 고향에 돌아감.

衣冠(의관) 의복과 갓. 옷차림.
衣類(의류) 옷의 종류.
衣食住(의식주) 옷·음식·집.
白衣(백의) 흰 옷. 벼슬이 없는 선비.

## 歸臥(귀와)  歸臥 歸臥 㱕臥   고향에 돌아가 쉼.

**歸** 止 14 ⑱ go back キ(かえる)
돌아갈 귀 / 归
돌아가다. 돌아오다. 시집가다.
自 皀 皀¹ 皈 歸 歸
쌓을 퇴(自)와 머물 지(止), 비 추(帚: 여자). 시집에 돌아가는 것을 뜻한다.

**臥** 臣 2 ⑧ down ガ(ふす)
누울 와 / 臥
눕다. 누워 자다. 쉬다.
丆 ㄱ 于 丮 臣 臣¹ 臥
사람 인(人)과 신하 신(臣 : 눈을 아래로 향한 모습).

歸家(귀가) 집으로 돌아감.
歸結(귀결) 논의나 추리의 도달되는 결과.
歸順(귀순) 대적하던 마음을 버리고 복종함.
歸一(귀일) 한 곳으로 돌아감.

臥具(와구) 침구.
臥龍(와룡) 때를 만나지 못한 영웅의 비유.
臥病(와병) 병으로 누움. 질병에 걸림.
高臥(고와) 베개를 높이고 누움.

## 搖籃(요람)  搖籃 搖籃 搖篮   아이를 흔들어 재우는 채롱.

※제외자

**搖** 手 10 ⑬ shake ヨウ(ゆれる)
흔들 요 / 摇
흔들다. 흔들리다. 움직이다.
扌 扩 扩 拶 挴 搖
손 수(扌·手)와 술병 요(䍃: 손으로 흔들다).

**籃** 艸 14 ⑱ indigo ラン(あい)
쪽 람 / 蓝
쪽(물감의 원료). 남빛. 누더기.
广 芦 芦 藍 藍 藍
풀 초(艹·艸)와 볼 감(監).

搖動(요동) 흔들리어 움직임. 또는 흔듦.
搖落(요락) 흔들어 떨어뜨림. 나뭇잎이 떨어짐.
動搖(동요) 흔들려 움직임. 또는, 움직여 흔들림. 어수선하고 떠들썩하여 갈팡질팡함.

藍碧(남벽) 짙은 푸른 빛.
藍色(남색) 남빛.
藍實(남실) 쪽의 씨. 약재임.
藍靑(남청) 짙고 검푸른 빛.

## 寢牀(침상)   寢床 寢床 寢床   누워 잘 수 있게 만든 평상.

**寢** 잠잘 침
- 宀 11 ⑭
- sleep シン(ねる)
- 잠자다. 쉬다. 그치다.
- 筆順: 宀 宀 宀 宀 寢 寢
- 움집 면(宀)과 조각 널 장(爿). 잠잘 침(㸒).

- 寢具(침구) 잠자는 데 쓰는 물건.
- 寢息(침식) 떠들썩하던 일이 그침.
- 寢食(침식) 잠자는 일과 먹는 일.
- 寢室(침실) 잠을 자도록 마련된 방.

**床** 상 상
- 广 4 ⑦
- table ショウ(とこ,ゆか)
- 상(밥상·책상·평상 따위).
- 筆順: 一 广 广 庄 床 床
- 집 엄(广)과 나무 목(木).

- 床褓(상보) 상을 덮는 보자기.
- 床石(상석) 무덤 앞에 설치한 상돌.
- 起床(기상) 잠자리에서 일어남.
- 平床(평상) 판자를 깐 침상의 하나.

## 螢光(형광)   螢光 螢光 螢光   반딧불. 螢火(형화).

**螢** 반딧불이 형
- 虫 10 ⑯
- firefly ケイ(ほたる)
- 반딧불이. 개똥벌레.
- 筆順: * 炏 炏 炏 炏 螢
- 빛날 형(炏·熒: 모닥불)과 벌레 충(虫).

- 螢雪之功(형설지공) 반딧불과 눈으로, 애써 공부하는 일.
- 螢窓(형창) 공부하는 방의 창.
- 流螢(유형) 날아다니는 개똥벌레.

**光** 빛 광
- 儿 4 ⑥
- light コウ(ひかり)
- 빛. 재능·명성이 빛나다.
- 筆順: 丨 丨 丬 丬 光 光
- 불 화(火)와 우뚝 선 사람(儿).

- 光景(광경) 경치. 상태.
- 光陰(광음) 세월. 시간.
- 光宅(광택) 천하를 밝게 다스림을 일컫는 말.
- 榮光(영광) 빛나는 명예.

## 燭淚(촉루)   燭淚 燭淚 燭淚   촛물이 떨어지는 모양을 눈물에 비유함.

**燭** 촛불 촉
- 火 13 ⑰
- candle ショク(ともしび)
- 촛불. 초. 비침. 빛나는 모양.
- 筆順: 火 炉 炉 焗 燭 燭
- 불 화(火)와 벌레 촉(蜀: 이어지다).

- 燭光(촉광) 등불의 빛. 광도의 단위.
- 燭膿(촉농) 초가 탈 때 녹아서 엉기는 것.
- 燭數(촉수) 촉광의 정도를 나타내는 수.
- 華燭(화촉) 호화로운 등화(燈火).

**淚** 눈물 루
- 水 8 ⑪
- tears ルイ(なみだ)
- 눈물. 눈물짓다. 울다.
- 筆順: 氵 氵 氵 氵 淚 淚
- 물 수(氵·水)와 려(戾: 늘어놓다).

- 淚汗(누한) 눈물과 땀.
- 淚痕(누흔) 눈물 자국. 눈물이 흐른 흔적.
- 感淚(감루) 감격하여 흘리는 눈물.
- 血淚(혈루) 피눈물.

## 懇切(간절)

懇切 懇切 懇切 — 간곡하고 지성스러움. 절실함.

**懇** 心 13 ⑰
간절할 간  懇
간절하다. 간절히. 정성.
sincerity コン(ねんごろ)
爭 爭 貇 貇 懇 懇
정성스러울 간(貇)과 마음 심(心).

**切** 刀 2 ④
끊을 절, 모두 체
끊다. 자름. 모두. 온통.
cut セツ(きる)
一 七 切 切
일곱 칠(七)과 칼 도(刀).

懇曲(간곡) 간절하고 곡진함.
懇求(간구) 간절히 요구함.
懇望(간망) 절실한 소망.
懇請(간청) 간절히 청함.

切感(절감) 절실하게 느낌.
切斷(절단) 끊음. 잘라 냄.
切迫(절박) 시기나 기한이 가까이 닥침.
哀切(애절) 몹시 애처롭고 슬픔.

## 辭退(사퇴)

辭退 辭退 辭退 — 어떤 일을 그만 두고 물러남.

**辭** 辛 12 ⑲
말씀 사  辞
말씀. 언어. 하소연하다.
speech ジ(ことば)
⌒ 阝 爲 辭 辭
다스릴 란(乿·亂)과 매울 신(辛).

**退** 辵 6 ⑩
물러날 퇴  退
물러나다. 후퇴함. 물리치다.
retreat タイ(しりぞく)
フ ヨ 艮 艮 艮 退
해 일(日)과 뒤쳐져올 치(夂), 쉬엄쉬엄 갈 착(辶·辵).

辭謝(사사) 사양함. 사퇴함.
辭說(사설) 말함. 설명함.
辭典(사전) 단어를 일정한 순서로 설명한 책.
辭讓(사양) 겸손하여 양보함.

退却(퇴각) 뒤로 물러남. 退去(퇴거).
退勤(퇴근) 직장에서 근무를 마치고 나옴.
退步(퇴보) 본디의 상태보다 나빠짐.
退社(퇴사) 근무하는 회사를 그만둠.

## 類例(유례)

類例 類例 類例 — 같거나 비슷한 예. 유사한 예증.

**類** 頁 10 ⑲
무리 류  类
무리. 종류. 닮다. 비슷하다.
class ルイ(たぐい)
* 类 类 类 類 類
쌀 미(米)와 개 견(犬), 머리 혈(頁 : 수효를 의미함).

**例** 人 6 ⑧
본보기 례
본보기. 법식. 전례. 대강.
example レイ(たとえ)
亻 亻 伤 伤 例 例
사람 인(人)과 벌릴 렬(列).

類別(유별) 종류에 따라 나누어 구별함.
類似(유사) 서로 비슷함.
類型(유형) 공통되는 특징을 나타내는 본보기.
種類(종류) 사물의 부문을 나누는 갈래. 종속.

例年(예년) 보통으로 지나온 해. 매년.
例示(예시) 예를 들어 보임.
例外(예외) 일반적인 통례를 벗어나는 일.
前例(전례) 이전부터 있는 사례.

## 阿附(아부) 阿附 阿附 阿附  남의 비위를 맞추려고 알랑거림.

**阜 5 ⑧ 阿** 언덕 아 ※제외자
hill ア(おか)
언덕. 구릉. 구석. 모퉁이.
' 阝 阝 阿 阿 阿
언덕 부(阝·阜)와 옳을 가(可 : 굽다).

阿丘(아구) 한 쪽이 높은 언덕.
阿那(아나) 아름다운 모양.
阿世(아세) 세상에 아첨하는 것.
阿諂(아첨) 남의 환심을 사기 위해 알랑거림.

**阜 5 ⑧ 附** 붙을 부
attach フ(つく)
붙다. 붙이다. 가깝다.
' 阝 阝 阝 附 附 附
언덕 부(阝·阜)와 줄 부(付).

附加(부가) 덧붙임. 添加(첨가).
附近(부근) 가까운 언저리.
附錄(부록) 본문의 끝에 덧붙이는 기록.
附屬(부속) 주되는 일이나 물건에 딸려 붙음.

## 謀反(모반) 謀反 謀反 謀反  자기 나라를 배반하고 반역을 꾀함.

**言 9 ⑯ 謀** 꾀할 모
plot ボウ(はかる)
꾀하다. 의논하다. 도모하다.
言 言 許 許 謀 謀
말씀 언(言)과 아무 모(某 : 잘 모른다).

謀略(모략) 계교를 꾸밈. 또는 계략.
謀利(모리) 부정한 이익을 꾀함.
謀免(모면) 꾀를 써서 면함.
謀逆(모역) 반역을 꾀하는 일.

**又 2 ④ 反** 돌이킬 반, 뒤칠 번
react ハン(そる)
돌이키다. 되풀이. 뒤치다.
一 厂 反 反
바위 엄(厂)과 손 우(又).

反擊(반격) 쳐들어오는 적을 되받아 공격함.
反亂(반란) 반역하여 난리를 꾸밈.
反逆(반역) 나라와 겨레를 배반함.
反抗(반항) 순종하지 않고 저항함.

## 終幕(종막) 終幕 終幕 終幕  연극의 마지막 막. 일을 끝맺음.

**糸 5 ⑪ 終** 끝날 종
finish シュウ(おわる)
끝나다. 다하다. 마치다.
糸 糸 終 終 終
실 사(糸)와 겨울 동(冬).

終講(종강) 강의를 끝마침. 또, 그 강의.
終結(종결) 끝마침. 終局(종국). 終末(종말).
終了(종료) 일을 끝냄. 또는 끝.
始終(시종) 처음과 끝. 처음부터 끝까지.

**巾 11 ⑭ 幕** 장막 막
curtain マク(まく)
장막. 막. 군막(軍幕).
艹 甘 莫 幕 幕
없을 막(莫 : 햇빛을 가림)과 수건 건(巾).

幕僚(막료) 장군을 보좌하는 참모. 비장.
幕府(막부) 대장군의 본영(本營).
幕舍(막사) 임시로 간단하게 꾸민 집.
天幕(천막) 비바람이나 햇빛을 가릴 장막.

기타(其他)- 단어(單語)

## 直徑(직경)   直徑  直径  直经   곧게 뻗은 선.

| 目 3 ⑧ | **直** | 곧을 직, 값 치 |
|---|---|---|
| straight | | 곧다. 바른 길. 바른 행실. |

一 十 六 方 自 直 直
チョク(なお)
열(十)의 눈(目)은 숨길 수 없으니 곧게 살아야 함.

| 彳 7 ⑩ | **徑** | 지름길 경   径 |
|---|---|---|
| short cut | | 지름길. 논두렁길. 길. 곧다. |

彳 彳 徑 徑 徑 徑
ケイ(てみち)
지축거릴 척(彳)과 물줄기 경(巠 : 똑바르다).

直線(직선) 곧은 줄. 동일 방향을 이루는 선.
直說(직설) 사실대로 말함.
直言(직언) 자기가 믿는 바를 기탄없이 말함.
直接(직접) 거침이 없이 곧바로.

徑到(경도) 곧 이름. 곧 도착함.
徑路(경로) 소로(小路). 지름길.
徑輪(경륜) 토지의 직경과 주위. 토지의 면적.
徑行(경행) 생각한 그대로를 행함. 곧장 감.

## 腰鼓(요고)   腰鼓  腰鼓  腰鼓   장구.

| 肉 9 ⑬ | **腰** | 허리 요 |
|---|---|---|
| waist | | 허리. 밑둥치. 허리에 띠다. |

月 肝 脾 腰 腰 腰
ヨウ(こし)
몸 육(月·肉)과 요긴할 요(要 : 허리).

| 鼓 0 ⑬ | **鼓** | 북 고 |
|---|---|---|
| drum | | 북. 북을 치다. 악기. |

士 吉 壴 鼓 鼓 鼓
コ(つづみ)
북 고(壴)와 가지 지(支).

腰劍(요검) 칼을 허리에 참.
腰帶(요대) 가죽으로 만든 큰 허리띠.
腰折(요절) 하도 우스워 허리가 부러질 듯함.
腰痛(요통) 허리 아픈 병. 허리앓이.

鼓角(고각) 북과 나팔.
鼓動(고동) 북을 울리는 소리. 진동함.
鼓舞(고무) 격려해서 분발하게 함을 일컬음.
鼓吹(고취) 북을 치고 피리를 붊.

## 與黨(여당)   與黨  與黨  与党   정당 정치에서 정권을 잡은 정당.

| 臼 7 ⑭ | **與** | 줄 여   与 |
|---|---|---|
| give | | 주다. 동아리. 무리. 함께 하다. |

F 角 台 崩 與 與
ヨ(あたえる)
마주 들 여(舁 : 양손의 모양)와 줄 여(与·与).

| 黑 8 ⑳ | **黨** | 무리 당   党 |
|---|---|---|
| company | | 무리. 동아리. 치우치다. 마을. |

尚 骨 骨 掌 黨 黨
トウ(むれ)
높을 상(尚)과 검을 흑(黑 : 상징적인 빛깔).

與件(여건) 주어진 조건.
與否(여부) 그러함과 그러하지 않음.
與信(여신) 고객에게 신용을 부여하는 일.
授與(수여) 내려 줌. 상장이나 훈장 따위를 줌.

黨論(당론) 당의 의견이나 의논. 붕당의 논의.
黨爭(당쟁) 당파의 싸움.
黨派(당파) 어떤 목적으로 뭉쳐진 무리.
徒黨(도당) 떼를 지은 무리.

## 妄辯 (망변) 妄辯 妄辯 妄辯  조리에 닿지 않는 변명.

**妄** 망령될 망
女 3 ⑥
dotage  ボウ,モウ(みだり)
` 一 亡 亡 妄 妄
망령되다. 허망하다. 헛됨.
잃을 망(亡)과 계집 녀(女).

妄動(망동)  함부로 행동함.
妄想(망상)  망령되거나 허황한 생각.
妄信(망신)  믿지 않을 것을 함부로 그릇 믿음.
妄言(망언)  사리에 맞지 않는 말을 함.

**辯** 말잘할 변
辛 14 ㉑
eloquent  ベン(はなす)
亠 辛 辛 辛 辯 辯
말 잘하다. 판별하다. 논란하다.
나눌 변(辡)과 말씀 언(言).

辯難(변난)  트집을 잡아서 비난함.
辯論(변론)  사리를 밝혀 옳고 그름을 말함.
辯士(변사)  말솜씨가 좋은 사람.
辯說(변설)  사리를 분별하여 설명함.

## 雖曰 (수왈) 雖曰 雖曰 雖曰  비록. 가로되.

**雖** 비록 수
隹 9 ⑰
even if  スイ(いえども)
口 虽 虽 虽 雖 雖
비록. 만일. 하물며. 오직.
벌레 충(虫)과 오직 유(唯).

雖有智慧不如乘勢(수유지혜불여승세)
  지혜 있는 자도 시세(時勢)를 따라 일하지 않으면 공(功)을 이룰 수 없다는 것을 일컫는 말.

**曰** 가로되 왈
曰 0 ④
speak  エツ(いわく)
丨 冂 日 曰
가로되. 이르다. ~라 하다.
입을 열어 말하는 모양.

曰可曰否(왈가왈부)  옳으니 그르니 함.
曰是曰非(왈시왈비)  어떤 일에 대하여 잘 하였느니 못 하였느니 하고 말함.
孔子曰(공자왈)  공자께서 말씀하시길.

## 奈何 (내하) 奈何 奈何 奈何  어떻게. 어찌하여. 如何(여하).

**奈** 어찌 내, 나락 나
大 5 ⑧
why  ナ(いずくんぞ)
大 太 本 李 奈 奈
어찌. 왜. 나락(奈落).
나무 목(木)과 보일 시(示). 차용(借用)하여 쓰인다.

奈端(나단)  뉴턴(Newton).
奈落(나락)  naraka의 음역. 지옥. 구원할 수 없는 마음의 구렁텅이.
奈邊(나변)  어디쯤. 어디. '奈'는 의문의 뜻.

**何** 어찌 하
人 5 ⑦
how  カ(なに)
丿 亻 亻 何 何 何
어찌. 무엇. 어떤. 어느.
사람 인(亻·人)과 옳을 가(可).

何暇(하가)  어느 때. 어느 겨를.
何故(하고)  무슨 까닭.
何等(하등)  아무런. 아무. 얼마만큼.
何必(하필)  무슨 필요가 있어서. 어찌.

## 기타(其他) - 단어(單語)

### 僅可(근가)  僅可 僅可 僅可  쓸쓸함. 겨우 쓸만함.

**僅** (人 11/⑬) 겨우 근 仅
겨우. 간신히. 조금. 거의.
barely  キン(わずが)  亻 伴 伴 伴 僅
사람 인(亻·人)과 적을 근(堇).

- 僅僅(근근) 겨우. 근근이. 간신히.
- 僅僅得生(근근득생) 간신히 살아감.
- 僅僅扶持(근근부지) 간신히 견디어 나감.
- 僅少(근소) 조금. 아주 적음.

**可** (口 2/⑤) 옳을 가
옳다. 인정하다. 정도. 쯤.
right  カ(よい)  一 丆 万 可 可
입 구(口)와 어여쁠 교(丁).

- 可決(가결) 의안(議案)을 시인하여 결정함.
- 可能(가능) 될 수 있거나, 할 수 있음.
- 認可(인가) 인정하여 허가함. 認許(인허).
- 許可(허가) 허락함. 소원을 들어 줌.

### 須要(수요)  須要 須要 須要  없어서는 안 될 일.

**須** (頁 3/⑫) 모름지기 수 须
모름지기. 수염. 기다리다.
should  シュ(すべからく)  彡 犭 犳 須 須 須
본래 사람의 얼굴(頁)에 수염(彡)이 난 것을 뜻했으나 가차하여 쓰인다.

- 須留(수류) 머물러 기다림.
- 須眉(수미) 수염과 눈썹.
- 須髮(수발) 수염과 머리털.
- 須臾(수유) 잠깐. 아주 짧은 시간. 잠시.

**要** (襾 3/⑨) 구할 요 要
구하다. 종요롭다. 중요하다.
seek  ヨウ(もとめる)  一 冂 两 西 要 要
덮을머리(襾 : 서녘 서)와 계집 녀(女).

- 要綱(요강) 중요한 강령(綱領).
- 要求(요구) 강력히 청하여 구함.
- 要塞(요새) 국방상 중요한 방어 시설.
- 摘要(적요) 요점을 뽑아 적음.

### 停僮(정동)  停僮 停僮 停僮  그늘져 어둑한 모양.

**停** (人 9/⑪) 머무를 정
머무르다. 멈추다. 그만두다.
stay  テイ(とどまる)  亻 亻 仃 仃 停 停
사람 인(亻·人)과 정자 정(亭).

- 停車(정거) 수레가 머무름.
- 停年(정년) 공직에서 물러나게 되는 나이.
- 停止(정지) 하던 일을 중도에서 그침.
- 停學(정학) 학생에게 등교함을 정지시킴.

**僮** (人 12/⑭) 하인·아이 동
하인. 어리석다. 아이(童과 通用).
servant  トウ,ドウ(わらべ)  亻 亻 仁 倍 僮 僮
사람 인(亻·人)과 아이 동(童).

- 僮幹(동간) 연소자. 문지기.
- 僮僕(동복) 사내아이 종. 童僕(동복).
- 家僮(가동) 집안 심부름하는 어린 어린 사내 종. 한 집안의 종.

## 窓架(창가) 窓架 窓架 窓架  창틀. 문틀.

**窓** 穴 6 ⑪  
window  ソウ(まど)  
창 창. 창문. 굴뚝. 바라지.  
宀宀宀宛宛窓窓  
구멍 혈(穴)과 밝을 총(悤·悤).

窓月(창월) 창문을 통해 들어오는 달그림자.  
窓戶紙(창호지) 문을 바르는 종이.  
同窓(동창) 학교나 스승이 같은 문하에서 배움.  
學窓(학창) 공부하는 교실이나 학교의 일컬음.

**架** 木 5 ⑨  
shelf  カ(たな)  
시렁 가. 시렁. 횃대. 도리(桁). 말뚝.  
カ 加 加 架 架 架  
나무 목(木)과 더할 가(加).

架空(가공) 가로 건너지름. 사실이 아님.  
架橋(가교) 다리를 놓음. 또는 놓은 다리.  
架設(가설) 건너질러 설치함.  
書架(서가) 책을 얹어 두는 시렁.

## 尚存(상존) 尚存 尚存 尚存  아직 존재함.

**尚** 小 5 ⑧  
rather  ショウ(なお,たつとぶ)  
오히려 상. 오히려. 바라다. 숭상하다.  
丨 丷 尙 尙 尙 尙  
향할 향(向)과 나눌 팔(八).

尙古(상고) 옛적 문물제도를 소중히 여김.  
尙今(상금) 이제까지.  
尙文(상문) 문예를 숭상함.  
崇尙(숭상) 높이어 존경함.

**存** 子 3 ⑥  
exist  ソン(ある)  
있을 존. 있다. 생존하다. 보존하다.  
一ナ才存存存  
있을 재(才·在)와 아들 자(子).

存立(존립) 유지하며 살게 함. 버티어 섬.  
存亡(존망) 생존과 멸망. 삶과 죽음.  
存在(존재) 있음. 현존(現存)함.  
共存(공존) 서로 도우면서 함께 생존함.

## 項目(항목) 項目 項目 項目  세분한 여러 갈래.

**項** 頁 3 ⑫  
neck  コウ(うなじ)  
항목 항. 항목. 목덜미. 크다. 조목.  
工 工 巧 項 項 項  
만들 공(工:머리 뒤쪽)과 머리 혈(頁).

項谷(항곡) 골이 깊은 계곡 마을.  
項領(항령) 목. 목덜미. 요처. 두목. 장(長).  
項鎖(항쇄) 죄인의 목에 씌우던 칼.  
項腫(항종) 목에 나는 종기.

**目** 目 0 ⑤  
eye  モク(め)  
눈 목. 눈. 안구(眼球). 눈동자. 보다.  
丨 冂 冂 目 目  
사람 눈의 모양을 본뜬 글자.

目擊(목격) 눈으로 직접 봄. 目見(목견).  
目不忍見(목불인견) 눈으로 차마 볼 수 없음.  
目的(목적) 일을 이루려는 목표.  
條目(조목) 낱낱이 들어 벌인 일의 가닥.

기타(其他)- 단어(單語)

## 赤貧 (적빈)  赤貧 赤貧 赤貧   몹시 가난하여 아무것도 없음.

赤 0 ⑦ 赤 붉을 적
붉다. 붉은빛. 벌거숭이.
red　セキ(あか)
一 十 土 少 亣 赤
큰 대(土·大)와 불 화(小·火).

赤裸裸(적나라) 숨김없이 그대로 드러냄
赤誠(적성) 참된 정성. 赤心(적심).
赤衣(적의) 죄인이 입는 붉은 옷.
赤化(적화) 붉어짐. 공산주의에 물듦.

貝 4 ⑪ 貧 가난할 빈
가난하다. 모자라다. 곤궁.
poor　ヒン,ビン(まずしい)
八 分 分 尓 谷 貧 貧
나눌 분(分)과 조개 패(貝).

貧家(빈가) 살림이 구차한 집.
貧困(빈곤) 가난하여 살기 어려운 고생.
貧富(빈부) 가난함과 부유함.
淸貧(청빈) 청렴하고 결백하여 가난함.

## 曾思 (증사)  曾思 曾思 曾思   깊이 거듭 생각함.

曰 8 ⑫ 曾 일찍 증
일찍. 지난날. 이전에. 곧.
once　ソウ(かつて)
八 分 份 曾 曾 曾
화덕(日) 위에 떡시루(四)를 얹고 김이 오르는 모양(八).

曾孫(증손) 아들의 손자.
曾員(증원) 인원을 늘림.
曾祖(증조) 아버지의 할아버지.
未曾有(미증유) 예로부터 없었던 일.

心 5 ⑨ 思 생각할 사
생각하다. 생각. 바라다.
think　シ(おもう)
丶 口 罒 田 思 思
정수리 신(田·囟)과 마음 심(心).

思考(사고) 생각하고 궁리함.
思慕(사모) 그리워함. 마음으로 따름.
思想(사상) 사회 및 인생에 대한 일정한 견해.
思潮(사조) 시대사상의 일반적인 경향.

## 照準 (조준)  照準 照準 照準   겨누어 목표를 가늠함.

火 9 ⑬ 照 비출 조
비추다. 비치다. 볕. 햇빛.
illumine　ショウ(てる)
刀 日 昭 昭 照 照
밝을 소(昭:빛으로 주위를 비추다)와 불 화(灬·火).

照明(조명) 밝게 비춤. 또는 비추어 밝게 함.
照査(조사) 대조하여 조사하는 일.
落照(낙조) 저녁 햇빛. 지는 해. 夕陽(석양).
對照(대조) 둘을 마주 대서 비추어 비교함.

水 10 ⑬ 準 법도 준
법도. 평평하다. 표준.
level　ジュン(みずもり)
氵 汁 沣 淮 進 準
물 수(氵·水)와 새매 준(隼).

準據(준거) 본받음. 표준으로 삼음.
準備(준비) 필요한 것은 미리 마련하여 갖춤.
準則(준칙) 표준을 삼아서 따라야 할 규칙.
基準(기준) 기본이 되는 표준.

## 咸告 (함고) 咸告 咸告 咸告  다 일러바침.

### 咸  다 함, 덜 감
口 6 ⑨ · all · カン(みな)
다. 모두. 두루 미치다. 덜다.
ノ 厂 后 咸 咸 咸
도끼 월(戌) 안에 입 구(口).

咸卦(함괘) 음양이 교감함을 상징함.
咸氏(함씨) 남을 높이어 그의 조카를 일컫는 말.
咸宜(함의) 모두 다 옳음.
咸池(함지) 해가 미역 감는다는 하늘의 못.

### 告  알릴 고
口 4 ⑦ · tell · コウ,コク(つげる)
알리다. 찾다. 묻다. 타이르다.
ノ 𠂉 生 牛 告 告
소 우(牛)와 입 구(口).

告發(고발) 범죄 사실을 신고하여 알림.
告白(고백) 숨김없이 사실대로 말함.
告變(고변) 변을 알림. 반역을 고발함.
警告(경고) 주의하라고 경계하여 알림.

## 勿罔 (물망) 勿罔 勿罔 勿罔  상세하지 않은 모양. 장황한 모양.

### 勿  말 물
勹 2 ④ · not · モツ,モチ(なかれ)
말다. 기(旗). 장황한 모양.
ノ 勹 勺 勿
활시위를 퉁겨서 상서롭지 못한 것을 떨쳐 버리는 모양.

勿驚(물경) 놀라지 말라. 놀랍게도.
勿論(물론) 더 말할 나위 없음.
四勿(사물) 예가 아니면 보지 말고, 듣지 말고, 말하지 말고, 행동하지 말라.

### 罔  그물 망
网 3 ⑧ · net · ボウ,モウ(なし)
그물. 없다. 맺다. 속이다.
冂 門 罒 罔 罔 罔
그물 망(罒)과 잃을 망(亡).

罔罟(망고) 그물.
罔極(망극) 끝이 없음. 無窮(무궁).
罔然(망연) 멍한 모양. 喪心(상심)한 모양.
罔測(망측) 이치에 맞지 않음.

## 關鍵 (관건) 關鍵 関鍵 関鍵  문빗장. 사물의 가장 중요한 곳.

### 關  빗장 관
門 11 ⑲ · bolt · カン(せき)
빗장. 닫다. 잠그다. 관계하다.
『 門 門 門 關 關
문 문(門)과 북에 실 꿸 관(鈴).

關係(관계) 둘 이상이 서로 걸림.
關聯(관련) 서로 걸리어 얽힘. 서로 관계됨.
關稅(관세) 세관에서 수출입에 부과하는 세금.
關心(관심) 어떤 것에 끌리는 마음.

### 鍵  열쇠 건
金 9 ⑰ · key · ケン(かぎ)
열쇠. 빗장. 비녀장.
金 金⁻ 金⁼ 鍵 鍵 鍵
쇠 금(金)과 세울 건(建).

鍵盤(건반) 피아노·오르간 등에 늘어 놓인 면. 키보드(keyboard).
鍵閉(건폐) 열쇠와 자물쇠. 전하여 문단속. 열쇠로 문을 닫아걸음.

기타(其他)- 단어(單語)

## 芳年(방년)

芳年 芳年 芳年  이십 전후의 꽃다운 여자의 나이.

**芳** 艸4⑧ flowery ホウ(かんばしい)
꽃다울 **방**
꽃답다. 향기롭다. 향내. 꽃.
丶 丷 艹 芍 芳 芳

풀 초(艹·艸)와 네모 방(方 : 좌우로 퍼지다).

**年** 干3⑥ year ネン(とし)
해 **년**
해. 나이. 때. 시대. 익다.
丿 一 匕 二 牛 年

벼(禾)가 익어 수확하면 해가 바뀐다는 뜻.

芳名(방명) 남의 이름의 존칭.
芳情(방정) 꽃답고 애틋한 마음. 芳心(방심).
芳香(방향) 좋은 향기. 꽃다운 향기.
遺芳(유방) 후세에 남는 빛나는 명성.

年金(연금) 국가나 단체가 개인에게 햇수 단위로 정한 금액을 정기적으로 지급하는 돈.
年例(연례) 해마다 내려오는 전례.
年輩(연배) 서로 비슷한 나이. 같은 또래.

## 娘子(낭자)

娘子 娘子 娘子  처녀. 소녀. 아가씨.

**娘** 女7⑩ girl ロウ(むすめ)
각시 **낭**
각시. 아가씨. 어머니.
ㄐ ㄑ 女 妒 娘 娘 娘

계집 녀(女)와 어질 량(良 : 좋다).

**子** 子0③ son シ,ス(こ)
아들 **자**
아들. 자식. 새끼. 알. 열매.
フ 了 子

갓난아이가 두 팔을 벌리고 있는 모양.

娘家(낭가) 어머니의 친정.
娘細胞(낭세포) 세포 분열에 의하여 생긴 두 개의 세포.
娘子軍(낭자군) 부인으로 조직된 군대.

子宮(자궁) 여자 생식기의 하나. 아기집.
子婦(자부) 며느리.
子孫(자손) 아들과 손자. 후손.
子息(자식) 아들과 딸의 총칭.

## 典型(전형)

典型 典型 典型  같은 특징을 잘 나타내고 있는 형(型).

**典** 八6⑧ law テン(のり)
법 **전**
법. 규정. 책. 가르침. 의식.
丨 冂 曲 曲 典 典

맞잡을 공(ハ : 책상) 위에 책(曲·冊).

**型** 土6⑨ mold ケイ(かた)
거푸집 **형**
거푸집. 모형. 본. 모범.
二 开 刑 刑 型 型

형벌 형(刑 : 틀)과 흙 토(土).

典故(전고) 전해 오는 예. 典例(전례).
典當(전당) 물건을 담보로 하여 돈을 빎.
典證(전증) 어떤 것을 근거로 하여 시행함.
事典(사전) 사물·사항 등을 상세히 설명한 책.

型蠟(형랍) 조각할 때, 본을 뜨는 데에 쓰는 재료. 송진·밀랍 따위.
型紙(형지) 같은 형상의 물건을 만들기 위한 틀. 실물을 줄여서 만든 본. 그림본.

## 召喚 (소환)  召喚 召喚 召喚  법원 등 관청에서 오라고 명령함.

**召** 口 2⑤ 부를 소 — 부르다. 부름. 청하다.
call　ショウ(めす)　ㄱ 刀 刀 召 召
칼 도(刀)와 입 구(口).
召命(소명) 신하를 부르는 임금의 명령.
召集(소집) 불러 모음.
召還(소환) 일을 마치기 전에 돌아오게 함.
聘召(빙소) 예로써 부름.

**喚** 口 9⑫ 부를 환 — 부르다. 불러오다. 소환함.
call　カン(よぶ)　ㅁ ㅁ 吖 吩 唤 喚
입 구(口)와 클 환(奐).
喚起(환기) 불러일으킴.
喚聲(환성) 부르는 소리.
喚呼(환호) 큰소리로 부름.
叫喚(규환) 부르짖음.

## 吾等 (오등)  吾等 吾等 吾等  우리들.

**吾** 口 4⑦ 나 오 — 나. 우리. 글 읽는 소리.
I, we　ゴ(われ)　一 丆 五 五 吾 吾
다섯 오(五 : 교차시킨 모양)와 입 구(口 : 신의 계시).
吾輩(오배) 나. 우리들.
吾不關焉(오불관언) 나는 그 일에 관여치 않음.
吾伊(오이) 글 읽는 소리.
吾兄(오형) 내 형이란 뜻으로, 벗에 대한 경칭.

**等** 竹 6⑫ 무리 등 — 무리. 동아리. 가지런하다.
equals　トウ(ひとし)　⺮ ⺮⺮ 竺 等 等 等
대 죽(竹)과 관청 시(寺).
等級(등급) 계급. 우열이나 고하 등의 차례.
等分(등분) 똑같이 나눔. 또, 그 분량.
等閑視(등한시) 대수롭지 않게 여김.
平等(평등) 치우침이 없이 고르고 한결같음.

## 尤異 (우이)  尤異 尤異 尤異  가장 뛰어남.

**尤** 尢 1④ 더욱 우 — 더욱. 특히. 뛰어남. 허물.
moreover　ユウ,ウ(もっとも)　一 ナ 九 尤
절름발이 왕(尢)과 점(ヽ : 짐).
尤極(우극) 더욱.
尤妙(우묘) 더욱 묘함. 더욱 신통함.
尤物(우물) 가장 좋은 물건.
殊尤(수우) 특별하게 뛰어남.

**異** 田 6⑪ 다를 이 — 다르다. 이상히 여기다.
different　イ(ことなる)　口 田 田 昇 異 異
사람이 두 손을 들어 귀신 가면을 둘러쓴 모양. 모양이 각각 다름.
異國(이국) 인정이나 풍속이 전혀 다른 나라.
異端(이단) 시류에 어긋나는 사상 및 학설.
異腹(이복) 아버지는 같은데 어머니가 다름.
異性(이성) 성질이 다름. 남녀의 성이 다름.

기타(其他)- 단어(單語)

## 焉哉(언재) 焉哉 焉哉 焉哉  어조사로 쓰이는 말.

**焉** (火 7 ⑪) 어찌 언
why  エン(いずくんぞ)
어찌. 이에. 이. 그래서. 곧.
ㅜ 正 正 严 焉 焉
새의 모양을 본뜬 글자. 가차하여 쓰인다.
焉敢生心(언감생심)  어찌 감히 그런 생각을 할 수 있으랴.
勃焉(발언)  갑자기 성하는 모양.
終焉(종언)  마지막. 최후. 전하여 죽음.

**哉** (口 6 ⑨) 어조사 재
particle サイ(かな)
어조사(반어·감탄의 종결사).
十 士 吉 吐 哉 哉
상할 재(𢦏 : 의문·반문·감탄 등의 조사)와 입 구(口). 가차하여 쓰인다.
哉生明(재생명)  달이 처음으로 빛을 발함.
哉生魄(재생백)  달이 처음으로 백(魄)이 생긴다는 뜻. 곧, 음력 16일.
嗚呼痛哉(오호통재)  '아, 슬프고 원통하다'의 뜻.

## 乎也(호야) 乎也 乎也 乎也  강조하는 어조사.

**乎** (丿 4 ⑤) 온·그런가 호
particle コ(か)
온. 그런가. 어조사.
ㄧ ㄴ ㄠ 까 乎
호각판의 모양과 혀의 모양. 가차하여 쓰인다.
斷乎(단호)  결심한 것을 과단성 있게 처리함.
嗟乎(차호)  슬퍼서 탄식할 때 쓰는 말.
確乎(확호)  아주 확실한 모양. 確然(확연).
純乎(순호)  제대로 온전함.

**也** (乙 2 ③) 잇기·또 야
also ヤ(なり)
잇기. 어조사. 또. 발어사.
ㄱ 力 也
땅 속에 숨어 있던 뱀이 땅을 뚫고 나오려는 모양. 가차하여 쓰인다.
也無妨(야무방)  해로울 것 없음.
也有(야유)  또한 있음. 무엇 무엇도 있음.
也矣(야의)  단정을 나타내는 어조사. 단지.
也乎哉(야호재)  반어와 영탄의 어조사.

## 奚兮(해혜) 奚兮 奚兮 奚兮  어찌하랴!

**奚** (大 7 ⑩) 어찌 해
why ケイ(なんぞ)
어찌. 어찌 ~하랴. 반어(反語).
ㄧ ㅆ ㅆ 至 奚 奚
머리 땋은 사람의 모습을 본뜬 글자. 가차하여 쓰인다.
奚暇(해가)  어느 겨를. 何暇(하가).
奚琴(해금)  악기 이름. 호궁(胡弓)의 하나.
奚奴(해노)  종. 노비.
奚若(해약)  어떠한가. 어떠한 것인가.

**兮** (八 2 ④) 어조사 혜
particle ケイ(なり)
강조, 감탄의 어조사.
ノ 八 公 兮
여덟 팔(八 : 분산하다)와 꾸밀 교(丂·巧). 가차하여 쓰인다.
歸去來兮(귀거래혜)  돌아가련다.
東風漸寒兮(동풍점한혜)  동풍이 점점 차가워짐이여.
怦怦兮(평평혜)  충직함이여!

## 豈矣(기의) 豈矣 豈矣 豈矣 어찌.

**豈** 어찌 기, 즐길 개
豆 3 ⑩
how キ(あに)
어찌. 결코. 즐기다. 화락함.
' 凵 屵 屵 豈 豈 豈
위에 장식이 달린 북 모양을 본뜬 글자. 가차하여 쓰인다.
豈敢(기감) 어찌 감히.
豈不(기불) 어찌 않으랴.
豈有此理(기유차리) 그럴 리가 있으랴.
豈樂(개락) 기뻐함. 즐거워함.

**矣** 어조사 의
矢 2 ⑦
particle イ(じとし)
어조사(단정·한정·의문).
' ᄼ ᄾ ᄼ 乒 夨 矣
사람(矢)이 입(厶)을 벌리고 서 있는 모양으로, '어조사'의 뜻으로 쓰인다.
矣乎(의호) 감탄의 조사. 矣哉(의재).
萬事休矣(만사휴의) 온갖 일이 더 이상 어찌 할 도리가 없이 모든 것이 허무하게 끝장남. 곧 '희망이 끊어짐'을 일컫는 말.

## 於之(어지) 於之 於之 於之

**於** 어조사 어, 탄식할 오
方 4 ⑧
particle オ(おいて)
어조사. ~에. ~에게. 탄식하다.
' ᄼ ᅮ 方 扒 於 於
까마귀가 울며 날아가는 모양. 가차하여 쓰인다.
於是(어시) 이제야. 이에 있어서.
於焉間(어언간) 어느덧.
於此彼(어차피) 이러거나 저러거나.
甚至於(심지어) 심하면. 심하게는.

**之** 갈 지
丿 3 ④
go シ(ゆく, これ)
가다. 걸어가다. 의. 그것.
' 丶 ᅩ 之
발끝이 선(線)에서 나와 나아가는 모양. 가차하여 쓰인다.
之東之西(지동지서) 동(東)으로 갈까 서(西)로 갈까 갈팡질팡함.
之子(지자) 이 아이. 이 사람.
人之常情(인지상정) 보통 가질 수 있는 마음.

## 那耶(나야) 那耶 那耶 那耶

**那** 어찌 나, 어조사 내
邑 4 ⑦
how ニ,ナ(なんぞ)
어찌. 어느. 어떤. 어조사.
丁 ᄏ ᄏ 尹 邦 那
본디 땅이름을 뜻하였으나 어조사로 쓰인다.
那間(나간) 언제쯤. 그 동안.
那落(나락) 범어 Naraka의 음역. 지옥.
那邊(나변) 어디. 어느 곳. 저기. 저 부근.
那時(나시) 언제. 어느 때.

**耶** 어조사 야, 간사할 사
耳 3 ⑨
particle ヤ(か)
어조사. 그런가. 간사하다.
「 ᅳ ᅚ 耳 耶 耶
귀 이(耳)와 답답할 읍(阝·邑). 가차하여 쓰인다.
耶蘇(야소) 라틴어 Jesus의 음역. 예수그리스도. 기독교(基督敎)의 한자 이름.
耶孃(야양) 어버이. 아버지와 어머니.
有耶無耶(유야무야) 어물어물함. 흐리멍덩함.

# 교육용 기초한자(추가자)

| 추가된 44자 | 삭감된 44자 |
|---|---|
| 乞 隔 牽 繫 狂 軌 糾 塗<br>屯 騰 獵 隸 僚 侮 冒 伴<br>覆 逝 誓 攝 垂 搜 押 躍<br>閱 擁 凝 宰 殿 竊 奏 珠<br>鑄 震 逮 滯 遞 秒 卓 誕<br>把 偏 嫌 衡 | 憩 戈 瓜 鷗 閨 濃 潭 桐<br>洛 爛 藍 朗 蠻 矛 沐 柏<br>(栢) 汎 膚 弗 酸 森 盾<br>阿 硯 梧 貳 刃 壹 雌 蠶<br>笛 蹟 滄 悽 稚 琢 兎 楓<br>弦 灰 喉 噫 熙 |

---

**乙 2 ③**   乞   **빌 걸**
빌다. 청하다. 구걸하다.
beg キツ(こう)       ノ 仁 乞

운기(雲氣)의 모양을 본뜬 글자

乞食(걸식) 밥을 구걸함. 빌어 얻어먹음.
乞言(걸언) 노인에게 좋은 가르침을 구하는 일
求乞(구걸) 돈이나 곡식 따위를 달라고 청함.

---

**阜 10 ⑬**   隔   **막힐 격**
막히다. 사이 뜨다. 막다.
separate カク(へだたる)   ⻖ 阝 阿 隔 隔 隔

격(鬲 : 오지그릇)은 세 발 솥을 본뜬 것.

隔離(격리) 사이를 막거나 떼어놓음.
隔意(격의) 서로 터놓지 않는 속마음.
間隔(간격) 떨어짐. 서로 떨어져 있는 거리.

---

**牛 7 ⑪**   牽   **끌 견**
끌다. 끌어당기다. 거느리다.
draw ケン(ひく)    亠 玄 牵 牵 牽 牽

소 우(牛)와 덮을 멱(冖), 검을 현(玄 : 팽팽하게 켕긴 밧줄). 멱(冖)은 밧줄.

牽連(견련) 서로 켕기어 관련시킴.
牽引(견인) 끌어당김.
牽制(견제) 붙들어 놓고 속박함.

---

**糸 13 ⑲**   繫   **맬 계**
매다. 동여매다. 붙잡다.
tie ケイ(つなぐ)    申 車 軗 嫛 繋 繫

실 사(糸)와 붙들어 맬 계(毄).

繫留(계류) 붙들어 맴. 포박(捕縛)함.
繫縻(계미) 얽어 맴.
繫蟄(계칩) 자유를 구속당하여 집에만 있음.

## 狂 미칠 광
- 犬 4 ⑦
- mad キョウ(くるう)
- 丿 ノ 犭 犭 狂 狂
- 미치다. 경솔하다. 미치광이.
- 개 견(犭·犬)과 임금 왕(王·狂 : 굽다).
- 狂亂(광란) 미친 듯이 날뜀.
- 狂奔(광분) 미쳐 날뜀.
- 狂暴(광포) 미친 듯이 행동이 몹시 사나움.

## 軌 궤도 궤
- 車 2 ⑨
- track キ(わだち)
- 一 冂 冃 亘 車 軋 軌
- 궤도. 바퀴 굴대. 바퀴.
- 수레 거(車)와 아홉 구(九 : 구부러져서 끝이 나다).
- 軌道(궤도) 차가 다니는 길. 기차·전차의 길.
- 軌範(궤범) 선인의 올바른 행적(行迹). 본보기.
- 軌跡(궤적) 수레바퀴가 지나간 자국.

## 糾 얽힐·살필 규
- 糸 2 ⑧
- entangled キュウ(ただす)
- 丿 ㄠ ㄠ 糸 糾 糾
- 얽히다. 맺힘. 꼬다. 모으다.
- 실 사(糸)와 실이 엉킬 규(丩).
- 糾明(규명) 사리를 따져 밝힘.
- 糾彈(규탄) 죄를 조사해 폭로함.
- 糾合(규합) 흩어져 있는 사람들을 한데 모음.

## 塗 진흙·바를 도
- 土 10 ⑬
- paint ト(ぬる)
- 氵 汁 汵 涂 涂 塗
- 진흙. 진창. 바르다. 칠하다.
- 余(여)는 흙손을 본뜬 글자.
- 塗料(도료) 썩지 않도록 물건의 겉에 바르거나 또는 채색에 쓰는 재료.
- 塗褙(도배) 벽·천장·장지 등을 종이로 바름.

## 屯 모일 둔, 어려울 준
- 屮 1 ④
- assemble トン(たむろ)
- 一 匸 屯 屯
- 모이다. 진치다. 어렵다.
- 어린이의 머리를 묶어 꾸민 모양.
- 屯兵(둔병) 어느 곳에 머물러 있는 군사.
- 屯聚(둔취) 여러 사람이 한 곳에 모여 있음.
- 駐屯(주둔) 군대가 어떤 지역에 머무름.

## 騰 오를 등
- 馬 10 ⑳
- ascend トウ(あがる)
- 月 𦜝 胖 腾 騰 騰
- 오르다. 뛰어오르다. 날다.
- 말 마(馬)와 나 짐(朕: 위로 향해 밀어 올리다). 말이 뛰어오르는 것으로, '오르다'를 뜻한다.
- 騰貴(등귀) 물건값이 뛰어 오름.
- 騰落(등락) 물가의 오름과 내림.
- 急騰(급등) 물가나 시세 따위가 갑자기 오름.

## 獵 사냥할 렵
- 犬 15 ⑱
- hunting リョウ(かり)
- 犭 犭 犳 獵 獵 獵
- 사냥하다. 사냥. 찾다. 잡다.
- 렵(巤)은 짐승의 긴 갈기. 개를 이용하여 사냥하는 것을 뜻한다.
- 獵拘(엽구) 사냥개.
- 獵奇(엽기) 괴이한 것에 끌려 쫓아다니는 일.
- 涉獵(섭렵) 여기저기 찾아다님.

## 隸 종 례
- 隶 8 ⑯
- slave レイ(しもべ)
- 士 訠 訠 隸 隸 隸
- 종. 노복. 붙다. 좇다. 부리다.
- 붙잡을 이(隶)와 어찌 내(柰). 죄인이나 이민족을 붙잡아 종으로 삼는 것을 뜻한다.
- 隸書(예서) 한문 서체의 이름. 전서의 획을 줄임.
- 隸屬(예속) 붙여서 매임. 남의 지배 하에 있음.
- 奴隸(노예) 종. 하인.

## 교육용 기초한자(추가자)

### 僚 동료 료
人 12 ⑭
동료. 벼슬아치. 관리.
イ 仁 伫 佚 佟 僚
comrade リョウ
사람 인(イ·人)에 불놓을 료(尞).

僚吏(요리) 벼슬아치.
僚友(요우) 같은 곳에서 같은 일을 보는 사람.
閣僚(각료) 내각을 조직하는 각 장관.

### 侮 업신여길 모
人 7 ⑨
업신여기다. 경멸하다.
イ 仁 仕 侮 侮 侮
despise ブ(あなどる)
사람 인(イ·人)과 매양 매(毎 : 어둡다).

侮弄(모롱) 업신여기고 조롱함.
侮慢(모만) 남을 업신여기고 스스로 잘난 체함.
侮辱(모욕) 업신여기고 욕보임.

### 冒 무릅쓸 모
冂 7 ⑨
가리다. 무릅쓰다. 범하다.
丨 冂 冃 冐 冒 冒
risk ボウ(おかす)
눈 목(目)과 쓸 모(冃 : 덮는 물건).

冒瀆(모독) 더럽혀 욕되게 함. 무례한 짓을 함.
冒頭(모두) 말·글의 첫머리.
冒險(모험) 위험을 무릅씀.

### 伴 짝 반
人 5 ⑦
짝. 동반자(同伴者). 따르다.
ノ イ 亻 什 伴 伴
companion ハン,バン(ともなう)
사람 인(イ·人)과 절반 반(半).

伴侶(반려) 짝이 되는 친구. 동반자.
伴接(반접) 손님을 대접함.
同伴(동반) 함께 데리고 감. 길을 같이 감.

### 覆 엎을 복, 덮을 부
襾 12 ⑱
엎다. 뒤집히다. 덮다. 다시.
一 襾 覀 覆 覆 覆
overturn フウ(つがえす)
덮을 아(襾 : 뚜껑)와 회복할 복(復 : 뒤집다).

覆蓋(복개) 뚜껑. 덮개. 뚜껑이나 덮개를 덮음.
覆面(복면) 얼굴을 보이지 않게 가림.
覆審(복심) 다시 심사함. 반복하여 살핌.

### 逝 갈 서
辵 7 ⑪
가다. 앞으로 가다. 시간이 가다.
扌 扌 折 折 逝 逝
pass away セイ(ゆく)
쉬엄쉬엄 갈 착(辶·辵)과 꺾일 절(折 : 깎아내다).

逝去(서거) 세상을 떠남. 죽음. 別世(별세).
急逝(급서) 갑자기 죽음. 急死(급사).
夭逝(요서) 젊은 나이에 죽음.

### 誓 맹세할 서
言 7 ⑭
맹세하다. 약속. 경계.
扌 扩 折 折 誓 誓
oath セイ(ちかう)
말씀 언(言)과 꺾을 절(折 : 분명함).

誓詞(서사) 맹세하는 말. 誓言(서언).
誓約(서약) 맹세하여 약속함. 굳은 약속.
誓願(서원) 맹세하고 기원함.

### 攝 당길 섭
手 18 ㉑
당기다. 쥐다. 다스리다.
扌 扩 押 押 攝 攝
pull セツ(とる)
손수(扌·手)와 소곤거릴 섭(聶).

攝念(섭념) 마음을 가다듬음.
攝理(섭리) 병을 조심함. 신이 다스리는 일.
調攝(조섭) 몸을 조리하여 건강하도록 힘씀.

| 土 5 ⑧ | **垂** | 드리울 수 |
|---|---|---|
| hang down | スイ(たれる) | 드리우다. 변두리. 거의. |

一 二 三 午 乖 垂

초목의 꽃이나 잎이 늘어진 모양.

垂簾(수렴) 발을 드리움. 또는 그 발.
垂淚(수루) 눈물을 흘림.
垂氷(수빙) 고드름.

| 手 10 ⑬ | **搜** | 찾을 수 |
|---|---|---|
| search | ソウ(さがす) | 찾다. 많다. 어지럽다. |

亅 扌 扩 护 押 搜

손 수(扌·手)와 늙은이 수(叟 : 더듬다).

搜査(수사) 찾아다니며 조사함.
搜索(수색) 더듬어 찾음.
搜集(수집) 찾아서 모음.

| 手 5 ⑧ | **押** | 누를 압 |
|---|---|---|
| press | オウ(おす) | 누르다. 수결. 감독하다. |

一 扌 扣 扣 押 押

손 수(扌·手)와 갑옷 갑(甲 : 거북딱지).

押送(압송) 죄인을 다른 곳으로 호송함.
押韻(압운) 시에 운을 닮.
差押(차압) 법정에 호소함.

| 足 14 ㉑ | **躍** | 뛸 약  跃 |
|---|---|---|
| skip | ヤク(おどる) | 뛰다. 뛰어오르다. 뛰어넘다. |

𧾷 𧾷 𧾷𠃊 𧾷翟 𧾷翟 躍

발 족(足)과 꿩 적(翟).

躍動(약동) 생기 있게 움직임. 힘차게 활동함.
躍如(약여) 뛰어오르는 모양. 생기 있는 모양.
躍進(약진) 뛰어나감. 앞으로 나아감.

| 門 7 ⑮ | **閱** | 살펴볼 열  阅 |
|---|---|---|
| inspect | エツ(けみする) | 살펴보다. 검열하다. 겪다. |

𠂆 𠂆 門 門 閆 閱

문 문(門)과 바꿀 태(兌 : 헤아리다).

閱覽(열람) 책 등을 죽 내리 훑어봄.
閱兵(열병) 군사를 정렬시켜 훈련하는 일.
檢閱(검열) 검사하여 열람함.

| 手 13 ⑯ | **擁** | 안을 옹  拥 |
|---|---|---|
| embrace | ヨウ(いだく) | 안다. 품다. 끼다. |

扌 扩 扩 擁 擁 擁

손 수(扌·手)와 모을 옹(雍 : 에워싸다).

擁戴(옹대) 옹위하여 두목으로 추대함.
擁立(옹립) 받들어서 임금의 자리에 세움.
擁護(옹호) 지지하여 도와서 지킴.

| 冫 14 ⑯ | **凝** | 엉길 응 |
|---|---|---|
| congeal | ギョウ(こる) | 엉기다. 모으다. 머무르다. |

冫 冫 冫⺧ 冫疒 凝 凝

얼음 빙(冫)과 의심할 의(疑).

凝固(응고) 엉기어 뭉쳐짐. 액체가 고체로 변함.
凝視(응시) 시선을 한 곳에 집중해서 바라봄.
凝集(응집) 엉기어 모임.

| 宀 7 ⑩ | **宰** | 재상 재 |
|---|---|---|
| prime minister | サイ(つかさ) | 재상. 벼슬아치. 다스리다. |

宀 宀 宀 宰 宰 宰

움집 면(宀)과 매울 신(辛 : 조리용 칼).

宰相(재상) 임금을 보필하여 백관을 통솔하는 최고 벼슬의 총칭. 그 자리에 있던 사람.
宰臣(재신) 권력 있는 관원. 重臣(중신).

## 교육용 기초한자(추가자)

殳 9 ⑬ 殿  대궐 전
대궐. 전각. 절. 존칭.
palace　デン(との)
ㄱ 尸 屈 屍 殿 殿
몽둥이 수(殳)와 몸 시(尸)와 함께 공(共).

殿閣(전각) 임금이 사는 큰 집.
殿堂(전당) 크고 화려한 집.
殿下(전하) 궁전 아래. 전각의 섬돌 아래.

穴 17 ㉒ 竊  훔칠 절　竊
훔치다. 도둑질하다. 도둑.
steal　セツ(ぬすむ)
宀 窄 窈 竊 竊 竊
구멍혈 밑(穴)과 번(番), 훔치다의 뜻인 설(卨).

竊盜(절도) 남의 물건을 몰래 훔침. 도둑.
竊罵(절매) 몰래 뒤에서 욕함.
竊取(절취) 몰래 훔침.

大 6 ⑨ 奏  아뢸 주
아뢰다. 아뢰는 글. 연주하다.
inform　ソウ(かなでる)
一 三 夫 夫 奏 奏
어떤 물건을 양 손으로 받쳐 권하는 모양.

奏決(주결) 천자(天子)에 상주하여 결정함.
奏樂(주악) 음악을 연주함. 또, 그 음악.
奏稟(주품) 임금께 아뢰는 일과 명령을 받는 일.

玉 6 ⑩ 珠  구슬 주
구슬. 진주나 보석 따위.
pearl　シュ(たま)
一 T 王 珐 珠 珠
구슬 옥(玉)과 붉을 주(朱 : 고운 붉은 빛).

珠簾(주렴) 구슬로 꾸민 발.
珠算(주산) 주판으로 하는 계산.
珠玉(주옥) 아름답고 값진 물건의 비유.

金 14 ㉒ 鑄  쇠 부어 만들 주　铸
쇠를 부어 만들다. 주조함.
cast　チュウ(いる)
金 釒 鈩 鑄 鑄 鑄
쇠 금(金)과 목숨 수(壽 : 잇대다).

鑄工(주공) 쇠를 다루는 장인.
鑄物(주물) 쇠를 녹여 만든 물건.
鑄造(주조) 쇠를 녹여 기물(器物)을 만듦.

雨 7 ⑮ 震  진동할 진
진동하다. 울리다. 벼락.
shake　シン(ふるう)
宀 币 雨 严 震 震
비 우(雨)와 별 진(辰 : 떨리는 입술).

震怒(진노) 하늘이나 임금이 몹시 성냄.
震動(진동) 흔들려 움직임. 놀라 두려워함.
震源(진원) 지진이 발생하는 곳.

辵 8 ⑫ 逮  쫓을 체, 미칠 태　逮
쫓다. 이름. 잡다. 미치다.
seize　タイ(およぶ)
ㄱ ㅋ ㅋ 肀 隶 逮
쉬엄쉬엄 갈 착(辵·辶)과 미칠 체(隶).

逮繫(체계) 붙잡아서 옥에 가둠.
逮坐(체좌) 죄상을 조사함.
逮捕(체포) 죄인을 잡음.

水 11 ⑭ 滯  막힐 체　滞
막히다. 오래다. 오래 쌓임.
closed　タイ(とどこおる)
氵 氵 浐 浐 滯 滯
물 수(氵·水)와 띠 대(帶).

滯念(체념) 엉긴 마음. 쌓인 마음.
滯留(체류) 막힘. 정체함. 머무름.
滯拂(체불) 지급이 연체됨. 지급을 지체함.

| 辵 10 ⑭ 遞<br>take turns | 갈마들 체<br>갈마들다. 교대함. 번갈아.<br>テイ(かわる)　厂 疒 疒 庐 虎 遞<br>쉬엄쉬엄 갈 착(辵·辶)과 갈마들 치(虒).<br>遞減(체감) 점차로 줄임. ↔遞增(체증).<br>遞與(체여) 보내 줌. 건네 줌.<br>遞增(체증) 점차 더함. 遞加(체가). | 禾 4 ⑨ 秒<br>second | 분초 초, 까끄라기 묘<br>분초(단위). 까끄라기. 작다.<br>ビョウ　二 千 禾 利 秒 秒<br>벼 화(禾)와 작을 소(少). 벼 이삭의 끝.<br>秒速(초속) 1초 동안의 속도.<br>秒針(초침) 시계의 초를 가리키는 바늘.<br>秒忽(묘홀) 썩 작은 것을 일컬음. |
|---|---|---|---|
| 十 6 ⑧ 卓<br>high | 높을 탁<br>높다. 뛰어나다. 훌륭하다.<br>タク　ト 卢 卢 卢 卢 卓<br>비수 비(匕:사람)와 빠를 조(早:동틀 녘).<br>卓論(탁론) 뛰어난 의론(議論). 卓說(탁설).<br>卓然(탁연) 높이 뛰어나서 의젓한 모양.<br>卓越(탁월) 월등하게 뛰어남. | 言 7 ⑭ 誕<br>born | 태어날 탄<br>태어나다. 탄생함. 거짓.<br>タン　言 訂 訂 証 誕 誕<br>말씀 언(言)과 늘일 연(延:중심에 없다).<br>誕生(탄생) 태어남. 出生(출생).<br>誕辰(탄신) 출생한 날. 생일. 생일의 경칭.<br>誕言(탄언) 허풍 치는 말. |
| 手 4 ⑦ 把<br>catch | 잡을 파<br>잡다. 쥠. 자루. 묶음.<br>ハ(とる)　十 扌 扌 扌 扣 把<br>손 수(扌·手)와 땅 이름 파(巴). 巴는 기어가는 뱀의 모양.<br>把守(파수) 경계하여 지킴. 또, 그 사람.<br>把握(파악) 서로 손을 잡음. 제휴(提携)함.<br>把持(파지) 움켜쥠. 쥐고 있음. | 人 9 ⑪ 偏<br>lean | 치우칠 편<br>치우치다. 한쪽으로 기욺.<br>ヘン(かたよる)　亻 亻 亻 伛 偏 偏<br>사람 인(亻·人)과 작을 편(扁:중심에 없다).<br>偏見(편견) 치우쳐서 공정하지 못한 의견.<br>偏僻(편벽) 마음이 한쪽으로 치우쳐 비뚤어짐.<br>偏愛(편애) 한쪽 또는 한 사람만을 사랑함. |
| 女 10 ⑬ 嫌<br>dislike | 싫어할 혐<br>싫어하다. 미워함. 의심하다.<br>ケン(きらう)　女 女 妒 嬉 嫌 嫌<br>계집 녀(女)와 겸할 겸(兼).<br>嫌忌(혐기) 꺼리며 싫어함. 꺼리고 의심함.<br>嫌猜(혐시) 꺼리며 시기함.<br>嫌疑(혐의) 의심함. 의심. | 行 10 ⑯ 衡<br>balance | 저울대 형, 가로 횡<br>저울대. 저울. 달다. 가로.<br>コウ(はかり)　彳 彳 徬 徬 衡 衡<br>뿔 각(角)과 클 대(大:소의 몸), 다닐 행(行).<br>衡器(형기) 물건의 무게를 다는 기구.<br>衡平(형평) 균형이 잡혀 있는 일. 평균. 평형.<br>均衡(균형) 한쪽으로 치우침이 없이 반듯함. |

## 문화관광부 · 한국한문교육학회 · 조정위원회 조정
## 일상생활에서 쓰이는 실용한자 200字

---

女  
10  
⑬ 嫁  **시집갈 가**  
　　　시집가다. 떠넘기다.  
marry　　女 女⺿ 妒 娇 婷 嫁  
　　　カ(よめ)  
계집 녀(女)와 집 가(家).

嫁期(가기) 시집가게 된 시기. 시집갈 나이.  
嫁娶(가취) 시집가고 장가듦.  
嫁資(가자) 혼수. 시집갈 때 가지고 가는 돈.

---

口  
11  
⑭ 嘉  **아름다울 가**  
　　　아름답다. 좋다. 기리다.  
beautiful　　十 士 吉 吉 直 青 嘉  
　　　カ(よい)  
북 고(直 : 鼓의 획 줄임)에 더할 가(加).

嘉納(가납) 충고나 간언을 기꺼이 들음.  
嘉禮(가례) 경사스러운 일을 위한 예식.  
嘉辰(가신) 경사스러운 날. 또는 좋은 때.

---

馬  
5  
⑮ 駕  **수레 가**　　　驾  
　　　수레. 임금 수레. 멍에.  
wagon　　フ カ 加 架 駕 駕  
　　　ガ(のる)  
더할 가(加)에 말 마(馬).

駕說(가세) 분주히 유세 다님.  
駕御(가어) 말을 길들여 마음대로 부림.  
凌駕(능가) 딴 것보다 넘어섬.

---

手  
9  
⑫ 揀  **가릴 간**　　　拣  
　　　가리다. 가려 뽑음. 일다.  
distinguish　　扌 扩 扩 护 揀 揀  
　　　カン  
손 수(扌·手)와 가릴 간(柬). 손으로 구별하여  
가리는 것을 뜻한다.

揀選(간선) 사람을 선택함.  
揀擇(간택) 임금·왕자·왕녀의 배우자를 고름.  
分揀(분간) 사물의 선악이나 시비 등을 헤아림.

---

言  
9  
⑯ 諫  **간할 간**　　　谏  
　　　간하다. 충고하다. 간언.  
advise　　言 訂 訂 諫 諫 諫  
　　　カン(いさめる)  
말씀 언(言)과 간할 간(柬：고르다).

諫臣(간신) 임금의 과실을 간하는 신하.  
諫諍(간쟁) 간하여 다툼. 굳게 간함.  
忠諫(충간) 충성스러운 마음으로 간함.

---

艮  
11  
⑰ 艱  **어려울 간**　　　艰  
　　　어렵다. 괴롭다.  
hard　　⺧ 堇 堇 艱 艱 艱  
　　　カン(なやむ)  
근(堇)은 '가뭄'을, 간(艮)은 나아가지 않음.

艱苦(간고) 가난함. 곤궁함. 고생.  
艱難辛苦(간난신고) 갖은 고초를 다 겪음.  
險難(험난) 위험하고 어려움.

| 口 9 ⑫ | **喝** | 꾸짖을 갈, 목멜 애<br>꾸짖다. 으르다. 목메다. |
|---|---|---|
| scold | カツ(しかる) | 口 叩 吅 吗 喝 喝 |

입 구(口)와 그칠 갈(曷 : 높이 내걸다).

**喝采**(갈채) 칭찬하거나 환영하여 열렬히 외침.
**喝破**(갈파) 큰 소리로 남의 언론을 설파함.
**恐喝**(공갈) 무섭게 으르고 위협함.

| 力 9 ⑪ | **勘** | 헤아릴 감<br>헤아리다. 살피다. |
|---|---|---|
| consider | カン(かんがえる) | 一 廿 其 甚 甚 勘 |

더욱 심(甚)과 힘 력(力). 잘 조사하고 생각하다.

**勘考**(감고) 살펴 생각함. **考慮**(고려).
**勘査**(감사) 생각하여 조사함. **勘檢**(감검).
**勘案**(감안) 헤아려 생각함.

| 土 9 ⑫ | **堪** | 견딜 감<br>견디다. 감당함. 이기다. |
|---|---|---|
| endure | カン(たえる) | 丨 土 圵 圤 垇 堪 堪 |

심(甚 : '화덕, 흙으로 만든 아궁이 굴뚝).

**堪耐**(감내) 참고 견딤.
**堪能**(감능) 일을 감당해 내는 능력이 있음.
**堪當**(감당) 능히 당해 냄.

| 田 14 ⑲ | **疆** | 지경 강<br>지경. 경계. 한계. 끝. |
|---|---|---|
| border | キョウ | ⼸ 弓 弖 彊 彊 疆 |

강(疆)은 '밭(田)과 밭' 사이에 구획을 나타냄.

**疆界**(강계) 강토의 경계(境界). 국경(國境).
**疆內**(강내) 나라의 경계의 안.
**疆土**(강토) 국경. 나라의 땅. **領土**(영토).

| 水 9 ⑫ | **渠** | 도랑 거<br>도랑. 개천. 크다. |
|---|---|---|
| ditch | キョ(みぞ) | 氵 汇 沪 泹 渠 渠 |

물 수(氵·水)와 곱자 구(榘).

**渠魁**(거괴) 한 무리의 우두머리. **魁首**(괴수).
**渠水**(거수) 땅을 파서 만든 수로(水路).
**渠偃**(거언) 도랑과 둑.

| 巾 0 ③ | **巾** | 수건 건<br>수건. 두건. 헝겊. 덮다. |
|---|---|---|
| towel | キン | 丨 冂 巾 |

허리띠에 드리우고 있는 천의 모양을 본뜬 글자.

**巾帶**(건대) 상복(喪服)에 쓰는 건(巾)과 띠.
**巾帨**(건세) 허리에 차는 수건.
**巾櫛**(건즐) 수건과 빗.

| 力 5 ⑦ | **劫** | 겁탈할 겁<br>겁탈하다. 빼앗다. 위협하다. |
|---|---|---|
| plunder | キョウ(おびやかす) | 十 土 去 去 刧 劫 |

갈 거(去)와 힘 력(力).

**劫姦**(겁간) 폭력을 써서 간음함. 강간함.
**劫掠**(겁략) 위협·폭력으로 빼앗음. **劫奪**(겁탈).
**劫迫**(겁박) 위세를 보이며 협박함. 강박함.

| 忄 5 ⑧ | **怯** | 겁낼 겁<br>겁내다. 무서워하다. 비겁함. |
|---|---|---|
| dread | キョウ(おそれる) | 丶 忄 忄 忙 怯 怯 |

마음 심(忄·心)과 갈 거(去).

**怯劣**(겁렬) 비겁하고 용렬함.
**怯言**(겁언) 겁내어 하는 말.
**怯惰**(겁타) 겁이 많고 게으름.

## 실용한자 200字

---

**稽** 상고할 계
禾 10 ⑮
consider ケイ(かんがえる)
상고하다. 헤아리다. 머무르다.
二 禾 禾 秒 秒 稽 稽
벼 화(禾)와 더욱 우(尤), 뜻 지(旨).

稽古(계고) 옛일을 상고(詳考)함. 학문·학습.
稽留(계류) 머물러 있음. 체류함.
稽首(계수) 머리가 땅에 닿도록 공손히 절함.

---

**灌** 물댈 관
水 18 ㉑
irrigate カン(そそぐ)
물대다. 따르다. 흘러들다.
氵 氵 浐 浐 潅 潅 灌
물 수(氵·水)와 황새 관(雚: 둥글게 돌리다).

灌漑(관개) 농사에 필요한 물을 논밭에 댐.
灌救(관구) 불을 끔. 소화(消火)함.
灌木(관목) 한 뿌리에서 총생(叢生)하는 나무.

---

**曠** 밝을 광
日 15 ⑲
empty コウ(むなしい)
밝다. 비다. 공허하다. 넓다.
日 旷 旷 曠 曠 曠
날 일(日)과 넓을 광(廣).

曠年(광년) 오랜 세월.
曠野(광야) 광활한 들. 허허벌판.
曠闊(광활) 넓고 탁 트임.

---

**乖** 어그러질 괴
丿 7 ⑧
deviate カイ(そむく)
어그러지다. 거스르다.
二 千 千 千 乖 乖
양(羊)의 뿔과 등이 서로 등져 어그러지거나 떨어진 형상을 본뜬 글자.

乖離(괴리) 배반하여 떨어져 나감.
乖僻(괴벽) 성질이 비꼬임. 괴팍하고 편벽됨.
乖常(괴상) 상리에 벗어나 있음.

---

**魁** 우두머리 괴
鬼 4 ⑭
chief カイ(かしら)
우두머리. 으뜸. 높고 큼.
丿 白 由 鬼 鬼 魁
말 두(斗)와 귀신 귀(鬼).

魁奇(괴기) 걸출하여 보통사람과 다름.
魁首(괴수) 악당의 두목. 무뢰배의 우두머리.
魁然(괴연) 장대한 모양. 마음이 편안한 모양.

---

**驕** 교만할 교  骄
馬 12 ㉒
proud キョウ(おごる)
교만하다. 자만하다. 무례.
厂 厂 馬 馬 驕 驕
말 마(馬)와 높을 교(喬).

驕氣(교기) 남을 업신여기고 잘난 체하는 마음.
驕慢(교만) 겸손하지 않고 뽐내어 방자함.
驕戰(교전) 강한 것을 자랑하며 싸움.

---

**歐** 토할 구  欧
欠 11 ⑮
vomit オウ
토하다. 치다. 때리다.
口 品 品 區 區 歐 歐
구역 구(區: 구별함)와 하품 흠(欠).

歐刀(구도) 죄인의 목을 베던 칼.
歐吐(구토) 뱃속에 있는 음식을 게움.
歐美(구미) 유럽과 미국.

---

**躬** 몸 궁
身 3 ⑩
body キュウ
몸. 신체. 몸소 행하다.
丿 丬 自 身 身 躬
身은 납신(申)과 사람인(人).

躬儉(궁검) 몸소 검약함.
躬耕(궁경) 직접 자기가 농사를 지음.
躬桑(궁상) 후비(后妃)가 몸소 누에를 침.

## 眷

目 6 ⑪ 眷 돌아볼 권
돌아보다. 돌보다. 은혜.
look after ケン(かえりみる)
丷 屮 关 关 眷 眷
눈 목(目)과 구부릴 권(关 : 말다).

眷率(권솔) 자기에게 딸린 집안 식구.
眷佑(권우) 사랑하여 돌보아 줌.
眷任(권임) 총애하여 일을 맡김.

## 闕

門 10 ⑱ 闕 대궐 궐
대궐. 대궐 문. 빠지다.
palace ケツ(かける)
⎢ ⎢ 門 門 闕 闕
문 문(門)과 숨찰 궐(欮 : 큰 입이 열리다).

闕席(궐석) 출석하지 아니함.
闕員(궐원) 정한 인원에서 사람이 빠짐.
宮闕(궁궐) 임금이 거처하는 집.

## 窺

穴 11 ⑯ 窺 엿볼 규
엿보다. 보다. 반걸음.
peep キ(うかがう)
宀 穴 空 窄 窺 窺
구멍 혈(穴)과 법 규(規 : 재다)를 합한 글자.

窺間(규간) 틈을 엿봄.
窺鏡(규경) 거울을 들여다봄.
窺測(규측) 엿보아 헤아림. 추측함.

## 隙

阜 10 ⑬ 隙 틈 극
틈. 구멍. 겨를. 흠. 결점.
gap ゲキ(すき)
⻖ 阝 阝⺊ 阼 隙 隙
언덕부(阜)와 붉은 벽의 사이가 난 자리.

隙間(극간) 빈틈. 틈새.
隙地(극지) 공지. 빈터.
隙穴(극혈) 틈이 생긴 구멍.

## 衿

衣 4 ⑨ 衿 옷깃 금
옷깃. 옷고름. 띠 두르다.
lapels キン(えり)
⺪ 衤 衤 衤 衿 衿
옷의(衤·衣)와 이제 금(今)을 합한 글자.

衿契(금계) 극친한 교분(交分).
衿帶(금대) 옷깃과 띠.
衿喉(금후) 옷깃과 목구멍.

## 汲

水 4 ⑦ 汲 물길을 급
물 긷다. 물을 품. 당기다.
draw water キュウ(くむ)
丶 氵 氵 汀 汲 汲
물 수(氵·水)와 미칠 급(及 : 빨아들이다).

汲汲(급급) 쉬지 않고 힘쓰는 모양.
汲流(급류) 흐르는 물을 길음.
汲引(급인) 물을 길어 올림. 인재를 등용함.

## 矜

矛 4 ⑨ 矜 자랑할 긍
자랑하다. 불쌍히 여기다.
pride キン,キョウ(ほこる)
⺈ 孑 矛 矜 矜 矜
창모(矛)와 이제 금(今 : 덮다).

矜救(긍구) 불쌍히 여겨 구제함.
矜持(긍지) 자신의 능력을 믿고자 하는 자랑.
矜恤(긍휼) 불쌍히 여겨 도움.

## 妓

女 4 ⑦ 妓 기생 기
기생. 창녀. 미녀.
prostitute ギ
⻌ 夊 女 女 妓 妓
계집 녀(女)와 가지 지(支).

妓樓(기루) 기생과 노는 집. 娼樓(창루).
妓夫(기부) 기둥서방.
官妓(관기) 관청에 딸린 기생.

## 실용한자 200字

### 饑 주릴 기 / 饥
食 12 ㉑
hunger　キ(うえる)
밥 식(𩙿·食)과 얼마 기(幾 : 미미하다).
饑渴(기갈) 배가 고프고 목이 마름.
饑餓(기아) 배가 고픔. 주림.
饑寒(기한) 배고프고 추위에 떪.

### 訥 말더듬을 눌 / 讷
言 4 ⑪
stammer　ドツ
말씀 언(言)과 안 내(內).
訥口(눌구) 말을 더듬음. 또, 말더듬이.
訥辯(눌변) 더듬거리는 말솜씨.
訥言(눌언) 더듬거리는 말.

### 匿 숨을 닉
匸 9 ⑪
hide　トク
감출 혜(匸), 향풀 약(若 : 부드러운 뽕잎).
匿年(익년) 나이를 속임.
匿名(익명) 본 이름을 숨김.
匿爪(익조) 재주를 드러내지 않음을 일컬음.

### 溺 빠질 닉, 오줌 뇨
水 10 ⑬
drown　デキ(おぼれる)
물 수(氵: 水)와 약할 약(弱).
溺沒(익몰) 물 속에 빠져 가라앉음.
溺死(익사) 물에 빠져 죽음.
眈溺(탐닉) 어떤 일을 몹시 즐겨서 거기에 빠짐.

### 戴 일 대
戈 13 ⑰
wear　タイ(いただく)
머리에 이다. 받들다. 모시다.
異는 탈을 쓰고 양손을 들고 있는 사람의 형상.
戴冠(대관) 왕관을 씀.
戴白(대백) 머리에 백발이 남. 또, 그런 노인.
推戴(추대) 윗사람으로 떠받듦.

### 屠 잡을 도
尸 9 ⑫
butcher　ト(ほふる)
잡다. 무찌르다. 죽임.
尸는 '시체', 者는 '많이 모이다'의 뜻.
屠戮(도륙) 모두 무찔러 죽임.
屠殺(도살) 짐승을 죽임.
屠漢(도한) 백정.

### 覩 볼 도
見 9 ⑯
see　ト
보다. 살피다. 성씨.
볼 견(見)과 놈 자(者)는 '모으다'의 뜻. 睹와 同字.
覩聞(도문) 보고 들음. 보는 일과 듣는 일.
目覩(목도) 눈으로 직접 봄. 目擊(목격).
逆覩(역도) 앞일을 미리 내다봄.

### 蹈 밟을 도
足 10 ⑰
tread　トウ(ふむ)
밟다. 발 디디다. 걸음. 뜀.
舀(도)는 '뽑아내다'의 뜻. 발을 위로 뽑아 올리다의 뜻에서 '제자리걸음'의 뜻을 나타냄.
蹈歌(도가) 발을 구르며 노래 부름.
蹈舞(도무) 몹시 좋아서 발을 구르며 춤춤.
蹈襲(도습) 전에 하던 대로 따라 함.

| 示 14 ⑲ | 禱 | 빌 도 빌다. 기도하다. 기원하다. | 禱 | 頁 4 ⑬ | 頓 | 조아릴 돈 조아리다. 꺾이다. 머무르다. | 頓 |
|---|---|---|---|---|---|---|---|
| pray | トウ(いのる) | 禾 礼 祁 祷 禱 禱 | | kowtow | トン(めがずく) | 一 凵 屯 屯 頓 頓 | |

볼 시(示)와 목숨 수(壽: 수명을 빎의 뜻). / 屯(돈)은 많은 것이 모이다의 뜻.

禱福(도복) 신불(神佛)에게 복이 내리기를 빎.
禱祀(도사) 신불에게 기도하여 제사지냄.
禱雨(도우) 비가 오기를 빎. 祈雨(기우).

頓窮(돈궁) 몹시 곤궁함.
頓首(돈수) 머리가 땅에 닿도록 굽혀 절함.
頓絶(돈절) 별안간 끊어짐.

| 辵 9 ⑬ | 遁 | 달아날 둔 달아나다. 숨다. 도망치다. | 遁 | 黍 3 ⑮ | 黎 | 검을 려 검다. 많다. 뭇. 즈음. | 黎 |
|---|---|---|---|---|---|---|---|
| escape | トン(のがれる) | 一 厂 厂 盾 盾 遁 | | black | レイ(くろい) | 一 禾 利 黎 黎 黎 | |

쉬엄쉬엄 갈 착(辶·辵)은 갈림길, 盾은 몸을 숨기다의 뜻. / 기장 서(黍)와 이로울 리(利: 이웃하다의 뜻).

遁迹(둔적) 종적을 감춤.
遁走(둔주) 도망쳐 달아남.
隱遁(은둔) 세상일을 피하여 삶.

黎旦(여단) 동이 트는 이른 아침.
黎明(여명) 밝을 녘.
黎民(여민) 뭇사람. 서민.

| 門 7 ⑮ | 閭 | 이문·마을 려 이문(마을 어귀에 세운 문). | 閭 | 广 16 ⑲ | 廬 | 오두막집 려 오두막집. 주막. 농막. | 廬 |
|---|---|---|---|---|---|---|---|
| village | リョ(さと) | 丨 冂 門 門 閂 閭 | | hut | ロ(いおり) | 广 广 庐 庐 廬 廬 | |

문 문(門)과 음률 려(呂: 이어지다의 뜻). / 집 엄(广)과 생각할 려(盧: '빙 두르다'의 뜻).

閭家(여가) 여염집. 일반인의 살림집.
閭門(여문) 마을 입구의 문.
閭市(여시) 마을의 거리.

廬落(여락) 민가(民家)의 모임. 촌락.
廬舍(여사) 오두막집. 초막.
草廬(초려) 초가. 자기 집을 낮추어 일컫는 말.

| 攴 13 ⑰ | 斂 | 거둘 렴 거두다. 염하다. 감추다. | 斂 | 齒 5 ⑳ | 齡 | 나이 령 나이. 연치. 연령. | 齡 |
|---|---|---|---|---|---|---|---|
| gather | レン(おさめる) | 人 八 合 合 僉 斂 | | age | レイ(よわい) | 止 歩 步 齒 齡 齡 | |

가볍게 칠 복(攵·攴)과 여러 첨(僉). / 이 치(齒: '이'를 본뜸)와 명령할 령(令: 같은 간격으로 정연하게 늘어섬).

斂去(염거) 하는 일을 그만두고 물러감.
斂膝(염슬) 무릎을 단정히 하고 있음.
斂葬(염장) 시체를 거두어 장사지냄.

老齡(노령) 늙은 나이. 늙은 사람.
妙齡(묘령) 젊은 여자의 꽃다운 나이.
年齡(연령) 사람이나 생물이 나서 지낸 햇수.

## 실용한자 200字

### 虜 사로잡을 로
虍 6 / ⑫
capture / リョ(とりこ)
사로잡다. 포로. 종.
범 호(虍)와 꿸 관(毌·貫), 힘 력(力).
虜掠(노략) 사람을 사로잡고 재물을 빼앗음.
虜廷(노정) 오랑캐의 조정.
虜獲(노획) 적을 사로잡거나 목베는 일.

### 賂 뇌물 뢰
貝 6 / ⑬
bribe / ロ(まいなう)
뇌물. 주다. 재화.
조개 패(貝: 재물)와 각각 각(各: 이르다).
賂物(뇌물) 목적을 이루기 위하여 권력 관계자에게 청탁하며 몰래 주는 재물.
納賂(납뢰) 뇌물을 바침.

### 陋 더러울 루
阜 6 / ⑨
dirty / ロウ(いやしい)
더럽다. 추하다. 못생기다.
언덕 부(阝·阜)와 좁을 루(㔾).
陋見(누견) 좁은 견해. 천한 생각.
陋淺(누천) 비루하고 천박함.
陋醜(누추) 더럽고 추악함.

### 戮 죽일 륙
戈 11 / ⑮
kill / リク(ころす)
죽이다. 육시하다. 욕보이다.
나를 료(翏: 둘로 잡아 찢다)와 창 과(戈).
戮笑(육소) 조소를 당하는 일. 웃음거리.
戮屍(육시) 이미 죽은 사람에게 참형을 행함.
殺戮(살육) 사람을 마구 무찔러 죽임.

### 凌 능가할 릉
冫 8 / ⑩
exceed / リョウ(しのぐ)
능가하다. 깔보다. 업신여기다.
얼음 빙(冫)과 언덕 릉(夌).
凌駕(능가) 무엇에 비교하여 훨씬 뛰어남.
凌蔑(능멸) 업신여김. 멸시함.
凌遲(능지) 팔다리와 몸을 토막치는 극형.

### 昧 어두울 매
日 5 / ⑨
obscure / マイ(くらい)
어둡다. 어리석다. 탐하다.
날 일(日)과 아닐 미(未).
昧谷(매곡) 해가 지는 곳.
昧昧(매매) 어둑어둑한 모양.
昧沒(매몰) 뜻이 분명하지 아니함.

### 茅 띠 모
艸 5 / ⑨
cogon / ボウ(かや)
띠. 띠집. 띠를 베다.
풀 초(艸·艹)와 창 모(矛: '창'의 뜻).
茅門(모문) 띠로 지붕을 인 문.
茅塞(모색) 마음이 사욕에 막힘.
茅屋(모옥) 띠로 지붕을 인 집. 누추한 집.

### 耗 줄 모
耒 4 / ⑩
diminish / モウ,コウ
줄다. 줄임. 덜되다. 감하다.
쟁기 뢰(耒)와 털 모(毛).
耗散(모산) 흩어져 없어짐. 또 소비하여 없앰.
耗盡(모진) 모두 없어짐.
消耗(소모) 써서 없앰. 써서 닳아 없어짐.

| 手 11 ⑭ | 摸 | 본뜰 모<br>본뜨다. 더듬다. 찾다. | 母 0 ④ | 毋 | 말 무<br>말다(止). 없다. 아니다. |
|---|---|---|---|---|---|
| follow | モ 扌 才 扩 护 措 摸 | | not | ブ, ム(なかれ) ㄥ 勹 毌 毋 | |

손 수(扌·手)와 없을 막(莫:더듬어 찾다).

摸倣(모방) 흉내를 냄. 본뜸.
摸索(모색) 더듬어 찾음.
摸造(모조) 흉내내어 만듦.

계집 녀(女)와 한 일(一)을 합한 글자. 여자를 범하지 못하게 막는 것으로 '말다'의 뜻.

毋論(무론) 말할 것도 없음. 勿論(물론).
毋望(무망) 바라지 아니함. 뜻밖. 意外(의외).
毋害(무해) 견줄 만한 것이 없음. 無比(무비).

| 工 4 ⑦ | 巫 | 무당 무<br>무당. 의사. 터무니없다. | 言 7 ⑭ | 誣 | 속일 무<br>속이다. 꾸미다. 깔보다. |
|---|---|---|---|---|---|
| witch | フ, ブ(みこ) 一 丁 工 巫 巫 | | deceive | ブ 亠 言 訁 訌 訌 誣 | |

산을 제사 지내는 장막 속에서 사람이 양손으로 제구를 받드는 모양.

巫覡(무격) 무당과 박수. 무축(巫祝).
巫卜(무복) 무당과 점(占)쟁이.
巫術(무술) 무당이 행하는 술법.

말씀 언(言)과 무당 무(巫). 巫는 덮어 가리다의 뜻. 말로 진실을 '속이다'를 뜻함.

誣告(무고) 없는 일을 꾸며내어 고소하는 일.
誣罔(무망) 허위 사실을 꾸며 남을 속임.
誣罪(무죄) 죄 없는 자를 억지로 죄를 줌.

| 手 12 ⑮ | 撫 | 어루만질 무<br>어루만지다. 위로하다. 누르다. | 刀 8 ⑩ | 剝 | 벗길 박<br>벗기다. 벗겨져 떨어져 나감. |
|---|---|---|---|---|---|
| stroke | ブ(なでる) 扌 扌 扩 抚 抚 撫 | | strip | ハク(はぐ) 夕 彑 彔 身 彖 剝 | |

손 수(扌·手)와 없을 무(無:덮어씌우다). 손을 덮어 씌워서 '어루만지다'를 뜻함.

撫摩(무마) 손으로 어루만짐.
撫安(무안) 어루만져서 편안하게 함.
撫情(무정) 자기의 감정을 눌러 가라앉힘.

칼 도(刀)와 썰 박(彔). 彔은 '썰다'의 뜻. 칼로 껍질을 가르는 것으로 '벗기다'를 뜻함.

剝落(박락) 벗겨져 떨어짐.
剝奪(박탈) 강제로 빼앗음. 벗겨 빼앗음.
剝皮(박피) 껍질을 벗김.

| 糸 10 ⑯ | 縛 | 묶을 박<br>묶다. 속박하다. 포승하다. | 頁 4 ⑬ | 頒 | 나눌 반<br>나누다. 반백. 반포(펴다). |
|---|---|---|---|---|---|
| bind | バク(しばる) 幺 糸 糸 綯 縛 縛 | | divide | ハン(わかつ) 八 分 分 纷 頒 頒 | |

실 사(糸)와 펼 부(尃:볏모를 손에 쥔 모양). 볏단을 손으로 움켜쥐고 '묶다'의 뜻.

縛束(박속) 묶음.
縛繩(박승) 죄인을 결박하는 끈.
縛執(박집) 체포하여 묶음.

나눌 분(分)과 머리 혈(頁). 分은 '무덤처럼 큰 머리, 나누다'의 뜻.

頒給(반급) 임금이 봉록·물품 등을 나누어 줌.
頒白(반백) 머리털이 반쯤 흼.
頒布(반포) 널리 펴서 알게 함.

## 실용한자 200字

---

**旁** 곁 방 — side / ボウ(かたわら)
方 6 ⑩
곁. 옆. 널리. 두루. 기대다.
ᅩ ㅗ 产 产 产 旁
좌우로 펼쳐진 부분, '곁'을 뜻한다. 傍과 통하여 같이 쓰인다.
旁系(방계) 직계에서 갈려난 계통.
旁觀(방관) 곁에서 봄.
旁生(방생) 널리 골고루 삶. 축생(畜生).

**陪** 모실 배 — assist / バイ
阜 8 ⑪
모시다. 돕다. 더하다.
ᅠ ㅏ ㅏ ㅏ` 阝` 阣 陪
언덕 부(阝·阜)와 가를 부(咅 : 갑절이 되다).
陪敦(배돈) 더 주어 한층 후하게 함.
陪席(배석) 어른과 자리를 같이 함.
陪行(배행) 윗사람을 모시고 따라감. 배웅.

---

**帛** 비단 백 — silk / ハク(きぬ)
巾 5 ⑧
비단. 명주. 폐백.
ᅠ ㅗ 白 白 帛 帛
수건 건(巾)과 흰 백(白). 白은 '희다'의 뜻.
帛巾(백건) 비단 헝겊.
帛書(백서) 비단에 쓴 글자. 또, 그 비단.
帛布(백포) 비단과 무명.

**闢** 열 벽 — open / ヘキ(ひらく)
門 13 ㉑
열다. 열리다. 개간.
ᅠ 門 門 門 闢 闢
문 문(門 : )과 차우칠 벽(辟 : 옆으로 비키다).
闢墾(벽간) 땅을 개척하여 논밭을 만듦.
闢土(벽토) 버려둔 땅을 쓸모 있게 만드는 일.
闢戶(벽호) 문을 엶.

---

**瓶** 병·단지 병 — bottle / ハイ,ビン
瓦 8 ⑬
병. 단지. 항아리. 두레박.
扌 幷 扩 扩 扩 瓶
기와 와(瓦 : 질그릇)와 합할 병(幷·並).
瓶盆(병분) 병과 동이.
瓶洗(병세) 꽂꽂이한 꽃.
瓶子(병자) 술단지. 술항아리.

**堡** 작은 성 보 — fort / ホ,ホウ(とりで)
土 9 ⑫
작은 성. 방죽(둑). 언덕.
亻 亻' 仴 保 堡 堡
흙 토(土)와 보존 보(保 : 지키다).
堡壘(보루) 적군을 막기 위하여 토석(土石)으로 튼튼하게 쌓은 진지. 성채(城砦). 수호해야 할 대상을 비유적으로 이르는 말.

---

**僕** 종 복 — servant / ボク(しもべ)
人 12 ⑭
종. 하인. 마부. 저. 무리.
亻 亻' 倂 倂 僕 僕
사람 인(亻·人)과 번거로울 복(菐).
僕隷(복례) 심부름을 하는 사람.
僕賃(복임) 일꾼에게 주는 품삯.
奴僕(노복) 남자종.

**俯** 구부릴 부 — bend / フ(ふせる)
亻 8 ⑩
구부리다. 엎드리다. 숙이다.
亻 亻广 亻广 俯 俯 俯
사람 인(亻·人)과 곳집 부(府 : 굽어보다).
俯觀(부관) 아래를 굽어 봄.
俯伏(부복) 고개를 숙이고 엎드림.
俯仰(부앙) 굽어봄과 쳐다봄.

| 火 8 ⑫ | 焚 | 불사를 분 불사르다. 타다. 넘어지다. | | 匚 8 ⑩ | 匪 | 도둑 비, 나눌 분 도둑. 대나무상자. 나누다. |
|---|---|---|---|---|---|---|
| burn | フン(やく) | 十 차 차 林 林 焚 | | bandit | ヒ(あらず) | 一 丆 丌 丣 𰀹 匪 |

수풀 림(林)과 불 화(火).

焚滅(분멸) 태워 없앰.
焚身(분신) 정의를 위하여 몸을 불사름.
焚香(분향) 향불을 피움.

상자 방(匚)과 아닐 비(非: 둘로 나뉘다).

匪徒(비도) 비적(匪賊)의 무리.
匪賊(비적) 살인·약탈을 일삼는 도둑의 무리.
匪頒(분반) 신하에게 하사품을 나누어 줌.

| 心 12 ⑯ | 憑 | 기댈 빙 기대다. 의지하다. 의거하다. | 凭 | 示 5 ⑩ | 祠 | 사당 사 사당. 신사. 제사지내다. | 祠 |
|---|---|---|---|---|---|---|---|
| rely | ヒョウ(よる) | 冫 冫 冯 馮 馮 憑 | | shrine | シ(ほこら) | 丁 衤 衤 衤 衤 祠 |

마음 심(心)과 기댈 빙(馮).

憑據(빙거) 사실의 증명이 될 만한 근거.
憑信(빙신) 빙거로 삼아 믿음.
憑藉(빙자) 남의 세력에 의지함. 핑계함.

보일 시(示: 신에 관한 일)와 맡을 사(司).

祠堂(사당) 신주(神主)를 모시는 집.
祠禱(사도) 제사를 지내며 복을 빎.
祠院(사원) 사당(祠堂)과 서원(書院).

| 糸 4 ⑩ | 紗 | 깁 사 깁(견직물). 무명실. | 纱 | 彳 8 ⑪ | 徙 | 옮길 사 옮기다. 넘기다. 귀양 보내다. | |
|---|---|---|---|---|---|---|---|
| thin silk | サ,シャ | ㄠ 糸 糸 糹 紗 紗 | | remove | シ(うつる) | 彳 彳 彳 衤 衤 徙 |

실 사(糸: 꼰 실을 본뜬 글자.)와 적을 소(少).

紗巾(사건) 깁으로 만든 두건(頭巾).
紗帽(사모) 깁으로 만든 모자.
紗窓(사창) 깁을 바른 창.

조금 걸을 척(彳)과 그칠 지(止).

徙居(사거) 집을 옮김.
徙植(사식) 옮겨 심음. 이식함.
徙逐(사축) 옮겨 추방함. 귀양 보냄.

| 赤 4 ⑪ | 赦 | 용서할 사 용서하다. 놓아 주다. 용서. | | 口 10 ⑬ | 嗣 | 이을 사 잇다. 후사. 계승하다. | |
|---|---|---|---|---|---|---|---|
| forgive | シャ(ゆるす) | 一 十 才 赤 赤 赦 | | succeed | シ(つぐ) | 口 月 月 嗣 嗣 嗣 |

붉을 적(赤)과 칠 복(攴·攵)을 합한 글자.

赦免(사면) 죄를 용서하여 벌을 면제하는 일.
赦罰(사벌) 벌 받은 자를 용서함.
赦罪(사죄) 죄를 용서함.

입 구(口)와 책 책(冊: 후사를 세울 때의 조칙)과 맡을 사(司: 후사, 잇다).

嗣君(사군) 뒤를 이은 임금.
嗣奉(사봉) 이어받음. 계승함.
嗣守(사수) 이어받아 지킴.

실용한자 200字

| 手 4 ⑦ | 抒 | 펼 서 | | 玉 9 ⑬ | 瑞 | 상서로울 서 |
|---|---|---|---|---|---|---|
| state | ジョ(のべる) | 펴다. 토로하다. 푸다. 亅 扌 扌 扌 抒 抒 | | auspicious | ズイ | 상서롭다. 길조. 홀(笏) 一 Ｔ 王 玕 珎 瑞 瑞 |

손 수(扌·手)와 줄 여(予 : 뻗다).

구슬 옥(玉·王)과 바를 단(耑).

抒情(서정) 자기의 정서를 나타냄.
抒情詩(서정시) 자기의 감정과 기분을 읊은 시.
抒情文(서정문) 감정을 주관적으로 표현한 글.

瑞光(서광) 상서로운 빛. 길한 일의 조짐.
瑞夢(서몽) 상서로운 꿈.
祥瑞(상서) 복되고 길한 일이 일어날 징조.

| 石 9 ⑭ | 碩 | 클 석 | | 肉 12 ⑯ | 膳 | 반찬 선 |
|---|---|---|---|---|---|---|
| great | セキ | 크다. 가득하다. 충실하다. 一 ナ 石 矿 碩 碩 | | side dishes | セン | 반찬. 찬을 올리다. 음식. 月 月 胖 胖 膳 膳 |

돌 석(石)과 머리 혈(頁).

고기 육(月·肉)과 착할 선(善 : 좋다).

碩士(석사) 학덕이 높은 사람. 학위의 한 가지.
碩學(석학) 학식이 많은 큰 학자.
博碩(박석) 넓고 큼.

膳物(선물) 선사(膳賜)로 주는 물품.
膳夫(선부) 궁중의 요리를 만드는 사람.
膳賜(선사) 정표로 물건을 줌.

| 糸 12 ⑱ | 繕 | 기울 선 | | 糸 5 ⑪ | 紹 | 이을 소 |
|---|---|---|---|---|---|---|
| repair | ゼン(つくろう) | 깁다. 수선하다. 수리. 幺 糹 糹 紵 綈 繕 繕 | | succeed | ショウ(つぐ) | 잇다. 주선하다. 계승. 幺 糹 糸 紹 紹 紹 |

실 사(糸)와 착할 선(善 : 좋다).

실 사(糸)와 부를 소(召).

繕補(선보) 고치고 보충함.
繕修(선수) 수선함. 손봄.
修繕(수선) 낡거나 허름한 것을 손보아 고침.

紹介(소개) 주선함. 중개함. 또, 그 사람.
紹繼(소계) 이어받음. 계승함.
紹志(소지) 어버이의 뜻을 이어받음.

| 貝 15 ㉒ | 贖 | 속바칠 속 | | 辵 10 ⑭ | 遜 | 겸손할 손 |
|---|---|---|---|---|---|---|
| redeem | ショク(あがなう) | 속 바치다. 면제 받음. 바꾸다. 冂 日 貝 貯 贖 贖 | | humble | ソン(へりくだる) | 겸손하다. 사양하다. 양보. 孑 孖 孖 孫 孫 遜 |

조개 패(貝)와 행상할 매(賣 : 직시하다).

쉬엄쉬엄 갈 착(辶·辵)과 달아날 손(孫).

贖良(속량) 남의 환난(患難)을 대신하여 받음.
贖免(속면) 금품을 바치고 죄(罪)를 면함.
贖罪(속죄) 재물을 내고 죄를 면하는 일.

遜辭(손사) 겸손한 말.
遜色(손색) 견주어 보아 못한 점. 빠지는 점.
遜讓(손양) 겸손하여 사양함.

| | |
|---|---|
| 宀 4 ⑦ **宋** 송나라 송<br>song ソウ<br>송나라. 성씨(姓氏).<br>丶 宀 宀 宀 宋 宋<br>움집 면(宀)과 나무 목(木). 집 안에 나무가 있는 모양.<br>宋襄之仁(송양지인) 송양공(宋襄公)처럼 사정을 돌봐주다가 남의 웃음거리가 되거나, 도리어 해를 입는 마음을 일컬음. | 衣 5 ⑩ **袖** 소매 수<br>sleeve シュウ(そで)<br>소매. 소매에 넣다.<br>ㄱ ㄱ 衤 衤 衤 衤 衤 袖 袖<br>옷 의(衤·衣)와 말미암을 유(由:술단지).<br>袖納(수납) 편지 등을 직접 가서 손수 드림.<br>袖手(수수) 팔짱을 낌.<br>袖手傍觀(수수방관) 그저 옆에서 보고만 있음. |
| 羊 5 ⑪ **羞** 부끄러워할 수<br>ashamed シュウ(はじる)<br>부끄러워하다. 음식을 올리다.<br>ㄱ 丷 羊 羊 羞 羞 羞<br>양 양(羊·羊)과 소 축(丑).<br>羞面(수면) 부끄럼을 띤 얼굴.<br>羞辱(수욕) 부끄럽고 욕되는 일.<br>羞恥(수치) 부끄러움. | 酉 6 ⑬ **酬** 잔돌릴 수<br>repay シュウ(むくいる)<br>잔 돌리다. 갚다. 보내다.<br>一 丌 丙 酉 酉 酉 酬 酬<br>닭 유(酉:술)와 고을 주(州:이어지다).<br>酬價(수가) 값을 치름. 또는 그 값.<br>酬酌(수작) 서로 응대함. 술잔을 주고받음.<br>獻酬(헌수) 잔을 주고받는 일. |
| 糸 12 ⑲ **繡** 수놓을 수　绣<br>embroidery シュウ(ぬいとり)<br>수놓다. 비단.<br>糸 紣 紣 紣 繡 繡<br>실 사(糸)와 삼갈 숙(肅·聿:삿대를 손에 든 모양).<br>繡工(수공) 수놓는 일. 또는, 자수 직공.<br>繡衾(수금) 수놓은 비단 이불.<br>繡簾(수렴) 수를 놓은 화려한 발. | 言 16 ㉓ **讎** 원수 수　雠<br>enemy シュウ(あだ)<br>원수. 원수지다. 적.<br>亻 仁 隹 雔 雔 讎<br>말씀 언(言)과 수(雔:두 마리 새가 마주 대하고 있는 모양). '원수'를 뜻함.<br>讎仇(수구) 원수. 원한이 있는 상대자.<br>讎斂(수렴) 세금 등을 자주 거두어들임.<br>怨讎(원수) 원한이 맺히게 한 대상. |
| 夕 3 ⑥ **夙** 일찍 숙<br>early シュク(はやい)<br>일찍. 새벽. 이르다. 빠르다.<br>丿 几 凡 夙 夙 夙<br>달 월(月·夕)과 극(丮:손으로 잡다).<br>夙起(숙기) 아침 일찍 일어남.<br>夙成(숙성) 일찍 이루어짐.<br>夙夜(숙야) 이른 아침부터 밤늦게까지. | 水 8 ⑪ **淳** 순박할 순<br>simple シュン(あつい)<br>순박하다. 깨끗하다. 맑다.<br>氵 氵 氵 汁 淳 淳<br>물 수(氵·水)와 누릴 향(享:받아들이다).<br>淳潔(순결) 순박하고 결백함.<br>淳朴(순박) 선량하고 꾸밈이 없음.<br>淳化(순화) 교화해서 순박하게 함. |

**실용한자 200字**

---

**舜** 순임금 순
舛 6 ⑫
순임금. 나팔꽃. 무궁화.
シュン
받을 수(⺜ : 상자 방(匚), 탈 염(炎)), 어그러질 천(舛).
舜英(순영) 무궁화꽃. 舜華(순화).
舜禹(순우) 순임금과 우임금.
堯舜(요순) 중국 고대의 모범적인 임금.

**弒** 죽일 시
弋 10 ⑬
죽이다. 윗사람을 죽이다.
murder シ,シイ
풀벨 예(乂·乄)와 나무 목(木), 법 식(式 : 바뀌다). 윗사람을 죽이고 '대신 들어앉다'의 뜻.
弒君(시군) 섬기던 임금을 죽임.
弒逆(시역) 부모·임금을 죽이는 대역 행위.
弒害(시해) 윗사람을 죽임. 弒逆(시역).

---

**訊** 물을 신
言 3 ⑩
묻다. 신문하다. 간하다.
ask ジン(たずねる)
잡힌 사람이 구두로 질문을 받고 추궁을 당하는 모양에서, '묻다'의 뜻을 나타냄.
訊鞫(신국) 죄상을 엄하게 따져 물음. 국문함.
訊問(신문) 물어서 캐어 냄. 죄를 따져 물음.
訊治(신치) 죄를 엄하게 추궁함.

**按** 살필·누를 안
手 6 ⑨
살피다. 누르다. 어루만지다.
press アン(おさえる)
손 수(扌·手)와 편안 안(安 : 편안하게 하다). 손으로 눌러 가라앉히거나 안정시키는 것.
按堵(안도) 사는 곳에서 평안히 지냄.
按摩(안마) 누르고 주물러서 피가 잘 돌게 함.
按撫(안무) 민정(民情)을 살펴서 위무함.

---

**禦** 막을 어
示 11 ⑯
막다. 대적하다. 제지하다. 방어.
defend キョ(ふせぐ)
보일 시(示)와 어거할 거(御 : 신을 맞이하다). 앙화를 막기 위해 신을 맞이함의 뜻.
禦寇(어구) 적(敵)을 막음.
禦戰(어전) 적을 방어하여 싸움.
防禦(방어) 적의 침입을 막아냄. 또, 그 설비.

**掩** 가릴 엄
手 8 ⑪
가리다. 덮다. 숨기다. 닫다.
cover エン(おおう)
손 수(扌·手)와 가릴 엄(奄). 손으로 가리는 것을 뜻한다.
掩蓋(엄개) 가림. 덮개. 지붕.
掩匿(엄닉) 덮어서 숨김.
掩襲(엄습) 불의에 습격함.

---

**歟** 어조사 여
欠 14 ⑱
어조사(의문·감탄). 그런가.
particle ヨ
하품 흠(欠 : 입을 벌리고 있는 모양)과 줄 여(與 : 두 사람이 함께 물건을 들어올리는 모양).
偉歟(위여) 위대하구나.

**厭** 싫을 염
厂 12 ⑭
싫다. 미워하다. 누르다.
dislike エン(あきる)
굴바위 한(厂 : 바위)과 물릴 염(猒 : 가리다).
厭苦(염고) 싫어하고 괴롭게 여김.
厭忌(염기) 싫어하고 꺼림.
厭世(염세) 세상을 싫어함.

| 皿 4 ⑨ | **盈** | 찰 영<br>차다. 충만하다. 넘치다. | 言 6 ⑬ | **詣** | 이를 예<br>이르다. 가다. 나아감. |
|---|---|---|---|---|---|
| fill up | ノ 乃 孕 孕 盈 盈<br>エイ(みちる) | | reach | 亠 言 言 言 詣 詣<br>ケイ | |
| | 그릇 명(皿), 이에 내(乃 : 퍼진 활), 또 우(又 : 손). | | | 말씀 언(言)과 뜻 지(旨·指). 맛있는 것에 손을 대는 것으로 '이르다'를 뜻함. | |
| **盈祿**(영록) 충분한 녹. 녹봉.<br>**盈滿**(영만) 가득 참. 부귀 권세가 극성함.<br>**盈溢**(영일) 가득 차 넘침. | | | **詣闕**(예궐) 대궐에 듦.<br>**詣門**(예문) 대문에 이름. 사람을 방문함.<br>**造詣**(조예) 학문 등이 깊은 지경의 정도. | | |

| 衣 7 ⑬ | **裔** | 후손 예<br>후손. 후사. 옷자락. 가. 변경. | 水 4 ⑦ | **沃** | 기름질 옥<br>기름지다. 물대다. 적시다. |
|---|---|---|---|---|---|
| descendant | 亠 亠 衣 斉 裔 裔<br>エイ(すえ) | | fertile | 冫 氵 沪 沪 沃<br>ヨク(そそぐ) | |
| | 옷 의(衣)와 빛날 경(冏 : 대좌 앞에서 빌다). | | | 물 수(氵·水)와 어질 요(夭 : 싱싱하다). | |
| **裔民**(예민) 변방에 사는 백성.<br>**裔孫**(예손) 대(代) 수가 먼 자손.<br>**後裔**(후예) 핏줄을 이은 먼 후손. 後生(후생). | | | **沃美**(옥미) 땅이 걸어 작물이 잘 됨.<br>**沃饒**(옥요) 토지가 기름져서 산물이 많음.<br>**沃土**(옥토) 기름진 땅. | | |

| 女 4 ⑦ | **妖** | 요망할 요<br>요망하다. 괴이하다. 요괴. | 土 9 ⑫ | **堯** | 요임금 요<br>요임금. 높다. 멀다. |
|---|---|---|---|---|---|
| strange | ㄑ 乄 女 妌 妌 妖<br>ヨウ(あやしい) | | high | 一 十 壸 壵 壵 堯<br>ギョウ | |
| | 머리를 흔들어 흐트러뜨린 무당의 형상. | | | 흙을 높이 쌓을 요(垚)와 우뚝할 올(兀 : 높고 위가 평평하다). | |
| **妖怪**(요괴) 요사한 귀신. 도깨비.<br>**妖妄**(요망) 요사스럽고 망령됨.<br>**妖邪**(요사) 요망하고 간사함. | | | **堯桀**(요걸) 성천자(聖天子)인 요(堯)임금과 폭군인 걸(桀)왕.<br>**堯舜之君**(요순지군) 요와 순임금 같은 성군. | | |

| 手 15 ⑱ | **擾** | 어지러울 요<br>어지럽다. 길들이다. | 人 5 ⑦ | **佑** | 도울 우<br>돕다. 도움. 보좌하다. |
|---|---|---|---|---|---|
| disturbed | 扌 扩 押 挕 擾 擾<br>ジョウ(みだす) | | help | 亻 亻 仁 佑 佑 佑<br>ユウ(たすける) | |
| | 손 수(扌·手)와 마음상할 우(憂). | | | 사람 인(亻·人)과 오른쪽 우(右 : 돕다). | |
| **擾亂**(요란) 소란함. 시끄럽고 떠들썩함.<br>**擾民**(요민) 국민을 따르도록 잘 다스림.<br>**擾奪**(요탈) 어지럽게 하여 빼앗음. | | | **佑啓**(우계) 도와서 슬기와 재능을 널리 열어줌.<br>**佑命**(우명) 하늘의 도움을 받음.<br>**保佑**(보우) 보살피어 도와 줌. | | |

## 실용한자 200字

### 寓 붙여 살 우
宀 9 ⑫
dwell グウ
붙여 살다. 머무르다. 핑계.
宀宀宫宫寓寓
움집 면(宀)과 원숭이 우(禺).
寓居(우거) 남의 집에 부쳐 삶. 임시로 삶.
寓生(우생) 남에게 부쳐서 삶. 또는, 그 사람.
寓食(우식) 남의 집에서 숙식을 해결함.

### 熊 곰 웅
火 10 ⑭
bear ユウ(くま)
곰. 빛나다.
厶育能能能熊
능할 능(能:곰)과 팔 굉(肱:팔꿈치).
熊女(웅녀) 단군 신화에서 환웅(桓雄)과 결혼하여 단군(檀君)을 낳은 여인.
熊膽(웅담) 곰의 쓸개.

### 冤 원통할 원
冖 8 ⑩
chagrin エン
원통하다. 원죄. 원한.
冖冖冠冤冤
그물 망(冈)과 토끼 토(兔). 그물 속에서 움추린 토끼의 모양.
冤鬼(원귀) 원통하게 죽은 사람의 귀신.
冤罪(원죄) 사실이 없는 원통한 죄.
冤痛(원통) 분하고 억울함. 몹시 원망스러움.

### 踰 넘을 유
足 9 ⑯
overpass ユ(こえる)
넘다. 이기다. 뛰다. 더욱.
口 口 品 趵 踰 踰
발 족(足)과 나을 유(兪:벗어나다).
踰年(유년) 해를 넘겨 이듬해에 걸침.
踰望(유망) 멀리 바라봄.
踰越(유월) 뛰어 넘음. 분에 넘침.

### 殷 은나라 은
殳 6 ⑩
イン
은나라. 성하다. 많다.
'丿户自別殷
몸뚱이 수(殳:치다, 때리다)와 (㐆:임신한 배의 모습). 임신으로 배가 큰 모양에서, '성하다'의 뜻.
殷紅(은홍) 검붉은 빛. 적흑색.
殷雷(은뢰) 요란한 우렛소리.
殷富(은부) 재물이 넉넉하고 번영함.

### 倚 의지할 의, 기이할 기
人 8 ⑩
depend イ(よる)
의지하다. 기대다. 기이하다.
亻亻仁件倚倚
사람 인(亻·人)과 기이할 기(奇:기이하다). 사람이 몸을 '기대다, 의지하다'의 뜻.
倚支(의지) 몸을 기댐. 기대어 도움을 받음.
倚託(의탁) 남에게 의뢰하고 부탁함.
倚人(기인) 병신. 불구자.

### 毅 굳셀 의
殳 11 ⑮
strong キ(つよい)
굳세다. 의지. 강함. 꿋꿋하다.
立 产 豙 豙 豙 毅
몽둥이 수(殳:때리다)와 성낼 의(㲋).
毅武(의무) 의지가 강하고 용맹함.
毅魄(의백) 굳세고 씩씩한 정신.
勇毅(용의) 의지가 굳세고 용기가 있음.

### 擬 비길 의
手 14 ⑰
ponder ギ(なぞらえる)
비기다. 헤아리다. 의심.
扌 扩 拌 挥 挥 擬
손 수(扌·手)와 의심할 의(疑).
擬論(의론) 말다툼. 논쟁(論爭). 망령된 말.
擬聲(의성) 소리를 흉내 냄.
擬人(의인) 사람이 아닌 것을 사람에게 비김.

| | | |
|---|---|---|
| 弓<br>3<br>⑥ **弛** 늦출 **이** 尓<br>loosen シ(ゆるむ) ˊ ˊ 弓 弓 弨 弛<br>활 궁(弓)과 잇기 아(也 : 주전자). 주전자의 물이 흘러내리듯이 활시위가 느슨해지다의 뜻.<br>弛緩(이완) 느슨함. 또는 느슨한 것.<br>弛惰(이타) 게으름.<br>解弛(해이) 느슨하여져 풀림. | 爻<br>10<br>⑭ **爾** 너 **이** 尔<br>you ジ,ニ(なんじ) ˊ ˋ ⻅ 所 爾 爾<br>아름답게 빛나는 꽃을 본뜸. 아름답고 성(盛)한 꽃의 뜻을 나타내고 이인칭으로 씀.<br>爾今(이금) 지금부터. 自今(자금).<br>爾來(이래) 그 후. 요사이. 근래.<br>爾爾(이이) 그렇다고 동의함. 이와 같음. |
| 水<br>10<br>⑬ **滋** 불을·우거질 **자** 滋<br>붇다. 번성하다. 우거지다.<br>increase ジ(しげる) ˋ ˋ ˊ 汁 汁 滋 滋<br>물 수(氵·水)와 이 자(玆 : 붇다). 실과 물이 붇는 모습에서 '붇다'의 뜻을 나타냄.<br>滋味(자미) 좋은 맛. 또는 맛이 좋은 음식.<br>滋生(자생) 무성하게 자람. 많이 자람.<br>滋養(자양) 기름. 몸의 영양이 됨. 그 음식. | 言<br>9<br>⑯ **諮** 물을 **자** 咨<br>묻다. 상의하다.<br>consult シ(はかる) 言 言 訰 訡 諮 諮<br>말씀 언(言)과 물을 자(咨 : 격 없이 말하다). '자유로이 상의하다, 묻다'를 뜻함.<br>諮決(자결) 자문하여 결정함.<br>諮謀(자모) 물어 봄. 상의함.<br>諮問(자문) 윗사람이 아랫사람과 상의함. |
| 人<br>3<br>⑤ **仗** 의장·무기 **장**<br>의장. 무기. 의지하다. 지팡이.<br>weapon ジョウ ノ 亻 仁 什 仗<br>사람 인(亻·人)과 지팡이 장(丈 : 지팡이를 손에 쥔 모양).<br>仗氣(장기) 혈기만 있고, 무모하게 덤빔.<br>仗隊(장대) 의장(儀仗)의 대열.<br>仗勢(장세) 세력을 믿고 잘난 체함. | 匚<br>4<br>⑥ **匠** 장인 **장**<br>장인. 목수. 궁리. 가르침.<br>artisan ショウ(たくみ) ˊ ˋ ˊ 厂 斤 匠<br>상자 방(匚 : 먹통과 자)과 도끼 근(斤). 곱자(먹통과 자)와 도끼 등을 사용하는 '목수'의 뜻.<br>匠伯(장백) 목수의 우두머리.<br>匠人(장인) 목수. 대목. 직공(職工)의 총칭.<br>巨匠(거장) 그 방면의 기능에 뛰어난 사람. |
| 木<br>3<br>⑦ **杖** 지팡이 **장**<br>지팡이. 짚다. 몽둥이.<br>stick ジョウ(つえ) ˊ 十 才 木 朾 杖<br>나무 목(木)과 지팡이 장(丈 : 나무 몽둥이를 손에 든 모양). 긴 나무 몽둥이의 뜻.<br>杖鼓(장고) 타악기의 하나. 장구.<br>杖毒(장독) 곤장을 맞은 상처에 나는 독.<br>棍杖(곤장) 죄를 다스릴 때 볼기를 치던 형구. | 貝<br>14<br>㉑ **贓** 장물 **장** 赃<br>장물. 뇌물 받다. 감추다.<br>plunder ゾウ 月 貯 貯 贓 贓 贓<br>조개 패(貝)와 숨길 장(臧 : 거두다, 감추다). 금품을 '부정하게 감추다, 장물'을 뜻함.<br>贓官(장관) 부정한 관리.<br>贓物(장물) 뇌물이나 도둑질 따위의 부정한 수단으로 얻은 물건. 贓品(장품). |

## 실용한자 200字

---

**齋** 재계 재, 상복 자 　斋
齊3 ⑰
purify サイ(ものいみ)
亠 亣 亦 斉 齊 齋
볼 시(示)와 가지런할 제(齊). 몸과 마음을 깨끗이 하여, '부정한 일을 하지 않는다'의 뜻.
齋戒(재계) 부정한 일을 피하고 몸을 깨끗이 함.
齋壇(재단) 하늘에 제사지내는 곳.
齋主(재주) 제사 지내는 일을 주간하는 사람.

**沮** 막을 저
水5 ⑧
stop ソ(はばむ)
丶 氵 汀 沂 沮 沮
물 수(氵·水)와 또 차(且 : 겹쳐 괴다). 물이 많은 질퍽질퍽한 땅을 가리킴.
沮喪(저상) 기가 꺾임. 기운을 잃음.
沮岸(저안) 붕괴된 벼랑(언덕).
沮止(저지) 막아서 못하게 함.

---

**邸** 집 저
邑5 ⑧
house テイ(やしき)
집. 사처. 주막. 묵다. 곳.
ノ 亠 下 氏 氐 邸
고을 읍(阝·邑)과 근본 저(氐 : 충당하다).
邸宅(저택) 구조가 큰 집. 귀인의 집.
邸下(저하) 왕세자의 존칭.
私邸(사저) 개인의 저택.

**嫡** 큰마누라 적
女11 ⑭
legal wife テキ, チャク
큰마누라(정실). 맏아들.
ㄑ 女 女' 媂 嫡 嫡
계집 녀(女), 꼭지 적(啇 : 중심을 향해 다가감).
嫡室(적실) 정식으로 혼례를 행한 아내. 본처.
嫡子(적자) 본처의 몸에서 난 맏아들.
嫡出(적출) 정실(正室)의 몸의 소생.

---

**銓** 저울질할 전 　铨
金6 ⑭
weigh セン(はかる)
저울질하다. 가리다. 전형.
ノ 亽 金 釒 鈴 銓
쇠 금(金)과 온전 전(全 : 세다). 무게를 재기 위한 금속제의 도구, '저울'의 뜻을 나타냄.
銓考(전고) 인물을 전형하고 고찰함.
銓選(전선) 전형하여 선발함.
銓衡(전형) 저울. 인재를 가려 등용함.

**箭** 화살 전
竹9 ⑮
arrow セン(や)
화살. 화살대.
丶 竹 竺 笳 筋 箭
대 죽(竹)과 앞 전(前 : 나아가다). 공중을 날아가는 대, '화살'의 뜻을 나타냄.
箭筒(전통) 화살을 담는 통.
箭書(전서) 화살대에 매어 쏘아 전하는 글.
箭馳(전치) 쏜살같이 달림.

---

**餞** 전송할 전 　饯
食8 ⑰
send off セン(はなむけ)
전송하다. 배웅. 송별연.
ノ 今 今 食 飢 餞
밥 식(亻·食)과 적을 전(戔 : 여행의 첫발).
餞杯(전배) 전별에 앞서 나누는 술잔.
餞席(전석) 송별의 연회석.
餞春(전춘) 봄을 보냄.

**顚** 넘어질 전 　颠
頁10 ⑲
fall テン(いただき)
넘어지다. 머리. 거꾸로.
ヒ 甴 直 眞 顚
머리 혈(頁)과 참 진(眞 : 꼭대기). 머리 꼭대기, 또는 발을 잘못 디뎌 '넘어지다'의 뜻.
顚倒(전도) 거꾸로 됨. 또는, 거꾸로 함.
顚末(전말) 일의 처음부터 끝까지의 경과.
顚覆(전복) 뒤집힘. 뒤집어엎어짐.

| | | |
|---|---|---|
| 方 7 ⑪ 旌<br>flag　セイ(はた) | 기 정<br>기. 절(節). 표하다.<br>一 亠 方 扩 扩 旌 旌 | |

旌(기 정) 기. 절(節). 표하다.
깃발 언(㫃)과 날 생(生). 사졸(士卒)들의 사기를 북돋우기 위한 '기'의 뜻을 나타냄.
旌竿(정간) 깃대.
旌門(정문) 기(旗)를 세워 만든 문.
表旌(표정) 충신을 표창하여 정문을 세우던 일.

鼎 0 ⑬ 솥 정
tripod　テイ(かなえ)
솥. 세 발 솥. 존귀하다.
目 貝 鼎 鼎 鼎 鼎
발이 세 개이고 귀가 두 개인 솥의 모양을 본뜬 글자. '세발솥'을 뜻함.
鼎談(정담) 세 사람이 마주대하고 하는 이야기.
鼎立(정립) 세 사람이 서로 대립함.
鼎位(정위) 삼공(三公)의 자리. 재상의 지위.

手 8 ⑪ 措 둘 조
put　ソ(おく)
두다. 놓다. 베풀다. 잡다.
扌 扩 拝 拝 措 措
손 수(扌·手)와 예(옛) 석(昔 : 날을 거듭함).
措辭(조사) 글의 마디를 얽어서 만듦.
措置(조치) 일을 처리함. 손발을 편히 둠.
擧措(거조) 행동거지.

辵 11 ⑮ 遭 만날 조　遭
meet　ソウ(あう)
만나다. 두르다. 돌다.
一 戸 曲 曲 曹 遭
쉬엄쉬엄 갈 착(辵·辶)과 마을 조(曹 : 둘이 마주 대하다). 길에서 둘이 '만나다'의 뜻.
遭難(조난) 재앙과 곤란을 당함. 재난을 당함.
遭遇(조우) 우연히 만남. 난세를 만남.
遭際(조제) 우연히 만남.

言 6 ⑬ 誅 벨 주　誅
cut　チュウ
베다. 죽이다. 멸하다. 책망.
亠 言 言 計 誅 誅
말씀 언(言)과 붉을 주(朱 : 치다)를 합한 글자로 '말로 치다, 책하다, 베다'를 뜻함.
誅戮(주륙) 죄인을 죽임.
誅滅(주멸) 죄인을 쳐 죽여 멸함.
誅責(주책) 깊이 책망함.

禾 10 ⑮ 稷 기장 직
millet　ショク(きび)
기장. 오곡. 곡신. 빠르다.
一 禾 和 稍 稷 稷
벼 화(禾)와 보습 날카로울 측(畟 : 경작하다). 농업에서의 주요한 곡식, '기장'을 뜻함.
稷雪(직설) 싸라기눈의 다른 이름.
稷神(직신) 곡식을 맡은 신.
社稷(사직) 토지신(土地神)과 곡신(穀神). 국가.

水 6 ⑨ 津 나루 진
ferry　シン(つ)
나루. 포구나 항구. 언덕.
氵 氵 汀 汢 津 津
물 수(氵·水)와 나아갈 진(聿). 물이 나아가는 배의 출발 장소인 '나루'를 뜻함.
津氣(진기) 진액의 끈끈한 기운.
津渡(진도) 나루. 배가 건너다니는 곳.
津液(진액) 생물체에서 생겨나는 액체.

禾 5 ⑩ 秦 진나라 진
シン
진나라. 벼 이름. 성씨.
三 丰 夫 表 奉 秦
벼 화(禾)와 찧을 용(舂 : 절굿공이). 벼가 뻗어 우거지다의 뜻. 뒤에 나라이름으로 쓰임.
秦聲(진성) 진나라의 음악.
秦始皇(진시황) 6국을 멸하고 천하를 통일한 진나라 황제. 영토확장 후 만리장성을 쌓았음.

실용한자 200字

| 土 11 ⑭ 塵 | 티끌 진 | 口 2 ⑤ 叱 | 꾸짖을 질 (本)(즐) |
|---|---|---|---|
| dust ジン(ちり) 广 庐 庐 庐 鹿 塵 | 티끌. 흙먼지. 속세. | scold シツ(しかる) 丨 口 口 叱 叱 | 꾸짖다. 호통치다. 책망하다. |

사슴 록(鹿)과 흙 토(土). 사슴이 떼지어 달려간 뒤 피어오르는 흙먼지 '티끌'을 뜻함.
塵露(진로) 티끌과 이슬. 곧, 덧없는 것.
塵世(진세) 티끌이 있는 세상. 곧, 이 세상.
塵土(진토) 먼지와 흙.

입 구(口)와 비수 비(匕:베다). 비수처럼 날카로운 말로 '꾸짖다, 몰아세우다'를 뜻함.
叱辱(질욕) 꾸짖어 욕함.
叱責(질책) 꾸짖고 책망함.
叱咤(질타) 크게 성내어 꾸짖음.

| 水 12 ⑮ 澄 | 맑을 징 | 金 20 ㉘ 鑿 | 뚫을 착, 구멍 조 |
|---|---|---|---|
| clear チョウ(すむ) 氵 氵 沢 浐 浴 澄 | 맑다. 맑음. 맑게 하다. | bore サク(うがつ) 丵 丵 丵 鑿 鑿 鑿 | 뚫다. 끊다. 끝. 구멍. |

물 수(氵·水)와 오를 등(登:멎다). 정지(靜止)하는 물, '맑다, 맑아지다'를 뜻함.
澄空(징공) 맑은 하늘.
澄瀾(징란) 맑은 물결. 깨끗한 파도.
澄水(징수) 맑은 물.

나무를 깎아서 구멍을 뚫는 금속제의 끝의 뜻을 나타내며 나아가 '뚫다'를 뜻함.
鑿開(착개) 파 넓힘.
鑿掘(착굴) 구멍을 뚫어 파냄.
穿鑿(천착) 구멍을 뚫음. 학문을 깊이 연구함.

| 手 12 ⑮ 撰 | 글지을 찬, 가릴 선 | 食 12 ㉑ 饌 | 반찬 찬 |
|---|---|---|---|
| compose セン(えらぶ) 扌 扌 扌 挦 撏 撰 | 글짓다. 적다. 가지다. 일. | meal セン(そなえる) 厃 今 食 食 饌 饌 | 반찬. 차리다. 음식을 차림. |

손 수(扌)와 겸손할 손(巽). 손을 가지런히 정돈하는 것을 뜻한다.
撰錄(찬록) 글을 지어 기록함. 또, 그 기록.
撰述(찬술) 글을 지음. 또, 그 책.
撰集(찬집) 사실을 수집하여 편집함.

갖추어 차려진 음식의 모양에서 '반찬, 음식, 밥'을 뜻함.
饌需(찬수) 반찬거리.
盛饌(성찬) 잘 차린 음식.
飯饌(반찬) 밥과 함께 갖추어 먹는 온갖 음식.

| 木 1 ⑤ 札 | 편지 찰 | 立 5 ⑩ 站 | 역참 참 |
|---|---|---|---|
| letter サツ(ふだ) 一 十 才 木 札 | 편지. 패. 얇은 조각. 공문서. | post down タン 亠 十 立 圹 站 | 역참. 역마을. 우두커니 서다. |

나무 목(木)과 새을(乚·乙). 나무를 날붙이로 깎아 만든 나무 '패, 편지'를 뜻함.
札記(찰기) 조목별로 적음. 또는 그렇게 적음.
札喪(찰상) 젊어서 죽음. 요사(夭死).
札翰(찰한) 문장을 씀. 또, 그 문장. 편지.

설 립(立)과 점 점(占). 역말을 갈아타는 곳, '역참, 서다'를 뜻함.
站立(참립) 우두커니 섬. 오래 서 있음.
站夫(참부) 역에서 화물을 하는 사람.
兵站(병참) 군대의 군수품을 보급하는 일.

| 斤 7 ⑪ | **斬** | 벨 참 베다. 자름. 형벌. 다하다. 斬 |
|---|---|---|
| cut | ザン(きる) | 亘 車 軒 斬 斬 斬 |

수레 거(車 : 묶은 나무)와 도끼 근(斤 : 자귀)을 합한 글자로, 자귀로 '베다'를 뜻함.

斬伐(참벌) 나무를 찍어 벰.
斬殺(참살) 목을 베어 죽임.
斬刑(참형) 목을 베는 형벌.

| 阜 7 ⑩ | **陟** | 오를 척 오르다. 올리다. 나아가다. |
|---|---|---|
| go up | チョク(のぼる) | ⻖ 阝 阞 阞 陟 陟 |

언덕 부(阜·阝)와 걸을 보(步).

陟降(척강) 오름과 내림.
陟罰(척벌) 관위를 올려 상을 줌과 관위를 내려 벌을 줌.

| 穴 4 ⑨ | **穿** | 뚫을 천 뚫다. 구멍 내다. 파다. |
|---|---|---|
| bore | セン(うがつ) | 宀 宁 空 穿 穿 |

구멍 혈(穴)과 엄니 아(牙). 엄니로 구멍을 '뚫다, 파다'를 뜻함.

穿孔(천공) 구멍을 뚫음. 엽전의 구멍.
穿鑿(천착) 구멍을 뚫음. 학문을 연구함.
穿敝(천폐) 옷 등이 구멍 나고 뚫어짐.

| 車 12 ⑲ | **轍** | 바퀴자국 철 바퀴자국. 행적. 흔적. 轍 |
|---|---|---|
| track | チツ(あだち) | 亘 車 軒 軸 軸 轍 |

수레 거(車)와 뚫을 철(敢 : 빠져 지나가다). 수레가 지나간 다음의 '수레바퀴 자국'의 뜻.

轍迹(철적) 수레바퀴 자국. 사물의 자취. 흔적.
前轍(전철) 앞서 지나간 수레바퀴 자국이란 뜻으로, 이전 사람의 실패나 잘못을 일컬음.

| 巾 5 ⑧ | **帖** | 표제·문서 첩 표제(標題). 문서. 체지. |
|---|---|---|
| title | チョウ | 丿 冂 巾 帄 帄 帖 |

수건 건(巾)과 점 점(占·牒 : 얇고 납작함). 글씨를 쓰기 위한 얇은 천의 뜻.

帖服(첩복) 순종함. 유순하게 복종함.
帖然(첩연) 침착하여 편안한 모양.
帖紙(체지) 관아에서 쓰던 사령장. 영수증.

| 手 8 ⑪ | **捷** | 빠를 첩 빠르다. 이기다. 전리품. |
|---|---|---|
| fast | ショウ(はやい) | 扌 扌 扞 捷 捷 捷 |

손 수(扌·手)와 재빠를 녑(疌).

捷徑(첩경) 지름길. 쉬운 방법.
捷捷(첩첩) 빠른 모양. 민첩한 모양.
敏捷(민첩) 동작·이해·판단 따위가 빠름.

| 片 9 ⑬ | **牒** | 서찰 첩 서찰. 편지. 계보. 공문서. |
|---|---|---|
| letter | チョウ | 丿 片 片 片 牒 牒 |

조각 편(片)과 나뭇잎 엽(枼). 나뭇잎처럼 얇은 조각. '문서, 서찰'의 뜻을 나타냄.

牒報(첩보) 상부에 서면으로 보고하던 일.
牒狀(첩장) 여러 사람이 돌려보도록 쓴 문서.
牒紙(첩지) 대한제국 때, 판임관의 임명서.

| 目 8 ⑬ | **睫** | 속눈썹 첩 속눈썹. 눈을 감다. 깜박이다. |
|---|---|---|
| eyelash | ショウ | 冂 目 眒 眒 睫 睫 |

눈 목(目)과 재빠를 녑(疌·睞 : 첩). 속눈썹, 또는 눈을 깜박거리다의 뜻으로 쓰임.

睫毛(첩모) 속눈썹.
交睫(교첩) 눈을 깜박거림.
目睫(목첩) 눈과 속눈썹. 아주 가까운 때.

실용한자 200字

| 車 7 ⑭ | 輒 | 문득 첩<br>문득. 갑자기. 번번이. | 輒 |
|---|---|---|---|
| suddenly | | 一 車 斬 斬 輒<br>チョウ(すなわち) | |

수레 거(車)와 양귀 첩(耴).

輒然(첩연) 곧추서서 부동한 모양. 갑자기.
專輒(전첩) 상관의 명령을 기다리지 않고 독단적으로 일을 행함.

| 水 7 ⑩ | 涕 | 눈물 체<br>눈물. 울다. | |
|---|---|---|---|
| tears | | 氵 氵 汼 沽 浩 涕<br>テイ(なみだ) | |

물 수(氵·水)와 아우 제(弟: 차례). 차례로 흘러 떨어지는 '눈물'의 뜻을 나타냄.

涕淚(체루) 흐르는 눈물.
涕泣(체읍) 눈물. 소리 없이 눈물 흘리며 욺.
涕洟(체이) 눈물과 콧물.

| 木 9 ⑬ | 楚 | 가시나무 초<br>가시나무. 회초리. 나라이름. | |
|---|---|---|---|
| brier | | 十 木 林 林 棥 楚<br>ソ(いばら) | |

수풀 림(林)와 신맛 초(酢: 疋(필·소)). 자극을 가진 가시나무를 뜻함.

楚撻(초달) 회초리로 종아리를 때림.
楚囚(초수) 타국에 사로잡힌 초나라 사람.
苦楚(고초) 괴로움과 어려움. 苦難(고난).

| 宀 16 ⑲ | 寵 | 괼(사랑할) 총<br>괴다(사랑하다). 귀여워하다. | 宠 |
|---|---|---|---|
| love | | 宀 宀 宁 宵 寵 寵<br>チョウ(めぐむ) | |

집 면(宀)과 용 룡(龍: 상상의 동물). 용신을 모신 존귀한 집으로 '사랑하다'를 뜻함.

寵臣(총신) 총애를 받는 신하.
寵兒(총아) 사람들에게 귀여움을 받는 사람.
寵愛(총애) 특별히 귀엽게 여겨 사랑함.

| 土 12 ⑮ | 墜 | 떨어질 추<br>떨어지다. 무너지다. | 坠 |
|---|---|---|---|
| fall | | 阝 阝' 阼 陊 隊 墜<br>ツイ(おちる) | |

떼 대(隊)에 흙 토(土). 무리, 대오의 뜻에 토(土)를 더해 '떨어지다'의 뜻을 나타냄.

墜落(추락) 떨어짐. 낙하함.
墜典(추전) 도덕적으로 퇴폐한 제도.
墜穽(추정) 함정에 빠져버림.

| 黑 5 ⑰ | 黜 | 내칠 출<br>내치다. 물리침. 떨어뜨리다. | |
|---|---|---|---|
| expel | | 甲 里 黑 黒' 黜 黜<br>チュツ(しりぞける) | |

검을 흑(黑: 형벌로서의 자자(刺字)과 날 출(出: 내다). 벌을 주어 '물리치다'의 뜻.

黜放(출방) 내어 쫓음.
黜刺(출자) 물리치고 책망함.
黜退(출퇴) 관직을 떨어뜨려 물리침.

| 女 8 ⑪ | 娶 | 장가들 취<br>장가들다. 혼인하다. 차지하다. | |
|---|---|---|---|
| marry | | 耳 取 取 聚 娶 娶<br>シュ(めとる) | |

계집 녀(女)에 취할 취(取). 取는 취하다의 뜻으로 여자를 취했기 때문에 '장가들다'의 뜻.

娶嫁(취가) 장가들고 시집 감. 嫁娶(가취).
娶得(취득) 아내를 맞이함.
娶禮(취례) 아내를 맞는 예. 혼인의 예식.

| 耳 8 ⑭ | 聚 | 모을 취<br>모으다. 모이다. 무리. 마을. | |
|---|---|---|---|
| gather | | 耳 取 聚 聚 聚 聚<br>シュウ(あつまる) | |

취할 취(取: 잡다)와 많은 사람의 뜻인 乑을 합해 많은 사람을 '모으다'의 뜻.

聚哭(취곡) 모여서 통곡함.
聚落(취락) 마을·촌락.
聚斂(취렴) 백성의 재물을 함부로 거둬들임.

| | | |
|---|---|---|
| 馬 3 ⑬ **馳** 달릴 치 馳<br>달리다. 분주. 지나가다.<br>run チ(はせる) 厂馬馬馬馳馳<br>말 마(馬)에 어조사 야(也 : 넘실거리게 하다).<br>말이 들을 넘실거리게 하면서 '달린다'는 뜻.<br>馳到(치도) 달음질하여 이름.<br>馳獵(치렵) 말을 달려 사냥질함.<br>馳報(치보) 급히 달려가서 알림. | | 心 12 ⑮ **憚** 꺼릴 탄 憚<br>꺼리다. 싫어함. 두려워하다.<br>avoid タン(はばかる) 忄忄忄忄忄忄惮憚<br>마음 심(忄·心)에 홑 단(單 : 활의 상형). 곤란에 반발하여 '꺼리어 싫어하다'의 뜻.<br>憚服(탄복) 두려워하여 복종함.<br>憚畏(탄외) 두렵게 생각함. 두려워함.<br>憚避(탄피) 꺼려 피함. |
| 耳 4 ⑩ **耽** 즐길 탐<br>즐기다. 기쁨을 누림. 빠지다.<br>enjoy タン(ふける) 厂 耳 耳 耴 耽 耽<br>귀 이(耳)와 머무를 유(冘 : 가라앉다).<br>耽古(탐고) 옛 것에 몰두함.<br>耽溺(탐닉) 어떤 일을 즐겨서 거기에 빠짐.<br>耽美(탐미) 미를 추구하여 거기에 빠짐. | | 艸 12 ⑯ **蕩** 방탕할 탕 荡<br>방탕하다. 방자함. 쓸어 없애다.<br>impertinent トウ 艹艹汁汁湯蕩蕩<br>풀 초(艹·艸)에 끓을 탕(湯 : 요동치며 끓는 물).<br>풀이 자유롭게 움직이는 것, '방탕하다'의 뜻.<br>蕩減(탕감) 빚을 감해 줌.<br>蕩子(탕자) 방랑하거나 주색에 빠진 사람.<br>蕩盡(탕진) 죄다 써 버리고 없앰. |
| 頁 7 ⑯ **頹** 무너질 퇴 颓<br>무너지다. 쇠하다. 좇다.<br>collapse タイ(くずれる) ノ 千 禾 秃 頹頹<br>대머리 독(秃)에 머리 혈(頁).<br>頹落(퇴락) 무너져 내림. 허물어짐.<br>頹俗(퇴속) 쇠퇴하여 문란해진 풍속.<br>頹廢(퇴폐) 쇠퇴하여 결딴남. | | 土 5 ⑧ **坡** 고개 파<br>고개. 비탈길. 둑. 제방.<br>slope ハ(つつみ) 一 土 圵 圵 圵 坡 坡<br>흙 토(土)와 가죽 피(皮 : 派와 통하여 파도).<br>坡頭(파두) 둑 가.<br>坡岸(파안) 제방의 언덕. 제방의 둑.<br>坡陀(파타) 기울고 평탄하지 않지 않는 모양. |
| 辛 9 ⑯ **辦** 힘쓸 판 办<br>힘쓰다. 준비하다. 갖추다.<br>make efforts ハン,ベン ㅛ 辛 勎 勎 辦 辦<br>힘 력(力)과 송사할 변(辡).<br>辦公(판공) 공무에 종사함. 공무를 처리함.<br>辦償(판상) 빚을 갚음. 손실을 물어 줌.<br>代辦(대판) 남을 대신하여 사무를 처리함. | | 人 6 ⑧ **佩** 찰 패<br>차다. 노리개. 달다.<br>wear ハイ(おびる) ノ 亻 仃 佣 佩 佩<br>사람 인(人), 범상할 범(凡), 헝겊 건(巾). 띠에 늘어뜨려 차는 천을 의미하며, '차다'의 뜻.<br>佩巾(패건) 허리에 차는 수건.<br>佩物(패물) 몸에 지니는 장식물.<br>佩玉(패옥) 금관 조복의 좌우에 늘이어 차던 옥. |

| | |
|---|---|
| 片 8 ⑫ **牌** 패 패<br>패. 위패. 간판. 방패.<br>plate ハイ ノ ｊ 片 片 片 牌 牌<br>조각 편(片)과 낮을 비(卑 : 낮다). 간단한 '팻말'의 뜻. '패, 간판' 등의 뜻으로도 쓰임.<br>牌刀(패도) 방패와 칼.<br>牌樓(패루) 현판을 걸어 놓은 누각의 문.<br>牌榜(패방) 간판. 牌標(패표). | 革 9 ⑱ **鞭** 채찍 편<br>채찍. 격려하다. 매질하다.<br>whip ベン(むち) 一 艹 革 郭 鞭 鞭<br>가죽 혁(革)에 편할 편(便). 말과 소에 채찍질하여 부린다는 의미. '채찍'을 뜻함.<br>鞭撻(편달) 타이르고 격려함. 채찍으로 때림.<br>鞭罰(편벌) 종아리를 쳐 벌함. 또, 그 형벌.<br>鞭刑(편형) 매로 치는 형벌. 笞刑(태형). |
| 貝 5 ⑫ **貶** 깎아내릴 폄<br>깎아내리다. 덜다 떨어뜨리다.<br>disparage ヘン(おとす) 冂 目 貝 貝 貶 貶<br>조개 패(貝 : 재화)와 떨어질 핍(乏 : 모자라다) 모자라서 '깎아내리다, 덜다'의 뜻이 됨.<br>貶降(폄강) 벼슬의 등급을 떨어뜨림.<br>貶斥(폄척) 벼슬을 떨어뜨려 물리침.<br>貶毀(폄훼) 남을 깎아내리고 헐뜯음. | 衣 5 ⑩ **袍** 웃옷 포<br>웃옷. 두루마기. 핫옷(솜옷).<br>robe ホウ(わたいれ) ｀ ｚ 衤 衤 衤 袍<br>옷 의(衤・衣)에 쌀 포(包). 包는 '싸다'의 뜻, 솜을 둔 옷이라는 데서 '웃옷, 솜옷,'의 뜻.<br>袍笏(포홀) 임금에게 하례할 때 예의를 갖추기 위한 도포와 홀을 일컬음.<br>道袍(도포) 통상 예복으로 입던 겉옷. |
| 衣 9 ⑮ **褒** 기릴 포<br>기리다. 칭찬하다. 모으다.<br>praise ホウ(ほめる) 亠 宀 褒 褒 褒 褒<br>옷 의(衣・衤)와 지킬 보(保 : 부풀다). 물건을 싸안을 수 있을 만큼 자락이 넓은 옷.<br>褒賞(포상) 칭찬하여 상을 줌.<br>褒章(포장) 표창하여 주는 휘장.<br>褒稱(포칭) 칭찬함. | 風 11 ⑳ **飄** 회오리바람 표<br>회오리바람. 나부끼다.<br>whirlwind ヒョウ 西 覀 票 飄 飄 飄<br>바람 풍(風)과 불똥 튈 표(票). 불똥이 바람에 날아오르는 것으로 '회오리바람'의 뜻<br>飄零(표령) 나뭇잎이 바람에 나부껴 떨어짐.<br>飄然(표연) 나부끼는 모양.<br>飄風(표풍) 회오리바람. 바람에 나부낌. |
| 禾 8 ⑬ **稟** 여쭐 품<br>여쭈다. 받다. 사뢰다. 곳집.<br>tell ヒン,リン(うける) 亠 宀 靣 靣 靣 稟<br>녹미 름(靣 : 廩)과 벼 화(禾).<br>稟告(품고) 웃어른이나 상사에게 여쭘.<br>稟性(품성) 천생으로 타고난 상품.<br>稟申(품신) 어른께 사룀. 아룀. 여쭘. | ノ 4 ⑤ **乏** 모자랄 핍<br>모자라다. 가난함. 다하다.<br>deficient ボウ(とぼしい) ノ ノ 乞 乏 乏<br>바를 정(正)을 반대 방향으로 써서 뜻도 정반대. '모자라다'로 쓰인다.<br>乏困(핍곤) 가난하여 곤궁함.<br>乏少(핍소) 적음. 충분하지 못함.<br>缺乏(결핍) 축나서 모자람. 다 써서 없어짐. |

## 逼 다그칠 핍

辶 9 ⑬
press ヒツ(せまる)
一 戸 畐 畐 畐 逼
쉬엄쉬엄 갈 착(辶·辵)과 찰 복(畐). 다가오다, 궁하다를 뜻하는, '닥치다'를 뜻함.
逼近(핍근) 매우 가까이 닥침.
逼隣(핍린) 가까운 이웃.
逼迫(핍박) 다그침. 바싹 다가 대듦.

## 翰 날개 한

羽 10 ⑯
wing カン(ふで,ふみ)
十 吉 卓 軒 翰 翰
깃 우(羽)와 간(倝 : 깃대의 뜻). 깃대와 같이 긴 날개의 모양. '깃'의 뜻.
翰林(한림) 학자 또는 문인의 모임.
翰采(한채) 문장이 아름답고 문채가 있음.
書翰(서한) 편지.

## 函 상자·함 함

凵 6 ⑧
case カン(はこ)
一 了 予 承 函 函
동개에 화살이 들어 있는 모양을 본떠, '상자, 휩싸다'의 뜻을 나타냄.
函籠(함롱) 함과 농(籠).
函封(함봉) 물건 따위를 상자에 넣어서 봉함.
密函(밀함) 비밀의 문서를 넣은 상자.

## 偕 함께 해

人 9 ⑪
together カイ(ともに)
亻 仁 伫 偡 偕 偕
사람 인(亻·人)과 함께 개(皆 : '모두'라는 의미를 갖고 있음).
偕樂(해락) 여러 사람이 한데 어울려 즐김.
偕老(해로) 부부가 일생을 함께 함.
偕行(해행) 함께 감. 여럿이 잇달아 줄지어 감.

## 劾 캐물을 핵

力 6 ⑧
inquire ガイ
一 亠 亥 亥 劾 劾
돼지 해(亥)와 힘 력(力). 亥는 뼈를 극(竅)과 통하여 사람의 죄를 따지어 '캐묻다'의 뜻.
劾論(핵론) 허물을 책하여 논함.
劾按(핵안) 죄를 조사하여 고발함.
劾狀(핵장) 탄핵하는 글.

## 狐 여우 호

犬 5 ⑧
fox コ(きつね)
丿 犭 犷 狐 狐 狐
개 견(犭·犬)과 오이 과(瓜). 호리병 모양을 한 동물, '여우'를 뜻함.
狐狼(호랑) 여우와 이리.
狐媚(호미) 교묘한 아양으로 유혹함의 비유.
狐鼠輩(호서배) 간사하고 못된 무리.

## 宦 벼슬 환

宀 6 ⑨
official post カン
宀 宀 宁 宦 宦 宦
누울 와(臥)와 통하여 몸을 굽혀 섬기는 신하. 궁중에서 임금을 받드는 자의 '벼슬'의 뜻.
宦達(환달) 벼슬길에 오름.
宦路(환로) 벼슬길.
宦族(환족) 대대로 벼슬을 지내온 집안.

## 闊 넓을 활

門 9 ⑰
broad カツ(ひろい)
丨 冂 門 門 闊 闊
문 문(門)과 물 흐를 괄(活). 물이 둑을 뚫고 흐르면서 왕래가 자유로운 넓은 문, '넓다'의 뜻.
闊達(활달) 마음이 넓고 씩씩함.
闊步(활보) 큰 걸음으로 걸음.
廣闊(광활) 매우 넓음.

## 실용한자 200字

### 惶 두려워할 황
心 9 / ⑫
fearful コウ(おそれる)
두려워하다. 황공하게 여김.
획순: 忄 忄 忄 悄 悼 惶
마음 심(忄·心)과 임금 황(皇·徨: 침착하지 못하다)
- 惶悸(황계) 두려워서 가슴이 두근거림.
- 惶恐(황공) 높은 자리에 눌리어서 두려움.
- 戰惶(전황) 두려워서 떪.

### 后 왕후 후
口 3 / ⑥
empress コウ(きさき)
왕후. 황후. 임금. 뒤.
획순: 一 厂 厂 斤 后 后
사람 인(人)과 입 구(口). 구(口)는 명령을 내리는 입으로 명령하는 사람, '임금'을 뜻함.
- 后妃(후비) 제왕(帝王)의 배필. 황후(皇后).
- 后土(후토) 토지(土地)의 신(神).
- 皇后(황후) 황제의 정궁(正宮).

### 勳 공 훈
力 14 / ⑯
merits クン(いさお)
공(功). 훈공. 이끌다.
획순: 一 台 重 熏 勳 勳
불길 오를 훈(熏)과 힘 력(力). 불길이 솟듯이 강력한 힘으로 노력하여 세운 '공'의 뜻.
- 勳功(훈공) 나라에 세운 공로.
- 勳章(훈장) 나라의 공로를 표창하는 휘장.
- 敍勳(서훈) 훈공 등급을 따라 훈장을 내림.

### 諱 꺼릴 휘
言 9 / ⑯
shun キ(いむ)
꺼리다. 싫어하다. 피하다.
획순: 二 言 計 許 諱 諱
말씀 언(言)과 가죽 위(韋). 입으로 말하는 것을 꺼린다 하여 '꺼리다'의 뜻.
- 諱忌(휘기) 숨기어 드러내기를 꺼림.
- 諱談(휘담) 꺼리어 드러내놓고 하기 어려운 말.
- 諱字(휘자) 돌아가신 높은 어른의 이름자.

### 恤 구휼할 휼
心 6 / ⑨
pity ジュツ(あわれむ)
구휼하다. 불쌍히 여기다.
획순: 丶 忄 忄 忄 恤 恤
마음 심(忄·心)에 피 혈(血). 마음으로부터 피가 흐를 정도로 '불쌍히 여긴다'는 뜻.
- 恤金(휼금) 이재민에게 지급하는 돈.
- 恤問(휼문) 가엾이 여겨 위문함.
- 恤民(휼민) 이재민을 구제함.

### 兇 흉악할 흉
儿 4 / ⑥
cruel キョウ(わるい)
흉악하다. 험상궂다.
획순: 丿 乂 匕 凶 岁 兇
흉악할 흉(凶)에 걸어가는 사람 인(儿)을 합쳐 '흉악한 사람'의 뜻을 나타냄.
- 兇惡犯(흉악범) 흉측하고 포악한 범인.
- 兇漢(흉한) 악한. 흉악한 행위를 하는 사람.
- 兇險(흉험) 마음이 음험함.

### 欣 기뻐할 흔
欠 4 / ⑧
joy ゴン(よろこぶ)
기뻐하다. 기쁨. 즐기다.
획순: 一 厂 斤 斤 斫 欣
벨 근(斤)과 하품 흠(欠). 기쁨 때문에 마음이 들뜬다 하여 '기뻐하다'의 뜻이 됨.
- 欣感(흔감) 기쁘게 감동함.
- 欣然(흔연) 기뻐하는 모양.
- 欣快(흔쾌) 기쁘고도 통쾌함.

### 訖 이를 흘, 마칠 글
言 3 / ⑩
finish キツ
이르다. 마치다. 도달.
획순: 一 言 言 訂 訖
말씀 언(言)에 빌 걸(乞). 발언을 그치다의 뜻에서, 일반적으로 '멈추다, 마치다'의 뜻.
- 訖今(흘금) 지금에 이르기까지. 지금까지.
- 訖息(글식) 그침.
- 訖糴(글적) 쌀을 사들임.

| 水 6 ⑨ | 洽 | 두루 미칠 흡 두루 미치다. 화목하다. 젖다. | 言 6 ⑬ | 詰 | 꾸짖을 힐 꾸짖다. 힐난. 따지다. | 诘 |

harmony コウ(あまねし)　氵 氵 汃 汓 洽 洽

scold キツ(つめる)　言 言 言 訐 訐 詰

물 수(氵：水)에 합할 합(合：합치다).

말씀 언(言)과 길할 길(吉). 吉은 죌 긴(緊)과 통하여 '바싹 죄다'의 뜻에서 '꾸짖다'의 뜻.

洽博(흡박) 학문이 넓고 사리에 통함.
洽足(흡족) 넉넉하여 조금도 모자람이 없음.
洽化(흡화) 널리 덕(德)에 감화됨.

詰拒(힐거) 서로 힐난하여 항거함.
詰問(힐문) 허물을 들어 꾸짖으며 물음.
詰責(힐책) 꾸짖고 힐문함. 죄인을 추궁함.

1. 교육용(중·고등학교) 기초한자 /348
2. 두음법칙(頭音法則) 한자 /363
3. 동자이음(同字異音) 한자 /364
4. 뜻이 서로 상대(반대)되는 한자/ 367
5. 뜻이 서로 같은(비슷한) 한자/ 369
6. 약자(略字)·속자(俗字) /371
7. 잘못 읽기 쉬운 한자 /373
8. 동음이체자(同音異體字) /374
9. 총획색인(總劃索引) /387
10. 자음색인(字音索引) /398
11. 영자팔법(永字八法) /416

# 교육용(중·고등학교) 기초한자 1800자

— 漢字音別 訓·音(긴소리, 된소리 표시) 一覽表 —

○ 표는 어두에서 긴소리가 남을 표시한 것이며, △ 표는 말에 따라 장단 두 가지로 남을 표시한 것이고, × 표는 된소리로 발음되는 것을 표시한 것임. 音이 두 가지 이상 날 때에는 대표음 곁에 용례와 함께 그 음을 밝혔음.

〈예〉 假°(가: ) — 假°面(가: 면) 強(강)△ — 強力(강력) 強勸(강: 권) 價 — 代價×(대: 가) 〔—까〕

| 음(音) | 중학교용 | | 고등학교용 | |
|---|---|---|---|---|
| 가 | 家<br>加<br>假°<br>可°<br>佳°<br>歌<br>價<br>街△ | 집<br>더할<br>거짓<br>옳을<br>아름다울<br>노래<br>값<br>거리 | 架°<br>暇° | 시렁<br>겨를 |
| 각 | 各<br>角<br>脚 | 각각<br>뿔<br>다리 | 刻<br>覺<br>閣<br>却 | 새길<br>깨달을<br>누각<br>물리칠 |
| 간 | 間△<br>干<br>看 | 사이<br>방패<br>볼 | 簡△<br>姦°<br>肝△<br>幹△<br>懇°<br>刊 | 대쪽<br>간음할<br>간<br>줄기<br>간절할<br>새길 |
| 갈 | 渴 | 목마를 | | |
| 감 | 感°<br>減°<br>甘<br>敢° | 느낄<br>덜<br>달<br>굳셀 | 監<br>鑑 | 볼<br>거울 |
| 갑 | 甲 | 갑옷 | | |
| 강 | 強△<br>講°<br>江<br>降<br>(항) | 강할, 힘쓸<br>욀<br>물<br>내릴<br>항복할 | 剛<br>康<br>綱<br>鋼 | 굳셀<br>편안할<br>벼리<br>강철 |
| 개 | 開<br>改°<br>個△<br>皆 | 열<br>고칠<br>낱<br>다 | 介°<br>概°<br>蓋°<br>慨° | 끼일<br>대개<br>덮을<br>슬퍼할 |
| 객 | 客 | 손 | | |

# 교육용(중·고등학교) 기초한자 1800자

| 갱 | 更°(경) | 다시<br>고칠 | | | 계 | | | 桂°<br>係°<br>系°<br>械° | 계수나무<br>맬<br>계통<br>기계 |
|---|---|---|---|---|---|---|---|---|---|
| 거 | 巨°<br>居°<br>車(차)<br>擧°<br>去° | 클<br>살<br>수레<br>성<br>들<br>갈 | 拒°<br>據°<br>距° | 막을<br>의지할<br>떨어질 | 고 | 高°<br>古°<br>苦°<br>告°<br>考°<br>固°<br>故° | 높을<br>옛, 예<br>쓸<br>고할, 아뢸<br>생각할<br>굳을<br>연고 | 孤°<br>鼓°<br>顧°<br>庫°<br>枯°<br>姑°<br>稿° | 외로울<br>북<br>돌아볼<br>곳집<br>마를<br>시어머니<br>원고 |
| 건 | 乾<br>建° | 하늘<br>(간→건) 마를<br>세울 | 健°<br>件° | 굳셀<br>물건 | 곡 | 曲°<br>穀°<br>谷° | 굽을<br>낟알, 곡식<br>골 | 哭° | 울 |
| 걸 | | | 乞△<br>傑° | 빌<br>뛰어날 | 곤 | 困°<br>坤° | 곤할<br>따(땅) | | |
| 검 | | | 檢°<br>劍°<br>儉° | 검사할<br>칼<br>검소할 | 골 | 骨° | 뼈 | | |
| 격 | | | 格°<br>擊°<br>激°<br>隔° | 격식<br>칠<br>과격할<br>사이 뜰 | 공 | 公°<br>空°<br>共°<br>工°<br>功° | 공변될<br>빌<br>한가지<br>장인<br>공 | 供°<br>攻°<br>孔°<br>貢°<br>恭△<br>恐° | 이바지할<br>칠<br>구멍<br>바칠<br>공손<br>두려울 |
| 견 | 見°(현)<br>犬°<br>堅° | 볼<br>뵈올<br>개<br>굳을 | 牽°<br>肩°<br>絹°<br>遣° | 끌, 별 이름<br>어깨<br>비단<br>보낼 | 과 | 過°<br>科°<br>果°<br>課° | 지날, 허물<br>과목<br>열매<br>과정 | 戈<br>瓜°<br>寡°<br>誇° | 창<br>오이<br>적을<br>자랑할 |
| 결 | 結°<br>決°<br>潔° | 맺을<br>결단할<br>깨끗할 | 缺° | 빠질 | 곽 | | | 郭° | 성곽 |
| 겸 | | | 兼°<br>謙° | 겸할<br>겸손할 | 관 | 官°<br>觀°<br>關° | 벼슬<br>볼<br>관계할 | 管°<br>冠°<br>寬°<br>貫△<br>館°<br>慣° | 대롱<br>갓<br>너그러울<br>펠<br>집<br>버릇 |
| 경 | 經°<br>輕°<br>京°<br>敬°<br>景°<br>驚°<br>競°<br>耕°<br>慶°<br>庚 | 날<br>지날<br>가벼울<br>서울<br>공경할<br>별<br>우러를<br>놀랄<br>다툴<br>갈<br>경사<br>별 | 警°<br>傾°<br>硬°<br>境°<br>鏡°<br>徑°<br>卿°<br>頃°<br>竟° | 경계할<br>기울어질<br>굳을<br>지경<br>거울<br>지름길<br>벼슬<br>잠시<br>마침 | 광 | 廣°<br>光° | 넓을<br>빛 | 狂<br>鑛° | 미칠<br>쇳돌 |
| | | | | | 괘 | | | 掛° | 걸 |
| | | | | | 괴 | | | 怪△<br>愧<br>塊<br>壞° | 괴이할<br>부끄러울<br>흙덩이<br>무너뜨릴 |
| 계 | 鷄°<br>計°<br>季°<br>界°<br>癸<br>溪° | 닭<br>헤아릴<br>끝, 철<br>경계<br>북방<br>시내 | 啓°<br>戒°<br>繼°<br>契°<br>繫°<br>階° | 열<br>경계할<br>이을<br>계약할<br>맬<br>섬돌 | 교 | 敎°<br>交°<br>校°<br>橋° | 가르칠<br>사귈<br>학교<br>다리 | 巧°<br>矯°<br>郊°<br>較° | 교묘할<br>바로잡을<br>들<br>비교할 |

# 새활용 2000한자

| | | | | | | | | |
|---|---|---|---|---|---|---|---|---|
| 구 | 九 | 아홉 | 具 | 갖출 | 금 | 禁° | 금할 | 禽 | 새 |
| | 口 | 입 | 龜° | 거북(귀) | | 今 | 이제 | | |
| | 舊° | 옛 | | 땅 이름(구) | 급 | 急 | 급할 | 級 | 등급 |
| | 救° | 구원할 | | 터질(균) | | 給 | 줄 | | |
| | 求 | 구할 | | 구슬 | | 及 | 미칠 | | |
| | 句° | 글귀 | 球 | 구슬 | 긍 | | | 肯 | 즐길 |
| | 久° | 오랠 | 狗 | 개 | | | | | |
| | 究 | 궁구할 | 構 | 얽을 | 기 | 氣 | 기운 | 奇 | 기이할 |
| | | | 驅 | 몰 | | 記 | 기록할 | 機 | 베틀 |
| | | | 鷗 | 갈매기 | | 起 | 일어날 | 紀 | 벼리 |
| | | | 拘 | 거리낄 | | 期 | 기약할 | 寄 | 부칠 |
| | | | 區 | 구역 | | 基 | 터 | 器 | 그릇 |
| | | | 丘 | 언덕 | | 旣 | 이미 | 旗 | 기 |
| | | | 苟 | 진실로 | | 技 | 재주 | 騎 | 말탈 |
| | | | 俱 | 함께 | | 己 | 몸 | 棄 | 버릴 |
| | | | 懼 | 두려울 | | 幾 | 몇 | 欺 | 속일 |
| | | | | | | 其 | 그 | 祈 | 빌 |
| 국 | 國 | 나라 | 局 | 판 | | | | 忌 | 꺼릴 |
| | | | 菊 | 국화 | | | | 企 | 꾀할 |
| 군 | 君° | 임금 | 群 | 무리 | | | | 飢 | 주릴 |
| | 郡° | 고을 | | | | | | 畿 | 경기 |
| | 軍 | 군사, 진칠 | | | | | | 豈 | 어찌 |
| 굴 | | | 屈 | 굽을 | 긴 | | | 緊 | 요긴할 |
| 궁 | 弓 | 활 | 窮 | 다할 | 길 | 吉 | 길할 | | |
| | | | 宮 | 집 | 나 | | | 那° | 어찌 |
| 권 | 權 | 권세 | 拳° | 주먹 | 낙 | | | 諾 | 승낙할 |
| | 勸° | 권할 | 券× | 문서 | (락) | | | 許諾 | |
| | 卷△ | 책 | | | 난 | 難△ | 어려울 | | |
| 궐 | | | 厥 | 그 | | 暖 | 따뜻할 | | |
| 궤 | | | 軌° | 차바퀴 | 남 | 南 | 남녘 | | |
| 귀 | 歸° | 돌아갈 | 鬼° | 귀신 | | 男 | 사내 | | |
| | 貴° | 귀할 | | | 납 | | | 納 | 들일 |
| 규 | | | 規 | 법 | 낭 | | | 娘 | 처녀 |
| | | | 糾 | 살필 | 내 | 內° | 안 | 耐 | 견딜 |
| | | | 叫 | 부르짖을 | | 乃° | 이에 | 奈 | 어찌 |
| | | | | | 녀 | 女 | 계집 | | |
| 균 | 均 | 고를 | 菌 | 버섯 | 년 | 年 | 해 | | |
| 극 | 極 | 극진할 | 劇 | 심할 | 념 | 念° | 생각 | | |
| | | | 克 | 이길 | 녕 | | | 寧 | 편안할 |
| 근 | 近 | 가까울 | 謹° | 삼갈 | | | | (령) 宜寧 | |
| | 根 | 뿌리 | 斤 | 근 | 노(로) | 怒° | 노할 | 奴 | 종 |
| | 勤 | 부지런할 | 僅 | 겨우 | | | | 努 | 힘쓸 |
| 금 | 金 | 쇠 | 錦 | 비단 | 농 | | | 濃 | 짙을 |
| | (김) | 성 | 琴 | 거문고 | 뇌 | | | 腦 | 뇌 |
| | | | | | | | | 惱 | 번뇌할 |

# 교육용(중·고등학교) 기초한자 1800자

| 한글 | 한자 | 뜻 | 한자 | 뜻 | 한글 | 한자 | 뜻 | 한자 | 뜻 |
|---|---|---|---|---|---|---|---|---|---|
| 능 | 能 | 능할 | | | | 冬△ | 겨울 | | |
| 니 | | | 泥 | 진흙 | | 童° | 아이 | | |
| | | | | | | 洞 | 골 | | |
| | | | | | | (통)° | 밝을 | | |
| 다 | 多 | 많을 | 茶(다) | 차<br>茶禮 | 두 | 頭<br>斗<br>豆 | 머리<br>말<br>콩 | | |
| 단 | 單△<br>短<br>端<br>丹<br>但° | 홑<br>짧을<br>끝<br>붉을<br>다만 | 斷<br>團<br>檀<br>段<br>旦 | 끊을<br>둥글<br>박달나무<br>조각<br>단<br>아침 | 둔 | | | 屯<br>鈍° | 모일<br>둔할 |
| 달 | 達 | 통달할 | | | 득 | 得 | 얻을 | | |
| 담 | 談 | 말씀 | 淡°<br>潭<br>擔 | 맑을<br>못<br>멜 | 등 | 等°<br>登<br>燈 | 무리<br>오를<br>등불 | 騰 | 오를 |
| | | | | | 라(나) | | | 羅 | 벌일 |
| 답 | 答 | 답할 | 踏<br>畓 | 밟을<br>논 | 락(낙)<br>(악)<br>(요) | 落<br>樂 | 떨어질<br>즐길<br>풍악<br>좋아할 | 絡 | 연락 |
| 당 | 當<br>堂 | 마땅<br>집 | 唐△<br>黨<br>糖 | 당나라<br>무리<br>사탕 | 란(난) | 卵° | 알 | 亂°<br>蘭<br>欄 | 어지러울<br>난초<br>난간 |
| 대 | 大°<br>代<br>對<br>待 | 큰<br>대신할<br>대할<br>기다릴 | 臺<br>帶<br>貸<br>隊 | 집, 대<br>띠<br>빌릴<br>떼 | 람(남) | | | 濫°<br>覽 | 넘칠<br>볼 |
| 덕 | 德 | 큰 | | | 랑(낭) | 浪°<br>郎 | 물결<br>사내 | 廊 | 행랑 |
| 도 | 道°<br>都<br>刀<br>圖<br>度<br>徒<br>到<br>島 | 길<br>도읍<br>칼<br>그림<br>법도<br>무리<br>이를<br>섬 | 倒°<br>陶<br>塗<br>導<br>桃<br>盜<br>渡<br>逃<br>跳<br>途<br>稻<br>挑 | 넘어질<br>질그릇<br>칠할<br>인도할<br>복숭아<br>도둑<br>건널<br>달아날<br>뛸<br>길<br>벼<br>끌어 낼 | 래(내) | 來△ | 올 | | |
| | | | | | 랭(냉) | 冷 | 찰 | | |
| | | | | | 략(약) | | | 略<br>掠 | 간략할<br>노략질할 |
| | | | | | 량(양) | 兩°<br>良<br>量<br>凉 | 두<br>어질<br>헤아릴<br>서늘할 | 糧<br>諒<br>梁 | 양식<br>살필<br>들보 |
| | | | | | 려(여) | 旅 | 나그네 | 麗<br>慮<br>勵 | 고울<br>생각<br>힘쓸 |
| 독 | 獨<br>讀<br>(두) | 홀로<br>읽을<br>구절 | 毒<br>督<br>篤 | 독<br>감독할<br>도타울 | 력(역) | 力<br>歷 | 힘<br>지날 | 曆 | 책력 |
| 돈 | | | 敦<br>豚 | 도타울<br>돼지 | 련(연) | 連<br>練° | 이을<br>익힐 | 聯<br>蓮<br>戀°<br>鍊°<br>憐 | 잇닿을<br>연꽃<br>사모할<br>쇠불릴<br>불쌍히 여길 |
| 돌 | | | 突 | 부딪칠 | | | | | |
| 동 | 同<br>東<br>動° | 한가지<br>동녘<br>움직일 | 銅<br>凍 | 구리<br>얼 | 렬(열) | 列<br>烈 | 벌일<br>매울 | 劣<br>裂 | 용렬할<br>찢을 |

| 렴(염) | | 廉 | 청렴할 | 림(임) | 林 | 수풀 | 臨 | 임할 |
|---|---|---|---|---|---|---|---|---|
| 렵(엽) | | 獵 | 사냥 | 립(입) | 立 | 설 | | |
| 령(영) | 領 令△ | 거느릴 하여금 | 靈 零 嶺 | 신령 떨어질 재 | 마 | 馬° | 말 | 麻 磨 | 삼 갈 |
| | | | | | 막 | 莫 | 말 | 幕 漠 | 장막 아득할 |
| 례(예) | 禮 例° | 예도 보기 | 隷 | 종. 붙들 | 만 | 萬° 滿 晚 | 일만 찰 늦을 | 漫 慢 | 부질없을 교만할 |
| 로(노) | 老° 勞 路° 露 | 늙을 수고할 길 이슬 | 爐 | 화로 | 말 | 末 | 끝 | | |
| | | | | | 망 | 望 亡 忘 忙 | 바라볼 망할 잊을 바쁠 | 妄° 罔 茫 | 망령될 없을 아득할 |
| 록(녹) | 綠 | 푸를 | 鹿 錄 祿 | 사슴 기록할 녹 | | | | | |
| 론(논) | 論 | 논할 | | | 매 | 賣△ 每° 買 妹 | 팔 매양 살 누이 | 梅 媒 埋 | 매화 중매할 묻을 |
| 롱(농) | | 弄° | 희롱할 | | | | | | |
| 뢰(뇌) | | 雷 賴 | 천둥 힘입을 | 맥 | 麥 | 보리 | 脈 | 맥 |
| 료(요) | 料△ | 헤아릴 | 了° 僚 | 마칠 동료 | 맹 | | | 猛° 盲 孟° 盟 | 사나울 소경 맏 맹세할 |
| 룡(용) | | 龍 | 용 | | | | | | |
| 루(누) | | 漏° 累° 樓 淚° 屢 | 샐 여러 다락 눈물 자주 | 면 | 面° 免 勉 眠 | 낯 면할 힘쓸 졸 | 綿 | 솜 |
| | | | | | 멸 | | | 滅 | 멸할 |
| 류(유) | 流 留 柳△ | 흐를 머무를 버들 | 類 | 무리 | 명 | 名 明 命 鳴 | 이름 밝을 목숨 울 | 冥 銘 | 어두울 새길 |
| 륙(육) | 六 陸 | 여섯 뭍 | | | | | | | |
| 륜(윤) | 倫 | 인륜 | 輪 | 바퀴 | 모 | 毛° 母 暮 | 터럭 어미 저물 | 侮° 冒 謀 模 某° 募 慕 貌 | 업신여길 가릴 꾀 본뜰 아무 모집할 사모할 모양 |
| 률(율) | 律 | 법칙 | 栗 率 (솔) | 밤 비례 거느릴 | | | | | |
| 륭(융) | | | 隆 | 높을 | | | | | |
| 릉(능) | | | 陵 | 무덤 | | | | | |
| 리(이) | 理° 利° 里° 李° | 다스릴 이로울 마을 오얏 | 離° 吏° 履 裏 梨 | 떠날 관리 신 속 배 | 목 | 木 目 | 나무 눈 | 牧 睦 | 칠 화목할 |
| | | | | | 몰 | | | 沒 | 빠질 |
| 린(인) | | 隣 | 이웃 | 몽 | | | 蒙 | 어릴 |

교육용(중·고등학교) 기초한자 1800자

| | | | | | | | | |
|---|---|---|---|---|---|---|---|---|
| | | | 夢° | 꿈 | 배 | 拜 | 절 | 配° | 짝 |
| 묘 | 妙° | 묘할 | 墓 | 무덤 | | 杯 | 잔 | 背 | 등 |
| | 卯° | 토끼 | 廟 | 사당 | | | | 排 | 물리칠 |
| | | | 苗 | 싹 | | | | 倍° | 곱할 |
| | | | | | | | | 培° | 북돋울 |
| | | | | | | | | 輩 | 무리 |
| | 無 | 없을 | 霧 | 안개 | 백 | 白 | 흰 | 伯 | 맏 |
| | 武 | 호반 | 貿 | 무역할 | | 百 | 일백 | | |
| 무 | 舞° | 춤출 | | | 번 | 番 | 차례 | 煩 | 번거로울 |
| | 務° | 힘쓸 | | | | | | 飜 | 번역할 |
| | 茂° | 무성할 | | | | | | 繁 | 번성할 |
| | 戊° | 다섯째 천간 | | | 벌 | 伐 | 칠 | 罰 | 벌 |
| 묵 | 墨 | 먹 | 默 | 잠잠할 | 범 | 凡△ | 무릇 | 犯° | 범할 |
| | 文 | 글월 | | | | | | 範° | 법 |
| 문 | 門 | 문 | | | 법 | 法 | 법 | | |
| | 問° | 물을 | | | 벽 | | | 壁 | 벽 |
| | 聞△ | 들을 | | | | | | 碧 | 푸를 |
| 물 | 物 | 물건 | | | 변 | 變° | 변할 | 邊 | 가장자리 |
| | 勿 | 말 | | | | | | 辯 | 말 잘할 |
| | | | | | | | | 辨 | 분별할 |
| | 未° | 아닐 | 微 | 작을 | 별 | 別 | 나눌 | | |
| 미 | 美△ | 아름다울 | 迷 | 미혹할 | | 兵 | 병사 | 竝° | 아우를 |
| | 米 | 쌀 | 眉 | 눈썹 | 병 | 病 | 병 | 屛 | 병풍 |
| | 味 | 맛 | | | | 丙° | 남녘 | | |
| | 尾 | 꼬리 | | | | | | | |
| 민 | 民 | 백성 | 敏 | 민첩할 | 보 | 保△ | 보호할 | 補 | 도울 |
| | | | 憫 | 불쌍히 여길 | | 步° | 걸음 | 寶° | 보배 |
| 밀 | 密 | 빽빽할 | 蜜 | 꿀 | | 報 | 갚을 | 普° | 넓을 |
| | | | | | | | | 譜 | 문서 |
| | 朴 | 순박할 | 薄 | 엷을 | | 服 | 입을 | 覆 | 뒤집힐 |
| | | | 博 | 넓을 | | 伏 | 엎드릴 | (부) | |
| 박 | | | 迫 | 핍박할 | 복 | 復 | 회복할 | 複 | 덮을 |
| | | | 拍 | 손뼉칠 | (부) | | 다시 | 腹 | 거듭 |
| | | | 泊 | 배댈 | | 福 | 복 | 卜 | 배 |
| | | | | | | | | | 점칠 |
| | 半° | 반 | 伴 | 짝 | 본 | 本 | 근본 | | |
| | 反° | 돌이킬 | 盤 | 소반 | | 奉° | 받들 | 封 | 봉할 |
| 반 | 飯 | 밥 | 班 | 나눌, 얼룩질 | 봉 | 逢 | 만날 | 鳳 | 새 |
| | | | 返 | 돌아올 | | | | 蜂 | 벌 |
| | | | 叛° | 모반할 | | | | 峯 | 산봉우리 |
| | | | 般 | 일반 | | | | | |
| 발 | 發 | 필 | 拔 | 뺄 | | 浮 | 뜰 | 副° | 버금 |
| | | | 髮 | 터럭 | | 父 | 아비 | 附° | 붙일 |
| | 方 | 모 | 芳 | 꽃다울 | | 富 | 부자 | 付° | 부탁할 |
| 방 | 放△ | 놓을 | 傍 | 곁 | 부 | 部 | 떼 | 腐° | 썩을 |
| | 房 | 방 | 邦 | 나라 | | 夫 | 지아비 | 負 | 질 |
| | 訪° | 찾을 | 倣 | 본받을 | | 婦 | 며느리 | 賦 | 구실 |
| | 防 | 막을 | 妨 | 방해할 | | 否 | 아닐 | 符△ | 부적 |

# 새활용 2000한자

| |  |  | |  |  | |  |  | |  |  |
|---|---|---|---|---|---|---|---|---|---|---|---|
| | 扶 | 도울 | | 府° | 마을 | | 散° | 흩어질 | | | |
| | | | | 簿° | 장부 | | 算° | 헤아릴 | | | |
| | | | | 赴 | 다다를 | 살 | 殺△ | 죽일 | | | |
| 북 | 北(배) | 북녘 달아날 | | | | (쇄) | | 감할 | | | |
| | | | | | | 삼 | 三 | 석 | | | |
| 분 | 分△ | 나눌 | | 粉 | 가루 | | 上° | 윗 | | 象 | 코끼리 |
| | | | | 紛 | 어지러울 | | 相 | 서로 | | 桑 | 뽕나무 |
| | | | | 奔 | 달아날 | | 商 | 장사 | | 詳 | 상세할 |
| | | | | 奮° | 떨칠 | | 常 | 떳떳할 | | 狀(장) | 형상 문서 |
| | | | | 憤° | 분할 | 상 | 尚△ | 오히려 | | 像 | 형상 |
| | | | | 墳 | 봉분 | | 喪△ | 잃을 | | 償 | 갚을 |
| 불 | 不(부) | 아닐 | | 拂 | 떨칠 | | 傷 | 다칠 | | 祥 | 상서로울 |
| | 不德 | | | | | | 霜 | 서리 | | 嘗 | 맛볼 |
| | 佛 | 부처 | | | | | 賞 | 상줄 | | 床 | 평상 |
| 붕 | 朋 | 벗 | | 崩 | 무너질 | | 想° | 생각 | | 裳 | 치마 |
| | 非△ | 아닐 | | 祕° | 비밀 | 새 | | | | 塞(색) | 변방 막을 |
| | 飛 | 날 | | 卑° | 낮을 | | | | | | |
| | 比° | 견줄 | | 肥° | 살찔 | 색 | 色 | 빛 | | 索(삭) | 찾을 동아줄 |
| 비 | 備° | 갖출 | | 費° | 소비할 | | | | | | |
| | 悲 | 슬플 | | 碑° | 비석 | 생 | 生 | 날 | | | |
| | 鼻 | 코 | | 批° | 비평할 | | 西 | 서녘 | | 庶° | 뭇 |
| | | | | 妃 | 왕비 | | 書 | 쓸, 글 | | 緒 | 실마리 |
| | | | | 婢 | 계집종 | | 序° | 차례 | | 署° | 관청 |
| 빈 | 貧 | 가난할 | | 賓 | 손 | 서 | 暑 | 더울 | | 徐△ | 천천히 할 |
| | | | | 頻 | 자주 | | | | | 敍 | 펼 |
| 빙 | 冰(氷) | 얼음 | | 聘 | 부를 | | | | | 恕° | 용서할 |
| | | | | | | | | | | 誓° | 맹세할 |
| | 四° | 넉 | | 社 | 모일 | | | | | 逝 | 갈 |
| | 私° | 사사로울 | | 司 | 맡을 | | 石 | 돌 | | 釋 | 풀 |
| | 死° | 죽을 | | 辭 | 말씀 | | 席 | 자리 | | 析 | 쪼갤 |
| | 事° | 일 | | 寫 | 베낄 | 석 | 夕 | 저녁 | | | |
| | 師° | 스승 | | 邪 | 간사할 | | 惜 | 아낄 | | | |
| | 史° | 역사 | | 沙 | 모래 | | 昔 | 옛 | | | |
| | 使° | 하여금 | | 斜 | 비낄 | | 先 | 먼저 | | 宣 | 베풀 |
| 사 | 思△ | 생각 | | 查 | 조사할 | | 船 | 배 | | 禪 | 참선할 |
| | 射△ | 쏠 | | 賜 | 줄 | 선 | 善° | 착할 | | 旋 | 돌 |
| | 舍 | 집 | | 詞 | 말 | | 仙 | 신선 | | | |
| | 謝° | 사례 | | 蛇 | 뱀 | | 選° | 가릴 | | | |
| | 士° | 선비 | | 詐 | 속일 | | 線 | 줄 | | | |
| | 寺 | 절 | | 捨△ | 버릴 | | 鮮 | 고울 | | | |
| | 絲 | 실 | | 斯 | 이 | | 舌 | 혀 | | | |
| | 仕° | 벼슬 | | 似° | 같을 | | 雪 | 눈 | | | |
| | 巳° | 뱀 | | 祀△ | 제사 | 설 | 說(세) | 말씀 달랠 | | | |
| 삭 | | | | 削 | 깎을 | | (열) | 기쁠 | | | |
| | | | | 朔 | 초하루 | | 設 | 베풀 | | | |
| 산 | 山 | 메 | | | | | | | | | |
| | 産 | 낳을 | | | | | | | | | |

# 교육용(중·고등학교) 기초한자 1800자

| 섭 | | | 涉 | 건널 | | 樹 | 나무 | 睡 | 잠잘 |
| --- | --- | --- | --- | --- | --- | --- | --- | --- | --- |
| | | | 攝 | 조섭할 | | 愁 | 근심 | 遂 | 이룰 |
| 성 | 聖° | 성인 | | | 수 | 壽 | 목숨 | 帥 | 장수 |
| | 成 | 이룰 | | | | 秀 | 빼어날 | | |
| | 聲° | 소리 | | | | 授 | 줄 | | |
| | 性° | 성품 | | | | 須 | 모름지기 | | |
| | 星 | 별 | | | | 誰 | 누구 | | |
| | 盛° | 성할 | | | | 雖 | 비록 | | |
| | 城 | 재 | | | 숙 | 宿 | 잘 | 熟 | 익을 |
| | 誠 | 정성 | | | | (수) | 성수 | 肅 | 엄숙할 |
| | 省 | 살필 | | | | 淑 | 맑을 | 孰 | 누구 |
| | (생) | 줄일 | | | | 叔 | 아재비 | | |
| | 姓° | 성 | | | 순 | 純 | 순수할 | 巡 | 순행할 |
| 세 | 世° | 인간 | | | | 順 | 순할 | 循 | 돌 |
| | 細° | 가늘 | | | | | | 旬 | 열흘 |
| | 歲° | 해 | | | | | | 脣 | 입술 |
| | 稅° | 구실 | | | | | | 殉 | 따라 죽을 |
| | 勢° | 형세 | | | | | | 瞬 | 잠깐 |
| | 洗° | 씻을 | | | 술 | 戌 | 개 | 術 | 꾀 |
| 소 | 小° | 작을 | 疏 | 트일 | | | | 述 | 지을 |
| | 所° | 바 | (疎) | 성길 | 숭 | 崇 | 높일 | | |
| | 素△ | 흴 | 蘇 | 깨어날 | 습 | 習 | 익힐 | 濕 | 젖을 |
| | 消° | 사라질 | 燒△ | 불사를 | | 拾 | 주울 | 襲 | 엄습할 |
| | 少° | 적을 | 昭 | 밝을 | | (십) | 열 | | |
| | 笑° | 웃음 | 訴 | 하소연할 | 승 | 乘 | 탈 | 僧 | 중 |
| | | | 召 | 부를 | | 承 | 이을 | 昇 | 오를 |
| | | | 掃△ | 쓸 | | 勝 | 이길 | | |
| | | | 騷 | 시끄러울 | 시 | 時 | 때 | 侍° | 모실 |
| | | | 蔬 | 나물 | | 詩 | 글 | 矢° | 화살 |
| 속 | 俗 | 풍속 | 屬 | 붙을·무리 | | 試 | 시험할 | | |
| | 速 | 빠를 | (촉) | 이 | | 市 | 저자 | | |
| | 續 | 이을 | 束 | 묶을 | | 視° | 볼 | | |
| | | | 粟 | 조 | | 施 | 베풀 | | |
| 손 | 孫 | 손자 | 損° | 덜 | | 始 | 비로소 | | |
| | | | | | | 示° | 보일 | | |
| 송 | 松 | 소나무 | 頌° | 칭송할 | | 是 | 이 | | |
| | 送° | 보낼 | 誦° | 욀 | | | | | |
| | | | 訟° | 송사할 | 쌍 | | | 雙 | 짝 |
| 쇄 | | | 鎖° | 쇠사슬 | 씨 | 氏 | 각시 | | |
| 쇠 | | | 刷° | 인쇄할 | | | | | |
| | | | 衰 | 쇠할 | 식 | 食 | 밥 | 息 | 숨쉴 |
| 수 | 水 | 물 | 隨 | 따를 | | (사) | 먹일 | 飾 | 꾸밀 |
| | 數°△ | 셀 | 輸 | 보낼 | | 植 | 심을 | | |
| | 手 | 손 | 殊 | 다를 | | 式 | 법 | | |
| | 受 | 받을 | 獸 | 짐승 | | 識 | 알 | | |
| | 修 | 닦을 | 囚 | 가둘 | 신 | 新 | 새 | 愼 | 삼갈 |
| | 首 | 머리 | 需 | 쓸 | | 神 | 귀신 | 晨△ | 새벽 |
| | 守 | 지킬 | 垂 | 드리울 | | 信 | 믿을 | 伸 | 펼 |
| | 收 | 거둘 | 搜 | 찾을 | | 身 | 몸 | | |

# 새활용 2000한자

| | | | | | | | | |
|---|---|---|---|---|---|---|---|---|
| 실 | 臣申辛 | 신하 납 매울 | | | | 讓° | 사양할 | |
| 실 | 實失室 | 열매 잃을 집 | | | 어 | 魚語漁於(오) | 고기 말씀 고기잡을 어조사 탄식할 | 御° | 어거할 |
| 심 | 心深甚° | 마음 깊을 심할 | 審△尋 | 살필 찾을 | 억 | 億憶 | 억 생각할 | 抑 | 누를 |
| 십 | 十 | 열 | | | 언 | 言 | 말씀 | 焉 | 어찌 |
| 아 | 兒我° | 아이 나 | 亞△雅牙餓芽 | 버금 맑을 어금니 주릴 싹 | 엄 | 嚴 | 엄할 | | |
| | | | | | 업 | 業 | 업 | | |
| 악 | 惡(오) | 악할 미워할 | 岳 | 메뿌리 | 여 | 餘如與°汝余 | 남을 같을 줄 너 나 | 輿予 | 수레 나 |
| 안 | 安眼°案顔 | 편안 눈 생각 낯 | 鴈(雁)°岸 | 기러기 언덕 | 역 | 逆易(이)亦 | 거스를 바꿀 쉬울 또 | 役驛譯疫域 | 일 역말 통역할 염병 지경 |
| 알 | | | 謁 | 아뢸 | | | | | |
| 암 | 暗巖 | 어두울 바위 | | | 연 | 煙研然 | 연기 갈 그럴 | 延燕°軟演緣鉛宴沿△燃 | 끌 제비 연할 펼 인연 납 잔치 물따라 갈 불탈 |
| 압 | | | 壓押 | 누를 찍을 | | | | | |
| 앙 | 仰° | 우러를 | 殃央 | 재앙 가운데 | | | | | |
| 애 | 愛°哀 | 사랑 슬플 | 涯 | 물가 | 열 | 熱悅 | 더울 기쁠 | 閱 | 살펴볼 |
| 액 | | | 額厄 | 이마 재앙 | 염 | 炎△ | 더울 | 鹽染° | 소금 물들일 |
| 야 | 野°夜°也 | 들 밤 잇기 어조사 | 耶 | 어조사 | 엽 | 葉(섭) | 잎 성 | | |
| | | | | | 영 | 永°英榮迎 | 길 꽃부리 영화 맞을 | 營影映△詠泳 | 경영할 그림자 비칠 읊을 헤엄칠 |
| 약 | 藥弱約若(야) | 약 약할 약속 같을 반야 | 躍 | 뛸 | 예 | 藝° | 재주 | 豫銳譽 | 미리 날카로울 기릴 |
| 양 | 洋養陽羊揚 | 큰바다 기를 볕 양 드날릴 | 楊樣壤 | 버들 모양 토양 | 오 | 五°烏誤 | 다섯 까마귀 그르칠 | 汚傲娛 | 더러울 거만할 즐길 |

# 교육용(중·고등학교) 기초한자 1800자

| 음 | 한자 | 뜻 | 한자 | 뜻 | 음 | 한자 | 뜻 | 한자 | 뜻 |
|---|---|---|---|---|---|---|---|---|---|
| | 午° | 낮 | 鳴 | 탄식할 | 월 | 月 | 달 | 越 | 넘을 |
| | 吾 | 나 | | | | 位 | 자리 | 委 | 맡길 |
| | 悟° | 깨달을 | | | | 危 | 위태로울 | 衛(衞) | 호위할 |
| 옥 | 玉 | 구슬 | 獄 | 감옥 | | 爲° | 할 | 僞 | 거짓 |
| | 屋 | 집 | | | 위 | 威 | 위엄 | 違 | 어길 |
| 온 | 溫 | 따뜻할 | | | | 偉 | 클 | 胃 | 밥통 |
| 옹 | | | 擁 | 안을 | | | | 慰 | 위로할 |
| | | | 翁 | 늙은이 | | | | 圍 | 둘레 |
| 와 | 瓦° | 기와 | | | | | | 緯 | 씨 |
| | 臥° | 누울 | | | | | | 謂 | 이를 |
| 완 | 完 | 완전할 | 緩 | 늦을 | | 有° | 있을 | 幽 | 그윽할 |
| 왈 | 曰 | 가로되 | | | | 遺 | 남길 | 乳 | 젖 |
| 왕 | 王 | 임금 | | | | 遊 | 놀 | 儒 | 선비 |
| | 往° | 갈 | | | | 油 | 기름 | 誘 | 꾈 |
| 외 | 外 | 밖 | 畏° | 두려울 | 유 | 柔 | 부드러울 | 悠 | 멀 |
| | 要△ | 요긴할 | 搖 | 흔들 | | 幼 | 어릴 | 維 | 맬 |
| | | | 腰 | 허리 | | 唯 | 오직 | 惟 | 생각할 |
| 요 | | | 遙 | 멀 | | 由 | 말미암을 | 裕 | 넉넉할 |
| | | | 謠 | 노래 | | 猶 | 오히려 | 愈 | 나을 |
| | | | | | | 酉 | 닭 | | |
| | | | | | 육 | 肉 | 고기 | | |
| 욕 | 浴 | 목욕 | 辱 | 욕될 | | 育 | 기를 | | |
| | 欲 | 하고자 할 | 慾 | 욕심낼 | 윤 | | | 潤 | 윤택할 |
| | 用° | 쓸 | 庸 | 떳떳할 | | | | 閏 | 윤달 |
| 용 | 容 | 얼굴 | | | 은 | 銀 | 은 | 隱 | 숨을 |
| | 勇° | 날랠 | | | | 恩 | 은혜 | | |
| | 牛 | 소 | 優 | 넉넉할 | 을 | 乙 | 새 | | |
| | 雨° | 비 | 愚 | 어리석을 | | 陰 | 그늘 | 淫 | 음란할 |
| | 右° | 오른쪽 | 郵 | 역말 | 음 | 音 | 소리 | | |
| | 憂 | 근심할 | 偶△ | 짝 | | 飮° | 마실 | | |
| 우 | 友 | 벗 | 羽 | 깃 | | 吟 | 읊을 | | |
| | 宇° | 집 | | | 읍 | 邑 | 고을 | | |
| | 遇 | 만날 | | | | 泣 | 울 | | |
| | 尤 | 더욱 | | | 응 | 應 | 응할 | 凝 | 엉길 |
| | 于 | 어조사 | | | | 義 | 옳을·뜻 | 儀 | 거동 |
| | 又 | 또 | | | | 意 | 뜻 | 疑 | 의심할 |
| 운 | 雲 | 구름 | 韻 | 운 | 의 | 衣 | 옷 | 宜 | 마땅할 |
| | 運° | 운전할 | | | | 議 | 의논할 | | |
| | 云 | 이를 | | | | 醫 | 의원 | | |
| 웅 | 雄 | 수컷 | | | | 依 | 의지할 | | |
| | | | | | | 矣 | 어조사 | | |
| | 原 | 근원 | 員 | 인원 | | 二° | 두 | 夷 | 오랑캐 |
| | 遠° | 멀 | 援 | 도울 | | 異 | 다를 | | |
| 원 | 元 | 으뜸 | 源 | 근원 | 이 | 移 | 옮길 | | |
| | 圓 | 둥글 | 院 | 집 | | 耳 | 귀 | | |
| | 怨△ | 원망할 | | | | 以 | 써 | | |
| | 願 | 원할 | | | | | | | |
| | 園 | 동산 | | | | | | | |

| | | | | | | | | |
|---|---|---|---|---|---|---|---|---|
| | 已°<br>而 | 이미<br>말 이을 | | | 재 | 才<br>在°<br>財<br>材<br>哉 | 재주<br>있을<br>재물<br>심을<br>재목<br>어조사 | 裁<br>災<br>載° | 마를<br>재앙<br>실을 |
| 익 | 益 | 더할 | 翼 | 날개 | 쟁 | 爭 | 다툴 | | |
| 인 | 人<br>印<br>引<br>仁<br>因<br>認<br>忍<br>寅 | 사람<br>도장<br>끌<br>어질<br>인할<br>알<br>참을<br>동방, 범 | 姻 | 혼인할 | 저 | 著°<br>低°<br>貯 | 나타날<br>낮을<br>쌓을 | 底°<br>抵° | 밑<br>막을 |
| 일 | 一<br>日 | 한<br>날 | 逸 | 잃을 | 적 | 赤<br>敵<br>適<br>的 | 붉을<br>대적할<br>알맞을<br>과녁, 적실할 | 積<br>賊<br>籍<br>寂<br>摘<br>滴<br>績<br>跡 | 쌓을<br>도둑<br>호적, 서적<br>고요할<br>딸<br>물방울<br>길쌈<br>발자취 |
| 임 | 壬° | 북방 | 任°<br>賃° | 맡길<br>품삯 | | | | | |
| 입 | 入 | 들 | | | | | | | |
| 자 | 自<br>子<br>字<br>者<br>姉(姊)<br>慈 | 스스로<br>아들<br>글자<br>놈<br>큰누이<br>자비로울 | 紫°<br>資<br>刺°<br>(척)<br>(라)<br>恣°<br>姿<br>玆 | 자줏빛<br>재물<br>찌를<br>찌를<br>수라<br>방자할<br>태도<br>이 | 전 | 前<br>全<br>戰<br>傳°<br>典<br>電<br>田<br>錢°<br>展 | 앞<br>온전할<br>싸움<br>전할<br>법<br>전기<br>밭<br>돈<br>펼 | 轉<br>專<br>殿 | 구를<br>오로지<br>대궐 |
| 작 | 作<br>昨 | 지을<br>어제 | 爵<br>酌 | 벼슬<br>잔질할 | 절 | 絶(絕)<br>節 | 끊을<br>뛰어날<br>마디 | 切<br>(체)<br>折<br>竊 | 끊을<br>모두<br>꺾을<br>도둑질 |
| 잔 | | | 殘 | 남을 | | | | | |
| 잠 | | | 潛<br>暫△ | 잠길<br>잠깐 | 점 | 店 | 가게 | 點△<br>占△<br>漸 | 점<br>점칠<br>점점 |
| 잡 | | | 雜 | 섞을 | 접 | 接 | 닿을 | 蝶 | 나비 |
| 장 | 長△<br>將<br>場<br>章<br>壯 | 길<br>장수<br>마당<br>글<br>장할 | 掌°<br>藏<br>腸<br>葬°<br>張<br>裝<br>帳<br>丈°<br>莊<br>粧<br>奬°<br>臟<br>障<br>牆(墻) | 손바닥<br>감출<br>창자<br>장사<br>베풀<br>쌀<br>휘장<br>어른<br>장중할<br>단장할<br>권면할<br>오장<br>막힐<br>담 | 정 | 正△<br>定<br>精<br>情<br>政<br>停<br>丁<br>淨<br>靜<br>貞<br>庭<br>井△<br>頂 | 바를<br>정할<br>정미할<br>정사<br>머무를<br>장정<br>깨끗할<br>고요할<br>곧을<br>뜰<br>우물<br>이마 | 整°<br>程<br>征<br>廷<br>亭<br>訂 | 가지런할<br>법, 한도<br>칠<br>조정<br>정자<br>고칠 |
| 재 | 再° | 두 | 宰 | 재상 | | | | | |

# 교육용(중·고등학교) 기초한자 1800자

| 제 | 第° 차례<br>諸° 모을, 여러<br>製° 지을<br>除° 덜<br>帝° 임금<br>題° 제목<br>祭° 제사<br>弟° 아우 | | 制° 억제할<br>齊° 가지런할<br>濟° 건널<br>提° 제출할<br>堤° 둑·제방<br>際° 교제할 | 즉 | 卽(即) 곧 | | |
|---|---|---|---|---|---|---|---|
| 조 | 朝 아침<br>調 고를<br>造° 지을<br>早° 이를<br>助° 도울<br>鳥 새<br>祖 할아비<br>兆 조짐 | | 照° 비칠<br>弔° 조상할<br>操° 잡을<br>租° 구실<br>條° 가지<br>潮° 조수<br>組° 인끈, 짤<br>燥 마를 | 증 | 增 더할<br>證 증거<br>曾 일찍이 | 蒸 찔<br>贈 줄<br>症 병·증세<br>憎 미워할 | |
| 족 | 足 발<br>族 겨레 | | | 지 | 地 따(땅)<br>至 이를<br>知 알<br>紙 종이<br>支 지탱할<br>指 가리킬<br>持 가질<br>志 뜻<br>止 그칠<br>枝 가지<br>之 갈, 어조사<br>只 다만 | 智 지혜<br>遲 더딜<br>誌 기록할<br>池 못 | |
| 존 | 尊 높일<br>存 있을 | | | | | | |
| 졸 | 卒 마칠 | | 拙 못날 | 직 | 直 곧을 | 職 맡을<br>織 짤 | |
| 종 | 宗 마루<br>種△ 씨<br>終 마칠<br>從△ 좇을<br>鐘 쇠북 | | 縱 세로 | 진 | 眞 참<br>進° 나아갈<br>盡° 다할<br>辰 별<br>(신) 날·별 | 鎭△ 진압할<br>陳△ 늘어놓을<br>珍 보배<br>振° 떨칠<br>陣° 진칠<br>震 진동할 | 방비 |
| 좌 | 左° 왼<br>坐° 앉을 | | 座° 자리<br>佐° 도울 | 질 | 質 바탕<br>(지) 폐백 | 疾 병<br>秩 차례<br>姪 조카 | |
| 죄 | 罪° 죄 | | | 집 | 執 잡을<br>集 모을 | | |
| 주 | 主 임금, 주인<br>酒 술<br>朱 붉을<br>注 물댈<br>走 달아날<br>宙 집<br>住 살<br>晝 낮 | | 周 두루<br>奏 아뢸<br>舟 배<br>柱 기둥<br>珠 구슬<br>株 그루<br>州 고을<br>洲 물가<br>鑄 부어만들 | 징 | | 徵 징험할<br>懲 징계할 | |
| | | | | 차 | 借° 버릴<br>次° 버금<br>此 이<br>且 또 | 差 어긋날<br>(치) 층질 | |
| 죽 | 竹 대 | | | 착 | 着 붙을 | 錯 섞일<br>捉 잡을 | |
| 준 | | | 準° 법도<br>俊° 준걸<br>遵° 좇을 | 찬 | | 贊 찬성할<br>讚 기릴, 칭찬할 | |
| | | | | 찰 | 察 살필 | | |
| 중 | 中 가운데<br>重 무거울<br>衆° 무리 | | 仲 버금 | 참 | 參 참여할<br>(삼) 석 | 慘 참혹할<br>慙 부끄러워할 | |
| | | | | 창 | 唱 부를 | 創△ 비롯할 | |

| 음 | 한자 | 뜻 | 한자 | 뜻 | 음 | 한자 | 뜻 | 한자 | 뜻 |
|---|---|---|---|---|---|---|---|---|---|
| 창 | 昌△ 窓 | 창성할 창 | 蒼 倉△ 暢 | 푸를 곳집 화창할 | 최 | 最° | 가장 | 催 | 재촉할 |
| 채 | 採° 菜 | 캘 나물 | 彩 債 | 채색 빚 | 추 | 秋 追 推 (퇴) | 가을 쫓을 옮을 밀 | 醜 抽 | 추할 뺄, 뽑을 |
| 책 | 册(冊) 責 | 책 꾸짖을 | 策 | 꾀 | 축 | 祝 丑 | 빌 소 | 縮 逐 築 畜 蓄 | 오그라질 쫓을 쌓을 가축 쌓을 |
| 처 | 處° 妻 | 곳 아내 | | | | | | | |
| 척 | 尺 | 자 | 斥 戚 拓 (탁) | 쫓을 겨레 넓힐 박을 | 춘 | 春 | 봄 | | |
| | | | | | 출 | 出 | 날 | | |
| 천 | 天 千 淺° 川 泉 | 하늘 일천 얕을 내 샘 | 賤° 遷 薦 踐 | 천할 옮길 천거할 밟을 | 충 | 忠 充 蟲 | 충성 찰 벌레 | 衝 | 찌를 |
| | | | | | 취 | 取° 就° 吹° | 취할 나아갈 불 | 醉° 趣° 臭 | 취할 취미 냄새 |
| 철 | 鐵 | 쇠 | 哲 徹 | 밝을 통할 | 측 | | | 側 測 | 곁 측량할 |
| 첨 | | | 添 尖 | 더할 뾰족할 | 층 | | | 層 | 층 |
| 첩 | | | 妾 | 첩 | 치 | 治 齒 致° | 다스릴 이 이를 | 置° 恥 値 | 둘 부끄러울 값 |
| 청 | 淸 靑 請 聽 晴 | 맑을 푸를 청할 들을 갤 | 廳 | 관청 | 칙 | 則 (즉) | 법칙 곧 | | |
| | | | | | 친 | 親 | 친할 | | |
| 체 | 體 | 몸 | 替 滯 逮 遞 | 바꿀 막힐 잡을 역말 | 칠 | 七 | 일곱 | 漆 | 옻 |
| | | | | | 침 | 針△ | 바늘 | 沈 (심) 侵 寢 浸 枕 | 잠길 성 침노할 잠잘 잠길 베개 |
| 초 | 初 草 招 | 처음 풀 부를 | 超 抄 礎 肖 秒 | 뛰어넘을 베낄 주춧돌 닮을 초(묘) | 칭 | | | 稱 | 일컬을 |
| | | | | | 쾌 | 快 | 시원할 | | |
| 촉 | | | 觸 促 燭 | 닿을 재촉할 촛불 | 타 | 他 打 | 남 칠 | 妥° 墮 | 온당할 떨어질 |
| 촌 | 寸 村 | 마디 마을 | | | 탁 | | | 卓 濁 托 濯 | 높을 흐릴 받칠 빨래할 |
| 총 | | | 總° 銃 聰 | 다 총 귀 밝을 | | | | 彈 | 탄환 |

# 교육용(중·고등학교) 기초한자 1800자

| | | | | | | | | |
|---|---|---|---|---|---|---|---|---|
| 탄 | | | 炭° 歎° 誕° | 숯 탄식할 태어날 | 포 | 抱° | 안을 | 捕° 浦° 飽° 胞° | 잡을 갯가 배부를 태보 |
| 탈 | 脫 | 벗을 | 奪 | 빼앗을 | 폭 | 暴 (포) | 드러낼 사나울 | 爆° 幅° | 폭발할 폭 |
| 탐 | 探 | 찾을 | 貪 | 탐할 | 표 | 表 | 겉 | 標° 漂° 票° | 표 뜰 표 |
| 탑 | | | 塔 | 탑 | 품 | 品° | 품수 | | |
| 탕 | | | 湯 | 끓일 | 풍 | 風 豊(豐) | 바람 풍성할 | | |
| 태 | 太 泰 | 클, 콩 클, 편안할 | 態 怠 殆 | 태도 게으를 위태로울 | 피 | 皮 彼 | 가죽 저 | 被° 避° 疲° | 입을 피할 피곤할 |
| 택 | 宅 (댁) | 집 댁 | 澤 擇 | 못 가릴 | 필 | 筆 必 匹 | 붓 반드시 짝 | 畢 | 마칠 |
| 토 | 土 | 흙 | 吐 討 | 토할 칠 | 하 | 下° 夏° 河 何 賀 | 아래 여름 물 어찌 하례할 | 荷 | 멜·연꽃 |
| 통 | 通 統° | 통할 거느릴 | 痛 | 아플 | 학 | 學 | 배울 | 鶴 | 두루미 |
| 퇴 | 退 | 물러갈 | | | 한 | 寒 漢 閑 恨 限° 韓 | 찰 한수 한가할 원한 한할 나라 | 汗° 旱 | 땀 가물 |
| 투 | 投 | 던질 | 鬪 透 | 싸울 통할 | 할 | | | 割 | 나눌 |
| 특 | 特 | 특별할 | | | 함 | | | 含 陷° 咸 | 머금을 빠질 다 |
| 파 | 破 波 | 깨뜨릴 물결 | 把 罷° 派 播 頗 | 쥘 파할 물갈래 씨뿌릴 자못, 치우칠 | 합 | 合 | 합할 | | |
| 판 | 判 | 판단할 | 板 版 販 | 널조각 판목, 조각 팔 | 항 | 恒(恆) | 항상 | 航 抗° 港° 項° 巷 | 배 대항할 항구 목 거리 |
| 팔 | 八 | 여덟 | | | 해 | 海° 解° 害 亥 | 바다 풀 해할 돼지 | 該 奚 | 갖출 어찌 |
| 패 | 敗° 貝 | 패할 조개 | | | 핵 | | | 核 | 씨 |
| 편 | 便° (변) 片° 篇 | 편할 똥오줌 조각 책 | 偏 編 遍 | 치우칠 엮을 두루 | | | | | |
| 평 | 平 | 평평할 | 評° | 평할 | | | | | |
| 폐 | 閉° | 닫을 | 廢 弊 肺 蔽 幣 | 폐할 폐단 허파 가릴 폐백 | | | | | |
| | 布° | 베, 펼 | 包° | 쌀 | | | | | |

| | | | | | | | | | |
|---|---|---|---|---|---|---|---|---|---|
| 행 | 行△<br>(항)<br>幸° | 다닐<br>행실<br>항렬<br>다행 | | | 화 | 火△<br>畫°<br>(획)<br>和<br>華△<br>化<br>貨<br>話 | 불<br>그림<br>그을<br>화목할<br>빛날<br>될<br>재화<br>말씀 | 禾 | 벼 |
| 향 | 鄕<br>香<br>向° | 시골<br>향기<br>향할 | 享°<br>響 | 누릴<br>울릴 | 확 | | | 確<br>擴<br>穫 | 확실할<br>넓힐<br>거둘 |
| 허 | 虛<br>許 | 빌<br>허락할 | | | 환 | 歡<br>患 | 기쁠<br>근심할 | 還△<br>換<br>環<br>丸 | 돌아올<br>바꿀<br>고리<br>둥글 |
| 헌 | | | 獻<br>軒°<br>憲 | 드릴<br>초헌<br>법 | | | | | |
| 험 | | | 險°<br>驗 | 험할<br>시험할 | 활 | 活 | 살 | | |
| 혁 | 革 | 가죽 | | | 황 | 黃<br>皇 | 누를<br>임금 | 荒<br>況° | 거칠<br>하물며 |
| 현 | 現°<br>賢 | 나타날<br>어질 | 玄<br>懸<br>顯°<br>縣<br>絃 | 검을<br>매달<br>나타날<br>고을<br>줄 | 회 | 回<br>會 | 돌<br>모을, 모임 | 懷<br>悔 | 품을<br>뉘우칠 |
| 혈 | 血 | 피 | 穴 | 구멍 | 획 | | | 劃(畫)<br>獲 | 그을<br>얻을 |
| 혐 | | | 嫌 | 싫어할 | 횡 | | | 橫 | 가로 |
| 협 | 協 | 화할 | 脅 | 위협할 | 효 | 孝°<br>效(効)° | 효도<br>본받을 | 曉 | 새벽 |
| 형 | 形<br>刑<br>兄 | 얼굴<br>형벌<br>형 | 螢<br>亨<br>衡 | 반딧불<br>형통할<br>저울대 | 후 | 後°<br>厚° | 뒤<br>두터울 | 候<br>侯 | 기후<br>제후 |
| 혜 | 惠° | 은혜 | 慧°<br>兮 | 지혜<br>어조사 | 훈 | 訓° | 가르칠 | | |
| 호 | 虎°<br>戶°<br>呼<br>號<br>湖<br>好<br>乎 | 범<br>지게<br>부를<br>부르짖을<br>호수<br>좋을<br>어조사 | 胡<br>豪<br>護°<br>互°<br>浩<br>毫 | 오랑캐<br>호걸<br>보호할<br>서로<br>넓을<br>털 | 훼 | | | 毁 | 헐 |
| | | | | | 휘 | | | 揮<br>輝 | 휘두를<br>빛날 |
| | | | | | 휴 | 休 | 쉴 | 携 | 가질 |
| | | | | | 흉 | 凶<br>胸 | 흉할<br>가슴 | | |
| 혹 | 或 | 혹 | 惑 | 미혹할 | 흑 | 黑 | 검을 | | |
| 혼 | 混°<br>婚 | 섞일<br>혼인할 | 昏<br>魂 | 어두울<br>넋 | 흡 | | | 吸 | 빨아들일 |
| 홀 | | | 忽 | 문득 | 흥 | 興△ | 흥할 | | |
| 홍 | 紅 | 붉을 | 洪<br>弘<br>鴻 | 넓을<br>클<br>기러기 | 희 | 希<br>喜 | 바랄<br>기쁠 | 戱(戲)<br>稀 | 희롱할<br>드물 |
| | 花 | 꽃 | 禍° | 재앙 | | | | | |

— 「정서법자료(正書法資料)」

이승구(李升九) 편저 : 대한교과서(주) —

## 2. 두음법칙(頭音法則) 한자

※ 한자음에서 첫 글자의 초성이 ㄴ·ㄹ일 때 ㅇ·ㄴ으로 발음되는 것을 두음법칙이라 한다.

### ㄴ ⇒ ㅇ

| | | | | | | | |
|---|---|---|---|---|---|---|---|
| 尿(뇨) | 뇨 — 糖尿病(당뇨병)<br>요 — 尿素肥料(요소비료) | 尼(니) | 니 — 比丘尼(비구니)<br>이 — 尼僧(이승) | 泥(니) | 니 — 雲泥(운니)<br>이 — 泥土(이토) |
| 溺(닉) | 닉 — 眈溺(탐닉)<br>익 — 溺死(익사) | 女(녀) | 여 — 女子(여자)<br>녀 — 小女(소녀) | 匿(닉) | 닉 — 隱匿(은닉)<br>익 — 匿名(익명) |
| 紐(뉴) | 뉴 — 結紐(결뉴)<br>유 — 紐帶(유대) | 念(념) | 념 — 理念(이념)<br>염 — 念佛(염불) | 年(년) | 년 — 數十年(수십년)<br>연 — 年代(연대) |

### ㄹ ⇒ ㄴ, ㅇ

| | | | | | | | |
|---|---|---|---|---|---|---|---|
| 洛(락) | 락 — 京洛(경락)<br>낙 — 洛東江(낙동강) | 蘭(란) | 란 — 香蘭(향란)<br>난 — 蘭草(난초) | 欄(란) | 란 — 空欄(공란)<br>난 — 欄干(난간) |
| 藍(람) | 람 — 甘藍(감람)<br>남 — 藍色(남색) | 濫(람) | 람 — 氾濫(범람)<br>남 — 濫發(남발) | 拉(랍) | 랍 — 被拉(피랍)<br>납 — 拉致(납치) |
| 浪(랑) | 랑 — 放浪(방랑)<br>낭 — 浪說(낭설) | 廊(랑) | 랑 — 舍廊(사랑)<br>낭 — 廊下(낭하) | 涼(량) | 량 — 淸凉里(청량리)<br>양 — 凉秋(양추) |
| 諒(량) | 량 — 海諒(해량)<br>양 — 諒解(양해) | 慮(려) | 려 — 憂慮(우려)<br>여 — 慮外(여외) | 勵(려) | 려 — 獎勵(장려)<br>여 — 勵行(여행) |
| 曆(력) | 력 — 陽曆(양력)<br>역 — 曆書(역서) | 蓮(련) | 련 — 水蓮(수련)<br>연 — 蓮根(연근) | 戀(련) | 련 — 悲戀(비련)<br>연 — 戀情(연정) |
| 劣(렬) | 렬 — 拙劣(졸렬)<br>열 — 劣等(열등) | 廉(렴) | 렴 — 淸廉(청렴)<br>염 — 廉恥(염치) | 嶺(령) | 령 — 大關嶺(대관령)<br>영 — 嶺東(영동) |
| 露(로) | 로 — 白露(백로)<br>노 — 露出(노출) | 爐(로) | 로 — 火爐(화로)<br>노 — 爐邊(노변) | 祿(록) | 록 — 國祿(국록)<br>녹 — 祿俸(녹봉) |
| 弄(롱) | 롱 — 戱弄(희롱)<br>농 — 弄談(농담) | 雷(뢰) | 뢰 — 地雷(지뢰)<br>뇌 — 雷聲(뇌성) | 陵(릉) | 릉 — 丘陵(구릉)<br>능 — 陵墓(능묘) |
| 療(료) | 료 — 治療(치료)<br>요 — 療養(요양) | 龍(룡) | 룡 — 靑龍(청룡)<br>용 — 龍床(용상) | 倫(륜) | 륜 — 人倫(인륜)<br>윤 — 倫理(윤리) |
| 隆(륭) | 륭 — 興隆(흥륭)<br>융 — 隆盛(융성) | 梨(리) | 리 — 山梨(산리)<br>이 — 梨花(이화) | 裏(리) | 리 — 表裏(표리)<br>이 — 裏面(이면) |
| 吏(리) | 리 — 官吏(관리)<br>이 — 吏讀(이두) | 理(리) | 리 — 倫理(윤리)<br>이 — 理解(이해) | 臨(림) | 림 — 君臨(군림)<br>임 — 臨席(임석) |

# 3. 동자이음(同字異音) 한자

| 降 | 내릴 | 강 | 降雨(강우) | 昇降(승강) |
|---|---|---|---|---|
|  | 항복할 | 항 | 降伏(항복) | 投降(투항) |

| 更 | 다시 | 갱 | 更生(갱생) | 更紙(갱지) |
|---|---|---|---|---|
|  | 고칠 | 경 | 更張(경장) | 三更(삼경) |

| 車 | 수레 | 거 | 車馬(거마) | 四輪車(사륜거) |
|---|---|---|---|---|
|  | 수레 | 차 | 車票(차표) | 馬車(마차) |

| 乾 | 하늘, 마를 | 건 | 乾燥(건조) | 乾坤(건곤) |
|---|---|---|---|---|
|  | 마를 | 간 | 乾物(간물) | 乾淨(간정) |

| 見 | 볼 | 견 | 見聞(견문) | 一見(일견) |
|---|---|---|---|---|
|  | 나타날, 뵐 | 현 | 謁見(알현) | 露見(노현) |

| 串 | 버릇 | 관 | 串童(관동) | 串戲(관희) |
|---|---|---|---|---|
|  | 꿸 | 천 | 串子(천자) | 串票(천표) |
|  | 땅이름 | 곶 | 甲串(갑곶) | 地名 |

| 告 | 알릴 | 고 | 告示(고시) | 豫告(예고) |
|---|---|---|---|---|
|  | 뵙고청할 | 곡 | 告寧(곡녕) | 出必告(출필곡) |

| 龜 | 땅이름 | 구 | 龜浦(구포:地名) | 龜玆(구자) |
|---|---|---|---|---|
|  | 거북 | 귀 | 龜鑑(귀감) |  |
|  | 터질 | 균 | 龜裂(균열) | 龜柝(균탁) |

| 金 | 쇠 | 금 | 金品(금품) | 賞金(상금) |
|---|---|---|---|---|
|  | 성, 땅이름 | 김 | 金氏(김씨) | 金浦(김포:地名) |

| 奈 | 나락 | 나 | 奈落(나락) |  |
|---|---|---|---|---|
|  | 어찌 | 내 | 奈何(내하) |  |

| 帑 | 처자 | 노 | 妻帑(처노) | 鳥帑(조노) |
|---|---|---|---|---|
|  | 나라곳집 | 탕 | 內帑金(내탕금) | 帑庫(탕고) |

| 茶 | 차 | 다 | 茶菓(다과) | 點茶(점다) |
|---|---|---|---|---|
|  |  |  | 茶洞(다동:洞名) |  |
|  | 차 | 차 | 茶禮(차례) | 葉茶(엽차) |

| 宅 | 댁 | 댁 | 宅內(댁내) | 宅下人(댁하인) |
|---|---|---|---|---|
|  | 집 | 택 | 宅地(택지) | 住宅(주택) |

| 度 | 법도 | 도 | 度數(도수) | 年度(연도) |
|---|---|---|---|---|
|  | 헤아릴 | 탁 | 度支部(탁지부) | 忖度(촌탁) |

| 讀 | 읽을 | 독 | 讀書(독서) | 耽讀(탐독) |
|---|---|---|---|---|
|  | 구절 | 두 | 吏讀(이두) | 句讀(구두) |

| 洞 | 마을 | 동 | 洞里(동리) | 合洞(합동) |
|---|---|---|---|---|
|  | 통할 | 통 | 洞察(통찰) | 洞燭(통촉) |

| 屯 | 모일 | 둔 | 屯田(둔전) | 駐屯(주둔) |
|---|---|---|---|---|
|  | 어려울 | 준 | 屯困(준곤) | 屯險(준험) |

| 反 | 돌이킬 | 반 | 反亂(반란) | 違反(위반) |
|---|---|---|---|---|
|  | 뒤집을 | 번 | 反田(번전) | 反胃(번위) |

| 魄 | 넋 | 백 | 魂魄(혼백) | 精魄(정백) |
|---|---|---|---|---|
|  | 넋잃을 | 탁(박) | 落魄(낙탁) |  |

| 便 | 똥오줌 | 변 | 便所(변소) | 小便(소변) |
|---|---|---|---|---|
|  | 편할 | 편 | 便利(편리) | 郵便(우편) |

| 復 | 회복할 | 복 | 復歸(복귀) | 恢復(회복) |
|---|---|---|---|---|
|  | 다시 | 부 | 復活(부활) | 復興(부흥) |

| 父 | 아비 | 부 | 父母(부모) | 生父(생부) |
|---|---|---|---|---|
|  | 남자미칭 | 보 | 尙父(상보) | 尼父(이보) |

| 否 | 아닐 | 부 | 否決(부결) | 可否(가부) |
|---|---|---|---|---|
|  | 막힐 | 비 | 否塞(비색) | 否運(비운) |

| 北 | 북녘 | 북 | 北進(북진) | 南北(남북) |
|---|---|---|---|---|
|  | 달아날 | 패 | 敗北(패배) |  |

| 分 | 나눌 | 분 | 分裂(분열) | 部分(부분) |
|---|---|---|---|---|
|  | 단위 | 푼 | 分錢(푼전) | 五分邊(오푼변) |

| 不 | 아니 | 불 | 不能(불능) | 不遇(불우) |
|---|---|---|---|---|
|  | 아닐 | 부 | 不動産(부동산) | 不在(부재) |

| 沸 | 끓을 | 비 | 沸騰(비등) | 煮沸(자비) |
|---|---|---|---|---|
|  | 물용솟음칠 | 불 | 沸水(불수) | 沸然(불연) |

# 동자이음(同字異音) 한자

| 寺 | 절 | 사 | 寺刹(사찰) | 本寺(본사) |
|---|---|---|---|---|
|   | 내시, 관청 | 시 | 寺人(시인) | 太常寺(태상시) |

| 殺 | 죽일 | 살 | 殺生(살생) | 射殺(사살) |
|---|---|---|---|---|
|   | 감할 | 쇄 | 殺到(쇄도) | 相殺(상쇄) |

| 狀 | 모양 | 상 | 狀況(상황) | 狀態(상태) |
|---|---|---|---|---|
|   | 문서 | 장 | 狀啓(장계) | 賞狀(상장) |

| 索 | 찾을 | 색 | 索引(색인) | 思索(사색) |
|---|---|---|---|---|
|   | 쓸쓸할 | 삭 | 索莫(삭막) | 索道(삭도) |

| 塞 | 막을 | 색 | 塞源(색원) | 閉塞(폐색) |
|---|---|---|---|---|
|   | 변방 | 새 | 塞翁之馬(새옹지마) | 要塞(요새) |

| 說 | 말씀 | 설 | 說得(설득) | 學說(학설) |
|---|---|---|---|---|
|   | 달랠 | 세 | 說客(세객) | 遊說(유세) |
|   | 기뻐할 | 열 | 說喜(열희) | 不亦說乎(불역열호) |

| 省 | 살필 | 성 | 省墓(성묘) | 反省(반성) |
|---|---|---|---|---|
|   | 덜 | 생 | 省略(생략) | 省力(생력) |

| 率 | 거느릴 | 솔 | 率先(솔선) | 引率(인솔) |
|---|---|---|---|---|
|   | 비율 | 률(율) | 率身(율신) | 能率(능률) |

| 衰 | 쇠할 | 쇠 | 衰退(쇠퇴) | 盛衰(성쇠) |
|---|---|---|---|---|
|   | 상복 | 최 | 衰服(최복) | 衰姪(최질) |

| 數 | 셀 | 수 | 數學(수학) | 運數(운수) |
|---|---|---|---|---|
|   | 자주 | 삭 | 數窮(삭궁) | 頻數(빈삭) |
|   | 촘촘할 | 촉 | 數罟(촉고) |   |

| 宿 | 잘 | 숙 | 宿泊(숙박) | 露宿(노숙) |
|---|---|---|---|---|
|   | 별 | 수 | 宿曜(수요) | 二十八宿(이십팔수) |

| 拾 | 주울 | 습 | 拾得(습득) | 收拾(수습) |
|---|---|---|---|---|
|   | 열 | 십 | 拾萬(십만) | 五拾(오십) |

| 瑟 | 악기이름 | 슬 | 瑟居(슬거) | 簫瑟(소슬) |
|---|---|---|---|---|
|   | 악기이름 | 실 | 琴瑟之樂(금실지락) |   |

| 食 | 밥 | 식 | 食堂(식당) | 美食家(미식가) |
|---|---|---|---|---|
|   | 먹일 | 사 | 簞食(단사) | 蔬食(소사) |

| 識 | 알 | 식 | 識見(식견) | 鑑識(감식) |
|---|---|---|---|---|
|   | 기록할 | 지 | 標識(표지) | 款識(관지) |

| 什 | 열사람 | 십 | 什長(십장) | 什六(십육) |
|---|---|---|---|---|
|   | 세간 | 집 | 什器(집기) | 佳什(가집) |

| 十 | 열 | 십 | 十干(십간) | 十二支(십이지) |
|---|---|---|---|---|
|   |   | 시 | 十月(시월) | 十方世界(시방세계) |

| 惡 | 악할 | 악 | 惡漢(악한) | 懲惡(징악) |
|---|---|---|---|---|
|   | 미워할 | 오 | 惡寒(오한) | 憎惡(증오) |

| 樂 | 풍류 | 악 | 樂聖(악성) | 音樂(음악) |
|---|---|---|---|---|
|   | 즐길 | 낙(락) | 樂園(낙원) | 苦樂(고락) |
|   | 좋아할 | 요 | 樂山樂水(요산요수) |   |

| 若 | 같을, 만약 | 약 | 若干(약간) | 老若(노약) |
|---|---|---|---|---|
|   | 반야 | 야 | 般若(반야) | 蘭若(난야) |

| 於 | 어조사 | 어 | 於是乎(어시호) | 於焉間(어언간) |
|---|---|---|---|---|
|   | 탄식할 | 오 | 於兎(오토) | 於乎(오호) |

| 厭 | 싫어할 | 염 | 厭世(염세) | 厭症(염증) |
|---|---|---|---|---|
|   | 누를 | 엽 | 厭然(엽연) | 厭揖(엽읍) |

| 葉 | 잎 | 엽 | 葉書(엽서) | 落葉(낙엽) |
|---|---|---|---|---|
|   | 성씨 | 섭 | 葉氏(섭씨) | 迦葉(가섭:人名) |

| 六 | 여섯 | 육/륙 | 六年(육년) | 五六島(오륙도) |
|---|---|---|---|---|
|   | 여섯 | 유/뉴 | 六月(유월) | 五六月(오뉴월) |

| 易 | 쉬울 | 이 | 易慢(이만) | 難易(난이) |
|---|---|---|---|---|
|   | 바꿀, 주역 | 역 | 易學(역학) | 貿易(무역) |

| 咽 | 목구멍 | 인 | 咽喉(인후) | 咽頭(인두) |
|---|---|---|---|---|
|   | 목멜 | 열 | 嗚咽(오열) |   |

| 刺 | 찌를 | 자 | 刺戟(자극) | 諷刺(풍자) |
|---|---|---|---|---|
|   | 수라 | 라 | 水刺(수라) |   |
|   | 찌를 | 척 | 刺殺(척살) | 刺船(척선) |

| 炙 | 구울 | 자 | 炙背(자배) | 膾炙(회자) |
|---|---|---|---|---|
|   | 고기구이 | 적 | 炙鐵(적철) | 散炙(산적) |

| 著 | 지을 | 저 | 著述(저술) | 顯著(현저) |
|---|---|---|---|---|
|   | 붙을 | 착 | 著近(착근) | 附着(부착) |

| 抵 | 막을(밀칠) | 저 | 抵抗(저항) | 根抵當(근저당) |
|---|---|---|---|---|
|   | 칠 | 지 | 抵掌(지장) |   |

| 한자 | 뜻 | 음 | 용례1 | 용례2 |
|---|---|---|---|---|
| 切 | 끊을 | 절 | 切迫(절박) | 親切(친절) |
|  | 모두 | 체 | 一切(일체) |  |
| 提 | 끌 | 제 | 提携(제휴) | 前提(전제) |
|  | 보리수 | 리 | 菩提樹(보리수) |  |
|  | 떼지어날 | 시 | 提提(시시) |  |
| 辰 | 지지 | 진 | 辰時(진시) | 日辰(일진) |
|  | 일월성 | 신 | 生辰(생신) | 星辰(성신) |
| 斟 | 술따를 | 짐 | 斟酌(짐작) | 斟問(짐문) |
|  | 짐작할 | 침 | 斟量(침량) | 斟酒(침주) |
| 徵 | 부를 | 징 | 徵兵(징병) | 象徵(상징) |
|  | 음률이름 | 치 | 宮商角徵羽(궁상각치우:音名) |  |
| 差 | 어긋날 | 차 | 差別(차별) | 格差(격차) |
|  | 층질 | 치 | 參差(참치) | 差輕(치경) |
| 帖 | 문서 | 첩 | 帖着(첩착) | 手帖(수첩) |
|  | 체지 | 체 | 帖文(체문) | 帖紙(체지) |
| 諦 | 살필 | 체 | 諦念(체념) | 妙諦(묘체) |
|  | 울 | 제 | 眞諦(진제) | 三諦(삼제) |
| 丑 | 소 | 축 | 丑時(축시) | 乙丑年(을축년) |
|  | (本音) | 추 | 公孫丑(공손추 : 人名) |  |
| 則 | 법 | 칙 | 則效(칙효) | 規則(규칙) |
|  | 곧 | 즉 | 然則(연즉=卽) |  |
| 沈 | 가라앉을 | 침 | 沈沒(침몰) | 擊沈(격침) |
|  | 성씨 | 심 | 沈氏(심씨) |  |
| 拓 | 박을 | 탁 | 拓本(탁본) | 拓落(타락) |
|  | 넓힐 | 척 | 拓殖(척식) | 開拓(개척) |
| 罷 | 그만둘 | 파 | 罷業(파업) | 革罷(혁파) |
|  | 고달플 | 피 | 罷勞(피로) | 罷民(피민) |
| 編 | 엮을 | 편 | 編輯(편집) | 共編(공편) |
|  | 땋을 | 변 | 編髮(변발) |  |
| 布 | 베 | 포 | 布木(포목) | 宣布(선포) |
|  | 베풀 | 보 | 布施(보시) |  |
| 暴 | 사나울 | 폭 | 暴動(폭동) | 亂暴(난폭) |
|  | 사나울 | 포 | 暴惡(포악) | 橫暴(횡포) |
| 曝 | 볕쬘 | 폭 | 曝衣(폭의) | 曝露(폭로) |
|  | 볕쬘 | 포 | 曝白(포백) | 曝曬(폭쇄) |
| 皮 | 가죽 | 피 | 皮革(피혁) | 木皮(목피) |
|  | 가죽 | 비 | 鹿皮(녹비) |  |
| 行 | 다닐 | 행 | 行樂(행락) | 決行(결행) |
|  | 항렬·줄 | 항 | 行列(항렬) | 叔行(숙항) |
| 陜 | 좁을 | 협 | 陜隘(협애) | 山陜(산협) |
|  | 땅이름 | 합 | 陜川(합천 : 地名) |  |
| 滑 | 미끄러울 | 활 | 滑降(활강) | 圓滑(원활) |
|  | 어지러울 | 골 | 滑稽(골계) |  |

# 4. 뜻이 서로 상대(반대)되는 한자

| | | | | | | | | | |
|---|---|---|---|---|---|---|---|---|---|
| 加 더할 | 가 | ↔ | 減 덜 | 감 | 斷 끊을 | 단 | ↔ | 續 이을 | 속 |
| 可 옳을 | 가 | ↔ | 否 아닐 | 부 | 大 큰 | 대 | ↔ | 小 작을 | 소 |
| 干 방패 | 간 | ↔ | 戈 창 | 과 | 東 동녘 | 동 | ↔ | 西 서녘 | 서 |
| 干 마를 | 간 | ↔ | 滿 찰 | 만 | 動 움직일 | 동 | ↔ | 靜 고요할 | 정 |
| 甘 달 | 감 | ↔ | 苦 쓸 | 고 | 得 얻을 | 득 | ↔ | 失 잃을 | 실 |
| 江 강 | 강 | ↔ | 山 메 | 산 | 來 올 | 래 | ↔ | 往 갈 | 왕 |
| 強 강할 | 강 | ↔ | 弱 약할 | 약 | 老 늙을 | 로 | ↔ | 少 젊을 | 소 |
| 開 열 | 개 | ↔ | 閉 닫을 | 폐 | 勞 수고로울 | 로 | ↔ | 使 부릴 | 사 |
| 去 갈 | 거 | ↔ | 來 올 | 래 | 陸 뭍 | 륙 | ↔ | 海 바다 | 해 |
| 京 서울 | 경 | ↔ | 鄕 시골 | 향 | 利 이로울 | 리 | ↔ | 害 해칠 | 해 |
| 輕 가벼울 | 경 | ↔ | 重 무거울 | 중 | 離 떠날 | 리 | ↔ | 合 합할 | 합 |
| 苦 괴로울 | 고 | ↔ | 樂 즐길 | 락 | 賣 팔 | 매 | ↔ | 買 살 | 매 |
| 高 높을 | 고 | ↔ | 低 낮을 | 저 | 明 밝을 | 명 | ↔ | 暗 어두울 | 암 |
| 曲 굽을 | 곡 | ↔ | 直 곧을 | 직 | 問 물을 | 문 | ↔ | 答 대답할 | 답 |
| 公 공변될 | 공 | ↔ | 私 사사로울 | 사 | 文 글월 | 문 | ↔ | 武 호반 | 무 |
| 功 공 | 공 | ↔ | 過 허물 | 과 | 物 만물 | 물 | ↔ | 心 마음 | 심 |
| 攻 칠 | 공 | ↔ | 防 막을 | 방 | 班 양반 | 반 | ↔ | 常 상사람 | 상 |
| 攻 칠 | 공 | ↔ | 守 지킬 | 수 | 發 떠날 | 발 | ↔ | 着 이를 | 착 |
| 官 벼슬 | 관 | ↔ | 民 백성 | 민 | 本 근본 | 본 | ↔ | 末 끝 | 말 |
| 君 임금 | 군 | ↔ | 臣 신하 | 신 | 夫 남편 | 부 | ↔ | 婦 아내 | 부 |
| 及 미칠 | 급 | ↔ | 落 떨어질 | 락 | 貧 가난할 | 빈 | ↔ | 富 부자 | 부 |
| 起 일어날 | 기 | ↔ | 伏 엎드릴 | 복 | 氷 얼음 | 빙 | ↔ | 炭 숯 | 탄 |
| 起 일어날 | 기 | ↔ | 寢 잠잘 | 침 | 死 죽을 | 사 | ↔ | 生 날 | 생 |
| 吉 길할 | 길 | ↔ | 凶 흉할 | 흉 | 死 죽을 | 사 | ↔ | 活 살 | 활 |
| 難 어려울 | 난 | ↔ | 易 쉬울 | 이 | 師 스승 | 사 | ↔ | 弟 제자 | 제 |
| 南 남녘 | 남 | ↔ | 北 북녘 | 북 | 山 메 | 산 | ↔ | 川 내 | 천 |
| 男 사내 | 남 | ↔ | 女 계집 | 녀 | 山 메 | 산 | ↔ | 河 강 | 하 |
| 內 안 | 내 | ↔ | 外 바깥 | 외 | 山 메 | 산 | ↔ | 海 바다 | 해 |
| 多 많을 | 다 | ↔ | 少 적을 | 소 | 上 위 | 상 | ↔ | 下 아래 | 하 |
| 單 홑 | 단 | ↔ | 複 겹칠 | 복 | 賞 상줄 | 상 | ↔ | 罰 벌줄 | 벌 |

| | | | | | | | | | |
|---|---|---|---|---|---|---|---|---|---|
| 先 먼저 | 선 | ↔ | 後 뒤 | 후 | 自 자기 | 자 | ↔ | 他 남 | 타 |
| 善 착할 | 선 | ↔ | 惡 악할 | 악 | 長 길·길이 | 장 | ↔ | 短 짧을 | 단 |
| 成 이룰 | 성 | ↔ | 敗 패할 | 패 | 將 장수 | 장 | ↔ | 兵 병졸 | 병 |
| 損 덜 | 손 | ↔ | 益 더할 | 익 | 將 장수 | 장 | ↔ | 卒 군사 | 졸 |
| 送 보낼 | 송 | ↔ | 迎 맞을 | 영 | 前 앞 | 전 | ↔ | 後 뒤 | 후 |
| 授 줄 | 수 | ↔ | 受 받을 | 수 | 正 바를 | 정 | ↔ | 誤 그릇할 | 오 |
| 水 물 | 수 | ↔ | 火 불 | 화 | 朝 아침 | 조 | ↔ | 夕 저녁 | 석 |
| 手 손 | 수 | ↔ | 足 발 | 족 | 祖 할아비 | 조 | ↔ | 孫 손자 | 손 |
| 收 거둘 | 수 | ↔ | 支 줄 | 지 | 朝 조정 | 조 | ↔ | 野 민간 | 야 |
| 順 따를 | 순 | ↔ | 逆 거스를 | 역 | 存 있을 | 존 | ↔ | 亡 없을 | 망 |
| 勝 이길 | 승 | ↔ | 敗 패할 | 패 | 主 주인 | 주 | ↔ | 客 손 | 객 |
| 勝 이길 | 승 | ↔ | 負 질·패할 | 부 | 主 주될 | 주 | ↔ | 從 모실·종 | 종 |
| 始 처음 | 시 | ↔ | 末 끝 | 말 | 晝 낮 | 주 | ↔ | 夜 밤 | 야 |
| 始 처음 | 시 | ↔ | 終 마지막 | 종 | 進 나아갈 | 진 | ↔ | 退 물러날 | 퇴 |
| 是 옳을 | 시 | ↔ | 非 그를 | 비 | 眞 참 | 진 | ↔ | 假 거짓 | 가 |
| 新 새 | 신 | ↔ | 舊 옛 | 구 | 集 모을 | 집 | ↔ | 配 나눌 | 배 |
| 心 마음 | 심 | ↔ | 身 몸 | 신 | 集 모일 | 집 | ↔ | 散 흩어질 | 산 |
| 安 편안할 | 안 | ↔ | 危 위태할 | 위 | 增 더할 | 증 | ↔ | 減 덜 | 감 |
| 溫 따뜻할 | 온 | ↔ | 冷 찰 | 랭 | 天 하늘 | 천 | ↔ | 地 땅 | 지 |
| 言 말씀 | 언 | ↔ | 行 행할 | 행 | 初 처음 | 초 | ↔ | 終 끝 | 종 |
| 與 줄 | 여 | ↔ | 奪 빼앗을 | 탈 | 春 봄 | 춘 | ↔ | 秋 가을 | 추 |
| 玉 옥 | 옥 | ↔ | 石 돌 | 석 | 豊 풍년들 | 풍 | ↔ | 凶 흉년들 | 흉 |
| 往 갈 | 왕 | ↔ | 來 올 | 래 | 出 나갈 | 출 | ↔ | 缺 궐할 | 결 |
| 往 갈 | 왕 | ↔ | 復 돌아올 | 복 | 出 낼 | 출 | ↔ | 納 들일 | 납 |
| 遠 멀 | 원 | ↔ | 近 가까울 | 근 | 寒 찰 | 한 | ↔ | 暖 따뜻할 | 난 |
| 有 있을 | 유 | ↔ | 無 없을 | 무 | 海 바다 | 해 | ↔ | 陸 뭍 | 륙 |
| 恩 은혜 | 은 | ↔ | 怨 원망할 | 원 | 虛 헛될 | 허 | ↔ | 實 참될 | 실 |
| 陰 그늘 | 음 | ↔ | 陽 볕 | 양 | 兄 맏 | 형 | ↔ | 弟 아우 | 제 |
| 異 다를 | 이 | ↔ | 同 한가지 | 동 | 黑 검을 | 흑 | ↔ | 白 흰 | 백 |
| 因 까닭 | 인 | ↔ | 果 결과 | 과 | 興 흥할 | 흥 | ↔ | 亡 망할 | 망 |
| 日 날·낮 | 일 | ↔ | 夜 밤 | 야 | 喜 기쁠 | 희 | ↔ | 怒 성낼 | 노 |
| 日 날·해 | 일 | ↔ | 月 달 | 월 | 喜 기쁠 | 희 | ↔ | 悲 슬플 | 비 |
| 姉 누이 | 자 | ↔ | 妹 손아래누이 | 매 | | | | | |

## 5. 뜻이 서로 같은(비슷한) 한자

| | | | | | | | | | | |
|---|---|---|---|---|---|---|---|---|---|---|
| 家 집 | 가 | = | 屋 집 | 옥 | | 到 이를 | 도 | = | 着 이를 | 착 |
| 家 집 | 가 | = | 宅 집 (택) | 댁 | | 徒 무리 | 도 | = | 黨 무리 | 당 |
| 歌 노래 | 가 | = | 曲 가락·악곡 | 곡 | | 道 길 | 도 | = | 路 길 | 로 |
| 歌 노래 | 가 | = | 謠 노래 | 요 | | 逃 달아날 | 도 | = | 亡 달아날 | 망 |
| 監 볼 | 감 | = | 視 볼 | 시 | | 逃 달아날 | 도 | = | 避 피할 | 피 |
| 巨 클 | 거 | = | 大 큰 | 대 | | 盜 도둑 | 도 | = | 賊 도둑 | 적 |
| 居 살 | 거 | = | 住 살 | 주 | | 圖 그림 | 도 | = | 畫 그림 | 화 |
| 健 건강할 | 건 | = | 康 건강할 | 강 | | 末 끝 | 말 | = | 端 끝 | 단 |
| 堅 굳을 | 견 | = | 固 굳을 | 고 | | 末 끝 | 말 | = | 尾 끝 | 미 |
| 境 지경 | 경 | = | 界 지경 | 계 | | 滅 멸망할 | 멸 | = | 亡 망할 | 망 |
| 競 다툴 | 경 | = | 爭 다툴 | 쟁 | | 毛 터럭 | 모 | = | 髮 터럭 | 발 |
| 階 층계 | 계 | = | 段 층계 | 단 | | 模 법 | 모 | = | 範 법 | 범 |
| 計 셈할 | 계 | = | 算 셈할 | 산 | | 文 글월 | 문 | = | 章 글 | 장 |
| 繼 이을 | 계 | = | 續 이을 | 속 | | 法 법 | 법 | = | 式 법 | 식 |
| 階 층계 | 계 | = | 層 층계 | 층 | | 法 법 | 법 | = | 典 법 | 전 |
| 孤 외로울 | 고 | = | 獨 외로울 | 독 | | 變 변할 | 변 | = | 化 변화될 | 화 |
| 考 생각할 | 고 | = | 慮 생각할 | 려 | | 兵 병졸 | 병 | = | 士 병졸 | 사 |
| 空 빌 | 공 | = | 虛 빌 | 허 | | 兵 병졸 | 병 | = | 卒 병졸 | 졸 |
| 攻 칠 | 공 | = | 擊 칠 | 격 | | 報 알릴 | 보 | = | 告 알릴 | 고 |
| 過 지날 | 과 | = | 去 지날 | 거 | | 保 지킬 | 보 | = | 守 지킬 | 수 |
| 過 허물 | 과 | = | 失 그릇될 | 실 | | 副 버금 | 부 | = | 次 버금 | 차 |
| 過 허물 | 과 | = | 誤 그릇할 | 오 | | 佛 부처 | 불 | = | 寺 절 | 사 |
| 果 과실 | 과 | = | 實 열매 | 실 | | 批 비평할 | 비 | = | 評 평론할 | 평 |
| 敎 가르칠 | 교 | = | 訓 가르칠 | 훈 | | 貧 가난할 | 빈 | = | 窮 궁할 | 궁 |
| 具 갖출 | 구 | = | 備 갖출 | 비 | | 思 생각할 | 사 | = | 考 상고할 | 고 |
| 救 구원할 | 구 | = | 濟 구제할 | 제 | | 思 생각할 | 사 | = | 念 생각 | 념 |
| 極 끝 | 극 | = | 端 끝 | 단 | | 思 생각할 | 사 | = | 慮 생각할 | 려 |
| 根 근본 | 근 | = | 本 근본 | 본 | | 思 생각할 | 사 | = | 想 생각할 | 상 |
| 技 재주 | 기 | = | 術 재주 | 술 | | 辭 말 | 사 | = | 說 말씀 | 설 |
| 技 재주 | 기 | = | 藝 재주 | 예 | | 舍 집 | 사 | = | 屋 집 | 옥 |
| 年 해 | 년 | = | 歲 해 | 세 | | 舍 집 | 사 | = | 宅 집 (택) | 댁 |
| 段 층계 | 단 | = | 階 층계 | 계 | | 想 생각할 | 상 | = | 念 생각 | 념 |
| 斷 끊을 | 단 | = | 絕 끊을 | 절 | | 選 가릴 | 선 | = | 別 분별할 | 별 |
| 談 말씀 | 담 | = | 話 말씀 | 화 | | 選 가릴 | 선 | = | 擇 가릴 | 택 |
| 到 이를 | 도 | = | 達 이를 | 달 | | 素 질박할 | 소 | = | 朴 순박할 | 박 |

| | | | | | | | | | |
|---|---|---|---|---|---|---|---|---|---|
| 樹 | 나무 | 수 | = 林 | 수풀 | 림 | 帝 임금 | 제 | = 王 | 임금 | 왕 |
| 樹 | 나무 | 수 | = 木 | 나무 | 목 | 製 지을 | 제 | = 作 | 지을 | 작 |
| 純 | 순수할 | 순 | = 潔 | 깨끗할 | 결 | 製 지을 | 제 | = 造 | 지을 | 조 |
| 崇 | 높을 | 숭 | = 高 | 높을 | 고 | 調 고를 | 조 | = 和 | 고를 | 화 |
| 承 | 이을 | 승 | = 繼 | 이을 | 계 | 存 있을 | 존 | = 在 | 있을 | 재 |
| 施 | 베풀 | 시 | = 設 | 베풀 | 설 | 尊 공경할 | 존 | = 重 | 중히여길 | 중 |
| 始 | 처음 | 시 | = 初 | 처음 | 초 | 終 마칠 | 종 | = 止 | 그칠 | 지 |
| 試 | 시험할 | 시 | = 驗 | 시험할 | 험 | 住 살 | 주 | = 居 | 살 | 거 |
| 申 | 알릴 | 신 | = 告 | 알릴 | 고 | 朱 붉을 | 주 | = 紅 | 붉을 | 홍 |
| 身 | 몸 | 신 | = 體 | 몸 | 체 | 增 더할 | 증 | = 加 | 더할 | 가 |
| 心 | 마음 | 심 | = 情 | 뜻 | 정 | 至 지극할 | 지 | = 極 | 지극할 | 극 |
| 眼 | 눈 | 안 | = 目 | 눈 | 목 | 知 알 | 지 | = 識 | 알 | 식 |
| 言 | 말씀 | 언 | = 語 | 말씀 | 어 | 進 나아갈 | 진 | = 就 | 나아갈 | 취 |
| 研 | 연구할 | 연 | = 究 | 연구할 | 구 | 珍 보배 | 진 | = 寶 | 보배 | 보 |
| 連 | 이을 | 연 | = 絡 | 이을 | 락 | 參 참여할 | 참 | = 與 | 참여할 | 여 |
| 連 | 이을 | 련 | = 續 | 이을 | 속 | 處 곳 | 처 | = 所 | 곳 | 소 |
| 念 | 생각 | 념 | = 慮 | 생각할 | 려 | 聽 들을 | 청 | = 聞 | 들을 | 문 |
| 永 | 길 | 영 | = 遠 | 멀 | 원 | 蓄 쌓을 | 축 | = 積 | 쌓을 | 적 |
| 溫 | 따뜻할 | 온 | = 暖 | 따뜻할 | 난 | 趣 뜻 | 취 | = 旨 | 뜻 | 지 |
| 怨 | 원망할 | 원 | = 恨 | 한할 | 한 | 層 층계 | 층 | = 階 | 층계 | 계 |
| 肉 | 몸 | 육 | = 身 | 몸 | 신 | 稱 칭찬할 | 칭 | = 頌 | 칭송할 | 송 |
| 恩 | 은혜 | 은 | = 惠 | 은혜 | 혜 | 稱 칭찬할 | 칭 | = 讚 | 칭찬할 | 찬 |
| 音 | 소리 | 음 | = 聲 | 소리 | 성 | 打 칠 | 타 | = 擊 | 칠 | 격 |
| 議 | 의논할 | 의 | = 論 | 논의할 | 론 | 討 칠 | 토 | = 伐 | 칠 | 벌 |
| 衣 | 옷 | 의 | = 服 | 옷 | 복 | 土 땅·흙 | 토 | = 地 | 땅 | 지 |
| 意 | 생각 | 의 | = 思 | 생각 | 사 | 退 물러날 | 퇴 | = 去 | 갈 | 거 |
| 意 | 뜻 | 의 | = 志 | 뜻 | 지 | 鬪 다툴 | 투 | = 爭 | 다툴 | 쟁 |
| 姿 | 모습 | 자 | = 態 | 모양 | 태 | 河 내 | 하 | = 川 | 내 | 천 |
| 財 | 재물 | 재 | = 貨 | 재화 | 화 | 河 강 | 하 | = 海 | 바다 | 해 |
| 貯 | 쌓을 | 저 | = 蓄 | 쌓을 | 축 | 寒 찰 | 한 | = 冷 | 찰 | 냉 |
| 戰 | 싸울 | 전 | = 爭 | 다툴 | 쟁 | 幸 행복 | 행 | = 福 | 복 | 복 |
| 戰 | 싸울 | 전 | = 鬪 | 싸울 | 투 | 顯 나타날 | 현 | = 現 | 나타날 | 현 |
| 停 | 머무를 | 정 | = 留 | 머무를 | 류 | 協 화할 | 협 | = 和 | 화할 | 화 |
| 停 | 머무를 | 정 | = 止 | 머무를 | 지 | 歡 기뻐할 | 환 | = 喜 | 기쁠 | 희 |
| 精 | 정성 | 정 | = 誠 | 정성 | 성 | 皇 임금 | 황 | = 帝 | 임금 | 제 |
| 正 | 바를 | 정 | = 直 | 바를 | 직 | 希 바랄 | 희 | = 望 | 바랄 | 망 |
| 政 | 다스릴 | 정 | = 治 | 다스릴 | 치 | 希 바랄 | 희 | = 願 | 바랄 | 원 |

# 6. 약자(略字) · 속자(俗字)

### 가
假 = 仮 (거짓　　　가)
價 = 価 (값　　　　가)
覺 = 覚 (깨달을　　각)
擧 = 挙 (들　　　　거)
據 = 拠 (의지할　　거)
輕 = 軽 (가벼울　　경)
經 = 経 (경서　　　경)
徑 = 径 (지름길　　경)
鷄 = 鶏 (닭　　　　계)
繼 = 継 (이를　　　계)
館 = 舘 (집　　　　관)
關 = 関 (빗장　　　관)
廣 = 広 (넓을　　　광)
敎 = 教 (가르칠　　교)
區 = 区 (구역　　　구)
舊 = 旧 (예　　　　구)
驅 = 駆 (몰　　　　구)
國 = 国 (나라　　　국)
權 = 権 (권세　　　권)
勸 = 勧 (권할　　　권)
龜 = 亀 (거북　　　귀)
氣 = 気 (기운　　　기)
旣 = 既 (이미　　　기)

### 나
內 = 内 (안　　　　내)

### 다
單 = 単 (홑　　　　단)
團 = 団 (둥글　　　단)
斷 = 断 (끊을　　　단)

擔 = 担 (멜　　　　담)
當 = 当 (당할　　　당)
黨 = 党 (무리　　　당)
對 = 対 (대할　　　대)
德 = 徳 (큰　　　　덕)
圖 = 図 (그림　　　도)
讀 = 読 (읽을　　　독)
獨 = 独 (홀로　　　독)

### 라
樂 = 楽 (즐길　　　락)
亂 = 乱 (어지러울　란)
覽 = 覧 (볼　　　　람)
來 = 来 (올　　　　래)
兩 = 両 (두　　　　량)
涼 = 凉 (서늘할　　량)
勵 = 励 (힘쓸　　　려)
歷 = 歴 (지날　　　력)
練 = 練 (익힐　　　련)
戀 = 恋 (사모할　　련)
靈 = 灵 (신령　　　령)
禮 = 礼 (예도　　　례)
勞 = 労 (수고로울　로)
爐 = 炉 (화로　　　로)
綠 = 緑 (푸를　　　록)
賴 = 頼 (의지할　　뢰)
龍 = 竜 (용　　　　룡)
樓 = 楼 (다락　　　루)
稟 = 禀 (삼갈 · 사뢸품)

### 마
萬 = 万 (일만　　　만)

滿 = 満 (찰　　　　만)
蠻 = 蛮 (오랑캐　　만)
賣 = 売 (팔　　　　매)
麥 = 麦 (보리　　　맥)

### 바
半 = 半 (반　　　　반)
發 = 発 (필　　　　발)
拜 = 拝 (절　　　　배)
變 = 変 (변할　　　변)
辯 = 弁 (말잘할　　변)
邊 = 辺 (가　　　　변)
竝 = 並 (아우를　　병)
寶 = 宝 (보배　　　보)
拂 = 払 (떨칠　　　불)
佛 = 仏 (부처　　　불)
冰 = 氷 (어름　　　빙)

### 사
絲 = 糸 (실　　　　사)
寫 = 写 (베낄　　　사)
辭 = 辞 (말씀　　　사)
雙 = 双 (짝　　　　쌍)
敍 = 叙 (펼　　　　서)
潟 = 舄 (개펄　　　석)
釋 = 釈 (풀　　　　석)
聲 = 声 (소리　　　성)
續 = 続 (이을　　　속)
屬 = 属 (붙을　　　속)
收 = 収 (거둘　　　수)
數 = 数 (수　　　　수)
輸 = 輸 (보낼　　　수)

## 새활용 2000한자

肅 = 肅(삼갈 숙)
濕 = 湿(젖을 습)
乘 = 乗(탈 승)
實 = 実(열매 실)

### 아

兒 = 児(아이 아)
亞 = 亜(버금 아)
惡 = 悪(악할 악)
巖 = 岩(바위 암)
壓 = 圧(누를 압)
藥 = 薬(약 약)
讓 = 譲(사양할 양)
嚴 = 厳(엄할 엄)
餘 = 余(남을 여)
與 = 与(줄 여)
驛 = 駅(정거장 역)
譯 = 訳(통역할 역)
鹽 = 塩(소금 염)
榮 = 栄(영화 영)
豫 = 予(미리 예)
藝 = 芸(재주 예)
溫 = 温(따뜻할 온)
圓 = 円(둥글 원)
圍 = 囲(둘레 위)
爲 = 為(하 위)
陰 = 陰(그늘 음)
應 = 応(응할 응)
醫 = 医(의원 의)
貳 = 弐(두 이)
壹 = 壱(하나 일)

### 자

姊 = 姉(누이 자)
殘 = 残(남을 잔)

潛 = 潜(잠길 잠)
雜 = 雑(섞일 잡)
壯 = 壮(씩씩할 장)
莊 = 庄(별장 장)
爭 = 争(다툴 쟁)
戰 = 戦(싸움 전)
錢 = 銭(돈 전)
傳 = 伝(전할 전)
轉 = 転(구를 전)
點 = 点(점 점)
靜 = 静(고요 정)
淨 = 浄(깨끗할 정)
濟 = 済(건널 제)
齊 = 斉(다스릴 제)
條 = 条(가지 조)
弔 = 吊(조상할 조)
從 = 従(쫓을 종)
晝 = 昼(낮 주)
卽 = 即(곧 즉)
增 = 増(더할 증)
證 = 証(증거 증)
眞 = 真(참 진)
盡 = 尽(다할 진)
晉 = 晋(나라 진)

### 차

贊 = 賛(찬성할 찬)
讚 = 讃(칭찬할 찬)
參 = 参(참여할 참)
冊 = 冊(책 책)
處 = 処(곳 처)
淺 = 浅(얕을 천)
鐵 = 鉄(쇠 철)
廳 = 庁(관청 청)
體 = 体(몸 체)

觸 = 触(닿을 촉)
總 = 総(다 총)
蟲 = 虫(벌레 충)
齒 = 歯(이 치)
恥 = 耻(부끄러울 치)
稱 = 称(일컬을 칭)

### 타

彈 = 弾(탄할 탄)
澤 = 沢(못 택)
擇 = 択(가릴 택)

### 차

廢 = 廃(폐할 폐)
豊 = 豊(풍성할 풍)

### 하

學 = 学(배울 학)
解 = 解(풀 해)
鄕 = 郷(고을 향)
虛 = 虚(빌 허)
獻 = 献(드릴 헌)
驗 = 験(증험할 험)
顯 = 顕(나타날 현)
螢 = 蛍(반딧불 형)
號 = 号(부르짖을 호)
畵 = 画(그림 화)
擴 = 拡(늘릴 확)
歡 = 歓(기쁠 환)
黃 = 黄(누를 황)
會 = 会(모을 회)
回 = 回(돌아올 회)
效 = 効(본받을 효)
黑 = 黒(검을 흑)
戱 = 戯(희롱할 희)

# 7. 잘못 읽기 쉬운 한자

| | | | | | | | |
|---|---|---|---|---|---|---|---|
| 苛斂 | 가렴(가검) | 漏泄 | 누설(누세) | 敷衍 | 부연(부행) | 派遣 | 파견(파유) |
| 恪別 | 각별(격별) | 訥辯 | 눌변(납변) | 分泌 | 분비(분필) | 破綻 | 파탄(파정) |
| 看做 | 간주(간고) | 凜然 | 늠연(품연) | 不朽 | 불후(불휴) | 稗官 | 패관(비관) |
| 奸慝 | 간특(간야) | 茶菓 | 다과(차과) | 沸騰 | 비등(불등) | 霸權 | 패권(파권) |
| 間歇 | 간헐(간흘) | 團欒 | 단란(단락) | 否塞 | 비색(부색) | 敗北 | 패배(패북) |
| 減殺 | 감쇄(감살) | 曇天 | 담천(운천) | 臂喩 | 비유(벽유) | 膨脹 | 팽창(팽장) |
| 甘蔗 | 감자(감서) | 遝至 | 답지(환지) | 頻數 | 빈삭(빈수) | 平坦 | 평탄(평단) |
| 降旨 | 강지(항지) | 撞着 | 당착(동착) | 憑藉 | 빙자(빙적) | 閉塞 | 폐색(폐새) |
| 槪括 | 개괄(개활) | 對峙 | 대치(대시) | 使嗾 | 사주(사족) | 褒賞 | 포상(보상) |
| 改悛 | 개전(개준) | 陶冶 | 도야(도치) | 奢侈 | 사치(사다) | 捕捉 | 포착(포촉) |
| 改竄 | 개찬(개서) | 瀆職 | 독직(속직) | 索莫 | 삭막(색막) | 輻輳 | 폭주(복주) |
| 坑道 | 갱도(항도) | 冬眠 | 동면(동민) | 撒布 | 살포(산포) | 標識 | 표지(표식) |
| 醵出 | 갹출(걱출) | 遁走 | 둔주(돈주) | 三昧 | 삼매(삼미) | 分錢 | 푼전(분전) |
| 車馬 | 거마(차마) | 滿腔 | 만강(만공) | 相殺 | 상쇄(상살) | 風靡 | 풍미(풍비) |
| 更迭 | 경질(갱질) | 罵倒 | 매도(마도) | 上梓 | 상재(상자) | 跛立 | 피립(파립) |
| 驚蟄 | 경칩(경첩) | 邁進 | 매진(만진) | 省略 | 생략(성략) | 割引 | 할인(활인) |
| 膏肓 | 고황(고맹) | 驀進 | 맥진(막진) | 逝去 | 서거(절거) | 陝川 | 합천(협천) |
| 汨沒 | 골몰(일몰) | 萌芽 | 맹아(명아) | 棲息 | 서식(처식) | 肛門 | 항문(홍문) |
| 刮目 | 괄목(활목) | 明澄 | 명징(명증) | 先塋 | 선영(선형) | 降將 | 항장(강장) |
| 乖離 | 괴리(승리) | 木瓜 | 모과(목과) | 閃光 | 섬광(염광) | 偕老 | 해로(개로) |
| 攪亂 | 교란(각란) | 木鐸 | 목탁(목택) | 星宿 | 성수(성숙) | 楷書 | 해서(개서) |
| 敎唆 | 교사(교준) | 蒙昧 | 몽매(몽미) | 洗滌 | 세척(세조) | 解弛 | 해이(해야) |
| 狡獪 | 교쾌(교회) | 杳然 | 묘연(모연) | 遡及 | 소급(삭급) | 諧謔 | 해학(개학) |
| 句讀 | 구두(구독) | 毋論 | 무론(모론) | 甦生 | 소생(갱생) | 享樂 | 향락(형락) |
| 拘碍 | 구애(구득) | 拇印 | 무인(모인) | 騷擾 | 소요(소우) | 絢爛 | 현란(순란) |
| 救恤 | 구휼(구혈) | 未洽 | 미흡(미합) | 贖罪 | 속죄(독죄) | 嫌惡 | 혐오(겸악) |
| 詭辯 | 궤변(위변) | 撲滅 | 박멸(복멸) | 殺到 | 쇄도(살도) | 荊棘 | 형극(형자) |
| 龜鑑 | 귀감(구감) | 剝奪 | 박탈(약탈) | 睡眠 | 수면(수민) | 忽然 | 홀연(총연) |
| 龜裂 | 균열(귀열) | 反駁 | 반박(반효) | 數爻 | 수효(수차) | 花瓣 | 화판(화변) |
| 琴瑟 | 금실(금슬) | 頒布 | 반포(분포) | 猜忌 | 시기(청기) | 廓然 | 확연(곽연) |
| 喫煙 | 끽연(긱연) | 潑剌 | 발랄(발자) | 示唆 | 시사(시준) | 恍惚 | 황홀(광홀) |
| 懦弱 | 나약(유약) | 拔萃 | 발췌(발취) | 諡號 | 시호(익호) | 賄賂 | 회뢰(유락) |
| 內人 | 나인(내인) | 拔擢 | 발탁(발요) | 辛辣 | 신랄(신극) | 劃數 | 획수(화수) |
| 拿捕 | 나포(합포) | 幇助 | 방조(봉조) | 迅速 | 신속(빈속) | 嚆矢 | 효시(고시) |
| 烙印 | 낙인(각인) | 拜謁 | 배알(배갈) | 齷齪 | 악착(악족) | 嗅覺 | 후각(취각) |
| 捺印 | 날인(나인) | 反芻 | 번답(반답) | 軋轢 | 알력(알륵) | 麾下 | 휘하(마하) |
| 狼藉 | 낭자(낭적) | 兵站 | 병참(병첨) | 斡旋 | 알선(간선) | 恤兵 | 휼병(혈병) |
| 鹿皮 | 녹비(녹파) | 報酬 | 보수(보주) | 謁見 | 알현(알견) | 欣快 | 흔쾌(근쾌) |
| 鹿茸 | 녹용(녹이) | 布施 | 보시(포시) | 隘路 | 애로(익로) | 恰似 | 흡사(합사) |
| 賂物 | 뇌물(각물) | 補塡 | 보전(보진) | 冶金 | 야금(치금) | 詰難 | 힐난(길난) |

# 8. 동음이체자(同音異體字)

| 독음 | 한자 | 뜻풀이 | 독음 | 한자 | 뜻풀이 |
|---|---|---|---|---|---|
| 가납 | 假納 | 임시로 바침. | 감사 | 癎疾 | 지랄병. |
| | 嘉納 | ① 권하는 말을 들음. ② 바치는 물건을 고맙게 받음. | | 監事 | 재산·업무 집행을 감사하는 사람. |
| 가도 | 家道 | ① 가정 도덕. 집안에서 행해야 할 도덕. ② 한 집안의 살림 형편. 가계(家計). | | 監査 | 감독하고 검사함. |
| | | | | 監司 | 관찰사. |
| | 街道 | ① 큰 길거리. 가로(街路). ② 도시 사이를 통한 큰 길. | | 鑑査 | 잘 살펴서 우열을 분별함. |
| 가동 | 可動 | 움직일 수 있음. | 감상 | 感想 | 느낀 생각. |
| | | | | 感傷 | 느끼어 가슴 아파함. |
| | 稼動 | 사람이나 기계를 움직여 일함. | | 感賞 | 감동하여 칭찬함. |
| 가사 | 歌詞 | ① 장편으로 된 정악(正樂)의 노래. ② 노랫말. ↔ 곡조(曲調). | | 鑑賞 | 예술 등을 음미하고 이해함. |
| | | | 감정 | 感情 | 사물에 느끼어 일어나는 심정. 기분. |
| | 歌辭 | 시가의 말. 조선 시대 시가의 한 형식. | | 憾情 | 원망하거나 성내는 마음. |
| 가상 | 假想 | 가정적 생각. | | 鑑定 | 진위나 가치를 감별하고 결정함. |
| | 假象 | 객관적으로 실재하지 않는 현상. | | 勘定 | 헤아려 정함. |
| | 假像 | 거짓 물상(物像). | 강구 | 講究 | 좋은 도리를 연구해서 대책을 세움. |
| | 假相 | 헛된 현실 세계. 이승. ↔ 진여(眞如). | | 講求 | 조사해서 구함. |
| | 嘉尙 | 착하고 귀엽게 여기어 칭찬함. | 강도 | 強度 | 강렬한 정도. 경도. |
| | 嘉賞 | 칭찬하여 기림. 가상(佳賞). | | 剛度 | 금속성 물질이 저항하는 힘. |
| | 嘉祥 | 경사스러운 일. | 강복 | 降服 | 복 입는 등급이 내림. |
| 가설 | 架設 | 전선이나 선로 따위를 설치하는 일. | | 降福 | 하느님이 인간에게 복을 내림. |
| | 假設 | ① 임시로 세우거나 설치함. ② 기하의 정리·문제에서 가정된 사항. ③ 판단·명제에 가정된 조건. | | 康福 | 건강하고 행복함. |
| | | | 강화 | 講和 | 평화를 의논함. |
| | | | | 講話 | 강의하듯 쉽게 설명하는 일. |
| | 假說 | 어떤 이론 체계를 연역하기 위해 가정적으로 설정한 가정(假定). | 개봉 | 開封 | 봉한 것을 떼어 냄. 처음 상영함. |
| | | | | 改封 | ① 봉한 것을 다시 고쳐 봉함. ② 제후의 영지를 바꾸어 봉함. |
| 가열 | 加熱 | 어떤 물질에 열을 가함. 열을 더 세게 함. | 개정 | 改定 | 고쳐 다시 정함. |
| | 苛烈 | 가혹하고 격렬함. 몹시 혹독함. | | 改正 | 고쳐 바르게 함. |
| 가장 | 假裝 | 거짓으로 꾸밈. | | 改訂 | 고쳐 정정함. |
| | 假葬 | 임시로 묻음. | 거세 | 巨勢 | 매우 큰 세력. |
| 가정 | 家庭 | 가족이 살고 있는 집안. | | 去勢 | 생식 기능을 없애게 함. |
| | 家政 | 집안 살림살이를 다스리는 일. | | 擧勢 | 온 세상. |
| 가중 | 加重 | ① 더 무거워짐. 더 무겁게 함. ② 죄가 더 무거워짐. | 거처 | 去處 | 간 곳 또는 갈 곳. |
| | | | | 居處 | 거주하는 곳. 기거하는 곳. |
| | 苛重 | 정도가 심하고 부담이 무거워짐. | 격투 | 格鬪 | 맨몸으로 맞붙어 치고받으며 싸움. |
| 간부 | 姦婦 | 간통한 계집. | | 激鬪 | 전쟁, 경기에서 격렬하게 싸움. |
| | 姦夫 | 간통한 사내. | 결심 | 決心 | 마음을 굳게 정함. |
| | 奸婦 | 간악한 계집. | | 結審 | 심리가 끝남. |
| 간언 | 間言 | 이간하는 말. | 결의 | 決意 | 뜻을 굳힘. |
| | 諫言 | 간하는 말. | | 結議 | 의안을 결정함. |
| 간질 | 肝蛭 | 간질과의 편형동물. | 결체 | 結締 | 맺어서 졸라맴. |

# 동음이체자(同音異體字)

| | | |
|---|---|---|
| | 決體 | 형체를 결정함. 또, 결합한 형체. |
| 경감 | 輕減 | 감하여 가볍게 함. |
| | 輕勘 | 죄인을 가볍게 처분함. |
| 경복 | 敬服 | 공경하여 복종함. |
| | 驚服 | 경탄하여 복종함. |
| 계고 | 戒告 | 어떤 일을 이행하도록 서면으로 알리는 일 |
| | 啓告 | 아룀. 여쭘. 상신(上申). |
| 계수 | 係數 | 물질의 종류에 따라 달라지는 비례 상수. |
| | 計數 | 수효를 계산함. 또는 그 수값. |
| 계쟁 | 係爭 | 어떤 목적물의 권리를 얻기 위한 당사자간의 싸움. 이해 다툼의 경우에는 '係爭'. |
| | 繫爭 | 어떤 목적물의 권리를 얻기 위한 국가간 국제간의 다툼. 국가간, 국제간의 경우에는 계쟁(繫爭). |
| 고사 | 古事 | 옛일. |
| | 古史 | 옛 역사. |
| 고용 | 雇用 | 삯을 주고 사람을 부림. |
| | 雇傭 | 삯을 받고 남의 일을 해 줌. |
| 고유 | 告由 | 사당이나 신명께 고함. |
| | 告諭 | 일러서 깨우쳐 줌. |
| 고인 | 古人 | 옛 사람. |
| | 故人 | ① 옛 친구. ② 죽은 사람. |
| 고조 | 高調 | ① 높은 곡조. ② 의기를 돋움. |
| | 高潮 | ① 고비에 이른 만조. ↔ 저조(低潮). ② 고비. 절정. |
| 공납 | 公納 | 국고로 수입되는 조세. |
| | 貢納 | 공물을 바침. |
| 공론 | 空論 | 헛된 논의를 함. |
| | 公論 | 공평하게 의논함. |
| 공소 | 公訴 | 검사가 법원에 기소장을 제출하여 심판을 요구하는 일. ↔ 사소(私訴). |
| | 控訴 | 항소(抗訴)의 옛 이름. |
| 공연 | 公演 | 관중 앞에서 음악·연극 등을 하는 일 |
| | 共演 | 영화·연극에 함께 출연함. |
| 공용 | 公用 | ① 공적인 용무·사무. ② 공비(公費)·공무, 관용. |
| | 共用 | 공동 사용. |
| | 供用 | 준비해 두었다가 사용함. |
| 공정 | 公正 | 공평하고 올바름. *公正去來(공정거래). *公定換率(공정환율) |
| | 公定 | ① 일반 사람의 공론에 의하여 정함. ② 관청에서 정함. |
| 과대 | 過大 | 너무 큼. ↔ 과소(過小). |
| | 誇大 | 작은 것을 큰 것처럼 과장함. |
| 과도 | 過度 | 정도에 지나침. |
| | 過渡 | 옮기거나 바뀌어 가는 상태·나루 또는 |

| | | |
|---|---|---|
| | | 나루를 건너감. |
| 과료 | 科料 | 경범죄에 해당하는 재산형. |
| | 過料 | 행정상 의무 위반에 물리는 금전. |
| 과소 | 過小 | 너무 작음. ↔ 과대(過大). |
| | 過少 | 너무 적음. ↔ 과다(過多). |
| | 寡少 | 아주 적음. |
| 과정 | 過程 | 일의 진행. 발전하는 경로. |
| | 課程 | 과업의 정도. 학년의 정도에 딸린 과목. |
| 관대 | 寬大 | 마음이 너그럽고 큼. |
| | 寬待 | 너그럽게 대접함. |
| 관상 | 觀相 | 인상을 보고 성질, 운명을 판단함. |
| | 觀象 | ① 기상을 관측함. ② 천문을 봄. |
| | 觀想 | 순수한 이성 활동에 의해 예지적인 것을 인지하는 상태. |
| | 觀賞 | 보고 즐기거나 칭찬함. |
| 관용 | 慣用 | ① 늘 씀. ② 습관이 되어 씀. |
| | 寬容 | 너그럽게 받아들이거나 용서함. |
| 광야 | 廣野 | 너른 들. |
| | 曠野 | 아득하게 너른 들. 황야(荒野). |
| 굉장 | 宏壯 | 크고 훌륭함. |
| | 宏莊 | 너르고 으리으리함. |
| 교도 | 敎導 | 가르치어 지도함. |
| | 矯導 | 사회에서 갱생할 수 있도록 지도함. |
| 교우 | 校友 | 동창의 벗. |
| | 敎友 | 종교상의 벗. |
| 교정 | 校正 | 글자의 잘못된 것을 바로잡음. |
| | 校訂 | 글자나 글귀의 잘못된 것을 바로잡음. '校正'보다 높은 수준인 경우에 '校訂'. |
| | 矯正 | 틀어지거나 굽은 것을 바로잡음. |
| 교주 | 敎主 | 종교의 우두머리. |
| | 校主 | 사립학교의 경영주. 학교의 임자. |
| 교환 | 交換 | 서로 바꿈. |
| | 交歡 | 서로 사이좋게 즐김. |
| 구명 | 究明 | 원리나 사리를 깊이 따져 밝힘. |
| | 糾明 | 일의 사실을 따져 밝힘. |
| 구인 | 求人 | 쓸 사람을 구함. |
| | 救人 | 어려운 일을 당할 때 도와주는 사람. |
| 구현 | 具現(顯) | 구체적으로 나타내거나 나타남. |
| | 俱現 | 내용이 다 드러남. |
| 국정 | 國政 | 나라의 정치. |
| | 國情 | 나라의 사정. |
| 군기 | 軍紀 | 군대의 규율 및 풍기. |
| | 軍氣 | 군대의 사기. |
| | 軍機 | 군사상의 기밀. |
| | 軍旗 | 군부대의 표장(標章)이 되는 기. |
| 군비 | 軍費 | 전쟁 및 군사 일반의 비용. |

| | | | | | |
|---|---|---|---|---|---|
| | 軍備 | 국방상의 군사 설비. 전쟁의 준비. | 난민 | 難民 | 이재민. 피난민 또는 망명자. |
| 굴복 | 屈伏 | 머리를 굽히어 꿇어 엎드림. | | 亂民 | 나라의 질서를 어지럽게 하는 백성. |
| | 屈服 | 힘에 굴하여 복종함. | 내분 | 內分 | 임의의 한 점을 경계로 나누는 일. |
| | 規正 | 바로잡아 고침. | | 內紛 | 내부에서 일어나는 분쟁. |
| 규정 | 規定 | 규칙(規則). *法律로 規定. | 노력 | 努力 | 힘을 다함. |
| | 規程 | 사무 준칙상의 규칙. | | 勞力 | ① 힘을 들여 일함. ② 생산을 위한 몸과 정신의 활동. |
| | 規整 | 규율을 정해 사물을 바르게 정함. | | | |
| 귀항 | 歸港 | 배가 항구로 돌아옴. | 노복 | 奴僕 | 사내 종. |
| | 歸航 | 선박 · 항공기가 귀로에 오름. | | 老僕 | 늙은 사내 종. |
| 극단 | 劇團 | 연극 단체. | 농액 | 濃液 | 농도가 짙은 액. |
| | 劇壇 | 연극계. 극계(劇界). | | 膿液 | 고름. |
| 기계 | 器械 | 도구. 기구. | 누기 | 陋氣 | 탁한 공기. |
| | 機械 | 동력 장치를 부착하고 작업하는 도구. | | 漏氣 | 축축한 물기 또는 기운. |
| | 汽管 | 증기를 보내는 관. | 누차 | 累差 | 측정할 때에 누적한 오차. |
| | 汽罐 | 보일러. | | 屢次 | ① 여러 차례. ② 가끔. |
| 기관 | 氣管 | 숨쉴 때에 공기가 통하는 관. | 단견 | 短見 | 짧은 소견. |
| | 器官 | 생리 기관. | | 斷見 | 인과응보를 인정하지 않은 견해. |
| | 機關 | 조직 · 활동 장치를 가지는 기계. | | 段落 | 일이 다 된 끝. |
| 기구 | 機具 | 기계 · 기구. | 단락 | 短絡 | 전기 회로의 두 점 사이를 작은 저항으로 접촉하는 일. |
| | 器具 | 도구. | | | |
| 기능 | 機能 | 목적에 따라 분화한 작용. 활동. | 단발 | 短髮 | 짧은 머리. ↔ 장발(長髮). |
| | 技能 | 기술상의 능력. | | 斷髮 | 머리를 짧게 자름. |
| | 器能 | 기량(器量)과 재능. | 단수 | 單數 | 홑셈. 홑수. |
| 기사 | 技師 | 전문 지식을 가진 직책의 사람. | | 端數 | ① 끝수의 옛 용어. ② 우수리. |
| | 技士 | 기술 사무를 담당하는 공무원의 판명. 기술 자격의 등급. | 단절 | 斷折 | 꺾음. 부러뜨림. 절단(折斷). |
| | | | | 斷截/斷切 | 끊어짐. 잘라 버림. |
| | 氣相 | 얼굴에 나타나는 기색. 일기의 상태. | | 斷絶 | 관계를 끊음. |
| 기상 | 氣象 | 타고난 성질. 기질. 일기의 상태. | 단편 | 短篇 | 짤막하게 끝을 낸 글이나 영화. |
| | 氣像 | 타고난 마음씨와 겉으로 드러난 모습. | | 斷片 | 여럿으로 끊어진 조각. |
| 기운 | 氣運 | 시세가 돌아가는 형편. | | 斷篇/斷編 | 조각조각난 문장. |
| | 機運 | 기회와 시운. | 답신 | 答申 | 자문에 응하여 의견을 상신함. |
| 기인 | 起因 | 일이 일어나는 이유. | | 答信 | 회답의 통신이나 서신. |
| | 基因 | 근본 되는 원인. | 대가 | 代價 | ① 물건 값. 대금. ② 어떤 일을 하기 위해 생기는 희생이나 손해. |
| 기적 | 奇蹟 | 신비스런 현상. | | 對價 | 자기의 재산이나 노력 등을 다른 사람에게 주어 이용하게 하고, 그 보수로서 얻는 재산상의 이익. |
| | 奇績 | 신기로운 공적. | | | |
| 기점 | 起點 | 시작되는 곳. ↔ 종점(終點). | | | |
| | 基點 | 기본이 되는 점. | | | |
| | 氣泡 | 거품. | 대가 | 大家 | ① 학문 · 기술에 조예가 깊은 사람. ② 대대로 번창한 집안. ③ 큰 집. |
| 기포 | 氣胞 | 허파 속에 있는 작은 주머니. | | | |
| | 起泡 | 거품을 일게 함. | | 貸家 | 셋집. |
| 기품 | 氣品 | 기질과 품위. 고상한 성품. | 대계 | 大系 | ① 대략적인 체계. ② 대략적인 체계만을 엮어서 만든 책. |
| | 氣稟 | 타고난 기질과 성품. | | | |
| 나선 | 螺旋 | 나사 모양으로 된 줄. 또, 그 형상. | | 大計 | 큰 계획. |
| | 難局 | 어려운 국면. | | 大忌 | 매우 꺼림. |
| 난국 | 亂國 | 어지러운 나라. | 대기 | 大起 | 조수가 가장 높이 들어오는 때. |
| | 亂局 | 어지러운 판국. | | 大氣 | 지구를 싸고 있는 기체층. |

# 동음이체자(同音異體字)

| | | | | | |
|---|---|---|---|---|---|
| 대수 | 大器 | ① 큰 그릇 ② 됨됨이나 도량이 큰 사람. | 묘연 | 杳然 | ① 눈에 아물아물함. ② 행방을 알 수 없음. *行方이 杳然하다. |
| | 代數 | 대수학(代數學). | | 渺然 | 아득함. |
| | 代數 | 세대의 수효. | 무지 | 無知 | 아는 것이 없음. |
| | 對數 | 로그(log)의 옛 용어. | | 無智 | 지혜가 없음. |
| 대형 | 大形 | 덩치가 큼. 큰 것 ↔ 소형(小形). | 미소 | 微小 | 아주 작음. |
| | 大型 | 주로 가공물의 큰 형체. ↔ 소형(小型). | | 微少 | 아주 적음. |
| 도중 | 道中 | ① 길 가운데. ② 여행길. | 민원 | 民怨 | 국민의 원망. |
| | 途中 | 하던 일 가운데. | | 民願 | 국민이 원함. 국민의 청원. |
| 동기 | 同氣 | 형제자매의 총칭. | 박탈 | 剝脫 | 벗겨져 떨어짐. 벗겨 떨어지게 함. |
| | 同期 | 동기생. 같은 시기. | | 剝奪 | 재물이나 권리를 빼앗음. |
| 동의 | 同義 | ① 같은 의미. 같은 뜻. ② 동의(同意). | 반곡 | 反曲 | 뒤로 구부러짐. 반대로 휨. |
| | 同意 | ① 같은 의미. ② 어떤 의견에 찬성함. | | 盤曲 | 얽히어 구부러짐. |
| | 同議 | 의견이나 주의가 같은 의론. | 반공 | 反共 | 공산주의에 반대하는 일. |
| | 動議 | 의안을 제출하는 일. | | 反攻 | 수세에 있던 자가 공세를 취함. |
| 동형 | 同形 | 같은 모양. 형상, 성질이 같음. | | 半工 | 반 정도밖에 안 되는 일의 양. |
| | 同型 | 같은 타입. | | 半空 | 반공중(半空中)의 준말. |
| 만세 | 萬世 | 아주 오랜 세대. | 반기 | 反旗 | ① 반대의 뜻을 나타내는 행동이나 표시. ② 반기(叛旗). |
| | 萬歲 | ① 만세(萬世). ② 영원히 삶. ③ 영원한 번영을 위해 외치는 소리. | | 叛旗 | ① 반란을 일으킨 표시로 드는 기. ② 반기(反旗). |
| 만연 | 漫然 | 헤벌어진 모양. 질펀한 모양. | 반궁 | 半弓 | 짧은 활(앉아서 쏠 수 있음). |
| | 蔓然 | 널리 뻗어서 퍼짐. | | 泮宮 | 성균관과 문묘(文廟)의 통칭. |
| 망각 | 忘却 | 잊어버림. | 반려 | 反(叛)戾 | 배반하여 어김. 어긋남. |
| | 妄覺 | 착각과 환각. | | 返戾 | 반환. |
| 망령 | 亡靈 | 죽은 사람의 영혼. | 반면 | 半面 | ① 한쪽의 반. ② 양면의 한쪽. |
| | 妄靈 | 노망하여 보통 상태를 넘어섬. | | 反面 | 반대의 면. |
| 망실 | 亡失 | 물건을 잃어버림. 유실(遺失). | 반복 | 反復 | 한 가지 일을 되풀이함. |
| | 忘失 | 생각을 잊어버림. 망각(忘却). | | 反覆 | 이랬다저랬다 함. 생각을 뒤집음. |
| 매명 | 買名 | 금품이나 수단을 써서 명예를 얻음. | 반송 | 伴送 | 다른 물건에 붙여서 함께 보냄. |
| | 賣名 | 재물·권리를 얻으려고 이름·명예를 팖. | | 返送 | 도로 돌려보냄. |
| 매수 | 買受 | 물건을 사서 받음. | 반영 | 反映 | 반사하여 비침. 영향을 드러냄. |
| | 買收 | ① 물건을 사들임. ② 남의 마음을 사서 자기편으로 삼음. | | 反影 | 반영(反映)되는 그림자. |
| 명기 | 明記 | 똑똑히 밝히어 적음. | 반절 | 反切 | ① 한자의 두 자음을 반씩만 따서 한 음으로 읽는 방법. ② '반절 본문'의 준말. |
| | 銘記 | 명심(銘心). | | 半切(截) | 절반으로 자름. |
| 모반 | 謀反 | 조정에 배반하여 군사를 일으킴. | | 半折 | 똑같이 반으로 꺾음. |
| | 謀叛 | 자기 나라를 배반하는 일. | 반포 | 反哺 | 자식이 커서 부모를 봉양함. |
| 모용 | 毛茸 | 식물의 거죽에 생기는 잔 털. | | 斑布 | 반베. 폭이 좁은 무명. |
| | 貌容 | 얼굴 모양. 용모. | | 頒布 | 세상에 널리 펴서 퍼뜨림. |
| 모우 | 牡牛 | 소의 수컷. ↔ 빈우(牝牛). | 발기 | 發起 | 새로운 일을 일으켜 꾸밈. |
| | 牦牛 | 소과에 속하는 야생 짐승. | | 勃起 | 갑자기 성이 일어남. 성기가 일어남. |
| | 冒雨 | 비를 무릅씀. | 발포 | 發布 | 세상에 공포함. |
| | 暮雨 | 저녁 때 내리는 비. | | 發泡 | 거품이 남. |
| 모화 | 慕化 | 덕을 사모하여 감화함. | | 發砲 | 총·대포를 쏨. |
| | 慕華 | 중국의 문물 등을 사모함. | 방곡 | 防穀 | 곡식을 다른 곳으로 나가지 못하게 함. |
| 몽매 | 蒙昧 | 어리석고 어두움. | | | |
| | 夢寐 | 잠을 자며 꿈을 꿈. | | | |

| | | | | | |
|---|---|---|---|---|---|
| | 放穀 | 곡식을 시장으로 냄. | 봉사 | 奉事 | ① 웃어른을 받들어 모심. ② 소경. |
| 방공 | 防共 | 공산주의 세력에 대한 방위. | | 封事 | 상소문. |
| | 防空 | 적의 항공기와 미사일 공격에 대한 방위. | | 奉祀 | 조상의 제사를 모심. |
| 방언 | 方言 | 사투리. | | 封祀 | 흙을 쌓고 하느님께 제사를 지냄. |
| | 放言 | 함부로 내뱉는 말. | 봉침 | 縫針 | 바늘. |
| 방조 | 幇助 | 일을 거들어 도와 줌. 주로 나쁜 일을 거둘 때에 씀. *방조죄(幇助罪). | | 蜂針 | 벌의 산란관. |
| | | | 봉합 | 封合 | 봉하여 붙임. |
| | 傍助 | 옆에서 도움. | | 縫合 | 수술한 자리 등을 꿰매어 붙임. |
| 방진 | 防振 | 건조물에서, 진동이 전해질을 막음. | 부군 | 夫君 | 남편의 높임말. |
| | 防塵 | 먼지가 들어옴을 막음. | | 父君 | 아버지의 높임말. |
| 방화 | 放火 | 불을 놓음. | | 府君 | 죽은 남편이나 그 조상에 대한 높임말. |
| | 防火 | 불이 나지 않도록 단속함. | 부서 | 付書 | 편지를 부침. |
| 배석 | 拜席 | 배례하는 데 쓰이는 자리. | | 附書 | 훈민정음에서 글자를 만드는 방법에 대해서 쓰인 용어. 병서(並書), 연서(連書). |
| | 陪席 | ① 어른을 모시고 자리를 같이함. ② 배석 판사(陪席判事). | | |
| | | | | 副書 | 원본을 복사하거나 베낀 것. |
| 배수 | 配水 | 물을 보내 줌. | | 部署 | 근무상 나누어진 부분. |
| | 排水 | 물을 밖으로 뽑아 냄. | | 副署 | 국무 위원이 대통령의 행위에 대해 동의하는 표시로 하는 서명. |
| 배외 | 拜外 | 외국의 사상, 문물을 숭상함. | | | |
| | 排外 | 외국의 사상, 문물을 배척함. | 부여 | 賦與 | 나눠 줌. |
| 배출 | 排出 | 밀어 내보냄. | | 附與 | 지니게 줌. |
| | 輩出 | 인재가 계속 나옴. | 부역 | 負役 | 국민이 부담하는 공역(公役). |
| 배치 | 配置 | 할당하고 분배하여 저마다의 자리에 둠. | | 赴役 | ① 부역(賦役)을 치르러 나감. ② 사사로이 서로 일을 도와 줌. |
| | 排置 | ① 갈라 나누어 벌여 놓음. ② 배포(排布). | | |
| | | | | 賦役 | 국가·공공단체가 의무로 지운 노역. |
| 배포 | 配布 | 널리 배부하는 일. | | 附逆 | 국가에 반역하는 일에 가담함. |
| | 排布 | ① 머리를 써서 이리저리 조리 있게 계획함. ② 배짱. ③ 배치(排置). | 부유 | 浮遊(游) | 공중이나 수중을 떠다님. |
| | | | | 蜉蝣 | 하루살이. |
| 보국 | 保國 | 국가를 보위함. | 부인 | 夫人 | 남의 아내에 대한 높임말. |
| | 報國 | 나라의 은혜를 갚음. | | 婦人 | 결혼한 여자의 총칭. |
| | 輔國 | 보국 안민(輔國安民). | 부적 | 附籍 | ① 남의 호적에 얹혀 있는 호적. ② 호적을 새로 올림. |
| 보급 | 普及 | 세상에 널리 퍼지게 함. | | |
| | 補給 | 물품을 대어 줌. | | 符籍 | 집에서 악귀나 잡신을 쫓기 위해 붉은 글씨로 그려 붙이는 종이. |
| 보도 | 報道 | 나라 안팎에서 생긴 일을 전함. | | |
| | 輔(補)導 | 바른 방향으로 도와서 인도함. | 부정 | 不正 | 바르지 못함. |
| 보상 | 報償 | 남에게 진 빚이나 물건을 갚음. | | 不貞 | 정조를 지키지 않는 일. |
| | 補償 | 남의 손해를 메워 갚음. | | 不淨 | 깨끗하지 못함. |
| 보신 | 保身 | 몸을 보호함. | | 不精 | 거칠거나 지저분함. |
| | 補身 | 보약을 먹어 몸을 보호함. | 부합 | 附合 | 서로 맞대어 붙음. |
| 보양 | 補陽 | 몸의 양기를 도움. ↔ 보음(補陰). | | 符合 | 서로 꼭 들어맞음. |
| | 保養 | 건강을 보전하고 활력을 기름. | 부호 | 富戶 | 부잣집. |
| 보전 | 保全 | 보호해서 안전하게 함. | | 富豪 | 재산이 넉넉하고 세력 있는 사람. |
| | 補塡 | 부족을 메워 보충함. | 분기 | 紛起 | 말썽이 어지럽게 생김. |
| | 寶典 | ① 귀중한 법전. ② 귀중한 책. | | 奮起 | 분발해 일어남. |
| 보정 | 補正 | 보충하고 바로 고침. | | 憤氣 | 원통해 일어나는 분한 마음. |
| | 補整 | 보충하여 정돈함. | | 噴氣 | 증기·가스 등을 뿜어 냄. |
| 봉사 | 奉仕 | ① 남의 뜻을 받들어 섬김. ② 헌신적으로 일함. ③ 헐값으로 물건을 팖. | 분연 | 憤然 | 벌컥 성을 내는 모양. |

# 동음이체자(同音異體字)

| | | |
|---|---|---|
| | 奮然 | 힘을 내어 일어나는 모양. |
| 분쟁 | 分爭 | 패로 갈라져 싸움. |
| | 忿爭 | 성이 나서 다툼. |
| | 紛爭 | 말썽을 일으켜 시끄럽게 다툼. |
| 불순 | 不純 | 순진, 순수하지 못함. |
| | 不順 | 온순하지 못함. 순조롭지 못함. |
| 비준 | 比準 | 서로 견주어 보는 일. |
| | 批准 | 조약 체결에 대한 당사국의 최종적 확인·동의의 절차. |
| 사관 | 士官 | 장교의 총칭. |
| | 仕官 | 벼슬살이를 함. |
| | 使令 | ① 관청에서 심부름하는 사람. ② 명령해서 사역함. |
| 사령 | 司令 | 군대, 함대 등을 지휘, 감독함. |
| | 辭令 | 응대하는 말. 직책 임면의 공식적 발령. |
| | 赦令 | 사면, 특사, 대사의 명령. |
| 사면 | 辭免 | 맡아 보던 직임을 내어 놓고 물러남. |
| | 赦免 | 죄를 사하여 형벌을 면제하여 줌. |
| | 事實 | 실제로 어느 때 어느 곳에서 있는 일. |
| 사실 | 史實 | 역사에 실제로 있는 일. |
| | 寫實 | 실제의 상태를 그대로 그려 냄. |
| | 死藥 | 먹으면 죽는 독약. |
| 사약 | 賜藥 | 임금이 내리는 독약. |
| | 瀉藥 | 설사하는 약. |
| | 謝意 | 고마운 뜻. |
| 사의 | 謝儀 | 감사의 뜻으로 보내는 물품. |
| | 辭意 | 사임하려는 뜻. |
| | 私的 | 사사로움. |
| | 史的 | 역사상에 나타날 만한 것. |
| | 史籍 | 역사에 관한 사적. 사기. |
| 사적 | 史蹟 | 역사에 남은 자취. 역사상의 유적. |
| | 事績 | 일의 실적. 일의 공적. |
| | 事蹟·事跡·事迹 | 오랜 동안에 걸쳐 있었던 일이나 사건의 자취. |
| 사전 | 事典 | 백과사전(百科事典). |
| | 辭典 | 국어사전(國語辭典). |
| 사절 | 謝絶 | 사양하고 받지 않음. 거절함. |
| | 辭絶 | 사양하여 받아들이지 아니함. |
| | 司正 | 그릇된 것을 다스려 바로잡음. |
| 사정 | 查正 | 조사하여 그릇된 것을 바로잡음. |
| | 查定 | 조사하여 결정함. |
| | 私第 | ① 관리의 사유의 집. ↔ 公館(공관). ② 사삿사람의 자기 사는 집. |
| 사제 | 舍弟 | ① 남에게 자기의 아우를 이르는 말. ② 편지에서 아우가 형에게 자기를 이르는 말. |
| | 查弟 | 편지 등에서, 찬사돈 사이에 쓰는 자기의 겸칭. |

| | | |
|---|---|---|
| | 師弟 | 스승과 제자. |
| 사죄 | 謝罪 | 지은 죄에 대해 용서를 빎. |
| | 赦罪 | 죄를 용사함. |
| | 私債 | 사삿사람 사이의 빚. ↔ 공채(公債). |
| 사채 | 社債 | 회사의 자금을 조달하기 위해 공중(公衆)으로부터 진 채무. |
| | 師親 | 선생과 학부형. |
| 사친 | 事親 | 어버이를 섬김. |
| | 思親 | 어버이를 생각함. |
| 사화 | 史禍 | 사필(史筆)로 말미암은 옥사(獄事). |
| | 士禍 | 사림(士林)의 참화. |
| 산고 | 産苦 | 아이를 낳는 괴로움. |
| | 産故 | 아이를 낳는 일. *産故가 들다. |
| 산만 | 刪蔓 | 제번(除煩). 편지글 첫머리. |
| | 散漫 | 흩어져 있어 야무지지 못함. |
| | 常餐 | 일상 먹는 식사. |
| 상찬 | 常饌 | 일상 먹는 밥반찬. |
| | 賞讚 | 기리어 칭찬함. 찬상(讚賞). |
| | 上春 | 음력 정월의 별칭. |
| 상춘 | 常春 | 항상 봄이 계속됨. |
| | 賞春 | 봄을 맞아 기림. |
| 성년 | 成年 | 성인. 만 20살 이상. ↔ 미성년(未成年) |
| | 盛年 | 한창 젊은 나이. 장년(壯年). |
| | 成分 | 화합물과 혼합물을 구성하는 순물질. |
| 성분 | | 사람의 사상적 성행(性行). |
| | | 문장을 이루는 부분. |
| | 性分 | 성질(性質). |
| 성시 | 成市 | ① 저자가 됨. ② 시장을 이룸. |
| | 盛市 | 풍성한 시장. |
| | 成業 | 학업이나 사업을 이룸. |
| 성업 | 盛業 | 사업이 번창함. |
| | 聖業 | ① 신성한 사업. ② 임금의 업적. |
| 성장 | 盛粧 | 짙은 화장. |
| | 盛裝 | 훌륭하게 옷을 차려 입음. |
| 성찬 | 盛饌 | 풍성한 음식. |
| | 聖餐 | 성찬식의 식사. |
| 세상 | 世上 | 사람이 살고 있는 사회. |
| | 世相 | 사회의 형편. |
| 소수 | 小數 | 일(一)보다 작은 실수(實數). |
| | 少數 | 적은 수효. |
| 소실 | 消失 | 사라져 없어짐. |
| | 燒失 | 불에 타서 없어짐. |
| 소액 | 少額 | 적은 액수. ↔ 다액(多額). |
| | 小額 | 소액환(小額換). |
| 소형 | 小形 | 주로 자연물의 작은 형체. |
| | 小型 | 주로 가공물의 작은 형체. |

| | | | | | | |
|---|---|---|---|---|---|---|
| 소화 | 消火 | 불을 끔. | 시식 | 試食 | 시험적으로 먹어 봄. |
| | 消化 | 먹은 음식을 삭히어 내림. | | 施食 | 음식으로 보시함. |
| 소환 | 召喚 | 관청이 특정 개인을 법에 따라 호출하는 것 | 실기 | 失期 | 정해진 때를 어김. |
| | 召還 | ① 공직자를 임기 전에 주민의 발의에 의해 파면하는 일. ② 외교관의 귀환. | | 失機 | 기회를 놓침. |
| | | | 실상 | 實相 | ① 실제의 모양. ② 진여(眞如). |
| 수상 | 受賞 | 상을 받음. | | 實狀 | ① 실제의 형상. ② 실제로는. |
| | 授賞 | 상을 줌. | | 實像 | 실제의 상. ↔ 허상(虛像). |
| 수용 | 收容 | 일정한 장소에 모아 두거나 가두는 일. | 심문 | 訊問 | 캐어물음. |
| | 受容 | 받아들임. | | 尋問 | ① 물어 봄. ② 심방. |
| | 收用 | 거둬들여 씀. | | 審問 | 자세히 따져 물음. |
| | 需用 | 용도에 따라 씀. | 심신 | 心身 | 마음과 몸. |
| | 受用 | 받아 씀. | | 心神 | 마음과 정신. |
| 수정 | 修正 | 잘못된 것을 바로잡아서 고침. | 아연 | 俄然 | 급작스러운 모양. |
| | 修訂 | 서적 등의 잘못을 고침. 정정. | | 啞然 | ① 맥없이 웃는 모양. ② 놀라 입을 벌리고 있는 모양. |
| | 修整 | 고치어 정돈함. 사진을 수정하는 일. | | | |
| 수집 | 蒐集 | 여러 가지 자료를 찾아 모음. | 안무 | 按撫 | 백성의 사정을 살펴 위무함. |
| | 收集 | 곡물 따위를 거두어 모으는 일. | | 按舞 | 무용의 형(型)이나 진행을 창안함. |
| 수행 | 修行 | 행실을 닦음. | 안분 | 安分 | 편안한 마음으로 제 분수를 지킴. |
| | 遂行 | 계획한대로 해냄. | | 按分 | 정해진 대로 고루 나눔. |
| | 隨行 | ① 따라감. ② 따라 행함. | 안전 | 眼前 | ① 눈 앞. ② 눈으로 보는 그 당장. |
| | | | | 案前 | 하급 관리가 상급 관리에게 하는 존칭. |
| 숙성 | 夙成 | 일찍 나이가 들거나 키가 큼. | 안정 | 安定 | 안전하게 자리잡음. 편안히 좌정함. |
| | 熟成 | 익어서 충분히 이루어짐. | | 安靜 | 마음과 정신이 편안하고 고요함. |
| | 熟省 | 깊이 반성하는 것. | | | |
| 숙정 | 肅正 | 엄격히 바로잡음. | 애련 | 哀憐 | 가엾고 애처롭게 여김. |
| | 肅靜 | 정숙(靜肅). 엄숙하고 고요함. | | 哀戀 | 슬픈 사랑. |
| 순정 | 純正 | 순수하고 올바름. 순수. | | 愛憐 | 약한 사람이나 어린 사람을 사랑함. |
| | 順正 | 사리에 어긋나지 않고 올바름. | | 愛戀 | 사랑해서 그리워함. |
| | 純情 | 순수한 감정. 꾸밈없는 애정. | 애모 | 哀慕 | 돌아간 어버이를 슬피 사모함. |
| | 醇正 | 순수하고 참됨. | | 愛慕 | 사랑하고 사모함. |
| 순행 | 巡行 | 여러 곳으로 돌아다님. | 애상 | 哀想 | 슬픈 생각. |
| | 巡幸 | 임금이 나라 안을 돌아다니는 일. | | 哀傷 | ① 죽은 사람을 생각하고 마음을 상함. ② 슬퍼하고 가슴 아파함. |
| 순화 | 純化 | 순수하게 함. | | | |
| | 淳化 | 순박하고 온화함. | 애석 | 哀惜 | 슬프고 아까움. |
| | 馴化 | 환경에 적응하게 함. | | 愛惜 | 사랑하고 아깝게 여김. |
| | 醇化 | ① 정성스런 가르침의 감화. ② 잡된 것을 버리고 순수한 것으로 만듦. | 애원 | 哀願 | 통사정을 하여 애절하게 바람. |
| | | | | 哀怨 | 애절히 원망함. 슬프게 원망함. |
| | 順和 | 순탄하고 화평함. | 애호 | 愛好 | 사랑하여 즐김. 좋아함. |
| 습득 | 拾得 | 주워 얻음. | | 愛護 | 사랑하고 보호함. |
| | 習得 | 배워 얻음. | 양산 | 洋傘 | 서양식으로 만든 우산. 박쥐우산. |
| 시각 | 視角 | 물체의 두 끝에서 눈에 이르는 두 직선이 이루는 각. visual angle. | | 陽傘 | 햇볕을 가리는 일산(日傘). |
| | | | 양성 | 養成 | 길러 냄. |
| | 視覺 | 눈으로 보는 감각 작용. | | 養性 | 자기의 천성을 길러 자아냄. |
| 시기 | 時期 | 정해진 때. 바라고 기다리던 때. | | 釀成 | 술이나 간장을 빚어 만드는 일. 어떤 분위기나 감정의 경향을 천천히 길러 냄. |
| | 時機 | 적당한 때. | | | |
| 시세 | 時世 | 그 때의 세상. | 어부 | 漁父 | 고기잡는 사람. 어옹(漁翁). |
| | 時勢 | ① 시장 가격. ② 그 때의 형세. | | 漁夫 | 고기잡는 것을 업으로 하는 사람. |

## 동음이체자(同音異體字)

| | | |
|---|---|---|
| 어사 | 御史 | 왕명을 받고 지방에 파견되는 관리. |
| | 御使 | 임금의 심부름꾼. 당상관의 어사. |
| 어전 | 御前 | 임금 앞. |
| | 御殿 | 임금이 있는 곳. |
| 엄호 | 掩護 | ① 남의 허물을 덮어 줌. ② 중요 구축물을 보호함. |
| | 掩壕 | 엄호용으로 파 놓은 호. |
| 역설 | 力說 | 힘써 말함. |
| | 逆說 | 억지말. 진리에 어긋나는 말 같으나 일종의 진리가 있는 말. 패러독스 |
| 연무 | 研武 | 무예를 연마함. |
| | 演武 | 무예를 연수함. |
| | 鍊武 | 무예를 단련함. |
| 연보 | 年報 | 어떤 사항, 사업에 관한 해마다의 보고. |
| | 年譜 | 개인의 일대의 이력을 연월순으로 적은 기록. 연대기. |
| 연서 | 連書 | 순경음을 표시하는 방법. |
| | 連署 | 같은 문서에 여러 사람이 서명함. |
| 연습 | 練習 | 학문, 기예 등을 익힘. |
| | 演習 | ① 연습(練習). ② 실전 숙달을 위한 군사 훈련. ③ 지도 교수의 지도 하에 연구, 토의하는 일. |
| 연패 | 連敗 | 잇따라 패배함. |
| | 連霸 | 잇따라 패권을 잡음. |
| 영리 | 榮利 | 영화와 복리. |
| | 營利 | 재산상의 이익을 도모함. |
| 영명 | 令名 | 좋은 명예. 상대방의 이름의 경칭. |
| | 英名 | 뛰어난 명예. 뛰어난 명성. |
| | 榮名 | 빛나는 명예. |
| | 英明 | 뛰어나게 사리에 밝음. |
| 영사 | 映寫 | 영사기나 환등기를 이용하여 스크린에 비침. |
| | 影寫 | 글씨나 그림을 받쳐 놓고 덧그림. |
| 영상 | 映像 | 이미지. 텔레비전으로 비추어진 것의 모양. |
| | 影像 | ① 영정(影幀). ② 영상(映像). |
| 영양 | 榮養 | 지위가 높아져서 부모를 영예롭게 모심. |
| | 營養 | 살아가는 데 필요한 양분. |
| 예민 | 銳敏 | 재지(才智)나 감각 · 행동 등이 날카롭고 민첩함. |
| | 叡敏 | 임금의 천성이 영명함. |
| 예의 | 禮義 | ① 예절과 의리. ② 예와 도. |
| | 禮儀 | 경의를 표하는 몸가짐. |
| | 禮誼 | 사람이 마땅히 지켜야 할 도리. |
| 옥토 | 玉兎 | ① 옥토끼. ② 달의 딴이름. |
| | 沃土 | 기름진 땅. |
| 온화 | 穩和 | 조용하고 부드러움. |
| | 溫和 | 기후가 따뜻하고 화창함. 성격 등이 온순하고 유화함. |

| | | |
|---|---|---|
| 완고 | 完固 | 완전하고 견고함. |
| | 頑固 | 완강하고 고루함. |
| 완곡 | 婉曲 | 말씨가 노골적이 아님. *婉曲한 말씨. |
| | 緩曲 | 느릿느릿하고 곡진함. |
| 왕후 | 王后 | 임금의 아내. |
| | 王侯 | 임금과 제후. |
| 요결 | 要訣 | ① 일의 중요한 비결. ② 긴요한 뜻. |
| | 要結 | ① 요긴한 결과. ② 맹세함. 서약함. |
| 요란 | 搖(擾)亂 | 시끄럽고 어지러움. |
| | 擾亂 | 불이 붙어 어지러움. |
| 용안 | 龍顏 | 임금의 얼굴. |
| | 容顏 | 얼굴. |
| 용인 | 用人 | 사람을 씀. |
| | 庸人 | 범용한 사람. 속인(俗人). |
| | 傭人 | 고용인(雇傭人). |
| 우선 | 于先 | 시간적으로 무엇보다 먼저. |
| | 優先 | 차례에서 다른 것보다 앞섬. |
| 운명 | 運命 | 운수와 명수. |
| | 殞命 | 사람의 명이 끊어짐. |
| 운항 | 運行 | 차량 등이 노선에 따라 운전하여 나감. |
| | 運航 | 배, 항공기 등이 항행함. |
| 원망 | 願望 | 원하고 바람. |
| | 怨望 | 못마땅하게 생각하고 탓함. |
| 원형 | 原形 | 본디의 형상. 원시의 형태. |
| | 原型 | 근본이 되는 거푸집 또는 본보기. |
| 위력 | 偉力 | 위대한 힘. 뛰어난 힘. |
| | 威力 | 복종시키는 강제력. 떨치는 힘. |
| 위용 | 威容 | 위엄에 찬 모습. |
| | 偉容 | 훌륭하고 뛰어난 용모, 당당한 모양. |
| 위축 | 萎縮 | 우그러지고 쭈그러듦. |
| | 蝟縮 | 고슴도치처럼 두려워서 움츠리는 모양. |
| 유감 | 有感 | 감상, 소감이 있음. |
| | 遺憾 | 마음에 섭섭함. |
| 유동 | 流動 | 흘러 움직임. |
| | 遊動 | 자유로이 움직임. |
| 유명 | 幽明 | ① 어둠과 밝음. ② 이승과 저승. |
| | 幽冥 | ① 그윽하고 어두움. ② 저승. |
| 유민 | 流民 | 난세를 견디지 못하여 떠도는 백성. |
| | 遊民 | 놀고먹는 백성. |
| | 遺民 | 없어진 나라의 백성. |
| 유별 | 有別 | 구별이 있음. |
| | 類別 | 종별. |
| 유성 | 流星 | 별똥별. |
| | 遊星 | 행성(行星). 떠돌이 별. |
| 유실 | 流失 | 떠내려가 없어짐. |

| | | | | | | |
|---|---|---|---|---|---|---|
| | 遺失 | 잃어버림. 떨어뜨림. | | | 綽約 | 몸이 가냘프고 맵시가 있음. |
| 유인 | 誘引 | 꾀어 냄. | | 작파 | 作破 | 하던 일이나 계획을 그만둠. |
| | 誘因 | 유발하게 된 원인. | | | 斫破 | 쪼개서 쪼갬. 쪼개서 깨뜨림. |
| 유학 | 留學 | 외국에 머무르면서 공부함. | | 장년 | 壯年 | 서른 안팎의 혈기 왕성한 시기. |
| | 遊學 | 타향에 가서 공부함. | | | 長年 | ① 긴 세월. ② 노년. |
| 유화 | 柔和 | 성질이 부드럽고 온화함. | | | 壯士 | 기개와 체질이 썩 굳센 이. 역사(力士). |
| | 宥和 | 상대방과 사이좋게 하는 일. | | 장사 | 將士 | 장졸(將卒). |
| 의분 | 義憤 | 의를 위하여 일어나는 분노. | | | 狀辭 | 소장(訴狀)에 기록된 말. |
| | 義奮 | 의를 위하여 분발함. | | | 杖死 | 장형(杖刑)을 당해 죽음. |
| 의표 | 意表 | 의사 밖. 예상 밖. | | | 長蛇 | 긴 뱀. 열차나 긴 행렬의 비유. |
| | 儀表 | 본보기. 모범. 귀감(龜鑑). 의용(儀容). | | 장성 | 壯盛 | 기운이 씩씩하고 왕성함. |
| 응대 | 應待 | 응접(應接). | | | 長成 | 자라서 어른이 됨. |
| | 應對 | 상대하여 응답함. 어떤 문제에 대하여 서로 이야기함. | | 장식 | 粧飾 | 겉모습을 꾸밈. 또, 그 꾸밈새. |
| 이동 | 移動 | 물체가 옮기어 움직임. | | | 裝飾 | ① 치장하여 꾸밈. 또, 꾸밈새. ② 기명(器皿) 따위를 치장하는 제구. |
| | 異動 | 직책이나 부서가 행정상 달리 바뀌는 것 | | 장자 | 長者 | ① 부자. ② 덕망이 높은 어른. |
| 이상 | 異相 | 보통과는 다른 모습이나 상태. | | | 長子 | 맏아들. |
| | 異狀 | 시각적으로 평소와 다른 상태. | | 재기 | 才氣 | 재주가 있는 기질. |
| | 異常 | 정상적인 것과 다른 상태나 현상. | | | 才器/材器 | 재주가 있어 쓸모가 있는 바탕. |
| | 異象 | 이상한 모양. 특수한 상태. | | 저하 | 低下 | ① 낮아짐. ② 비하(卑下). |
| 이의 | 異意 | ① 다른 의견. ② 모반하려는 의향. | | | 底下 | 용렬하고 비열함. |
| | 異義 | ① 다른 뜻. ② 다른 주의(主義). | | | 邸下 | 조선 때, 왕세자의 존칭. |
| | 異議 | ① 달리하는 주장. 이론(異論). ② 불복 또는 항의하는 뜻을 표시하는 일. | | 전가 | 轉嫁 | ① 재가(再嫁). ② 죄과·책임 등을 남에게 넘겨씌움. |
| 이임 | 移任 | 전임(轉任). | | | 傳家 | 집안 살림을 물려줌. |
| | 離任 | 임지나 임무에서 떠남. ↔ 취임(就任). | | 전도 | 全島 | 섬의 전체. 온 섬. |
| 이행 | 移行 | 옮아감. 변해 감. 추이(推移). | | | 全道 | 한 도의 전부. |
| | 履行 | 실제로 행함. | | | 全圖 | 전체를 그린 그림이나 지도. |
| 인습 | 因習 | 예전부터 내려오는 습관. | | | 前途 | ① 앞으로 나아갈 길. ② 장래. |
| | 因襲 | 폐단이 있는 습관. | | 전도 | 前渡 | 돈을 기일 전에 치름. |
| 일체 | 一切 | ① 모든 것. 온갖 사물. ② 모든. ③ 통틀어서 모두. | | | 前導 | 앞길을 인도함. |
| | 一體 | ① 한결같음. ② 전부. ③ 한몸. | | 전도 | 傳道 | ① 도리를 세상에 널리 알림. ② 신앙을 가지도록 함. |
| 임기 | 任期 | 임무를 맡아 보고 있는 기간. | | | 傳導 | 열·전기가 물체의 한 부분에서 다른 곳으로 옮아감. |
| | 臨機 | 어떤 시기에 임함. | | 전도 | 轉倒 | ① 넘어짐. ② 거꾸로 됨. |
| 자의 | 自意 | 자기의 뜻. 스스로의 생각. | | | 顚倒 | ① 엎어져서 넘어짐. ② 위와 아래를 바꾸어서 거꾸로 함. |
| | 恣意 | 방자한 마음. | | 전복 | 顚覆 | 뒤집혀 엎어짐. |
| 자작 | 自作 | ① 스스로 만듦. ② 제 땅으로 농사지음. | | | 轉覆 | 굴러 뒤집힘. |
| | 自酌 | 술을 손수 따라 마심. 自酌自飮(자작자음). | | | 全力 | 가지고 있는 모든 힘. |
| 작사 | 作事 | 일을 만듦. | | 전력 | 專力 | 오로지 그 일에만 힘을 씀. |
| | 作査 | 사돈 관계를 맺음. | | | 戰力 | 싸우는 힘. 전투의 능력. |
| | 作詞 | 가사를 지음. | | | 前歷 | 현재에 이르기까지의 행적. 경력. |
| 작약 | 芍藥 | 미나리아재빗과의 작약과의 총칭. | | | 戰歷 | 전쟁에 참가한 이력. |
| | 炸藥 | 폭탄·포탄 등 탄약의 외피를 파열시키기 위해 장전하는 화약. | | 전선 | 戰船 | 전투에 사용하는 배. |
| | 雀躍 | 좋아서 날뛰며 기뻐함. | | | | |

# 동음이체자(同音異體字)

| | | | | | |
|---|---|---|---|---|---|
| | 戰線 | 전시에 작전에 배치한 부대의 배치선. | | 正論 | 정당한 언론. |
| 전세 | 前世 | ① 전대(前代). ② 전생(前生). | 정립 | 定立 | 반론(反論)을 예상하고 세운 의견. |
| | 傳世 | 대를 물려 전해감. | | 鼎立 | 삼자(三者)가 솥발과 같이 서로 대립함. |
| | 專貰 | 약정한 기간 그 사람에게만 빌려 주어 타인의 사용을 허가하지 않음. 대절(貸切). | 정밀 | 精密 | 세밀하고 치밀함. |
| | | | | 靜謐 | 고요하고 편안함. |
| | 傳貰 | 부동산을 일정한 기간 빌려 쓰는 일. | 정산 | 定算 | 예정한 계산. |
| 전속 | 專屬 | 오직 한 곳에만 속함. | | 精算 | 정밀한 계산. |
| | 轉屬 | ① 원적을 다른 데로 옮김. ② 소속을 바꿈. | | 正狀 | 정상의 상태. ↔ 이상(異狀). |
| 전송 | 傳送 | 전하여 보냄. | 정상 | 正常 | 바르고 떳떳함. ↔ 이상(異常). |
| | 餞送 | 전별하여 보냄. | | 定常 | 일정하여 변하지 않음. |
| | 轉送 | 간접적으로 남의 손을 거쳐 보냄. | | 貞淑 | 행실이 곧고 마음씨가 맑음. |
| 전용 | 全用 | 온전히 씀. | 정숙 | 靜淑 | 태도가 조용하고 마음이 맑음. |
| | 全容 | 전체의 모습·내용. 전모(全貌). | | 靜肅 | 고요하고 엄숙함. |
| | 專用 | 오로지 그것만 씀. 혼자 씀. | | 整肅 | 위용이 정제하고 엄숙함. |
| | 轉用 | 다른 데로 돌려서 씀. | 정식 | 正式 | 정당한 방식. 본식. ↔ 약식(略式). |
| 전원 | 全員 | 전체의 인원. | | 定式 | 일정한 방식. |
| | 全院 | 한 원의 전체. | | 情意 | 정과 뜻. 감정과 의지. |
| 전의 | 前誼 | 이전부터 사귄 정의. | 정의 | 情誼 | 사귀어 친숙해진 정. |
| | 前議 | 앞서 한 의논. | | 情義 | 인정과 의리. |
| 전적 | 戰跡 | 전쟁의 자취. 싸움한 자취. | | 精義 | 자세한 의의. |
| | 戰績 | 대전하여 얻은 실적. | | 正意 | 바른 마음. |
| 절대 | 絶對 | 상대가 될 만한 것이 없음. ↔ 상대(相對). | | 正義 | 올바른 도리. |
| | 絶代 | 아주 뛰어나서 당대에 비길 것이 없음. 절세(絶世). | 정지 | 停止 | 중도에서 그치거나 머무름. |
| | | | | 靜止 | 머물러 움직이지 아니함. |
| 절망 | 切望 | 간절히 바람. | 정체 | 正體 | 본체(本體). identity. |
| | 絶望 | 모든 기대를 저버리고 체념함. | | 政體 | 국가의 조직 형태. |
| 절식 | 節食 | 음식을 절약하여 먹음. | | 停滯 | 사물이 그쳐서 쌓임. |
| | 絶食 | 음식을 먹지 않음. 단식(斷食). | 정판 | 整版 | 교정의 지시대로 판을 고치는 일. |
| 절충 | 折衷 | 이것과 저것을 가려서 어느 편에도 치우치지 않음. | | 精版 | 오프셋. |
| | | | | 定形 | 일정한 모양. |
| | 折衝 | 외교적으로 담판하거나 흥정하는 일. | 정형 | 定型 | 일정한 틀. |
| 절품 | 切品 | 물건이 다 팔려서 없어짐. 품절. | | 整形 | 모양을 가지런히 함. |
| | 絶品 | 대단히 잘 된 좋은 물건. | 제작 | 製作 | ① 재료를 가지고 만듦. ② 연극, 영화 등을 협력하여 만듦. |
| 정각 | 正刻 | 틀림없는 그 시각. | | | |
| | 定刻 | 정한 시각. | | 制作 | 정하여 만듦. 예술 작품을 만듦. |
| 정기 | 正氣 | ① 지공(至公), 지대(至大), 지정(至正) 한 천지의 원기. ② 바른 기풍. | 조급 | 躁急 | 성질이 참을성이 없이 썩 급함. |
| | | | | 早急 | 늦지 않고 이르고, 느려지지 않고 급함. |
| | 精氣 | ① 만물을 생성하는 원기. ② 정력(精力). ③ 사물의 순수한 기운. | 조도 | 照度 | 조명도. |
| | | | | 稠度 | 조밀도. |
| 정년 | 丁年 | 남자의 20세. | | 調度 | 사물을 정도에 맞게 처리하는 것. |
| | 停年 | 퇴직을 요하는 나이. | | 調定 | 조사하여 확정함. |
| 정담 | 情談 | 다정한 이야기. 정화(情話). | 조정 | 調停 | 분쟁을 중간에 서서 화해시킴. |
| | 鼎談 | 세 사람이 마주 앉아서 하는 이야기. | | 調整 | 골라서 정돈함. |
| 정돈 | 停頓 | 한때 멈춤. | 조판 | 彫版(板) | 조각(彫刻). 각자(刻字). |
| | 整頓 | 가지런히 정리하여 바로잡음. | | 組版 | 식자(植字). |
| 정론 | 定論 | 일정한 언론. 정설. | 조화 | 造化 | 대자연의 이치. |

| | | | | | |
|---|---|---|---|---|---|
| 조화 | 調和 | ① 서로 잘 어울리게 함. ② 서로 모순되거나 어긋남이 없이 어울림. | 창연 | 娼婦 | 창녀. |
| | | | | 愴然 | 몹시 슬프다. |
| 좌객 | 坐客 | 앉은뱅이. | | 蒼然 | ① 빛깔이 몹시 푸르다. ② 날이 저물어 어둑어둑하다. |
| | 座客 | 좌석에 앉은 손님. | | | |
| 주기 | 週期/周期 | 한 바퀴 도는 시기. | 창의 | 倡義 | 국난을 당하여 의병을 일으킴. 창의(唱衣) |
| | 週忌 | 사람이 사후 해마다 돌아오는 죽은 날. | | 窓義 | ① 앞장서서 정의를 부르짖음. ② 창의(倡義) |
| 주력 | 主力 | 구성체의 주된 힘. | 채권 | 債權 | 특정인에게 급부를 청구할 수 있는 권리. |
| | 注力 | 힘을 들임. | | 債券 | 채무를 증명하는 유가 증권. |
| 주문 | 註文 | 주해한 글. | 처절 | 凄切 | 몹시 처량함. |
| | 注文 | 이렇게 해 달라고 맞추는 일. | | 悽絶 | 참혹하리만큼 구슬픔. |
| 지향 | 指向 | ① 뜻하여 향함. ② 지정해 그 쪽으로 향하는 곳. | 천성 | 天成 | 하늘이 이룩한 일. |
| | | | | 天性 | 타고난 성품. |
| | 志向 | ① 뜻이 향하는 방향. ② 목적함. | 첩보 | 牒報 | 조선 시대 때에 지방 관청에서 중앙 관청에 하는 보고. |
| 진경 | 珍景 | 진귀한 경치나 구경거리. | | | |
| | 眞景 | ① 실제의 경치. 실경(實景). ② 실제의 경치 그대로 그린 그림. | | 諜報 | 상대방의 정보를 몰래 탐지하여 보고함. |
| | | | 체증 | 滯症 | 체하여 소화가 잘 안 되는 증세. |
| | 眞境 | ① 실제의 경지. ② 실지 그대로의 경계. | | 遞增 | 수량이 차례로 점차 늚↔체감. |
| 진공 | 進供 | 토산물을 진상하는 일. | 체포 | 採捕 | 채취하고 포획함. |
| | 進貢 | 공물을 갖다 바침. | | 逮捕 | 죄인을 쫓아가서 잡음. |
| 진노 | 震怒 | 존엄한 사람의 분노. | 체형 | 體形 | 몸의 생긴 모양. |
| | 瞋怒/嗔怒 | 성내어 노여워함. | | 體型 | 체격의 특징으로 분류하는 기준. |
| 진정 | 眞情 | ① 진실하여 애틋함. ② 진실한 사정. | 총총 | 忽忽 | ① 급하고 바쁜 모양. ② 몹시 몰리어 급한 모양. |
| | 陳情 | 실정을 진술함. 심정을 펴서 말함. | | | |
| | 鎭定 | 진압하여 평정함. | | 蔥蔥 | 나무가 배게 들어서서 무성한 모양. |
| | 鎭靜 | ① 가라앉혀 조용해짐. ② 가라앉힘. | 최선 | 最先 | 남보다 맨 먼저. ↔ 최후(最後). |
| | | | | 最善 | 가장 좋음. ↔ 최악(最惡). |
| 진천 | 振天 | 음향이 하늘에 울림. 무명(武名)을 천하에 떨침. | 최소 | 最小 | 가장 작음. ↔ 최대(最大) |
| | | | | 最少 | 가장 적음. ↔ 최다(最多) |
| | 震天 | 하늘을 뒤흔듦. 기세가 천하에 떨침. | 추구 | 追究 | 근본을 캐어 연구함. |
| 진취 | 進取 | 일을 적극적으로 이룩함. ↔ 퇴영(退嬰). | | 追求 | 어디까지나 뒤쫓아 구함. |
| | 進就 | 차차 성취해 나감. | | 推究 | 이치로 미루어 규명함. |
| 진통 | 陣痛 | ① 산통(産痛). ② 일이 성숙되어 갈 무렵의 경난(經難). | 출가 | 出家 | ① 집을 나감. ② 중이 됨. |
| | | | | 出嫁 | 시집을 감. *출가외인(出嫁外人). |
| | 鎭痛 | 아픔을 진정시킴. | | 出稼 | 타향에 가서 일정 기간 돈벌이를 함. |
| 진폭 | 振幅 | 진동의 좌우의 폭. | 충격 | 衝激 | ① 심하게 부딪힘. ② 충격(衝擊) |
| | 震幅 | 지진계에 기록되는 나비. | | 衝擊 | 자극·충동·쇼크 따위를 주는 일. |
| 참사 | 參祀 | 제사에 참여함. | | | |
| | 參事 | ① 어떤 일에 참여함. 또, 그 사람. ② 은행·기업체 등에서의 직위의 하나. | 충실 | 充實 | 속이 올차서 단단하고 여묾. |
| | | | | 忠實 | 충직하고 성실함. |
| | 慘事 | 비참한 일. 참혹한 사건. | 충적 | 沖積 | 흐르는 물에 의해 쌓임. |
| | 慘死 | 참혹하게 죽음. | | 充積 | 가득 차게 쌓음. |
| | 慙死 | 부끄러워 죽을 지경임. | 충전 | 充電 | 콘덴서 등에 전기를 축적하는 일. |
| 참상 | 慘狀 | 참혹한 양상. | | 充填 | 집어넣어서 막음. 채우는 일. |
| | 慘喪 | 젊어서 죽은 상사(喪事). | 충정 | 衷情 | 마음에서 우러나는 참된 정. |
| 참회 | 慙悔 | 부끄러워 뉘우침. | | 忠情 | 충성스럽고 참된 정. |
| | 懺悔 | 깊이 뉘우쳐 마음을 고침. | | 忠貞 | 충성스럽고 절개가 곧음. |
| 창부 | 倡夫 | 남자 광대. | | 沖靜 | 마음이 편안하고 고요함. |

# 동음이체자(同音異體字)

| | | | | | |
|---|---|---|---|---|---|
| 충천 | 沖天 | 하늘 높이 솟아오름. 또, 하늘을 찌를 듯이 높음을 이름. | 패물 | 貝物 | 산호·호박 등으로 만든 물건. |
| | 衝天 | 공중에 높이 솟아올라 하늘을 찌름. 분하거나 외로운 느낌이 복받쳐 오름. | | 佩物 | 사람의 몸에 차는 장식물. |
| 취재 | 取才 | 재주를 시험하여 뽑음. | 패설 | 悖說 | 패담(悖談). |
| | 取材 | 작품·기사의 재료 또는 제재를 얻음. | | 稗說 | 세상에 떠다니는 설화. |
| 침공 | 針工 | ① 바느질의 기술. ② 바느질삯. | 패퇴 | 敗退 | 싸움에 지고 물러남. |
| | 針孔 | ① 바늘귀. ② 바늘 드나든 구멍. | | 敗頹 | 쇠패하여 폐퇴함. 퇴패(頹敗). |
| | 鍼孔 | 침구멍. | 편재 | 偏在 | 어느 것에 한해 치우쳐 있음. |
| 침식 | 浸蝕 | 지표가 자연 현상으로 개먹어 들어가는 일. | | 遍在 | 널리 퍼져 있음. |
| | 侵蝕 | 차차 개먹어 들어가는 것. | 평가 | 平價 | ① 싸지도 비싸지도 않은 물건 값. ② 두 나라 화폐 사이의 비가(比價). |
| 침입 | 侵入 | 침범하여 들어감. | | 評價 | ① 가격을 평정함. ② 선악·미추 등 가치를 논정함. 또, 그 가치. |
| | 浸入 | 물이 점점 스며듦. | 평정 | 平定 | 난리를 평온하게 진정시킴. |
| 타계 | 他系 | 딴 계통. | | 平靜 | 평안하고 고요함. |
| | 他界 | ① 다른 세계. ② 인간계를 떠난다는 뜻으로, 사람의 죽음을 이름. | | 評定 | 평의하고 결정함. |
| 타살 | 打殺 | 때려서 죽임. | 포상 | 褒賞 | 영전 제도. 포장하여 상을 줌. |
| | 他殺 | 남에게 목숨을 빼앗김. | | 報償 | 남에게 진 빚이나 물건을 갚음. |
| 타진 | 打診 | 가슴이나 등을 두드려서 진찰하는 일. 남의 의사를 알아봄. | 포장 | 包裝 | 물건을 싸서 꾸밈. |
| | | | | 鋪裝 | 도로에 콘크리트 같은 것을 깖. |
| | 打盡 | 모조리 잡음. | | 包藏 | 물건을 겉으로 드러나지 않게 간직함. |
| 탐구 | 探究 | 찾아서 연구함. | 폭발 | 暴發 | 갑자기 터짐. |
| | 探求 | 찾아서 구함. | | 爆發 | 불이 일어나며 갑자기 터짐. |
| 탐문 | 探問 | 찾아서 물음. | 표결 | 表決 | 의안에 대한 가부 의사를 표시하여 결정하는 일. |
| | 探聞 | 찾아서 들음. | | | |
| | | | | 票決 | 투표로써 결정함. |
| 탐미 | 耽味 | 글의 깊은 맛을 즐김. | 표기 | 表記 | ① 거죽에 표시하여 나타냄. ② 문자 및 음성 언어로 언어를 표시하는 일. |
| | 眈美 | 아름다움에 열중함. 유미(唯美). | | | |
| 탐정 | 探情 | 남의 의향을 넌지시 알아봄. | | 標記 | 무슨 표로 기록함. 또, 그러한 부호. |
| | 探偵 | 비밀한 사정을 살핌. 정탐(偵探). | 표시 | 標示 | 표를 하여 겉으로 드러내 보임. |
| 태반 | 太半 | 절반을 넘음. | | 表示 | 겉으로 드러내 보임. |
| | 殆半 | 거의 절반. | 품성 | 品性 | 품격과 성질. |
| 통곡 | 痛哭 | 소리를 높여 욺. 아주 슬피 욺. | | 稟性 | 타고난 성품. |
| | 慟哭 | 큰 소리로 섧게 욺. | 피로 | 披露 | ① 문서 등을 펴 보임. ② 일반에게 널리 공포함. |
| 통달 | 洞達 | 꿰뚫음. 달통함. | | | |
| | 通達 | ① 환히 통함. ② 도나 이치에 깊이 통함. ③ 통지. | | 疲勞 | 지침. 고단함. |
| | | | 하회 | 下回 | ① 다음 차례. ② 윗사람이 아랫사람에 내리는 회답. |
| 퇴사 | 退仕 | 벼슬자리를 내놓고 물러남. | | | |
| | 退社 | 사원이 퇴근함. 회사를 그만둠. | | 下廻 | 표준보다 낮거나 적음. *평년작보다 下廻. ↔ 상회(上廻). |
| 퇴패 | 退敗 | ① 패퇴(敗退). ② 퇴하여 물러남. | | | |
| | 頹敗 | 풍속·문화 등이 쇠퇴하여 문란함. | 학과 | 學課 | 학문의 과정. 학교의 과정. 과정. |
| 파다 | 播多 | 소문이 널리 퍼짐. | | 學科 | 학술의 과목(科目). 종류. |
| | 頗多 | 아주 많음. | 학력 | 學力 | 학문을 쌓은 실력. |
| 파선 | 破船 | 풍파로 인해 배가 파괴됨. | | 學歷 | 수학한 이력. |
| | 破線 | 짧은 선을 간격을 두고 벌려 놓은 선. | 학부 | 學府 | 학문을 하는 곳이나 학자가 모이는 곳. 대학(大學). |
| | 波線 | 물결 모양으로 구부구불한 선. | | | |
| 파행 | 爬行 | 벌레, 짐승 등이 기어 다님. | | | |
| | 跛行 | 절뚝거리며 걸어 다님. | | | |

| | | | | | |
|---|---|---|---|---|---|
| 학부 | 學部 | ① 옛날의 문교부. ② 대학에서 전공 학과에 따라 나눈 부. | 화보 | 畫報 畫譜 | 그림·사진을 모아 엮은 책. 화첩(畫帖). |
| 학식 | 學殖 學識 | ① 학문을 쌓음. ② 학문에 대한 소양. ① 학문으로 얻은 지식. ② 학문과 식견. | 환기 | 喚起 換氣 | 불러일으킴. 공기를 바꾸어 넣음. |
| 학원 | 學院 學園 | ① 학교. ② 학교 설치 기준에 미달한 사립 교육 기관. 교육 기관의 총칭. | 환상 | 幻想 幻相 幻像 喚想 | ① 현실에 없는 것을 있는 것같이 느끼는 상념. ② 종잡을 수 없이 일어나는 생각. 무상한 형상. 실체가 없는 허망한 형상. 환영(幻影). 지나간 생각을 불러일으킴. |
| 한적 | 閑寂 閑適 | 한가하고 고요함. 한가하여 자적함. | | | |
| 합의 | 合議 合意 | 두 사람 이상이 모여 협의함. 뜻이 맞음. 또, 그 의견. | 환성 | 喚聲 歡聲 | 고함 소리. 기뻐 고함치는 소리. 즐거움에 겨워 부르짖는 소리. |
| 행사 | 行使 行事 | 부려서 쓰는 행동. ① 계획에 따라 여럿이 함께 일을 진행함. 또, 그 일. ② 어떤 일을 행함. | 회고 | 懷古 回顧 | 옛 자취를 돌이켜 생각함. 돌아다 봄. 옛 일을 생각함. |
| 행세 | 行世 行勢 | ① 세상을 살아감. 또, 그 태도. ② 사람의 도리를 행함. 세도를 부림. | 회복 | 回復 恢復 | 본디 상태로 돌이킴. 국권, 가세, 병세를 바로잡음. |
| 현란 | 眩亂 絢爛 | 정신이 엇갈려 어수선함. 눈이 부시도록 찬란함. | 회신 | 回申 回信 | 웃어른께 대답을 말씀드림. 편지나 전신·전화 등의 회답. |
| 현상 | 現狀 現想 現象 現像 | 현재의 상태. 보고 듣는 데 관련하여 일어나는 생각. ① 사물의 형상. ↔ 본질(本質). ① 형상을 나타냄. ② 사진 현상. | 회심 | 灰心 悔心 會心 回心 | 외부의 유혹을 받지 않고 고요히 재처럼 사그라진 마음. 잘못을 뉘우치는 마음. 마음에 맞음. 심기에 들어맞음. ① 마음을 돌려 먹음. ② 사악한 마음을 돌려서 옳고 착하고 바른 길로 돌아간 마음. |
| 현신 | 現身 顯身 | 지체가 낮은 사람이 높은 사람에게 뵘. 나타남. | 회유 | 回遊 回(洄)遊 | 두루 돌아다니며 유람함. 물고기가 정기적으로 떼지어 다니는 일 |
| 현직 | 現職 顯職 | 현재의 직업 또는 직임. 고귀한 벼슬. | 회춘 | 回春 懷春 | 도로 젊어짐. 춘정을 일으킴. |
| 협조 | 協助 協調 | 힘을 보내어 서로 도움. 조화를 이루며 힘을 모아 서로 도움. | 후사 | 後事 後嗣 | ① 뒷일. ② 죽은 뒤의 일. 대를 잇는 자식. |
| 형상 | 形狀 /形相 形象 | ① 물건이나 사람의 형체와 생긴 모양. ② 에이도스(eidos). 질요(質料). 형상(形相). 감각으로 포착한 것이나 심중의 관념을 구상화하는 일. 또는 그 구상화한 모습. | 후원 | 後園 後苑 | 집 뒤에 있는 작은 동산. 대궐에 있는 정원. |
| | | | 후의 | 厚意 厚誼 | 두텁고 인정 있는 마음. 두터운 정의. |
| 호기 | 好期 好機 | 좋은 때. 좋은 시기. 좋은 기회. | 훈도 | 訓導 薰陶 | ① 조선 시대 때의 종구품 벼슬. ② 선생. 덕으로써 사람을 감화함. |
| 호사 | 好事 豪奢 | 좋은 일. 호화롭고 사치함. | 휴전 | 休電 休戰 | 전류를 일시 중단함. 하던 전쟁을 얼마동안 쉼. |
| 혼동 | 混同 混沌 | 뒤섞음. 사물의 구별이 확실하지 않은 상태. | 휴지 | 休止 休紙 | ① 쉬어서 그침. ② 당사자의 의사·태도에 의해 소송 절차의 진행을 중지함. ① 못 쓰게 된 종이. ② 허드레로 쓰는 종이화장지. |
| 혼란 | 混亂 昏亂 | ① 뒤섞여서 어지러움. ② 뒤죽박죽이 되어 질서가 없음. 어둡고 어지러움. 분별이 없고 도리를 모름. | | | |
| 혼화 | 混化 混和 渾和 | 뒤섞여 다른 물건이 됨. 한데 섞여 융화됨. 혼연하게 화합함. | 흠신 | 欠伸 欠身 | 하품과 기지개. 경의를 표하느라고 몸을 굽힘. |

# 총획색인(總劃索引)

교육부 선정 기초한자 1,800자와 제외자 44자, 실용한자 200자를 총획순·자음순으로 배열하였습니다.
오른쪽의 숫자는 해당 한자가 실린 면수를 나타냅니다.

### 1획
乙 을 275
一 일 257

### 2획
九 구 260
乃 내 283
刀 도 74
力 력 173
了 료 296
卜 복 293
十 십 260
又 우 62
二 이 258
人 인 272
入 입 206
丁 정 275
七 칠 259
八 팔 260

### 3획
千 간 68, 278
巾 건 322
乞 걸 315
工 공 213
口 구 46, 220
久 구 265
弓 궁 74
己 기 275
女 녀 223
大 대 56
亡 망 77
凡 범 250
士 사 273
巳 사 277
山 산 23
三 삼 258
上 상 262
夕 석 18
小 소 86, 153
也 야 313
于 우 121
已 이 296
刃 인 75
子 자 225, 276, 311
丈 장 230
才 재 247
千 천 260
川 천 25

### 4획
介 개 198
犬 견 38
公 공 270
孔 공 27
戈 과 68
斤 근 258
今 금 128
及 급 274
內 내·나 143
丹 단 33
斗 두 259
屯 둔 316
六 륙 259
毛 모 220
木 목 34
母 무 328
文 문 161
勿 물 310
反 반·번 304

寸 촌 257
土 토 26
下 하 262
丸 환 75

方 방 41
夫 부 224
父 부 223
分 분 169
不 불 137
比 비 103
少 소 223
水 수 13
手 수 151
升 승 259
氏 씨·지 227
心 심 113
牙 아 221
厄 액 131
予 여 228
五 오 259
午 오 277
曰 왈 306
王 왕 269
友 우 232
尤 우 312
牛 우 194
云 운 289
元 원 119
月 월 8

仁 인 130
引 인 71
日 일 8
壬 임 276
切 절 303
井 정 48
弔 조 240
中 중 291
之 지 314
支 지 207, 278
止 지 67
尺 척 258
天 천 7
丑 축 276
太 태 17
片 편 88
匹 필 260
今 혜 313
戶 호 147
互 호 103
火 화 13
化 화 294
凶 흉 131

### 5획
可 가 106, 307
加 가 264
刊 간 162
甘 감 133
甲 갑 275
去 거 279
巨 거 26
古 고 265
功 공 61
瓜 과 190
巧 교 183
丘 구 24
句 구 157
叫 규 282
奴 노 230
旦 단 18
代 대 218
冬 동 10
令 령 279
立 립 57
末 말 282
矛 모 107
母 모 223
目 목 219, 308

| | | | | | | | | | | | |
|---|---|---|---|---|---|---|---|---|---|---|---|
| 卯 | 묘 | 277 | 用 | 용 | 208 | | | 先 | 선 | 189 | 再 | 재 | 213 | | |
| 戊 | 무 | 275 | 右 | 우 | 262 | **6획** | 舌 | 설 | 221 | 全 | 전 | 248 | **7획** |
| 未 | 미 | 277 | 由 | 유 | 59 | | | 守 | 수 | 50, 102 | 早 | 조 | 116 | 角 | 각 | 263 |
| 民 | 민 | 57 | 幼 | 유 | 250 | 各 | 각 | 101 | 收 | 수 | 154 | 兆 | 조 | 118 | 却 | 각 | 140 |
| 半 | 반 | 56 | 以 | 이 | 196 | 江 | 강 | 25 | 夙 | 숙 | 332 | 存 | 존 | 308 | 肝 | 간 | 144 |
| 白 | 백 | 89, 141 | 仗 | 장 | 336 | 件 | 건 | 121 | 旬 | 순 | 20 | 州 | 주 | 44 | 改 | 개 | 109 |
| 犯 | 범 | 94 | 田 | 전 | 191 | 考 | 고 | 164, 213 | 戌 | 술 | 278 | 舟 | 주 | 83 | 更 | 갱·경 | 109 |
| 丙 | 병 | 275 | 占 | 점 | 77 | 曲 | 곡 | 178 | 式 | 식 | 296 | 朱 | 주 | 288 | 車 | 거·차 | 79 |
| 本 | 본 | 289 | 正 | 정 | 254 | 共 | 공 | 159 | 臣 | 신 | 270 | 竹 | 죽 | 40 | 劫 | 겁 | 322 |
| 付 | 부 | 88 | 左 | 좌 | 262 | 光 | 광 | 302 | 安 | 안 | 134 | 仲 | 중 | 225 | 見 | 견·현 | 156 |
| 北 | 북·배 | 9 | 主 | 주 | 57 | 交 | 교 | 208 | 仰 | 앙 | 129 | 地 | 지 | 7 | 決 | 결 | 71 |
| 弗 | 불 | 204 | 只 | 지 | 90 | 企 | 기 | 197 | 羊 | 양 | 194 | 池 | 지 | 29 | 戒 | 계 | 100 |
| 氷 | 빙 | 14 | 叱 | 질 | 339 | 吉 | 길 | 118 | 如 | 여 | 62 | 至 | 지 | 175 | 系 | 계 | 227 |
| 四 | 사 | 258 | 且 | 차 | 284 | 年 | 년 | 19, 311 | 汝 | 여 | 139 | 次 | 차 | 189 | 告 | 고 | 141, 310 |
| 司 | 사 | 102 | 札 | 찰 | 339 | 多 | 다 | 264 | 亦 | 역 | 62 | 此 | 차 | 62 | 谷 | 곡 | 28 |
| 史 | 사 | 266 | 冊 | 책 | 269 | 同 | 동 | 60 | 汚 | 오 | 146 | 尖 | 첨 | 288 | 困 | 곤 | 131 |
| 仕 | 사 | 118 | 斥 | 척 | 258 | 劣 | 렬 | 250 | 羽 | 우 | 152 | 充 | 충 | 126 | 攻 | 공 | 73 |
| 生 | 생 | 290 | 出 | 출 | 160 | 列 | 렬 | 11 | 宇 | 우 | 7 | 托 | 탁 | 285 | 狂 | 광 | 316 |
| 石 | 석 | 208 | 打 | 타 | 50 | 老 | 로 | 223 | 危 | 위 | 95 | 宅 | 택·댁 | 47 | 求 | 구 | 206 |
| 仙 | 선 | 30 | 他 | 타 | 158 | 吏 | 리 | 271 | 有 | 유 | 86 | 吐 | 토 | 146 | 究 | 구 | 169 |
| 世 | 세 | 41 | 平 | 평 | 62 | 忙 | 망 | 172 | 肉 | 육 | 227 | 汗 | 한 | 148 | 局 | 국 | 152 |
| 召 | 소 | 312 | 布 | 포 | 192 | 妄 | 망 | 306 | 衣 | 의 | 301 | 合 | 합·흡 | 104 | 君 | 군 | 55 |
| 囚 | 수 | 99 | 包 | 포 | 73 | 名 | 명 | 183 | 弛 | 이 | 336 | 亥 | 해 | 278 | 均 | 균 | 59 |
| 示 | 시 | 298 | 皮 | 피 | 145 | 米 | 미 | 188 | 而 | 이 | 252 | 行 | 행·항 | 85 | 克 | 극 | 174 |
| 矢 | 시 | 74 | 必 | 필 | 168 | 朴 | 박 | 292 | 夷 | 이 | 138 | 向 | 향 | 130 | 汲 | 급 | 324 |
| 市 | 시 | 42 | 乏 | 핍 | 343 | 百 | 백 | 260 | 耳 | 이 | 219 | 血 | 혈 | 146 | 技 | 기 | 183 |
| 申 | 신 | 278 | 玄 | 현 | 22 | 伐 | 벌 | 76 | 印 | 인 | 158 | 刑 | 형 | 100 | 妓 | 기 | 324 |
| 失 | 실 | 125 | 穴 | 혈 | 27 | 汎 | 범 | 110 | 因 | 인 | 246 | 好 | 호 | 245 | 忌 | 기 | 67 |
| 央 | 앙 | 291 | 兄 | 형 | 224 | 伏 | 복 | 269 | 任 | 임 | 120 | 回 | 회 | 53 | 那 | 나 | 314 |
| 永 | 영 | 244 | 乎 | 호 | 313 | 妃 | 비 | 267 | 字 | 자 | 157 | 灰 | 회 | 208 | 男 | 남 | 223 |
| 玉 | 옥 | 162 | 弘 | 홍 | 176 | 寺 | 사 | 71 | 自 | 자 | 59 | 后 | 후 | 345 | 努 | 노 | 173 |
| 瓦 | 와 | 51 | 禾 | 화 | 186 | 死 | 사 | 287 | 匠 | 장 | 336 | 休 | 휴 | 174 | 但 | 단 | 90 |
| 外 | 외 | 52, 229 | | | | 色 | 색 | 9 | 在 | 재 | 244 | 兇 | 흉 | 345 | 豆 | 두 | 195 |
| | | | | | | 西 | 서 | | | | | | | | | |

## 총획색인(總劃索引)

| | | | | | | | | | |
|---|---|---|---|---|---|---|---|---|---|
| 卵 란 | 193 | 序 서 | 105 | 赤 적 | 309 | | | 念 념 | 246 | 府 부 | 58 |
| 冷 랭 | 16 | 成 성 | 163 | 折 절 | 198 | **8획** | | 泥 니 | 27 | 拂 불 | 207 |
| 良 량 | 234 | 束 속 | 98 | 廷 정 | 270 | | | 到 도 | 43 | 朋 붕 | 232 |
| 弄 롱 | 170 | 宋 송 | 332 | 弟 제 | 224 | 佳 가 | 160 | 毒 독 | 40 | 非 비 | 89 |
| 利 리 | 59 | 秀 수 | 229 | 助 조 | 103 | 刻 각 | 171 | 東 동 | 9 | 卑 비 | 291 |
| 里 리 | 45 | 巡 순 | 96 | 足 족 | 188 | 居 거 | 53 | 來 래 | 85 | 肥 비 | 191 |
| 李 리 | 35 | 身 신 | 119 | 坐 좌 | 268 | 拒 거 | 93 | 兩 량 | 257 | 事 사 | 295 |
| 忘 망 | 140 | 伸 신 | 299 | 佐 좌 | 270 | 怯 겁 | 322 | 例 례 | 303 | 使 사 | 60 |
| 每 매 | 121 | 辛 신 | 276 | 住 주 | 47 | 肩 견 | 78 | 林 림 | 31 | 社 사 | 111 |
| 免 면 | 125 | 我 아 | 230 | 走 주 | 38 | 京 경 | 43 | 罔 망 | 239, 310 | 祀 사 | 236 |
| 沐 목 | 147 | 抑 억 | 283 | 志 지 | 124 | 庚 경 | 276 | 妹 매 | 224 | 舍 사 | 49 |
| 沒 몰 | 84 | 言 언 | 135 | 辰 진·신 | 277 | 季 계 | 15 | 盲 맹 | 122 | 尚 상 | 308 |
| 妙 묘 | 22 | 余 여 | 139 | 初 초 | 21 | 固 고 | 64 | 孟 맹 | 122 | 狀 상·장 | 115 |
| 巫 무 | 328 | 役 역 | 82 | 肖 초 | 288 | 姑 고 | 226 | 命 명 | 60 | 昔 석 | 265 |
| 尾 미 | 298 | 延 연 | 80 | 抄 초 | 289 | 坤 곤 | 7 | 明 명 | 184 | 析 석 | 169 |
| 伴 반 | 317 | 吾 오 | 312 | 村 촌 | 42 | 供 공 | 209 | 牧 목 | 193 | 性 성 | 136 |
| 防 방 | 54 | 沃 옥 | 334 | 吹 취 | 181 | 空 공 | 17, 287 | 武 무 | 66 | 姓 성 | 289 |
| 妨 방 | 284 | 完 완 | 120 | 沈 침·심 | 254 | 果 과 | 182 | 門 문 | 147 | 所 소 | 89 |
| 邦 방 | 42 | 妖 요 | 334 | 快 쾌 | 255 | 官 관 | 271 | 物 물 | 217 | 松 송 | 34 |
| 伯 백 | 225 | 佑 우 | 334 | 妥 타 | 199 | 怪 괴 | 96 | 味 미 | 196 | 刷 쇄 | 158 |
| 別 별 | 52 | 位 위 | 268 | 投 투 | 295 | 乖 괴 | 323 | 拍 박 | 151 | 受 수 | 112 |
| 兵 병 | 66 | 酉 유 | 278 | 把 파 | 320 | 拘 구 | 27, 98 | 泊 박 | 212 | 垂 수 | 318 |
| 步 보 | 81 | 育 육 | 149 | 判 판 | 99 | 具 구 | 206 | 返 반 | 217 | 叔 숙 | 226 |
| 扶 부 | 103 | 吟 음 | 183 | 貝 패 | 217 | 狗 구 | 38 | 拔 발 | 150 | 承 승 | 58 |
| 否 부·비 | 114 | 邑 읍 | 44 | 何 하 | 306 | 屈 굴 | 299 | 房 방 | 211 | 昇 승 | 49 |
| 佛 불 | 267 | 矣 의 | 314 | 早 한 | 16 | 券 권 | 201 | 放 방 | 136 | 侍 시 | 271 |
| 批 비 | 113 | 忍 인 | 168 | 舍 함 | 124 | 卷 권 | 259 | 芳 방 | 311 | 始 시 | 21 |
| 私 사 | 201 | 作 작 | 160 | 抗 항 | 93 | 糾 규 | 316 | 杯 배 | 297 | 亞 아 | 41 |
| 似 사 | 288 | 杖 장 | 336 | 亨 형 | 242 | 近 근 | 240 | 帛 백 | 329 | 兒 아 | 149 |
| 邪 사·야 | 254 | 壯 장 | 69 | 形 형 | 18 | 金 금·김 | 217 | 法 법 | 57 | 阿 아 | 304 |
| 沙 사 | 24 | 材 재 | 205 | 孝 효 | 129 | 肯 긍 | 124 | 服 복 | 174 | 芽 아 | 33 |
| 床 상 | 302 | 災 재 | 16, 133 | 吸 흡 | 281 | 其 기 | 158 | 奉 봉 | 118 | 岳 악 | 230 |
| 抒 서 | 331 | 低 저 | 21 | 希 희 | 300 | 奇 기 | 294 | | | | |
| | | | | | | 奈 내·나 | 306 | 附 부 | 237, 304 | 岸 안 | 27 |

| | | | | | | | | | |
|---|---|---|---|---|---|---|---|---|---|
| 押압 | 318 | 周주 | 149 | 享향 | 236 | 苟구 | 284 | 迫박 | 91 | 殃앙 | 133 |
| 夜야 | 11 | 宙주 | 7 | 弦현 | 181 | 軍군 | 65 | 叛반 | 69 | 哀애 | 286 |
| 於어·오 | 314 | 注주 | 162 | 協협 | 199 | 軌궤 | 316 | 背배 | 105 | 耶야 | 314 |
| 易역·이 | 204 | 枝지 | 32 | 呼호 | 281 | 衿금 | 324 | 拜배 | 238 | 約약 | 253 |
| 沿연 | 27 | 知지 | 165 | 狐호 | 344 | 急급 | 79 | 柏백 | 34 | 若약 | 285 |
| 炎염 | 146 | 直직 | 305 | 虎호 | 39 | 矜긍 | 324 | 保보 | 60 | 洋양 | 26 |
| 泳영 | 150 | 昌창 | 218 | 或혹 | 289 | 紀기 | 58 | 封봉 | 269 | 疫역 | 145 |
| 臥와 | 301 | 妻처 | 225 | 婚혼 | 233 | 祈기 | 134 | 負부 | 122 | 染염 | 146 |
| 往왕 | 85 | 拓척·탁 | 63 | 忽홀 | 171 | 南남 | 9 | 赴부 | 120 | 英영 | 273 |
| 雨우 | 12 | 妾첩 | 225 | 和화 | 297 | 耐내 | 168 | 奔분 | 172 | 映영 | 177 |
| 委위 | 114 | 帖첩 | 340 | 花화 | 35 | 怒노 | 140 | 飛비 | 37 | 盈영 | 334 |
| 乳유 | 194 | 靑청 | 29 | 況황 | 115 | 段단 | 51 | 思사 | 158, 309 | 屋옥 | 53 |
| 油유 | 203 | 招초 | 231 | 欣흔 | 345 | 畓답 | 185 | 査사 | 98 | 畏외 | 298 |
| 泣읍 | 239 | 抽추 | 160 | | | 待대 | 232 | 削삭 | 207 | 要요 | 123, 307 |
| 宜의 | 119 | 忠충 | 129 | **9획** | | 度도·탁 | 263 | 相상 | 103 | 勇용 | 255 |
| 依의 | 285 | 取취 | 216 | 架가 | 165, 308 | 挑도 | 72 | 宣선 | 209 | 怨원 | 140 |
| 刺자·척 | 76 | 治치 | 185 | 姦간 | 137 | 突돌 | 256 | 星성 | 8 | 胃위 | 144 |
| 姉자 | 224 | 枕침 | 282 | 看간 | 210 | 洞동·통 | 45 | 省성·생 | 142 | 威위 | 256 |
| 長장 | 11, 112 | 卓탁 | 320 | 降강·항 | 49 | 洛락 | 44 | 洗세 | 148 | 柔유 | 255 |
| 爭쟁 | 78 | 兎토 | 38 | 皆개 | 106 | 陋루 | 327 | 昭소 | 293 | 幽유 | 28 |
| 抵저 | 21 | 坡파 | 342 | 客객 | 231 | 柳류 | 33 | 俗속 | 234 | 音음 | 182 |
| 底저 | 67 | 波파 | 25 | 建건 | 55 | 律률 | 182 | 帥수 | 65 | 姻인 | 229 |
| 沮저 | 337 | 板판 | 210 | 係계 | 112 | 昧매 | 327 | 首수 | 298 | 咽인 | 222 |
| 邸저 | 337 | 版판 | 160 | 癸계 | 276 | 勉면 | 173 | 盾순 | 107 | 姿자 | 219 |
| 的적 | 115 | 佩패 | 342 | 契계·글 | 292 | 面면 | 219 | 述술 | 161 | 者자 | 155 |
| 典전 | 311 | 肺폐 | 146 | 界계 | 41 | 侮모 | 317 | 拾습·십 | 32 | 昨작 | 128 |
| 店점 | 77 | 抱포 | 300 | 計계 | 127 | 冒모 | 317 | 施시 | 200 | 哉재 | 313 |
| 定정 | 242 | 表표 | 249 | 苦고 | 133 | 某모 | 139 | 是시 | 89 | 前전 | 261 |
| 征정 | 76 | 彼피 | 230 | 枯고 | 116 | 茅모 | 327 | 食식·사 | 190 | 政정 | 58 |
| 制제 | 108 | 河하 | 25 | 故고 | 45 | 苗묘 | 33 | 信신 | 117 | 訂정 | 157 |
| 卒졸 | 65 | 函함 | 344 | 科과 | 143 | 茂무 | 31 | 室실 | 192 | 亭정 | 51 |
| 拙졸 | 250 | 劾핵 | 344 | 冠관 | 233 | 眉미 | 221 | 甚심 | 106 | 貞정 | 292 |
| 宗종 | 274 | 幸행 | 196 | 郊교 | 52 | 美미 | 220 | 按안 | 333 | 帝제 | 268 |

# 총획색인(總劃索引)

| | | | | | | | | | |
|---|---|---|---|---|---|---|---|---|---|
| 洲 주 | 41 | 胡 호 | 148 | 躬 궁 | 323 | 埋 매 | 235 | 涉 섭 | 208 | 恩 은 | 139 |
| 柱 주 | 64 | 洪 홍 | 8 | 拳 권 | 73 | 脈 맥 | 23 | 城 성 | 266 | 殷 은 | 335 |
| 俊 준 | 247 | 紅 홍 | 288 | 鬼 귀 | 236 | 眠 면 | 171 | 笑 소 | 300 | 倚 의 | 335 |
| 重 중 | 110 | 宦 환 | 344 | 根 근 | 33 | 冥 명 | 28 | 消 소 | 209 | 益 익 | 176 |
| 卽 즉 | 268 | 活 활·괄 | 255 | 級 급 | 77 | 耗 모 | 327 | 素 소 | 292 | 恣 자 | 136 |
| 持 지 | 104 | 皇 황 | 268 | 氣 기 | 115 | 迷 미 | 293 | 孫 손 | 225 | 玆 자 | 196 |
| 指 지 | 124 | 侯 후 | 269 | 記 기 | 155 | 剝 박 | 328 | 送 송 | 295 | 酌 작 | 99 |
| 津 진 | 338 | 厚 후 | 253 | 豈 기·개 | 314 | 般 반 | 105 | 衰 쇠·최 | 125 | 栽 재 | 186 |
| 珍 진 | 215 | 後 후 | 261 | 起 기 | 110 | 班 반 | 66 | 修 수 | 157 | 宰 재 | 318 |
| 姪 질 | 226 | 恤 휼 | 345 | 納 납 | 63 | 倣 방 | 117 | 殊 수 | 87 | 財 재 | 271 |
| 泉 천 | 29 | 洽 흡 | 346 | 娘 낭 | 311 | 旁 방 | 329 | 袖 수 | 332 | 展 전 | 184 |
| 穿 천 | 340 | | | 能 능 | 212 | 倍 배 | 261 | 純 순 | 245 | 庭 정 | 47 |
| 秒 초 | 320 | **10획** | | 茶 다·차 | 211 | 配 배 | 72 | 殉 순 | 279 | 除 제 | 78 |
| 促 촉 | 172 | 家 가 | 238 | 唐 당 | 256 | 竝 병 | 86 | 乘 승 | 79 | 祖 조 | 55, 229 |
| 秋 추 | 10 | 剛 강 | 255 | 倒 도 | 116 | 病 병 | 143 | 時 시 | 174 | 租 조 | 64 |
| 春 춘 | 9 | 個 개 | 101 | 島 도 | 56 | 峯 봉 | 24 | 息 식 | 127 | 座 좌 | 167 |
| 則 칙·즉 | 111 | 格 격 | 205 | 桃 도 | 35 | 俯 부 | 329 | 神 신 | 236 | 酒 주 | 135 |
| 侵 침 | 70 | 缺 결 | 109 | 逃 도 | 76 | 浮 부 | 85 | 案 안 | 164 | 株 주 | 201 |
| 炭 탄 | 203 | 兼 겸 | 248 | 徒 도 | 138 | 粉 분 | 195 | 弱 약 | 151 | 珠 주 | 319 |
| 怠 태 | 173 | 徑 경 | 305 | 凍 동 | 14 | 紛 분 | 286 | 逆 역 | 69 | 症 증 | 145 |
| 殆 태 | 84 | 耕 경 | 185 | 桐 동 | 34 | 祕 비 | 127 | 宴 연 | 237 | 紙 지 | 88 |
| 波 파 | 25 | 桂 계 | 31 | 浪 랑 | 122 | 匪 비 | 330 | 悅 열 | 233 | 振 진 | 111 |
| 便 편·변 | 87 | 庫 고 | 202 | 郞 랑 | 271 | 祠 사 | 330 | 娛 오 | 180 | 眞 진 | 184 |
| 胞 포 | 60 | 高 고 | 21 | 旅 려 | 211 | 紗 사 | 330 | 烏 오 | 40 | 陣 진 | 71 |
| 品 품 | 215 | 哭 곡 | 239 | 烈 렬 | 273 | 射 사 | 68 | 悟 오 | 142 | 秦 진 | 338 |
| 風 풍 | 13 | 骨 골 | 227 | 料 료 | 191 | 師 사 | 65 | 翁 옹 | 226 | 秩 질 | 105 |
| 恨 한 | 140 | 恭 공 | 130 | 流 류 | 86 | 朔 삭 | 20 | 辱 욕 | 251 | 疾 질 | 143 |
| 限 한 | 242 | 恐 공 | 106 | 留 류 | 53 | 桑 상 | 191 | 浴 욕 | 147 | 借 차 | 208 |
| 咸 함 | 310 | 貢 공 | 117 | 倫 륜 | 137 | 索 색·삭 | 97 | 容 용 | 128 | 差 차 | 20 |
| 巷 항 | 43 | 校 교 | 163 | 栗 률 | 34 | 書 서 | 165 | 原 원 | 203 | 捉 착 | 98 |
| 恒 항 | 61 | 俱 구 | 191 | 凌 릉 | 327 | 恕 서 | 142 | 員 원 | 114 | 站 참 | 339 |
| 香 향 | 36 | 郡 군 | 44 | 馬 마 | 82 | 徐 서 | 85 | 冤 원 | 335 | 倉 창 | 202 |
| 革 혁 | 109 | 宮 궁 | 266 | 茫 망 | 26 | 席 석 | 282 | 院 원 | 267 | 陟 척 | 340 |

## 새활용 2000한자

| 哲철 | 272 | 悔회 | 142 | 寄기 | 237 | 務무 | 120 | 設설 | 55 | 偶우 | 283 |
|---|---|---|---|---|---|---|---|---|---|---|---|
| 涕체 | 341 | 效효 | 182 | 旣기 | 242 | 問문 | 168 | 雪설 | 12 | 偉위 | 273 |
| 草초 | 36 | 候후 | 15 | 訥눌 | 325 | 敏민 | 247 | 細세 | 291 | 悠유 | 265 |
| 追추 | 243 | 訓훈 | 68 | 匿닉 | 325 | 密밀 | 127 | 掃소 | 147 | 唯유 | 228 |
| 畜축 | 193 | 胸흉 | 222 | 淡담 | 180 | 訪방 | 232 | 紹소 | 331 | 惟유 | 228 |
| 祝축 | 238 | 訖흘 | 345 | 堂당 | 267 | 排배 | 108 | 速속 | 176 | 淫음 | 137 |
| 臭취 | 148 | | | 帶대 | 284 | 培배 | 186 | 訟송 | 90 | 陰음 | 94 |
| 値치 | 214 | **11획** | | 陶도 | 135 | 陪배 | 329 | 授수 | 167 | 異이 | 20, 312 |
| 恥치 | 251 | 假가 | 263 | 途도 | 69 | 屛병 | 127 | 羞수 | 332 | 移이 | 186 |
| 致치 | 46 | 脚각 | 125 | 豚돈 | 193 | 逢봉 | 70 | 宿숙·수 | 212 | 寅인 | 277 |
| 浸침 | 84 | 勘감 | 322 | 動동 | 84 | 副부 | 280 | 淑숙 | 292 | 紫자 | 15 |
| 針침 | 124 | 康강 | 241 | 得득 | 204 | 婦부 | 224 | 孰숙 | 228 | 帳장 | 202 |
| 耽탐 | 342 | 强강 | 151 | 郞랑 | 271 | 符부 | 104 | 淳순 | 332 | 張장 | 294 |
| 泰태 | 62 | 健건 | 149 | 掠략 | 92 | 部부 | 111 | 脣순 | 221 | 章장 | 78 |
| 討토 | 113 | 乾건 | 7 | 略략 | 70 | 崩붕 | 54 | 術술 | 179 | 莊장 | 52 |
| 退퇴 | 303 | 堅견 | 64 | 涼량 | 10 | 婢비 | 230 | 崇숭 | 129 | 將장 | 65 |
| 特특 | 87 | 牽견 | 315 | 梁량 | 107 | 貧빈 | 241, 309 | 習습 | 234 | 寂적 | 21 |
| 破파 | 285 | 竟경 | 170 | 連련 | 88 | 捨사 | 216 | 晨신 | 8 | 笛적 | 181 |
| 浦포 | 46 | 頃경 | 171 | 鹿록 | 40 | 徙사 | 330 | 深심 | 22 | 專전 | 179 |
| 捕포 | 98 | 啓계 | 159 | 淚루 | 302 | 赦사 | 330 | 眼안 | 221 | 接접 | 233 |
| 袍포 | 343 | 械계 | 203 | 累루 | 189 | 斜사 | 28 | 涯애 | 22 | 停정 | 307 |
| 疲피 | 173 | 郭곽 | 266 | 陸륙 | 81 | 蛇사 | 40 | 野야 | 23 | 情정 | 245 |
| 被피 | 70 | 貫관 | 258 | 率률·솔 | 212 | 産산 | 185 | 御어 | 108 | 淨정 | 147 |
| 夏하 | 9 | 掛괘 | 296 | 陵릉 | 24 | 殺살 | 76 | 魚어 | 46 | 頂정 | 23 |
| 航항 | 83 | 敎교 | 167 | 梨리 | 35 | 祥상 | 118 | 焉언 | 313 | 旌정 | 338 |
| 奚해 | 313 | 區구 | 45 | 理리 | 198 | 商상 | 210 | 掩엄 | 333 | 祭제 | 234 |
| 害해 | 95, 284 | 球구 | 18 | 麻마 | 192 | 常상 | 61 | 域역 | 45 | 第제 | 274 |
| 海해 | 83 | 救구 | 132 | 莫막 | 252 | 逝서 | 317 | 硏연 | 169 | 造조 | 202 |
| 核핵 | 113 | 國국 | 55 | 晩만 | 116 | 庶서 | 264 | 軟연 | 281 | 鳥조 | 39 |
| 軒헌 | 48 | 眷권 | 324 | 望망 | 20, 300 | 敍서 | 161 | 梧오 | 34 | 條조 | 121 |
| 脅협 | 91 | 規규 | 205 | 梅매 | 36 | 惜석 | 286 | 欲욕 | 251 | 組조 | 102 |
| 浩호 | 299 | 基기 | 200 | 麥맥 | 188 | 旋선 | 149 | 庸용 | 250 | 措조 | 338 |
| 荒황 | 8 | 飢기 | 132 | 猛맹 | 39 | 船선 | 83 | 郵우 | 87 | 族족 | 227 |

# 총획색인(總劃索引)

| 從종 279 | 畢필 170 | 貴귀 241 | 博박 165 | 視시 295 | 堤제 54 |
| 終종 304 | 荷하 82 | 菌균 145 | 發발 184, 213 | 植식 186 | 提제 209 |
| 晝주 11 | 陷함 109 | 琴금 181 | 傍방 285 | 尋심 232 | 朝조 56 |
| 陳진 126 | 偕해 344 | 給급 197 | 番번 79 | 雅아 180 | 尊존 291 |
| 執집 246 | 許허 128 | 棄기 126 | 報보 280 | 惡악·오 136 | 衆중 101 |
| 斬참 340 | 現현 244 | 幾기 264 | 堡보 329 | 雁안 37 | 曾증 309 |
| 參참·삼 99 | 絃현 181 | 欺기 92 | 普보 63 | 揚양 111 | 智지 165 |
| 唱창 180 | 毫호 282 | 期기 168 | 補보 270 | 陽양 17 | 進진 77 |
| 窓창 308 | 婚혼 233 | 惱뇌 243 | 復복 61 | 然연 299 | 集집 66 |
| 彩채 287 | 混혼 108 | 單단 121 | 富부 241 | 硯연 166 | 着착 254 |
| 採채 161 | 貨화 204 | 短단 11 | 焚분 330 | 詠영 183 | 創창 162 |
| 責책 120 | 患환 131 | 答답 168 | 備비 191 | 堯요 334 | 菜채 190 |
| 悽처 286 | | 貸대 211 | 悲비 134 | 寓우 335 | 策책 200 |
| 處처 43 | **12획** | 隊대 78 | 費비 209 | 雲운 13 | 晴청 14 |
| 戚척 229 | 街가 51 | 屠도 325 | 詞사 240 | 雄웅 273 | 逮체 319 |
| 淺천 22 | 揀간 321 | 盜도 93 | 絲사 192 | 援원 152 | 替체 218 |
| 添첨 88 | 間간 43, 80 | 都도 42 | 斯사 293 | 越월 248 | 超초 248 |
| 捷첩 340 | 渴갈 116 | 渡도 83 | 詐사 92 | 爲위 242 | 最최 212 |
| 淸청 253 | 喝갈 322 | 敦돈 299 | 散산 76 | 圍위 73 | 就취 279 |
| 推추 114 | 堪감 322 | 童동 157 | 森삼 31 | 猶유 280 | 測측 15 |
| 逐축 96 | 減감 207 | 鈍둔 170 | 喪상 234 | 裕유 187 | 琢탁 164 |
| 娶취 341 | 敢감 255 | 登등 178 | 象상 160 | 閏윤 19 | 湯탕 297 |
| 側측 240 | 開개 63 | 等등 59, 312 | 善선 212 | 貳이 257 | 痛통 144 |
| 脫탈 154 | 渠거 322 | 絡락 88 | 盛성 31 | 壹일 257 | 統통 227 |
| 探탐 97 | 距거 263 | 量량 263 | 稅세 63 | 逸일 134 | 牌패 343 |
| 貪탐 138 | 傑걸 247 | 裂렬 75 | 訴소 90 | 殘잔 125 | 貶폄 343 |
| 通통 242 | 結결 101 | 勞로 240 | 疏소 171 | 場장 68 | 評평 113 |
| 透투 184 | 景경 46 | 虜로 327 | 粟속 187 | 掌장 222 | 幅폭 72 |
| 販판 199 | 卿경 270 | 隆륭 218 | 須수 307 | 粧장 294 | 筆필 166 |
| 敗패 70 | 硬경 281 | 媒매 198 | 循순 12 | 裁재 99 | 賀하 238 |
| 偏편 320 | 階계 51 | 買매 206 | 順순 79 | 貯저 189 | 寒한 10 |
| 閉폐 54 | 菊국 33 | 無무 201 | 舜순 333 | 絶절 23 | 閑한 169 |
| 票표 295 | 厥궐 283 | 貿무 204 | 勝승 150 | 程정 82 | 割할 200 |

| | | | | | | | | | |
|---|---|---|---|---|---|---|---|---|---|
| 港 항 | 46 | 群 군 | 101 | 睦 목 | 228 | 暗 암 | 249 | 裝 장 | 214 | 會 회 | 102 |
| 項 항 | 308 | 極 극 | 239 | 微 미 | 300 | 愛 애 | 243 | 載 재 | 156 | 毁 훼 | 91 |
| 虛 허 | 92 | 隙 극 | 324 | 飯 반 | 188 | 楊 양 | 33 | 著 저 | 159 | 携 휴 | 284 |
| 惠 혜 | 139 | 僅 근 | 307 | 頒 반 | 328 | 業 업 | 197 | 賊 적 | 93 | 熙 희 | 17 |
| 湖 호 | 25 | 勤 근 | 173 | 煩 번 | 243 | 與 여 | 215, 305 | 跡 적 | 265 | | |
| 或 혹 | 289 | 禁 금 | 67 | 瓶 병 | 329 | 煙 연 | 15 | 傳 전 | 209 | **14 획** | |
| 華 화 | 30 | 禽 금 | 37 | 腹 복 | 222 | 鉛 연 | 166 | 電 전 | 13, 87 | 歌 가 | 179 |
| 畫 화·획 | 177 | 暖 난 | 210 | 蜂 봉 | 36 | 葉 엽 | 190 | 殿 전 | 319 | 嘉 가 | 321 |
| 換 환 | 110 | 農 농 | 42 | 碑 비 | 235 | 詣 예 | 334 | 鼎 정 | 338 | 閣 각 | 48 |
| 黃 황 | 33 | 腦 뇌 | 249 | 聘 빙 | 231 | 裔 예 | 334 | 照 조 | 309 | 監 감 | 112 |
| 喉 후 | 222 | 溺 닉 | 325 | 嗣 사 | 330 | 嗚 오 | 239 | 罪 죄 | 94 | 綱 강 | 58 |
| 揮 휘 | 213 | 達 달 | 214 | 傷 상 | 95 | 傲 오 | 137 | 誅 주 | 338 | 蓋 개 | 51 |
| 黑 흑 | 89 | 當 당 | 200 | 詳 상 | 293 | 溫 온 | 10 | 準 준 | 205, 309 | 慨 개 | 141 |
| 喜 희 | 233 | 塗 도 | 316 | 想 상 | 154 | 搖 요 | 301 | 滄 창 | 25 | 遣 견 | 69 |
| 稀 희 | 289 | 跳 도 | 107 | 塞 새·색 | 132 | 腰 요 | 305 | 債 채 | 201 | 輕 경 | 251 |
| | | 道 도 | 129 | 暑 서 | 10 | 遇 우 | 294 | 睫 첩 | 340 | 境 경 | 30 |
| **13 획** | | 督 독 | 112 | 瑞 서 | 331 | 愚 우 | 170 | 牒 첩 | 340 | 寡 과 | 251 |
| 嫁 가 | 321 | 頓 돈 | 326 | 聖 성 | 272 | 運 운 | 81 | 楚 초 | 341 | 慣 관 | 234 |
| 暇 가 | 169 | 遁 둔 | 326 | 歲 세 | 19 | 圓 원 | 104 | 催 최 | 172 | 管 관 | 198 |
| 幹 간 | 200 | 落 락 | 141 | 勢 세 | 115 | 園 원 | 47 | 稚 치 | 250 | 魁 괴 | 323 |
| 感 감 | 245 | 亂 란 | 93 | 損 손 | 91 | 源 원 | 29 | 置 치 | 72 | 構 구 | 154 |
| 隔 격 | 315 | 廊 랑 | 53 | 頌 송 | 61 | 違 위 | 105 | 馳 치 | 342 | 閨 규 | 229 |
| 絹 견 | 192 | 廉 렴 | 253 | 搜 수 | 318 | 遊 유 | 85 | 塔 탑 | 267 | 旗 기 | 72 |
| 敬 경 | 130 | 零 령 | 291 | 遂 수 | 120 | 愈 유 | 106 | 遍 편 | 63 | 緊 긴 | 281 |
| 傾 경 | 28 | 路 로 | 82 | 愁 수 | 244 | 飮 음 | 135 | 稟 품 | 343 | 寧 녕 | 241 |
| 經 경 | 197 | 祿 록 | 271 | 睡 수 | 171 | 意 의 | 175 | 楓 풍 | 33 | 團 단 | 65 |
| 溪 계 | 28 | 賂 뢰 | 327 | 酬 수 | 332 | 義 의 | 130 | 逼 핍 | 343 | 端 단 | 288 |
| 鼓 고 | 305 | 雷 뢰 | 13 | 肅 숙 | 256 | 賃 임 | 211 | 解 해 | 156 | 臺 대 | 49 |
| 過 과 | 264 | 裏 리 | 249 | 試 시 | 163 | 滋 자 | 336 | 該 해 | 165 | 對 대 | 152 |
| 誇 과 | 294 | 萬 만 | 261 | 詩 시 | 161 | 資 자 | 205 | 鄕 향 | 45 | 圖 도 | 296 |
| 塊 괴 | 217 | 盟 맹 | 101 | 弑 시 | 333 | 雌 자 | 40 | 嫌 혐 | 320 | 銅 동 | 287 |
| 愧 괴 | 252 | 滅 멸 | 77 | 愼 신 | 254 | 腸 장 | 144 | 號 호 | 282 | 領 령 | 77 |
| 較 교 | 103 | 募 모 | 66 | 新 신 | 155 | 葬 장 | 235 | 話 화 | 87 | 綠 록 | 195 |

## 총획색인(總劃索引)

| | | | | | | | | | |
|---|---|---|---|---|---|---|---|---|---|
| 僚료 | 317 | 裳상 | 195 | 滴적 | 166 | 豪호 | 247 | 憐련 | 133 | 熟숙 | 214 |
| 屢루 | 20 | 署서 | 111 | 嫡적 | 337 | 魂혼 | 236 | 蓮련 | 29 | 審심 | 98 |
| 漏루 | 290 | 誓서 | 317 | 銓전 | 337 | 禍화 | 80 | 練련 | 68 | 樣양 | 52 |
| 幕막 | 304 | 碩석 | 331 | 漸점 | 86 | 劃획 | 127 | 論론 | 155 | 養양 | 193 |
| 漠막 | 24 | 說설·세·열 | 153 | 精정 | 188 | **15획** | | 樓루 | 48 | 億억 | 261 |
| 慢만 | 137 | 誠성 | 175 | 際제 | 22 | 價가 | 214 | 戮륙 | 327 | 緣연 | 246 |
| 滿만 | 104 | 遜손 | 331 | 齊제 | 180 | 駕가 | 321 | 輪륜 | 80 | 熱열 | 16, 297 |
| 漫만 | 35 | 誦송 | 181 | 製제 | 195 | 概개 | 123 | 履리 | 119 | 影영 | 176 |
| 綿면 | 195 | 壽수 | 237 | 種종 | 194 | 儉검 | 253 | 隣린 | 44 | 銳예 | 74 |
| 銘명 | 235 | 需수 | 197 | 蒸증 | 148 | 劍검 | 75 | 賣매 | 199 | 緩완 | 79 |
| 鳴명 | 159 | 僧승 | 267 | 誌지 | 153 | 潔결 | 245 | 慕모 | 246 | 慾욕 | 138 |
| 摸모 | 328 | 飾식 | 214 | 塵진 | 339 | 慶경 | 238 | 模모 | 117 | 憂우 | 131 |
| 貌모 | 52 | 實실 | 175 | 盡진 | 201 | 稽계 | 323 | 暮모 | 19 | 慰위 | 240 |
| 夢몽 | 293 | 漁어 | 83 | 察찰 | 142 | 稿고 | 154 | 廟묘 | 274 | 緯위 | 16 |
| 蒙몽 | 159 | 語어 | 135 | 慘참 | 286 | 穀곡 | 187 | 撫무 | 328 | 潤윤 | 216 |
| 墓묘 | 235 | 演연 | 177 | 暢창 | 297 | 課과 | 123 | 墨묵 | 166 | 儀의 | 231 |
| 誣무 | 328 | 厭염 | 333 | 蒼창 | 17 | 寬관 | 253 | 憫민 | 133 | 毅의 | 335 |
| 舞무 | 179 | 榮영 | 91 | 輒첩 | 341 | 廣광 | 23 | 盤반 | 297 | 潛잠 | 39 |
| 聞문 | 155 | 誤오 | 90 | 滯체 | 319 | 歐구 | 323 | 髮발 | 220 | 暫잠 | 174 |
| 蜜밀 | 194 | 獄옥 | 99 | 遞체 | 320 | 窮궁 | 132 | 輩배 | 138 | 獎장 | 185 |
| 罰벌 | 100 | 遙요 | 265 | 銃총 | 73 | 劇극 | 177 | 範범 | 296 | 敵적 | 71 |
| 碧벽 | 287 | 熊웅 | 335 | 蓄축 | 124 | 畿기 | 43 | 膚부 | 145 | 適적 | 119 |
| 僕복 | 329 | 遠원 | 244 | 聚취 | 341 | 談담 | 170 | 賦부 | 64 | 箭전 | 337 |
| 福복 | 196 | 僞위 | 92 | 漆칠 | 213 | 潭담 | 29 | 墳분 | 235 | 節절 | 15 |
| 複복 | 110 | 維유 | 104 | 寢침 | 302 | 踏답 | 81 | 憤분 | 240 | 蝶접 | 36 |
| 鳳봉 | 39 | 誘유 | 71, 172 | 稱칭 | 151 | 德덕 | 129 | 寫사 | 184 | 潮조 | 158 |
| 腐부 | 126 | 銀은 | 18 | 誕탄 | 320 | 稻도 | 186 | 賜사 | 295 | 調조 | 123 |
| 鼻비 | 220 | 疑의 | 128 | 奪탈 | 92 | 樂락·악·요 | 180 | 賞상 | 280 | 遭조 | 338 |
| 賓빈 | 231 | 爾이 | 336 | 態태 | 219 | 諒량 | 142 | 緖서 | 245 | 憎증 | 243 |
| 算산 | 264 | 認인 | 58 | 頗파 | 84 | 慮려 | 156 | 線선 | 16 | 增증 | 50 |
| 酸산 | 218 | 慈자 | 134 | 飽포 | 190 | 黎려 | 326 | 疏소 | 190 | 稷직 | 338 |
| 像상 | 283, 287 | 障장 | 60 | 漂표 | 86 | 閭려 | 326 | 數수 | 261 | 震진 | 319 |
| 嘗상 | 196 | 摘적 | 32 | 漢한 | 18, 96 | 閭려 | 326 | 誰수 | 139 | 質질 | 136 |

# 새활용 2000한자

| 澄 징 | 339 | **16 획** | | 縛 박 | 328 | 靜 정 | 256 | 檢 검 | 97 | 擬 의 | 335 |
|---|---|---|---|---|---|---|---|---|---|---|---|
| 徵 징 | 118 | | | 壁 벽 | 47 | 諸 제 | 105 | 擊 격 | 73 | 翼 익 | 152 |
| 撰 찬 | 339 | 諫 간 | 321 | 辨 변 | 216 | 操 조 | 74 | 謙 겸 | 237 | 齋 재 | 337 |
| 慙 참 | 252 | 鋼 강 | 207 | 奮 분 | 252 | 遵 준 | 102 | 矯 교 | 100 | 績 적 | 163 |
| 賤 천 | 241 | 據 거 | 97 | 頻 빈 | 95 | 遲 지 | 80 | 檀 단 | 55 | 錢 전 | 257 |
| 踐 천 | 175 | 憩 게 | 174 | 憑 빙 | 330 | 錯 착·조 | 90 | 戴 대 | 325 | 點 점 | 122 |
| 徹 철 | 67 | 激 격 | 252 | 膳 선 | 331 | 遷 천 | 272 | 蹈 도 | 325 | 濟 제 | 132 |
| 請 청 | 206 | 館 관 | 211 | 選 선 | 150 | 築 축 | 50 | 濫 람 | 30 | 燥 조 | 14 |
| 墜 추 | 341 | 橋 교 | 81 | 燒 소 | 290 | 親 친 | 228 | 勵 려 | 185 | 縱 종 | 262 |
| 衝 충 | 198 | 龜 구·귀 | 164 | 樹 수 | 31 | 濁 탁 | 108 | 聯 련 | 42 | 薦 천 | 114 |
| 趣 취 | 130 | 窺 규 | 324 | 輸 수 | 81 | 蕩 탕 | 342 | 鍊 련 | 74 | 燭 촉 | 302 |
| 醉 취 | 135 | 錦 금 | 301 | 隨 수 | 175 | 擇 택 | 161 | 斂 렴 | 326 | 聰 총 | 247 |
| 層 층 | 49 | 器 기 | 206 | 餓 아 | 132 | 澤 택 | 216 | 嶺 령 | 24 | 總 총 | 199 |
| 齒 치 | 221 | 機 기 | 203 | 謁 알 | 274 | 頹 퇴 | 342 | 隷 례 | 316 | 醜 추 | 220 |
| 墮 타 | 141 | 諾 낙 | 112 | 禦 어 | 333 | 辦 판 | 342 | 臨 림 | 97 | 縮 축 | 281 |
| 憚 탄 | 342 | 濃 농 | 166 | 憶 억 | 243 | 蔽 폐 | 94 | 薄 박 | 251 | 黜 출 | 341 |
| 彈 탄 | 75 | 壇 단 | 178 | 餘 여 | 187 | 學 학 | 163 | 繁 번 | 95 | 濯 탁 | 148 |
| 歎 탄 | 141 | 擔 담 | 122 | 燃 연 | 290 | 翰 한 | 344 | 謝 사 | 238 | 避 피 | 67 |
| 播 파 | 272 | 糖 당·탕 | 194 | 燕 연 | 37 | 憲 헌 | 57 | 償 상 | 216 | 韓 한 | 56 |
| 罷 파 | 125 | 導 도 | 100 | 閱 열 | 318 | 險 험 | 95 | 霜 상 | 12 | 鴻 홍 | 37 |
| 篇 편 | 162 | 親 도 | 325 | 豫 예 | 280 | 縣 현 | 44 | 禪 선 | 268 | 還 환 | 217 |
| 編 편 | 159 | 獨 독 | 57 | 擁 옹 | 318 | 螢 형 | 302 | 鮮 선 | 56 | 環 환 | 12 |
| 廢 폐 | 126 | 篤 독 | 299 | 謂 위 | 89 | 衡 형 | 320 | 聲 성 | 183 | 闊 활 | 344 |
| 弊 폐 | 53 | 頭 두 | 249 | 衛 위 | 50 | 橫 횡 | 262 | 雖 수 | 306 | 獲 획 | 204 |
| 幣 폐 | 202 | 燈 등 | 48 | 儒 유 | 273 | 曉 효 | 298 | 瞬 순 | 80 | 戲 희 | 178 |
| 暴 포·폭 | 136 | 歷 력 | 119 | 遺 유 | 215 | 勳 훈 | 345 | 濕 습 | 14 | | |
| 褒 포 | 343 | 曆 력 | 19 | 踰 유 | 335 | 諱 휘 | 345 | 壓 압 | 283 | **18 획** | |
| 標 표 | 205 | 錄 록 | 154 | 凝 응 | 318 | 憙 희·애 | 239 | 輿 여 | 155 | 簡 간 | 121 |
| 賢 현 | 272 | 賴 뢰 | 117 | 諮 자 | 336 | | | 營 영 | 197 | 擧 거 | 106 |
| 慧 혜 | 248 | 龍 룡 | 39 | 積 적 | 189 | **17 획** | | 謠 요 | 157 | 舊 구 | 19 |
| 確 확 | 115 | 磨 마 | 164 | 錢 전 | 257 | 懇 간 | 303 | 優 우 | 150 | 闕 궐 | 266, 324 |
| 輝 휘 | 17 | 謀 모 | 304 | 戰 전 | 72 | 艱 간 | 321 | 隱 은 | 244 | 歸 귀 | 301 |
| 興 흥 | 61 | 默 묵 | 292 | 整 정 | 123 | 講 강 | 167 | 應 응 | 280 | 謹 근 | 254 |

## 총획색인(總劃索引)

| | | | | | | | |
|---|---|---|---|---|---|---|---|
| 騎 기 | 66 | 關 관 | 310 | 競 경 | 150 | 欄 란 | 48 |
| 斷 단 | 176 | 曠 광 | 323 | 警 경 | 96 | 蘭 란 | 36 |
| 藍 람 | 301 | 壞 괴 | 54 | 繼 계 | 107 | 爛 란 | 35 |
| 糧 량 | 187 | 難 난 | 131 | 勸 권 | 172 | 覽 람 | 177 |
| 禮 례 | 231 | 禱 도 | 326 | 黨 당 | 305 | 飜 번 | 153 |
| 覆 복 | 317 | 羅 라 | 11 | 騰 등 | 316 | 闢 벽 | 329 |
| 繕 선 | 331 | 麗 려 | 30 | 齡 령 | 326 | 辯 변 | 306 |
| 鎖 쇄 | 54 | 廬 려 | 326 | 爐 로 | 210 | 攝 섭 | 317 |
| 繡 수 | 332 | 類 류 | 303 | 露 로 | 12 | 續 속 | 107 |
| 雙 쌍 | 222 | 離 리 | 263 | 寶 보 | 215 | 屬 속·촉 | 179 |
| 顔 안 | 219 | 霧 무 | 14 | 譜 보 | 182 | 躍 약 | 318 |
| 額 액 | 199 | 邊 변 | 41 | 釋 석 | 162 | 譽 예 | 91 |
| 與 여 | 155 | 簿 부 | 202 | 蘇 소 | 290 | 饌 찬 | 339 |
| 擾 요 | 334 | 辭 사 | 303 | 騷 소 | 93 | 鐵 철 | 207 |
| 醫 의 | 143 | 獸 수 | 37 | 壤 양 | 26 | 鶴 학 | 38 |
| 爵 작 | 269 | 識 식·지 | 165 | 嚴 엄 | 256 | 護 호 | 152 |
| 雜 잡 | 153 | 藥 약 | 143 | 譯 역 | 153 | | |
| 藏 장 | 189 | 藝 예 | 179 | 議 의 | 113 | **22획** | |
| 蹟 적 | 266 | 韻 운 | 182 | 籍 적 | 290 | 鑑 감 | 164 |
| 轉 전 | 110, 156 | 願 원 | 134 | 鐘 종 | 50 | 驕 교 | 323 |
| 題 제 | 123 | 顚 전 | 337 | 觸 촉 | 94 | 鷗 구 | 38 |
| 織 직 | 102 | 證 증 | 97 | 鬪 투 | 78 | 權 권 | 59 |
| 職 직 | 279 | 贈 증 | 215 | 飄 표 | 343 | 讀 독·두 | 178 |
| 鎭 진 | 144 | 懲 징 | 100 | 獻 헌 | 117 | 贖 속 | 331 |
| 礎 초 | 64 | 贊 찬 | 114 | 懸 현 | 116 | 襲 습 | 70 |
| 蟲 충 | 145 | 轍 철 | 340 | | | 臟 장 | 144 |
| 豊 풍 | 188 | 寵 총 | 341 | **21획** | | 贓 장 | 336 |
| 擴 확 | 126 | 爆 폭 | 75 | 鷄 계 | 193 | 竊 절 | 319 |
| | | 穫 확 | 187 | 顧 고 | 156 | 鑄 주 | 319 |
| **19획** | | 懷 회 | 300 | 灌 관 | 323 | 聽 청 | 49 |
| 疆 강 | 322 | | | 懼 구 | 298 | 響 향 | 176 |
| 鏡 경 | 285 | **20획** | | 驅 구 | 96 | 歡 환 | 232 |
| 繫 계 | 315 | 覺 각 | 167 | 饑 기 | 325 | | |

| | | | |
|---|---|---|---|
| **23획** | | | |
| 驚 경 | 84 | | |
| 鑛 광 | 203 | | |
| 戀 련 | 246 | | |
| 變 변 | 109 | | |
| 讐 수 | 332 | | |
| 巖 암 | 26 | | |
| 驛 역 | 82 | | |
| 體 체 | 149 | | |
| 驗 험 | 163 | | |
| 顯 현 | 226 | | |
| **24획** | | | |
| 靈 령 | 236 | | |
| 讓 양 | 237 | | |
| 鹽 염 | 218 | | |
| 蠶 잠 | 192 | | |
| **25획** | | | |
| 觀 관 | 177 | | |
| 蠻 만 | 138 | | |
| 廳 청 | 49 | | |
| **26획** | | | |
| 讚 찬 | 151 | | |
| **27획** | | | |
| 鑿 착 | 339 | | |

## 자음색인(字音索引)

교육부 선정 기초한자 1,800자와 제외자 44자, 실용한자 200자를 음순(音順)으로 배열하였습니다. 오른쪽의 숫자는 해당 한자가 실린 면수를 나타냅니다.

### ㄱ

**가**
可 옳을 106, 307
加 더할 264
佳 아름다울 160
架 시렁 308, 165
家 집 238
假 거짓 263
街 거리 51
嫁 시집갈 321
暇 겨를 169
歌 노래 179
嘉 아름다울 321
價 값 214
駕 수레 321

**각**
各 각각 101
角 뿔 263
却 물리칠 140
刻 새길 171
脚 다리 125
閣 누각 48
覺 깨달을 167

**간**
干 방패 68, 278
刊 책펴낼 162
肝 간 144
姦 간사할 137
看 볼 210
揀 가릴 321
間 사이 43, 80
幹 줄기 200
諫 간할 321
懇 간절할 303
艱 어려울 321
簡 편지 121

**갈**
渴 목마를 116
喝 꾸짖을 322

**감**
甘 달 133
減 덜 207
敢 감히 255
勘 헤아릴 322
堪 견딜 322
感 느낄 245
監 볼 112
鑑 거울 164

**갑**
甲 갑옷 275

**강**
江 강 25
降 내릴 49
剛 굳셀 255
康 편안할 241
強 강할 151
綱 벼리 58
鋼 강철 207
講 익힐 167
疆 지경 322

**개**
介 끼일 198
改 고칠 109
皆 다 106
個 낱 101
開 열 63
蓋 덮을 51
慨 분개할 141
槪 대개 123

**객**
客 손 231

**갱**
更 다시 109

**거**
去 갈 279
巨 클 26
車 수레 79
居 살 53
拒 막을 93
渠 도랑 322
距 떨어질 263
據 의거할 97
擧 들 106

**건**
巾 수건 322
件 일 121
建 세울 55
健 건강할 149
乾 하늘 7
鍵 열쇠 310

**걸**
乞 빌 315
傑 뛰어날 247

**검**
儉 검소할 253
劍 칼 75
檢 조사할 97

**겁**
劫 겁탈할 322
怯 겁낼 322

**게**
憩 쉴 174

**격**
格 격식 205
隔 사이뜰 315
激 과격할 252
擊 칠 73

**견**
犬 개 38
見 볼 156, 274
肩 어깨 78

## 자음색인(字音索引)

| | | |
|---|---|---|
| 堅 굳을 | 64 |
| 牽 끌 | 315 |
| 遣 보낼 | 69 |
| 絹 비단 | 192 |

**결**
| | |
|---|---|
| 決 결단할 | 71 |
| 缺 이지러질 | 109 |
| 結 맺을 | 101 |
| 潔 깨끗할 | 245 |

**겸**
| | |
|---|---|
| 兼 겸할 | 248 |
| 謙 겸손할 | 237 |

**경**
| | |
|---|---|
| 更 고칠 | 109 |
| 京 서울 | 43 |
| 庚 천간 | 276 |
| 徑 지름길 | 305 |
| 耕 밭갈 | 185 |
| 竟 마칠 | 170 |
| 頃 잠깐 | 171 |
| 景 볕 | 46 |
| 卿 벼슬 | 270 |
| 硬 굳을 | 281 |
| 敬 공경할 | 130 |
| 傾 기울 | 28 |
| 經 날 | 197 |
| 境 지경 | 30 |
| 輕 가벼울 | 251 |
| 慶 경사 | 238 |
| 鏡 거울 | 285 |
| 競 다툴 | 150 |
| 警 경계할 | 96 |
| 驚 놀랄 | 84 |

**계**
| | |
|---|---|
| 戒 경계할 | 100 |
| 系 이를 | 227 |
| 季 끝 | 15 |
| 係 맬 | 112 |
| 契 맺을 | 292 |
| 界 지경 | 41 |
| 癸 천간 | 276 |
| 計 셀 | 127 |
| 桂 계수나무 | 31 |
| 啓 열 | 159 |
| 械 기계 | 203 |
| 階 섬돌 | 51 |
| 溪 시내 | 28 |
| 稽 상고할 | 323 |
| 繫 맬 | 315 |
| 繼 이을 | 107 |
| 鷄 닭 | 193 |

**고**
| | |
|---|---|
| 古 옛 | 265 |
| 考 상고할 | 164, 213 |
| 告 알릴 | 141, 310 |
| 固 굳을 | 64 |
| 姑 시어미 | 226 |
| 孤 외로울 | 21 |
| 苦 쓸 | 133 |
| 枯 마를 | 116 |
| 故 연고 | 45 |
| 庫 곳집 | 202 |
| 高 높을 | 21 |
| 鼓 북 | 305 |
| 稿 볏짚 | 154 |
| 顧 돌아볼 | 156 |

**곡**
| | |
|---|---|
| 曲 굽을 | 178 |
| 谷 골 | 28 |
| 哭 울 | 239 |
| 穀 곡식 | 187 |

**곤**
| | |
|---|---|
| 困 곤할 | 131 |
| 坤 땅 | 7 |

**골**
| | |
|---|---|
| 骨 뼈 | 227 |

**공**
| | |
|---|---|
| 工 장인 | 213 |
| 公 공변될 | 270 |
| 孔 구멍 | 27 |
| 功 공로 | 61 |
| 共 함께 | 159 |
| 攻 칠 | 73 |
| 供 이바지할 | 209 |
| 空 빌 | 17, 287 |
| 恭 공손할 | 13 |
| 恐 두려울 | 106 |
| 貢 바칠 | 117 |

**과**
| | |
|---|---|
| 戈 창 | 68 |
| 瓜 오이 | 190 |
| 果 과실 | 182 |
| 科 과목 | 143 |
| 過 지날 | 264 |
| 誇 자랑할 | 294 |
| 寡 적을 | 251 |
| 課 과정 | 123 |

**곽**
| | |
|---|---|
| 郭 둘레 | 266 |

**관**
| | |
|---|---|
| 官 벼슬 | 271 |
| 冠 갓 | 233 |
| 貫 꿸 | 258 |
| 慣 버릇 | 234 |
| 管 대롱 | 198 |
| 寬 너그러울 | 253 |
| 館 집 | 211 |
| 關 빗장 | 310 |
| 灌 물댈 | 323 |
| 觀 볼 | 177 |

**광**
| | |
|---|---|
| 光 빛 | 302 |
| 狂 미칠 | 316 |
| 廣 넓을 | 23 |
| 曠 밝을 | 323 |
| 鑛 쇳돌 | 203 |

**괘**
| | |
|---|---|
| 掛 걸 | 296 |

**괴**
| | |
|---|---|
| 怪 괴이할 | 96 |
| 乖 어그러질 | 323 |
| 愧 부끄러워할 | 252 |
| 塊 흙덩이 | 217 |
| 魁 우두머리 | 323 |
| 壞 무너질 | 54 |

**교**
| | |
|---|---|
| 巧 공교할 | 183 |
| 交 사귈 | 208 |
| 郊 들 | 52 |
| 校 학교 | 163 |
| 敎 가르칠 | 167 |
| 較 비교할 | 103 |
| 橋 다리 | 81 |
| 矯 바로잡을 | 100 |
| 驕 교만할 | 323 |

**구**
| | |
|---|---|
| 九 아홉 | 260 |
| 口 입 | 46, 220 |
| 久 오랠 | 265 |
| 丘 언덕 | 24 |
| 句 글귀 | 157 |
| 求 구할 | 206 |
| 究 궁구할 | 169 |

| 具 갖출 | 206 | 勸 권할 | 172 | 金 쇠 | 217 | 期 만날·기약할 | 168 |
|---|---|---|---|---|---|---|---|
| 拘 잡을 | 27, 98 | 權 권세 | 59 | 衿 옷깃 | 324 | 旗 기 | 72 |
| 狗 개 | 38 | 궐 | | 琴 거문고 | 181 | 畿 경기 | 43 |
| 苟 구차할 | 284 | 厥 그 | 283 | 禁 금할 | 67 | 器 그릇 | 206 |
| 俱 함께 | 191 | 闕 대궐 | 266, 324 | 禽 날짐승 | 37 | 機 틀 | 203 |
| 區 구역 | 45 | 궤 | | 錦 비단 | 301 | 騎 말탈 | 66 |
| 球 공 | 18 | 軌 궤도 | 316 | 급 | | 饑 주릴 | 325 |
| 救 구원할 | 132 | 귀 | | 及 미칠 | 274 | 긴 | |
| 構 얽을 | 154 | 鬼 귀신 | 236 | 汲 물길을 | 324 | 緊 요긴할 | 281 |
| 歐 토할 | 323 | 貴 귀할 | 241 | 急 급할 | 79 | 길 | |
| 舊 옛 | 19 | 歸 돌아갈 | 301 | 級 등급 | 77 | 吉 길할 | 118 |
| 懼 두려워할 | 298 | 龜 거북 | 164 | 給 줄 | 197 | 김 | |
| 驅 몰 | 96 | 규 | | 긍 | | 金 성씨 | 217 |
| 龜 이름 | 164 | 叫 부르짖을 | 282 | 肯 즐길 | 124 | | |
| 鷗 갈매기 | 38 | 糾 살필 | 316 | 矜 자랑할 | 324 | **ㄴ** | |
| 국 | | 規 법 | 205 | 기 | | 나 | |
| 局 판 | 152 | 閨 안방 | 229 | 己 몸 | 275 | 奈 나락 | 306 |
| 國 나라 | 55 | 窺 엿볼 | 324 | 企 도모할 | 197 | 那 어찌 | 314 |
| 菊 국화 | 33 | 균 | | 忌 꺼릴 | 67 | 낙 | |
| 군 | | 均 고를 | 59 | 技 재주 | 183 | 諾 허락할 | 112 |
| 君 임금 | 55 | 菌 버섯 | 145 | 妓 기생 | 324 | 난 | |
| 軍 군사 | 65 | 龜 터질 | 164 | 其 그 | 158 | 暖 따뜻할 | 210 |
| 郡 고을 | 44 | 극 | | 奇 기이할 | 294 | 難 어려울 | 131 |
| 群 무리 | 101 | 克 이길 | 174 | 祈 빌 | 134 | 남 | |
| 굴 | | 極 다할 | 239 | 紀 벼리 | 58 | 男 사내 | 223 |
| 屈 굽을 | 299 | 隙 틈 | 324 | 氣 기운 | 115 | 南 남녘 | 9 |
| 궁 | | 劇 심할 | 177 | 記 적을 | 155 | 납 | |
| 弓 활 | 74 | 근 | | 豈 어찌 | 314 | 內 들일 | 143 |
| 宮 집 | 266 | 斤 근 | 258 | 起 일어날 | 110 | 納 들일 | 63 |
| 躬 몸 | 323 | 近 가까울 | 240 | 基 터 | 200 | 낭 | |
| 窮 궁할 | 132 | 根 뿌리 | 33 | 飢 주릴 | 132 | 娘 각시 | 311 |
| 권 | | 僅 겨우 | 307 | 寄 부칠 | 237 | 내 | |
| 券 문서 | 201 | 勤 부지런할 | 173 | 旣 이미 | 242 | 乃 이에 | 283 |
| 卷 책 | 259 | 謹 삼갈 | 254 | 幾 몇 | 264 | 內 안 | 143, 286 |
| 拳 주먹 | 73 | 금 | | 棄 버릴 | 126 | 奈 어찌 | 306 |
| 眷 돌아볼 | 324 | 今 이제 | 128 | 欺 속일 | 92 | 耐 견딜 | 168 |

자음색인(字音索引)

| | | | | | | | | | | |
|---|---|---|---|---|---|---|---|---|---|---|
| **녀** | | | 段 층계 | 51 | 德 큰 | 129 | 頓 조아릴 | 326 |
| 女 계집 | 223 | | 單 홑 | 121 | **도** | | **돌** | |
| **년** | | | 短 짧을 | 11 | 刀 칼 | 74 | 突 부딪칠 | 256 |
| 年 해 | 19, 311 | | 團 둥글 | 65 | 到 이를 | 43 | **동** | |
| **념** | | | 端 끝 | 288 | 度 법도 | 263 | 冬 겨울 | 10 |
| 念 생각 | 246 | | 壇 제터 | 178 | 挑 돋울 | 72 | 同 한가지 | 60 |
| **녕** | | | 檀 박달나무 | 55 | 倒 넘어질 | 116 | 東 동녘 | 9 |
| 寧 편안할 | 241 | | 斷 끊을 | 176 | 島 섬 | 56 | 洞 고을 | 45 |
| **노** | | | **달** | | 逃 달아날 | 76 | 桐 오동나무 | 34 |
| 奴 종 | 230 | | 達 통달할 | 214 | 徒 무리 | 138 | 凍 얼 | 14 |
| 努 힘쓸 | 173 | | **담** | | 桃 복숭아 | 35 | 動 움직일 | 84 |
| 怒 성낼 | 140 | | 淡 묽을 | 180 | 陶 질그릇 | 135 | 童 아이 | 157 |
| **농** | | | 談 말씀 | 170 | 途 길 | 69 | 銅 구리 | 287 |
| 農 농사 | 42 | | 潭 못 | 29 | 盜 도둑 | 93 | 僮 하인 | 307 |
| 濃 짙을 | 166 | | 擔 멜 | 122 | 渡 건널 | 83 | **두** | |
| **뇌** | | | **답** | | 都 도읍 | 42 | 斗 말 | 259 |
| 惱 괴로워할 | 243 | | 畓 논 | 185 | 屠 잡을 | 325 | 豆 콩 | 195 |
| 腦 뇌·골수 | 249 | | 答 대답할 | 168 | 塗 진흙 | 316 | 頭 머리 | 249 |
| **눌** | | | 踏 밟을 | 81 | 跳 뛸 | 107 | **둔** | |
| 訥 말더듬을 | 325 | | **당** | | 道 길 | 129 | 屯 모일 | 316 |
| **능** | | | 唐 당나라 | 256 | 圖 그림 | 296 | 鈍 둔할 | 170 |
| 能 능할 | 212 | | 堂 집 | 267 | 稻 벼 | 186 | 遁 달아날 | 326 |
| **니** | | | 當 마땅할 | 200 | 導 이끌 | 100 | **득** | |
| 泥 진흙 | 27 | | 糖 엿 | 194 | 覩 볼 | 325 | 得 얻을 | 204 |
| **닉** | | | 黨 무리 | 305 | 蹈 밟을 | 325 | **등** | |
| 匿 숨을 | 325 | | **대** | | 禱 빌 | 326 | 登 오를 | 178 |
| 溺 빠질 | 325 | | 大 큰 | 56 | **독** | | 等 무리 | 59, 312 |
| | | | 代 대신할 | 218 | 毒 독 | 40 | 燈 등잔 | 48 |
| **ㄷ** | | | 待 기다릴 | 232 | 督 살펴볼 | 112 | 騰 오를 | 316 |
| **다** | | | 帶 띠 | 284 | 篤 두터울 | 299 | | |
| 多 많을 | 264 | | 貸 빌릴 | 211 | 獨 홀로 | 57 | **ㄹ** | |
| 茶 차 | 211 | | 隊 무리 | 78 | 讀 읽을 | 178 | **라** | |
| **단** | | | 臺 돈대 | 49 | **돈** | | 羅 그물·벌일 | 11 |
| 丹 붉을 | 33 | | 對 대할 | 152 | 豚 돼지 | 193 | **락** | |
| 旦 아침 | 18 | | 戴 일 | 325 | 敦 두터울 | 299 | 洛 물이름 | 44 |
| 但 다만 | 90 | | | | | | 絡 이을 | 88 |

| 落 떨어질 | 141 | 閭 이문 | 326 | 禮 예도 | 231 | 流 흐를 | 86 |
| --- | --- | --- | --- | --- | --- | --- | --- |
| 樂 즐길 | 180 | 勵 힘쓸 | 185 | 로 | | 留 머무를 | 53 |
| 란 | | 麗 고을 | 30 | 老 늙을 | 223 | 類 무리 | 303 |
| 卵 알 | 193 | 廬 오두막집 | 326 | 勞 수고로울 | 240 | 륙 | |
| 亂 어지러울 | 93 | 력 | | 虜 사로잡을 | 327 | 六 여섯 | 259 |
| 欄 난간 | 48 | 力 힘 | 173 | 路 길 | 82 | 陸 뭍 | 81 |
| 蘭 난초 | 36 | 曆 책력 | 19 | 爐 화로 | 210 | 戮 죽일 | 327 |
| 爛 빛날 | 35 | 歷 지낼 | 119 | 露 이슬 | 12 | 륜 | |
| 람 | | 련 | | 록 | | 倫 인륜 | 137 |
| 濫 넘칠 | 30 | 連 이을 | 88 | 鹿 사슴 | 40 | 輪 바퀴 | 80 |
| 覽 볼 | 177 | 憐 불쌍히여길 | 133 | 祿 녹 | 271 | 률 | |
| 藍 쪽 | 301 | 蓮 연꽃 | 29 | 綠 푸를 | 195 | 律 법 | 182 |
| 랑 | | 練 익힐 | 68 | 錄 기록할 | 154 | 栗 밤 | 34 |
| 浪 물결 | 122 | 聯 잇닿을 | 42 | 론 | | 率 비율 | 212 |
| 郞 사내 | 271 | 鍊 단련할 | 74 | 論 논의할 | 155 | 륭 | |
| 朗 밝을 | 178 | 戀 사모할 | 246 | 롱 | | 隆 높을 | 218 |
| 廊 복도 | 53 | 렬 | | 弄 희롱할 | 170 | 릉 | |
| 래 | | 列 벌일 | 11 | 뢰 | | 凌 능가할 | 327 |
| 來 올 | 85 | 劣 용렬할 | 250 | 雷 천둥 | 13 | 陵 언덕 | 24 |
| 랭 | | 烈 세찰 | 273 | 賂 뇌물 | 327 | 리 | |
| 冷 찰 | 16 | 裂 찢을 | 75 | 賴 의지할 | 117 | 吏 관리 | 271 |
| 략 | | 렴 | | 료 | | 里 마을 | 45 |
| 掠 노략질할 | 92 | 廉 청렴할 | 253 | 了 마칠 | 296 | 利 이로울 | 59 |
| 略 간략할 | 70 | 斂 거둘 | 326 | 料 헤아릴 | 191 | 李 오얏 | 35 |
| 량 | | 렵 | | 僚 동료 | 317 | 梨 배 | 35 |
| 良 어질 | 234 | 獵 사냥할 | 316 | 룡 | | 理 다스릴 | 198 |
| 兩 두 | 257 | 령 | | 龍 용 | 39 | 裏 속 | 249 |
| 涼 서늘할 | 10 | 令 명령할 | 279 | 루 | | 履 밟을 | 119 |
| 梁 들보 | 107 | 零 떨어질 | 291 | 陋 더러울 | 327 | 離 떠날 | 263 |
| 量 헤아릴 | 263 | 領 옷깃 | 77 | 淚 눈물 | 302 | 린 | |
| 諒 살필 | 142 | 嶺 재 | 24 | 累 여러 | 189 | 隣 이웃 | 44 |
| 糧 양식 | 187 | 齡 나이 | 326 | 屢 자주 | 20 | 림 | |
| 려 | | 靈 신령 | 236 | 漏 샐 | 290 | 林 수풀 | 31 |
| 旅 나그네 | 211 | 례 | | 樓 다락 | 48 | 臨 임할 | 97 |
| 慮 생각할 | 156 | 例 본보기 | 303 | 류 | | 립 | |
| 黎 검을 | 326 | 隷 종 | 316 | 柳 버들 | 33 | 立 설 | 57 |

# 자음색인(字音索引)

## ㅁ

### 마
馬 말 82
麻 삼 192
磨 갈 164

### 막
漠 사막 24
幕 장막 304
莫 없을 252

### 만
晚 저물 116
萬 일만 261
慢 거만할 137
滿 찰 104
漫 질펀할 35
蠻 오랑캐 138

### 말
末 끝 282

### 망
亡 망할 77
妄 망령될 306
忙 바쁠 172
忘 잊을 140
罔 없을 239, 310
茫 아득할 26
望 바랄 20, 300

### 매
每 매양 121
妹 손아래누이 224
昧 어두울 327
埋 묻을 235
梅 매화 36
媒 중매 198
買 살 206
賣 팔 199

### 맥
脈 줄기 23
麥 보리 188

### 맹
盲 소경 122
孟 맏 122
猛 사나울 39
盟 맹세할 101

### 면
免 면할 125
勉 힘쓸 173
面 낯 219
眠 잠잘 171
綿 솜 195

### 멸
滅 멸망할 77

### 명
名 이름 183
命 목숨 60
明 밝을 184
冥 어두울 28
銘 새길 235
鳴 울 159

### 모
毛 털 220
母 어미 223
矛 창 107
侮 업신여길 317
冒 무릅쓸 317
某 아무 139
茅 띠 327
耗 줄 327
募 모을 66
摸 본뜰 328
貌 모양·얼굴 52
暮 저물 19

### 모
慕 사모할 246
模 법 117
謀 꾀할 304

### 목
木 나무 34
目 눈 219, 308
沐 머리감을 147
牧 칠 193
睦 화목할 228

### 몰
沒 빠질 84

### 몽
夢 꿈 293
蒙 어릴 159

### 묘
卯 토끼 277
妙 묘할 22
苗 싹 33
墓 무덤 235
廟 사당 274

### 무
母 없을 328
戊 천간 275
巫 무당 328
武 호반 66
茂 우거질 31
務 힘쓸 120
無 없을 201
貿 바꿀 204
誣 속일 328
舞 춤출 179
撫 어루만질 328
霧 안개 14

### 묵
墨 먹 166
默 말없을 292

### 문
文 글월 161
門 문 147
問 물을 168
聞 들을 155

### 물
勿 말 310
物 만물 217

### 미
未 아닐 277
米 쌀 188
尾 꼬리 298
味 맛 196
眉 눈썹 221
美 아름다울 220
迷 미혹할 293
微 적을 300

### 민
民 백성 57
敏 민첩할 247
憫 근심할 133

### 밀
密 빽빽할 127
蜜 꿀 194

## ㅂ

### 박
朴 순박할 292
泊 배댈 212
拍 칠 151
迫 핍박할 91
剝 벗길 328
博 넓을 165
縛 묶을 328
薄 얇을 251

## 반
| | | |
|---|---|---|
| 反 | 돌이킬 | 304 |
| 半 | 반 | 56 |
| 伴 | 짝 | 317 |
| 返 | 돌아올 | 217 |
| 叛 | 배반할 | 69 |
| 班 | 나눌 | 66 |
| 般 | 돌·일반 | 105 |
| 飯 | 밥 | 188 |
| 頒 | 나눌 | 328 |
| 盤 | 소반 | 297 |

## 발
| | | |
|---|---|---|
| 拔 | 뺄·뽑을 | 150 |
| 發 | 필·멸칠 | 184, 213 |
| 髮 | 터럭 | 220 |

## 방
| | | |
|---|---|---|
| 方 | 모 | 41 |
| 妨 | 방해할 | 284 |
| 防 | 막을 | 54 |
| 邦 | 나라 | 42 |
| 房 | 방 | 211 |
| 放 | 놓을 | 136 |
| 芳 | 꽃다울 | 311 |
| 倣 | 본받을 | 117 |
| 旁 | 곁 | 329 |
| 訪 | 찾을 | 232 |
| 傍 | 곁 | 285 |

## 배
| | | |
|---|---|---|
| 杯 | 잔 | 297 |
| 拜 | 절 | 238 |
| 背 | 등 | 105 |
| 倍 | 곱 | 261 |
| 配 | 짝 | 72 |
| 培 | 북돋을 | 186 |
| 排 | 물리칠 | 108 |
| 陪 | 모실 | 329 |

| 輩 | 무리 | 138 |
|---|---|---|

## 백
| | | |
|---|---|---|
| 白 | 흰 | 89, 141 |
| 百 | 일백 | 260 |
| 伯 | 맏 | 225 |
| 帛 | 비단 | 329 |
| 柏 | 측백나무 | 34 |

## 번
| | | |
|---|---|---|
| 番 | 차례 | 79 |
| 煩 | 번거로울 | 243 |
| 繁 | 번성할 | 95 |
| 飜 | 뒤집을 | 153 |

## 벌
| | | |
|---|---|---|
| 伐 | 칠 | 76 |
| 罰 | 벌줄 | 100 |

## 범
| | | |
|---|---|---|
| 凡 | 무릇 | 250 |
| 犯 | 범할 | 94 |
| 汎 | 뜰 | 30 |
| 範 | 법 | 296 |

## 법
| | | |
|---|---|---|
| 法 | 법 | 57 |

## 벽
| | | |
|---|---|---|
| 碧 | 푸를 | 287 |
| 壁 | 바람벽 | 47 |
| 闢 | 열 | 329 |

## 변
| | | |
|---|---|---|
| 辨 | 분별할 | 216 |
| 邊 | 가 | 41 |
| 辯 | 말잘할 | 306 |
| 變 | 변할 | 109 |

## 별
| | | |
|---|---|---|
| 別 | 다를 | 52 |

## 병
| | | |
|---|---|---|
| 丙 | 남녘 | 275 |
| 兵 | 군사 | 66 |

| 病 | 병 | 143 |
|---|---|---|
| 竝 | 아우를 | 86 |
| 屛 | 병풍 | 127 |
| 甁 | 병 | 329 |

## 보
| | | |
|---|---|---|
| 步 | 걸음 | 81 |
| 保 | 보호할 | 60 |
| 報 | 갚을 | 280 |
| 堡 | 작은성 | 329 |
| 普 | 넓을 | 63 |
| 補 | 기울 | 270 |
| 寶 | 보배 | 215 |
| 譜 | 계보 | 182 |

## 복
| | | |
|---|---|---|
| 卜 | 점칠 | 293 |
| 伏 | 엎드릴 | 110 |
| 服 | 옷 | 174 |
| 復 | 회복할 | 61 |
| 腹 | 배 | 222 |
| 僕 | 종 | 329 |
| 福 | 복 | 196 |
| 複 | 겹칠 | 110 |
| 覆 | 엎을 | 317 |

## 본
| | | |
|---|---|---|
| 本 | 근본 | 289 |

## 봉
| | | |
|---|---|---|
| 奉 | 받들 | 118 |
| 封 | 봉할 | 269 |
| 峯 | 산봉우리 | 24 |
| 逢 | 만날 | 70 |
| 蜂 | 벌 | 36 |
| 鳳 | 봉새 | 39 |

## 부
| | | |
|---|---|---|
| 夫 | 지아비 | 224 |
| 父 | 아비 | 223 |
| 不 | 아닐 | 137 |

| 付 | 줄 | 88 |
|---|---|---|
| 否 | 아닐 | 114 |
| 扶 | 도울 | 103 |
| 府 | 마을 | 58 |
| 附 | 붙을 | 237, 304 |
| 負 | 짐질 | 122 |
| 赴 | 다다를 | 120 |
| 副 | 버금 | 280 |
| 俯 | 구부릴 | 329 |
| 浮 | 뜰 | 85 |
| 婦 | 며느리 | 224 |
| 符 | 부신 | 104 |
| 部 | 떼 | 111 |
| 富 | 가멸 | 241 |
| 復 | 다시 | 61 |
| 腐 | 썩을 | 126 |
| 膚 | 살갗 | 145 |
| 賦 | 구실 | 64 |
| 簿 | 장부 | 202 |

## 북
| | | |
|---|---|---|
| 北 | 북녘 | 9 |

## 분
| | | |
|---|---|---|
| 分 | 나눌 | 169 |
| 奔 | 달아날 | 172 |
| 粉 | 가루 | 195 |
| 紛 | 어지러울 | 286 |
| 焚 | 불사를 | 330 |
| 墳 | 봉분 | 235 |
| 憤 | 분할 | 140 |
| 奮 | 떨칠 | 252 |

## 불
| | | |
|---|---|---|
| 不 | 아닐 | 137 |
| 弗 | 아닐 | 204 |
| 佛 | 부처 | 267 |
| 拂 | 떨칠 | 207 |

# 자음색인(字音索引)

## 붕
| | | |
|---|---|---|
| 朋 | 벗 | 232 |
| 崩 | 산무너질 | 54 |

## 비
| | | |
|---|---|---|
| 比 | 견줄 | 103 |
| 妃 | 왕비 | 269 |
| 妣 | 죽은어미 | 226 |
| 批 | 비평할 | 113 |
| 卑 | 낮을 | 291 |
| 肥 | 살찔 | 191 |
| 非 | 아닐 | 89 |
| 飛 | 날 | 37 |
| 匪 | 도둑 | 330 |
| 祕 | 숨길 | 127 |
| 婢 | 계집종 | 230 |
| 備 | 갖출 | 191 |
| 悲 | 슬플 | 134 |
| 費 | 쓸 | 209 |
| 碑 | 비석 | 235 |
| 鼻 | 코 | 220 |

## 빈
| | | |
|---|---|---|
| 貧 | 가난할 | 241, 309 |
| 賓 | 손 | 231 |
| 頻 | 자주 | 95 |

## 빙
| | | |
|---|---|---|
| 氷 | 얼음 | 14 |
| 聘 | 부를 | 231 |
| 憑 | 기댈 | 330 |

## 人

## 사
| | | |
|---|---|---|
| 士 | 선비 | 273 |
| 巳 | 뱀 | 277 |
| 仕 | 벼슬 | 118 |
| 司 | 맡을 | 102 |
| 史 | 역사 | 266 |
| 四 | 넉 | 258 |
| 寺 | 절 | 267 |
| 死 | 죽을 | 71 |
| 似 | 같을 | 288 |
| 沙 | 모래 | 24 |
| 邪 | 간사할 | 254 |
| 私 | 사사 | 201 |
| 事 | 일 | 295 |
| 使 | 부릴 | 60 |
| 社 | 모일 | 111 |
| 祀 | 제사 | 236 |
| 舍 | 집 | 49 |
| 思 | 생각할 | 158, 309 |
| 査 | 조사할 | 98 |
| 射 | 쏠 | 68 |
| 祠 | 사당 | 330 |
| 紗 | 깁 | 330 |
| 師 | 스승 | 65 |
| 捨 | 버릴 | 216 |
| 徙 | 옮길 | 330 |
| 斜 | 비낄 | 28 |
| 蛇 | 뱀 | 40 |
| 赦 | 용서할 | 330 |
| 斯 | 이 | 293 |
| 絲 | 실 | 192 |
| 詐 | 속일 | 92 |
| 詞 | 말씀 | 240 |
| 嗣 | 이을 | 330 |
| 寫 | 베낄 | 184 |
| 賜 | 줄 | 295 |
| 謝 | 사례할 | 238 |
| 辭 | 말씀 | 303 |

## 삭
| | | |
|---|---|---|
| 削 | 깎을 | 207 |
| 朔 | 초하루 | 20 |

## 산
| | | |
|---|---|---|
| 山 | 메 | 23 |
| 産 | 낳을 | 185 |
| 散 | 흩을 | 76 |
| 算 | 셈할 | 264 |
| 酸 | 초 | 218 |

## 살
| | | |
|---|---|---|
| 殺 | 죽일 | 76 |

## 삼
| | | |
|---|---|---|
| 三 | 석 | 258 |
| 森 | 수풀 | 31 |

## 상
| | | |
|---|---|---|
| 上 | 위 | 262 |
| 床 | 상 | 302 |
| 尙 | 오히려 | 308 |
| 相 | 서로 | 103 |
| 桑 | 뽕나무 | 191 |
| 狀 | 형상 | 115 |
| 常 | 항상 | 61 |
| 商 | 장사 | 210 |
| 祥 | 상서로울 | 118 |
| 喪 | 복입을 | 234 |
| 象 | 코끼리 | 160 |
| 傷 | 다칠 | 95 |
| 想 | 생각할 | 154 |
| 詳 | 자세할 | 293 |
| 像 | 형상 | 283, 287 |
| 嘗 | 맛볼 | 196 |
| 裳 | 치마 | 195 |
| 賞 | 상줄 | 280 |
| 償 | 갚을 | 216 |
| 霜 | 서리 | 12 |

## 새
| | | |
|---|---|---|
| 塞 | 변방 | 132 |

## 색
| | | |
|---|---|---|
| 色 | 빛 | 287 |
| 索 | 찾을 | 97 |
| 塞 | 막을 | 132 |

## 생
| | | |
|---|---|---|
| 生 | 날 | 290 |
| 省 | 덜 | 142 |

## 서
| | | |
|---|---|---|
| 西 | 서녘 | 9 |
| 抒 | 펼 | 331 |
| 序 | 차례 | 105 |
| 書 | 글 | 165 |
| 恕 | 용서할 | 142 |
| 徐 | 천천히 | 85 |
| 逝 | 갈 | 317 |
| 庶 | 여럿 | 164 |
| 敍 | 차례 | 261 |
| 暑 | 더울 | 10 |
| 署 | 관청 | 111 |
| 瑞 | 상서로울 | 331 |
| 誓 | 맹세할 | 317 |
| 緖 | 실마리 | 245 |

## 석
| | | |
|---|---|---|
| 夕 | 저녁 | 18 |
| 石 | 돌 | 208 |
| 昔 | 옛 | 265 |
| 析 | 가를 | 169 |
| 席 | 자리 | 282 |
| 惜 | 아낄 | 286 |
| 碩 | 클 | 331 |
| 釋 | 풀 | 162 |

## 선
| | | |
|---|---|---|
| 仙 | 신선 | 30 |
| 先 | 먼저 | 189 |
| 宣 | 베풀 | 209 |
| 旋 | 돌 | 149 |
| 船 | 배 | 83 |
| 善 | 착할 | 212 |

| 線 | 줄 | 16 | 召 | 부를 | 312 | 쇠 | | | 숙 | | |
|---|---|---|---|---|---|---|---|---|---|---|---|
| 膳 | 반찬 | 331 | 所 | 바 | 89 | 衰 | 쇠할 | 125 | 夙 | 일찍 | 332 |
| 選 | 가릴 | 150 | 昭 | 밝을 | 293 | 수 | | | 叔 | 아재비 | 226 |
| 禪 | 고요할 | 268 | 笑 | 웃을 | 300 | 水 | 물 | 13 | 宿 | 잘 | 212 |
| 鮮 | 고울 | 56 | 消 | 끌 | 209 | 手 | 손 | 151 | 淑 | 맑을 | 292 |
| 繕 | 기울 | 331 | 素 | 흴 | 292 | 囚 | 가둘 | 99 | 孰 | 누구 | 228 |
| 설 | | | 掃 | 쓸 | 147 | 守 | 지킬 | 50, 102 | 肅 | 엄숙할 | 256 |
| 舌 | 혀 | 221 | 紹 | 이을 | 331 | 收 | 거둘 | 154 | 熟 | 익을 | 214 |
| 雪 | 눈 | 12 | 疏 | 트일 | 171 | 秀 | 빼어날 | 229 | 순 | | |
| 設 | 베풀 | 55 | 訴 | 하소연할 | 90 | 受 | 받을 | 112 | 旬 | 열흘 | 20 |
| 說 | 말씀 | 153 | 蔬 | 나물 | 190 | 垂 | 드리울 | 318 | 巡 | 순행할 | 96 |
| 섭 | | | 燒 | 불사를 | 290 | 首 | 머리 | 298 | 盾 | 방패 | 107 |
| 涉 | 건널 | 208 | 蘇 | 깨어날 | 290 | 修 | 닦을 | 157 | 殉 | 따라죽을 | 279 |
| 攝 | 당길 | 317 | 騷 | 떠들 | 93 | 帥 | 장수 | 65 | 純 | 순수할 | 245 |
| 성 | | | 속 | | | 殊 | 다를 | 87 | 淳 | 순박할 | 332 |
| 成 | 이룰 | 163 | 束 | 묶을 | 98 | 袖 | 소매 | 332 | 脣 | 입술 | 221 |
| 性 | 성품 | 136 | 俗 | 풍속 | 234 | 授 | 줄 | 167 | 循 | 돌 | 12 |
| 姓 | 성 | 289 | 速 | 빠를 | 176 | 須 | 모름지기 | 307 | 順 | 순할 | 79 |
| 星 | 별 | 8 | 粟 | 조 | 187 | 羞 | 부끄러워할 | 332 | 舜 | 순임금 | 333 |
| 省 | 살필 | 142 | 續 | 이을 | 107 | 搜 | 찾을 | 318 | 瞬 | 눈깜작할 | 80 |
| 城 | 성 | 266 | 屬 | 붙을 | 179 | 遂 | 이룰 | 120 | 술 | | |
| 盛 | 성할 | 31 | 贖 | 속바칠 | 331 | 愁 | 근심할 | 244 | 戌 | 개 | 278 |
| 聖 | 성인 | 272 | 손 | | | 睡 | 졸 | 171 | 述 | 지을 | 161 |
| 誠 | 정성 | 175 | 孫 | 손자 | 225 | 酬 | 잔돌릴 | 332 | 術 | 재주 | 179 |
| 聲 | 소리 | 183 | 損 | 덜 | 91 | 壽 | 목숨 | 237 | 숭 | | |
| 세 | | | 遜 | 겸손할 | 331 | 需 | 구할·쓸 | 197 | 崇 | 높을 | 129 |
| 世 | 인간 | 41 | 송 | | | 數 | 셀 | 261 | 습 | | |
| 洗 | 씻을 | 148 | 宋 | 송나라 | 332 | 誰 | 누구 | 139 | 拾 | 주울 | 32 |
| 細 | 가늘 | 291 | 松 | 소나무 | 34 | 隨 | 따를 | 175 | 習 | 익힐 | 234 |
| 稅 | 구실 | 63 | 送 | 보낼 | 295 | 樹 | 나무 | 31 | 濕 | 젖을 | 14 |
| 勢 | 기세 | 115 | 訟 | 송사할 | 90 | 輸 | 보낼 | 81 | 襲 | 엄습할 | 70 |
| 歲 | 해 | 19 | 頌 | 기릴 | 61 | 雖 | 비록 | 306 | 승 | | |
| 說 | 달랠 | 153 | 誦 | 욀 | 181 | 繡 | 수놓을 | 332 | 升 | 되 | 259 |
| 소 | | | 쇄 | | | 獸 | 짐승 | 37 | 承 | 이을 | 58 |
| 小 | 작을 | 86, 153 | 刷 | 인쇄할 | 158 | 讐 | 원수 | 332 | 昇 | 오를 | 49 |
| 少 | 적을 | 223 | 鎖 | 쇠사슬 | 54 | | | | 乘 | 탈 | 79 |

## 자음색인(字音索引)

| | | | | | | | | |
|---|---|---|---|---|---|---|---|---|
| 勝 | 이길 | 150 | 室 | 집 | 192 | 雁 | 기러기 | 37 |
| 僧 | 중 | 267 | 實 | 열매 | 175 | 顔 | 얼굴 | 219 |

陽 볕 17
楊 버들 33
樣 모양 52
養 기를 193
壤 흙 26
讓 사양할 237

### 시
市 저자 42
矢 화살 74
示 보일 298
侍 모실 271
始 비로소 21
施 베풀 200
是 이·옳을 89
時 때 174
視 볼 295
詩 시 161
試 시험할 163
弑 죽일 333

### 식
式 법 296
食 밥 190
息 숨쉴 127
植 심을 186
飾 꾸밀 214
識 알 165

### 신
申 납 278
臣 신하 270
伸 펼 299
身 몸 119
辛 매울 276
信 믿을 117
神 귀신 236
訊 물을 333
晨 새벽 8
愼 삼갈 254
新 새 155

### 실
失 잃을 125

### 심
心 마음 113
沈 성 254
甚 심할 106
深 깊을 22
尋 찾을 232
審 살필 98

### 십
十 열 260

### 쌍
雙 두·쌍 222

### 씨
氏 각시 227

## ㅇ

### 아
牙 어금니 221
我 나 230
亞 버금 41
兒 아이 149
阿 언덕 304
芽 싹 33
雅 우아할 180
餓 주릴 132

### 악
岳 큰산 230
惡 악할 136
樂 풍류 180

### 안
安 편안할 134
岸 언덕 27
按 살필·누를 333
案 책상 164
眼 눈 221

### 알
謁 아뢸 274

### 암
暗 어두울 249
巖 바위 26

### 압
押 누를·찍을 318
壓 누를 283

### 앙
央 가운데 291
仰 우러를 129
殃 재앙 133

### 애
哀 슬플 286
涯 물가 22
愛 사랑 243

### 액
厄 재앙 131
額 이마 199

### 야
也 잇기 313
夜 밤 11
耶 어조사 314
野 들 23

### 약
約 맺을 253
若 같을 285
弱 약할 151
藥 약 143
躍 뛸 318

### 양
羊 양 194
洋 바다 26
揚 오를 111

### 어
於 어조사 314
御 어거할 108
魚 물고기 46
漁 고기잡을 83
語 말씀 135
禦 막을 333

### 억
抑 누를 283
億 억 261
憶 생각할 243

### 언
言 말씀 135
焉 어조사 313

### 엄
掩 가릴 333
嚴 엄할 256

### 업
業 업 197

### 여
予 나 228
汝 너 139
如 같을 62
余 나 139
與 줄 215, 305
餘 남을 187
輿 수레 155
歟 어조사 333

### 역
亦 또 62

| | | | | | | | | | | |
|---|---|---|---|---|---|---|---|---|---|---|
| 役 | 부릴 | 82 | 迎 | 맞을 | 233 | 擁 | 안을 | 318 | **우** | | |
| 易 | 바꿀 | 204 | 英 | 꽃부리 | 273 | **와** | | | 又 | 또 | 62 |
| 疫 | 전염병 | 145 | 映 | 비칠 | 177 | 瓦 | 기와 | 51 | 于 | 어조사 | 121 |
| 逆 | 거스를 | 69 | 盈 | 찰 | 334 | 臥 | 누울 | 301 | 友 | 벗 | 232 |
| 域 | 지경 | 45 | 詠 | 읊을 | 183 | **완** | | | 尤 | 더욱 | 312 |
| 譯 | 번역할 | 153 | 榮 | 영화 | 91 | 完 | 완전할 | 120 | 牛 | 소 | 194 |
| 驛 | 역참 | 82 | 影 | 그림자 | 176 | 緩 | 느릴 | 79 | 右 | 오른쪽 | 262 |
| **연** | | | 營 | 경영할 | 197 | **왈** | | | 宇 | 집 | 7 |
| 延 | 끝·늘일 | 80 | **예** | | | 曰 | 가로 | 306 | 羽 | 깃 | 152 |
| 沿 | 따를 | 27 | 詣 | 이를 | 334 | **왕** | | | 佑 | 도울 | 334 |
| 硏 | 갈 | 169 | 裔 | 후손 | 334 | 王 | 임금 | 269 | 雨 | 비 | 12 |
| 宴 | 잔치 | 237 | 銳 | 날카로울 | 74 | 往 | 갈 | 85 | 偶 | 짝 | 283 |
| 軟 | 연할 | 281 | 豫 | 미리 | 280 | **외** | | | 郵 | 우편 | 87 |
| 硯 | 벼루 | 166 | 藝 | 재주 | 179 | 外 | 바깥 | 52, 229 | 寓 | 붙여살 | 335 |
| 然 | 그러할 | 299 | 譽 | 명예 | 91 | 畏 | 두려워할 | 298 | 遇 | 만날 | 294 |
| 煙 | 연기 | 15 | **오** | | | **요** | | | 愚 | 어리석을 | 170 |
| 鉛 | 납 | 166 | 五 | 다섯 | 259 | 妖 | 요망할 | 334 | 憂 | 근심 | 131 |
| 演 | 펼 | 177 | 午 | 낮 | 277 | 要 | 긴요할 | 123,307 | 優 | 넉넉할 | 150 |
| 緣 | 인연 | 246 | 汚 | 더러울 | 146 | 堯 | 요임금 | 334 | **운** | | |
| 燃 | 불사를 | 290 | 悟 | 깨달을 | 142 | 搖 | 흔들 | 301 | 云 | 이를 | 289 |
| 燕 | 제비 | 37 | 吾 | 나 | 312 | 腰 | 허리 | 305 | 雲 | 구름 | 13 |
| **열** | | | 烏 | 까마귀 | 40 | 遙 | 멀 | 265 | 運 | 돌 | 81 |
| 悅 | 기쁠 | 233 | 娛 | 즐거워할 | 180 | 樂 | 좋아할 | 180 | 韻 | 운 | 182 |
| 熱 | 더울 | 16, 297 | 梧 | 벽오동나무 | 34 | 擾 | 어지러울 | 334 | **웅** | | |
| 說 | 기쁠 | 153 | 嗚 | 탄식할 | 239 | 謠 | 노래 | 157 | 雄 | 수컷 | 273 |
| 閱 | 살펴볼 | 318 | 傲 | 거만할 | 137 | **욕** | | | 熊 | 곰 | 335 |
| **염** | | | 誤 | 그르칠 | 90 | 辱 | 욕될 | 251 | **원** | | |
| 炎 | 불꽃 | 146 | **옥** | | | 浴 | 목욕할 | 147 | 元 | 으뜸 | 119 |
| 染 | 물들일 | 146 | 玉 | 구슬 | 162 | 欲 | 하고자할 | 251 | 怨 | 원망할 | 140 |
| 厭 | 싫을 | 333 | 沃 | 기름질 | 334 | 慾 | 욕심 | 138 | 原 | 근원 | 203 |
| 鹽 | 소금 | 218 | 屋 | 집 | 53 | **용** | | | 員 | 인원 | 114 |
| **엽** | | | 獄 | 감옥 | 99 | 用 | 쓸 | 208 | 院 | 집 | 267 |
| 葉 | 잎새 | 190 | **온** | | | 勇 | 날랠 | 255 | 冤 | 원통할 | 335 |
| **영** | | | 溫 | 따뜻할 | 10 | 容 | 얼굴 | 128 | 援 | 도울 | 152 |
| 永 | 길 | 244 | **옹** | | | 庸 | 떳떳할 | 250 | 圓 | 둥글 | 104 |
| 泳 | 헤엄칠 | 150 | 翁 | 늙은이 | 226 | | | | 園 | 동산 | 47 |

## 자음색인(字音索引)

| | | | | | | | | | | |
|---|---|---|---|---|---|---|---|---|---|---|
| 源 | 근원 | 29 | 愈 | 나을 | 106 | 倚 | 의지할 | 335 | **일** | | |
| 遠 | 멀 | 244 | 維 | 맬 | 104 | 意 | 뜻 | 175 | 一 | 한 | 257 |
| 願 | 원할 | 134 | 誘 | 꾈 | 71, 172 | 義 | 옳을 | 130 | 日 | 날 | 8 |
| **월** | | | 儒 | 선비 | 273 | 疑 | 의심할 | 128 | 壹 | 한 | 257 |
| 月 | 달 | 8 | 遺 | 남길 | 215 | 儀 | 거동 | 231 | 逸 | 잃을 | 134 |
| 越 | 넘을 | 248 | 踰 | 넘을 | 335 | 毅 | 굳셀 | 335 | **임** | | |
| **위** | | | **육** | | | 擬 | 비길 | 335 | 壬 | 천간 | 276 |
| 危 | 위태할 | 95 | 肉 | 고기 | 227 | 醫 | 의원 | 143 | 任 | 맡길 | 120 |
| 位 | 자리 | 268 | 育 | 기를 | 149 | 議 | 의논할 | 113 | 賃 | 품삯 | 211 |
| 委 | 맡길 | 114 | **윤** | | | **이** | | | **입** | | |
| 胃 | 밥통 | 144 | 閏 | 윤달 | 19 | 二 | 두 | 258 | 入 | 들 | 206 |
| 威 | 위엄 | 256 | 潤 | 윤택할 | 216 | 已 | 이미 | 296 | | | |
| 偉 | 위대할 | 273 | **은** | | | 以 | 써 | 196 | **ㅈ** | | |
| 爲 | 할 | 242 | 恩 | 은혜 | 139 | 弛 | 늦출 | 336 | **자** | | |
| 圍 | 둘레 | 73 | 殷 | 은나라 | 335 | 而 | 말이을 | 252 | 子 | 아들 | |
| 違 | 어길 | 105 | 銀 | 은 | 18 | 耳 | 귀 | 219 | | | 225, 276, 311 |
| 僞 | 거짓 | 92 | 隱 | 숨을 | 244 | 夷 | 오랑캐 | 138 | 字 | 글자 | 157 |
| 慰 | 위로할 | 240 | **을** | | | 異 | 다를 | 20, 312 | 自 | 스스로 | 59 |
| 緯 | 씨 | 16 | 乙 | 새 | 275 | 移 | 옮길 | 186 | 刺 | 찌를 | 76 |
| 謂 | 이를 | 89 | **음** | | | 貳 | 두 | 257 | 姉 | 손위누이 | 224 |
| 衛 | 지킬 | 50 | 吟 | 읊을 | 183 | 爾 | 너 | 336 | 姿 | 맵시 | 219 |
| **유** | | | 音 | 소리 | 182 | **익** | | | 者 | 놈 | 155 |
| 由 | 말미암을 | 59 | 淫 | 음란할 | 137 | 益 | 더할 | 176 | 玆 | 이·검을 | 196 |
| 幼 | 어릴 | 250 | 陰 | 그늘 | 94 | 翼 | 날개 | 152 | 恣 | 방자할 | 136 |
| 有 | 있을 | 86 | 飮 | 마실 | 135 | **인** | | | 紫 | 자줏빛 | 15 |
| 酉 | 닭 | 278 | **읍** | | | 人 | 사람 | 272 | 滋 | 불을 | 336 |
| 乳 | 젖 | 194 | 邑 | 고을 | 44 | 刃 | 칼날 | 75 | 雌 | 암컷 | 40 |
| 油 | 기름 | 203 | 泣 | 울 | 239 | 仁 | 어질 | 130 | 資 | 재물 | 205 |
| 柔 | 부드러울 | 255 | **응** | | | 引 | 끌 | 71 | 慈 | 사랑할 | 134 |
| 幽 | 그윽할 | 28 | 凝 | 엉길 | 318 | 因 | 인할 | 246 | 諮 | 물을 | 336 |
| 悠 | 멀 | 265 | 應 | 응할 | 280 | 印 | 도장 | 158 | **작** | | |
| 唯 | 오직 | 228 | **의** | | | 忍 | 참을 | 168 | 作 | 지을 | 160 |
| 惟 | 생각할 | 228 | 衣 | 옷 | 301 | 姻 | 혼인할 | 229 | 昨 | 어제 | 128 |
| 猶 | 오히려 | 280 | 矣 | 어조사 | 314 | 咽 | 목구멍 | 222 | 酌 | 따를 | 99 |
| 裕 | 넉넉할 | 187 | 宜 | 마땅할 | 119 | 寅 | 범 | 277 | 爵 | 벼슬 | 269 |
| 遊 | 놀 | 85 | 依 | 의지할 | 285 | 認 | 인정할 | 58 | | | |

| 잔 | | | 在 | 있을 | 244 | 전 | | | 定 | 정할 | 242 |
|---|---|---|---|---|---|---|---|---|---|---|---|
| 殘 | 남을 | 125 | 材 | 재목 | 205 | 田 | 밭 | 191 | 征 | 갈·칠 | 76 |
| 잠 | | | 災 | 재앙 | 16, 133 | 全 | 온전할 | 248 | 亭 | 정자 | 51 |
| 潛 | 잠길 | 39 | 哉 | 어조사 | 313 | 典 | 법 | 311 | 政 | 정사 | 58 |
| 暫 | 잠깐 | 174 | 宰 | 재상 | 318 | 前 | 앞 | 261 | 訂 | 바로잡을 | 157 |
| 蠶 | 누에 | 192 | 栽 | 심을 | 186 | 展 | 펼 | 184 | 貞 | 곧을 | 292 |
| 잡 | | | 裁 | 마를 | 99 | 專 | 오로지 | 179 | 庭 | 뜰 | 47 |
| 雜 | 섞일 | 153 | 財 | 재물 | 271 | 傳 | 전할 | 209 | 停 | 머무를 | 307 |
| 장 | | | 載 | 실을 | 156 | 電 | 번개 | 13, 87 | 情 | 뜻 | 245 |
| 丈 | 어른 | 230 | 齋 | 재계할 | 337 | 殿 | 대궐 | 319 | 淨 | 깨끗할 | 147 |
| 仗 | 의장 | 336 | 쟁 | | | 銓 | 저울질할 | 337 | 頂 | 정수리 | 23 |
| 匠 | 장인 | 336 | 爭 | 다툴 | 78 | 箭 | 화살 | 337 | 旌 | 기 | 338 |
| 杖 | 지팡이 | 336 | 저 | | | 錢 | 돈 | 257 | 程 | 법도 | 82 |
| 壯 | 씩씩할 | 69 | 低 | 낮을 | 21 | 戰 | 싸움 | 72 | 鼎 | 솥 | 338 |
| 長 | 길 | 11, 112 | 底 | 밑 | 67 | 餞 | 전송할 | 337 | 精 | 정미할 | 188 |
| 狀 | 문서 | 115 | 抵 | 막을·거스를 | 94 | 轉 | 구를 | 110, 156 | 整 | 가지런할 | 123 |
| 將 | 장수 | 65 | 沮 | 막을 | 337 | 顚 | 넘어질 | 337 | 靜 | 고요할 | 256 |
| 帳 | 휘장 | 202 | 邸 | 집 | 337 | 절 | | | 제 | | |
| 張 | 베풀 | 294 | 貯 | 쌓을 | 187 | 切 | 끊을 | 303 | 弟 | 아우 | 224 |
| 莊 | 장중할 | 52 | 著 | 지을 | 159 | 折 | 꺾을 | 198 | 制 | 마를 | 108 |
| 章 | 글 | 78 | 적 | | | 絕 | 끊을 | 23 | 帝 | 임금 | 268 |
| 場 | 마당 | 68 | 赤 | 붉을 | 309 | 節 | 마디 | 15 | 除 | 덜 | 78 |
| 掌 | 손바닥 | 222 | 的 | 적실할 | 115 | 竊 | 훔칠 | 319 | 祭 | 제사 | 234 |
| 粧 | 단장할 | 294 | 寂 | 고요할 | 21 | 점 | | | 第 | 차례 | 274 |
| 腸 | 창자 | 144 | 賊 | 도둑 | 93 | 占 | 점칠 | 77 | 堤 | 방죽 | 54 |
| 葬 | 장사지낼 | 235 | 笛 | 피리 | 181 | 店 | 가게 | 210 | 提 | 끌 | 209 |
| 裝 | 꾸밀 | 214 | 跡 | 발자취 | 265 | 漸 | 점점 | 86 | 際 | 사이 | 22 |
| 奬 | 권면할 | 185 | 摘 | 딸 | 32 | 點 | 점 | 122 | 齊 | 가지런할 | 180 |
| 障 | 막을 | 60 | 滴 | 물방울 | 166 | 접 | | | 諸 | 모든 | 105 |
| 牆 | 담 | 47 | 嫡 | 큰마누라 | 337 | 接 | 맞을 | 233 | 製 | 지을 | 195 |
| 藏 | 감출 | 189 | 敵 | 원수·대적할 | 71 | 蝶 | 나비 | 36 | 濟 | 건널 | 132 |
| 臟 | 오장 | 144 | 適 | 알맞을 | 119 | 정 | | | 題 | 제목 | 123 |
| 贓 | 장물 | 336 | 積 | 쌓을 | 189 | 丁 | 천간 | 275 | 조 | | |
| 재 | | | 績 | 자을 | 163 | 井 | 우물 | 48 | 弔 | 조상할 | 240 |
| 才 | 재주 | 247 | 蹟 | 자취 | 266 | 正 | 바를 | 254 | 兆 | 조짐 | 118 |
| 再 | 두 | 213 | 籍 | 문서 | 290 | 廷 | 조정 | 270 | 早 | 일찍 | 116 |

## 자음색인(字音索引)

| | | | |
|---|---|---|---|
| 助 도울 103 | 죄 | 曾 일찍 309 | 陳 늘어놓을 126 |
| 祖 할아버지 55,229 | 罪 허물 94 | 蒸 찔 148 | 進 나아갈 77 |
| 租 구실 64 | 주 | 增 더할 50 | 盡 다할 201 |
| 措 둘 338 | 主 주인 57 | 憎 미워할 243 | 塵 티끌 339 |
| 造 지을 202 | 州 고을 44 | 證 증거 97 | 震 진동할 319 |
| 鳥 새 39 | 朱 붉을 288 | 贈 보낼 215 | 鎭 진압할 144 |
| 條 가지 121 | 舟 배 83 | 지 | 질 |
| 組 짤 102 | 住 살 47 | 之 갈 314 | 叱 꾸짖을 339 |
| 朝 아침 56 | 走 달릴 38 | 支 가지 207, 278 | 姪 조카 226 |
| 照 비출 309 | 周 두루 149 | 止 그칠 67 | 疾 병 143 |
| 潮 조수 158 | 宙 집 7 | 只 다만 90 | 秩 차례 105 |
| 遭 만날 338 | 注 물댈 162 | 地 땅 7 | 質 바탕 136 |
| 調 고를 123 | 奏 아뢸 319 | 池 못 29 | 집 |
| 操 잡을 74 | 洲 섬 41 | 至 이를 175 | 執 잡을 246 |
| 燥 마를 14 | 柱 기둥 64 | 志 뜻 124 | 集 모을 66 |
| 족 | 株 그루 201 | 枝 가지 32 | 징 |
| 足 발 188 | 珠 구슬 319 | 知 알 165 | 澄 맑을 339 |
| 族 겨레 227 | 酒 술 135 | 持 가질 104 | 徵 부를 118 |
| 존 | 晝 낮 11 | 指 손가락 124 | 懲 혼날 100 |
| 存 있을 308 | 誅 벨 338 | 紙 종이 88 | |
| 尊 높을 291 | 鑄 쇠부어만들 319 | 智 슬기 248 | 차 |
| 졸 | 죽 | 誌 기록할 153 | 且 또 284 |
| 卒 군사 65 | 竹 대 40 | 遲 늦을 80 | 次 버금 189 |
| 拙 옹졸할 250 | 준 | 직 | 此 이 62 |
| 종 | 俊 준걸 247 | 直 곧을 305 | 車 수레 79 |
| 宗 마루 274 | 準 법도 205, 309 | 稷 기장 338 | 借 빌릴 208 |
| 從 좇을 279 | 遵 좇을 102 | 織 짤 102 | 差 다를 20 |
| 終 마칠 304 | 중 | 職 벼슬 279 | 茶 차 211 |
| 種 씨 194 | 中 가운데 291 | 진 | 착 |
| 縱 세로 262 | 仲 버금 225 | 辰 별 277 | 捉 잡을 98 |
| 鐘 쇠북 50 | 重 무거울 110 | 津 나루 338 | 着 붙을 254 |
| 좌 | 衆 무리 101 | 珍 보배 215 | 錯 섞일 90 |
| 左 왼쪽 262 | 즉 | 振 떨칠 111 | 鑿 뚫을 339 |
| 坐 앉을 268 | 卽 곧 268 | 陣 진칠 71 | 찬 |
| 佐 도울 270 | 증 | 眞 참 진 184 | 撰 글지을 339 |
| 座 자리 167 | 症 증세 145 | 秦 진나라 338 | |

| | | | | | | | | | | |
|---|---|---|---|---|---|---|---|---|---|---|
| 贊 | 찬성할 | 114 | 斥 | 물리칠 | 108 | 廳 | 관청 | 49 | 追 | 따를 | 243 |
| 饌 | 반찬 | 339 | 拓 | 넓힐 | 63 | | 체 | | 推 | 옮을 | 114 |
| 讚 | 기릴 | 151 | 陟 | 오를 | 340 | 涕 | 눈물 | 341 | 墜 | 떨어질 | 341 |
| | 찰 | | 戚 | 친척 | 229 | 替 | 바꿀 | 218 | 醜 | 더러울 | 220 |
| 札 | 편지 | 339 | | 천 | | 逮 | 쫓을 | 319 | | 축 | |
| 察 | 살필 | 142 | 千 | 일천 | 260 | 滯 | 막힐 | 319 | 丑 | 소 | 276 |
| | 참 | | 川 | 내 | 25 | 遞 | 갈마들 | 320 | 畜 | 가축 | 193 |
| 站 | 역참 | 339 | 天 | 하늘 | 7 | 體 | 몸 | 149 | 祝 | 빌 | 238 |
| 斬 | 벨 | 340 | 泉 | 샘 | 29 | | 초 | | 逐 | 쫓을 | 96 |
| 參 | 참여할 | 99 | 穿 | 뚫을 | 340 | 抄 | 베낄 | 289 | 蓄 | 모을 | 124 |
| 慘 | 참혹할 | 286 | 淺 | 얕을 | 22 | 肖 | 같을 | 288 | 築 | 쌓을 | 50 |
| 慚 | 부끄러울 | 252 | 賤 | 천할 | 241 | 初 | 처음 | 21 | 縮 | 줄일 | 281 |
| | 창 | | 踐 | 밟을 | 175 | 招 | 부를 | 231 | | 춘 | |
| 昌 | 창성할 | 218 | 遷 | 옮길 | 272 | 秒 | 초 | 320 | 春 | 봄 | 9 |
| 倉 | 창고 | 202 | 薦 | 천거할 | 114 | 草 | 풀 | 36 | | 출 | |
| 唱 | 노래부를 | 180 | | 철 | | 超 | 뛰어넘을 | 248 | 出 | 날 | 160 |
| 窓 | 창 | 308 | 哲 | 밝을 | 272 | 楚 | 가시나무 | 341 | 黜 | 내칠 | 341 |
| 創 | 비롯할 | 162 | 徹 | 통할 | 67 | 礎 | 주춧돌 | 64 | | 충 | |
| 滄 | 푸를 | 25 | 轍 | 바퀴자국 | 340 | | 촉 | | 充 | 가득할 | 126 |
| 暢 | 펼·화창할 | 297 | 鐵 | 쇠 | 207 | 促 | 재촉할 | 172 | 忠 | 충성 | 129 |
| 蒼 | 푸를 | 17 | | 첨 | | 燭 | 촛불 | 302 | 衝 | 찌를 | 198 |
| | 채 | | 尖 | 뾰족할 | 288 | 觸 | 닿을 | 94 | 蟲 | 벌레 | 145 |
| 彩 | 채색 | 287 | 添 | 더할 | 88 | | 촌 | | | 취 | |
| 採 | 캘 | 161 | | 첩 | | 寸 | 마디 촌 | 257 | 吹 | 불 | 181 |
| 菜 | 나물 | 190 | 妾 | 첩 | 225 | 村 | 마을 촌 | 42 | 取 | 취할 | 216 |
| 債 | 빚 | 201 | 帖 | 표제·문서 | 340 | | 총 | | 臭 | 냄새 | 148 |
| | 책 | | 捷 | 빠를 | 340 | 銃 | 총 | 73 | 娶 | 장가들 | 341 |
| 冊 | 책 | 269 | 睫 | 속눈썹 | 340 | 聰 | 귀밝을 | 247 | 就 | 나아갈 | 279 |
| 責 | 꾸짖을 | 120 | 牒 | 서찰 | 340 | 總 | 거느릴·다 | 199 | 聚 | 모을 | 341 |
| 策 | 꾀 | 200 | 輒 | 문득 | 341 | 寵 | 사랑할 | 341 | 趣 | 달릴 | 130 |
| | 처 | | | 청 | | | 최 | | 醉 | 취할 | 135 |
| 妻 | 아내 | 225 | 靑 | 푸를 | 29 | 最 | 가장 | 212 | | 측 | |
| 處 | 곳 | 43 | 淸 | 맑을 | 253 | 催 | 재촉할 | 172 | 側 | 곁 | 240 |
| 悽 | 슬퍼할 | 286 | 晴 | 갤 | 14 | | 추 | | 測 | 잴 | 15 |
| | 척 | | 請 | 청할 | 206 | 抽 | 뽑을 | 160 | | 층 | |
| 尺 | 자 | 258 | 聽 | 들을 | 167 | 秋 | 가을 | 10 | 層 | 층 | 49 |

# 자음색인(字音索引)

## 치
| 治 | 다스릴 | 185 |
| 値 | 값 | 214 |
| 恥 | 부끄러울 | 251 |
| 致 | 이룰 | 46 |
| 稚 | 어릴 | 250 |
| 置 | 둘 | 72 |
| 馳 | 달릴 | 342 |
| 齒 | 이 | 221 |

## 칙
| 則 | 법칙 | 111 |

## 친
| 親 | 친할 | 228 |

## 칠
| 七 | 일곱 | 259 |
| 漆 | 옻 | 213 |

## 침
| 沈 | 잠길 | 254 |
| 枕 | 베개 | 282 |
| 侵 | 침노할 | 70 |
| 浸 | 잠길 | 84 |
| 針 | 바늘 | 124 |
| 寢 | 잠잘 | 302 |

## 칭
| 稱 | 일컬을 | 151 |

## ㅋ

### 쾌
| 快 | 쾌할 | 255 |

## ㅌ

### 타
| 他 | 다를 | 158 |
| 打 | 칠 | 50 |
| 妥 | 온당할 | 199 |
| 墮 | 떨어질 | 141 |

### 탁
| 托 | 받칠 | 285 |
| 卓 | 높을 | 320 |
| 琢 | 쫄 | 164 |
| 濁 | 흐릴 | 108 |
| 濯 | 씻을 | 148 |

### 탄
| 炭 | 숯 | 203 |
| 誕 | 태어날 | 320 |
| 憚 | 꺼릴 | 342 |
| 彈 | 탄환 | 75 |
| 歎 | 탄식할 | 141 |

### 탈
| 脫 | 벗을 | 154 |
| 奪 | 빼앗을 | 92 |

### 탐
| 耽 | 즐길 | 342 |
| 探 | 찾을 | 97 |
| 貪 | 탐낼 | 138 |

### 탑
| 塔 | 탑 | 267 |

### 탕
| 湯 | 끓일 | 297 |
| 蕩 | 방탕할 | 342 |

### 태
| 太 | 클 | 17 |
| 怠 | 게으를 | 173 |
| 殆 | 위태로울 | 84 |
| 泰 | 클 | 62 |
| 態 | 태도 | 219 |

### 택
| 宅 | 집 | 47 |
| 擇 | 가릴 | 161 |
| 澤 | 못 | 216 |

### 토
| 土 | 흙 | 26 |
| 吐 | 토할 | 146 |
| 兎 | 토끼 | 38 |
| 討 | 칠 | 113 |

### 통
| 通 | 통할 | 242 |
| 痛 | 아플 | 144 |
| 統 | 거느릴 | 227 |

### 퇴
| 退 | 물러날 | 303 |
| 推 | 밀 | 114 |
| 頹 | 무너질 | 342 |

### 투
| 投 | 던질 | 295 |
| 透 | 통할 | 184 |
| 鬪 | 싸울 | 78 |

### 특
| 特 | 유다를 | 87 |

## ㅍ

### 파
| 把 | 잡을 | 320 |
| 坡 | 고개 | 342 |
| 波 | 물결 | 25 |
| 派 | 물갈래 | 69 |
| 破 | 깨뜨릴 | 285 |
| 頗 | 자못 | 84 |
| 播 | 씨뿌릴 | 272 |
| 罷 | 파할 | 125 |

### 판
| 判 | 판단할 | 99 |
| 板 | 널빤지 | 210 |
| 版 | 판목 | 160 |
| 販 | 팔 | 199 |
| 辦 | 힘쓸 | 342 |

### 팔
| 八 | 여덟 | 260 |

### 패
| 貝 | 조개 | 217 |
| 佩 | 찰 | 342 |
| 敗 | 패할 | 70 |
| 牌 | 패 | 343 |

### 편
| 片 | 조각 | 88 |
| 便 | 편할 | 87 |
| 偏 | 치우칠 | 320 |
| 遍 | 두루 | 63 |
| 篇 | 책 | 162 |
| 編 | 엮을 | 159 |
| 鞭 | 채찍 | 343 |

### 폄
| 貶 | 깎아내릴 | 343 |

### 평
| 平 | 평평할 | 62 |
| 評 | 평론할 | 113 |

### 폐
| 肺 | 허파 | 146 |
| 閉 | 닫을 | 54 |
| 廢 | 폐할 | 126 |
| 蔽 | 가릴 | 94 |
| 幣 | 폐백 | 202 |
| 弊 | 해질 | 53 |

### 포
| 包 | 쌀 | 73 |
| 布 | 베 | 192 |
| 抱 | 안을 | 300 |
| 胞 | 태보 | 60 |
| 浦 | 갯가 | 46 |
| 捕 | 잡을 | 98 |
| 袍 | 웃옷 | 343 |
| 飽 | 배부를 | 190 |
| 褒 | 기릴 | 343 |

## 폭
幅 폭 72
暴 사나울 136
爆 터질 75

## 표
表 겉 249
票 표 295
漂 떠돌 86
標 표할 205
飄 회오리바람 343

## 품
品 물건 215
稟 여쭐 343

## 풍
風 바람 13
楓 단풍나무 33
豐 풍성할 188

## 피
皮 가죽 145
彼 저 230
疲 피곤할 173
被 입을 70
避 피할 67

## 필
匹 짝 260
必 반드시 168
畢 마칠 170
筆 붓 166

## 핍
乏 모자랄 343
逼 그칠 343

## 하
下 아래 262
何 어찌 306

河 물 25
夏 여름 9
荷 멜 82
賀 하례할 238

## 학
學 배울 163
鶴 두루미 38

## 한
汗 땀 148
旱 가물 16
恨 한할 140
限 한정 242
寒 찰 10
閑 한가할 169
漢 한수 18, 96
翰 날개·편지 344
韓 나라이름 56

## 할
割 나눌 200

## 함
含 머금을 124
函 상자 344
咸 다 310
陷 빠질 109

## 합
合 합할 104

## 항
抗 겨룰·막을 93
巷 거리 43
恒 항상 61
降 항복할 49
航 건널 83
港 항구 46
項 항목 308

## 해
亥 돼지 278

奚 어찌 313
害 해칠 95, 284
海 바다 83
偕 함께 344
解 풀 156
該 갖출 165

## 핵
核 씨 113
劾 캐물을 344

## 행
行 다닐 85
幸 다행 196

## 향
向 향할 130
享 누릴 236
香 향기 36
鄕 시골 45
響 울릴 176

## 허
許 허락할 128
虛 빌 92

## 헌
軒 처마·집 48
憲 법 57
獻 바칠 117

## 험
險 험할 95
驗 시험할 163

## 혁
革 가죽 109

## 현
玄 검을 22
見 뵐 156, 274
弦 활시위 181
現 나타날 244
絃 악기줄 181

賢 어질 272
縣 고을 44
懸 매달 116
顯 나타날 226

## 혈
穴 구멍 27
血 피 146

## 혐
嫌 싫어할 320

## 협
協 합할 199
脅 으를 91

## 형
兄 맏 224
刑 형벌 100
亨 형통할 242
形 형상 18
型 거푸집 311
螢 반딧불이 302
衡 저울대 320

## 혜
兮 어조사 313
惠 은혜 139
慧 지혜 248

## 호
戶 지게 147
互 서로 103
乎 어조사 313
好 좋을 245
呼 부를 281
狐 여우 344
虎 범 39
胡 오랑캐 148
浩 넓을 299
毫 가는털 282
湖 호수 25

## 자음색인(字音索引)

| | | | | | | | | |
|---|---|---|---|---|---|---|---|---|
| 號 부르짖을 | 282 | 患 근심 | 131 | 喉 목구멍 | 222 | 戱 놀이 | 178 |
| 豪 호걸 | 247 | 換 바꿀 | 110 | 훈 | | 힐 | |
| 護 보호할 | 152 | 喚 부를 | 312 | 訓 가르칠 | 68 | 詰 꾸짖을 | 346 |
| 혹 | | 還 돌아올 | 217 | 勳 공 | 345 | | |
| 或 혹 | 289 | 環 고리 | 12 | 훼 | | | |
| 惑 미혹할 | 128 | 歡 기뻐할 | 232 | 毁 헐 | 91 | | |
| 혼 | | 활 | | 휘 | | | |
| 昏 어두울 | 249 | 活 살 | 255 | 揮 휘두를 | 213 | | |
| 婚 혼인할 | 233 | 闊 넓을 | 344 | 輝 빛날 | 17 | | |
| 混 섞을 | 108 | 황 | | 諱 꺼릴 | 345 | | |
| 魂 넋 | 236 | 況 하물며 | 115 | 휴 | | | |
| 홀 | | 皇 임금 | 268 | 休 쉴 | 174 | | |
| 忽 문득 | 171 | 荒 거칠 | 8 | 携 가질 | 284 | | |
| 홍 | | 黃 누를 | 33 | 휼 | | | |
| 弘 넓을 | 176 | 惶 두려워할 | 345 | 恤 구휼할 | 345 | | |
| 洪 넓을 | 8 | 회 | | 흉 | | | |
| 紅 붉을 | 288 | 回 돌아올 | 53 | 凶 흉할 | 131 | | |
| 鴻 기러기 | 37 | 灰 재 | 208 | 兇 흉악할 | 345 | | |
| 화 | | 悔 뉘우칠 | 142 | 胸 가슴 | 222 | | |
| 火 불 | 13 | 會 모을 | 102 | 흑 | | | |
| 化 화할 | 294 | 懷 품을 | 300 | 黑 검을 | 89 | | |
| 禾 벼 | 186 | 획 | | 흔 | | | |
| 花 꽃 | 35 | 劃 그을 | 127 | 欣 기뻐할 | 345 | | |
| 和 고를 | 297 | 獲 얻을 | 204 | 흘 | | | |
| 貨 재화 | 204 | 횡 | | 訖 이를 | 345 | | |
| 華 빛날 | 30 | 橫 가로 | 262 | 흡 | | | |
| 畵 그림 | 177 | 효 | | 吸 숨들이쉴 | 281 | | |
| 話 말할 | 87 | 孝 효도 | 129 | 洽 두루미칠 | 346 | | |
| 禍 재앙 | 80 | 效 본받을 | 182 | 흥 | | | |
| 확 | | 曉 새벽 | 298 | 興 일어날 | 61 | | |
| 確 확실할 | 115 | 후 | | 희 | | | |
| 擴 넓힐 | 126 | 后 왕후 | 345 | 希 바랄 | 300 | | |
| 穫 거둘 | 187 | 侯 제후 | 269 | 喜 기쁠 | 233 | | |
| 환 | | 厚 두터울 | 253 | 稀 드물 | 289 | | |
| 丸 알 | 75 | 後 뒤 | 261 | 噫 탄식할 | 239 | | |
| 宦 벼슬 | 344 | 候 철·기후 | 15 | 熙 빛날 | 17 | | |

# 영자팔법(永字八法)

영자팔법(永字八法)

법   一 二 三 四 五 六 七 八 (八법)
     側 勒 努 趯 策 掠 啄 磔
     측 늑 노 적 책 약 탁 책

획수  ① ② ③ ④ ⑤ (五획)

| 점(點) | | 1. 왼점<br>2. 오른점<br>3. 왼점치침<br>4. 오른점삐침 | 小 前 |
| --- | --- | --- | --- |
| 직선(直線) | | 5. 가로 긋기<br>6. 내려 긋기<br>7. 평 갈구리<br>8. 왼 갈구리<br>9. 오른 갈구리 | 上 中 冠 衣 才 |
| 곡선(曲線) | | 10. 삐침<br>11. 치침<br>12. 파임<br>13. 받침 | 人 延 冷 近 |
| | | 14. 굽은 갈구리<br>15. 지게다리<br>16. 누운 지게다리<br>17. 새가슴 | 子 乙 心 代 也 |

側 오른점처럼 붓을 넣고 오른점 삐침처럼 돌리고 나서 조금 후퇴시켰다가 가볍게 삐친다.

勒 화살표처럼 붓을 넣고 가운데가 약간 높아지도록 긋는다. 끝은 점을 찍는 것처럼 눌렀다가 뽑는다.

努 붓을 옆으로 넣고 약간 휘는 기분으로 아래로 긋고, 점을 찍는 것처럼 하고 그친다.

趯 노의 끝에서 그대로 힘 있게 왼쪽 위로 삐친다.

策 가볍게 붓을 넣고 강하게 올린다.

掠 (掠)보다 더 강하게 돌입시키는 것처럼 붓을 넣는다.

啄 딱따구리 새가 나무에 구멍을 뚫는 기세이다. 약(掠)보다 더 강하게 돌입시키는 것처럼 붓을 넣는다.

磔 늑(勒)처럼 붓을 넣고 비스듬히 긋고 돌려서 비스듬히 아래로 긋고, 붓 끝이 넓어지도록 만든 후 자연스럽게 뺀다.

# 部首索引

## 1획
| | |
|---|---|
| 一 | 한 일 |
| ㅣ | 뚫을 곤 |
| 丶 | 점 주(점) |
| ノ | 삐칠 별(삐침) |
| 乙(乚) | 새 을 |
| 亅 | 갈고리 궐 |

## 2획
| | |
|---|---|
| 二 | 두 이 |
| 亠 | 머리 두 |
|  | (돼지해밑) |
| 人(亻) | 사람 인(인변) |
| 儿 | 어진사람 인 |
| 入 | 들 입 |
| 八 | 여덟 팔 |
| 冂 | 멀 경(멀경몸) |
| 冖 | 덮을 멱(민갓머리) |
| 冫 | 얼음 빙(이수변) |
| 几 | 안석 궤(책상궤) |
| 凵 | 입벌릴 감 |
|  | (위터진입구) |
| 刀(刂) | 칼 도 |
| 力 | 힘 력 |
| 勹 | 쌀 포 |
| 匕 | 비수 비 |
| 匚 | 상자 방(터진입구) |
| 匸 | 감출 혜 |
|  | (터진에운담) |
| 十 | 열 십 |
| 卜 | 점 복 |
| 卩(㔾) | 병부 절 |
| 厂 | 굴바위 엄(민엄호) |

## 3획
| | |
|---|---|
| 厶 | 사사로울 사(마늘모) |
| 又 | 또 우 |
| 口 | 입 구 |
| 囗 | 에울 위(큰입구) |
| 土 | 흙 토 |
| 士 | 선비 사 |
| 夂 | 뒤져올 치 |
| 夊 | 천천히걸을 쇠 |
| 夕 | 저녁 석 |
| 大 | 큰 대 |
| 女 | 계집 녀 |
| 子 | 아들 자 |
| 宀 | 집 면(갓머리) |
| 寸 | 마디 촌 |
| 小 | 작을 소 |
| 尢(兀) | 절름발이 왕 |
| 尸 | 주검 시 |
| 屮(屮) | 싹날 철 |
| 山 | 메 산 |
| 巛(川) | 개미허리 |
|  | (내 천) |
| 工 | 장인 공 |
| 己 | 몸 기 |
| 巾 | 수건 건 |
| 干 | 방패 간 |
| 幺 | 작을 요 |
| 广 | 집 엄(엄호) |
| 廴 | 길게걸을 인 |
|  | (민책받침) |
| 廾 | 손맞잡을 공 |
|  | (밑스물입) |

## 4획
| | |
|---|---|
| 心(忄·㣺) | 마음 심 |
|  | (심방변) |
| 戈 | 창 과 |
| 戶 | 지게 호 |
| 手(扌) | 손 수(재방변) |
| 支 | 지탱할 지 |
| 攴(攵) | 칠 복 |
|  | (등글월문) |
| 文 | 글월 문 |
| 斗 | 말 두 |
| 斤 | 도끼 근(날근) |
| 方 | 모 방 |
| 无(旡) | 없을 무 |
|  | (이미기방) |
| 日 | 날 일 |
| 曰 | 가로 왈 |
| 月 | 달 월 |
| 木 | 나무 목 |
| 欠 | 하품 흠 |
| 止 | 그칠 지 |
| 歹(歺) | 뼈앙상할 알 |
|  | (죽을사변) |
| 殳 | 칠 수 |
|  | (갖은등글월문) |

| | |
|---|---|
| 毋 | 말 무 |
| 比 | 견줄 비 |
| 毛 | 터럭 모 |
| 氏 | 각시 씨 |
| 气 | 기운 기 |
| 水(氵) | 물 수(삼수변) |
| 火(灬) | 불 화 |
| 爪(爫) | 손톱 조 |
| 父 | 아비 부 |
| 爻 | 점괘 효 |
| 爿 | 조각널 장 |
|  | (장수장변) |
| 片 | 조각 편 |
| 牙 | 어금니 아 |
| 牛(牜) | 소 우 |
| 犬(犭) | 개 견 |

## 5획
| | |
|---|---|
| 玄 | 검을 현 |
| 玉(王) | 구슬 옥 |
| 瓜 | 오이 과 |
| 瓦 | 기와 와 |
| 甘 | 달 감 |
| 生 | 날 생 |
| 用 | 쓸 용 |
| 田 | 밭 전 |
| 疋 | 필 필 |
| 疒 | 병들 녁(병질엄) |
| 癶 | 걸을 발(필발머리) |
| 白 | 흰 백 |
| 皮 | 가죽 피 |
| 皿 | 그릇 명 |
| 目(罒) | 눈 목 |

| | | | | |
|---|---|---|---|---|
| 矛 | 창 모 | 血 | 피 혈 | 佳 | 새 추 | | 12 획 |
| 矢 | 화살 시 | 行 | 다닐 행 | 雨 | 비 우 | 黃 | 누를 황 |
| 石 | 돌 석 | 衣(衤) | 옷 의 | 青 | 푸를 청 | 黍 | 기장 서 |
| 示(礻) | 보일 시 | 襾 | 덮을 아 | 非 | 아닐 비 | 黑 | 검을 흑 |
| 禸 | 짐승발자국 유 | | | | | 黹 | 바느질할 치 |
| 禾 | 벼 화 | **7 획** | | **9 획** | | | |
| 穴 | 구멍 혈 | 見 | 볼 견 | 面 | 낯 면 | **13 획** | |
| 立 | 설 립 | 角 | 뿔 각 | 革 | 가죽 혁 | 黽 | 맹꽁이 맹 |
| | | 言 | 말씀 언 | 韋 | 다룸가죽 위 | 鼎 | 솥 정 |
| **6 획** | | 谷 | 골 곡 | 韭 | 부추 구 | 鼓 | 북 고 |
| 竹 | 대 죽 | 豆 | 콩 두 | 音 | 소리 음 | 鼠 | 쥐 서 |
| 米 | 쌀 미 | 豕 | 돼지 시 | 頁 | 머리 혈 | | |
| 糸 | 실 사 | 豸 | 발없는벌레 치 | 風 | 바람 풍 | **14 획** | |
| 缶 | 장군 부 | | (갖은돼지시변) | 飛 | 날 비 | 鼻 | 코 비 |
| 网(四·罒·冈) | | 貝 | 조개 패 | 食(飠) | 밥 식(변) | 齊 | 가지런할 제 |
| | 그물 망 | 赤 | 붉을 적 | 首 | 머리 수 | | |
| 羊(羋) | 양 양 | 走 | 달아날 주 | 香 | 향기 향 | **15 획** | |
| 羽 | 깃 우 | 足(𧾷) | 발 족 | | | 齒 | 이 치 |
| 老(耂) | 늙을 로 | 身 | 몸 신 | **10 획** | | | |
| 而 | 말이을 이 | 車 | 수레 거 | 馬 | 말 마 | **16 획** | |
| 耒 | 쟁기 뢰 | 辛 | 매울 신 | 骨 | 뼈 골 | 龍 | 용 룡 |
| 耳 | 귀 이 | 辰 | 별 진 | 高 | 높을 고 | 龜 | 거북 귀(구) |
| 聿 | 붓 율 | 辵(辶) | 쉬엄쉬엄갈 착 | 髟 | 머리털늘어질 표 | | |
| 肉(月) | 고기 육 | | (책받침) | | (터럭발) | **17 획** | |
| | (육달월변) | 邑(阝) | 고을 읍 | 鬥 | 싸울 투 | 龠 | 피리 약 |
| 臣 | 신하 신 | | (우부방) | 鬯 | 술 창 | | |
| 自 | 스스로 자 | 酉 | 닭 유 | 鬲 | 솥 력 | | |
| 至 | 이를 지 | 釆 | 분별할 변 | 鬼 | 귀신 귀 | | |
| 臼 | 절구 구 (확구) | 里 | 마을 리 | | | | |
| 舌 | 혀 설 | | | **11 획** | | | |
| 舛(𡕒) | 어그러질 천 | **8 획** | | 魚 | 물고기 어 | | |
| 舟 | 배 주 | 金 | 쇠 금 | 鳥 | 새 조 | | |
| 艮 | 그칠 간 | 長(镸) | 길 장 | 鹵 | 소금밭 로 | | |
| 色 | 빛 색 | 門 | 문 문 | 鹿 | 사슴 록 | | |
| 艸(艹) | 풀 초 (초두) | 阜(阝) | 언덕 부 | 麥 | 보리 맥 | | |
| 虍 | 범의문채 호 (범호) | | (좌부방) | 麻 | 삼 마 | | |
| 虫 | 벌레 충 (훼) | 隶 | 미칠 이 | | | | |